D1719754

Carl Albert Loosli

Carl Albert Loosli

ANSTALTSLEBEN

Werke Band 1: Verdingkinder und Jugendrecht

Herausgegeben von
Fredi Lerch und Erwin Marti

Rotpunktverlag

Wir danken den folgenden Privatpersonen,
Institutionen und Stiftungen für die finanzielle Unterstützung:

Dieter A. Stoll

pr:helvetia

KulturStadtBern

✳SWISSLOS
Amt für Kultur
Kanton Bern

Stiftung der Schweizerischen Landesausstellung 1939
Zuger Kulturstiftung Landis & Gyr
Burgergemeinde Bern
Otto Gamma-Stiftung
Schweizerische Akademie der Geistes- und Sozialwissenschaften

Etliche nicht genannt sein wollende Privatpersonen haben die Werkausgabe C. A. Loosli finanziell unterstützt. Ohne diese Zuwendungen wäre
die Realisierung dieses Projekts nicht möglich gewesen.
Der Verlag dankt ihnen allen ganz herzlich!

© 2006 Rotpunktverlag
www.rotpunktverlag.ch
Gestaltung (Umschlag und Inhalt): Beate Becker
Druck und Bindung: fgb, freiburger graphische betriebe, www.fgb.de
ISBN10 3-85869-330-8
ISBN13 978-3-85869-330-3

VORWORT DES VERLAGES

Hier ist ein Schriftsteller zu entdecken, ein zu Unrecht vergessener Schweizer Autor und eine Ausnahmeerscheinung in vielerlei Hinsicht: Carl Albert Loosli, geboren 1877 in Schüpfen (BE), gestorben 1959 in Bern-Bümpliz.

Loosli war einer von ganz unten. Er wurde geboren als uneheliches Kind, kam zu einer Pflegemutter, dann in diverse Erziehungsanstalten, dann in die Jugendstrafanstalt Trachselwald. Eine oft bittere Kindheit und Jugend. Aber er ist daran nicht zerbrochen, sondern hat in späteren Jahren die Feinmechanismen der Unterdrückung, die man Erziehung nannte, studiert und seine Erkenntnisse niedergeschrieben. Was Anstaltserziehung und Verdingkinderproblematik betrifft, sind die wichtigsten Schriften in diesem ersten Band der Werkausgabe vereinigt. Die folgenden Bände eröffnen den großen Fächer an gesellschaftlich relevanten Themen, zu denen Loosli Wegweisendes geschrieben hat: Strafrecht und Strafvollzug, Verwahrung bzw. «Administrativjustiz», die Schweiz und ihre Stellung in der Welt, Judentum und Antisemitismus, Kunst und Literatur. Natürlich begegnen wir auch dem Kriminalautor Loosli.

Dem Charakter dieses Lebenswerkes entsprechend sind die Texte thematisch, und nicht nach literarischen Gattungen geordnet. Dabei besticht die Herangehensweise Looslis – nicht als «Fachmann», sondern als denkender Zeitgenosse, der recherchiert und sich auf dem laufenden hält, letztlich aber nie über etwas schreibt, zu dem er nicht auch einen persönlichen Bezug hat.

Er war ein Intellektueller, der nicht dozierte, ein Betroffener, der nie «Betroffenheitsliteratur» schrieb. Er war im besten Sinne ein «eingreifender» Intellektueller, der an einen gesellschaftlichen Fortschritt durch Anwendung der menschlichen Vernunft glaubte.

In dieser Werkausgabe können wir Schritt für Schritt, Thema für Thema nachvollziehen, wie er das gemeint und wie er dafür gekämpft und gestritten hat. Es ist beeindruckend, zumeist erhellend – und manchmal deprimierend, wenn wir mit dem Autor erleben, wie wenig die Vernunft vermag. Doch es ist oft auch erheiternd, vor allem wenn Loosli seinen Humor und seine satirische Feder zum Einsatz bringt!

Es hat fast fünf Jahre gedauert, bis wir grünes Licht für die Realisierung dieser Werkausgabe geben konnten. Das lange Zeit unüberwindlich scheinende Problem war die Finanzierung. Loosli paßte eben auch in dieser Beziehung nicht in die vorhandenen Schubladen. Daß die Werkausgabe jetzt zustande kommt, verdanken wir nebst den vorne auf der Impressum-Seite aufgeführten Institutionen und Stiftungen vor allem einer Reihe von engagierten Persönlichkeiten:

– den beiden Herausgebern Fredi Lerch und Erwin Marti, die trotz des langen Wartens die Geduld nicht verloren, weil ihnen die Sache wichtig geblieben ist;

– Dieter A. Stoll, der das Fundraising gemacht und schließlich einen beträchtlichen Teil der benötigten Gelder aus eigenen Mitteln zur Verfügung gestellt hat, weil er von der Bedeutung C. A. Looslis überzeugt ist;

– Kurt und Peter Loosli, die uns die Rechte an Looslis Texten überlassen haben (bis auf die Mundartbücher, die weiterhin vom Licorne-Verlag betreut werden). Zudem gingen sie den Herausgebern bei der Sichtung des Nachlasses zur Hand;

– dem Schweizerischen Literaturarchiv, wo Looslis Nachlaß liegt, insbesondere Rudolf Probst.

Zu danken ist schließlich der Carl-Albert-Loosli-Gesellschaft sowie drei Persönlichkeiten, die für die Neulancierung von Looslis Werk wichtige Impulse gaben: Ruth Binde, Tochter des Loosli-Verlegers Fritz Schwarz, Ständerat Ernst Leuenberger sowie Hugo Loetscher.

Andreas Simmen, Rotpunktverlag

EINFÜHRUNG

DER ERZIEHER C. A. LOOSLI

Daran erinnern sich die Zeitzeugen, die in den dreißiger oder vierziger Jahren des letzten Jahrhunderts in Bümpliz die Schule besucht haben: Wie während der großen Pausen der Alte mit der Zipfelmütze mit ihren Lehrern eifrig diskutierend auf dem Platz hin und her gegangen sei.[1] In der Tat: C. A. Loosli hat sich noch als Greis für die Schule interessiert. Im Januar 1946 erinnerte die linksliberale Wochenzeitung *Die Nation* daran, «daß unter uns ein Mann lebt, der wie kein anderer sich für das Wohl der von Not und Elend am härtesten bedrohten Kinder eingesetzt und im besten Pestalozzi'schen Sinn gewirkt hat».[2] Zu diesem Zeitpunkt hatte Loosli bereits über vierzig Jahre lang für eine umfassende «Armenerziehungsreform» gekämpft, worunter er vor allem anderen die «geistige Förderung der Enterbten und Besitzlosen» verstand.[3] Weil er als Publizist selten viel Verständnis dafür bekundet hat, daß «die in einem untüchtigen System Befangenen und Arbeitenden […] doch ihr Bestes taten» – so *Die Nation* weiter –, sei Loosli verfemt worden: «Es traf ihn, wie es einst Pestalozzi traf.» Und wie es jenen getroffen hat, formulierte Loosli so: «Vereinsamung, Verkennung war sein Los / Auf seiner rauhen, kargen Heimaterde.» (S. 503)

Die Erziehung zum Wohlfahrtsstaat

Loosli war kein zweiter Pestalozzi. Aber es ist an der Zeit, die Hypothese zu prüfen, ob er nicht trotzdem einer der bedeutend-

---

1 Vgl. Carl-Albert-Loosli-Gesellschaft: *Auf den Spuren von Carl Albert Loosli. Zeitzeugen berichten*, DVD, 2006.
2 Ernst Reinhard, «Ein Verfemter», *Die Nation*, Nr. 2, 16. 1. 1946.
3 C. A. Loosli, *Erziehen, nicht erwürgen!*, Bern (Pestalozzi-Fellenberg-Haus) 1928, 184 und 213.

9

sten schweizerischen Erzieher seiner Zeit gewesen ist – und zwar
obschon er weder als Pädagoge noch Reformpädagoge, sondern
vor allem als Publizist und Lobbyist gewirkt hat.

Ein bedeutender Erzieher war er deshalb, weil das Zentrum
seiner Kritik und seiner Reformvorschläge nicht die enge Schul-
stubenwelt gewesen ist. Er kritisierte nie als Experte, sondern
stets als fachkundiger Staatsbürger. Auch wenn er über erzieherische Probleme in der Familie oder über solche rund um die
Schulstube schrieb (S. 441 ff.), sprach er von gesellschaftlichen
Problemen. Ausgehend von seinen eigenen Kindheits- und Ju-
genderfahrungen (S. 19 ff.), standen für ihn vor jedem erzieherischen Problem die Fragen: Wie geht diese Gesellschaft mit ihren
Kindern und Jugendlichen um? Warum geht sie so mit ihnen
um? Und warum nicht vernünftiger und menschlicher?

Fragte Loosli nach den Möglichkeiten der Erziehung, dann
fragte er zuerst, worin der «Hauptschaden unserer menschlichen
Gesellschaft» liege. Und auf diese Frage hatte er «bestimmt und
unzweideutig» eine Antwort: «Im Kapitalismus und in dem von
ihm bedingten Militarismus!» Von dieser Rahmenbedingung leitete er seine Idee der Erziehung ab: Die «Wucher- und Spekula-
tionsgewinne» der Kapitalisten führten zur «fortschreitenden
Verelendung der besitzlosen Bevölkerungsschichten» und zur
«Erscheinung des Klassenkampfes». Deshalb brauche der Kapitalismus den Militarismus: um im Innern «allfällige Hungerauf-
ständische» zu unterdrücken und gegen außen den «Nationalismus, das heißt den Völkerhaß» zu schüren. Dies würden die
Leute nur deshalb schlucken, weil sich der Kapitalismus «der
Volkstäuschung und der Volksverdummung» bediene: «Er geht
darauf aus, die breiten Massen des Volkes nur insoweit zu erziehen, als er deren Fähigkeiten im Dienste seiner Gewinnsucht
benötigt [...]; mit anderen Worten, es so zu verbilden, daß es zu
eigenem Denken unfähig bleibt.» Looslis «Armenerziehungsreform» gipfelt deshalb in der Maxime, die die Hoffnung auf eine
Art Wohlfahrtsstaat vorwegnimmt: «Die Menschheit muß zum

Frieden, bedingt durch den wirtschaftlich sozialen Ausgleich, erzogen werden.»[1]

Versorgen oder verdingen?

Zwar analysierte Loosli als ehemaliger Redaktor der sozialdemokratischen *Berner Tagwacht* die Gesellschaft durchaus in marxistischem Jargon – von Revolutionen hielt er aber nicht viel: «Die revolutionäre Einstellung im Gegensatz zu der Entwicklungsbedingtheit führt zu der Täuschung der jeweiligen bedrückten Klassen oder Einzelmenschen, es ließen sich eingefressene gesellschaftliche Schäden einzig auf dem Wege plötzlicher, gewaltsamer Aufstände beseitigen, während jede Änderung, jede Dauerbesserstellung also, einzig und allein das Ergebnis eines geruhsamen, natürlichen Wachstums sein kann.» Heute würde man das «Wachstum» zur «Dauerbesserstellung» wohl ungefähr als nachhaltigen Prozeß zur gesellschaftlichen Integration bezeichnen.

Umgekehrt läßt sich Looslis Engagement als Erzieher vor allem anderen als Engagement gegen die gesellschaftliche Ausgrenzung beschreiben, das heißt für die damalige Zeit: gegen die systematische Produktion von Knechten, Mägden und «Asozialen» mit den Mitteln der Erziehung: «Wir verlangen», schrieb er, «daß die Anstaltskinder zu Bürgern, nicht zu Untertanen erzogen werden.»[2] Und «daß der Mensch, vor allem das Kind und der Jugendliche, nicht verstaatlicht werden darf, sondern, daß der Staat mit allen seinen Institutionen vermenschlicht werden muß.» (S. 356)

Man beschwindle sich in diesem Land, wenn man sage, «es sei uns um das Wohl der kommenden Geschlechter, die Ertüchti-

---

1 Ganzer Abschnitt: C. A. Loosli, *Erziehen, nicht erwürgen!*, a.a.O., 206–212.
2 C. A. Loosli, *Ich schweige nicht!*, Bern (Pestalozzi-Fellenberg-Haus), 1925, 40.

gung der Jugend zu tun». Denn man gehe gleichzeitig darauf aus, «die unumgängliche Grundlage dazu, die Familie zu zerstören, indem wir die Eltern fachgemäß, nach allen Regeln raffinierter, kapitalistischer Berechnungskunst dermaßen ausbeuten, daß sie sich in stets fortschreitendem Maße zur Erziehung, ja auch nur zur Betreuung ihrer Kinder unfähig erweisen».[1] Die Mutter werde in die Fabrik geschickt und dem Kind «als lächerlich kläglicher Ersatz Krippe und Kinderheim» angeboten, der Vater werde «zur Fron eines ungesund gesteigerten Erwerbslebens» gezwungen, und dafür erhalte das Kind nichts als «Schule und Anstalt».[2]

Vor diesem Hintergrund fragt Loosli: Wie soll der Staat mit den zumeist aus der mittellosen Unterschicht stammenden Kindern umgehen, die ohne Familie aufwachsen müssen? Die möglichen Antworten umreißen seine beiden hauptsächlichen Kampffelder als Erzieher: Entweder versorgt der Staat diese Kinder in Anstalten (S. 93 ff.). Oder er plaziert sie durch die Behörden oder über gemeinnützige Organisationen als Verdingkinder bei Privaten (S. 287 ff.).

Loosli kannte die Mißstände in beiden Bereichen aus eigener Erfahrung. Und er wußte auch, daß gerade Kinder und Jugendliche, die durch die Mühlen einer solchen Erziehung gehen mußten, zumeist «schwierig» und nicht selten schon früh straffällig wurden. Darum intervenierte er, wo immer sich ihm Gelegenheit bot, um die kantonalen Jugendstrafrechtsreformen und den entsprechenden Teil des entstehenden *Schweizerischen Strafgesetzbuches* in Richtung eines Erziehungsrechts zu beeinflussen (S. 385 ff.).

---

1   C. A. Loosli, *Erziehen, nicht erwürgen!*, a.a.O., 203.
2   C. A. Loosli, *Erziehen, nicht erwürgen!*, a.a.O., 41.

Die List des Polemikers

C. A. Loosli hat sich ab 1904 kontinuierlich öffentlich zu erziehungspolitischen Fragen geäußert. Aber erst 1924, mit der Veröffentlichung von *Anstaltsleben*, hat er den Kampf aufgenommen, der sich nicht mehr darin erschöpfen sollte, die Mißstände zu benennen, sondern sich ihre Linderung und Behebung zum Ziel setzte. Dabei wandte er eine Doppelstrategie an: Er kämpfte gleichzeitig als Publizist und als Lobbyist.

Als publizistischer Polemiker attackierte er die Ursachen und die Verursachenden von Mißständen gleichermaßen und mit kompromißloser polemischer Schärfe (wobei er allerdings Namen von Institutionen und Personen nur im Notfall offenlegte). Doch Loosli war kein bierernster Polterer, sondern er wendete nicht selten die List an, sich argumentativ bewußt scheinbare Blößen zu geben, um «allfällige Gegner [...] zu offenem Widerspruch und Kampf anzureizen».[1] Er schob, mit anderen Worten, das stärkere Argument erst dann nach, wenn der in die Öffentlichkeit gelockte Gegner bereits das Seine dazu beigetragen hatte, sich mit Schönfärberei, Arroganz oder Ignoranz selber zu diskreditieren.

Neben der List war bei Loosli immer auch Taktik im Spiel, immerhin war er ein realpolitisch weitsichtiger Kopf: Auf das Argument seiner Gegner, das er in *Anstaltsleben* gleich vorwegnahm, er könne schon deshalb die Schließung der Anstalten nicht fordern, weil sie unentbehrlich und insofern ein notwendiges Übel seien, antwortete er: Doch, das könne er, weil ein «einigermaßen vernünftig ausgebaute[s] Verdingwesen für alle Fälle» genüge, «wo sich die Familienerziehung unter keinen Umständen durchführen läßt.» (S. 247) Man ist verblüfft: Loosli befürwortete also das Verdingwesen, obschon er dessen Mißstände kannte? Nein! Also log er? Nein! Er sagte nur, daß der

---

1 C. A. Loosli, *Erziehen, nicht erwürgen!*, a.a.O., 12 und 31.

Familienanschluß für Kinder besser wäre als ihre jahrelange Kasernierung, was seiner Überzeugung entsprach. Denn als Taktiker wußte er, daß er bei der Bekämpfung des Anstaltsübels nur dann würde Erfolge erzielen können, wenn er nicht gleichzeitig auch noch die Frage der Verdingkinder skandalisierte. Tatsächlich gelang es ihm so, bei der Frage der Anstalten – also in einem bisher von der Öffentlichkeit weitestgehend abgeschotteten Bereich staatlicher Zuständigkeit – weithin sichtbare Fronten aufzureißen und eine nicht mehr zu unterdrückende, über Jahre andauernde öffentliche Debatte über die Mißstände anzuzetteln.

Die Knochenarbeit des Lobbyisten

Parallel dazu aber bestand Looslis Kampfstrategie immer auch aus dem, was man heute als sachpolitisches Lobbying bezeichnen würde: In erziehungspolitischen Fragen war er verschiedentlich Spiritus rector von informellen Netzwerken, zu denen von Fall zu Fall auch prominente Fachleute guten Willens gehörten. Und wenn es darum ging, fortschrittliche Postulate in die Realpolitik einzuspeisen und zu befördern, agierte er – das belegen seine Briefwechsel – immer wieder als Berater von Behördenmitgliedern, Parlamentariern und Regierungsvertretern auf kantonaler und nationaler Ebene.

Hinter den Kulissen taktierte Loosli immer zugunsten des aus seiner Sicht realpolitisch Möglichen. Darum ist es kein Widerspruch, wenn er als Publizist zwar ab 1924 wiederholt die Schließung der Anstalten forderte, als Lobbyist aber trotzdem zuhanden der Zuständigen in den Kantonsverwaltungen ein Buch unter dem Titel *Bau- und Gliederungsgrundsätze für Erziehungs- und Versorgungsanstalten* schrieb.[1] Seine Doppelstrategie hatte zur Folge, daß er in zwei verschiedenen Rollen auftrat. So kom-

---

[1]   Bern (Verlag Benteli) 1934.

promißlos und unversöhnlich er als Publizist stritt, so getreu agierte er als Lobbyist nach dem Motto: «Als Kampfgenosse sei jeder willkommen, dem es um die Sache, nicht um deren bloßen Schein zu tun ist, gleichviel welcher Richtung und welchem Bekenntnis er daneben angehöre.»[1]

Erfolge und Mißerfolge

Als Loosli 1946 in einem Brief auf seinen Kampf zurückblickte, stellte er fest, daß es für ihn keinen Grund für «resignierten Pessimismus» gebe, «weil eben doch, trotz allen gegenteiligen Scheines, eine neue, sonnigere Gesellschaftsordnung aufkeimt»: «Solange sich diese aber nicht durchsetzt und konsolidiert haben wird, werden wir uns mit dem Elend der Jugend immer intensiv zu befassen haben, wobei es mir gar nicht einfällt, den Kampf aufzugeben. Das könnte ich nicht, auch wenn ich es wollte, weil mir dieser Kampf sozusagen Lebensbedingung ist.»[2]

Erfolgreich war Loosli allerdings nicht überall. Insbesondere das fortschrittliche Jugenderziehungsrecht, das er 1930 im Kanton Bern und 1935 im Kanton Genf mitzuprägen Gelegenheit hatte, war durch die nationale Vereinheitlichung und Verwässerung im 1942 in Kraft gesetzten *Schweizerischen Strafgesetzbuch* «arg kompromittiert worden», wie er 1947 kommentierte: «Es wird jahrzehntelanger Arbeit bedürfen, das Verlorene einzuholen, das Ganze noch weiter auszubauen, zu verbessern und es unserm Volk, besonders aber seinen Behörden, mundgerecht zu gestalten.»[3]

In der Verdingkinder-Frage konnte er zwar als publizistischer Eisbrecher ab 1945 viel bewirken, seine Hoffnung auf eine «aus

---

1   C. A. Loosli, *Erziehen, nicht erwürgen!*, a.a.O., 37.
2   C. A. Loosli an Ernst Reinhard, 19.1.1946 (SLA, Bern).
3   C. A. Loosli an Emil Ludwig, 21.6.1947 (SLA, Bern).

dem Volk emporwachsende Gliederung Wohlgesinnter zur Bekämpfung der Jugendnöte»[1] erfüllte sich allerdings nicht. Unter-
dessen war mit der Pro Juventute eine institutionalisierte Kin-
der- und Jugendfürsorge groß geworden, deren Zuständiger die
guten Vorschläge des alten Mannes aus Bümpliz professionell ins
Leere laufen ließ.

Am erfolgreichsten war Loosli in der Anstaltsfrage. Hier
wurde ihm 1945 vom Präsidenten des Vereins für Schweizerisches Anstaltswesen, Karl Bürki, attestiert, daß er mit «viel Mut
[...] den Stein ins Rollen» gebracht habe, indem er «die Armen-
direktionen und Fürsorgeämter aufgefordert» habe, «neue Systeme einzuführen»: «Nun war der Boden vorbereitet, und langsam wurden die Forderungen in die Tat umgesetzt.»[2] Als die
Neue Zürcher Zeitung 1957 Loosli zum achtzigsten Geburtstag
gratulierte, erinnerte sogar sie an dessen Verdienste in diesem
Bereich: «Selber in einer Anstalt aufgewachsen, hat Loosli sich
mit rücksichtsloser Offenheit für humane Formen unseres An-
stalts- und Erziehungswesens eingesetzt.»[3]

1997 hat der Erziehungswissenschaftler Lucien Criblez
Looslis Wirken aus der Sicht der Nachgeborenen gewürdigt.
Dabei hat er drei Wellen der schweizerischen Anstaltskritik
unterschieden. Neben der ersten, die im 19. Jahrhundert «die in-
stitutionelle Trennung zwischen Kindern/Jugendlichen und Erwachsenen» forderte, und der dritten ab 1971, die als «Heim-
kampagne» bekannt geworden ist und den «Zöglingskampf» als
«Teil des Klassenkampfs» interpretierte, bezeichnet Criblez als
zweite Welle das, was Loosli ab 1924 an Debatten und Reformen
auszulösen vermocht hat: «Trotz vehementer Abwehrmechanis-
men war Looslis Anstaltskritik effektvoll. Nicht zuletzt beein-

---

1   C. A. Loosli an Hugo Bein, 2.4.1946 (SLA, Bern).
2   Karl Bürki, «Geleitwort», in: Verein für Schweizerisches Anstaltswesen [Hrsg.],
    100 Jahre schweizerisches Anstaltswesen, Zürich 1945.
3   Carl Seelig, «C. A. Loosli zum 80. Geburtstag», *Neue Zürcher Zeitung* (Morgen-
    ausgabe), 5.4.1957.

flußte er damit die Diskussion um die Einführung des schweizerischen Strafrechts.»[1]

Als sich die offizielle Schweiz 1927 mit «dickleibigen Neuerscheinungen» und «Ankündigungen weihevoller Pestalozzifeiern» anschickte, dessen hundertsten Todestag zu begehen, schrieb Loosli: «Inzwischen harren 13 000 schweizerische Anstaltskinder auf Erlösung von Anstaltserziehungsschrecken, Anstaltserziehungswidersinn. Wird man mir es da verübeln, wenn ich erkläre, daß ich unter diesen Umständen den ganzen Pestalozzirummel als eine häßlich feige Heuchelei empfinde?» (S. 257) Looslis seltene Fähigkeit, im Dienst eines unbeirrbaren Humanismus die Gegner in ihrer oft unmenschlichen Praxis und ihren Selbstbeweihräucherungen öffentlich an den Pranger zu stellen und gleichzeitig hinter den Kulissen vollkommen uneitel mit allen Fachleuten guten Willens hartnäckig an Reformen zu arbeiten, begründet seinen Nachruhm als Erzieher. «Was uns dabei vorschwebt», hat er als Zweiundsiebzigjähriger geschrieben, «ist die ständige, aufklärende Erziehungsberatung des ganzen Volkes, bis es sich nicht bloß zur Jugend, sondern auch, was nicht weniger wichtig ist, zur Selbsterziehung genugsam ertüchtigt haben wird.» (S. 378)

*

Als Herausgeber haben wir entschieden, das große Thema «Loosli als Erzieher» in die Kapitel «Looslis Erfahrung», «Anstaltsleben», «Verdingkinder», «Strafen oder erziehen?» und «Erziehen, nicht erwürgen!» zu unterteilen. Jedem Kapitel ist ein kurzes, Übersicht schaffendes Editorial vorangestellt. Innerhalb der einzelnen Kapitel sind Looslis Texte chronologisch geordnet, damit die Entwicklung der Debatten mitverfolgt werden kann.

---

1 Lucien Criblez, «Die Pädagogisierung der Strafe. Zur Geschichte von Jugendstrafrecht und Jugendmaßnahmenvollzug in der Schweiz», in: Hans Badertscher/Hans-Ulrich Grunder [Hrsg.], *Geschichte der Erziehung und Schule in der Schweiz im 19. und 20. Jahrhundert*, Bern (Verlag Paul Haupt) 1997, 319–351; hier 341 ff.

Zu betonen ist, daß hier in keiner Weise die gesammelten erzieherischen Schriften Looslis geboten werden können. Abgesehen von der großen Fülle an Artikeln und Briefen würde allein die vollständige Dokumentation der veröffentlichten und unveröffentlichten Buchtexte zu diesem Thema mehrere Bände füllen. Das vorliegende Buch soll eine Übersicht geben und neugierig machen, die noch lange nicht verwehte Spur des Erziehers Carl Albert Loosli aufzunehmen.

Die siebenbändige Ausgabe von Werken C.A. Looslis, die wir mit diesem Band beginnen, präsentiert neben Büchern und Buchauszügen aus verschiedenen Verlagen auch Zeitungsartikel aus Dutzenden von Zeitungen und Zeitschriften sowie Briefe von und an Loosli – und zwar über einen Zeitraum von gut fünfzig Jahren hinweg.

Zur Vereinheitlichung der orthographischen Darstellung haben wir entschieden, die gedruckten literarischen Werke grundsätzlich in der Fassung letzter Hand darzustellen. Stillschweigend bereinigt wurden offensichtliche Fehler bzw. Inkonsequenzen. Die Texte aus schlecht oder nicht redigierten Quellen und sämtliche herausgeberischen Begleittexte wurden der Duden-Rechtschreibung angeglichen, die im 20. Jahrhundert gegolten hat.

Fredi Lerch und Erwin Marti

LOOSLIS ERFAHRUNG

EDITORIAL

«Ich war zwölf Jahre lang Verdingkind, dann über fünf Jahre Anstaltszögling gewesen», schreibt C.A. Loosli.[1] Und: «Wenn ich beispielsweise kein gemeingefährlicher Verbrecher wurde, so verdanke ich das
gewiß nicht der Erziehung, die mir die Gesellschaft angedeihen ließ.»[2]
Geboren wird er am 5. April 1877 als uneheliches Kind der achtzehn-
jährigen, in Sumiswald (BE) heimatberechtigten Sophie-Emma Loosli
und des italienischen Gipsers, Malers und Weinhändlers Bonnacio aus
St. Imier. Bis zum zwölften Lebensjahr wächst er bei der Pflegemutter
Annemarie Zweiacker in Schüpfen (BE) auf. Bereits todkrank, plaziert
sie den Bub 1889 im Waisenhaus von Grandchamp (NE). In den folgenden Jahren kommt er in das Armenhaus Sumiswald, in die Besserungs-
anstalt Schloß Aarwangen und zur Begutachtung in die Irrenanstalt
Münsingen. Zwischen 1894 und 1897 schließlich wird er zwei Mal für
insgesamt zweieinhalb Jahre in der staatlichen Zwangserziehungsanstalt
Trachselwald interniert.[3] Dort herrschen damals, was den Betrieb und
die baulichen Verhältnisse betrifft, prekäre Zustände – und es herrscht
zwischen 1892 und 1913 mit Protektion der Aufsichtsbehörden als An-
staltsvater Friedrich Grossen, dessen Regime, so Loosli, geprägt ist «von
einem permanenten, willkürlichen und bestialisch grausamen Terror»[4].
   Der Zusammenhang zwischen Looslis Jugend und seinem lebens-
langen erzieherischen Engagement ist offensichtlich. Immer wieder hat
er sich später auch ganz konkret mit der Anstalt in Trachselwald ausein-
andergesetzt:
– Vom Tag seiner Entlassung an versucht er die Absetzung Grossens
   als Anstaltsvorsteher zu erreichen. Dies gelingt erst, nachdem sein
   Freund Fritz Langhans 1910 zum Generalstaatsanwalt des Kantons
   Bern gewählt worden ist.

1 C.A. Loosli, *Erziehen, nicht erwürgen!*, Bern (Pestalozzi-Fellenberg-Haus) 1928, 10.
2 C.A. Loosli, «Einfälle und Betrachtungen», Typoskript, 1920, 34.
3 Hierzu ausführlich: Erwin Marti, *Carl Albert Loosli 1877–1959*, Biographie, Band
   1, Zürich (Chronos) 1996, 45–84.
4 «Le régime de la terreur permanente, capricieuse et bestialement cruelle», in:
   C.A. Loosli, «Le Bagne de Trachselwald», Typoskript des Referats am Institut
   Jean-Jacques Rousseau, Genf, 18./19.1.1933 (SLA, Bern).

- 1924 nimmt er mit dem Buch *Anstaltsleben*, das nicht zuletzt seine eigenen Erfahrungen spiegelt, den öffentlichen Kampf für die Abschaffung aller Anstalten auf (S. 103 ff.).
- 1933 berichtet er in einem Referat am Genfer Institut Jean-Jacques Rousseau ausführlich und unverhüllt über Grossens Terrorregime.[1]
- Bereits Ende der zwanziger Jahre verfaßt er die 1946 veröffentlichte Novelle «Caligula minor», die nachfolgend abgedruckt ist. Darin setzt er mit Lebrecht Gnäppi dem Sadisten Friedrich Grossen ein literarisches Denkmal. Im Text sei, schreibt er an Jonas Fränkel, «leider nichts erfunden»: «Ich habe meine Erlebnisse daselbst lediglich in epische Form gebracht und dabei, um nicht zu langweilen, entsetzliche Episoden, deren mir die Fülle zur Verfügung standen, unterdrückt. Burier stand, wie Du richtig erahnt hast, in meinen Hosen.»[2]

Als Loosli 1939 von Grossens Tod erfährt, schreibt er an August Gruner: «Er war zu lange der falsche Mann am falschen Platz, als daß ich all des Unheils vergessen könnte, das er angerichtet hat. Und doch war er nicht der Hauptschuldige, sondern die Behörden und eine blind selbstsüchtige Gesellschaft, die sich auch ihn zum Opfer erkor, denn er war – und das gereiche seinem Andenken zum mildernden Umstand – ein Psychopath. Friede seiner Asche!»[3]

Die Herausgeber

1   C.A. Loosli, «Le Bagne de Trachselwald», a.a.O.
2   C.A. Loosli an Jonas Fränkel, 7.8.1946 (SLA, Bern).
3   C.A. Loosli an August Gruner, 27.6.1939 (SLA, Bern).

CALIGULA MINOR

Lebrecht Gnäppis Vater war ein frommschlauer Großbauer und nebenberuflich ein gefürchteter Liegenschaftenhändler, der richtig erkannte, daß sein jüngster Sohn, eben Lebrecht, zu jedem ernsthaften Tun untauglich, zu eigener Selbstbehauptung zu unbegabt und zu eingebildet, einmal auf sich selbst angewiesen, es nie zu etwas Rechtem bringen werde. So ließ er ihn rechtzeitig in einem frommen Lehrerseminar zum Schulmeister ausbilden, damit der Löffel später allenfalls von Staat und Gemeinde erhalten werde. Daß solches aber sicher eintreffe, dafür getraute sich der alte Christian Gnäppi schon Währschaft zu leisten; er war nicht umsonst Großrat und hatte seinen weithinreichenden Einfluß nicht für die Katze.

Freilich verhehlte er sich keinen Augenblick, daß, wenn es ihm auch gelingen werde, Lebrecht an einer Staats- oder Gemeindekrippe anzubinden, er ihm gegenüber damit noch lange nicht jeder Verpflichtung enthoben sein würde; denn, geschwollen, wie es sein Herr Sohn schon von jeher zu geben pflegte, war leicht vorauszusehen, daß er mit einem bloßen Schulmeisterlöhnlein schwerlich auskommen würde. Lebrecht Gnäppi hegte nämlich den Ehrgeiz, überall, wo er sich zeigte oder befand, etwas vorzustellen, sich nachdrückliche Beachtung und Geltung zu verschaffen. Das aber wäre ihm an einer schlichten Schulmeisterstelle wohl schwerlich ermöglicht worden.

Allein, die Aussicht, dem Jungen auch künftig, vielleicht sogar noch auf lange Jahre hinaus, unter die Arme greifen zu müssen, war dem alten Gnäppi, obwohl er sonst nichts weniger als freigebig war, nicht besonders peinlich. Einmal hatte ihn der Herr in Handel und Wandel reichlich gesegnet und segnete ihn noch immer, so daß er landauf, landab als gefährlicher Güterschlächter und Wucherer gefürchtet war; zum andern handelte es sich ja um seinen Jüngsten, der bei ihm einen besonderen Stein im Brette hatte und für den ihm nicht leicht ein Opfer zu teuer war, beson-

rs, da er wußte, daß es ihm der Herr wohl anrechnen und
chon bei der nächsten Gelegenheit, die er sich stets zu schaffen
wußte, einbringen werde.

Obwohl Christian Gnäppi ein überzeugter Christ war, dem
sein Glaube in allen Lebenslagen zur Seite stand, hatte er doch
versucht, seinen Sprößling zunächst im Staatsseminar unterzubringen, obschon dieses zu jener Zeit unter ausgesprochen freisinniger Leitung stand, der Mehrheit der Regierung und den
derzeitigen Parteigliederungen angemessen. Aber gerade darum
bot das Lehrerpatent des Staatsseminars mehr Aussichten, so
rasch als möglich irgendwohin gewählt zu werden, während damals die Zöglinge des evangelischen Sonnenhaldenseminars
nicht eben hoch im Kurse standen, folglich oft Mühe hatten, un-
terzukommen. Die fromme Richtung, auf die sie daselbst einge-
schult wurden, war der derzeitigen Volksmehrheit, die gerade
von einer Aufklärungswelle überspült ward, nicht sonderlich genehm. Ein freisinniger Schulmeister dagegen, der konnte unter
dem damaligen Regiment, wenn er es einigermaßen geschickt
anzustellen wußte, rasch über seinen Stand hinauswachsen und
zu öffentlicher Bedeutung gelangen. Um der zeitlichen Vorteile
willen wurde das von vielen gesinnungstreuen Lehrern mit Erfolg angestrebt, so daß sich einige bereits ihres ursprünglichen
Lehramtes längst entkleidet und sich in beneidenswerten Staats-
beamtungen siegreich und unabtreiblich eingenistet hatten.

Leider bestand der junge Lebrecht Gnäppi die zwar keineswegs schwierige Aufnahmeprüfung nicht, so daß sich sein Vater
glücklich schätzen mußte, ihn nun nachträglich, so gut es gehen
wollte, im Sonnenhaldenseminar verstauen zu können.

Daß der junge Lebrecht kein Kirchenlicht war, dafür konnte
er freilich nichts. Er war übrigens nicht nur in rein geistiger Hinsicht erblich belastet, stammte er doch aus einem abgeschlossenen Bergtal, wo die durch Mangel an Verkehr mit der Außenwelt
bedingte Inzucht dadurch verschärft wird, daß die Klassen der
Bevölkerung streng voneinander geschieden bleiben. Auf diese

Weise sind die Besitzenden zum Heiraten auf eine äußerst enge Wahl in ihren unter sich längst blutsverwandten Familien angewiesen.

Obwohl man nicht eigentlich hätte behaupten dürfen, die Eltern Lebrechts, besonders seine Mutter, seien geistig und seelisch stark oder auch nur auffällig vermindert gewesen, so unterstanden sie doch bis zu einem gewissen Grade dem allgemeinen Rückbildungsgesetz, das sich überall geltend macht, wo frische Blutzufuhr und die damit verbundene Verjüngung des Volksschlages unterbunden bleiben. Es war daher nicht zu verwundern, daß der junge Mann kein aufgeweckter oder ein mit rascher Auffassungsgabe bedachter Schüler war. Dagegen besaß er zwei ihm ganz besonders eigene, hervorstechende Züge, die nicht allzu selten mit einem gelinden, äußerlich kaum merkbaren Schwachsinn verbunden sind. Zum ersten nämlich war er ein von sich eingenommener, unheilbarer Steckkopf, der nicht zwischen Willenskraft und bloß eitlem, geradezu krankhaftem Eigensinn zu unterscheiden vermochte. Zum andern war er, und auch diese Eigenschaft ließ auf immerhin verminderte geistige und seelische Entwicklung schließen, maßlos eitel und ehrsüchtig bis zum Größenwahn. Daraus ergab sich noch eine Eigenschaft, die je nach ihrer Betätigung dem Jungen ebensowohl zur Ehre wie zur Schande gereichen konnte: Er war fleißig, hartnäckig in der Verfolgung seiner vorgesteckten Ziele, denen er in der Regel gradlinig, mit Scheuledern vor den Augen, von seinen Fähigkeiten überzeugt, nachstrebte. Das geschah nicht um seiner so bitter erforderlichen Ertüchtigung, sondern um seines unersättlichen Ehrgeizes willen.

Mit seinem fuchsroten Haar- und spätern Schnurrbartwuchs und seinen überreichlichen Sommersprossen wies der junge Gnäppi dem oberflächlichen Beobachter keine merklichen Entartungszeichen auf. Er schien verhältnismäßig kräftig, wohlgewachsen, nicht besonders gelenkig, aber ein wenig linkisch. Seine Stirne war geräumig, ließ aber beim ersten Blick auf große

Hohlheit schließen; Kinnlade und Gebiß waren die eines kräftigen Raubtieres; die Form seines Mundes war hart und streng, und seine Lippen vermochten bei einiger Erregung ein nervöses Zucken nur mühsam zu unterdrücken. Die Ohren wiesen fast keine Läppchen auf und standen auffallend vom Kopfe ab. Sein Blick war unstet, leicht schielend, und vermochte nur durch ganz besondere, von Lebrecht wohlgeübte Willenskraft zu einer mehr starren als ruhigen Unbeweglichkeit gezwungen zu werden, die seinen stahlgrauen Augen einen Ausdruck kalter Grausamkeit, kaum gebändigter Wildheit verlieh, der jede Roheit zuzutrauen war. Seine ursprünglich nicht unangenehme Stimme hatte der junge Mann geflissentlich vergröbert, in der Meinung, dadurch einen bedeutenderen, männlicheren Eindruck zu erwecken. Der barsche Ton schlug, wenn ihn Geistesgegenwart und Kaltblütigkeit verließen, in das heisere Bellen einer gereizten Dogge um.

Weniger männlich mutete eine sonderbare Weichlichkeit an, die sich darin äußerte, daß er sich als unleidlicher Reinlichkeitsprotz gebärdete und dadurch zum Gespött seiner Seminarkameraden wurde. Schon damals verwendete er einen guten Teil seines Taschengeldes auf Salben, Riech- und Zahnwasser. Er befliß sich einer auffälligen Nagelpflege und stolzierte allezeit in peinlich sauberen Anzügen, deren er zeitlebens nie genug haben konnte, einher. Ebenso war er immer, wenn auch meistens mit unzulänglichen oder ganz untauglichen Mitteln, bemüht, seine bergbäuerische Abstammung nach Möglichkeit zu verleugnen, was ihm jedoch schon darum nie völlig gelang, weil die feinen Manieren, die er vornehmen oder von ihm für vornehm eingeschätzten Leuten nachzuahmen suchte, auf den ersten Blick seinen Mangel an Maß, an innerem Gleichgewicht und an Takt offenbarten.

Ebenso gab er sich alle Mühe, sich gewählt auszudrücken. Das mißlang ihm aber häufiger, als es sich mit seiner Eitelkeit vertrug, weil ihm tönende, selten gehörte Worte allein Eindruck machten und er sie allzu gern anwandte, um höhere Bildung vorzutäuschen, ohne es mit ihrem Sinn allzu genau zu nehmen. Schon früh sprach er entweder schnauzig, knurrig, wenn er mit seinesgleichen oder unter ihm Stehenden, dagegen salbungsvoll schwülstig und demütig, wenn er mit Höherstehenden verkehrte.

Sein ganzes Gehaben ging einzig und allein darauf aus, mehr zu scheinen, als er von Natur aus war: Eindruck zu machen, zu glänzen und zu gefallen.

Man muß billigerweise zugestehen, daß er sich dieses Bestreben etwas kosten ließ. Trotz seiner schon geschilderten recht mäßigen, eher unterdurchschnittlichen Begabung erwies er sich im Seminar auf die Dauer nicht als schlechter Schüler. Er rang seinem hartnäckigen Fleiße ab, was ihm die Natur versagt hatte, und er würde es mit noch mehr Erfolg geübt haben, hätte ihn dabei lediglich das wirklich innere Bedürfnis nach Vervollkommnung und Ertüchtigung geleitet statt seine bloße Geltungs- und Gefallsucht.

Innerlich wähnte er sich allen denen überlegen, die entweder unter oder auf gleicher Stufe mit ihm standen, während er im Verkehr mit Höherstehenden eine geradezu reptilartige Unterwürfigkeit und bewundernde Achtung zur Schau trug.

Man hätte ihn für verschlossen und in sich gekehrt halten mögen; einen Anschein, den er geflissentlich zu erwecken suchte, damit man ihn für einen tiefschürfenden Denker halte; aber sein durchgehender Mangel an Taktgefühl machte alle seine Anstrengungen in meistens recht kläglicher Weise zunichte.

Das alles erklärt, warum er unter seinen Seminarkameraden nichts weniger als beliebt war. Von ihrer Abneigung merkte er verhältnismäßig wenig, weil seine Gespanen seine Rache, namentlich aber seine Angeberei bei ihren Vorgesetzten scheuten. Hätte er sich noch durch besondere Begabung ausgezeichnet, so wäre ihm schließlich wohl allerhand verziehen worden; allein er war eben geistig nur mäßig ausgerüstet, und wenn er im Unterricht mit dem großen Haufen Schritt hielt, so verdankte er das seiner ehrgeizigen Ausdauer mehr als einem durch echten Wissensdurst genährten Fleiß. Einzig für Musik war er scheinbar überdurchschnittlich begabt. Er verfügte über ein gutes Ohr, gepaart mit trefflichem Klanggedächtnis, das ihn binnen kurzem zum besten Orgelschläger und Geiger seiner Klasse aufsteigen ließ. Bei seinen Vorträgen erwies er sich mehr technisch als künstlerisch begabt. Seinem Spiel fehlten eben Empfindung und Seele. Allein, auch hier war es Lebrecht mehr darum zu tun, technische Schwierigkeiten zu überwinden, als sich oder andere durch die Musik zu erheben, zu ergreifen oder auch nur zu vergnügen. Ihm genügte, mit seiner Kunstfertigkeit zu glänzen.

Sein Bild würde unvollständig bleiben, wollte man seiner religiösen Einstellung, die sich im Seminar festigte und die er beibehielt, nicht gedenken, da sie später einen seiner wesentlichsten Züge bildete.

Zu Hause war ihm ein massiver Glaube namentlich von seinem Vater anerzogen worden, der im wesentlichen darin bestand, äußere Kulthandlungen wenn nicht aufdringlich, so doch ebensowenig unauffällig für die Umwelt, zu verrichten. So wurden die bei der Landbevölkerung damals noch allgemein üblichen Tageszeiten- und Tischgebete in Gnäppis Haus mit ganz besonderem Nachdruck und eigener Salbung vorgetragen; auch wurde daselbst kein Tag ohne Abendandacht beschlossen, wobei der Vater, oder in seiner Abwesenheit die Mutter ein Kapitel aus der Bibel laut vorlas, und jener dann, je nach Zeit und Umständen, ein paar erbauliche Betrachtungen daran knüpfte. Es wurde streng darauf gehalten, daß diesen Andachten alle Hausgenossen beiwohnten, und übel wurde es dem vermerkt, der sich davor drückte oder nicht die geforderte Aufmerksamkeit und Weihestimmung zur Schau trug. Oft lachte man im Dorfe über einen Kniff des alten Gnäppi, den dieser nie anzuwenden versäumte, wenn Fremde an seinen Tisch geladen waren, was ziemlich oft vorkam, da er ja Güterhändler und Großbauer war. Dann wartete er schön und stumm, bis der Gast seinen ersten Löffel Suppe halbwegs zum Munde geführt hatte, um ihn mit den Worten zu unterbrechen und zu beschämen:

«Zuerst wollen wir beten!»

Damit war aber sein religiöses Leben so ziemlich erschöpft. Keinesfalls färbte es bei ihm auf Handel und Wandel ab, denn er galt nicht zu Unrecht als ein filziger, hartherziger, auf die Mehrung seiner Habe und seines Ansehens rücksichtslos versessener Mann. Um seine Ziele zu erreichen, war er nicht übermäßig wählerisch in seinen Mitteln; er verbrämte sie jedoch so geschickt durch Schönreden und Frommtun, daß er Unerfahrenen und solchen, die ihn nur oberflächlich kannten, nur um so gefährlicher wurde.

Die Mutter teilte in allen Dingen die Anschauungen ihres Mannes, da sie in jeder Beziehung unfähig gewesen wäre, eine eigene Meinung zum Ausdrucke zu bringen, und es, auch wenn sie es vermocht hätte, kaum gewagt haben würde, da Gnäppi ein kleinlicher, grausamer Hausdespot war, dessen hämische Rach- und Nörgelsucht mehr zu fürchten war, als es eigentliche leidenschaftliche Zornesausbrüche gewesen wären, zu denen er sich jedoch nie hinreißen ließ. Im Gegenteil; er schien immer ruhig, kaltblütig und gelassen, besonders dann, wenn es aus irgendeiner Ursache in seinem Inneren am heftigsten tobte. Kein Wunder, daß das Ansehen, das er sowohl zu Hause als in der Gemeinde und darüber hinaus genoß, überwiegend auf der Furcht beruhte, sich seine ränkevolle Rachsucht zuzuziehen. Wußte man doch aus vielfacher Erfahrung, daß der alte Gnäppi über ein vortreffliches Gedächtnis verfügte, besonders wenn es galt, sich ihm zugefügten wirklichen oder vermeintlichen Unrechtes zu entsinnen.

Der junge Lebrecht nun war, solange er zu Hause weilte, in verkleinertem Maßstabe das treue Ebenbild seines Vaters gewesen. Nie war ihm auch nur vorübergehend zum Bewußtsein gelangt, seine religiöse Betätigung bedeutete nichts anderes als wohlgegliederte Heuchelei oder dann günstigsten Falles öden, gewohnheits- und überlieferungsgemäßen Formendienst.

Hier nun, im Seminar, eröffnete sich ihm eine andere, weitere religiöse Aussicht. Die Leitung des Hauses war pietistisch, ausgesprochen pietistisch sogar. Ungemein beschränkt, aber im Grunde aufrichtig und ehrlich, doch darum für viele unverbogene Jünglinge nicht weniger drückend. Hausgeist und -zucht waren nicht sehr hart, aber peinlich engherzig, in Kleinlichkeiten befangen, gelegentlich ein wenig heulmeierisch. Worte wie Sünde, Zerknirschung, Buße, Gnade und Erlösung umschrieben so ziemlich die ganze Weisheit des Hauses und unterjochten es, obwohl der Leiter selbst, ein nun schon ordentlich bejahrter Pfarrer, eigentlich weder muckerisch noch kopfhängerisch, sondern eher fröhlich veranlagt war. Diese Heiterkeit gelangte trotz der Salbung, die er auch bei der gleichgültigsten Äußerung nie verleugnete, glücklicherweise immer aufs neue zum Durchbruch.

In solchen Anstalten, und bei jungen Leuten von der Beschaffenheit, wie die des Seminars Sonnenhalde eben waren, nämlich Kinder aus dem Bauernvolke oder Söhne frommer Landschulmeister, pflegen sich regelmäßig zwei Erscheinungen einzustellen. Zunächst werden fast ausnahmslos alle diese Jünglinge von mystischen Wehen befallen, die übrigens weitgehend in ursächlichem Zusammenhang mit ihrer eintretenden Mannbarkeit stehen. Der durchaus nicht erfreuliche, in Einzelfällen sogar gefährliche Zustand, der einer seelischen und geistigen Mauserung gleichkommt, ist jedoch in der Regel nicht von langer Dauer, sondern flaut gewöhnlich nach einer gewissen Zeit ebenso unmerklich ab, wie er auftauchte. Aber dann sind die jungen Leute nicht mehr dieselben, sondern spalten sich in zwei ganz verschiedene, wenn auch äußerlich vorerst noch nicht genau unterscheidbare Lager.

Die feinsinnigen, feinfühligen, mehr aufs Geistige gerichteten Naturen, die sich selbstverständlich auch hier in der Minderheit befinden, werden von geistiger und seelischer Unruhe, von Zweifelsucht befallen und geben sich ernster Wahrheitsforschung hin. Ihr frönen sie fast ausnahmslos auf den ungangbarsten, aussichtslosesten Wegen, bis sie später, im Leben draußen – und von diesem wesentlich anders als im Seminar unterwiesen – im besten Sinne freigeistig werden. Sie entwickeln sich dann fast immer zu zwar guten, wohlmeinenden, aber sich innerlich wie äußerlich ungebunden bewegenden, daher meist wertvollen Menschen. Sie finden sich schwer mit dem Leben des Alltags, der Gewohnheit und Überlieferung ab, werden oft todunglücklich, ja enden in Sonderfällen recht traurig.

Die andern dagegen, die weniger Empfindsamen, minder Aufgeweckten, tragen aus der mystischen Seelenmauserung ihrer Jünglingsjahre ein unschätzbares, weil stets sich mehrendes Gut ins Leben hinaus; nämlich einen einfachen, schlichten, aber festen Glauben, der sie befähigt, in jeder Lebenslage noch etwas Erfreuliches und Gangbares zu entdecken. Sie machen es sich zu ihrem zeitlichen wie zu ihrem ewigen Heil zunutze, und fast alle befinden sich dabei bis an das Ende ihrer in der Regel wenig bewegten Laufbahn gesund und wohl. Wenn unter ihnen auch weder Adler noch Löwen erstehen, so stellen sie meistens doch ihren Mann an ihrem Orte. Es sind die, die man die Stillen im Lande nennt, die gelegentlich zwar etwas beschränkt aussehen mögen, aber immerhin ehrenhaft und vertrauenswürdig sind und, solange ihnen nichts Außerordentliches zugemutet wird, gute, brave, in jeder Hinsicht achtbare Leute bleiben.

Entreißt man sie aber ihrer gewohnten Umwelt, dann werden rat- und hilflose Tröpfe aus ihnen, mitunter sogar recht gefährliche Brüder. Nicht weil sie von Art schlecht, sondern weil sie beschränkt sind und mit bauernschlauen Mitteln, die man gerade um ihrer Einfältigkeit willen gewöhnlich nicht vorauszusehen noch sich dagegen zu schützen vermag, das zu erreichen suchen, was ihnen höhere Einsicht viel leichter gewähren würde, nur haben sie nie Gelegenheit gefunden, diese zu erwerben.

Lebrecht Gnäppi bildete auch hierin eine Ausnahme. Er war von der mystischen Mauserung nicht angesteckt worden. Er blieb innerlich und äußerlich kalt, unberührt und legte sich seine

Frostigkeit als Überlegenheit gegenüber seinen Kameraden aus. In Wirklichkeit war sein Gemüt zu empfindungslos und sein Geist zu stumpf, um irgend etwas anderes als das ihm Nächstliegende wahrzunehmen.

Dagegen war er äußerst beflissen, sich die äußeren Merkzeichen beider Lager, von denen er annahm, sie könnten ihm gesellschaftlich oder sonstwie förderlich sein, anzueignen und sie, je nach Bedarf, anzuwenden. Mit anderen Worten, er vervollkommnete sich in Verstellung und Heuchelei, wobei er lediglich seine schon ursprünglich nicht eben besonders wertvolle Eigenart endgültig verdarb. Doch brachte er es nie fertig, höherstehende Menschen auch nur einen Augenblick über seine wirkliche Beschaffenheit zu täuschen.

Lebrecht Gnäppis Vater erkundigte sich ziemlich regelmäßig nach dem Verhalten und den Fortschritten seines Sohnes im Seminar. Anfänglich waren die Berichte nicht eben erfreulich gewesen, denn der Junge hatte Mühe, mit seinen Kameraden Schritt zu halten. Jetzt aber, gegen das Ende der Studienzeit, lautete der Bescheid immer wieder, Lebrecht werde ziemlich sicher seine Schluß- und Patentprüfung bestehen. Dagegen erhoben seine Vorgesetzten einige Bedenken gegen seine Eignung zum Lehrerberuf überhaupt, die sich weniger auf die Mängel seiner wissenschaftlichen Ausbildung stützten, obwohl auch diese nicht eben glänzend war, als auf sein Wesen. Es wurde als undurchdringlich, unklar, ja unlauter geschildert. Namentlich wurde der Mangel an seiner inneren Wahrhaftigkeit bei dem Jüngling betont, von der schwer zu sagen sei, ob er ihrer bewußt oder unbewußt entrate. Weiter wurde der Vater darauf hingewiesen, sein Sohn weise nicht die geringste Anpassungsfähigkeit an neue Verhältnisse auf, was jedenfalls seinen Lehrerberuf erschweren, wenn nicht überhaupt verunmöglichen würde. Als der alte Gnäppi daraufhin persönlich beim Seminardirektor vorsprach, wurde ihm alles das bestätigt. Der redliche Pfarrer konnte seine Überzeugung nicht verschweigen, daß Lebrecht wohl am besten tun würde, sich, solange es noch Zeit und er jung genug dazu sei, nach einem anderen Beruf, vielleicht nach einer Beamtung im öffentlichen Dienste umzusehen und sich darauf vorzubereiten. Denn er könne es nicht verantworten, den jungen Mann als Lehrer einer Schule, welcher Art sie auch sein möchte, zu empfehlen.

Der alte Gnäppi, der von diesem Bescheid, wie es sich von selbst versteht, nur recht mäßig erbaut war, erhob Einwände, die jedoch ruhig, sachlich und so einleuchtend erledigt wurden, daß sogar er nichts mehr darauf zu sagen wußte. Da verlegte er sich aufs Bitten. Der Herr Direktor möchte doch ein Auge zudrükken und seinem Sohne, der ihn jetzt schon ordentlich Geld gekostet habe und noch koste, doch nicht die Zukunft verderben. Er möchte etwa gewünschte Auskünfte an die Gemeinden, wohin sich der Sohn melden würde, so abfassen, daß sie, ohne den Jungen besonders zu empfehlen, doch eine allfällige Wahl nicht verunmöglichen würden. Allein, der rechtschaffene Pfarrer konnte auch darauf nicht eingehen. Er betrachte es als seine Gewissenspflicht, Auskünfte, die von ihm verlangt würden, nach bestem Wissen und Gewissen zu erteilen. Dazu sei er nicht bloß um des Ansehens des Seminars selbst, sondern auch um der Verantwortung willen verpflichtet, die er auf sich laden würde. Er dürfe nicht dazu beitragen, einer Gemeinde einen Lehrer zu empfehlen, von dem er wisse, daß dieser seinem Posten in keiner Weise gewachsen sei und gegebenenfalls unheilbaren Schaden anstiften könne.

Dabei blieb es; der alte Gnäppi mußte sich damit bescheiden. In der Erkenntnis, daß Lebrecht nach Ablauf seiner Studien nicht ohne weiteres eine Anstellung finden würde, nahm er sich vor, die Sache selbst an die Hand zu nehmen und seinem Sprößling eine Laufbahn, so oder anders, zu erschließen, die den Seminardirektor Lügen strafen sollte.

Dieser aber hielt sich an das gegebene Wort. So oft sich Lebrecht, wie die meisten seiner vor dem Abgang aus dem Seminar stehenden Kameraden, an freie Schulstellen meldete, wurde er nicht einmal zur persönlichen Vorstellung geladen, sondern seine Angebote wurden jeweilen nach einigen Wochen mit dem Ausdruck des Bedauerns, nicht darauf eintreten zu können, verdankt. Großrat Gnäppi sah ein, daß er handeln müsse.

Zu jener Zeit sah der Strafvollzug in seinem Kanton noch barbarischer aus als heute, was doch wahrlich nicht wenig sagen will. Er ging keineswegs darauf aus, die Häftlinge und Sträflinge zum Leben in der Freiheit zu erziehen und vorzubereiten, sondern seine einzigen, nie erreichten, weil unerreichbaren Zwecke bestanden im Abschrecken und Unschädlichmachen und in der Ausnützung ihrer Arbeitskraft. Diese ebenso unmenschlichen als kurzsichtigen Ziele wurden unterschiedslos beim Schwerverbrecher wie beim zufälligen leichten Gesetzesübertreter rücksichts- und gedankenlos verfolgt, wobei der Staat und seine Behörden sich vielmehr um die Ertragsfähigkeit des Betriebes seiner Strafanstalten als um die Behandlung ihrer Insassen kümmerten. Für die Verwaltung bedeutete der einmal eingelieferte Häftling einen endgültig aus der Gesellschaft Ausgestoßenen, eine unbezahlte, bis zum Zusammenbruch auszunützende Arbeitskraft für die Werkstätten und Gutsbetriebe der Anstalt; in allem übrigen wurde er schlimmer als ein Negersklave gehalten, um sein leibliches und geistiges Wohl weniger gesorgt als um das eines Stückes Vieh oder des Haushundes.

Daß auch verwahrloste oder sonst zufällig fehlbar gewordene Jugendliche, halbe Kinder oft, zur Verbüßung ihrer von den Gerichten ausgesprochenen Strafen der allgemeinen Strafanstalt zugeführt und daselbst, inmitten der erwachsenen Sträflinge, wie diese gehalten wurden, war für die damalige allgemeine Auffassung der Erziehung und des Strafvollzugs bezeichnend. Erst seit wenigen Jahren fühlte man sich bemüßigt, für diese Jungen, deren Schulbildung, wenn sie überhaupt welche genossen hatten, unverantwortlich vernachlässigt worden war, einen Lehrer einzustellen, der ihnen, soweit der Anstaltsbetrieb ihre Arbeitskraft entbehren konnte, das fehlende Wissen vermitteln sollte. Selbstverständlich wurde dieser Lehrer unerhört schlecht bezahlt; er bekleidete die wenig beneidenswerte Stellung eines als überflüssig empfundenen, ja störenden Angestellten, dem man wenig Achtung entgegenbrachte. Seine Tätigkeit galt als unabträglich und beeinträchtigte angeblich die Ergiebigkeit der Häftlingsarbeit.

Dieser unmenschliche, gesellschaftsschädigende Unsinn war endlich, nach langen Jahren, einigen höheren Regierungs- und Gerichtsbeamten zum Bewußtsein gelangt und hatte sie so empört, daß sie die unbedingte Trennung der jugendlichen von den erwachsenen Häftlingen forderten. Gleichzeitig verlangten sie eine besondere Rettungsanstalt, deren Hauptzweck sein sollte, die Jungen, im Gegensatz zur Strafanstalt, sorgfältig zu erziehen. Zu diesem Zwecke war eine Gesetzesvorlage beim Großen Rate schon vor längerer Zeit anhängig gemacht und wäre möglicherweise schon beschlossen worden, hätte sich nicht die Behandlung des Geschäftes aus finanziellen Gründen verzögert. Denn, so willig sich die Mehrheit des Großen Rates auch erwies, der berechtigten Forderung zu willfahren, so mußten nichtsdestoweniger, alter Gepflogenheit halber, Mittel und Wege erschlossen werden, die geplante Anstalt zu schaffen, doch so, daß sie möglichst wenig kostete. Es war vorauszusehen, daß die Angelegenheit in absehbarer Zeit geregelt würde.

Nun traf es sich, daß die Lehrstelle in der Strafanstalt wieder einmal unbesetzt war. Begreiflicherweise hielt es ein Lehrer daselbst nur gerade so lange aus, als sich ihm keine bessere Stellung bot. Bisher war keiner länger als ein Jahr dort geblieben. Da es so schwierig war, eine Lehrkraft für diesen wenig verlockenden Posten zu finden und sich Großrat Gnäppi im Aufsichtsausschuß der Strafanstalt befand, ermunterte er seinen Sohn, sich um die Stelle zu bewerben, die ihm voraussichtlich auch ohne Fürsprache seines Vaters zugefallen wäre, da sich sonst in Gottesnamen niemand darum beworben hatte.

Selbstverständlich war dem Großrat nicht darum zu tun, den Jungen in der Strafanstalt versauern zu lassen; sondern er rechnete damit und verhehlte es Lebrechten keineswegs, daß, bei Gründung der geplanten Rettungsanstalt, der bisherige Lehrer der Zöglinge voraussichtlich zu deren Verwalter und Vorsteher ernannt werden würde. Traf dies ein, dann war für den Sohn ein für allemal gesorgt; denn die staatlichen Verwalterstellen waren gesucht, weil sie allerhand Nebenvorteile boten, die sie trotz der niedrigen Besoldung begehrenswert erscheinen ließen. Außerdem verschafften sie ihren Inhabern ein gewisses öffentliches Ansehen. Auf diese Weise glaubte Großrat Gnäppi am fürsichtigsten für seinen Sprößling zu sorgen. Gelang der Wurf, dann blühte ihm obendrein noch die Genugtuung, seinen vom Seminardirektor so ungünstig beurteilten Sohn in einem Alter in eine jener Stellungen gebracht zu haben, die sonst nur älteren, erfahrenen Leuten zugänglich waren. Auch des Seminarleiters Schützlinge wären damit von vornherein geschlagen.

So kam es, daß der neunzehnjährige, eben dem Seminar entwachsene Lebrecht Gnäppi sich kurz darauf in einem Wirkungskreis befand, der ihm so fremd als möglich vorkam, und in den er weniger paßte als ein Simmentaler Zuchtstier zur Filigranarbeit, besonders, da seine ältesten Zöglinge kaum um ein oder zwei Jahre jünger waren als er selbst.

Nach außen freilich ließ der Großrat verlauten, er habe seinem Jungen die Annahme dieser Stellung empfohlen, weil an den armen, verwahrlosten, von Gott und der Welt verlassenen jungen Leuten ein Gotteslohn zu verdienen sei, obgleich sein Lebrecht viel bessere Stellen hätte bekleiden können. Aber man müsse nun einmal an den Armen und Verlassenen auch dann seine Christenpflicht erfüllen, wenn damit einige Opfer verbunden seien.

Im übrigen hatte sich Großrat Gnäppi nicht verrechnet. Die geplante Anstalt wurde kurz darauf im Großen Rate unter Dach gebracht und ihre Gründung angeordnet. Man hatte dazu ein zufällig dem Staate gehörendes, weltabgelegenes Bauerngut bestimmt, das zwar für einen Anstaltsbetrieb so ungeeignet als möglich war, aber mit kleinem Aufwand zur Not hergerichtet und von den Zöglingen entschädigungslos bearbeitet werden konnte.

Lebrecht Gnäppi hatte sein zwanzigstes Altersjahr kaum erreicht, als er, zum Vorsteher der neuen Anstalt ernannt, mit seinem nunmehrigen Zöglingsbestand, einem Oberknecht, der den Titel eines Aufsehers führte, einem Melker und einer Köchin auf die Schreckenhub übersiedelte und daselbst als sozusagen unabhängiger Herr und Meister sein kaum beschränktes Regiment antrat.

Seine rasche Beförderung war ihm mächtig zu Kopf gestiegen. Er hatte sich vorgenommen, seine Autorität vom ersten Tage an unbedingt und widerspruchslos in einer Weise zu wahren, daß sowohl Angestellte wie Zöglinge nicht einen Augenblick im unklaren sein konnten, wer der unbestrittene Herr und Meister sei, von dem ihrer aller Geschick und Wohlfahrt ausschließlich abhing. Dazu war er freilich so unvorbereitet und unfähig wie möglich. Da er keine andere Lehr- und Anstaltserfahrung besaß als die während eines Jahres im Zuchthaus angeeigneten, gliederte er seine Rettungsanstalt von vornherein nach dessen Vorbild. Das heißt, er arbeitete im Schweiße seines Angesichts zunächst eine Haus- und Betriebsordnung aus, ohne sich um die besonderen Gegebenheiten seines neuen Tätigkeitsfeldes zu kümmern, und ohne sie zu kennen, mit der man zur Not eine Abteilung Galeerensträflinge hätte meistern können.

Das Bemühendste an seiner neuen Stellung war für ihn, daß er, inmitten einer bäuerlichen Bevölkerung, die den Neuankömmling mißtrauisch beobachtete, den Landwirtschaftsbetrieb der Anstalt wenigstens nach außen und dem Namen nach leiten und verantworten sollte. Sein Vater hatte ihn seinerzeit, seine Untauglichkeit und seine Abneigung dagegen wohl erkennend, nicht weiter in seinen Eigenbetrieb eingeweiht, als es gerade unumgänglich gewesen war. Das wenige, das er daher in seiner frühen Jugend hätte lernen können, hatte er versäumt oder längst verschwitzt und Neues nicht hinzugelernt. Beides hätte ihm zwar hier, wo die Verhältnisse, die Lage und die Bodenbeschaffenheit ganz anders als in seiner engeren Heimat waren, herzlich wenig genützt.

Darum und weil er noch so jung war, hatten ihm die Behörden Peter Gut, den Mann mitgegeben, der bestimmt war, den landwirtschaftlichen Betrieb praktisch zu leiten. Dieser war ein gebildeter Landwirt, den seinerzeit lediglich seine Gutmütigkeit vom angesehenen Bauern zum verarmten Staatsangestellten heruntergebracht hatte. Durch seine Bürgschaft für seinen liederlichen jüngsten Bruder, dem er schon so oft geholfen hatte, war er um Hab und Gut gekommen und darum froh, eine Aufseherstelle im Zuchthaus zu erhalten, wo er sich bald um seiner Kenntnisse, seiner Pflichttreue und seiner Gutherzigkeit willen beliebt gemacht hatte.

Obwohl gütig und gelassen, war Peter Gut nichts weniger als beschränkt. Er hatte, als älterer, vielerfahrener Mann, seinen jungen Vorgesetzten bald gründlich durchschaut. Hätte dieser von dem tiefen Einblick gewußt, den der Aufseher schon nach kurzer Zeit in sein Inneres getan, würde er wohl erschrocken sein. Allein, mit seinem Unfehlbarkeitsdünkel hieb- und stichfest gepanzert, dazu alle seine Mitarbeiter, die nicht wenigstens einen akademischen Bildungsgang aufzuweisen hatten (denn so nannte er sein Seminarstudium), gründlich verachtend und als tieferstehende Menschen einwertend, glaubte er, den Aufseher leicht beherrschen zu können.

Peter Gut belustigte sich innerlich ob der Anmaßung seines Zufallsvorgesetzten, der sich seine rasche und unbillige Beförderung als Beweis seiner eigenen Fähigkeiten zurechtlegte und sich dementsprechend aufspielte. Allein, wohl einsehend, daß in der Anstalt seine Stellung nur dann möglich war, wenn er dem jungen Vorsteher wenigstens den Schein der Oberhoheit einräumte und sich begnügte, die ihm übertragene Aufgabe zu erfüllen, richtete er es so geschickt ein, daß Gnäppi gerade die Anordnungen traf, die er selbst ihm bloß obendrein gesprächsweise eingeflüstert hatte. Auf diese Weise kamen die beiden wenigstens äußerlich nicht allzu übel zusammen aus, obwohl, was Peter Gut nicht lange verborgen blieb, Gnäppi ihn haßte, weil er sich dem Aufseher doch in manchem nicht gewachsen fühlte. Das verletzte seine Eitelkeit sehr schmerzlich. Besonders aber haßte er ihn, weil die Zöglinge, wie er bald bemerkte, zu Peter Gut mehr Zutrauen und wirkliche Zuneigung als zu ihm selber faßten und jenen so verehrten, daß auch die widerborstigsten sich gefügig und anstellig erwiesen, wenn sie unter Peters unmittelbarer Leitung standen.

Peter Gut, der in seiner früheren Ehe selber keine Kinder gehabt hatte und nun, verwitwet, einsam in der Welt stand, hatte seinerseits Zuneigung zu den ihm unterstellten jungen Leuten gefaßt, von denen er wußte, daß die meisten von ihnen vielmehr die Opfer gesellschaftlicher Roheiten, Verhältnisse und des Unverstandes als eigener, verbrecherischer Triebe geworden waren. Also ließ er bei aller um des Vorstehers willen zur Schau getragenen Strenge bald sein Wohlmeinen merken. Er war redlich bestrebt, soweit es an ihm lag, aus den Burschen brauchbare Leute, gewissenhafte und kundige Landarbeiter heranzubilden.

Von anderem Holz war freilich der Melker, Andreas Schleicher, der auf seinem Gebiete und noch auf ein paar andern ziemlich tüchtig, daneben grundverschlagen und ausschießlich darauf bedacht war, sich so weich als möglich zu betten, wobei er sich in der Wahl seiner Mittel nicht übertrieben gewissenhaft erwies. Besonders verstand er es, durch auffällig zur Schau getragene Unterwürfigkeit und wohlberechnete Einfalt gerade einem Vorgesetzten wie Lebrecht Gnäppi denkbar erfolgreich in die Augen zu dienen.

Auch er hatte des jungen Vorstehers Hohlheit bald erkannt und lächelte im geheimen hämisch darüber. Als jener nach mehrwöchiger Abwesenheit im Militärdienst mit dem Grade eines Leutnants wieder auf seinen Posten zurückgekehrt war, da hatte er wenigstens das eine gelernt und behalten, nämlich das knapp dienstliche Meldewesen, wie es im Militär gebräuchlich ist. Zur

Erhöhung seines Ansehens führte er es sogleich in der Anstalt ein. Sowohl die Angestellten wie die Zöglinge wurden angehalten, sich unbedeckten Hauptes bei ihm einzufinden und ihm Meldung über ihr Tun und Treiben, in strammer Haltung stehend, zu erstatten.

Bei den Zöglingen setzte er das, vermöge seiner Machtbefugnisse, leicht durch; bei Peter Gut und der Köchin Lisbeth Mast dagegen verfing es weniger. Nachdem er einmal die mitleidig überlegenen Blicke des Aufsehers aufgefangen, das Mundwerk der Köchin gekreuzt hatte, als er ihnen, wie er es nannte, Anstand beibringen wollte, kam er nie wieder darauf zurück. Doch kochte er noch lange hintendrein vor Wut über das Verhalten der beiden Angestellten.

Andreas Schleicher dagegen hatte bald herausgefunden, daß das Eingehen auf diese neue Schrulle des Vorstehers nur dazu beitragen konnte, sich bei ihm in Gunst zu setzen. Daher sparte er mit Ehrenbezeugungen und knapp höflichen Anreden nicht, obwohl er den Vorsteher im tiefsten Innern verachtete und darauf ausging, ihn in seinen eigenen Netzen zu fangen, um ihn dem Gelächter und der Verachtung der Nachbarn auszuliefern. Auch er hatte früh die vollendete Ahnungslosigkeit Lebrechts in landwirtschaftlichen Fragen erkannt. Während Gut, wenn er beim Vorsteher Weisungen einholte, diesem die Antwort schon durch die Art der Fragestellung auf die Zunge legte und ihn so der Beschämung über seine Unkenntnis und seinen Mangel an Zuständigkeit enthob, begnügte sich Schleicher damit, knapp zu melden und ein schafiges Gesicht zu schneiden, indes er sich an des Vorstehers Ratlosigkeit weidete. Denn in den meisten Fällen mußte Gnäppi ihn, mit der Begründung, jetzt keine Zeit zu haben, abweisen, um sich zuerst einmal bei Peter Gut Rat zu holen.

Das aber tat er nie einfach und natürlich; er glaubte wunder was für ein Meisterstück an Gewandtheit zu leisten, wenn er den Aufseher wie zufällig zur Meinungsäußerung über die ihn gerade beschäftigende Frage veranlaßte, ohne zu ahnen, daß ihn dieser längst durchschaut und ihm auf halbem Weg großmütig entgegengekommen war.

Andreas Schleicher war und blieb aber beim Vorsteher stets besser angeschrieben als der Aufseher, obwohl er ihm mit seiner gutgespielten Dämlichkeit ab und zu Streiche spielte, die ihn empfindlich trafen. So zum Beispiel, als er ihm einmal mit möglichst gedrückter Miene meldete, die dritte Kuh, der Kleb, sei brünstig, nun wisse er nicht, was er zu machen habe. Er verhinderte nicht, daß Gnäppi, der sich keinen Rat wußte, den Tierarzt herbeschied.

Dieser schnauzte zunächst den Melker an und frug ihn, ob er denn verrückt geworden sei oder sein Geschäft nicht verstehe. Er müsse doch gesehen haben, was mit dem Tier los sei. Schleicher entschuldigte sich; die Anstalt besitze eben keinen eigenen Zuchtstier, da habe er dem Herrn Vorsteher die Brünstigkeit der Kuh vermeldet und natürlich lediglich darauf gewartet, Befehl zu erhalten, wohin er mit ihr zum Decken fahren solle. Der Tierarzt las daraufhin dem wie aus den Wolken gefallenen Vorsteher einiges aus der Tierkunde vor, das er mit recht bissigen Ausfällen über die einem Anstaltsverwalter unerläßlichen landwirtschaftlichen Kenntnisse dermaßen würzte, daß Lebrecht ihm am liebsten an den Kragen gefahren wäre. Doch – angesichts der Körperkraft des Tierarztes – schien es ihm doch ein zu gefährliches Unterfangen. Sein Zorn stieg um so höher, als ihm bald darauf zu Ohren kam, daß der Tierarzt die Geschichte überall herumerzähle und ihn dem Spott der ganzen Umgebung preisgab, während der verschmitzte Schleicher es einzurichten wußte, daß er fortan von Lebrecht Gnäppi gegenüber den andern Angestellten bevorzugt wurde.

Das alles wäre nun an sich zwar nicht gerade angenehm, aber doch nicht eigentlich unheilvoll gewesen, wenn sich Lebrecht zur Erfüllung seiner Hauptpflicht, der der Erziehung der ihm anvertrauten jungen Leute, auch nur im mindesten geeignet hätte.

Allein, auch ein von Natur aus wesentlicherer Mensch als er würde dort eine gar nicht leicht zu knackende Nuß vorgefunden haben. Auch ein in jeder Hinsicht einwandfreier, sachkundiger, doch erst zwanzigjähriger Mann würde der Aufgabe, wie der an Lebrecht übertragenen, nicht gewachsen gewesen sein. Wieviel weniger ein an sich geistig und seelisch nicht durchaus normaler Mensch, der sich obendrein unfehlbar wähnte, dessen Selbstüberschätzung auch den freundschaftlichsten, einsichtigsten Räten gegenüber unempfänglich geblieben wäre, auch wenn sie ihm jemand hätte erteilen können oder wollen.

Seine engstirnige Veranlagung führte Lebrecht vor allem dazu, sich unbedingte Beachtung und ebenso unbedingten Gehorsam zu erzwingen. Darin lag ein unterbewußtes Eingeständnis seiner Mängel, eines Minderwertigkeitsgefühles, dessen er durch äußeren, rücksichtslosen Zwang und Gewaltanwendung Herr zu werden versuchte. Da er einerseits kein Gemüt hatte, andererseits zu phantasiearm war, um sich in seine Zöglinge einzudenken und sie dementsprechend zu behandeln, so blieben ihm zur Erreichung der angestrebten Unterwürfigkeit und strammer militärischer Ordnung nichts als die unmenschlichen Straf- und Zuchtmittel, wie sie damals noch in den Strafanstalten gang und gäbe waren. Sie beschränkten sich auf Dunkelarrest bei Wasser und Brot, auf Prügel mit weidengeflochtenen, im Salzwasser gebeizten Ruten und auf die Anwendung von Zwangsjacke und Kettenstrafen.

Wie jeder beschränkte und ehrgeizige Mensch in einer Stellung, der er nicht gewachsen ist, war auch Lebrecht Gnäppi ein richtiger, kleinlicher Peinling, der vermeinte, mit Reglementen die ihm fehlende Einsicht ersetzen zu können. Damit glaubte er die Lage zu bemeistern, wenn ihn auch täglich neue Vorfälle über die Unzulänglichkeit seiner Auffassung hätten belehren müssen. Er leitete daraus lediglich die Notwendigkeit ab, seine Vorschriften stets noch um einige zu vermehren. Dies in der trügerischen Hoffnung, schließlich werde er wohl allen denkbaren Möglichkeiten zu begegnen und sie zu beherrschen vermögen. Ein Irrtum, dem übrigens schon Leute, die bedeutender waren als der unerfahrene, beschränkte zwanzigjährige Schulmeister, zum Opfer gefallen sind und immer noch zum Opfer fallen werden, welches zu belegen gerade in einem Beamtenstaat nicht eben schwer fällt.

Um sich nun der bedingungslosen Unterwürfigkeit seiner Zöglinge von allem Anfang an zu versichern, dann aber auch, um den Schein der Unparteilichkeit und Gerechtigkeit zu wahren, hatte er sich zum Eigengebrauch ein Straf- und Züchtigungshandbuch angelegt, das die Zöglinge bald zutreffend den Straftarif nannten.

Für ungenügende Leistungen bei der Feldarbeit oder in der Schule waren Dunkelarrest bei Wasser und Brot bis zur Dauer von acht Tagen vorgesehen, wobei der Bestrafte nur jeden dritten Tag entweder einen Liter Milch oder eine warme Suppe zum knapp zubemessenen Brot kriegte. Im Wiederholungsfall setzte es Salzrutenprügel von zehn bis vierzig Streichen, je nach der Schwere des Falles, der Eigenart des Zöglings oder der Laune des Vorstehers ab. Bei dieser Strafe wurde der Zögling, nur mit Hose und Hemd bekleidet, auf eine Bank geschnallt und ihm die Streiche einzeln, mit entsprechenden Kunstpausen, in Gegenwart des Vorstehers verabfolgt. Fast ausnahmslos übernahm Schleicher, der sich für derartige Verrichtungen ganz besonders eignete, diese Züchtigungen.

Die geringste Auflehnung gegen Hausordnung, Vorschriften oder Vorgesetzte wurde ohne weiteres mit Prügel bestraft, wobei als Widersetzlichkeit nicht nur tätliche oder wörtliche Auflehnung, sondern, je nach Laune und Ermessen des Vorstehers, auch harmloses Mienenspiel, ein verdrossener oder erregter Gesichtsausdruck, gedeutet wurden.

In Fällen sogenannter sittlicher Entgleisungen oder Vergehen, die Gnäppi als schwer wertete, Zwangsjacke von zwei bis zwanzig oder mehr Stunden, die sich auf mehrere Tage verteilen konnten.

43

Dieses an sich schon unmenschliche Strafverfahren wurde dadurch noch grausamer, daß der Vorsteher selten oder nie fähig war, die Schwere des Vergehens wirklich zu werten, sondern seine Strafen blindwütend, lediglich auf Äußerlichkeiten fußend verhängte, so daß seine Zöglingsschar sich bald in einem Zustande steter Rechtsunsicherheit befand. Jeder Einzelne fühlte, was er auch tun oder lassen mochte, die Drohung unmenschlichster Mißhandlungen dauernd über seinem Nacken schweben.

Dadurch wurden die Jungen bald verschüchtert, kriecherisch, tückisch und verschlagen, bis schließlich ihr Anblick eher an abgelebte, enttäuschte Greise, an verprügelte Hunde denn an junge Leute gemahnte, die noch ein Leben vor sich hatten. Das nun war Lebrecht Gnäppi eben recht, denn seine Erziehungsweisheit gebot ihm nur einen Grundsatz, nämlich den, die Zöglinge sich ducken zu lehren, ihren Willen, ihre Eigenmenschlichkeit zu vernichten, sie zu toten, willenlosen Werkzeugen für die Hand dessen zu formen, der sie eben zu gebrauchen oder zu mißbrauchen begehrte.

Lebrecht Gnäppi war beispielsweise nicht imstande, bei ungenügender Arbeitsleistung zu unterscheiden, ob sie auf Ungeschicklichkeit, Mangel an Übung, Faulheit oder bösen Willen zurückzuführen sei. Ausschlaggebend war ihm einzig die Arbeitsmenge, nach der er zwar nie eine Belohnung, wohl aber unaufhörliche Strafen bemaß. Ebenso vermochte er die Äußerung einer lebhaften Veranlagung nicht von Frechheit oder Trotz zu unterscheiden. So kam es, daß binnen kurzem sämtliche Zöglinge, immer hart und ungerecht bestraft, stets bespitzelt und verdächtigt, schon bei seinem bloßen Nahen erzitterten, ihn bis in ihre Seele hinein verachten und glühend hassen lernten.

Daneben zog er sich, auf daß ihm ja nichts zu entgehen vermöge, ein eigentliches Angebertum unter den jungen Leuten groß, so daß diese gegeneinander mißtrauisch wurden und nicht einmal den Trost der Leidensgefährtenschaft mehr genossen. Darunter litten nicht nur die Zöglinge selbst, sondern auch die

Angestellten, namentlich der Aufseher und die Köchin. Über sie ließ sich der Vorsteher von seinen Spionen regelmäßigen Bericht erstatten und stellte sein Verhalten ihnen gegenüber dementsprechend ein. Der Melker jedoch, der kam um so ungeschorener davon. Er hatte bald gemerkt, wie wert er sich machen konnte, wenn er sich ebenfalls der Angeberei über die Zöglinge wie über seine Mitangestellten befliß. Dadurch ergatterte er sich Freiheiten, die eigentlich dem Vorsteher nichts weniger als willkommen waren, die er aber wohl oder übel dulden mußte, da ihn eine innere Stimme vor der Rachsucht und Falschheit des Melkers leise warnte.

Daß die Zöglinge dabei zu eigentlicher schwerer Zwangsarbeit bei ungenügender Nahrung jahraus, jahrein strenge angehalten wurden, so daß die meisten bald kränklich, müde, ewig hungrig und wie zerschlagen aussahen, war dem Vorsteher nur teilweise zu verargen. Denn was die Arbeit anbetrifft, so hatte er deren Ausmaß und Einteilung eben im Zuchthaus erlernt, und seine Anstalt war wenn nicht dem Namen, so doch ihrer ganzen Anlage und ihrem Betriebe nach als solches und nicht als Erziehungsanstalt gedacht. Trugen doch die Zöglinge samt und sonders Sträflingskleider, aus dem einfachen Grunde, weil alle staatlichen Anstalten mit Erzeugnissen aus der gleichen Weberei und Schneiderei wohlfeil versorgt wurden.

Und daß die Verpflegung unter aller Kanone war, lag noch weniger an Lebrecht Gnäppi; denn es hieß eben mit den von Staat und Behörden zugebilligten Mitteln auszukommen. Die aber waren nicht bloß auf der Schreckenhub, sondern in allen Staatsanstalten karg bemessen.

Zweifelsohne gab sich Lebrecht Gnäppi, wenigstens in seinen ersten Jahren, einige Mühe, seinem Erzieherberuf zu genügen. Allein, was wollte das bei fehlender Veranlagung, seinem selbstvergötzenden Ehrgeiz und dem Mangel an Einsicht und Einfühlungsvermögen sagen?

Im Seminar hatte er sich die Lehre angeeignet, die Religion sei vor allem dazu berufen, einen erzieherisch fördernden Einfluß auszuüben. Also veranstaltete er Religionsübungen bis zur Übersättigung, bis zum Ekel. Jegliches Tagewerk wurde mit einer Andacht vor versammeltem Haus begonnen und beschlossen. Eingeleitet wurde sie mit dem Verlesen eines Bibelabschnittes, an den der Vorsteher aus dem Stegreif einige erbaulich klingen sollende Betrachtungen knüpfte, die jedoch fast regelmäßig in eine Verherrlichung seiner Person, seines Wirkens und seiner Anstalt ausmündeten, so daß die Zöglinge recht bald den Anstaltsherrgott für einen mitverschworenen Strafbonzen ihres Herrn Vorstehers hielten und ihn in den gleichen Haß und dieselbe Verachtung mit einbezogen.

Die Andachten wurden stets mit dem Gesang eines Kirchenliedes gewürzt. Das nun hätte erhebend sein und einen flüchtigen Sonnenblick in das düstere Dasein der gedrückten Zöglinge hineintragen können, wäre der Vorsteher nicht zu sinnenfällig beflissen gewesen, auf dem Harmonium seine Spielfertigkeit zu zeigen und sich bewundern zu lassen. So wurden den jungen Leuten auch diese kurzen Augenblicke des Ausspannens zu einer neuen Qual.

Übrigens merkte sich Gnäppi, namentlich wenn er mit zu drei Vierteln geschlossenen Augen salbungstriefend sein hohles Schlußgebet sprach, sorgfältig alle diejenigen, deren Gesichtsausdruck nicht reine Unterwürfigkeit und Bewunderung seiner rednerischen und musikalischen Gaben bekundete, um sie gelegentlich, in einem von ihnen noch ungeahnten Zusammenhang, als verstockte Sünder zu maßregeln.

Dem ehrlichen, schlichten und geraden Peter Gut waren die Andachten bald dermaßen zuwider, daß er bald diese, bald jene Verrichtung vorschützte, um ihnen nicht beiwohnen zu müssen. Schließlich brachte er es zustande, ganz wegzubleiben, obwohl oder besser gesagt, weil er gläubigen Gemütes war.

Der Köchin, der es ähnlich wie Peter erging, konnte kaum zugemutet werden, den Andachten beizuwohnen, schon ihrer gerade in jene Stunden fallenden Beschäftigungen wegen. Gnäppi hatte sie anfangs gezwungen, bis ihm, natürlich von Schleicher, hinterbracht wurde, sie habe nach jeder Andacht ein unwiderstehliches Bedürfnis nach einem guten Schluck kräftigen Schnapses, um die fade Süßigkeit hinunterzuspülen. Von da an wurde sie zu den Andachten nimmer zugelassen, verspürte aber bald, um wieviel sie nun in der Wertschätzung ihres Vorgesetzten gesunken war.

Schleicher freilich, der wohnte den Andachten geflissentlich auch dann bei, wenn ihn dringliche Geschäfte eigentlich im Stalle hätten festhalten sollen. Er wollte sich bei dem Vorsteher noch mehr einschmeicheln, dann auch, seiner tückischen Büttelnatur entsprechend, die Zöglinge in ihrem Verhalten während der Andachten belauern und dem Vorsteher seine allfällig gemachten oder erdichteten Beobachtungen hinterbringen.

Als Lebrecht Gnäppi seine Stelle angetreten hatte, mit dem Vorsatz, unbedingte Unterwürfigkeit unter dem Anstaltsdache zu erzwingen, war er ebenso entschlossen, auch seine nähere und weitere Umgebung zu beeindrucken, sich Achtung und Ansehen zu erwerben, was ihm übrigens gar nicht so übel glückte. Denn die Bauern von Lochschwanden, zu deren Gemeinde die Schreckenhub gehörte, zählten zu jener Zeit keineswegs zu den aufgewecktesten und lebten, von der Außenwelt ziemlich abgeschlossen, altem Herkommen getreu vor sich hin, gegen alles Neue wie gegen jeden Fremden wortkarg und mißtrauisch.

Lebrecht Gnäppi hätte es daher nicht einmal nötig gehabt, den amtlich zwar unnahbaren, aber im Einzelverkehr überlegen zutunlichen Nachbarn zu spielen, um sich die Sonderstellung zu sichern, die er im Dorfe anstrebte.

Schon der Umstand, daß er nie anders als städtisch, und zwar immer sorgfältig gekleidet und frisiert war, schuf zwischen ihm und den Dorfgenossen einen nicht zu überbrückenden Abstand. Dazu kam, daß bald genug ruchbar wurde, welch strenges Regiment er auf der Schreckenhub führe. Da aber Gewaltsamkeit und äußerlicher Schneid, gleichviel welcher Beschaffenheit und welchen Ursprunges sie auch sein mögen, bei den Bauern ihren

Eindruck nie verfehlen, so bezeugten sie ihm eine Achtung, die freilich mit Mißtrauen stark durchsetzt war. Gnäppi steigerte diesen Respekt, indem er an den Kirchgemeindeversammlungen gelegentlich das Wort ergriff und besonders den pietistisch eingestellten Gemeindegliedern durch seine zwar gehaltlosen, aber ölig fließenden Gemeinplätze aus dem Herzen redete. Dazu kam die Überlegung, daß er in seinem Alter kaum an so verantwortungsvollem Posten stünde, wäre er nicht auf Gebieten, von denen sie zwar nichts verstünden, außerordentlich tüchtig.

Das alles merkte sich Lebrecht Gnäppi sehr wohl. Er war beflissen, seine keimende Volkstümlichkeit nach Möglichkeit auszubauen und zu pflegen, freilich nicht so weit, wie er sehnsüchtig wünschte und wofür er alle ihm zur Verfügung stehenden Hebel in Bewegung setzte. Er wurde nicht in den Gemeinderat, ja nicht einmal in den Kirchgemeinderat oder in andere Gemeindebehörden gewählt. Das unausgesprochene Mißtrauen gegen ihn behielt die Oberhand bei der Bauernsame, die im Grunde genommen nicht so dumm war, wie Lebrecht wähnte.

Um so eifriger wahrte er sein Ansehen innerhalb seines engeren, unbestrittenen Machtgebietes, der Schreckenhub. Seine schon ohnehin übermäßige Eitelkeit und Selbstbehauptungssucht stieg allmählich bis zum Krankhaften.

Wie bereits erwähnt, legte der Vorsteher von jeher übertriebenen, geckenhaften Wert auf seine äußere Erscheinung. Folglich besaß er eine ungewöhnliche Menge verschiedener Anzüge aus den besten, schönsten Stoffen, die er immer nach wenigen Tagen wechselte, in der deutlichen Absicht, die Aufmerksamkeit auf sich selbst und auf seinen reichen Kleiderbesitz zu lenken. Außerdem besaß er seine Leutnantsuniform. Er war allerdings schon nach der ersten Kaderschule endgültig außer Dienst gestellt worden, da seinen Vorgesetzten seine Unfähigkeit zur Lösung auch der einfachsten Aufgabe, die einem untergeordneten Offizier etwa gestellt werden mag, bald klar geworden war.

Um aber dennoch mit dem mehr zufällig, aus Unaufmerksamkeit, Zerstreutheit oder Gutmütigkeit seines derzeitigen Schulkommandanten erworbenen Offiziersrang zu glänzen, ließ er sich aus seinen Waffen und seiner Offiziersmütze eine Trophäe anfertigen, die er an unmöglich zu übersehender Stelle in seiner Kanzlei anbrachte, wo er sowohl seine Hausgenossen als auch fremde Besucher empfing.

Nach einiger Zeit nun zog er sich einen Zögling zum eigentlichen persönlichen Bedienten heran, dem vor allem oblag, die Kanzlei und die Wohnräume des Herrn Vorstehers ständig in einem Zustande kasernenhaft blendender Ordnung und Sauberkeit zu erhalten, dann die zahlreichen Schuhe und Stiefel des Herrn jeweilen hochglänzend bereit, endlich dessen Bekleidungsbestand stets in gebrauchsfertigem Zustande zu halten. Zu diesem Ende wurde der Junge immer häufiger angehalten, an einem gut sichtbaren Wäscheseil vor dem Hause sämtliche Anzüge zum Reinigen aufzuhängen, wobei weder der schwarze Gehrockanzug noch die Leutnantuniform je fehlen durften.

Unter den gewitzteren Zöglingen erhielt sich übrigens hartnäckig das zwar erst viele Jahre später bestätigte Gerücht, die auffällige Zuneigung des Vorstehers zu seinem jungen Bedienten gehe weit über das Maß hinaus, das auch dem vertrautesten Angeber und Speichellecker von einem engstirnigen Tyrannen zuzutrauen sei, besonders da der Junge auffällig hübsch und weichlich war. Selbstverständlich erfuhr Gnäppi von diesem Gerücht zu seinem, besonders aber zu der Zöglinge Glück, nie das mindeste, obwohl ihm schwerlich entgehen konnte, daß diese seinen Schützling ausnahmslos, soweit es ohne besondere Gefährdung geschehen konnte, schnitten, ehrlich haßten und verachteten.

Allein, auch in anderer Hinsicht wurde das immer deutlicher sich dem Größenwahn nähernde Gebaren Lebrecht Gnäppis bis zur Lächerlichkeit auffällig. So brachte es eines Tages der Schulunterricht mit sich, daß er seinen Zöglingen den Körperbau des

49

Menschen auseinandersetzte und sie bei dieser Gelegenheit darauf hinwies, ein geräumiger Schädel, namentlich aber eine hohe Stirne lasse auf ein wohlentwickeltes Gehirn, folglich auf überdurchschnittliche Geistesgaben schließen. In diesem Zusammenhang frug er, seine Erläuterungen unvermittelt unterbrechend, wer von den hier Versammelten die höchste Stirne aufweise. Die Antwort fiel aus, wie er sie erwartet hatte:

«Der Herr Vorsteher!»

Gnäppi lächelte befriedigt und frug weiter:

«Wer hat aber nach mir die höchste Stirne?»

Die Zöglinge nannten ihren Kameraden Burier, einen Zögling, den der Vorsteher durchaus nicht leiden mochte, worauf Gnäppi ausführte, es gebe auch Ausnahmen, wo die hohe Stirne nicht ohne weiteres mit sehr entwickelten geistigen Gaben gepaart sei, oder wo sich diese zum Bösen, zum Verbrechen wendeten. Dieser Fall sei aber viel schlimmer, als wenn ihr Träger ein durchschnittlicher Dummkopf wäre. Burier möge sich daher auf diesen scheinbaren Vorzug, der ihm von der Natur ohne sein Verdienst zugebilligt worden sei, ja nichts einbilden, sondern darauf Bedacht nehmen, sein inneres Leben seiner äußern Erscheinung entsprechend zu bessern und zu veredeln.

An regnerischen Sonntagen mußten die Zöglinge die paar Stunden, die ihnen zur Erholung außer den Hausarbeiten, der Morgenpredigt und den gelegentlichen nachmittäglichen Andachten, die jeweilen veranstaltet wurden, wenn ein Fremder sich zum Besuch in die Anstalt verirrte, im Speisezimmer zubringen, woselbst sie sich an erbärmlich dürftigem Lesestoff oder an einfachen Brettspielen vergnügen durften. Zwar waren immer einige Zöglinge darunter, die Schach spielen konnten, oder solche, die es gern erlernt hätten. Doch der Vorsteher, der es darin nie über die Anfänge hinaus gebracht hatte, duldete es nicht, da er auch im Spiel, wie überall, der Unübertroffene und Bewunderte zu sein begehrte. Also behalfen sich die Jungen in der Hauptsache mit dem Mühlespiel. Dieses übrigens recht einfache, um nicht zu sagen einfältige Spiel läßt sich bekanntlich auf zwei Arten gewinnen. Die erste, leichtere, besteht darin, möglichst viele Mühlen, womöglich Doppelmühlen zu bauen, um dann dem Gegner die Steine, bis zu seiner vollständigen Erschöpfung, wegzukapern. Die andere, etwas schwierigere Art, die übrigens nur von einem vorzüglichen Spieler gegen einen schwachen sicher angewandt werden kann, geht darauf hinaus, dem Gegner seine Steine womöglich zu belassen, jedoch die eigenen Züge so einzurichten, daß sich der Partner schließlich eingesperrt befindet, keinen weiteren Zug mehr unternehmen kann und dadurch das Spiel verliert. Nun galt unter den Zöglingen Rumpf als der unbestrittene Meister des Mühlespieles. Als er eines Sonntags der Reihe nach seine sämtlichen Gegner besiegt hatte, schlug ihm der Vorsteher vor, auch mit ihm zu spielen. Rumpf, von seinem Spieleifer hingerissen, wandte regelmäßig die zweite Art des Spieles an, so daß binnen einer Viertelstunde Gnäppi – nicht weniger als fünfmal eingesperrt – die Partie aufgeben mußte. Er tat es schließlich, mit einem bösen Blick aus seinen vor mühsam unterdrücktem Ärger grün schielenden Augen und der Bemerkung, er habe bis dahin geglaubt, Rumpf sei eben nicht der Schlauste, da er in der Schule, besonders im Deutschunterricht, so viele Flüchtigkeits- und andere Fehler begehe. Nun aber habe er ihn absichtlich auf die Probe gestellt und sich schlagen lassen, um festzustellen, wie heimtückisch und verschlagen Rumpf sei. Er werde sich das nun für die Zukunft merken. Rumpf möge sich also fortan zusammennehmen im Unterricht, sonst setze es was ab.

Wirklich wurde Rumpf schon in der folgenden Woche, wegen eines Aufsatzes, an dem der Vorsteher allerlei zu rügen fand, nicht etwa, wie dies sonst gebräuchlich war, lediglich durchgeprügelt, sondern auf drei Stunden in die Zwangsjacke gesteckt. Da war aber auch nicht ein Zögling, dem nicht klar gewesen wäre, daß ihr Kamerad lediglich seine Überlegenheit beim Mühlespiel gegenüber dem Vorsteher büße.

Überhaupt veränderte und verfinsterte sich Lebrecht Gnäppi zusehends. Seine Gewaltmaßnahmen wurden je länger je willkürlicher, grausamer, launischer.

Schon vom ersten Tage seines Amtsantrittes an hatte er sämtliche Strafen, die er verhängte, stets in seiner Gegenwart vollziehen lassen, wobei er zwar selber nie Hand anlegte, wohl aber, wie aus Stein gehauen, regungslos dabei stand und von dem bestraften Zögling keinen Blick abwandte.

Seit einiger Zeit fiel aber den Zöglingen wie den Angestellten auf, daß sich Gnäppi nicht mehr an die von ihm seinerzeit so sorgfältig ausgeklügelte Strafordnung hielt, sondern einfach nach Laune, Einfall, plötzlicher Abneigung ganz willkürlich die sinnlosesten, härtesten Strafen verhängte. Ebenso war keinem entgangen, daß er sich im Augenblick, wo sich der gefolterte Zögling in den höchsten Qualen wand und erbärmlich schrie, nur mühsam enthalten konnte, sich auf ihn zu stürzen, um ihm noch Ärgeres zuzufügen; daß seine Augen dabei wollüstig zwinkerten, seine Lippen zuckten, während sich an seinen Mundwinkeln leichter Schaum ansammelte, seine Hände aufgeregt bebten, seine Stimme rauh und heiser, seine Haut von kühlem Schweiß belegt wurde. Dies war namentlich der Fall, wenn er seinen Zögling in die Zwangsjacke hatte stecken lassen, wobei er sich oft halbe Stunden lang an den Schmerzensäußerungen des Gemarterten weidete, dessen Schultergelenke, weil fast ausgerenkt, ihm die unerträglichsten Schmerzen verursachten und dessen Lunge keine Luft mehr fassen konnte. Des armen Teufels Qualen suchte Gnäppi noch durch nichtswürdige Bemerkungen und Schmähungen zu steigern.

Bald aber sollte es noch anders, noch schlimmer werden! Die Grausamkeitsanfälle Gnäppis mehrten sich, erwuchsen ins Widernatürliche. Er begnügte sich nicht mehr, die Strafen, die er immer reichlicher, immer sinnverwirrter verhängte, zu beaufsichtigen und mit seinen Hohnreden zu verschärfen, sondern er fiel in sadistischen Wutanfällen die ihm wehrlos ausgelieferten Zöglinge tätlich an. Die verhängten Zwangsjacken-strafen wurden immer länger. Floß der Schweiß stromweise über des Gemarterten Gesicht und versagte ihm die Lunge den Dienst dermaßen, daß seine Schreie in heiseres Röcheln über-gingen, dann ergriff Gnäppi ein Holzscheit, eine Peitsche, einen Besenstiel oder was ihm sonst gerade zur Hand lag, um den ohnehin gequälten Jüngling auf die überstraff gespannten Arme zu schlagen und ihm so noch größere Schmerzen hinzu-zufügen.

Bis es einmal geschah, daß er, zu heftig schlagend, dem Zög-ling Knutti den Vorderarm entzweischlug. Diesmal kriegte es Gnäppi mit der Angst zu tun, denn ohne ärztlichen Beistand ließ sich der gebrochene Arm nicht heilen, und vor dem Einblick des Arztes, der ein unabhängiger, rechtdenkender, überdies nichts weniger als furchtsamer Mann war, hegte Gnäppi eine ganz be-sondere Abneigung. Also wurde der Zögling durch Drohungen gezwungen, dem Arzt vorzulügen, er habe sich den Bruch durch einen Sturz vom Heuboden zugezogen. Der Doktor mußte es wohl oder übel glauben, da aus dem armen Kerl nichts anderes herauszubringen war.

Der Zögling Walder wurde wegen eines nie klar ermittelten Vergehens nicht weniger als drei Tage lang hintereinander auf je acht Stunden in die Zwangsjacke gesteckt und auch außerdem in einer Weise mißhandelt, daß er schließlich zusammenbrach und auf mehrere Tage ins Krankenzimmer verbracht werden mußte. Das war, der allgemeinen Ansicht seiner Kameraden nach, sein Glück, denn es war ihnen nicht entgangen, daß seit einiger Zeit die plötzlich ungestüm hervorbrechende Hyänenwut des Vorste-hers ganz besonders auf Walder gerichtet war. Daher war anzu-nehmen, der Vorsteher würde die Folter nach drei Tagen nur un-ter dem Zwang höherer Gewalt abbrechen. War es doch noch kürzlich vorgekommen, daß Gnäppi, den Zögling auf einer ein-samen Arbeitsstelle beim streng verbotenen Rauchen überra-schend, diesen in einem seiner Wutanfälle mit beiden Händen an den Wangen gefaßt und dermaßen gebeutelt und ins Gesicht geschlagen hatte, daß der arme Kerl Riß-, Quetsch- und Kratzwunden am Kopf nach Hause brachte.

Wie es sich von selbst versteht, verstärkte sich bei den Zöglingen der Wille, aus dieser stets unerträglicher werdenden Hölle, gleichviel auf welchem Wege, herauszukommen. Allein, zu entweichen war weder leicht noch geraten; denn selbstverständlich verhehlte sich der Vorsteher die Geistesverfassung seiner Schützlinge keineswegs, so daß ihre Bewachung äußerst streng war. Außerdem beobachteten die Zöglinge einander gegenseitig, da Gnäppi ein für allemal eingeführt hatte, die engeren Kameraden allfällig entwichener Zöglinge ohne weiteres in die Zwangsjacke zu stecken, unter dem Vorwand, sie hätten um des Ausreißers Vorhaben gewußt und es nicht zur Anzeige gebracht. Endlich war es mit dem bloßen Entweichen nicht getan. Es handelte sich vor allen Dingen darum, nicht wieder aufgegriffen und eingebracht zu werden, weil in diesem Falle Strafen verhängt wurden, die – Tieren gegenüber angewandt – den, der sie angeordnet hätte, erbarmungslos hinter Schloß und Riegel geführt haben würden.

Trotzdem kam es auf der Schreckenhub, wenn auch nicht gerade häufig, vor, daß Zöglinge ausbrachen, freilich bald wieder eingebracht und den fürchterlichsten Grausamkeitsausbrüchen ihres Vorstehers ausgeliefert wurden. So waren zwei Zöglinge, ein zwölf- und ein vierzehnjähriger, schon zum zweitenmal gemeinsam entwichen. Da Tage, dann Wochen, schließlich Monate verflossen waren, ohne daß die beiden aufgegriffen und eingebracht worden wären, hofften ihre Kameraden für sie, es sei ihnen gelungen, sich endgültig aus dem Bereiche der Schreckenhub zu entfernen, bis sie eines Tages wieder von einem Landjäger hergeführt wurden.

Was nun geschah, war so grauenhaft, daß nach etwa acht Tagen sogar Schleicher, des Vorstehers gewöhnlicher Helfershelfer, Fürbitte einlegte; vielleicht aus der nicht völlig unbegründeten Furcht, es möchte, falls es schief kommen sollte, auch ihm an den Kragen gehen.

Zunächst einmal wurden die beiden Ausreißer dem gesamten Zöglingsbestand als verruchte Missetäter eindringlich vorgestellt. Dann wurden ihnen die für sie in Aussicht genommenen Strafen einzeln, mit der Zeitangabe ihrer bevorstehenden Ausführung verlesen; eine Verschärfung, die Gnäppi ersonnen hatte, um sich schon zum voraus an der Angst und dem Entsetzen der Straffälligen zu weiden. Etwa acht Tage lang wurden die beiden Jungen bei Wasser und Brot im Dunkelarrest belassen, wobei Salzrutenprügel und je drei Stunden Zwangsjacke Tag um Tag lieblich abwechselten, bis sich, wie gesagt, Schleicher für sie einsetzte, da zu befürchten stand, sie könnten, falls die Mißhandlungen nur noch kurze Zeit fortgesetzt würden, endgültig zusammenbrechen.

Die Quälerei wurde also unterbrochen. Die beiden mußten auf mehrere Tage ins Krankenzimmer verbracht werden, wo sie sich allmählich erholten. Als sie wieder einigermaßen hergestellt waren, ließ ihnen Gnäppi in der Dorfschmiede am rechten Fuß eine etwa zwei Schuh lange Kette mit einer zehn Kilogramm schweren Eisenkugel anschmieden, die sie in der Folge länger als ein Jahr mit sich herumschleppten, und die ihnen erst abgenommen wurde, als der kleinere der beiden Buben infolge der steten Reibung des Ringes einen wunden Knöchel kriegte, der bleibenden Nachteil befürchten ließ.

Inzwischen ging Lebrecht Gnäppi auf Freiersfüßen. Seiner ganzen sonstigen Beschaffenheit nach hatte er seine Erwartungen nicht eben niedrig gespannt, sondern versucht, die einzige Erbin eines der reichsten Bauernhöfe der Nachbarschaft einzufangen. Eine Weile schien es, als ob ihm sein Unternehmen gelingen wolle; doch plötzlich wurden die Beziehungen sang- und klanglos abgebrochen. Gnäppi vermochte sich nicht einmal den Zöglingen gegenüber der Erklärung zu enthalten, seine gewesene Braut habe nicht jenen tiefen, evangelisch-christlichen Sinn

55

bekundet, den er als selbstverständliche Voraussetzung von seiner künftigen Frau fordern müsse. Im Dorfe ging freilich die Rede um, der in Aussicht genommene Schwiegervater und seine Tochter seien von allerhand Vorfällen, die sich auf der Schrekkenhub fast alltäglich ereigneten, hinreichend unterrichtet worden, um kein Verlangen nach noch engerer Bekanntschaft mit ihrem Vorsteher zu verspüren, und hätten ihm infolgedessen den Laufpaß gegeben.

Dieser aber wütete in seiner Anstalt ungestört weiter. Da nun Peter Gut eines Tages, seine angeborene Zurückhaltung überwindend, Einspruch erhob, ward ihm von oben herab recht deutlich zu verstehen gegeben, er habe sich nicht in Dinge zu mischen, die ihn nichts, sondern nur seinen Vorgesetzten angingen. Als kurz darauf der Inspektor mit einigen Mitgliedern des Aufsichtsausschusses eingetroffen war, um sich zu überzeugen, daß das Anstaltsgut vernünftig und abträglich bearbeitet werde, die Pferde, Kühe und Schweine sich den Umständen angemessen wohl befänden, Lisbeth Mast, die Köchin, es verstand, ein treffliches Mittagsmahl herzurichten, und auch die Zöglinge einen sauberen, wohlgesitteten Eindruck machten, da ermannte sich Peter Gut noch einmal und trug seine Klagen vor.

Allein, der schlichte Mann war zu wenig wortgewandt, um die wohlgesättigten Herren zu überzeugen, daß doch vielleicht nicht alles so wohl bestellt sei, wie es der Schein, die Erklärungen des Vorstehers und das Verhalten der Zöglinge glaubhaft erscheinen ließen. Immerhin lag eine regelrechte Beschwerde vor, die der Inspektor von Amts wegen nicht ohne weiteres umgehen durfte: also schlug er vor, unverzüglich eine Untersuchung vorzunehmen. Folglich ließ er alle Zöglinge, mit Ausnahme von Burier, der vom Vorsteher just mit einem Auftrag in die Nachbargemeinde gesandt worden war, im Lehrzimmer antreten und frug, ob sie in irgendwelcher Hinsicht über die Behandlung in der Anstalt zu klagen hätten. Er fügte hinzu, daß, wenn sie irgend etwas gegen sie einzuwenden hätten, sie dies nur ohne Scheu tun möchten, wie es jungen, wackeren Eidgenossen gezieme. Als sich nun keiner zum Worte meldete, ging der Inspektor sogar so weit, einen Namensaufruf der Zöglinge vorzunehmen und jeden einzelnen abzufragen. Die Jungen, die schon zum voraus auf den Besuch eingedrillt worden waren, fühlten das stahlharte Auge des Vorstehers lauernd auf sich ruhen und erklärten einstimmig ihre Zufriedenheit mit allem, was ihnen widerfahre.

Worauf der Vorsitzende des Ausschusses die Versammlung mit einer Ansprache aus dem Stegreif und vielen Ermahnungen zu Gehorsam und Dankbarkeit an die Zöglinge schloß, wobei er nicht verfehlte, die aufopfernde liebevolle Tätigkeit des Vorstehers im besonderen und die der übrigen Angestellten des Hauses im allgemeinen verdankend hervorzuheben.

Peter Gut jedoch kriegte nachträglich den nicht mißzuverstehenden Wink, er möchte sich in Zukunft grundloser Angebereien gefälligst enthalten und sich befleißen, sich den Anordnungen eines so tüchtigen und, wie man sehe, durchaus liebevollen Vorstehers nach Möglichkeit zu fügen.

Gnäppi triumphierte wieder einmal! Allein, ganz rückhaltlos vermochte er sich seines billigen Sieges doch nicht zu freuen, wenn ihn auch sein Spießgeselle Schleicher nach Möglichkeit hatte hinauslügen helfen. Dadurch, das fühlte Gnäppi, war er jenem verpflichtet und bis zu einem gewissen Punkt in die Hand geliefert worden, und es war sicher, der Melker würde es sich so oder anders zunutze machen. Allein, es war noch ein anderer Grund, der ihm seit einiger Zeit Anlaß zu Bedenken gab. Daran trug der Zögling Burier Schuld. Diesen Jüngling, der eine gute Mittelschulbildung genossen hatte und der gerade kein Dummkopf war, hätte er schon lieber im Pfefferland als in seiner Anstalt gesehen, in die er, mehr durch die Stumpfheit seiner Vormundschaftsbehörde als durch eigenes Verschulden geraten war. Das Schlimme an ihm war, daß er sich, bei aller Wahrung der äußeren Formen, der in der Anstalt geforderten Unterwürfigkeit, den Luxus einer unverbogenen Denkart, verbunden mit sittlichem

Mute leistete. Lebrecht wußte, daß er von allen Zöglingen gerade von Burier zwar am wenigsten gehaßt, dafür aber am gründlichsten verachtet wurde. Er hätte das freilich auch nicht an Hand des geringsten nachweisbaren Vorfalles beweisen können; aber er war dessen innerlich so sicher wie seines eigenen Daseins und täuschte sich nicht. Der Junge war ihm überlegen; das mußte er sich, so sehr es seine Eitelkeit kränkte, selbst eingestehen. Darum haßte er ihn. Sein Haß wurde noch glühender, als er bemerkte, daß sich der Zögling offensichtlich mit dem Aufseher Peter Gut befreundet hatte. Er war lange im unklaren darüber, wie er sich zu Burier einstellen solle. Denn, wollte er offen sein, so mußte er zugeben, daß er ihn nicht allein haßte, sondern auch fürchtete, obwohl er selbst allmächtig und jener, sobald er nur wollte, sein wehrloses Opfer war. Zunächst versuchte er, ihn für sich zu gewinnen, sich ihm durch scheinbare Vertraulichkeiten anzufreunden. Allein, der Junge schien es nicht wahrzunehmen, und ihm noch weiter entgegenzukommen verbot dem Vorsteher sein Dünkel. Da faßte er den Entschluß, auch diesem Jüngling gegenüber das einzig sichere Mittel anzuwenden, das ihm zur Verfügung stand und das noch nie versagt hatte. Er wollte dessen Sinn brechen, ihn mürbe kriegen. Allein, es war, als ob der Zögling seine geheimsten Gedanken erriete, denn er wich gewandt jeder Falle, jeder Lockung aus, deren Befolgung ihn straffällig gemacht hätte. Für gewöhnlich war Gnäppi in der Begründung auch seiner härtesten Strafen längst nimmer wählerisch, und immer fand er seinen eingeschüchterten Zöglingen und seinen mundtoten Mitarbeitern gegenüber Gründe, um auch seine wildesten Ausschreitungen zu rechtfertigen. Bei Burier zögerte er und fühlte, daß er schon einen überzeugenden Grund haben sollte, ihm an den Kragen zu gehen. Also belauerte und bespitzelte er ihn, wobei ihm einige mürbe gemachte Zöglinge, besonders aber der Melker Schleicher hilfreich an die Hand gingen. Die Zöglinge zwar nur gezwungenermaßen, denn Burier war unter ihnen beliebt; der Melker dagegen folgte auch in diesem Falle hemmungslos seinen niederen Instinkten. Auch das führte nicht zum Ziele. Burier blieb offensichtlich auf seiner Hut. Allein, bei der Einstellung des Vorstehers zu ihm, hätte es wunderbar zugehen müssen, wenn der Zögling ihm nicht das eine oder andere Mal einen einigermaßen brauchbaren Vorwand zur Verwirklichung seiner Absichten geboten hätte. Ein Versehen bei einer Arbeit genügte dem Vorsteher, drei Stunden Zwangsjacke über Burier zu verhängen. Wie üblich wurde ihm das drei Tage zuvor angekündigt, damit er des tröstlichen Vorgeschmackes der ihn erwartenden Folter nicht entbehre. Von dieser sogar für die sonstigen widersinnigen Strafgepflogenheiten des Vorstehers ungewöhnlichen Härte sagte er spöttisch, er müsse gerade von den Fähigsten und Gebildetsten das Höchste verlangen, daher auch ihre Verfehlungen härter bestrafen als bei Minderbegabten.

Burier nahm die Strafankündigung bewegungslos entgegen. Er mochte seinem Peiniger nicht die Freude gönnen, sich an seiner Furcht oder Angst zu weiden. Die Strafe wurde hart und rücksichtslos an ihm vollzogen. Er hatte sich fest vorgenommen gehabt, weder zu schreien noch Zeichen seines Schmerzes zu äußern. Allein, er war aus keinem anderen Holze geschnitzt als alle übrigen – nach einer halben Stunde wurden ihm die Qualen unerträglich, er keuchte und stöhnte. Gnäppi hatte wie immer dem Strafvollzug beigewohnt, und als der Melker, der den Zögling aus ähnlichen Gründen wie der Vorsteher nicht leiden mochte, diesmal besondere Roheit entfaltete, da war Burier das beistimmend grausame Lächeln Gnäppis nicht entgangen. Doch er schrie nicht, flehte nicht, sondern hielt trockenen Auges und heißen Blickes stand.

Nun, als die Qualen unerhört heftig zu werden begannen und er allein verzweifelt in seiner Zelle herumrannte, von Durst und Atemnot ebensosehr wie von den Schmerzen in den Schultergelenken gepeinigt, trat Gnäppi ein, schloß sorgfältig die Türe hinter sich, lehnte sich daran und stierte höhnisch lächelnd auf den armen Sünder. Dieser, sich ermannend, unterdrückte seine Schmerzensäußerungen und verhielt sich so ruhig, als es sein röchelnder Atem gestattete. Nachdem sich der Vorsteher sattsam an ihm geweidet hatte, meinte er, es nähme ihn doch wunder, ob Buriers Trotzkopf denn nicht endlich zu brechen sei. Er ergriff einen Besenstiel und schlug dem Zögling auf die gespannten Arme, zwei-, dreimal, in den Pausen wenigstens einen Schrei, eine Bitte erwartend. Als er den Stock zum vierten Male erhob, wandte sich der Zögling plötzlich um, blickte dem gleich großen Vorsteher nun seinerseits so eindringlich und unverwandt in die Augen, daß jener seinen Blick senkte. Schließlich frug er den Jüngling mit unsicherer Stimme, ob er ihm denn nichts zu sagen habe.

«Jetzt nicht!» keuchte der Gequälte, seine Augen keine Sekunde von denen des Vorstehers abwendend. Dieser ging und schloß die Zellentüre hinter sich ab.

Als die drei Stunden Strafzeit abgelaufen waren, kam Peter Gut allein, ihn der Zwangsjacke zu entledigen. Das war unerhört, denn sonst war der Vorsteher immer dabei und mißbrauchte die Erschöpfung des Bestraften dazu, ihn gründlich und – wie er sich einbildete – für alle Zukunft einzuschüchtern.

Als Burier der Zwangsjacke ledig war und wieder ein paarmal tief Atem geschöpft hatte, langte der Aufseher in die innere Rocktasche und holte ein flaches Schnapsfläschchen hervor.

«Da, nimm einen tüchtigen Schluck, dann wird's gleich besser!» Und als er bemerkte, daß der Zögling mit seinen geschwollenen, schmerzenden Armen die Flasche nicht zum Munde zu führen vermochte, setzte er sie ihm selber an und nötigte ihn, sie mehr als halb auszutrinken.

«Was hast du mit dem Vorsteher gehabt?» fragte er, und als der Zögling erwiderte, er habe nicht mit ihm gesprochen, sondern ihm nach der Quälerei lediglich in die Augen geschaut, bis er gegangen sei, da pfiff Peter Gut durch die Zähne und meinte flüsternd:

«Als er aus der Zelle kam, sah er aus wie ein geprügelter Hund, der schrecklich Angst hat. Ich will wetten, er hat Angst! Laß dich nur nicht unterkriegen von diesem... von diesem verfluchten Schweinehund!»

Dann geleitete er den Bestraften nach der Kanzlei Gnäppis, wo ihn dieser erwartete. Gut erhielt die Weisung abzutreten. Als sein Schritt im Hausgange verhallt war, versuchte Lebrecht, den noch zitternden Zögling neuerdings durch seinen grünen Starrblick zu bannen. Doch, wiederum hielt dieser den Blick aus und neuerdings schlug der Vorsteher den seinen nieder.

«Und jetzt, was hast du mir zu sagen?» frug er dann.

«Noch immer nichts!» entgegnete der Zögling fest.

«Du hast wohl noch nicht genug gekriegt, gelt?» kreischte nun der Vorsteher so aufgebracht, daß ihm die Stimme überschlug. «Willst wohl noch mehr haben, he?»

Der Zögling senkte seinen Blick nicht und hielt die Lippen fest geschlossen. Da geriet jener außer sich:

«Ob du noch mehr haben willst, frage ich!»

Burier erwiderte müde und gequält:

«Herr Vorsteher, ich stehe in Ihrer Gewalt. Sie haben die Macht, mich noch fernerhin ungerechtfertigterweise zu quälen, wie Sie es schon getan haben und wie Sie alle quälen. Mit mir können Sie machen, was Sie wollen.»

«Mit dir?» fragte der Vorsteher ein wenig verwirrt, «was soll das heißen – mit dir?»

Doch der Zögling antwortete weiter nichts und wurde nun auch hinausgewiesen. Lebrecht Gnäppi war's nicht mehr ganz geheuer. So etwas war ihm noch nie vorgekommen: offensichtlich plante der Junge etwas. Er ließ ihn daher doppelt, dreifach bespitzeln; täglich mußte ihm der Melker, dem er von nun an zur Arbeit zugewiesen wurde, über ihn berichten; ebenso forschte er die andern Zöglinge über das Tun und Lassen des Rebellen aus. Allein, es blühte ihm nicht der geringste Erfolg. Burier verhielt sich wie immer, als ob nichts geschehen wäre. Dennoch traute ihm Gnäppi nicht über den Weg. Er konnte des Zöglings Blick nicht überwinden. Sogar seinen Haß gegen ihn fühlte er schwinden; er fürchtete sich jetzt bloß noch vor ihm wie vor einer unbekannten Macht, so daß er ihm scheinbar unabsichtlich Vergünstigungen einräumte, um ihn wieder zu gewinnen und zutraulich zu machen. Allein, offensichtlich hatte ihn der Jüngling auch jetzt durchschaut, denn er mied geflissentlich, den geringsten Gebrauch davon zu machen, worob sich Gnäppi um nichts beruhigter fühlte.

Überhaupt trat jetzt allerhand ein, das ihn in seiner selbstsicheren Allmacht zu erschüttern drohte. Zunächst durch die Einstellung eines Schreinermeisters, der von Staats wegen ernannt worden war, die zur Landwirtschaft untauglichen Zöglinge in seinem Handwerk anzulernen. Dieser Werkmeister, wie er genannt wurde, namens Hans Haldenhuber, war ein tüchtiger Berufsmann, wohl geeignet, seine Aufgabe zu erfüllen, der offen und unerschrocken war und sich nicht leicht aus der Fassung bringen oder täuschen ließ. Bevor er noch drei Wochen auf der Schreckenhub weilte, hatte er schon so ziemlich deren Insassen und Verhältnisse durchschaut. Wenn er sich auch gegenüber den Zöglingen in seinen Äußerungen zusammennahm, machte er daneben aus seinem Herzen durchaus keine Mördergrube, sondern äußerte seine Meinung, gleichviel ob es denen, die es hören mußten, genehm oder unangenehm war. Da er von einem einflußreichen Mitgliede des Aufsichtsausschusses besonders warm für die Stelle empfohlen worden war, vermochte ihn Lebrecht nicht so leicht wie die übrigen Angestellten mundtot zu schlagen. Er mußte ihn ertragen wie er war, ja sich sogar ordentlich vor ihm in acht nehmen, denn es stand zu erwarten, daß der Werkmeister gegebenenfalls nicht auf den Mund sitzen würde.

Als ihm nun Gnäppi eines Tages befahl, dem Melker bei der Zwangsjackeneinschnürung eines Zöglings behilflich zu sein, erwiderte der Werkmeister gelassen, darauf verstehe er sich nicht; er sei hier als Schreiner, nicht als Henker angestellt. Gnäppi wagte nicht, auf seinem Ansinnen zu bestehen. Er begriff, daß Peter Gut nun wohl einen zweiten Verbündeten bekommen hatte, daß daher Vorsicht einigermaßen geboten sei. Allein, seine Natur war stärker als er selbst. Er konnte des Schauspieles, die jungen Leute sich in Qualen winden zu sehen, nicht dauernd entbehren. Wie kurz zuvor auf Burier, hatte er es nun plötzlich auf den Zögling Rumpf abgesehen, nachdem er ihn monatelang mit auffallender Nachsicht behandelt, ja offensichtlich bevorzugt hatte. Dieser Rumpf war ein hübscher, etwa sechzehnjähriger dunkler Krauskopf, der, wie Burier, nicht wegen einer Straftat, sondern von einer ländlichen Vormundschaftsbehörde auf die Schreckenhub versetzt worden war, angeblich zur Besserung, in Wirklichkeit aber, um ihn für eine Weile loszuwerden. Der Junge war der einzige Freund Buriers unter den Zöglingen. Die beiden Jünglinge hatten viel Gemeinsames. Nächst Burier war Rumpf der einzige, der sich zu den Angebereien im Dienste Gnäppis nicht hergab. Was sie aber noch inniger verband, war ihre gemeinsame Verachtung gegen Gnäppi und seine «graue Eminenz», wie Burier den Melker Schleicher nannte, der sich darob noch ordentlich geschmeichelt fühlte.

Wie vorher bei Burier, suchte Gnäppi nun einen Vorwand, um Rumpf ganz gehörig hernehmen zu können. Er erreichte seinen Zweck selbstverständlich bald, da er ja über sein Tun und Lassen niemandem Rechenschaft schuldig war als seinen Oberbehörden, die ihn schalten und walten ließen, wie es ihm beliebte, und die er vortrefflich zu nasführen verstand. Die Verfehlung Rumpfs war schwerwiegend, denn sie bestand in Majestätsbeleidigung, nämlich in einer Äußerung des Widerwillens gegen den Vorsteher, die Schleicher ihm abgelockt hatte, um sie selbstredend brühwarm zu hinterbringen. Die Strafe lautete auf sechs Stunden Zwangsjacke, verteilt auf drei Tage zu je zwei Stunden.

Nun war aber Rumpf weniger kräftiger Leibesbeschaffenheit als Burier und die meisten anderen Zöglinge. Er hatte schon immer unter der harten Zwangsarbeit und namentlich unter der wahnsinnigen Zucht des entarteten Vorstehers seelisch mehr als jeder andere gelitten. Als er nach den ersten zwei Stunden seiner Zwangsjackenstrafe erlöst worden war, fiel er besinnungslos zusammen. Er erholte sich erst nach einer geraumen Weile und reichlichen Kaltwassergüssen soweit, daß er auf den Beinen stehen und sich am Abend zu Tische setzen konnte, wo er allerdings, sei es der ausgestandenen, sei es der die nächsten zwei Tage noch zu erwartenden Mißhandlungen wegen, keinen Bissen aß, sondern wie geistesabwesend, träumerisch brütend und gedrückt vor sich hin starrte.

Burier beobachtete ihn genau. Als er nach dem Abendbrot einen freien Augenblick erübrigen konnte, begab er sich zu Peter Gut auf dessen Zimmer und meldete ihm, Rumpf scheine ihm schwer krank. Er sei überzeugt, es gäbe ein Unglück, wenn er noch einmal in die Zwangsjacke gesteckt werde. Der Aufseher meinte, das wäre wohl möglich. Da bat ihn Burier, er möchte doch den Vorsteher zu bewegen suchen, von der Fortsetzung der Strafe abzusehen. Der willigte ein, freilich nicht ohne zu bemerken, daß es jedenfalls wenig nützen werde; denn der Vorsteher hege einen ganz besonderen Haß gegen Rumpf. Und dann: seine Fürsprache habe noch nie einem Zögling geholfen; dazu sei er bei Gnäppi zu wenig Hahn im Korb.

Burier entgegnete, das denke er zwar auch; aber es handle sich um einen Versuch, damit Gnäppi bei schlimmem Ausgang nicht die Ausrede vorbringen könnte, ungewarnt geblieben zu sein.

Das leuchtete dem Aufseher ein; er ging. Freilich, eine Viertelstunde später meldete er Burier die Erfolglosigkeit seines Schrittes, und auch, daß er dadurch den Vorsteher noch mehr gereizt habe. Für den armen Rumpf sei nun Schlimmeres zu befürchten. Worauf Burier entschlossen erwiderte, das wolle man sehen.

Der Aufseher zuckte bedauernd die Schultern; doch lag in Buriers Ton und Haltung etwas, das ihm Vertrauen einflößte. Immerhin drang er nicht weiter in den Zögling, den er trotz des wesentlichen Altersunterschiedes seit langem als wirklichen Freund betrachtete und, soweit es ihm möglich war, auch behandelte.

Rumpf verlebte eine unruhige Nacht. Er fieberte. Einmal schrie er entsetzt, aus seinem Halbschlummer jäh auffahrend, dann legte er sich wieder hin und redete irre. Da alle Zöglinge zusammen in einen gemeinsamen Schlafsaal gepfercht waren, wurden sie davon geweckt. Ebenso der Aufseher, der in einem anstoßenden Verschlage schlief, um die Jungen nötigenfalls auch bei Nacht zu beaufsichtigen. Burier stand wiederholt auf, dem kranken Kameraden Wasser zu reichen. Auch er konnte nicht schlafen. In seinem Gehirn wälzte er einen längst gehegten, doch stets wieder aufgeschobenen Plan. Stundenlang wogte es in ihm hin und her; doch als der Morgen graute, war er mit sich einig und entschlossen.

Als der Aufseher, wie jeden Morgen vor dem Frühstück, in der Kanzlei des Vorstehers seinen Nachtrapport abstattete und über den Zustand Rumpfs berichtete, fuhr ihm jener in die Rede. Davon möge er nichts hören; er kenne den Vogel wohl, der sich nun krank stelle, um der wohlverdienten weiteren Züchtigung zu entgehen. Ob man denn glaube, er sei so beschränkt, sich von diesem Schwindler übertölpeln zu lassen? Das Bürschchen möge ihn nur nicht nötigen, es noch schärfer anzufassen, was der Strick übrigens schon jetzt reichlich verdient hätte.

Auch diese Äußerungen des Vorstehers vertraute Peter Gut in einem unbewachten Augenblick dem Zögling Burier an.

Und wirklich, eine Stunde nach dem Frühstück wurde Rumpf neuerdings in die Strafzelle abgeführt und in die Zwangsjacke gesteckt. Obwohl der Raum dicht verschlossen war, hörte man sein jämmerliches Winseln weithin, bis in die Scheune, wo Burier mit einigen andern Zöglingen unter der Aufsicht des Aufsehers damit beschäftigt war, Holz klein zu machen.

Als das Gejammer des gemarterten Zöglings zum dritten oder vierten Male bis zu ihnen drang, ergriff Burier ein schweres

Wagenbindscheit und erbat sich vom Aufseher die Erlaubnis, austreten zu dürfen. Dieser gewährte und Burier flüsterte ihm zu, er gehe zum Vorsteher auf die Kanzlei.

«Mit der Scheitel da?» frug dieser überrascht.

«Jawohl!» lautete der Bescheid. Bevor sich noch Peter Gut auf eine Antwort besinnen konnte, war der Jüngling auch schon abgetreten. Er schritt entschlossen auf das Haus zu, dann trat er in den Gang, der zur Kanzlei des Vorstehers führte. Nun stand er plötzlich vor der Türe, die ihn von Gnäppi trennte. Einen Augenblick zauderte Burier noch; er machte eine Bewegung, als wolle er das Bindscheit abstellen, dann aber riß er sich zusammen und pochte. Auf das «Herein!» des Vorstehers trat er in die Kanzlei, entblößte sein Haupt, die Mütze in der linken Hand haltend, mit der rechten seine Scheitel fest umklammernd, grüßte er und blieb vorschriftsgemäß stehen, da der Vorsteher die Zöglinge dazu anhielt, ihn nicht zuerst anzusprechen. Der war gerade mit einer Eintragung in sein großes Buch an seinem Stehpult beschäftigt und hatte den Jüngling nur flüchtigen Blickes gestreift. Dann, ohne ihm sein Gesicht zuzuwenden, frug er:

«Was willst du?»

Burier gab sich alle Mühe, so ruhig und gelassen wie möglich zu scheinen, seine innere Aufregung zu unterdrücken, und erwiderte:

«Herr Vorsteher, ich möchte Sie um etwas bitten!»

«Das wäre?» frug jener, immer noch ohne Burier den Blick zuzuwenden.

«Ich möchte Sie bitten, dem Rumpf die Zwangsjacke abzunehmen und ihn ins Krankenzimmer zu schicken; er ist krank.»

Wie vom Blitze getroffen fuhr der Vorsteher herum. Nun erst erblickte der den Zögling und auch das Bindscheit in der Rechten. Ebenso nahm er dessen glühenden, ihn durchbohrenden Blick wahr. Er erschrak wie vor einer plötzlichen, ungeahnten Gefahr. Seine Lippen und Augen zuckten nur während des Bruchteils einer Sekunde, aber der Zögling hatte es bemerkt.

Obwohl ihm die Erregung die Kehle zuschnürte und er kaum seiner Sinne und Rede mächtig war, sagte er dumpfen Tones:

«Herr Vorsteher, Sie haben mich neulich, als Sie mich bestraft hatten, wiederholt gefragt, ob ich Ihnen nichts zu sagen habe. Damals wußte ich es noch nicht. Jetzt weiß ich's, und jetzt werden Sie mich hören!»

Gnäppi wollte auffahren, erhob die Hand, doch vor dem düsteren Blick des Zöglings unwillkürlich erbebend, ließ er sie wieder sinken und heischte:

«So rede denn!»

«Herr Vorsteher», würgte jener hervor, «ich habe mir lange überlegt, ob ich zu Ihnen kommen solle, um mit Ihnen zu reden. Es ist mir nicht leicht gefallen, mich dazu zu entschließen. – Aber... aber jetzt kann ich nicht mehr anders...!»

«Nun, was gibt's denn?» frug Gnäppi unsicher, sich um einen gemütlichen Ton bemühend. Es entging ihm nicht, daß Burier seine Scheitel fester umkrampfte, als er nun ruhiger erwiderte:

«Herr Vorsteher, Sie martern den Rumpf, wie Sie die meisten von uns schon gemartert haben. Er hat nichts verbrochen, das solche Schindereien verdiente. Und er ist krank. Wenn er nicht gleich aus der Zwangsjacke befreit wird und ins Krankenzimmer kommt, so kann er kaputtgehen. Sie sind ein Henker, kein Vorsteher! Ich verlange, daß Rumpf sofort gelöst und ins Krankenzimmer verbracht werde. – Und daß man den Arzt rufe!»

«Was unterstehst du dich?» keuchte der Vorsteher blaß vor Wut und trat mit geballten Fäusten um einen Schritt auf den Zögling zu. Doch machte er plötzlich halt und ließ die Arme sinken, als er bemerkte, daß ihn Burier scharf und heiß fixierte und seine Scheitel fester faßte, worauf er fortfuhr:

«Lassen Sie mich ausreden und machen Sie nur keine Bewegung, sonst schlage ich Sie tot wie einen tollen Hund! Zurück an Ihr Pult – sofort!» Damit erhob er die Scheitel.

Der Vorsteher wich zurück, gehorchte erblassend, während ihm kalter Schweiß auf der Stirne perlte.

«Herr Vorsteher», hub Burier wiederum an, «wir befinden uns hier in einer Hölle, deren Teufel Sie sind. Ein Satan sind Sie, ein Verbrecher, der ins Zuchthaus gehört. Das wissen Sie selber. Sie mißbrauchen Ihre Macht über uns in einer schandbaren Art. Sie und der andere Halunke, der Schleicher! Sie meinen, weil es niemand sieht, was Sie an uns verüben, weil Sie alle zusammen, auch die Angestellten, eingeschüchtert haben, könnten Sie mit uns anfangen, was Ihnen einfällt. Weil Sie die Oberbehörden belügen konnten, war Ihnen das bis heute auch möglich. Aber nur bis heute, hören Sie! – Sie Schuft!»

«Bube!» krächzte Gnäppi drohend. Doch der Zögling fuhr ihm rauh in die Rede und begleitete seine Worte mit einer recht eindeutigen Bewegung seines Bindscheites:

«Maul halten! Diesmal rede ich!»

Gnäppi schnappte nach Luft, schwieg, nun vollends eingeschüchtert. Die feige Angst stand ihm auf dem Gesichte geschrieben; er war fahl geworden und zitterte. Der Zögling betrachtete ihn ein paar Sekunden, dann umspielte ein unsäglich verächtliches Lächeln seinen Mund, das Gnäppi nicht entging. Dann fuhr er fort, sich gewaltsam zur Ruhe zwingend:

«Jawohl, Herr Vorsteher, ein Schuft sind Sie und ein erbärmlicher Heuchler und Lügner obendrein! Jetzt aber passen Sie auf, was ich Ihnen zu sagen habe! Mit Rumpf geschieht, was ich von Ihnen forderte. Ich rate es Ihnen im guten. Und ich werde ihn pflegen, wenn er im Krankenzimmer sein wird. – Dann noch eins! In Zukunft gibt's hier weder Zwangsjacke noch Salzrutenprügel noch Hungerkuren mehr, sonst bringe ich Sie um, kalten Blutes, wie man eine Ratte tötet. – Verstehen Sie wohl, was ich Ihnen sage; ich habe mir die Sache lange überlegt und bin entschlossen. Verstanden?»

Der Vorsteher, der sich inzwischen gesetzt hatte, um nicht umzufallen, und dem Zögling unverwandt, fast flehend ins Gesicht schaute, ersah aus dessen Blick, daß es ihm bitter ernst war.

«Verstanden?» heischte Burier. Gnäppi nickte. Ein spöttischer Zug wetterleuchtete eine halbe Sekunde lang um des Zöglings Mundwinkel, dann forderte er entschieden, seine Scheitel unmerklich zuckend:

«Ich habe Ihre Antwort nicht gehört, Herr Vorsteher. Haben Sie mich verstanden?»

«Ja!» würgte der mit bösem Blick hervor. Den gewöhnlichen Ton des Vorstehers nachahmend gebot Burier:

«Das ist keine Antwort. Sagen Sie: Burier, ich habe dich verstanden! – Nun, wird's?»

Er streckte sich und stand im Begriffe, den rechten Fuß vorzusetzen, als Gnäppi schlotternd antwortete:

«Ich habe dich verstanden, Burier!»

«Schön!» fuhr dieser fort. «Ich weiß nun auch, was Sie dabei denken. Sie erbärmlicher Feigling gehorchen jetzt der Todesangst. Sie haben recht; der Tod ist Ihnen noch nie so nahe gestanden wie eben jetzt. Aber Sie denken: warte nur, dich krieg ich schon noch und dann wirst du was erleben! Ist's wahr oder nicht?»

Und als Gnäppi nicht antwortete, wiederholte der Junge:

«Ist's wahr oder nicht?»

Verängstigt stöhnte jener:

«Nein; eben nicht!»

«Nicht lügen! Sagen Sie schön ‹ja›!»

«Ja!» keuchte Lebrecht Gnäppi.

«Das wußte ich wohl», fuhr der Zögling fort. «Aber es wird Ihnen nichts nützen. Entweder Sie gehorchen, Sie tun, was ich Ihnen nun befohlen habe, oder ich mache Sie kalt. Daraus werde ich mir kein Gewissen machen; im Gegenteil! Und wenn ich auch dafür lebenslänglich ins Zuchthaus komme, so wird es mich dennoch freuen, die Welt von einem Lumpenhund wie Sie gesäubert zu haben. Lieber noch ins Zuchthaus als hier! Dort kann es unmöglich so schlimm sein!»

Er machte eine Pause. Dann, die Jammergestalt des Vorstehers von oben bis unten messend, fuhr er fort:

«Ich weiß also, was Sie denken; aber diesmal haben Sie sich verrechnet. Sie denken, wenn der Kerl nur mal draußen ist, dann bin ich wieder Meister. Dann stecke ich ihn in die Zwangsjacke und schinde ihn, wie ich noch keinen geschunden habe. Ich sage nicht, daß Ihnen das nicht gelingen wird. Aber fortgesetzt werden Sie mich weder in die Strafzelle noch in die Zwangsjacke stecken können. Dann, bei der nächsten Gelegenheit, bringe ich Sie um. Was nachher mit mir geschieht, ist mir Wurst! Aber das sage ich Ihnen: entweder erfüllen Sie pünktlich, was ich von Ihnen verlange, oder einer von uns beiden muß dran glauben. Verstanden, Henkersknecht?»

«Jawohl!» stöhnte der Vorsteher.

«Nun versprechen Sie mir, genau zu befolgen, was ich Ihnen vorschreiben werde!» heischte Burier.

«Ich verspreche es!» gab Gnäppi geknickt zurück, doch schossen seine Augen fahle Blitze. Da brach Burier plötzlich in ein lautes, sorglos heiteres Gelächter aus. Doch unterdrückte er es rasch, und in seinen gebieterischen Ton zurückfallend meinte er:

«Sie denken wohl, ich sei so dumm, Ihnen und Ihrem Versprechen zu glauben? Da haben Sie sich geirrt. Ich will meiner Sache sicher sein. Jetzt stehen Sie auf und rufen dem Zögling Frisch, der in der Küche Kartoffeln schält. Das können Sie von hier aus tun, Sie brauchen nur die Türe zu öffnen und ich werde dafür sorgen, daß Sie mir nicht entwischen. Bei der ersten verdächtigen Bewegung...» Burier wies die Scheitel.

«Den schicken Sie, den Aufseher herzuholen. Dann gehen wir zusammen in die Strafzelle, befreien Rumpf und führen ihn ins Krankenzimmer. Sie werden dabei sein und ich auch, mit dieser Scheitel da. Dann, im Krankenzimmer, befehlen Sie mir, sofort nach Lochschwanden hinunterzugehen, den Arzt zu holen. Im übrigen braucht niemand zu wissen, was jetzt zwischen uns beiden vorgegangen ist. Im andern Falle bringe ich Sie um. Und tu ich's nicht, dann tut's ein anderer!»

Diese letzten Worte waren dem Zögling in der Erregung nur so über die Zunge gerutscht, doch belehrte ihn ein Blick auf den Vorsteher, daß er besser getroffen als gezielt hatte. Gnäppi erbleichte, erschrak, zitterte. Er sah sich einer Verschwörung gegenüber. War's nicht Burier, dann war's ein anderer – das drang ihm tief in die Seele hinein. Der tückische Ausdruck, den er bis anhin trotz aller Angst nicht völlig zu unterdrücken vermocht hatte, wich. Sein Gesicht war grau geworden; der Scherge schlotterte und überzeugend klang diesmal seine Stimme, als er mühsam hervorbrachte:

«Ich werde tun, was du wünschest, Burier!»

Also geschah es.

Peter Gut war beim Eintritt in die Kanzlei nicht wenig verwundert, die beiden so ganz anders anzutreffen, als er es gewohnt war. Doch ließ er sich nichts anmerken, sondern nahm auf Weisung des Vorstehers den Zellenschlüssel vom Schlüsselbrett und begab sich, gefolgt von Gnäppi, nach der Strafzelle. Burier schritt hintendrein, hielt seine Wagenscheitel immer in der Hand und wandte kein Auge vom Vorsteher. Als sie die Zelle betraten, kauerte Rumpf zusammengebrochen in einer Ecke, offensichtlich ohnmächtig, im Gesicht blau angelaufen, mit geschlossenen Augen und Schaum in den Mundwinkeln. Der Aufseher löste die Zwangsjacke, dann besprengte er den Jungen mit Wasser. Nach einer Weile schlug der die Augen auf und schaute wirr um sich. Doch, kaum hatte er den Vorsteher erblickt, als er in ein unnatürlich tierisches Geheul ausbrach, das durch Mark und Bein drang und sogar Gnäppi tödlich erschreckte.

«Das ist Ihre Arbeit, Verdammter!» raunte ihm Burier zu.

«Burier, geh den Arzt holen, rasch!» befahl der Vorsteher, sich fassend. Da erhob sich Rumpf, schaute diesem verstört ins Gesicht, stieß einen durchdringend gellenden Schrei aus, Gnäppi mit weit aufgerissenen Augen voll Grauen anstarrend, und brach neuerdings bewußtlos zusammen. Burier und Gut trugen ihn ins Krankenzimmer, zogen ihn aus und legten ihn zu

Bett. Der Aufseher blieb bei dem Kranken. Burier eilte indessen zur Kanzlei. Der erste Blick belehrte ihn, daß Lebrecht Gnäppi unsicher war. «Mörder!» fauchte ihn der Zögling an, dann entledigte er sich seiner Aufgabe in aller Kürze und der Vorsteher nickte beistimmend, willenlos. Burier verschwand, bat den Aufseher, er möchte warten, bis ein Zögling zur Ablösung komme, und wollte eben verschwinden, als Peter Gut frug:

«Was ist zwischen euch vorgefallen?»

«Das erzähl' ich Euch später; jetzt muß vor allem der Arzt herbei! Ich denke aber, die Schinderei habe nun ein Ende!»

Gut nickte, Burier stob davon, dorfwärts, zum Arzt.

Es traf sich, daß Dr. Stahl eben eine freie Stunde hatte, und da ihn, seit dem Falle des Zöglings Knutti, das Treiben auf der Schreckenhub mitunter beschäftigt hatte, lud er den Zögling, nach dessen erstem hastigem Bericht, zu einem kleinen Imbiß ein und ließ sich erzählen, was dem Kranken fehle. Burier gab erschöpfende Auskunft, nicht nur über den Fall Rumpf, sondern über die Behandlung der Zöglinge überhaupt. Der Arzt erkannte bald, daß der Zögling, der keinen beschränkten Eindruck machte, nicht log; er äußerte sich jedoch nicht weiter, sondern begnügte sich, den Bart zu streichen und durch einsilbige Ausrufe «soso! – nanu!» seine Anteilnahme an dem Berichte Buriers zu bekunden. Dieser empfand seinerseits triebmäßig, daß der Arzt, trotz seiner sogar in der Anstalt droben bekannten Rauhbeinigkeit, ein rechtlich denkender Mann war. Daher bat er ihn, beim Vorsteher zu erwirken, daß er mit der Pflege Rumpfs betraut werde, für den Fall, daß dieser einer ständigen Wartung bedürfe. Der Arzt versprach es, dann begleitete er den Jüngling nach der Schreckenhub. Als er nach einer halben Stunde aus dem Krankenzimmer trat und sich darauf ungefähr ebenso lang mit dem Vorsteher in dessen Kanzlei unterhalten hatte, wurde auch Burier dahin beschieden. Dort erklärte ihm der Arzt, der Vorsteher beauftrage ihn, seinen Kameraden zu pflegen. Zu diesem Ende habe er ihn gleich nach Hause zu begleiten, um Weisungen und Mittel entgegenzunehmen. Im weiteren habe er sich, bis auf weiteren Bescheid, jeden Morgen um acht Uhr bei ihm einzufinden, um ihm über den Kranken zu berichten.

Burier wollte scheinen, der Vorsteher trage den Kopf nicht eben hoch. Er begleitete den Arzt. Als sie außer Hörweite der Anstalt waren, fragte Burier, ob es mit Rumpf schlimm stehe.

«Schlimm genug, obschon sich noch nicht sagen läßt, wie schlimm. Er leidet an epileptiformen Anfällen; wir werden ihm zunächst Bromkali verabfolgen und ihn beobachten müssen.» Nun setzte der Arzt dem Zögling seine Pflegerpflichten auseinander. Dreimal des Tages Körperwärme, Puls und Atmung, die beiden letzteren außerdem bei jedem Anfall, messen; allfällige Anfälle genau beobachten und beschreibend mitteilen; reichlich zu trinken geben, jede Aufregung des Kranken vermeiden und ihn, wie er übrigens schon droben angeordnet habe, vorderhand nur mit Milch, Haferschleim und Fleischbrühe nähren. In seinem Sprechzimmer angelangt, händigte ihm der Arzt Mittel, Fiebermesser und eine Tabelle ein, auf der alle Eintragungen zu machen waren. Dann entließ er ihn.

Als Burier nach Hause kam, hatten die übrigen Zöglinge längst zu Mittag gespeist und befanden sich wiederum draußen an der Arbeit. Er meldete sich auf der Kanzlei, über des Arztes Weisungen berichtend. Der Vorsteher schickte ihn zunächst in die Küche zum Essen, dann möge er seine Pflege antreten. Der Ton, in dem er zu Burier sprach, war müde und nicht unliebenswürdig. Burier tat, als bemerkte er es nicht, meldete sich vorschriftsgemäß stramm ab und verschwand. Zunächst ging er nicht in die Küche, sondern zu seinem kranken Freund. Der schlief noch erschöpft und fiebernd, sich im Schlafe stöhnend hin und her wälzend. Burier ließ ihn allein, aß rasch, dann begab er sich auf seinen Posten, nachdem er sich vom Aufseher eine Arbeit erbeten hatte, die er, ohne den Kranken zu stören, im Zimmer verrichten konnte. Dieser gab ihm einige Dutzend Getreidesäcke zum Flicken mit.

Es hatte sich wie ein Lauffeuer unter den Hausinsassen verbreitet, es habe sich am Vormittag zwischen dem Vorsteher und Burier etwas Ernstes ereignet. Die Köchin und der Küchenjunge Frisch hatten einen Augenblick Buriers erhobene Stimme vernommen. Obwohl sie nicht verstanden hatten, was er sagte, glaubten sie doch etwas von Totschlagen gehört zu haben. Aber Burier wich jeder noch so dringlichen Frage der neugierigen Köchin wie auch den mehr oder weniger plumpen Anzapfungen Schleichers sowie den fragenden Blicken seiner Kameraden aus. Es fiel ihm leicht, weil er, mit Ausnahme der kurzen Augenblicke, wo er das Essen für den Kranken holte, Tag und Nacht bei ihm sein mußte. Einzig dem Aufseher erzählte er in allen Einzelheiten, was geschehen war. Peter Gut horchte erstaunt auf. Als Burier geendet hatte, drückte er ihm kräftig die Hand und meinte warmen Tones zu ihm:

«Das hast du brav gemacht, Burier; alle Achtung vor dir! Hoffentlich werden wir nun nicht mehr lange die einzigen sein, die sich gegen den Schinder wehren können.»

Nachdem ihn Burier am Vormittag verlassen gehabt hatte, um den Arzt zu begleiten, war Gnäppi allein mit seiner Aufregung in der Kanzlei zurückgeblieben. Rachsucht, Wut, Angst und Feigheit wogten stürmisch in seinem Inneren gegeneinander. Allzu gerne hätte er beschlossen, dem unerhört frechen Bengel sein Auftreten auf seine Weise einzutränken; doch behielt die Furcht die Oberhand. Ohne es zu ahnen, hatte Burier übrigens zwei anderweitige Verbündete bekommen, mit denen zu rechnen der Vorsteher gezwungen war. Der eine war der neue Ortspfarrer, der den jüngeren Zöglingen den Konfirmandenunterricht allwöchentlich zwei Stunden lang im Lehrzimmer auf der Schreckenhub erteilte. Das verschüchterte, gedrückte, scheue Wesen der Buben war ihm vom ersten Tage an aufgefallen. Behutsam hatte er sich allmählich ihr Vertrauen erworben und zu Beichten zu veranlassen gewußt, über die sich sein unverdorbener Sinn empörte. Pfarrer Baumann war eine besonnene, von Art ruhige Persönlichkeit, die gewohnt war, alles wohl zu überdenken, dann aber entschieden und furchtlos für das, was er zu Recht erkannt hatte, einzutreten. Nachdem er sich genugsam erkundigt und seine Wahrnehmungen überlegt hatte, war er vor den Vorsteher getreten. Er hatte diesen in aller Freundschaft gebeten, unnötige, unmenschliche Quälereien der Zöglinge zu unterlassen, sonst würde er es als seine Pflicht erachten, dem Inspektor der Anstalt sowie den übrigen Oberbehörden Beschwerde einzureichen. Gnäppi hatte zuerst versucht, den Pfarrer herrisch abzuweisen, ihm verstehen zu geben, er mische sich da in Sachen ein, die nicht seines Amtes seien. Allein der ruhige, entschlossene Ernst, mit dem der Pfarrer auf seiner Absicht beharrte, hatte ihm doch zu denken gegeben; jedenfalls haßte er von Stunde an den Pfarrer grimmig, verdächtigte und verleumdete ihn in seinen strengläubigen Dorfbekanntenkreisen, hütete sich aber vor ihm. Er verhehlte sich nicht, daß der gelassene Pfarrer gegebenenfalls seine Drohung wahrmachen würde. Wenn er davon auch nicht unüberwindliche Schwierigkeiten befürchtete, da er der Sorglosigkeit, der Blindheit, folglich der Mitschuld seiner Oberbehörden sicher war, so blieb doch ein unangenehmer Nachgeschmack haften.

In dieser Zeit bewegte sich Gnäppi wiederum auf Freiersfüßen. Diesmal hatte er sich zwar eine weniger begüterte, aber immerhin noch reiche Erbin aus einer andern Landesgegend auserkoren. Er mußte fürchten, die angebahnte Verlobung möchte sich zerschlagen, falls eben jetzt eine Untersuchung gegen ihn eingeleitet würde, gleichviel von welcher Seite.

Das alles erwog der Vorsteher, überlegte sich auch, daß schließlich Peter Gut, der Aufseher, und Lisbeth Mast, die Köchin, sich gegebenenfalls bestimmt zu seinen Anklägern gesellen würden, und gab sich endlich vernünftigerweise Rechenschaft, daß der Zögling Burier dem Arzt gegenüber nicht so reinen Mund gehalten habe, wie es ihm angenehm gewesen wäre, und daß dieser ebenfalls ein gewichtiges Wort zu seinen Ungunsten mitreden würde. So unterdrückte er vorderhand seine Rachegelüste. Er fand es geraten, sich mit dem aufständischen Burschen, dem Burier, so leidlich als möglich zu stellen. Endlich und hauptsächlich bangte ihm wirklich um seine Haut; zweifelte er doch keinen Augenblick daran, daß es Burier mit seinen Todesdrohungen bitterer Ernst war. Immer wieder klang ihm dessen Rede – und tu ich's nicht, dann eben ein anderer! – in den Ohren. Darin lag auch ein Grund, warum er seinem Gelüste, Burier kurzerhand in Einzelhaft zu behalten und von Amtes wegen eine Untersuchung gegen ihn anzubegehren, nicht nachgab. Was hatte er schließlich davon, wenn es ihm auch gelang, diesen einen unschädlich zu machen, während dessen Mitverschworene unentdeckt blieben? Denn daß es solche gab und Burier sie unter keinen Umständen verraten würde, galt ihm als ebenso sicher wie sein eigenes Dasein. Also beschloß er, zunächst zuzuwarten, scheinbar nachzugeben und zu beobachten. Möglich, daß ihm der Zufall zu Hilfe kam und ihn von der über ihm schwebenden Drohung erlöste.

Indessen hatte der Zögling Rumpf das Bewußtsein zwar wieder erlangt, doch ging es ihm nicht gerade gut. Er blieb unter dem Einfluß einer für seine körperliche und geistige Beschaffenheit allzu gewaltsamen Nervenerschütterung. Solange er Burier um sich fühlte, blieb er ruhig, stierte minutenlang wortlos vor sich hin oder unterhielt sich mit matter Stimme mit seinem Pfleger. Sobald dieser jedoch, wenn auch nur für kurze Augenblicke, den Rücken kehrte, ward er aufgeregt, bald von Zwangsvorstellungen, bald von Weinkrämpfen befallen. Des Nachts schlief er jeweilen unruhig, fieberhaft, schrak oft mit einem wilden Schrei aus dem Schlafe auf, stets von fürchterlichen Angstträumen gepeinigt, die sich immer auf den Vorsteher bezogen. Dann redete er irre, bat flehentlich, der Vorsteher möchte ihn mit weiteren Qualen verschonen, um nach einer Weile, schweißgebadet, unruhig weiterzuschlummern. Sobald er nur des Vorstehers Stimme oder dessen Schritt im Hause hörte, verfiel er in eigentliche Krämpfe, verdrehte die Augen, schäumte und schlug kraftlos um sich. Burier bat Gnäppi, sich nicht mehr wie üblich täglich im Krankenzimmer zu zeigen, sondern dem Kranken ganz fern zu bleiben. Als er den Vorsteher eines Tages beim Übertreten der Weisung überraschte, da wies ihn Burier schroff und hart aus dem Krankenzimmer, und jener hatte es für geraten gefunden zu gehorchen. Burier meldete dem Arzt täglich eingehend das Befinden seines Kameraden, namentlich auch, daß dieser kaum mehr zu bewegen sei, Nahrung zu sich zu nehmen.

Nachdem acht oder zehn Tage nach seiner Erkrankung verflossen waren, ohne daß sich die geringste Besserung eingestellt hätte, verordnete der Arzt die Überführung des Patienten ins Bezirkskrankenhaus. Peter Gut wurde mit Burier betraut, die Überführung mit Pferd und Wagen vorzunehmen. Der Kranke blieb monatelang in Behandlung. Er hatte sich, als Burier etwa dreiviertel Jahre darauf aus der Anstalt entlassen wurde, noch immer nicht vollständig erholt, obwohl er seit einer geraumen Weile wieder droben war und, wie es sein Zustand verlangte, geschont wurde.

Es war allen Hausgenossen auf der Schreckenhub klar, daß etwas Merkwürdiges, Sonderbares vorgegangen war, doch wußte keiner etwas, außer dem eingeweihten Peter Gut. Der hielt reinen Mund. Er belustigte sich lediglich im stillen an der plötzlich so andern Art des Vorstehers.

Gnäppi hatte Angst, das war klar! Seit jenem Vormittag, wo der Zögling Burier mit der Wagenscheitel in seine Kanzlei getreten war, hatte er keine harte Strafe mehr verhängt. Allen fiel es schließlich auf, daß er diesen in jeder Weise zu gewinnen suchte, indem er ihm Arbeitserleichterungen und andere Vorrechte einräumte, die jener jedoch nicht zu beachten schien und von denen er nur so weit Gebrauch machte, als unbedingt nötig war, den Schein offener Widersetzlichkeit zu vermeiden. Sogar die Kost war seit einiger Zeit besser geworden.

Auch Schleicher hatte die Veränderung bemerkt. Seine feine Witterung hatte ihn bald darüber aufgeklärt, daß sich Burier auf irgendeine Weise die Oberhand über Gnäppi gesichert hatte. Der Melker hatte diesen Zögling, der so wenig sprach, dagegen immerdar verdammt viel zu beobachten und zu überlegen schien, schon immer gehaßt. Nun fürchtete er ihn. Folglich begann er ihm zu schmeicheln. Burier schien es nicht zu bemerken, bis es der Melker dann einmal doch zu handgreiflich trieb. Da hatte ihn der Zögling wortlos mit einem Blicke von oben bis unten gemessen, gegen den ein Fußtritt eine Höflichkeit bedeutet hätte, vor ihm ausgespuckt und ihm den Rücken gekehrt. Schleicher hatte die Fäuste geballt, ihm einen haßerfüllten Blick nachgesandt, doch mehr vermochte er vorderhand nicht zu tun. Es hieß abwarten, lauern, aufpassen, um, komme was da wolle, rechtzeitig zur stärkeren Partei hinüberzuwechseln.

Burier hatte inzwischen von den jüngeren Zöglingen wie auch von Peter Gut etwas von der Auseinandersetzung erfahren, die Pfarrer Baumann mit Gnäppi gehabt hatte. Das war ihm lieb; denn er hatte einen ganz bestimmten Plan gefaßt, und wenn sich der Pfarrer dazu verhielt, wie er es wünschte und hoffte, so stand zu erwarten, daß Gnäppis Tage auf der Schreckenhub gezählt waren. Vorderhand hielt er es aber noch nicht für zweckmäßig, mit dem Pfarrer Fühlung zu gewinnen; er begnügte sich, in seiner Sträflingskutte der unausgesprochene Herr des Hauses zu sein, vor dem Gnäppi im geheimen zitterte, was schließlich jedermann offenbar ward.

Alle seine Versuche, den Rebellen entweder zu gewinnen oder ihn in eine Lage zu versetzen, die dem Vorsteher seine alte Machtbefugnis zurückerstattet hätte, waren gescheitert. Es war, als ob der Zögling des Vorstehers geheimste Gedanken läse; folglich blieb diesem nur übrig, dessen Entlassung abzuwarten, die ihn von dem unerfreulichen Verächter seiner Hoheit endgültig befreien würde. Bis dahin vergingen aber noch Monate, und die lasteten auf Gnäppi je länger je drückender. Er hatte das bestimmte Gefühl, der Zögling führe etwas gegen ihn im Schilde, und er gab sich vergeblich Mühe zu erraten, was. Er versuchte, ihm beizukommen, um das ihm drohende Unbekannte abzuwehren. Doch Burier ließ sich nicht in die Karten gucken. Inzwischen atmete, mit Ausnahme des Vorstehers und des Melkers, alles, was auf der Schreckenhub lebte, ein wenig auf.

Endlich war der vom Vorsteher ebensosehr wie von Burier ersehnte Entlassungstag angebrochen. Nachdem die üblichen Entlassungsförmlichkeiten in derselben Kanzlei, die vor dreiviertel Jahren Schauplatz des geschilderten Auftrittes zwischen beiden gewesen war, erledigt waren und Burier nun wiederum in seiner bürgerlichen Kleidung als freier Mann vor dem Vorsteher stand, bereit, dem Hause, das ihm zwei Jahre seiner Jugend unwiederbringlich geraubt und verwüstet hatte, im nächsten Augenblick den Rücken zu kehren, versuchte Gnäppi noch einmal, in des gewesenen Zöglings Vorhaben einzudringen. Er erging sich salbungsvoll stotternd und unsicher über die Schwierigkeit seiner Stellung, die eben gelegentliche, gewiß bedauerliche Mißgriffe in der Behandlung der Zöglinge unvermeidlich mache. Er bedaure es aufrichtig und er habe es jedenfalls nie mit Vorbedacht dazu kommen lassen. Burier blieb kalt, doch wandte er seinen Blick auch nicht eine Sekunde von den Augen Gnäppis ab. Dieser wurde dadurch verwirrt. Dann setzte er wieder ein:

«Und was gedenkst du jetzt anzufangen, Burier?»

«Das wird sich bald zeigen; es ist übrigens meine Sache, nicht die deine!»

Der Vorsteher prallte zurück:

«Was, du unterstehst – du duzest mich!» schnob der ebenso verblüfft wie entrüstet.

«Du mich ja auch, obwohl ich, wie du weißt, nicht mehr dein Hund und Sklave bin!»

Der andere biß sich in die Lippen:

«Entschuldigen Sie – die Macht der Gewohnheit; es fuhr mir nur so heraus!»

Burier nickte beleidigend nachsichtig, doch der Vorsteher gab ihn noch nicht frei.

«Nicht wahr, Burier, Sie scheiden in Frieden aus unserm Hause?»

«Wie Sie sehen!» meinte der kurz angebunden.

«Ich meine aber – nicht wahr – Sie tragen mir nichts mehr nach? Sie stehen ja jetzt wiederum auf freiem Fuße; Sie vergessen, was zwischen uns vorgefallen ist? Nicht wahr – wir scheiden ohne Groll voneinander?»

«Nein, Herr Gnäppi», kam es hart und bestimmt zurück. «Was Sie an mir und andern verbrochen haben, das vergibt und vergißt sich nie!» Dann, wieder in seinen höhnisch gelassenen Ton zurückfallend, fuhr er fort:

«Aber Sie brauchen sich vorderhand nicht vor mir zu fürchten, Gnäppi; Sie haben sich in der letzten Zeit recht ordentlich gehalten, über Erwarten brav! Ich werde Sie also jetzt nicht totschlagen. Hoffentlich hält die Besserung an, auch wenn ich nicht mehr da bin; ich könnte mich sonst anders besinnen. Sie werden also nicht mehr in Ihre alten üblen Gewohnheiten zurückverfallen, sonst tauche ich wieder auf; ich oder ein anderer! Und nun muß ich gehen! Servus!»

Damit wandte er sich der Türe zu, die dargebotene Hand des Vorstehers geflissentlich übersehend. Bevor er das Haus verließ, verabschiedete er sich von der Köchin, den Kameraden und dem Aufseher, mit dem er sich eine gute Viertelstunde nebenaus unterhielt. Gnäppi, der ihm nachgeschlichen war, kam eben dazu, als sich die beiden herzlich die Hand drückten, und vernahm Buriers letztes Wort:

«Also auf Wiedersehen – gut; es bleibt bei unserer Abrede!»

Der Vorsteher knirschte innerlich; das bedeutete nichts Gutes. Burier hatte ihn nicht wahrgenommen. Sein Gepäck, bestehend aus einem Rucksack, den er aufgepackt trug, und einem derben Wanderstock, den er in der Hand schwang, machte ihm keine Beschwerden. Er richtete seine Schritte dorfwärts. Als er um die Scheune bog, von wo der Fahrweg gerade nach der Dorfstraße hinunterführte, löste sich von der Scheunenecke die Gestalt Schleichers ab und vertrat ihm den Weg. Mit seifiger Freundlichkeit, ein schiefes Fuchsenlächeln auf den falschen Lippen, meinte der:

«Nun, ist's überstanden? Das freut mich von Herzen! Ich wünsche viel Glück!» Damit streckte er dem Abgehenden die Hand zum Abschiedsgruß hin. Der betrachtete ihn belustigt, ohne die Hand zu ergreifen, beschaute sich den krummen Schuft wie ein seltenes Tier; dann lachte er herzlich auf, wandte ihm wortlos den Rücken und ging, ohne umzuschauen, rüstig seines Weges. Der Melker war zunächst zu verblüfft, um darauf einen Vers finden zu können. Nun, als Burier schon außer Hörweite war, schüttelte er ihm die Faust nach und fluchte unterdrückt:

«Wenn ich dich nur nochmal kriegen könnte!»

Burier schlug zunächst den Weg nach dem Pfarrhaus ein, wo er über anderthalb Stunden verweilte. Dann begab er sich zu Dr. Stahl, von dem er sich erst nach einer weiteren halben Stunde verabschiedete und dann den Weg nach der Bahnstation einschlug.

Kaum in der Kantonshauptstadt angekommen und eingelebt, suchte Burier den ehemaligen Werkmeister, Hans Haldenhuber, auf, der schon vor einem Jahr die Schreckenhub verlassen hatte, da er dem Treiben da droben weder zusehen noch den Schein einer Billigung durch längeres Verweilen erwecken wollte. Die plötzliche Kündigung des Schreiners, namentlich aber deren Begründung, hatte den Vorsteher damals mehr empört und in seinem Machtkoller verletzt, als daß sie ihm unangenehm gewesen wäre. Im Grunde war er nämlich ganz froh, einen hellsichtigen Zeugen seines Tuns und Lassens weniger unter seinem Dache zu wissen. Besonders, weil dieser Zeuge, wie dies der Fall Haldenhubers war, aus seinem Herzen eben keine Mördergrube machte. Nun aber, in der letzten Zeit, hatte er sich leiser Furcht vor dem Mann, der doch allerhand wußte und von dem anzunehmen war, er würde gegebenenfalls weder mit seinen Wahrnehmungen noch mit seinem Zeugnis hinter dem Berge halten, oft nicht erwehren können. Burier nun, nachdem er sich mit dem Schreiner verständigt und von ihm die gewünschten Zusicherungen erhalten hatte, ließ den Boden unter seinen Füßen nicht erkalten, sondern suchte sogleich den unmittelbaren Vorgesetzten Gnäppis, den Inspektor, auf. Diesem erstattete er einen ungeschminkten, vollständigen Bericht über die Verhältnisse und den Betrieb auf der Schreckenhub.

Der Inspektor, der ihn schon nach den ersten Worten hatte unterbrechen und zum Schweigen bringen wollen, indem er ihm drohend erklärte, er, Burier, spiele mit dem Anschwärzen des bei seinen Vorgesetzten trefflich beleumdeten Vorstehers ein gewagtes Spiel, erwies sich schließlich recht geneigt, den Entlassenen anzuhören. Denn der erklärte gleichmütig – und der Ton seiner Rede wie seine ganze Haltung ließen dem Inspektor keinen Zweifel an Buriers Entschlossenheit aufkommen –, daß er sich wohl werde Gehör zu verschaffen wissen, daß er nicht ruhen werde, bis auf der Schreckenhub eine andere Ordnung herrsche.

Der Inspektor selbst war kein Unmensch. Im Gegenteil! Aber er war aus einem ganz anderen Wirkungskreis in sein jetziges Amt hineingewählt worden, zu dem ihm jede Eignung abging. Unzuständig wie er war, glaubte er vertrauensselig den schriftlichen Berichten seiner Anstaltsvorsteher aufs Wort. Ebenso hatte er sich, jeglichen Anstaltsbetriebes unkundig, bei jedem Besuch auf der Schreckenhub von dem wohl eingedrillten, bestechenden Parademarsch gründlich einseifen lassen. So wird übrigens jede Aufsichtsbehörde getäuscht, die, ohne Kenntnis der Anstalten und ihres Wesens, sie nur oberflächlich besichtigt und aus Bequemlichkeit an der Meinung festhält, alles stehe so lange zum besten, als man von ihnen nicht sonderlich behelligt werde.

Was Burier dem Inspektor nun vortrug, machte diesem zwar den Eindruck, der junge Mann übertreibe stark, doch liege seinen Anklagen unverkennbar ein Wahrheitskern zu Grunde. In diesem Falle durfte er es unter keinen Umständen auf ein öffentliches Ärgernis ankommen lassen, sondern mußte die allfällig vorhandenen Übelstände nach Möglichkeit in aller Stille beheben, anders er selber, der sie so lange Jahre nicht bemerkt und geduldet hatte, mit am Pranger stehen würde. Obwohl im Grunde kein unebener Mann, versuchte der Inspektor dennoch ein Mittel, den Ankläger einzuschüchtern. Er holte zu einer ausgiebigen Vermahnung aus, die darin gipfelte, es genüge Burier offensichtlich nicht, einen bisher unbescholtenen Beamten anzuklagen, er werde aber, im Fall einer Untersuchung, wirkliche Beweise zu erbringen haben, andernfalls er der Verleumdung und Beamtenbeleidigung bezichtigt und für sein Tun sowohl zivil- wie strafrechtlich verantwortlich gemacht und verurteilt werde.

Als Burier daraufhin kalten Blutes erklärte, er wünsche sich eben nichts Besseres, als vor Gericht gestellt, zum Wahrheitsbeweis angehalten zu werden, sah die Sache für den Inspektor schon bedeutend brenzlicher aus. Nun galt es, vor allen Dingen Zeit zu gewinnen. Er erklärte also, eine Untersuchung gegen Gnäppi einleiten zu wollen, doch nur und ausschließlich gestützt auf einen schriftlichen Bericht Buriers, in dem dieser seine sämtlichen, mündlich vorgebrachten Anklagen wiederholen und seine Beweismittel namhaft machen solle. Dabei rechnete der Inspektor damit, Burier werde sich immerhin zweimal besinnen, ehe er sich in dieser Weise bloßstelle. Inzwischen aber würde er ausreichend Zeit gewinnen, von sich aus der Sache auf den Grund zu gehen und allenfalls vorhandenen Mängeln zu begegnen. Sollten dann früher oder später in der Öffentlichkeit Anschuldigungen gegen Gnäppi oder seine Anstalt auftauchen, so könnte er dann leicht nachweisen, alle Unzulänglichkeiten seien von den Behörden längst behoben worden.

Allein, Burier verlegte ihm diesen Ausweg, indem er schon nach wenigen Tagen einen ausführlichen Anklagebericht einreichte, worin er jede Einzelklage genau umschrieb und die Zeugen dazu namhaft machte. Das waren Peter Gut, Lisbeth Mast, Hans Haldenhuber, Pfarrer Baumann und Dr. Stahl.

Dem Inspektor war an der Anklageschrift peinlich, daß die einzelnen Klagepunkte scharf gefaßt, meistens genau datiert und, gegenüber der ersten, mündlichen Beschwerde Buriers, durch Angabe von Einzelheiten noch gewichtiger geworden waren. Der junge Mann schien seiner Sache sicher zu sein. Wenn es sich wirklich verhielt, wie seine Klage meldete, dann stand eine recht unangenehme Geschichte in Aussicht, der, wenn immer möglich, doch noch vorgebeugt werden mußte. Der Inspektor hatte außer dem amtlichen noch einen durchaus eigenmenschlichen Grund zu wünschen, die Angelegenheit möchte so gut wie möglich wenn nicht gerade vertuscht, so doch vertraulich behandelt werden. Er war nämlich ein gläubiger Christ und hatte sich von dem Frömmigkeit heuchelnden Gnäppi in einer Weise betören lassen, daß es ihm vorderhand unmöglich war, seinen einsetzenden Zweifeln entsprechend so zu handeln, wie ihm von Rechts und Amts wegen geboten war. Folglich ließ er es noch auf einen ferneren Einschüchterungsversuch ankommen und berief Burier zu sich. Nun wiederholte er in streng drohendem Tone seine bereits erhobenen Einwände und versuchte, den ehemaligen Zögling zum Rückzug seiner Klage zu bewegen, wobei er ihm die Zusicherung gab, die Angelegenheit werde nichtsdestoweniger untersucht und nötigenfalls Abhilfe der Übelstände geschafft. Sollte jedoch Burier auf seiner Beschwerde und der Forderung einer peinlichen Untersuchung beharren, so mache er ihn darauf aufmerksam, daß, wenn seine Anklagen nicht in allen Teilen durch vollgültige Beweise erhärtet würden, die Behörde unnachsichtig gegen ihn einschreiten müßte.

Burier erwiderte kühl, er beharre auf der Untersuchung, habe an seiner Beschwerde nicht das geringste abzuändern und noch weniger abzuschwächen; aber er fordere nun seinerseits, daß seinem Begehren nach amtlicher Untersuchung binnen kürzester Frist entsprochen werde, andernfalls seine Beschwerdeschrift in den Spalten der «Volksstimme» vollinhaltlich abgedruckt würde. Die erforderlichen Schritte habe er bereits angebahnt. Er sei sich darüber vollkommen klar, daß in diesem Falle der Behörde nichts anderes übrig bleiben würde, als den Schweinestall auf der Schreckenhub so gründlich wie möglich auszumisten, oder aber, ihn selber als Verleumder und wegen Beamtenbeleidigung vor das Strafgericht zu laden, was ihm, offen gestanden, am angenehmsten wäre. Wenn demnach binnen Monatsfrist, vom heutigen Tage an gerechnet, die amtliche Untersuchung nicht wenigstens eingeleitet sei, und zwar in einer Weise, daß er selber, samt seinen Zeugen, dem Beklagten gegenübergestellt würden, so werde er die Veröffentlichung seiner Beschwerdeschrift um keine Minute verzögern.

Das nun war klar und deutlich. Der Inspektor fühlte es. Er versuchte daraufhin, Burier in Güte zur Nachsicht, namentlich aber zu längerer Befristung umzustimmen, um ihm dennoch zuvorzukommen, doch erblühte ihm dabei nicht der geringste Erfolg. Der junge Mann erklärte, er könnte keinen Tag der Verzögerung verantworten, da jeder Tag dem Vorsteher Gnäppi neue Gelegenheit biete, seine viehischen Triebe an den ihm wehrlos ausgelieferten Zöglingen zu betätigen. Damit empfahl er sich.

Der Inspektor sah ein, daß unwiderruflich etwas geschehen müsse. Doch bevor er einen endgültigen Entschluß faßte, versuchte er noch, dem drohenden Ärgernis dadurch zu begegnen, daß er sich brieflich an Pfarrer Baumann und Dr. Stahl wandte. Er bat sie, ihm über ihre Beobachtungen auf der Schreckenhub alles Dienliche mitzuteilen. Allein, beide antworteten kurz und bündig, sie seien zwar bereit, vor einem ordentlichen Untersuchungsausschuß oder vor Gericht darüber zu zeugen, hielten es aber für unangebracht, durch vorzeitige Aussagen dem von Burier, wie sie von diesem selbst erfahren hätten, anbegehrten Untersuchungsverfahren vorzugreifen.

Nun blieb dem Inspektor nichts anderes übrig, als die Akten dem ihm vorgesetzten Regierungsrat mit dem Antrag auf eine außerordentliche Untersuchung einzureichen.

Regierungsrat Erler war ein durchaus wohlgesinnter, gescheiter Mann; allein, seine Stellung in der Regierung war schon seit einer geraumen Weile arg gefährdet, aus Gründen, die weniger von seiner Eigenmenschlichkeit als von seiner Parteistellung abhingen. Seinen Sitz in der Regierung vermochte er nur unter der Voraussetzung zu behaupten, daß die ihm unterstellte Verwaltung möglichst reibungslos arbeite und keine besondere Aufmerksamkeit errege, anders seine politischen Gegner ihn aus seinem Amte verdrängen würden. Nachdem er die Beschwerdeschrift Buriers wiederholt und aufmerksam gelesen hatte, gelangte er zu der Überzeugung, es möge darin vielleicht manches anfechtbar oder übertrieben sein; in der Hauptsache jedoch beruhe sie auf so schwerwiegenden Tatsachen, daß deren Veröffentlichung eine ungewöhnliche Erregung der öffentlichen Meinung zur Folge haben würde, die seine Gegner wohl kaum unbenutzt verstreichen lassen würden. Folglich verfügte er unverzüglich die anbegehrte Untersuchung, die er selber als Vorsitzender, verbeiständet von seinem Schreiber und dem Inspektor, durchzuführen gedachte, in der Meinung, sie und ihre Ergebnisse auf diese Weise der Öffentlichkeit vorenthalten zu können. Die Untersuchung wurde demnach rasch und gründlich durchgeführt. Ihr Ergebnis war für Gnäppi vernichtend.

Jahrelange, wohlbedachte Unmenschlichkeiten wurden ihm in Fülle nachgewiesen; ebenso seine Unfähigkeit und Verlogenheit; kam es doch so weit, daß ihn Pfarrer Baumann angesichts sämtlicher Anwesenden als schamlosen Lügner brandmarkte.

Dr. Stahl, der der Beweisverhandlung nicht beiwohnen konnte, hatte aus dem Militärdienst geschrieben, er halte Lebrecht Gnäppi zur Bekleidung seines Postens schon darum für unfähig und ungeeignet, weil dieser ein krankhaft veranlagter Sadist und von zeitweise verminderter Zurechnungsfähigkeit sei. Das Untersuchungsergebnis übertraf sogar die doch hochgespannten Erwartungen Buriers und Peter Guts.

Die Stellung Gnäppis schien unhaltbar geworden zu sein, denn Burier richtete nach abgeschlossener Beweisaufnahme die Frage an den Regierungsrat, was dieser nun vorzukehren gedenke. Falls jetzt, da seine Anschuldigungen bewiesen, zum Teil noch übertroffen worden seien, die Mißstände auf der Schrekkenhub nicht unverzüglich und für immer behoben würden, so werde er sowohl seine ursprüngliche Beschwerdeschrift wie auch das Ergebnis des heutigen Beweisverfahrens veröffentlichen. Der Regierungsrat beteuerte, es solle alles getan werden, um die notwendigen Reformen in kürzester Frist einzuführen. Wirklich erschien kurz darauf ein Erlaß der Regierung, die dem Vorsteher das Verhängen von Zwangsjacken- und Kettenstrafen untersagte, die Prügelstrafen milderte und ihn dazu verpflichtete, ein eigentliches Strafverzeichnis zu führen, das jederzeit der Behörde zur Einsicht offenzuhalten sei. Außerdem wurde die bisherige Zuchthausordnung der Anstalt in wesentlichen Punkten abgeändert, namentlich im Hinblick auf die bisher übliche Zwangsarbeit. Auch wurden die Verpflegungs- und Unterkunftsverhältnisse verbessert; allein, gegen den eigentlichen Willen und die ursprüngliche Absicht des Regierungsrates Erler, blieb Gnäppi auf seinem Posten und kam mit einem scharfen Verweis davon. Denn zu seinen Gunsten hatten sich Einflüsse geltend gemacht, gegen die auch ein Regierungsrat gelegentlich machtlos ist; besonders, wenn er sich durch Duldung andauernder Ungehörigkeiten an Mißständen, die sich unter seinem Regiment behauptet haben, mitschuldig gemacht hat. Doch tröstete sich Regierungsrat Erler damit, der Vorsteher habe nun eine ernste Lehre erhalten, die er wohl zu Herzen nehmen und sein ferneres Verhalten danach einrichten werde. Überdies glaubte er aufrichtig, die neue Anstaltsordnung werde von nun an gewissenhaft angewandt.

Dies war auch in der ersten Zeit nach dem Abschluß des Verfahrens der Fall. Gnäppi fühlte sich von dem Aufseher wie von der Köchin, von Pfarrer und Arzt und nunmehr auch von der Dorfbevölkerung Lochschwandens genauer als je beaufsichtigt.

Eine Weile schien es wirklich, auf der Schreckenhub sei ein neuer Geist eingezogen. Die Zöglinge wie die Angestellten atmeten darob erleichtert auf. Aufseher und Köchin freilich, die der Wahrheit gemäß gegen ihren unmittelbaren Vorgesetzten ausgesagt hatten, kannten dessen heimtückische Rachsucht. Aus Furcht vor ihr verließen sie kurze Zeit darauf die Schreckenhub, um sich anderwärts ein Auskommen zu suchen. Zunächst blieb Gnäppi allein mit seiner «grauen Eminenz», dem Melker Andreas Schleicher. Gern hätte der Vorsteher auch diesen gehen sehen; doch der, der in die Untersuchung nicht mit einbezogen worden war, ihren Verlauf und Austrag jedoch ziemlich genau erfahren hatte, fühlte sich nicht veranlaßt, seine Stellung aufzugeben. Sie war um seiner Mitwisserschaft willen eher noch gefestigt worden.

Kurz darauf heiratete Lebrecht Gnäppi. Die junge Frau schien jedoch auf seine Wesensart keinen Einfluß auszuüben, sondern erweckte vom ersten Tage an den Eindruck der Gedrücktheit und der Enttäuschung. Gnäppi brüstete sich einige Jahre später damit, er lebe mit seiner Frau in einem rein christlich-freundschaftlichen, von keiner sinnlichen Leidenschaft getrübten Seelenbunde. Diese Versicherung war seit vielen Jahren die erste und einzige, die ihm von allen, die ihn näher kannten, geglaubt wurde.

Burier war kurz nach Schluß des Disziplinarverfahrens weggezogen, hatte sich jedoch vorgenommen, die Schreckenhub nie ganz aus den Augen zu verlieren, denn solange Gnäppi dort herrschte, schien sie ihm keineswegs geheuer.

Seine Ahnung täuschte ihn nicht. Einige Zeit nachdem sich der gegen ihn erhobene Sturm gelegt hatte, vermochte Gnäppi seinen krankhaften Trieben nicht länger zu widerstehen. Bald frönte er ihnen wie zuvor, doch ließ er genügend Vorsicht walten, darob weder erwischt noch behaftet zu werden. Es gelang ihm ziemlich leicht, weil die beiden Angestellten, die er allenfalls zu fürchten gehabt hätte, nicht mehr in der Anstalt weilten, Pfarrer

Baumann Lochschwanden gegen eine größere Gemeinde vertauscht hatte, Dr. Stahl gestorben und Schleicher ihm, wie noch
nie zuvor, ergeben schien. Sein Schreckensregiment begann also
von neuem. Es wurde nun wenig beobachtet und gestört, da auch
Regierungsrat Erler von seinem Posten zurückgetreten war und
der ohnehin laue Inspektor schon nach einigen Jahren das Zeitliche gesegnet hatte. Die Behörde, besorgend, ihre Lässigkeit gegenüber der Schreckenhub könnte ihrem Ansehen schaden,
hatte es unterlassen, die Abberufung Gnäppis im einzig gegebenen Augenblick durchzusetzen. Nun waren die Männer von damals nicht mehr da, und weil ihre Nachfolger ebenso leicht zu
täuschen waren wie sie selbst und es mit ihren Amtspflichten um
kein Haar gewissenhafter nahmen, wütete Gnäppi nach wie vor,
seiner krankhaften Veranlagung folgend, ohne daß ein Hahn danach krähte.

Vierzehn Jahre später befand sich Burier, der inzwischen wieder in seine Heimat zurückgekehrt war, als Schriftleiter der
«Volksstimme» in der Kantonshauptstadt, wo ihm eines Tages
eine kurze Agenturnachricht den Selbstmord eines Zöglings auf
der Schreckenhub vermeldete. Dieser, so hieß es, habe seine Ver-
zweiflungstat in einem Anfall von Geistesstörung begangen. Burier griff die Nachricht auf. Er gab in seinem Blatte zu verstehen,
die Tat sei wohl eher auf einen Anfall geistiger Störung des Vorstehers zurückzuführen, und heischte eine strenge, rasche, un-
parteiische Untersuchung des Falles. Damit begnügte er sich
nicht, sondern setzte sich unverzüglich mit den Behörden in Verbindung, um seine Sache zu fördern. Doch wurde er unter den
fadenscheinigsten Vorwänden abgewiesen.

Eine Untersuchung war freilich vorgenommen worden, deren amtliches Beschwichtigungsergebnis ihm vorgelegt ward. Es
war, wie es nicht anders sein konnte – wie es in einem Staate sein
mußte, der sich um das Wohl der Armen und Verlassenen nur
prahlerisch auf dem Papier, aber in Wirklichkeit im einzelnen
nicht kümmert. Es stellte fest, es treffe die Anstaltsleitung ob des

bedauerlichen Vorkommnisses nicht das geringste Verschulden. Eine Möglichkeit, die Untersuchung von neuem vorzunehmen, gab es nicht. Auch würde sie schwerlich zu einem andern Ergebnis geführt haben, da ja die Behörden immer im Recht sind, wenn es sich darum handelt, Nachlässigkeiten oder Verfehlungen, an denen sie beteiligt sind, zu verwedeln. Die Sache schien erledigt zu sein und war es auch. Wenigstens für die Behörden, die gegenüber der Öffentlichkeit sogar einen völligen, wenn auch recht billigen, schäbigen Sieg über den vorwitzigen Zeitungsmann davongetragen hatten.

Nicht so für Burier. Der führte nun mit den ihm zu Gebote stehenden Mitteln seine Untersuchung selber durch, die ihn nach einiger Zeit zu der Feststellung nötigte, daß auf der Schrekkenhub seit seinem dortigen Aufenthalt vieles noch schlimmer geworden sei. Zwangsjacke, Salzrutenprügel und ähnliche niedliche Dinge waren daselbst wiederum an der Tagesordnung wie einst. Einzig die Kettenstrafen, die nach außen zu auffällig gewesen wären und auch nicht mehr recht in die Zeit hineingepaßt haben würden, waren endgültig preisgegeben worden.

In allem übrigen wütete Gnäppi wie je zuvor.

Diesmal war Burier entschlossen, ein Ende herbeizuführen. Die Gelegenheit dazu ergab sich jedoch erst einige Jahre später, als ein ihm als achtbarer und furchtloser Mann bekannter Staatsbeamter an die höchste Aufsichtsstelle über die Anstalten gesetzt wurde. Bei diesem sprach Burier nun vor und verheimlichte ihm weder was früher geschehen war noch was er seither erfahren hatte. Der Beamte nahm es entgegen, studierte sowohl die Akten der früheren Untersuchung wie er sich auch über den derzeitigen Stand der Dinge unterrichtete. Das Ergebnis fiel aus, wie es Burier vorausgesehen hatte. Da diesmal nun wirklich ein mutiger, unabhängiger Beamter die Sache fest an die Hand nahm, wurde Gnäppi aufgefordert, unverzüglich seinen Rücktritt zu erklären und seinen Abschied zu nehmen. Er fiel wie aus den Wolken und schien zunächst gar nicht zu begreifen, was man von ihm wolle.

Erst als ihm deutlich zu verstehen gegeben worden war, seine Abdankung biete ihm die einzige Möglichkeit, nicht mit Schimpf und Schande von seinem Posten enthoben zu werden, den er so ruchlos mißbraucht hatte, bequemte er sich dazu, nachdem er zwanzig volle Jahre lang unsäglichen Schaden angerichtet, unermeßliches Leid um sich verbreitet hatte.

Da nun die Regierung, endlich einmal gründlich über ihn und sein schändliches Treiben unterrichtet, zur Einsicht ihrer eigenen Mitschuld an allem, was geschehen, gelangt war, so wurde Gnäppis Entlassung unter der üblichen Verdankung seiner langjährigen, treu geleisteten Dienste bewilligt.

Obwohl er dann noch einige Male, wenn auch erfolglose Anstrengungen unternahm, wieder in eine ähnliche Stellung zu gelangen oder sonst eine seiner Eitelkeit angemessene Rolle zu spielen, versank Gnäppi doch allmählich im Strome der Vergessenheit und der Nichtbeachtung, aus dem er nie hätte auftauchen sollen.

Schriften, die er veröffentlichte, Vorträge, die er hielt, überzeugten bald jedermann von seiner unheilbaren Unzulänglichkeit. Die Schäden aber, die er verursacht, die Verbrechen, deren er sich schuldig gemacht hatte, die freilich blieben ungesühnt!

Man konnte von ihm sagen, was ein Kommentator des Suetonius zu dessen Lebensbild von Caligula äußert:

«Übrigens erklärt diese sicher richtige Annahme seines Wahnsinnes vieles, ja eigentlich alles an dem grauenhaften Bilde eines Tyrannen, und weniger ist *er* anzuklagen als die Zeit, die ihn ertrug.»

ANSTALTSLEBEN

EDITORIAL

Inspiriert von der Reformpädagogik, kritisiert der junge C. A. Loosli 1905, die Anstalten betrieben statt einer Erziehung, «deren großes Geheimnis in der Individualisierung liegt», eine «Engroserziehung». Deshalb fordert er Kleinstheime mit Ersatzfamilien, die von Erziehern geleitet werden sollen (S. 197 ff.).

1924 kritisiert Loosli dann bedeutend radikaler. In seinem Buch *Anstaltsleben* fordert er unumwunden die Abschaffung der Anstalten und weiß zum vornherein: «Gerade weil die Zustände, die ich darin zur Sprache bringe, so unendlich scheußlich sind, werde ich wohl eine Hetze erleben, die alle früheren in den Schatten stellen wird, was mir aber durchaus Wurst ist, da ich in meiner trauten Heimat, hierseits der Saane wenigstens, nichts mehr zu verlieren habe.»[1] Mit *Anstaltsleben* eröffnet Loosli «seinen gutdurchdachten Feldzug für die Verbesserung der Lage der Jugend»[2], den er von nun an über Jahrzehnte weiterführt (S. 103 ff.).

Selten sind die Reaktionen auf das Buch so kollegial wie im Brief von Carl Spitteler (S. 255). Loosli trägt alles zusammen, was gesagt und gedruckt wird, und führt mit dem Material die Diskussion in Nachfolgebüchern weiter. 1925 erscheint *Ich schweige nicht!*, 1929 dann *Erziehen, nicht erwürgen!* (S. 259 ff. und 479 ff.). Wie er vorausgesehen hat, wird er in diesen Jahren öffentlich teilweise massiv angegriffen.

Aber seine Argumente zu ignorieren kann sich nicht einmal die Berner Regierung leisten. Zwar behauptet der zuständige Regierungsrat, Armendirektor Fritz Burren, auf eine durch Looslis Buch veranlaßte Interpellation vor dem Großen Rat am 26. November 1924: «Die scheußlichen Heimlichkeiten des Herrn Loosli sind Verleumdungen.»[3] Trotzdem meldet dieser bereits ein halbes Jahr später seinem Verleger: «Letzte Woche hatte ich eine Zusammenkunft mit den HH. Insp. Bürki und Mühlethaler, um das weitere Vorgehen in der Anstaltsangelegenheit zu beraten. Bei der Gelegenheit teilte der erstere mit, Reg.-Rat Bur-

---

1 C. A. Loosli an Jonas Fränkel, 25.6.1924 (SLA, Bern).
2 Erwin Marti, *Carl Albert Loosli*, Band 1, Zürich (Chronos) 1996, 51.
3 C. A. Loosli, *Ich schweige nicht!*, Bern (Pestalozzi-Fellenberg-Haus) 1925, 11.

ren habe nun zunächst eine Untersuchung über die Verpflegung der Zöglinge sämtlicher bernischer Anstalten angeordnet und beabsichtige, nach deren Beendigung, die Vorsteher zu einer Konferenz im Hinblick auf notwendige Anstaltsreformen einzuladen. Das ist wenig, aber immerhin etwas.»[1] Zudem nehmen reformwillige Fachleute von allen Seiten mit Loosli Kontakt auf. Als Beispiel unter vielen steht hier der erste Briefwechsel mit Hugo Bein, dem Hausvater des Bürgerlichen Waisenhauses Basel, der am Anfang einer jahrzehntelangen reformerischen Zusammenarbeit steht (S. 276 ff.).

Von nun an interveniert Loosli bei Anstaltskonflikten, wo immer sich ihm eine Gelegenheit bietet:

- Gegen die miserabel geführte Erziehungsanstalt Aarburg (AG) verfaßt er 1936 das 204 Typoskriptseiten umfassende Buch *Rabenvater Staat*. Es bleibt unveröffentlicht, weil der Schweizer Spiegel Verlag (Zürich) dem Druck interessierter Kreise nachgibt.
- 1944 unterstützt er die Wochenzeitschrift *Die Nation* im Kampf gegen Mißstände im Knabenerziehungsheim Sonnenberg (LU) und im Rotkreuzheim für jüdische Flüchtlingskinder in Speicher (AR) (S. 280).
- 1952 interveniert er als Sechsundsiebzigjähriger mit der Broschüre *Psychotherapie und Erziehung* auf seiten des unter Druck geratenen Heimleiters von Uitikon (ZH), Fritz Gerber (S. 281 ff.).

Dieser letztgenannte Konflikt zeigt, wie viel sich seit 1924 verändert hat: Loosli verteidigt hier die Stellung des Anstaltsvaters, den er als alleinigen Erzieher nicht entmachtet sehen will durch die Arbeitsteilung, die Spezialisierung und die Medizinalisierung der nun aufkommenden Heimerziehung.

Die Herausgeber

---

1 C. A. Loosli an Fritz Schwarz, 15. 4. 1925 (SLA, Bern).

ANSTALTSERZIEHUNG

«Das beste Waisenhaus, wie jede andere Erziehungs-
anstalt außerhalb des häuslichen Kreises, ist eine
moralische Verderbungsanstalt.»

Heinrich Zschokke

Wenn man uns vor die Frage stellen würde, warum wir kein Vertrauen zu der Anstaltserziehung im allgemeinen haben, und von
uns eine kurze, klare und präzise Antwort erwartete, so würden
wir unsere Abneigung gegen das Erziehungsanstaltswesen wahrscheinlich klipp und klar so formulieren: «Weil die Anstaltserziehung eine Erziehung engros, eine fabrik-, also schablonenmä-
ßige ist.» Und wir würden weiter ausführen, daß die Schablone
vielleicht bei totem Material recht gute Dienste leistet, daß der
industrielle Betrieb jedenfalls den Vorzug verminderter Kosten
aufweist, daß die Engrosmethode eine große Zeitersparnis bedeutet, daß jedoch Schablone, industrieller Betrieb und Engros-
herstellung sich wohl mit Erfolg gegenüber Anorganismen anwenden lassen, niemals aber gegenüber organischen, fühlenden
und denkenden Lebewesen, niemals gegenüber Menschen, denen man eine Seele zutraut, niemals aber in dem Zweige der Erziehung, deren großes Geheimnis in der Individualisierung liegt.

Ich wollte das vorausschicken, um von vornherein dem Mißverständnisse die Spitze abzubrechen, es sei mir nur darum zu
tun, an der Einrichtung der Anstalt zu nörgeln, oder gar die mitunter hingebende Tätigkeit opferfreudiger Anstaltsangestellter
und -leiter herabzumindern. Es handelt sich lediglich um eine
Frage des Systems, welche freilich so einschneidend ist, daß sie
alles, was mit dem Erziehungsanstaltswesen zusammenhängt,
bedingt.

Von der Notwendigkeit der Erziehungsanstalten selbst sind
wir wenigstens ebensosehr überzeugt wie von dem Satze, daß die

beste Erziehung immer die Familienerziehung ist und bleiben wird. Darum sehen wir in den Erziehungsanstalten nur Surrogate, lauter notwendige, leider notwendige Übel.

Wir werfen dem System, nach dem unsere Anstalten geleitet und unterhalten werden, vor, daß es viel zu wenig individualisiert, daß es sämtliche seiner Zöglinge über einen von vornherein bestimmten, nicht zu ändernden Leisten schlägt. Wir wissen, daß, will man ein Kind zu einem Menschen und nicht zu einem Heuchler oder einem Automaten heranziehen, es sich gewissermaßen selbst entfalten, selbst erziehen muß, daß die Natur die Hauptsache selbst besorgen und der Erzieher nur diskret assistieren darf. Wir sehen in der Tätigkeit eines idealen Erziehers nicht Dressur, sondern höchstens und auch dann nur in Ausnahmefällen Korrektur. Seine Arbeit ist nach außen keine aktive, sondern eine passive, rein vermittelnde. Um sie auszuüben, muß er mit dem Zögling nicht bloß bekannt sein, sondern er muß sich bis in die hintersten Falten seines Charakters mit ihm vertraut machen können, er muß das zu erziehende Kind wenigstens ebensogut kennen, wie er sich selbst kennt. Je mehr er in der Charaktererkenntnis seines Zöglings fortschreitet, je weniger läuft er die Gefahr, ihn zu verkennen, ihm Unrecht zu tun, seinen Gedanken, Worten und Handlungen falsche Motive zu unterlegen.

In diesem Verstehen, in diesem In-dem-Zögling-Aufgehen, besteht meines Erachtens die Kunst der wahren, der idealen Erziehung. Denn der Künste erhabenste ist das Schaffen von Menschen. Sich in diese Kunst versenken, Meister darin zu werden, ist das Vorrecht der Eltern, welche vom Tage der Geburt an ihre Kinder liebevoll beobachten können. Denn nur die Liebe zur Kunst erzeugt wahre Künstler. Und dann ist sie noch das besondere Vorrecht einzelner, genial veranlagter Naturen, pädagogischer Genies, deren Herz in Liebe für die Jugend aufgeht. In diesem In-der-Liebe-Erkennen-und-Schaffen allein liegt die Prämisse der Erziehung, die diesen Namen verdient. Alles andere ist bloße Dressur, die äußerlich überraschende Resultate zu zeitigen vermag, innerlich jedoch austrocknet oder Fäulnis erzeugt. Dressur ist Firnis, Erziehung allein ist reell.

Wenn ich nun in Zweifel ziehe, ob die Anstalt als solche sich überhaupt eignet zu erziehen, so mag vor allen Dingen daran erinnert werden, daß die Anstalt die ihr anvertrauten Kinder nicht wie die Eltern vom Augenblicke ihrer Geburt beobachten, studieren, also nicht in dem Maße erkennen kann, wie es zu einer guten Erziehung erforderlich, unerläßlich ist. Die Kinder sind bei dem Eintritt in die Anstalt bereits nicht mehr das jungfräuliche Land, das unberührte, fleckenlose Material, aus dem der Künstler ein Kunstwerk zum Preise der Schönheit und Liebe zu formen vermag. Die Kinder bringen zum Teil schon recht ausgeprägte Charaktere mit hinein, haben draußen im Leben in der Regel schon etwas erfahren, das ihre Seele, ihr Wesen, bereits – selten in günstigem Sinne – beeinflußt hat. Von dem allem, was auf das Kind vor seinem Eintritt in die Anstalt wirkte, hat der Anstaltserzieher nur einige vage, immer nur äußerliche Anhaltspunkte. Er ist aufs Raten angewiesen, wenn er sich diese Mühe überhaupt geben kann, ich meine, wenn er die materielle Möglichkeit findet, sich diese Mühe des Eindringens und Verstehens der Charaktere zu geben. Das wird selten genug der Fall sein, denn er hat nicht ein Kind, sondern etliche Dutzend zu erziehen, und um jedem gerecht zu werden, um jedes einzelne wirklich zu erziehen und nicht nur zu dressieren, müßte er sich so viele Male seiner eigenen Persönlichkeit entledigen, um in der Persönlichkeit der Zöglinge aufzugehen, als er Kinder zu erziehen hat. Das ist einfach unmöglich und kann ihm im günstigsten Falle nur bei einigen wenigen gelingen. Und dann ist er nicht nur der Erzieher der Kinder, sondern er ist der vor allen Dingen der Behörde gegenüber verantwortliche Beamte, der ohne Reglemente (ohne, reden wir nur von einer auch noch so weitgefaßten, Hausordnung) nicht auskommt, es sei denn, er verletze seine Pflicht als Beamter. Der Pädagoge und der Beamte ringen in ihm. Wo der eine seine Pflicht erfüllt, sündigt der andere; einer pfuscht immer, weil man mit toten Buchstaben, und seien sie eben zu noch so klangvollen Reglementen aneinandergereiht, nicht erzieht, sondern dressiert. In diesem Umstande liegt die Quelle jedes Übels, welches die Anstaltserziehung notwendigerweise zeitigen muß.

Um seiner Beamtenpflicht zu genügen, muß sich der Anstaltsleiter über alle seelischen Regungen hinwegsetzen, er darf nicht, ohne seine Pflicht zu verletzen, auf Charaktere und Individualitäten Rücksicht nehmen, er muß Individualitäten und Charaktere dem Reglemente, der Beamtenpflicht, daß wir es nur gleich heraussagen, dem heiligen Bureaukratius opfern. Er darf nicht erziehen, also dressiert er, muß er dressieren, auch wenn es blutenden Herzens geschieht. Und je schneidiger er dressiert, je mehr werden seine Verdienste anerkannt, je größer gilt er seinem Auftraggeber als Pädagoge. Versteht er es gar noch, seiner Dressur den Anschein zu geben als sei sie eine Dressur in Freiheit, dann wird er gar über den Schellenkönig gepriesen, und mit Recht: Der Anstaltsleiter, der es versteht, in Freiheit zu dressieren, hat schon den möglichst weiten Schritt zu der wahren Erziehung getan; weiter darf er nicht gehen, ohne der Anstalt, dem System, auf welchem sie ruht, untreu zu werden.

Die Folge dieser Umstände ist, daß der Zögling notwendigerweise das Gefühl hat, daß er für die Anstalt und nicht die Anstalt für ihn geschaffen sei, und die weitere Folge ist die, daß aus dem Zögling statt ein freier, selbstdenkender, selbstfühlender und selbsthandelnder Mensch mit eiserner Konsequenz entweder ein Waschlappen, dem das Reglement an Stelle des Gewissens steht, oder ein Schuft, ein Heuchler, der das Reglement genau so lange nicht verletzt, als er sich unter dessen Drucke fühlt, herangebildet wird. Die Engroserziehung zeitigt eben Dutzend-, Engrosmenschen; wie könnte es auch anders sein, die Anstalt muß ja mit ängstlicher Sorgfalt darauf Rücksicht nehmen, daß ja nichts über den Durchschnitt hinausgeht, anders sie ihren Charakter verleugnet.

Und wenn uns dennoch in den Jahresberichten und in der Presse dann und wann von den erhabenen Erfolgen der Anstaltserziehung gesprochen und gerühmt wird, so brauchen wir uns deswegen noch lange nicht verblüffen zu lassen; einmal wird uns in der Regel nur die Creme serviert und zum andern besteht diese Creme nur in Erfolgen der Dressur, selten oder nie der Erziehung. Und ich stehe nicht an zu behaupten, und kann es aus eigener Erfahrung ebensowohl wie rein theoretisch und logisch nachweisen, wenn es verlangt werden sollte: Wenn sich einmal ein weißer Rabe findet, der, trotzdem er eine Anstaltserziehung durchlitten hat, sein Menschentum nicht preisgab, so beweist das nur, daß die Anstalt ihren Zweck an ihm nicht erreichte, daß er seinen Charakter trotz des Reglements, trotz der Dressur bewahrte, daß er sich selbst erzog, und daß das Verdienst der Anstalt lediglich darin besteht, ihn nicht untergekriegt zu haben.

Wenn wir also etwas Ersprießliches von den Anstalten erwarten können, so kann es nur zustande kommen, wenn wir das Prinzip, auf welches sie aufbauen, einfach umstürzen und an dessen Stelle ein anderes, gesünderes setzen. Am alten morschen Zeug flicken hilft da nichts, das System der kollektiven Anstaltserziehung hat seit langem zu glänzend versagt, als daß wir hoffen dürften, etwas einigermaßen Befriedigendes durch seinen Ausbau zu erreichen. Die Anstalt wird nach wie vor ein Übel bleiben, welches nur durch seine Notwendigkeit einigermaßen entschuldigt wird.

Die einzig mögliche Reformation unseres Anstaltswesens liegt in einem radikalen, gründlichen Systemwechsel. Weg mit der kollektiven Dressur! Her mit der individuellen Erziehung! Fort mit der Fabrik und vor mit der Hausindustrie. Weg mit den Kasernen und an deren Stelle müssen wir den Kindern ein Heim geben. Dezentralisation in Form von Privathäusern mit höchstens drei bis vier Kindern. Pavillonsystem an Stelle des Kasernenbaues! Die Kräfte dazu werden sich ebensogut finden lassen wie die freiwilligen oder gezwungenen Erziehungsfeldweibel unserer gegenwärtigen Anstalten. Nur dadurch wird den Erziehern ermöglicht, die zu Erziehenden kennen und lieben zu lernen, sie zu Menschen heranzubilden. Freilich werden die Opfer wachsen, besonders die finanziellen, aber auch die Opfer an Zeit, Intellekt und seelischer Arbeit. Aber es handelt sich, wie schon gesagt, nicht um Anorganismen, nicht um totes Material, es handelt sich um lebende, fühlende Wesen, um Kinder, die wir zu Menschen machen müssen; für sie sollte uns kein Opfer zu groß sein.

ANSTALTSLEBEN

Betrachtungen und Gedanken eines ehemaligen Anstaltszöglings

Rechtfertigung des vorliegenden Buches

Nicht aus schriftstellerischem Ehrgeiz oder um einen Streit über dessen Gegenstand in die Öffentlichkeit zu tragen, sondern zur Entlastung meines Gewissens – aus Pflicht – schreibe ich dieses Buch.

Denn schriftstellerischen Erfolg weiß ich mir keinen mehr, seitdem ich einsehen lernte, von was Erfolg, Berühmtheit und Ruhm abhängen, und Streitschriften habe ich, zeit meines Lebens, gerade genug verfaßt, um nicht erfahren zu haben, daß sie praktisch in der Regel zu nichts führen als zu einer recht vorübergehenden, meistens fruchtlosen Erregung der Öffentlichkeit und ihren Verfasser lediglich dem allgemeinen Haß, der Verleumdung und Fälschung auch seiner besten, redlichsten Absichten preisgeben.

Ich schreibe dieses Buch also zur Entlastung meines Gewissens, solange ich es noch schreiben kann und, wenn ich es offen gestehen soll: Ich habe mich über zwanzig Jahre dagegen gewehrt, es zu schreiben.

Ich schreibe es heute, weil es in unserer Gesellschaftsordnung organisierte Übelstände gibt, die niemand eigentlich kennt, weil sie stets einseitig beleuchtet, selten gründlich erforscht und gerade von denen am hartnäckigsten totgeschwiegen werden, die einzig zuständig wären, das Wichtigste darüber zu sagen, weil sie sie an ihrem eigenen Leibe erfahren, nämlich die Masse ihrer namenlosen, beklagenswerten Opfer.

Man sollte meinen, es dürfte genügen, sie, diese zu ständigen Einrichtungen verdichteten Schandmale der Menschheit, lediglich in ihrer ganzen Scheußlichkeit zu schildern, um den allgemeinen Abscheu und ihre daraus sich ergebende Abschaffung hervorzurufen. Ich denke dabei etwa an den Krieg, das Schafott, die Prostitution, die Erziehungsanstalten – doch lehrt die Erfahrung, daß es einer langen Arbeit und Entwicklung bedarf, um zu gesellschaftlichen und staatlichen Einrichtungen kristallisierte Scheußlichkeiten endgültig aus der Reihe der Lebenstatsachen auszumerzen.

Tortur und Sklaverei haben dem besseren Empfinden, der höheren Einsicht der Menschheit auf unserm Erdteil erfolgreich jahrhundertelang getrotzt und wir haben in unsern Tagen Rückfälle in beiden zur Genüge erlebt, um nicht vollständig überzeugt zu sein, daß unter der dünnen Rinde der Gesittung die rohe Barbarei noch üppig genug wuchert, um gegebenenfalls von einer Stunde zur andern siegreich und verheerend wieder hervorzubrechen, um unglaubliche Brutalitäten zu verwirklichen.

Manch einer wird sich wundern, daß ich dem Krieg, dem Blutgerüst, der Prostitution, der Folter und der Sklaverei die Anstaltserziehung gleichstelle, sie mit jenen in einem Atemzuge nenne. Das beweist mir nur, was ich ohnedies schon wußte, nämlich, daß die Allgemeinheit unser Erziehungswesen nur sehr äußerlich, will sagen gar nicht kennt.

Sogar diese Feststellung wird befremden. Man wird mir entgegenhalten, dem sei nicht so; es werde ja über die Erziehungsanstalten viel gesprochen, geschrieben und gedruckt; es würden über ihre Tätigkeit alljährlich Berichte veröffentlicht; es werde gelegentlich für sie öffentlich gesammelt, mit einem Wort: die Öffentlichkeit stehe den Anstalten nicht fremd gegenüber, sie seien, um eine beliebte Redensart anzuwenden, eigentliche Sorgenkinder der Gesellschaft und der Regierungen.

Tut mir leid, ich muß an meiner Behauptung festhalten! Denn, was die Öffentlichkeit von den Anstalten erfährt, erfährt sie aus dem Munde derer, die an ihrem Bestand Interesse haben, die sie leiten, beaufsichtigen, unterstützen. Aus dem Munde derer also, die die Erziehungsanstalten nur von außen, gewissermaßen aus der Vogelperspektive kennen.

Diejenigen jedoch, für die die Anstalten eigentlich geschaffen wurden; diejenigen, gegen die sich ihre Härten, ihr Unverstand, ihre zahllosen, unnötigen Grausamkeiten richten, die Anstaltszöglinge nämlich, die jungen, stummen Dulder, die entrechteten Märtyrer einer stumpfsinnigen, sadistischen Erziehungsauffassung, die hört keiner. Ihre ungezählten Tränen fließen ungesehen; ihre namenlosen Vergewaltigungen bleiben ungesühnt; ihre Schmerzensseufzer verhallen ungehört. Ich weiß, daß die große Mehrzahl derer, die mich bis hierher gelesen haben werden, diesen letzten Satz als eine maßlose, dichterische Übertreibung auffassen und mir vorwerfen werden, ich verleumde.

Nein, ich übertreibe nicht!

Nein, ich verleumde nicht!

Unsere Erziehungsanstalten sind Folterkammern!

Unsere Erziehungsanstalten bergen scheußliche Heimlichkeiten, deren geringste genügen würde, wäre sie bekannt, den Ekel, die Entrüstung, den Zorn jedes sittlich einigermaßen gerade gewachsenen Menschen aufzupeitschen.

Warum niemand etwas davon weiß?

Weil die Zöglinge schweigen!

Warum schweigen sie?

Weil, solange sie Zöglinge sind, ihre Klagen ungehört ersterben; weil sie Kinder sind, die niemandem klagen können und könnten sie es, bei niemandem Glauben finden würden.

Weil, wenn sie einmal nicht mehr Zöglinge sind, wiederum schweigen; weil es den wenigsten gegeben ist, das, was sie alles erlitten, in Worte zu fassen; weil sie, einmal der Anstalt entrückt, gottefroh sind, ihrer nicht mehr gedenken zu müssen; weil, wenn sie ihrer gedenken, wenn sie von ihr weder abgestumpft noch verblödet wurden, ihnen die Scham in die Wangen steigt, weil sie, wo nur immer möglich, auch die Erinnerung an die Zeit der Hölle und der Erniedrigung unterdrücken, endlich aber, weil die wenigsten unter ihnen über die Ausdrucksmöglichkeiten verfügen, die überzeugend genug wirken, um die Tiefe der Erbärmlichkeit der Anstaltserziehung so zu schildern, daß sie hoffen dürften, den Eindruck zu erwecken, der notwendig wäre, um Glauben zu finden, um Besserung zu schaffen.

Gewesene Anstaltszöglinge haben meist die Hoffnung hinter sich gelassen; sie haben die Bestie Mensch zu früh am eigenen Leib erfahren, um sich der Täuschung hinzugeben, daß mit Reden etwas an ihr zu ändern oder bei ihr auszurichten sei.

Dieser Umstand, dieser Umstand allein, gereicht der Menschheit einigermaßen zur Entschuldigung gegenüber den Anklagen, die ihr, im Namen der Anstaltszöglinge, armer Kinder, entgegengehalten werden müssen.

Sie kann darauf antworten, von dem allem wisse sie nichts, das habe ihr niemand gesagt.

Der Zweck dieses Buches ist, ihr diese Entschuldigung zu rauben.

Ich sagte es schon – ich habe mich über zwanzig Jahre dagegen gewehrt, es zu schreiben. Und doch, ich hatte es mir vorgenommen, als ich kaum, nein, bevor ich der Anstalt entwachsen war. Ja, noch während ich Anstaltszögling war, hatte ich mir das Versprechen abgelegt, einmal frei, offen von den Missetaten der Anstalt zu zeugen, gegen sie aufzutreten, sie bis aufs Messer zu bekämpfen. Ich weiß heute nicht mehr, inwiefern dieser Vorsatz, der kein Rachevorsatz war, sondern der Empörung, der Erbitterung, namentlich aber dem Mitgefühl für meine Leidensgenossen vielmehr als meiner persönlichen Befriedigung entsprang – ich weiß also nicht mehr, sage ich, inwieweit dieser Vorsatz mitbestimmend in der endgültigen Wahl meines Berufes als Schriftsteller war, daß er aber mitbestimmte, weiß ich.

Ich war kaum zwanzig Jahre alt, als ich den ersten Ansturm wagte. Freilich, gedruckt wurde meine Arbeit damals nicht, aber gelesen, und zwar von Männern, die an der Spitze unserer Anstaltsleitungen standen, von Mitgliedern hoher Aufsichtsbehörden. Die Abhandlung trug mir das Lob ein, ich hätte, für einen so jungen Menschen, einen recht tiefsinnigen, in mehr als einer Hinsicht bemerkenswerten Aufsatz geschrieben, der nur noch einiger Feilung bedürfte, um füglich einer pädagogischen Zeitschrift zur Ehre zu gereichen.

Damit war mir nicht gedient. Es handelte sich mir nicht um den Druck der Arbeit, sondern um die Erlösung vom Druck der Übelstände, die ich darin namhaft gemacht hatte. Man verwies mich an die Tagespresse, deren sittliche Feigheit ich damals zum erstenmal, zu meinem Erstaunen, erfuhr. Man verwies mich an öffentliche Versammlungen, an Gott allein weiß was alles! Und als ich nicht nachließ, wurde ich beschimpft, geschmäht, wurde Kohlhaas und Querulant gescholten.

Ich lernte einsehen, daß es mir, schon um meiner Jugend willen, nicht zustehe, eine geheiligte staatliche und gesellschaftliche Einrichtung anzugreifen, daß ich dazu zu schwach, weil zu wenig gewappnet sei. Ich lernte mich bescheiden; bescheiden bis ins recht vorgerückte Schwabenalter. Vieles ist seither über mich ergangen, Gutes, Schlimmes, Erträgliches und kaum Erträgliches. Mein Leben war scheinbar bewegt genug, um mich die Eindrücke einer freudelosen Jugend vergessen zu lassen. Dennoch, heute, mit siebenundvierzig Jahren, gedenke ich der Anstalten noch wie damals; keine Wunde ist verharscht, kein Leiden ist vergessen, und wenn ich, nach nun mehr als dreißig Jahren, etwa des Nachts aus einem quälenden, angstvollen Alb aufschrecke, dann hatte ich eben geträumt, ich befände mich noch in der Erziehungsanstalt. So tief, so nachhaltig beherrschen mich ihre Eindrücke des Grauens, des blassen Entsetzens heute noch.

Ich erinnere mich, zur Zeit als ich noch unverheiratet war, gelegentlich geäußert zu haben, daß, sollte ich je Kinder haben, ich sie lieber im Sarg als in einer Anstalt untergebracht wüßte. Man legte mir solche Äußerungen als paradox aus.

Heute bin ich seit vielen Jahren Vater, ich nenne fünf Kinder mein und rufe sie zu Zeugen an, ob ich ihnen ein liebevoller Vater sei, ob ich ihnen je Grund gab zu wünschen, ich wäre ihr Vater nicht.

Nun, angesichts meiner Kinder, angesichts meiner Leser bekenne ich heute, daß ich meine Kinder, gerade weil ich sie liebe, weil sie mir ans Herz gewachsen sind, lieber tot als in einer Anstalt sehen würde. Ich sage das heute in einem Alter, wo man sich der vollen Tragweite eines derartigen Ausspruches bewußt ist, wo man sich schwerlich mehr, aus Liebe zu Paradoxen, zu Unüberlegtheiten verleiten läßt.

Ich habe, seitdem ich selbst den Anstaltshöllen entronnen bin, nie aufgehört, sie, wo sich mir auch nur immer Gelegenheit bot, beobachtend zu verfolgen. Meine Beobachtungen melden mir, daß sich seit meiner Zeit wenig oder nichts geändert hat. Daß, wie zu meiner Zeit, Kinder körperlich wie seelisch mißhandelt und gemartert, für das Leben untauglich und allen späteren Leiden gegenüber wehrlos gemacht werden.

Um dieser Kinder willen schreibe ich dieses Buch. Um dieser Kinder willen und um der Kinder willen, die früher oder später noch als Strandgut unserer heillosen Gesellschaft an die Erziehungsanstalten, Besserungsanstalten, Waisenhäuser angespült werden.

Ich will Anstaltsleben und Anstaltserziehung zeigen, wie sie in Wirklichkeit aussehen, nicht wie sie aus den Jahresberichten der Vorsteher, den Befunden der Aufsichtsbehörden und Gönner hervorgehen.

Ich will sie schildern, wie sie der Zögling sieht, erlebt und erleidet!

Ich will Tatsachen sprechen lassen!

Tatsachen, von denen ich – es liegt mir daran, das hier feierlich zu erklären – keine erfinde, keine umbiege oder auch nur, zu allfälligen Sonderzwecken, zustutze. Sondern Tatsachen, zu denen ich heute noch Zeugen stellen kann, weil viele derer, die sie miterlebten, noch unter uns weilen und einst meine Mitzöglinge oder meine Mitbeobachter waren.

In dieser Arbeit sehe ich eine Gewissenspflicht zu erfüllen, und wenn ich auch über das Schicksal dieses Buches keineswegs im klaren bin, wenn ich auch heute, wo ich es schreibe, nicht weiß, ob es jemals gedruckt, oder, wie noch so viele meiner Arbeiten, vergessen in meinem Schreibtisch verschimmeln wird, ich muß es schreiben – ich bin es mir und Tausenden von jungen, unschuldigen Märtyrern schuldig.

Und ich bekenne schon: Wenn ich je meiner Arbeiten Verbreitung wünschte, begehrte, eines meiner Werke möchte in Massenauflagen in der breiten Öffentlichkeit gelesen, sie möchte damit überschwemmt und davon aufgerüttelt werden, dann ist es dieses Buch, dem ich solches Schicksal gönnte.

Nicht um meinetwillen, sondern um der unschuldigen, jungen Märtyrer willen, zu deren, ach, wie unzulänglichem, unberedetem Anwalt ich mich heute, meinem Gewissen gehorchend, aufwerfe.

Rein äußerlicher Eindruck

Ein schöner, sonniger Sommertag. Wir streifen durch die Landschaft, durch arbeitsfrohe Bauerndörfer und freuen uns der Sonne, des Gedeihens, der bäuerlichen Arbeit, des Standes der Kulturen. Überall erblicken wir Leute in Feld und Garten. Alles regt sich, alles arbeitet, werkt, alles ist hoffnungsfroh, friedlich, emsig.

In gehobener Stimmung marschieren wir durch drei, vier Ortschaften, eigentlich ziellos; es kommt ja nicht darauf an, wohin, sondern, daß wir gehen. Gerade liegt ein großes Bauerndorf in unserm Rücken. Eine Viertelstunde davon zweigt eine ansehnliche Fahrstraße von der breiten Landstraße ab; wir überschauen sie eines Blickes. Sie führt zu einem stattlichen Gehöfte, an diesem vorüber und im Hintergrund, dem Hügelzug entlang, winkt grünender schattiger Wald.

Sei's drum! Biegen wir ein, verfolgen wir den nie begangenen Weg!

Wir gehen wenige Minuten und geraten in ein großes Gut. Es ist vom Dorfe mehr als eine gute Viertelstunde entfernt, für sich abgeschlossen, jeder unmittelbaren Beobachtung entzogen. Da liegt es, für sich, als ob ihm Fremde unerwünscht wären, als ob es keiner Zeugen seines Daseins bedürfe. Seine Ausdehnung allein läßt ahnen, daß es sich selbst genügt, daß es für sich sein will. Seine Lage, etwa auch noch besondere, sonst nicht gerade übliche Einzäunungen oder Marchmauern bezeugen es. Immerhin, verfolgen wir den Weg!

Alles atmet Stille. Auffällig ist eine reinliche, aufdringliche, beinahe verdächtige Ordnung allenthalben. Alles grünt, alles wächst und trotzdem, etwas lagert darüber wie verhaltene, befremdliche Kälte.

Merkwürdig; die fruchtbaren Felder, die blühenden Matten, die üppigen Gärten, die prangenden Obstbäume, ja der frohe Wald im Hintergrund entbehren der herzerfrischenden, heimeligen Freundlichkeit, die uns noch vor einer Viertelstunde im Dorfe drüben so wohlig umwehte. Es wäre schwer zu sagen, woran das liegt. An hundert, an sich kaum bemerkbaren Einzelheiten, deren Summe die Stimmung bedingt.

Da ist etwa eine Hofstatt junger Obstbäume. Ihre Stämme sind alle, bis in die Verzweigung der Hauptäste hinauf mit Kalkbrühe weiß getüncht, einer wie der andere, ohne Ausnahme. Alle sind wohl gepflegt. Ein rascher Blick belehrt uns, daß jeder genau wie der andere geschnitten, geputzt und behandelt wird. Die Baumstecken sind alle frisch geteert. Jede Zufälligkeit ist ausgeschaltet, man merkt eine bestimmte Absicht, man fühlt die angewandte Theorie eines zielbewußten Obstbaumzüchters.

Auf der anderen Seite der Straße erstreckt sich eine Wiese. Sie wird gegenwärtig eingegrast, denn sie ist mehr als zur Hälfte abgemäht. Ähnlicher Eindruck! Der Schnitt ist absichtlich, so absichtlich, daß es auffallen muß, schnurgerade abgegrenzt; sogar die kaum mehr sichtbaren Karrgeleise scheinen sich einer geometrischen Ordnung, einem Schema gefügt zu haben. Wir betrachten das Gras. Eine klassische Mischung von Futtergräsern, wie sie in landwirtschaftlichen Lehrbüchern gerade für diese Bodenart empfohlen wird. Man riecht förmlich zwischen den Raygräsern hindurch den aufgewandten Kunstdünger. Soundso viel Kalisalz, soundso viel Phosphorsulfat, soundso viel Düngkalk!

Da, eine Gemüsepflanzung! Die einzelnen Felder sind durch schnurgerade Wege voneinander geschieden. Bohnen! Richtig, da ist die seit einigen Jahren so eifrig empfohlene Frühbohne, daran schließt sich, in ebenso eindrucksvollem Ausmaß, die grüne Sommerbohne, weiterhin sechzehn lange Reihen der am dunkeln Laub leicht erkenntlichen, langschotigen Herbstbohne. Im übrigen eine wohlberechnete, im Verhältnis zur Bohnenpflanzung stehende Fläche weißen, roten und grünen Kohles; soundso viel Quadratmeter frühen, mittelspäten und späten Blumenkohls, soundso viel Randen und Kohlrüben. Das alles sieht aus als wäre es wissenschaftlich geregelt, ausgerechnet, dosiert. Alles steht wohl; man erkennt, es wird zum Rechten gesehen; alles gedeiht normal und doch ist da etwas Starres, Kaltes, Gezwungenes, Gepreßtes. Man ahnt, wenn es dort diesem oder jenem Kohlkopf einfallen sollte, über das landesübliche Maß hinauszuwachsen, er müßte entfernt werden, weil er sonst die Regelmäßigkeit der Reihenpflanzung störend unterbrechen würde.

Die Pflanzungen sind wie gedrillt, sie lassen keine malerischen, ablenkenden Zufälligkeiten aufkommen. Das wirkt zunächst befremdend, dann beklemmend.

Überall Akkuratesse! Absichtlich zur Schau getragene Peinlichkeit. Ordnungsprotzerei, möchte man fast sagen.

Ein Musterbetrieb also? So scheint's!

Aber der Weizen dort steht zwar regelmäßig, wurde sauber, doch entschieden zu dünn gesät. Der Dinkel, gleich daneben, eher zu dick. Die Frucht, soweit sie sich bis jetzt beurteilen läßt, wird eher zu leicht ausfallen, der Strohertrag mutmaßlich unter dem Durchschnitt stehen.

Dort die Kartoffeln wurden kürzlich mit Kupfervitriolbrühe gespritzt. Offensichtlich kurz vor dem letzten, leicht vorauszusehenden, andauernden Regenguß. War wahrhaftig unnötige Arbeit, denn die Brühe wurde gleich abgewaschen und den Stengeln entlang bodenwärts geschwemmt. Aber es mußte offensichtlich gespritzt werden. Auf Befehl!

Die Musterlandwirtschaft beruht auf einer kleinen Täuschung, auf äußerm Schein. Hier wird korrekt gearbeitet, doch scheint es an innigem Verständnis entschieden zu gebrechen. Die Natur hat sich hier einem vorgefaßten Plan, einem Reglement zu fügen.

Wir sind inzwischen dem Gehöfte näher gekommen und erblicken einen offen zur Schau gestellten Bienenstand. System Schweizermaß. Acht Vierbeuter. Den Anleitungen der letzten Auflage des *Schweizerischen Bienenvaters* genau entsprechend.

Weiterhin einen Geflügelhof. Auf den ersten Blick sehen wir Rassengeflügel. Der zweite Blick belehrt uns, daß die Rassen nicht ganz rein sind. Das sind fast, aber fast gar Vyandothühner. Und jenen dort fehlt nur eine kleine, oh, ganz unmerklich kleine Kleinigkeit, um wirklich einwandfreie Orpington zu sein. Jede Rasse ist in einem besonderen Hof untergebracht; die Höfe sind jeder genau gleich groß, einer wie der andere. Jeder grenzt an den andern und einwandfrei sind sie voneinander geschieden, die Minorka, die Orpington, die Vyandot, die rebhuhnfarbigen Italiener. In jedem Hof ein Unterstand und offenbar in jedem Unterstand Fallennester, Brutkasten.

Das Gelände senkt sich ein wenig zu einem wohl umfriedeten Weiher. Toulousergänse, indische Laufenten! Oder sind's doch nicht reine Toulouser?

Liebhabereien? Mag sein. Vor allem aber das Bestreben, den Eindruck der Vorbildlichkeit, der Musterhaftigkeit, der Vielseitigkeit und Vollständigkeit zu erwecken.

Wir betreten den Hof. Mehrere große Gebäude. Der Hof reinlich rein und sauber bekiest. Der Hauptbau ist ein Herrschaftshaus aus dem achtzehnten Jahrhundert mit edlen Bauformen. Er würde vornehm und behaglich wirken, wäre er nicht durch jenes Anhängsel dort verunziert, durch jenen himmelschreienden, seine Nützlichkeit in die Welt hinausbrüllenden Anbau. Es kann ein Schulhäuschen sein, oder ein Holzhaus, oder Schweineställungen, das in diese vornehme Umgebung hineinwettert, wie die rohen Flüche eines Besoffenen in einen Gottesdienst.

Der Hof ist teilweise mit flachen Steinen gepflästert. Zwischen den Steinen gedeiht kein Gräslein, wird kein Unkräutlein geduldet. Alles ist sorgfältig ausgejätet; man scheint hier für solche Kleinarbeit jederzeit Muße zu haben.

Unsere Schritte führen uns an einem Schuppen vorbei. Er bedacht eine große Zahl landwirtschaftlicher Maschinen und die sehen aus wie ein wohl ausgerichteter Artilleriepark.

Unser Auge verirrt sich in den dahinter stehenden Raum, die Werkzeugkammer. Alle Werkzeuge sind reichlich vorhanden. Harken, Kärste, Gabeln, Schaufeln, Spaten, Äxte, Beile, Sägen, dutzend- und halbdutzendweise, nach Beschaffenheit geordnet, blank, gereinigt, in Reih und Glied den Wänden nach aufgestellt, oder in schnurgeraden Reihen in Tragrechen aufgehängt. Alles wohl ausgerichtet.

Die befremdliche Beklommenheit wächst, noch ehe man einen Menschen, noch ehe einen der Hofhund erblickt.

Endlich Menschen! Dort, in jener Pflanzung, ein halbes Dutzend oder mehr gleichgekleideter Buben, mit Jäten beschäftigt. Ein junger, halb bäurischer, halb städtischer Mann leitet sie an. Er trägt eine Brille und raucht einen Stumpen.

Man vernimmt keine Unterhaltung, nur ab und zu unterdrückte Gesprächsfetzen – ein scheues Gewisper. Der junge Mann allein spricht laut und klar, schneidend und bestimmt. Man errät den Lehrer.

Wir gehen an der Gruppe vorbei und grüßen. Der Gruß wird, wie auf Befehl, von sämtlichen Knaben mit gleichmäßig erhobenen Stimmen erwidert. Man fühlt, sie tun es so, weil sie es müssen, weil man es ihnen so einbläute.

Der Lehrer hat auch gegrüßt, aber die Zigarre dabei nicht aus dem Mund genommen.

Weiterschreitend beschleunigen wir unwillkürlich unsern Schritt, froh, das merkwürdige Gehöft im Rücken zu haben.

Was ist das für ein Hof? Ein Herrschaftsgut? Ist nicht so starr! Ein Kloster? Vielleicht; aber ein Kloster ohne die Romantik des Klosters. Es ist eine Erziehungsanstalt.

Weiterschreitend atmen wir wieder frei auf, aber erst wenn wir außerhalb ihres Bereiches sind. Der verkrüppelte Apfelbaum dort, auf dem Moos und Mispel wuchern, tut uns wohl.

*

Die Anstalt ist eine Welt für sich, von der Außenwelt abgeschlossen. Man fühlt: wer dort lebt, lebt nicht wie andere Menschen; man empfindet, noch ohne sich Rechenschaft zu geben warum, daß die Leute dort keine rechte Fröhlichkeit, keine ursprüngliche, unverfälschte, natürliche Freude kennen, daß sie eingeengt sind. Man ahnt, daß in diesem strengen, stillen Gehöfte Unerhörtes geschehen könnte, ohne daß es jemals kundwürde. Man äußert: dort möchte ich nicht leben, dort möchte ich, trotz der schönen Lage, der reichen Felder, der farbigen Gärten, nicht dabei sein.

Das ist die Erziehungsanstalt, wie sie sich von außen dem oberflächlichen Spaziergänger darbietet. Frostig im hellen Sonnenschein, ernst und verdrossen auch im ausgelassensten Frühlingsjubel.

Heimgekehrt fühlt man sich erleichtert, man erinnert sich des schönen Sommertages, der vielen erfrischenden Eindrücke; plötzlich huscht verdrossener Unmut über das Gesicht; wir wehren mit einer unwilligen Handbewegung, als verscheuchten wir eine lästige Fliege.

Der Abschied

Einige Tage später regnet's. Am Vormittag, so um die Zehne herum, stapft ein gewichtiger Mann durch das Dorf, begleitet von einem sieben- bis achtjährigen Büblein. Der Mann schreitet weit, schweigend und rauchend aus. Das Büblein trägt ein kleines, kleines Bündelchen; zwei Hemden, drei Nastücher, drei Paar Strümpfe, seine Schulbüchlein, ein Federnrohr sind darin; seine ganze Habe.

Heute morgen früh hat es seine Mutter, eine Witwe, geweckt. Sie ist krank, die Mutter; sie kann den Kleinen nicht mehr bei sich behalten; sie hat selbst Pflege nötig und muß, sobald wie möglich, in den Spital überführt werden. Verwandte, die sich ihrer und des Kindes annehmen könnten, sind entweder keine da, oder sind selber mittellos. Da hat sich die Gemeinde ins Mittel gelegt. Die Armenbehörde.

In der Sitzung, in der der Fall behandelt wurde, stellte man der Frau ein gutes Zeugnis aus. Sie habe, so hieß es, seit dem Tode ihres Mannes wirklich ihr Möglichstes getan, um sich und ihr Kind in Ehren durchzubringen. Aber nun gehe es einmal nicht mehr. Die Frau sei krank, schwer krank sogar, mit dem Verdienen sei's aus, und laut Arztzeugnis habe sie ohnehin kaum mehr ein halbes Jahr zu leben. Da müsse eingeschritten werden.

Und das Kind?

Verkostgelden!

Ja, freilich, wenn der Bube größer wäre, aber ein so kleiner, der noch nichts helfen könne, den man ja selber noch hüten und betreuen müßte…

Ja, was dann?

In eine Anstalt?

Da meldet sich der Herr Pfarrer zum Wort. Er sei der unmaßgeblichen Ansicht, daß das Kind in einer Anstalt am besten aufgehoben wäre. Es wäre dem armen Kleinen wirklich auch zu gönnen, wenn etwas Rechtes aus ihm würde. Das sei bei Verdingkindern immer fraglich, denn, auch wenn die Behörde jetzt einen guten Pflegeplatz fände, so sei damit nicht gesagt, daß das Kind dort, bis zu seiner Konfirmation, bleiben könnte. Das Büblein sei noch gar jung, Stellenwechsel aber tue in solchem Alter selten gut. Da habe er mehr Vertrauen zu der Anstaltserziehung, die planmäßig vorgehe, aus den ihr anvertrauten Kindern brauchbare Menschen, tüchtige Bürger heranziehe. Die Mutter des Bübleins sei, man habe das ja soeben gehört, eine durchaus rechtschaffene Frau, die nun einmal vom Schicksal heimgesucht werde. Um ihretwillen möchte er beantragen, das Kind in einer Anstalt zu versorgen, damit sie, wenn sie schon in den Spital komme, wenigstens den Trost mitnehmen könne, für ihr Kind sei gesorgt, es sei in rechten Händen, es werde etwas Tüchtiges aus ihm. Dieser Gedanke werde der armen Frau das Sterben erleichtern.

Also, in eine Anstalt!

Es kostet zwar etwas mehr als das Kostgeld bei einem Bauern, aber dafür wird der Junge auch richtig erzogen. Und dann, doch das wird nicht ausgesprochen, dann ist ihn die Behörde ein für allemal los, hört, will's Gott, nichts mehr von ihm; sein Fall ist erledigt, es kann ihm Abschied aus den Traktanden erteilt werden.

Der Beschluß wird gefaßt, Präsident und Schreiber werden beauftragt, die notwendigen Vorkehren zu treffen, und nicht lange darauf ist alles im Blei. Schon in der folgenden Sitzung wird gemeldet, der Junge könne in die Anstalt eintreten, die Mutter dagegen, sobald er fort sei, in den Spital verbracht werden.

Das Mitglied der Armenbehörde, das wir vorhin durchs Dorf schreiten sahen, hat es übernommen, die Betroffenen von den Beschlüssen der Behörde zu verständigen und den Kleinen in die Anstalt zu führen.

Am Vorabend des Trennungstages ist die Mutter noch bis spät in die Nacht hinein aufgeblieben. Man soll in der Anstalt sehen, daß sie, wenn auch arm und krank, etwas auf sich hält, daß ihr der Kleine lieb ist. Darum flickt und bügelt sie noch des Kindes Habseligkeiten so gut es geht, so sorgfältig und gewissenhaft sie es vermag; bis ihr die Augen überquellen, bis Schmerz und Trauer sie überwältigen, bis sie die Hände in den Schoß sinken läßt, still vor sich hin weint, in eine Ecke starrt.

Endlich erhebt sie sich. Sie schnürt das Bündelein und ihr Herz krampft sich schmerzlich zusammen. Sie möchte aufschreien, doch würde das den Kleinen wecken, der aber soll wohl schlafen – die letzte Nacht.

Sie geht ans Bett. Der Kleine schläft. Schläft mit geschlossenen Fäustchen, atmet ruhig und tief, sorglos wie Kinder eben schlafen. Die Mutter wendet keinen Blick von ihm, eine halbe, eine ganze Stunde lang.

Endlich geht auch sie zur Ruhe.

Ob sie schläft?

Kaum graut der Morgen, erhebt sie sich, und schon ist sie wieder auf den Beinen. Noch einmal mustert sie das Kleidlein des Bübleins durch. Es ist alles sauber, alles ganz.

Der Kleine schläft noch.

Die Mutter geht ans Fenster. Brennenden Auges schaut sie in die Morgendämmerung hinaus. Um acht Uhr, hat der Gemeindemann gesagt, werde er kommen, den Buben zu holen.

Um acht Uhr. Sie wiederholt sich diese Worte halblaut, als fasse sie ihren Sinn nicht völlig. Doch auf einmal, da empört sich etwas wild und jäh in des bleichen Weibes schmaler Brust.

Nur einen Augenblick zwar, denn schon siegen Vernunft und Überlegung in ihr. Sie sieht's ja ein; es muß so sein, es gibt keinen andern Ausweg – möglicherweise ist's gut so. Die Mannen von der Gemeinde meinen's ja gut; sie hat Ursache, ihnen dankbar zu sein.

Gebe Gott, daß der arme Kleine wohl gedeihe, daß er stets jemand finde, der ihn lieb hat.

Sie betet!

Nun erhebt sie sich, geht in die Küche, macht Feuer an und kocht das Morgenbrot. Seitdem sie weiß, daß und wann sie sich vom Kleinen trennen muß, hat sie gespart, mehr noch als sonst. Er soll noch einmal Pfannkuchen haben, den er so gern ißt – drei Eier hat sie dafür auf die Seite gelegt.

Nun steht das Frühstück bereit, nun muß sie den Kleinen wecken. Sie nimmt sich vor, recht tapfer zu sein, und ist's. Wie gewohnt weckt sie den Buben und hilft ihm beim Ankleiden (ob ihm in der Anstalt wohl auch jemand die hintern Knöpfe am Gestältchen einknöpfen wird?), nur ein wenig sorgfältiger als sonst geht sie heute zu Werke – sie verlängert die Arbeit, so lang sie kann.

Dann essen die beiden. Das heißt, der Kleine ißt, die Mutter dagegen kämpft mühsam die Tränen nieder. Sie fühlt, daß sie sprechen sollte, um's dem Kleinen nicht schwer zu machen, um ihn nicht merken zu lassen, wie ihr zumute ist.

Und sie spricht.

Sie sagt ihm, er werde es gut haben in der Anstalt. Genug zu essen, viele Spielkameraden. Dann hätten sie auch Tiere dort, schöne braunrote Kühe, auch Pferde, die er so gern sehe. Und er werde gewiß genug zu essen haben, mehr als zu Hause und besser, denn in der Anstalt, da sei man nicht so arm wie daheim. Und dann, wenn sie erst wieder gesund sei, wieder arbeiten könne, dann hole sie ihn wieder zurück, er solle sich nur wacker halten bis dahin.

Nun sitzen sie einander gegenüber; keines spricht ein Wort. Es ist ein Viertel vor acht. Das Büblein schaut mehr erschrocken und verwundert als traurig drein. Es kann immer noch nicht recht begreifen, daß es unwiderruflich von seiner Mutter weg, weit fort, in die Anstalt muß.

Die Wanduhr tickt so regelmäßig, so laut, so hart, wie beide sie noch nie hörten. Die Mutter wendet keinen Blick von des Kindes Antlitz; es ist, als wollte sie sich seine Züge jetzt für alle Ewigkeit einprägen. Sie fühlt, daß im nächsten Augenblick der Schmerz sie übermannt. Da erhebt sie sich plötzlich, öffnet die alte Truhe dort an der Wand, fördert ein weißes Papierschächtelchen zu Tage, holt ein kleines, schmales, goldenes Ringlein hervor, das ihr einst, dem Kind, ihr Pate schenkte. Sie steckt es dem Kleinen an den linken Mittelfinger. Es paßt.

Sie sagt dem Kleinen, er solle Sorge dazu tragen, solle das Ringlein nie verlieren, und wenn, was Gott verhüten wolle, es ihm einmal übel ergehe, dann solle er das Ringlein betrachten, daran denken, die, die es ihm ans Fingerlein gesteckt, seine Mutter, die habe ihn so recht von Herzen lieb gehabt.

Nun schießen ihr die brennenden Tränen aus den Augen. Auch das Büblein weint und eben pocht es an der Tür.

Das arme Weib fährt zusammen.

Also jetzt!

Sie will es dem Kleinen nicht schwer machen. Da es doch sein muß, mag es rasch geschehen.

Sie öffnet hastig, der Gemeindemann tritt ein – einige wenige Worte, eine letzte, innige Umarmung, ein tränenschwerer Kuß und schon schreitet der Mann mit dem widerstrebenden, laut heulenden Büblein vom Hause weg, die Gasse hinunter.

Das Büblein schaut, so lange es kann, zurück, nach der Haustür, von der ihm seine Mutter nachblickt und nachwinkt; jetzt biegen sie um die Ecke – ein letzter Blick und Wink, die Mutter wankt ins Haus zurück, wirft sich auf das noch vom Büblein warme Bett und schluchzt.

Das Büblein weint auch. Doch der Mann, an dessen Hand es ins Unbekannte schreitet, ist kein Unmensch. Als er das Kind an die Hand nahm, hatte er geschneuzt und gesagt:

«Je nun, in Gottesnamen!»

Er tröstet das Kind, so gut er's versteht, sagt ihm, wenn es sich brav stelle, werde es die Mutter bald besuchen kommen. Auf der Eisenbahnstation, bevor der Zug einfährt, kauft er dem Kleinen einen großen Wecken.

Sie steigen ein. Sie fahren ins Land hinaus und allgemach versiegen des Bübleins Tränen. Es sieht allerhand Neues, und weil der Mann, der mit ihm fährt, freundlich zu ihm spricht, faßt es allgemach Vertrauen, verspeist seinen Wecken.

Als wir die beiden erblickten, bogen sie eben von der Hauptstraße ab, in die Seitenstraße der Anstalt zu.

Das Büblein schreitet wacker aus, und was es jetzt bewegt, ist mit Bangen gemischte Neugierde.

Der Regen hat nachgelassen; es sind alle Anzeichen vorhanden, daß die Sonne, noch bevor es Mittag schlägt, obsiegen werde.

«Der Neue»

Weil es heute morgen regnete, sind die Zöglinge nicht, wie es sonst um diese Jahreszeit üblich ist, zur Feld- und Gartenarbeit ausgerückt; dazu wäre der Boden entschieden zu naß gewesen und unter solchen Verhältnissen schaden die Jungen mehr als sie nützen. Also werden sie, soweit es angeht, im Holzhaus, in der Scheune, mit einem Wort, ums Haus herum verwendet. Dort im Hof sind gerade ihrer vier oder fünf damit beschäftigt, das Abwaschwasser, das vom Schüttstein in ein mittelgroßes Jaucheloch vor der Küche abfließt, auszuschöpfen und abzuführen. Zwei schöpfen, fernere zwei oder drei führen die Jauche in Stoßfässern nach dem Baumgarten ab.

Wie der Gemeindemann mit dem Büblein an dem schönen, aufdringlich bemalten Bienenstand vorbeischreitet, wird er von einem der Buben, der gerade mit seinem Stoßfaß auf dem Rückweg begriffen ist, erblickt. Der beschleunigt seinen Schritt, ja ganz gegen seine Gewohnheit rennt er fast mit seinem Faß, um als erster die große Neuigkeit zu melden:

«Ein Neuer!»

Im eintönigen, von der Welt abgeschlossenen, bis in alle Einzelheiten geregelten Anstaltsleben wird jeder auch nur einigermaßen ungewöhnliche Zwischenfall, mag er an sich so belanglos, so unbedeutend sein als er will, zum Ereignis.

«Ein Neuer!»

Die Nachricht verbreitet sich mit merkwürdiger Behendigkeit durch den ganzen Zöglingsbestand. In jeder Gruppe, die nicht gerade unter der unmittelbaren Aufsicht eines Vorgesetzten arbeitet, wird die Neuigkeit eifrig besprochen.

«Wie ist's einer?»

«Nur ein Kleiner.»

Diese Feststellung wirkt auf die verschiedenen Zöglinge anders. Durch die Meldung, daß «der Neue» nur ein Kleiner sei, hat das Ereignis für die ältern Buben um mehr als die Hälfte seines Reizes eingebüßt, denn ein Kleiner ist nicht unterhaltsam, der hat noch nichts von der Welt da draußen, nach der sie alle lechzen, von dem Getriebe außerhalb der Anstaltsmauern, das ihnen so reizend vorkommt, erfahren und gesehen, das sie nicht alle schon selbst wüßten. Der hat nichts zu erzählen, bringt keine neuen Spiele und Zeitvertreibe auf, weiß keine, ihnen noch unbekannte Vorteile zu vermitteln, hat keine aparten Fertigkeiten mitzuteilen, keine besonderen Streiche auszuhecken.

Bei den Kleinen dagegen verhält es sich anders. Ihre Neugierde wird aufs höchste gesteigert, denn jeder frägt sich zunächst, ob der Neuling noch kleiner, noch jünger sei als er selbst, denn das wäre darum angenehm, weil es für jeden gewissermaßen eine Beförderung in der Rangordnung, die genau mit der Altersfolge übereinstimmt, bedeuten würde. Dann ferner, weil es gewisse häusliche Verrichtungen gibt, die die täglichen Ämtlein jedes einzelnen bilden, deren ein oder anderes vielleicht «dem Neuen» zugeteilt wird, was für den bisherigen Inhaber, wenn auch nicht Entlastung, so doch Wechsel bedeutet, und Wechsel, er mag fast sein wie er will, den Anstaltsbuben immer willkommen ist.

Der Gemeindemann hat mit dem Büblein den Hof erreicht. Die arbeitenden Buben stellen ihre Beschäftigung ein; sie mustern die Ankömmlinge viel kritischeren Blickes, als man wohl ahnen möchte. Der fremde Mann überblickt die Umgebung einen kurzen Augenblick unschlüssig und ruft dann den Buben zu, ob ihm einer sagen könne, wo der Vorsteher zu finden sei. Die Buben haben ihre Mützen vom Kopfe gerissen und stehen einen Moment verdattert da. Hätte der Mann zuerst gegrüßt, dann hätten sie den Gruß erwidert, wären unbefangener gewesen, aber die Antwort auf:

«Heda, ihr Buben!», die haben sie nicht gelernt.

Freilich, ihr Zögern wird von wenigen Sekunden besiegt, dann löst sich einer der größern Zöglinge von der Gruppe los und erbietet sich, den Fremden den Weg zu weisen. Der Zögling geht voran, der Gemeindemann folgt und verschwindet mit dem Büblein hinter der Haustür. Dieses tritt in das Anstaltsgebäude ein, mit Gefühlen, mit denen etwa ein Erwachsener zum ersten Mal in ein Kohlenbergwerk hinunter oder in ein Flugzeug steigen würde. Voll gruseliger Neugierde, untermischt mit geheimer Beklemmung vor dem großen, kommenden Unbekannten.

Während sie durch das Haus, nach der Kanzlei des Vorstehers schreiten, wirft das Kind scheue Blicke um sich. Alles scheint ihm mächtig groß, erdrückend und beängstigend. Es möchte gerne Fragen stellen, und obwohl es vorhin mit seinem Begleiter zutraulich plauderte, getraut es sich hier nicht mehr, ihn anzureden. Es kommt ihm alles so ernst, so feierlich vor, daß es sich unwillkürlich bemüht, leise aufzutreten, als fürchte es, einen heimlichen, schlummernden Feind zu wecken.

«Hier ist's!» meldet der Zögling, lüpft nochmals die Kappe, dann ist er im Hui verschwunden. Einen Augenblick später stehen der Gemeindemann und das Büblein im Arbeitszimmer des Vorstehers.

Ein luftiger, mit Zinkweiß ausgestrichener, getäferter Raum. An der rechten Wand, gleich neben dem Eingang, eine Türe, dann ein großes, schwarzes Stehpult, an dessen Seite auf einem Tischchen eine Kopierpresse steht. Über dem Pult hängt ein großer Abreißkalender, noch höher eine runde, blecherne Wanduhr.

An der gegenüberliegenden Wand ein Büchergestell; Brockhaus Konversationslexikon; Brehms Tierleben; einige Klassiker in Cotta'scher, billiger Ausgabe, in farbige Leinwand gebunden; darunter verschiedene Bücher mit weißen Rückenschildern. Vermutlich pädagogische und landwirtschaftliche Fachliteratur. Richtig, dachten wir's doch, dort ein grüner Leinenband: *Der schweizerische Bienenvater.*

Dem Eingang gegenüber, drei Fenster. In deren mittleren Zwischenräumen je ein Bildnis Heinrich Pestalozzis und August Hermann Franckes in flachen, schwarzpolierten Rahmen. Den Fenstern entlang ein bäurisches Sofa, dessen eine Ecke mit Zeitschriften und Zeitungen belegt ist. Vor dem Sofa ein ovaler Tisch, um den herum drei Wienersessel stehen. Darunter, soweit der Tisch reicht, ein Linoleumbelag.

In den untern Fächern des Stehpultes stehen große Geschäftsbücher.

An der hintern Wand, den Fenstern gegenüber, der die Ankömmlinge jetzt den Rücken kehren, gleich neben dem Eingang, drei nebeneinander an die Wand gestellte Wienersessel; darüber, an der Wand, ein großes, tannenes, braun gebeiztes Schlüsselbrett; weiterhin ein Regal für Briefschaften und amtliche Formulare, dann ein eiserner, hoher Zylinderofen, dessen Schutzblech in die Stube hinausragt und dessen Rohr sich, über die Köpfe der Ankömmlinge hinweg, in der Füllung über der Tür neben dem Stehpult verliert. Hinter dem Ofen, in der Ecke, ein massiver Kassenschrank, auf dem, in Päcklein und Säcklein wohl geordnet, Sämereien vermutet werden dürfen und dem entlang eine Reitpeitsche herunter baumelt.

Links vorn, dem Eingang quer gegenüber, in der Ecke, ein tischhohes, zweitüriges, grau gestrichenes Schränkchen, in dessen messingbeschlagenem Schloß der Schlüssel steckt. Auf dem Schränkchen große Stöße wohl geordneter, abgelegter Zeitungen und Zeitschriften, dann einige große, blaue Hefte in Kanzleiformat.

An den Fenstern weiße, wohl geglättete und appretierte Vorhänge aus Baumwollstoff. Der tannene Boden ist blitzblank gescheuert und mit harthölzernen, glänzend dunkelbraun gewichsten Quadraten ausgelegt.

Der Vorsteher ist ein mittelgroßer, kräftiger Mann, Ende der Vierzigerjahre. Sein geschorener Bourbakibart und sein reichliches, dunkles Haar beginnen zu bleichen, besonders um die Schläfen herum. Er steht am Pult und bewillkommt die Eintretenden mit kräftiger, lauter, nicht unangenehmer Stimme.

Der Gemeindemann stellt erst sich, dann das Büblein vor, der Vorsteher reicht beiden die Hand und sagt zum Büblein:

«Nun, Kleiner, wie heißest du denn?»

Der Kleine schrickt zusammen und schweigt. Da dämpft der Vorsteher seine Stimme und meint im Tone amtlicher Kinderfreundlichkeit:

«Nun, antworte mal, ohne Furcht; es tut dir gewiß niemand etwas zuleide.»

«Ernstli», haucht das Kind.

«So, so, das ist schön, also Ernst! Gut! Nun setz dich auf jenen Stuhl und verhalte dich schön still, bis wir zusammen gesprochen haben, der Herr da und ich. Ein andermal mußt du aber laut reden, wenn man dich etwas frägt, gelt?»

Der Vorsteher wendet sich nun an des Bübleins Begleiter, erledigt mit ihm die üblichen Aufnahmeformalitäten, während das Büblein an dem äußersten Rand des ihm angewiesenen Sessels klebt und sein Bündelein krampfhaft an sich preßt.

Das Erforderliche ist zwischen den beiden Männern bald geschehen. Da der Gemeindemann wenig Zeit zu verlieren hat und sowohl des Vorstehers Einladung, die Anstalt zu besichtigen, wie auch die, zum Mittagessen dazubleiben, aus diesem Grunde ausschlägt, erhebt er sich zum Abschied.

Der Vorsteher schickt sich an, ihm das Geleit zu geben, und meint zum Büblein:

«Nun, kannst dein Bündelchen schon ablegen und dann dem Herrn ‹Lebewohl› sagen.»

Der Gemeindemann reicht dem Kind die Hand:

«Je nun, behüt dich Gott und stell dich immer brav.»

Der Kleine reicht ihm die Hand, schaut dem Mann bittend in die Augen, empfindet dunkel, daß nun die letzte Brücke, die ihn mit dem alten Heim verbindet, abbricht, möchte noch etwas sagen und weiß nicht was; vielleicht, er möchte die Mutter grüßen; aber er bringt keinen Ton heraus, getraut sich auch nicht zu reden und schweigt.

Die beiden Männer entfernen sich, das Büblein jedoch bleibt wie angewachsen sitzen. Es ist ihm nicht gerade weinerlich, aber doch beklommen zumut und, ob auch niemand im Zimmer sei, es wagt es kaum, die Augen zu erheben. Nach wenigen Minuten tritt der Vorsteher wieder ein, schreitet, ohne es scheinbar zu beachten, an dem Büblein vorbei, geht an sein Pult, macht sich eine Weile mit ihm eben überreichten Akten zu schaffen, holt eines der großen blauen Hefte auf dem Schränkchen in der gegenüberliegenden Ecke, schreibt etwas hinein, dann greift er unter dem Stehpult ein schweres, in schwarze Leinwand gebundenes, an den Ecken mit Messing beschlagenes Buch herauf, macht einige Einträge und, nachdem dieses alles gesatzlich, gewissenhaft vollbracht ist, setzt er sich, den Rücken den Fenstern zugewandt, auf einen der Sessel am ovalen Tisch und sagt:

«So, Ernstli, komm einmal daher, zu mir.»

Das Büblein leistet schüchtern Folge. Nun beginnt der Vorsteher eine Art Verhör mit ihm anzustellen, die Fragen so stellend, daß der Kleine meistens nur mit Ja oder Nein zu antworten hat. Nach und nach wird er zutraulicher, seine Antworten lauten etwas weniger einsilbig, klingen im Ton ein wenig gefestigter. Der Vorsteher ermuntert ihn, recht laut und deutlich zu sprechen, ohne Scheu zu antworten; sagt ihm, wenn er schön gehorsam sei, es ihm in der Anstalt bald recht gut gefallen werde, und wie er das Kind sicherer werden sieht, fährt er fort:

«Aber nun denk einmal, Ernstli, wir haben da unter unsern Buben schon drei, die so heißen wie du. Nun siehst du, wenn wir nun noch einen Ernstli mehr haben, dann weiß nie niemand, welcher gemeint ist, wenn man vom Ernstli spricht oder ihm ruft. Damit das aber nicht vorkomme, so wollen wir dir einen andern Namen geben – willst du?»

Der Kleine antwortet nicht. Offensichtlich hat er nicht ganz verstanden, um was es sich handelt.

Der Vorsteher fährt fort:

«Also, wir werden dich Otto nennen, das ist doch ein schöner Name, nicht wahr?»

«Ja», gibt der Kleine zögernd zu.

«Du mußt immer zu mir sagen ‹ja, Vater›, denn schau, ich bin jetzt dein Vater; alle unsere Buben sagen Vater zu mir. Verstehst du?»

«Ja!»

«Ja, Vater!» heischt der Vorsteher.

«Ja, Vater!» wiederholt schüchtern der Kleine.

Da fällt des Vorstehers Blick auf das Ringlein an des Bübleins Finger. Er erkundigt sich nach dessen Herkunft. Der Kleine gibt zögernd und stammelnd Auskunft, dann, wie er von der Mutter spricht, fängt er leise zu schluchzen an.

Der Vorsteher wirft einen raschen Blick auf die Uhr; es ist schon ein Viertel vor elf, ihn rufen Pflichten. Bestimmter als er es sonst wohl getan, befiehlt er:

«Zeig mir das Ringlein!»

Der Kleine reicht es ihm, schaut ihn groß an.

«Nun höre mal, Otto, das Ringlein darfst du hier nicht tragen, das ist wider die Ordnung. Und dann, du würdest es verlieren. Schau, ich will es dir aufheben; wenn du einmal groß bist, dann kriegst du's wieder, gelt?»

Wie er nun bemerkt, daß sich des Bübleins Augen neuerdings langsam mit großen Tränen füllen, fügt er hinzu:

«Wenn du immer recht artig bist, dann kannst du von Zeit zu Zeit zu mir kommen, es dir anzusehen.»

Das Büblein schweigt; die beiden großen Tränen rollen ihm langsam über die Backen hinunter. Der Vorsteher geht inzwischen an die Tür und ruft einen Namen. Eine Minute später steht ein größerer Zögling, zwar nicht in militärischer, aber steifer Haltung vor ihm und dreht seine Mütze in den Händen herum.

«Du gehst jetzt sofort in die Küche und sagst der Mutter, sie möchte so gut sein, mit dir und dem kleinen Otto da ins Kleidermagazin zu gehen, um ihm das Nötige auszusuchen. Dann führst du ihn ins Bad, kleidest ihn nachher ein, zeigst ihm sein Bett im Schlafzimmer, zeigst ihm, wie man die Sonntagskleider zusammenlegt und versorgt. Er kriegt das Kleiderschränklein Nummer 42. – Verstanden?»

«Ja, Vater», antwortet der Zögling, wiederholt den Auftrag ziemlich wortgetreu, nimmt den Kleinen an der Hand und begibt sich, im Bewußtsein der Wichtigkeit seines Auftrags, die Befehle des Vorstehers auszuführen. Der Kleine folgt ihm willenlos. Er läßt sich die Kleider anmessen, indem er die Hosenbeine klaftert, um das richtige Maß für ihn zu treffen. Er ballt auf Geheiß die Faust, zur Probe der ihm zukommenden Strumpfgröße. Er probiert Mütze und Jacke, kommt ins Bad, wird gewaschen, abgetrocknet, in die Anstaltskleider gesteckt und weiß kaum, wie ihm geschieht.

Doch als der ältere Zögling seine Kleidchen, sogar das halbseidene Halstüchlein, das ihm die Mutter sonst nur sonntags und heute früh umgebunden hat, zusammenrafft und Miene macht, sich damit zu entfernen, erhebt der Kleine schüchtern den Einspruch:

«Laß mir das Halstüchlein und das Messerlein dort in meinen Hosen.»

«Die Kleinen dürfen keine Taschenmesser tragen und die Mutter hat gesagt, ich solle ihr alles, was du sonst an dir hast, gleich zur Wäsche bringen.»

Da beginnt der Kleine zu heulen, der Große aber meint gutmütig:

«Nun, schrei nur nicht so! Komm, wir wollen die Mutter fragen gehn.»

Sie gehen, aber Halstüchlein und Messerchen werden zurückbehalten. Das Tüchlein kriege er dann wieder, wenn es gewaschen sei. Da ist dem Büblein, als hätte jemand etwas Häßliches gegen seine Mutter gesagt, doch bevor ihm das noch voll zum Bewußtsein kommt, gellt die Hausglocke, die zum Mittagsbrot weithin hörbar einladet. Wenige Minuten später treten die Zöglinge gruppenweise in den geräumigen Speisesaal. Der Kleine steht mit seinem größeren Beschützer am Ofen, bis der Vorsteher eintritt. Der weist dem Büblein, seinem Altersrang genau entsprechend, den viertletzten Platz am dritten Tisch an, den zweiundvierzigsten, wenn man alle drei Tische zusammenzählt. Es befinden sich demnach gegenwärtig fünfundvierzig Zöglinge in der Anstalt.

Alle mustern «den Neuen» neugierig und der, der alle Blicke auf sich gerichtet fühlt, ist so verschüchtert, daß er kaum zu atmen wagt. Einige seiner Tischgenossen stoßen ihn an, stellen im Flüstertone Fragen an ihn, die er entweder nicht versteht oder nicht zu beantworten wagt.

Da ertönt die Tischklingel des Vorstehers. Er sagt:

«Lasset uns beten!»

Einer der größeren Zöglinge vom ersten Tisch betet das Vaterunser, einer der Kleinen, am dritten Tisch:

«Komm Herr Jesu, sei unser Gast…»

Jeden Tag kommt der Folgende dran, bis alle der Reihe nach gebetet haben, dann beginnt die Reihenfolge wieder von vorne.

Nun setzen sich alle, es wird gegessen. Der Hilfslehrer, der mit der Brille, bedient die Kleinen; der Vorsteher überwacht die Großen, dann begeben sich beide an ihren besonderen Tisch, den Vorstehertisch, an dem des Vorstehers Familie, die Angestellten, auch allfällige Gäste in einer genau vorgesehenen Ordnung, und zwar Vorsteher, Vorsteherin und Hilfslehrer so sitzen, daß sie eines Blickes die ganze Zöglingsschar zu überschauen vermögen.

Dem Kleinen schmeckt das Essen gut. Er hat's übrigens wohl getroffen heute; es ist Donnerstag, da gibt es Fleisch. Das ißt er gern, denn bei der Mutter gab es selten welches. Das gute Essen macht ihn fast ein wenig zutraulich. Nach dem Essen erhebt sich neuerdings alles zum Gebet; die Zöglinge haben nun, mit Ausnahme der drei oder vier, die das Geschirr abtragen, abwaschen und das Eßzimmer aufräumen müssen, eine Stunde frei, um zu spielen. Da inzwischen wieder heller Sonnenschein herrscht, so gehen sie alle in den Hof hinaus und tummeln sich nach Herzenslust.

«Der Neue» wird von verschiedenen Kameraden einem ordentlichen Verhör unterworfen, er taut allmählich auf, nach einer halben Stunde hat er mit zwei kleinen Gefährten bereits Freundschaft geschlossen, er spielt mit ihnen, fast sorglos, bis die Hausglocke wiederum läutet und zur Arbeit ruft.

Die Zöglinge stellen sich in Reih und Glied, immer ihrer Altersordnung nach, im Hofe auf. Der Vorsteher, umgeben von seinem Generalstab, bestehend aus dem Hilfslehrer, der Vorsteherin, gelegentlich auch der Köchin, dem Karrer und dem Melker, erteilt seine Befehle. Zehn Minuten später ist der Hof wiederum ernst, still und leer.

Der Kleine ist mit einigen Kamerädlein der Vorsteherin zugeteilt worden; wir sehen die Schar dort hinten im Garten, wie sie geschäftig, je zwei zu zwei, in halb gefüllten Körben welkes Unkraut nach dem Komposthaufen schleppen.

Um vier Uhr erscheint ein größerer Zögling mit einem Henkelkorb am Arm, darin acht Brotstücke, eines für jeden der kleinen Arbeiter. Nach der Vesperpause wird weiter gearbeitet, bis die Glocke sechs schlägt. Dann wird das Werkzeug zusammengeräumt, alles an seinen gehörigen Ort verbracht, wohl gereinigt und versorgt. Darauf spielen die Kleinen, bis um sieben Uhr die Hausglocke neuerdings erschallt und zum Abendbrot ruft. Jeder findet an seinem Platz einen Zinnteller voll dampfender Suppe und ein Stück Brot. Wieder wird gebetet, dann gegessen; der Kleine fängt an, sich heimischer zu fühlen. Ihm gegenüber sitzt ein kleiner Spaßvogel, der ihn fortwährend ansieht oder lustige Gesichter schneidet, bis der Kleine hell auflacht. Er erschrickt ob seinem eigenen Lachen und schon durchschneidet vom Vorstehertisch aus des Hausvaters Stimme wie eine Peitsche die Luft:

«Wer lacht dort?»

«Der Neue», meldet ein Gemunkel.

«Bei Tisch wird nicht gelacht», entscheidet die Stimme, und der Kleine löffelt, erschrocken und beschämt, die Suppe aus. Nun wird wieder gebetet, noch eine halbe Stunde gespielt, dann ruft die Glocke neuerdings ins Eßzimmer, zur Abendandacht. Zunächst wird ein Kirchenlied gesungen, dann liest der Vorsteher etwas aus der Bibel vor, knüpft daran einige Betrachtungen, spricht das Abendgebet, erhebt sich und stellt sich neben der Ausgangstüre auf. Die Zöglinge erheben sich auch. Und zwar zunächst die der ersten Bank des ersten Tisches, dann die der zweiten Bank, dann die der ersten Bank des zweiten Tisches, und so weiter, bis zum Schluß.

Jeder Zögling muß an dem Vorsteher vorbeigehen; jeder reicht ihm die Hand und sagt laut und vernehmlich:

«Gute Nacht, Vater!»

«Gute Nacht, gute Nacht, gute Nacht!» erwidert der Vorsteher. Wie «der Neue» an ihm vorbeikommt, hält er ihn am Händchen zurück und äußert gutmütig:

«Nun, Otto, wie gefällt es dir bei uns?»

Wie nun der Kleine, scheu verlegen, zu Boden schaut und schweigt, fügt er hinzu:

«Nun, gute Nacht, es wird sich schon machen.»

Eine Viertelstunde später herrscht Ruhe im Schlafsaal. Höchstens hört man noch da und dort unterdrücktes Geflüster, das von einem jähen «psst» des, bei offener Tür, in seinem anstoßenden Schlafraum verweilenden Hilfslehrers zum Schweigen verdammt wird.

Der Kleine ist müde, wirr und kann doch nicht einschlafen. Was er heute erlebte, ist ihm noch alles neu und fremd.

Hat er doch heute sein Heim, seine Mutter, das Ringlein, das sie ihm ans Fingerlein gesteckt; das Halstüchlein, das sie ihm umgebunden; das Messerlein, das ihm das Christkindlein brachte; ja sogar seinen Namen verloren.

Der Kleine fühlt, daß ihm unendlich viel verlorenging; sein kleines Herz ist schwer und traurig. Schon am ersten Abend eingeschüchtert, weint er lange still vor sich hin; lang, weil seine Tränen immer aufs neue quellen; still, um keine Aufmerksamkeit zu erregen, um nicht bemerkt zu werden, bis endlich der Schlaf ihn übermannt, bis ihn seine Träume zurück, zur Mutter, nach Hause geleiten.

Gemischte Gesellschaft

Was die Anstaltserziehung neben allen übrigen, wahrhaftig nicht kleinen Übelständen erschwert, was das Erzielen guter Ergebnisse von vorneherein vor allen Dingen in Frage stellt, liegt zum guten Teil in der unglaublich bunten Zusammensetzung der Zöglingsbestände. Von einer nur einigermaßen der Eigenart des Kindes angepaßten Behandlung könnte daher auch dann schwerlich die Rede sein, wenn die den Anstalten zur Verfügung stehenden Mittel wesentlich größer, ihre Arbeitsmethoden bedeutend zweckmäßiger wären.

Man stelle sich einmal die Sache vor, wie sie ist, dann wird auch der Fernerstehende gleich einsehen, wie unglaublich verschieden die Zöglinge untereinander sind, wie unüberwindlich schwer es sein muß, auch nur rein äußerlich jedem einigermaßen gerecht zu werden.

Zunächst einmal treten die Kinder in durchaus verschiedenen Altersstufen ein. Vom sechsten bis zum vierzehnten, ja bis zum fünfzehnten Altersjahr ist die Anstalt aufnahmepflichtig.

Wer selber nur drei oder vier Kinder hat, der weiß, daß ein Altersunterschied von zwei Jahren, im Kindesalter, viel mehr bedeutet als ein solcher von fünf bis zehn Jahren unter Erwachsenen. Je älter der Mensch wird, je geringer wird seine Aufnahme- und Entwicklungsfähigkeit. Das bedingt, daß von einem gewissen Alter an die Jüngern die Ältern ein- und überholen; das verwischt den Unterschied der Jahre.

Nicht so beim Kind. Mit sechs Jahren beginnt das Kind eigentlich erst, sich die Umwelt geistig und sinnlich bewußt zu erschließen; es wächst Erfahrungen, Lehren, Empfindungen aus, wie es Kleider und Schuhe auswächst, indem es selbständig zu denken anfängt.

Nach zwei, nach vier, sechs oder acht Jahren werden sogar seine Eltern, die es allezeit täglich umgaben, einige Mühe haben, es sich vorzustellen, nicht nur wie es als sechsjährig war, sondern sogar wie es aussah. Das Kind selbst würde sich übrigens ebensowenig wiedererkennen, könnte man es, etwa als vierzehnjährig, seinem sechsjährigen, früheren Selbst gegenüberstellen.

Nächst den allerfrühesten Kindheitseindrücken der ersten paar Lebensjahre, deren Bedeutung man, so scheint mir, immer noch allzusehr unterschätzt, sind die Jahre der Schul-, in unserm Falle die der Anstaltszeit, also vom 6. bis zum 15. oder 16. Jahr, will sagen vom Alter, wo das Kind selbständig zu denken beginnt, bis in das der geschlechtlichen Reifeerscheinungen, von grundlegender Bedeutung.

Ich tönte es eben an; ich denke nicht bloß an die geistige, die sittliche Erziehung, sondern auch, nicht in letzter Linie, an die rein körperliche.

Vorausgesetzt auch, was man schlechterdings unter keinen Umständen voraussetzen darf, nämlich daß sämtliche, in einer Anstalt untergebrachten Zöglinge auch nur körperlich annähernd gleich beschaffen wären, so würde damit die Forderung, einen Sechsjährigen anders als einen Vierzehn- oder Fünfzehnjährigen zu nähren, zu kleiden, zu beschäftigen, zu zerstreuen, noch in keiner Weise Abbruch getan.

Ich spreche hier absichtlich nur von physischen Mängeln, die in der Anstalt, durch den Umstand allein, daß sie eben Anstalt ist, von vornherein gegeben sind, die, wenn die Anstalt innerhalb ihrer Möglichkeiten so gut wie tunlich geleitet wird, zum mindesten den Nachteil jeder Durchschnittsbehandlung aufweist, der darin besteht, daß, was unter dem Durchschnitt steht, zu kurz kommt, und daß, was darüber hinausragt, auf Kosten der Benachteiligten sich unverhältnismäßig besser stellt oder verkümmert wird.

Die Nahrung spielt dabei nicht einmal die Hauptrolle; wichtiger sind mir etwa der Schlaf, die Erholung und Kräftigung durch Spiel und Arbeit oder was sonst etwa noch dazugehören mag.

Über die geistigen und sittlichen Hemmungen, die sich schon aus dem Altersunterschied allein ergeben, werden wir noch so oft Gelegenheit finden, uns zu äußern, daß es hier genügen mag, darauf hingewiesen zu haben.

Wären übrigens die Altersunterschiede das einzige Hindernis einer zweckentsprechenden Anstaltserziehung, ließe sich zur Not, durch die Anwendung des übrigens vielerorts schon eingeführten Gruppen- oder Familiensystems, der Übelstand beheben.

Allein, so vielseitig diese Frage an sich ist, wird sie doch noch wesentlich verwickelter durch den Umstand der verschiedenen Herkunft der Zöglinge.

In einer der Anstalten, der ich selbst als Zögling angehörte, waren wir durchschnittlich unserer 25 bis 30 Buben. Folgende Angaben, die mir mein Gedächtnis meldet, mögen einen Aufschluß über die herkünftliche Zusammensetzung eines Zöglingsbestandes zulassen.

Wir waren fünf bis sieben Deutschschweizer, wovon drei Städter und zwei bis vier Landkinder;

vier Franzosen, wovon drei Pariser und ein Provinzler,

ein Italiener,

ein Spanier,

ein Preuße.

Alle übrigen waren Welschschweizer aus verschiedenen Kantonen, dem Kanton Neuenburg, Waadt, Freiburg, Genf und dem Berner Jura. Von diesen waren die Hälfte etwa Stadt-, die übrigen Landkinder.

Aus welchen Verhältnissen stammten sie?

Einer war ein Findelkind.

Sieben waren Halbwaisen.

Fünf bis zehn waren Waisen.

Der übrigen Eltern lebten noch.

Von den Waisen und Halbwaisen waren ungefähr die Hälfte, die noch Verwandte hatten, die sich ihrer damals und später annahmen; die andern hatten niemand als im günstigsten Fall eine Armen- oder Vormundschaftsbehörde hinter sich stehen.

Von unserm ganzen Zöglingsbestand waren sechs oder acht uneheliche, die übrigen eheliche Kinder.

Vier von uns hatten, vor ihrem Eintritt in die Anstalt, in guten Verhältnissen gelebt, waren wohlhabender Leute Kinder gewesen, denen es an nichts gemangelt hatte. Die große Mehrzahl waren Kinder von Kleinbürgern oder Arbeitsleuten, die, ohne gerade Mangel gelitten zu haben, doch in mehrfacher Hinsicht zum Teil vernachlässigt, ja gar verwahrlost worden waren. Fünf oder sechs waren Kinder von Witwen, zwei waren Verdingkinder, zwei überhaupt herrenlose Großstadtkinder gewesen, die von der Polizei aufgegriffen und von Behörden versorgt worden waren.

Einer oder zwei waren katholischen, die andern teils reformierten, teils protestantischen Bekenntnisses.

Drei oder vier hatten, vor ihrem Eintritt in die Anstalt, gediegene Privatschulen besucht, oder man hatte ihnen Hauslehrer oder Erzieherinnen gehalten. Ebensoviele waren Mittelschüler, also Sekundarschüler, Progymnasiasten oder Lyceumsschüler gewesen. Zwei hatten vorher überhaupt keine Schule, die übrigen mehr oder weniger regelmäßig die Primarschule besucht.

Grund der Versetzung in die Anstalt war beim großen Teil ganze oder halbe Verwaisung und damit verbundene Mittellosigkeit.

Bei den übrigen waren ausschlaggebend gewesen: zerrüttete Familienverhältnisse; geschäftliche oder gesundheitliche Hemmungen der Eltern, die Kinder bei sich zu behalten; bei andern lediglich Bequemlichkeit der Eltern und, bei etwa einem halben Dutzend, war die Absicht der moralischen Besserung bedingend gewesen.

Noch einmal, ich möchte diese Angaben nicht in allen ihren Einzelheiten auf ihre durchgehende Zuverlässigkeit beschwören, sondern verließ mich bei ihrer Aufstellung lediglich auf mein Gedächtnis, das in diesem Falle auf ordentlich über dreißig Jahre zurückreichen mußte; aber ich weiß, daß, wenn ich mich schon täuschte, die Abweichungen von den wirklichen Tatsachen nur recht untergeordneter, belangloser Natur sein können.

Was ich damit klarstellen wollte, was übrigens jede derartige Statistik jeder beliebigen Erziehungsanstalt durchaus bestätigen wird, ist die geradezu gewaltige Verschiedenheit der erzieherischen Voraussetzungen der Anstaltszöglingsbestände.

Muß im besonderen darauf hingewiesen werden, was der denkende Leser angesichts dieser Feststellungen schon von selber empfindet? Nämlich auf die Fülle der Reibungsflächen und Zusammenstöße, auf die unentwirrbaren Schwierigkeiten, die der Anstaltserziehung aus allen diesen verschiedenen, individuellen Voraussetzungen erwachsen. Man mag daraus ermessen können, wie beneidenswert das Amt eines Anstaltsvorstehers, der es mit seinen erzieherischen Pflichten wirklich ernst nimmt, der vorurteilslos an seine Aufgabe herantritt, etwa sein mag.

Aber ist das nun wenigstens alles?

Keine Rede! Im Gegenteil, was wir bisher namhaft machten, nämlich die Verschiedenheiten des Alters, der Herkunft, des Vorlebens, der Bildungsgrade unseres Zöglingsbestandes, sind alles nur Äußerlichkeiten; wichtige Äußerlichkeiten zwar, deren Nachteile mit Geduld, ernstem Willen und ausreichenden Mitteln, wenn auch nicht vollständig zu beheben, doch wesentlich zu mildern wären.

Wenn nicht noch tiefere, ausschlaggebendere, bestimmendere Verschiedenheiten unter den Zöglingen bestünden!

Nämlich die der Vererbung und die der sich aus ihr ergebenden Veranlagungen und Wesensarten.

Es liegt nicht in meiner Absicht, in diesem Zusammenhang eine Abhandlung über die Kinderseele zu bieten. Ich werde mich daher der Kinderseelenkunde in diesem Werk nur als einer als bekannt vorauszusetzenden Hilfswissenschaft überall dort bedienen, wo sie in unzertrennbarem Zusammenhang mit dem eigentlichen Gegenstand dieser Arbeit steht.

Gewissermaßen um sie zu illustrieren!

Aber gerade im Hinblick auf diesen Gebrauch bin ich genötigt, wenigstens zusammenfassend den Begriffen: Vererbung, Veranlagung, Wesensart oder Charakter ein wenig näher zu treten.

Wenn wir unter Vererbung die Übertragung sittlicher, geistiger und körperlicher Eigenschaften auf die Nachkommenschaft verstehen, wenn wir ihre Möglichkeit als solche zugeben, so werden wir erkennen, daß sie sich in ihren Wirkungen bei den Nachkommen in der Form von Trieben und Hemmungen äußert. Je nach deren Beschaffenheit und Richtung ergibt sich die Veranlagung des einzelnen Menschen, bekundet sich in ihm entweder als Neigung oder Abneigung. Das sind von der Natur gebotene Bedingtheiten, die höchstens beeinflußt, geleitet, auf ein bestimmtes Ziel gerichtet, niemals aber ausgeschaltet oder auch nur auf die Dauer unterdrückt werden können. Sie bilden in ihrer Gesamtheit wie auch in der Gesamtheit ihrer Wirkungen die eigentliche, nie ganz zu verleugnende Wesensart, den Charakter des Einzelnen. Dem man, wenn man ihn schon zu formen sich untersteht, Rechnung tragen muß, anders man die Gefahr läuft, in ihm das von der Natur Gegebene und Bedingte, will sagen sein eigentliches Leben, zu zerstören.

Da wir nun nicht wissen wie, sondern bloß daß die Bedingtheiten der Vererbung, also auch die Veranlagung und die Wesensart jedes Einzelnen bis ins Unendliche verschieden, in keinem Falle jedoch bis in alle Einzelheiten weder erkennbar noch nachweisbar sind, so wird sich wohl daraus ergeben, daß die größte Weisheit der Erziehung vor allen Dingen darin besteht, die Natur nicht zu vergewaltigen; was nun einmal zum Leben gehört, was es bedingt, nicht zu verpfuschen. Schon um nichts zu verpfuschen, braucht es überlegene Unterscheidungskraft und auch, was ebenso unerläßlich ist, sinnenfällige Unterscheidungsmöglichkeiten.

Erfahrung und Wissenschaft stimmen jedoch darin überein, daß, auch bei andauernder Hingabe, bei eingehendem Studium einzelner Kinder, sich diese Unterscheidungsmöglichkeiten nur widerstrebend ergeben, so daß man keine Minute vor wesentlichen Irrtümern gefeit ist.

Aus dem psychologischen Unterscheidungsvermögen jedoch leitet jeder gewissenhafte Erzieher, sei er nun Vater, Lehrer oder Anstaltsvorsteher, seine Behandlungs- und Erziehungsmethoden ab, anders er ein Pfuscher, ein Tagedieb, ein Rohling ist. Allein während der Vater einige Aussicht hat, sich selbst, die Mutter seiner Kinder, seine und ihre unmittelbaren Vorfahren, also einige der Vererbungsbedingtheiten seiner Kinder wenigstens teilweise zu kennen; während der Vater das Kind vom Tage seiner Geburt an in seiner ihm selber genau geläufigen Umwelt beobachten, kennen und dementsprechend behandeln lernen kann, fehlen diese wichtigen, wesentlichen Voraussetzungen dem Anstaltserzieher fast vollständig. Günstigsten Falles ist er auf Auskünfte aus dritter Hand angewiesen, die nicht immer zuverlässig, dafür aber stets lückenhaft, unvollkommen sind, und erst in zweiter Linie auf seine eigenen Beobachtungen, die schon darum stets trügerisch sein müssen, weil sie sich auf eine verhältnismäßig große Anzahl von Einzelwesen erstrecken und durch noch so große anderweitige Inanspruchnahme alleweil aufs neue unterbrochen oder abgelenkt werden.

Der Anstaltserzieher kann also, auch wenn er dazu fähig wäre und den besten Willen hätte, kein erfolgreicher Erzieher sein, denn die Einrichtung der Anstalt als solche bringt es mit sich, daß er sich auf eine durchgehend anwendbare Behandlungsmethode festlegen muß, anders er schon am ersten Tage moralisch bankrott gehen müßte.

Diese Durchschnittsmethode wird sich notwendigerweise auf das Gröbste, weil auf das rein Äußerliche beschränken können; wer sich ihrer bedient, wird froh sein müssen, gelingt es ihm, die ihm anvertrauten Zöglinge schlecht und recht für die Bedürfnisse der Gesellschaft, nicht aber ihren eigenen Bedürfnissen und Fähigkeiten entsprechend abzurichten. Wenn ihm das erstere auch nur halbwegs gelingt, dann verdient er, als Anstaltspädagoge hoch gepriesen zu werden.

Die Anstaltserziehung ist demnach notwendigerweise immer eine Zwangserziehung, eine Konfektionserziehung, die gegenüber der Konfektionskleidung auch noch den heillosen Nachteil aufweist, daß dem erzwungenen Verbraucher keine Auswahl des ihm annähernd Passenden eingeräumt wird. Würde sie ihm auch eingeräumt, so wäre dabei schon aus dem Grunde nicht viel gewonnen, weil er in den wenigsten Fällen mündig genug wäre, das ihm wirklich Angemessene unterscheidend auszuwählen.

Da ich in der Folge über die Anstalten und ihre Erziehungsweisen noch oft recht Bitteres, Verdammendes zu sagen genötigt sein werde, hielt ich es für billig, gleich vorweg festzustellen, daß ihre wesentlichen, unheilbaren Mängel in erster, ja in fast ausschließlicher Linie in der Einrichtung selbst, erst in zweiter Linie jedoch in deren zufälligen Trägern und Organen liegen.

Denn, und auch darauf werden wir noch zu sprechen kommen, wenn auch der Anstalten beklagenswerteste Opfer die Zöglinge sind, so soll darum nicht bestritten werden, daß die Anstaltserzieher nicht deren opferwillige Märtyrer sein können.

Eine Wahrheit übrigens, die etwa Heinrich Zschokke, der aus Erfahrung sprach, weil er die Anstaltserziehung leidend und tätig am eigenen Leibe erfuhr, tief erkannt hat, der er gelegentlich kategorisch Ausdruck verleiht, wenn er etwa äußert:

«Das beste Waisenhaus ist, wie jede andere Erziehungsanstalt außerhalb des häuslichen Kreises, eine moralische Verderbungsanstalt.»

Die Anstaltsordnung

Je vielgestaltiger, mannigfaltiger, ausgedehnter ein Betrieb oder eine Gemeinschaft ist, je unentbehrlicher sind ihnen leitende Grundsätze, nach denen ihr Leben und Wirken geregelt werden müssen, anders Anarchie, Unfruchtbarkeit und Zerfall eintreten, die sie in jeder Beziehung lahmlegen und lebensuntauglich gestalten. Diese leitenden Grundsätze werden in Formeln zusammengefaßt, deren Gesamtheit man Ordnung nennt. In ihr besteht das unumgängliche Mittel, um Übersicht über das Leben zu gewinnen und es sinngemäß zu leiten.

Die Ordnung ist also ein Mittel, nie ein Selbstzweck. Dieser Umstand darf nie außer Augen gelassen werden, anders die Ordnung zum toten Buchstaben, dem Endzweck zum Hindernis, wenn nicht zum Erwürger wird, wie wir es etwa bei der Bureaukratie in unserm Staats- und Gemeindeleben oft allzu schmerzlich erfahren.

Die Ordnung muß lebendig sein, um einem lebendigen Zweck dienend zu entsprechen; sie muß sich ihm schmieg- und biegsam anpassen, unterordnen können; ja sie muß den Erfordernissen des Endzweckes vorahnend und vorfühlend die Wege ebnen, wenn sie nicht, statt fördern, hemmend lähmen will.

Was ist nun eine Erziehungsanstalt?

Eine organische Gemeinschaft, bestehend aus Kindern, Erwachsenen, Vieh, Gebäuden, Grund und Boden, einer Schule, Ansätzen zu handwerklichen Betrieben, einer Haushaltung, einem erzieherischen, einem landwirtschaftlichen, einem erwerblichen Zweck und noch vielem andern dienend. Eine verkleinerte Menschheit, mit einigen wesentlichen Abstrichen; ein Staat im

kleinen, mit den vergrößerten Unzulänglichkeiten der Kleinstaaten, die wohl ein eigenes, aber kein selbständiges politisches,
noch wirtschaftliches Leben zu behaupten vermögen. Wer sie
leitet, ist dem Baumeister gleich, dem man die Baustoffe der verschiedensten Beschaffenheit wahllos untereinander an einen wir-
ren Haufen geworfen hätte und dem nun befohlen würde:

«Menschlein, baue!»

Die Grundlage jeglichen gedeihlichen Geschehens beruht
zunächst in der Sichtung der vorhandenen Werte und Möglichkeiten. Also muß die Erziehungsanstalt auf einer weisen Ordnung aufgebaut sein. Auf der Anstaltsordnung, die wiederum in
die *Hausordnung*, die *Verwaltungsordnung* und die *sittliche Ordnung* zerfällt.

Sprechen wir zunächst von der *Hausordnung*.

Sie bildet gewissermaßen die Grundverfassung des Anstalts-
gebildes; auf ihr beruht jede Anordnung, jede Maßnahme. Aus
ihr wächst zunächst die Verwaltungsordnung, dann die sittliche
Ordnung selbsttätig und folgerichtig heraus. Darum muß sie fest
stehen, bleibend sein. Darum muß sie allgemeinen Geltungsbe-
reiches und doch den Lebensnotwendigkeiten gegenüber anpassungsfähig und aufmerksam sein. Sie muß aufs Ganze gehen, anders ihr weder das Ganze noch das Einzelne gelingen. Sie muß
grundsätzlich sein, dem Zweck entsprechend!

Welchem Zweck?

Dem der möglichst zweckmäßigen Erziehung der Zöglinge;
dem der möglichst vorteilhaften Bearbeitung des Anstaltsgutes;
dem der tunlichst verminderten Betriebskosten. Ob diese
Zwecke sich untereinander nicht widersprechen? Darüber wird
noch zu reden sein. – Ob es möglich ist, grundsätzlich eine Ordnung festzulegen, die ihnen allen billig entspricht? Auch das werden wir erfahren.

Der sinnenfälligste Ausdruck der Hausordnung liegt in der
peinlich geregelten Tagesordnung. Hier ein Schema davon, das
mit geringen Abweichungen in allen Anstalten üblich ist:

IM SOMMER
Sonn- und Festtage:

6.00   Aufstehen.
6.15   Hausarbeiten.
6.30   Frühstück.
6.45   Morgenandacht.
7.00   Hausarbeiten.
7.30   Antreten zum Umkleiden.
8.00   Antreten zur Kleider- und Reinlichkeitsinspektion.
8.30   Antreten zum Gottesdienst.
10.15 Rückkehr vom Gottesdienst, dann bis
11.45 frei; Spiele oder Lesen.
12.00 Mittagessen.
12.30 Häusliche Arbeiten.
13.30 Antreten zum Spaziergang, zum Nachmittagsgottesdienst
       oder frei bis
17.00 Lektüre durch den Vorsteher oder den Lehrer oder frei.
18.45 Abendessen, dann bis
19.15 Häusliche Arbeiten, dann frei bis
19.45 Abendandacht.
20.00 Zu Bett gehen.
20.15 Lichterlöschen.

Werktags:

5.30   Aufstehen.
5.45   Hausarbeiten.
6.00   Frühstück.
6.15   Morgenandacht.
6.30   Hausarbeiten und Schulaufgaben.
7.00   Antreten zur Arbeit oder Schule.
10.00 Pause zum Imbiß.
10.15 Arbeit oder Schule.
11.45 Antreten zum Mittagessen.
12.30 Häusliche Arbeiten und frei bis
13.00 Antreten zur Arbeit.
16.00 Vesperpause bis
16.15 Arbeit.

18.30 Aufbruch von der Arbeit, Versorgen des Werkzeugs.
19.00 Abendessen, dann frei bis
19.45 Abendandacht.
20.00 Zu Bett gehen.
20.15 Lichterlöschen.

IM WINTER
Sonn- und Festtage:
6.30 Aufstehen.
6.45 Hausarbeiten.
7.00 Frühstück.
7.45 Morgenandacht.
8.00 Hausarbeiten.
8.15 Antreten zum Umkleiden.
8.30 Antreten zur Kleider- und Reinlichkeitsinspektion.
8.45 Antreten zum Gottesdienst.
10.15 Rückkehr vom Gottesdienst, dann bis
11.45 frei; Spiele oder Lesen.
12.00 Mittagessen.
12.30 Häusliche Arbeiten.
13.30 Antreten zum Spaziergang, zum Nachmittagsgottesdienst
      oder frei bis
17.00 Lektüre durch den Vorsteher oder den Lehrer oder frei.
18.45 Abendessen, dann bis
19.15 Häusliche Arbeiten, oder frei bis
19.45 Abendandacht.
20.00 Zu Bette gehen.
20.15 Lichterlöschen.

Werktags:
6.00 Aufstehen.
6.15 Hausarbeiten.
6.30 Frühstück.
6.45 Morgenandacht.
7.00 Hausarbeiten und Schulaufgaben.
7.30 Schule.
12.00 Mittagessen.

12.30 Häusliche Arbeiten und frei bis
13.00 Schule oder Arbeit.
16.00 Vesperpause bis
16.15 Arbeit oder Schule.
19.00 Abendessen, dann frei oder Schulaufgaben bis
19.45 Abendandacht.
20.00 Zu Bett gehen.
20.15 Lichterlöschen.

Ebenso peinlich wie die Tagesordnung ist beispielsweise die Speiseordnung geregelt. Hier ein Beispiel, das mir noch genau in Erinnerung steht, aus einer Anstalt, die, von allen, die ich kennenlernte, entschieden die beste war.

Sonn- und Festtage:

Morgens:	Kaffee und Brot.
9 Uhr:	nichts.
Mittagessen:	Fleischsuppe, Kartoffelbrei, Siedefleisch, ein Glas Wein.
Abendessen:	Milchkaffee mit Brot und Melasse, ausnahmsweise statt Melasse ein Stücklein Butter, Eingemachtes oder eine Süßspeise.

Montag:

Morgens:	Milchkaffee und Brot.
9 Uhr:	2 dl Milch und Brot.
Mittagessen:	Gemüsesuppe, Makkaroni und Salat.
16 Uhr:	2 dl Milch und Brot.
Abendessen:	Kartoffelsuppe und Brot.

Dienstag:

Morgens:	Milchkaffee und Brot.
9 Uhr:	2 dl Milch und Brot.
Mittagessen:	Hafersuppe, Blattgemüse, Bohnen usw. im Sommer, Sauerkraut im Winter, mit Speck.
16 Uhr:	2 dl Milch und Brot.
Abendessen:	Grießsuppe und Brot.

Morgens: Milchkaffee und Brot.
9 Uhr: 2 dl Milch und Brot.
Mittagessen: Gemüsesuppe, Mehlklöße und Salat (im Sommer
               grünen, im Winter Endivien, Randen oder Rotkohl).
16 Uhr: 2 dl Milch und Brot.
Abendessen: Reissuppe und Brot.

DONNERSTAG:

Morgens: Milchkaffee und Brot.
9 Uhr: 2 dl Milch und Brot.
Mittagessen: Fleischsuppe, Kartoffelbrei und Siedefleisch.
16 Uhr: 2 dl Milch und Brot.
Abendessen: Kartoffelsuppe.

FREITAG:

Morgens: Milchkaffee und Brot.
9 Uhr: 2 dl Milch und Brot.
Mittagessen: Gerstensuppe, im Sommer Bohnen oder Blattgemüse,
               im Winter Kohlrüben mit Kartoffeln oder Möhren.
16 Uhr: 2 dl Milch und Brot.
Abendbrot: Erbsensuppe mit Brot.

SAMSTAG:

Morgens: Milchkaffee mit Brot.
9 Uhr: 2 dl Milch und Brot.
Mittagessen: Bohnensuppe, süßer Reisbrei mit Obst.
16 Uhr: 2 dl Milch und Brot.
Abendessen: Kartoffelsuppe, ein Stück Käse und Brot.

Zu jeder Hauptmahlzeit stand Brot zur Genüge zur freien Verfügung, das heißt, jeder fand ein Stück Brot vor seinem Teller, auf Verlangen wurde der Brotkorb mit vorgeschnittenen Stücken zum zweitenmal herumgereicht. Diese Speiseordnung wurde an hohen Festtagen oder außerordentlichen Anlässen durchbrochen. So am Neujahr, wo's zum Frühstück statt Brot frische Sem-

meln, zum Mittagessen Braten, zum Abendessen Kakao und Kuchen; an Ostern, wo's mittags Braten, am Abend Kakao; an der
Auffahrt, wo's Kartoffelsalat und Bratwürste; an Schlachttagen,
wo's Blut- und Leberwürste mit Kartoffelsalat und am Weih-
nachtstage, wo's am Morgen frische Semmeln oder Backwerk,
mittags Braten und abends Kakao und Kuchen gab.

Diese Speiseordnung ist gegenüber der der meisten andern
mir in der Folge bekannt gewordenen Anstalten geradezu üppig
zu nennen und jedenfalls schon darum bemerkenswert, weil sie
für alle genügend Milch vorsah, was um so anerkennenswerter
war, als die betreffende Anstalt die Milch nicht selber erzeugte.

Wie die Tagesordnung und die Speisefolge ist in den meisten
Anstalten auch die Arbeit geregelt, insofern sie sich, was bei landwirtschaftlichen Betrieben nicht immer möglich ist, zum voraus
regeln läßt.

Die *Verwaltungsordnung* nun fußt in der Regel auf erprobten, statistischen Erfahrungsergebnissen. Sie ist in ihrer Art ebenso
peinlich wie die Hausordnung, daher auch die Buchführung unmenschlich weitläufig und mannigfaltig. Es muß auf dem Stück
Vieh soundso viel, auf der Hektare Land soundso viel herausge-
wirtschaftet werden. Auf alle Fälle muß das Gesamtergebnis des
Ertrages demjenigen der einzelnen Tätigkeitsgebiete mindestens gleichkommen und es, wenn immer möglich, übertreffen.

Wir werden auf die Einzelheiten all dieser «Ordnungen»
noch zu sprechen kommen, es genüge, sie hier in großen Zügen
umrissen zu haben, um den Uneingeweihten klar zu machen, daß
das Anstaltsleben gewissermaßen wie ein Uhrwerk in all seinen
Einzelheiten geregelt ist, daß diese Regelung unabänderlich gehandhabt wird, als ehernes Grundgesetz. Man wird ohne weiteres begreifen, daß ein willkürlicher Eingriff in diese Regelung,
wäre es auch nur in einem kleinen Nebengebiet, unfehlbar Stö-
rungen, wenn nicht Stockungen des gesamten Betriebes zur
Folge haben müßte und auf die Dauer das gemeinsame Leben

verunmöglichen würde. Die Anstaltsordnung ist darum unentbehrlich, weil einzig praktisch. Sie würde, den besonderen Umständen angepaßt, einem industriellen Betrieb oder einem technischen Unternehmen in mehrfacher Hinsicht von mustergültigem Nutzen sein.

Allein, ihr Fehler liegt darin, daß sie auf Kosten der *sittlichen Ordnung* gehandhabt wird, gehandhabt werden *muß*. Ihre Stärke liegt in ihrer Unabänderlichkeit, aber darin liegt gerade auch ihre sittliche Schwäche; sie ist eine despotische, von oben gegebene Ordnung, die der Zögling nicht zu begreifen, sondern der er sich einfach zu fügen hat, die ihm notwendigerweise als reine Willkür vorkommen muß. Sie ist keine freiwillig zugestandene, sondern eine aufgezwungene Ordnung.

Freilich ist sie bedingt durch die Notwendigkeit des Anstaltsbetriebes; aber ebensosehr ist sie's, in ihren Einzelheiten, durch die Bequemlichkeit oder den Vorteil der Vorgesetzten, der Leitenden. Als solche nimmt sie auf das Wohl und Weh des Zöglings nur insofern Rücksicht, als sie selbst nicht dadurch gefährdet oder gestört wird. Sie wird dem Zögling darum zum immerwährend drohenden Schreckensgespenst. Jede seiner Regungen, sei sie gut oder schlimm, harmlos, auch nur unüberlegt, oder verwerflich, wird vor allen Dingen im Hinblick auf die Anstaltsordnung beurteilt, anerkannt, geahndet oder bestraft. Sie gipfelt, im Gegensatz zu den Gesetzen des Staates, in Wirklichkeit in dem Satz:

«Was nicht ausdrücklich erlaubt ist, gilt als verboten!»

Edel sei der Zögling, hilfreich und gut! Aber er passe auf, daß er ob seinem edlen Tun sich nicht in einer Ordnungsangel verstricke, anders er, der Ordnung halber, gerügt, gescholten oder bestraft wird. Die Ordnung läßt nicht mit sich spaßen, sie hat weder Luft noch Muße, ihr Warum dem von ihr Betroffenen zu erläutern. Verbieten ist der Anstaltsordnung höchster Weisheit letzter Schluß. Es ist dem Anstaltsvorsteher nicht erlaubt, was jeder Vater, jede Mutter aus erzieherischer Klugheit oft und gern tut, nämlich, gelegentlich etwas lieber nicht zu verbieten, um nicht zu Übertretungen, die an sich kaum vermeidlich sind, zu reizen und bestrafen zu müssen – die Ordnung verlangt eben, daß keine Übertretung stattfinde und daß sie, findet sie dennoch statt, geahndet werde.

Die Ordnung erlaubt dem Anstaltserzieher ebensowenig, gelegentlich Mensch zu sein, den Zögling im einzelnen Falle menschlich zu begreifen, zu entschuldigen, ja, ihn auch nur aufzuklären, denn damit würde ein Präzedenzfall geschaffen, der im Wiederholungsfall die heilige, unerbittliche Ordnung gefährden könnte.

Die Ordnung erlaubt dem Vorgesetzten endlich auch nicht, und das ist das Schlimmste, die Zöglinge anders als in ihrer Gesamtheit zu sehen, mit ihnen anders als mit einer gleichartigen Masse, einem in sich einheitlichen Ganzen zu verkehren, und wir sahen, daß der Zöglingsbestand eher alles andere denn einheitlich ist.

So wird die wohltätig gemeinte Ordnung zur Qual, und zwar oft nicht nur für die Zöglinge allein, und wenn das Sprichwort recht hat, das da sagt:

«Ordnung ist das halbe Leben»,

so können wir kühnlich die Antithese aufstellen:

«Ordnung allein ist nur ein halbes, also kein Leben, sondern ein verruchter, geist- und sinnloser Zwang!»

Die Ordnung der Anstalt ist die Dampfstraßenwalze, die alles gleich macht, die jedes freie Entfalten des Körpers, der Seele und des Geistes erdrückt, im Keim erstickt, erwürgt, und, läßt es sich weder erdrücken, ersticken noch erwürgen, quält und foltert.

Die Ordnung ist das Beste und das Schlimmste, was die Anstalt zu geben vermag – das Beste, weil sie nichts Besseres hat, weil die Ordnung, wie schließlich jeder Drill, den erzieherischen Nutzen hat, den Einzelnen an eine gewisse äußere Sorglichkeit, Pünktlichkeit und bis zu einem gewissen Punkt wohltätige, gedankenlose Unterordnung zu gewöhnen. Allein, sie bietet die

Nachteile ihrer Vorteile: Sie ertötet die Vorstellungskraft, den selbständigen Schaffens- und Denkenstrieb; wenn der Drillmeister fehlt, dann steht der Gedrillte unbeholfener da als der erste beste, in Freiheit aufgewachsene Idiot. Der der Anstalt Entwachsene steht allen Erscheinungen des Lebens, insofern es nicht Anstaltslebenserscheinungen sind, so unglaublich naiv, dumm, unerfahren gegenüber, daß er, der gewohnt ist, auf Ordnungsbefehl oder gar nicht zu handeln, entweder jeder ersten besten Einflüsterung, unbekümmert darum, woher sie komme, Folge leistet oder teilnahmslos beiseite steht. Aus einem wohlerzogenen Anstaltszögling kann sich jeder Willensstarke, der nur über den äußern Schein persönlichen Aussehens verfügt, je nach Belieben, einen Spitzbuben, einen Verbrecher, einen Trottel, einen Sklaven gestalten. Er braucht nur die an dem belebten Leichnam in der Anstalt begonnene Erziehung fortzusetzen, sie auf die von ihm gewünschte Tonart zu stimmen.

Die Anstaltsordnung entmannt, entmenscht. Sie verheert der Zöglinge beste Fähigkeiten. Sie vergewaltigt bei Tag und bei Nacht deren Wesensart, erwürgt ihr Eigenleben.

Die Anstaltsordnung ist der größte Feind, der unmittelbarste Widerspruch jeder vernünftigen Erziehung. Da nun aber in Gottesnamen einmal eine Anstalt ohne Anstaltsordnung weder möglich noch denkbar ist, so fällt der Vorwurf, auf alle Fälle nicht erziehen zu können, auf jeden Fall das geistige und seelische Leben der Zöglinge am sichersten zu gefährden, folgerichtig auf die Erziehungsanstalten selbst zurück.

Darin liegt einer der wichtigsten Gründe, die der Anstalten Abschaffung fordern, denn eben:

«Auch das beste Waisenhaus, wie jede andere Erziehungsanstalt außerhalb des häuslichen Kreises, ist eine moralische Verderbungsanstalt», oder:

«In einer Erziehungsanstalt unterbringen heißt durch Anstaltserziehung umbringen!»

Die Ordnungsorgane

Die leitenden Grundsätze, auf die sich die Anstaltsordnung aufbaut, werden nur in Ausnahmefällen von denen aufgestellt, die sie nachher praktisch handhaben müssen, anders sie, ich will es hoffen, mitunter denn doch ein wenig bewegsamer, praktischer ausfallen würden. In der Regel jedoch werden die Grundlagen des Anstaltsstatuts, sei es von Behörden, sei es von Stiftern oder Spendern, also von Leuten umschrieben, die nichts dazu verpflichtet, vom Anstaltsbetrieb auch nur das geringste zu verstehen. Es muß ihnen nachgerühmt werden, daß sie von dieser Nichtverpflichtung in der Regel reichlichen Gebrauch machen.

Freilich, der eigentliche Anstaltsleiter wird dann die Anstaltsordnung der Praxis anpassen, zweckentsprechend umbiegen lernen, was jedoch nicht hindert, daß ihre Grundlagen gegeben und die Grundsätze vorhanden sind, so daß es oft nicht leicht ist, ihnen, im Sinne der Oberbehörde oder der Stifter und Spender oder des gemeinnützigen Vereins, der die Anstalt unterhält und ins Leben gerufen hat, auch nur in den gröbsten Zügen nachzukommen.

Wenn ich beispielsweise die Anforderung in einer Stiftungsurkunde lese, die Kinder seien «in christlichem Sinne» oder «zu praktischer Arbeit» zu erziehen, so frage ich mich jedes Mal, was wohl darunter im besonderen gemeint sein möge. Wir werden in der Folge wohl sehen, daß diese Frage mehr als nur berechtigt ist.

Der zufällige Vorsteher wird sie selbstverständlich, wie noch so manche andere auch, nach seinem Wissen und Gewissen, seiner Veranlagung, seiner Geistesrichtung, seiner persönlichen Auffassung und seinem Temperament entsprechend beantworten. Je nach seiner Beschaffenheit wird dann die Anstaltsordnung jeweilen ausfallen.

Nun aber kann eine Anstaltsordnung noch so eng umschrieben, noch so peinlich abgefaßt sein, sie kann so feststehend sein als sie mag und will, so wird doch nie verhindert werden können,

daß sie in ihren Einzelanwendungen verschiedenen Deutungs-
möglichkeiten Raum läßt, je nachdem sie der Vorsteher, die
Hausmutter, der Hilfslehrer, der Karrer oder der Melker anwendet. Daraus ergibt sich Willkür und für den Zögling stets wach-
sende Unsicherheit im Unterscheidungsvermögen, das bis zum
Bewußtsein durchgehender Rechtlosigkeit gesteigert werden
kann und gelegentlich auch wird. Er kommt sich als Spielball jeder beliebigen Laune seiner Vorgesetzten vor; er weiß, daß er
sich der Ordnung, also jeder Laune unbedingt fügen muß; er
weiß, daß er sich allem und jedem, das von seinen Vorgesetzten
kommt, bedingungslos zu unterziehen hat. Das ist aber auch das
einzige, das er weiß; das einzige, das zu wissen ihm die Anstaltsordnung gestattet. An ihr ist nicht zu zweifeln; das bloße Nachdenken des Zöglings über ihren Zweck und Sinn wird ihm, so er
es äußert, als Verstoß wider sie ausgelegt.

Nun ist es eine allgemein menschliche, darum bekannte Erscheinung, daß die beste Ordnung als Grundlage zum größten
Un- und Widersinn mißbraucht werden kann. Man will, beispielsweise im Militärdienst, in öffentlichen und andern Verwal-
tungen, die Erfahrung gemacht haben, daß, je unzulänglicher, je
dümmer ein Vorgesetzter ist, er um so peinlicher auf der Ordnung Buchstaben reitet, den größten Widersinn anrichtet und
durch lauter Ordnungsrechthaberei nicht nur an deren Ziel vorbei schießt, sondern dessen Erreichen geradezu verunmöglicht.
Der Ordnungspeinling, der nur die Ordnung, aber weiter nichts
kennt, wird zum Pedanten, zum Schädling und in der Folge nicht
selten zum Quäler.

Diese allgemeinen Erkenntnisse, die sich leicht auf allen
Gebieten des täglichen Lebens, in der Familie, in der Gemeinde,
im Staat, im Handwerk, im Gewerbe, in der Wissenschaft wie in
der Kunst beobachten lassen, führen uns dazu, uns die unmittelbaren Ordnungsorgane der Erziehungsanstalt ein wenig näher
zu besehen.

Das Oberste, den Vorsteher zunächst!

Wir haben aus dem Vorstehenden bereits gesehen, daß man, theoretisch wenigstens, Übermenschliches von ihm verlangt. In der Praxis freilich nimmt man's weniger genau. Nichtsdestoweniger bedingt der Erziehungsanstaltsbetrieb, daß sein Vorsteher ein tüchtiger Hausvater und Verwalter, ein kenntnisreicher, erfahrener Landwirt, ein erprobter Schulmann, namentlich aber ein taktvoller, gediegener Erzieher sei. Jede einzelne dieser Anforderungen würde im gewöhnlichen Leben genügen, die Lebensarbeit eines Menschen durchaus in Anspruch zu nehmen und auszufüllen. Denn, wohlverstanden, wir verlangen von ihm nicht etwa nur allgemeine Bildung des Geistes und der Seele, sondern Fachkenntnisse, Erkenntnisse! Muß doch der Vorsteher befehlen, vorstehen, leiten! Was er anordnet, hat innerhalb des Anstaltsbetriebes unbestrittene Gesetzeskraft; er darf sich nicht irren; auf ihm lastet die ganze Verantwortung des Betriebes, der Ergebnisse der gesamten Anstaltstätigkeit.

Nun mag es ab und zu universelle Geister geben, die sozusagen allen Anforderungen, auch den verschiedensten, gerecht zu werden vermögen. Doch, zählt darauf, die werden nicht Anstaltsvorsteher, die finden anderwärts lohnenderes Auskommen oder zum mindesten höhere Befriedigung. Pestalozzi war ein idealer Erzieher, aber ein mäßiger Verwalter und ein schlechter Geschäftsmann. Manch einer kann ein ebenso trefflicher Lehrer, darum aber gleichwohl ein miserabler Hausvater, ein vorzüglicher Hausvater dagegen ein kläglicher Landwirt sein. Beispiele aus der Praxis ließen sich die Fülle nachweisen. Oder würden Sie etwa Jean-Jacques Rousseau oder Wilhelm Scharrelmann oder Otto Ernst, um aufs Geratewohl drei Namen zu nennen, die in pädagogischen Kreisen ein gewisses Ansehen genießen, guten Gewissens mit der Leitung einer Erziehungsanstalt betraut haben?

Der Anstaltsvorsteher also ist von Amtes wegen, kraft seiner ausschließlichen Verantwortung, zur Unfehlbarkeit verurteilt. Er muß alles, jedes in erster und letzter Berufung entscheiden, er muß ängstlich, peinlich bestrebt sein, sich weder nach oben noch nach unten, weder nach links noch nach rechts eine Blöße zu geben, die seinen Einfluß gefährden, sein Ansehen in Frage stellen könnte. Er muß alles besser wissen, besser können als irgendwer im ganzen Anstaltsbetrieb, und da das eben nun keinem Menschen gegeben ist, wird er wenigstens den Schein der Unfehlbarkeit zu wahren genötigt sein. Der tut's am Ende auch, wenn auch auf Kosten der Wahrheit, auf Kosten des wirklichen Erfolges, auf Kosten des eigentlichen Endzweckes der Anstalt.

Der Vorsteher ist in seinem Amt nun einmal auf die Wahrung von Äußerlichkeiten festgelegt. Wo seine Kenntnisse, seine Erfahrung, seine Einsicht nicht hinreichen, ist er auf Gelegenheitsauskünfte angewiesen, und wir sahen, wie sich das beispielsweise schon rein äußerlich, etwa im landwirtschaftlichen Betrieb geltend macht – was an eigentlicher Zuständigkeit fehlt, wird ersetzt durch Akkuratesse, scheinbare Vielseitigkeit und Vollständigkeit, durch Potemkin'sche Dörfer, durch – das harte Wort muß gesagt sein –, durch manchmal kaum verhüllte Schwindelbauten, die ich, wohlverstanden, nicht ihm persönlich, sondern den übermenschlichen Anforderungen, die an ihn gestellt werden, zur Last lege.

In der fast ausnahmslosen Regel rekrutieren sich die Anstaltsvorsteher aus dem Lehrer-, seltener aus dem Stande der Geistlichen. Will sagen aus Ständen, die dem Wirklichkeitsleben in mancher Beziehung schon um ihres Berufes willen fern stehen; die schon darum nur zu sehr geneigt sind, sich mit vorgefaßten Systemen, mit Methoden zu behelfen. Systeme, Methoden, so unentbehrlich sie an sich sein mögen, so treffliche Dienste sie gelegentlich leisten, sind jedoch nur insofern brauchbar und von Bestand, als sie das tägliche, wechselvolle Leben immer, immer wieder aufs neue bestätigend stählt und frisch erhält. Dazu aber finden sie gerade in der in sich abgeschlossenen Anstalt am allerwenigsten Gelegenheit. Da jedoch die Anstalt, äußerlich wenigstens, trotz allem besteht, da sie nicht in sich zusammenfällt, so entwickelt sich im Anstaltsvorsteher ein ganz eigenes, einer eigentlichen Berufspsychose ähnlich sehendes Unfehlbarkeits- und Überlegenheitsgefühl, das erklärlich, entschuldbar sein mag; das ist es, bleibt aber darum nicht weniger gefährlich, sintemalen der tote Lehrsatzglaube alleweil der unfruchtbarste, lebensverneinendste ist; sintemalen es wohl keinem Menschen, ohne Gefahr für sich selbst noch für seine Umwelt, gelingt, während der Dauer ganzer Jahrzehnte ex cathedra zu entscheiden.

Menschlich nahbarer, weil weniger unmittelbar verantwortlich, daher von milderndem Einfluß, kann die Frau des Vorstehers, die Hausmutter sein, vorausgesetzt, daß sie Frau, daß sie guter Gemütsart und klug; vorausgesetzt ferner, daß ihr Mann verständig genug sei, ihr nicht mehr drein zu reden, als zur Wahrung seiner Oberhoheit unbedingt von Nöten ist; vorausgesetzt endlich, daß sie sich, trotz aller Milde und Herzensgüte, Achtung zu verschaffen wisse, daß sie in jeder Beziehung taktvoll sei.

Ihr untersteht das eigentliche, innere Hauswesen, die Küche, die Wäsche, die Bekleidung; die tausend Kleinigkeiten, die in ihrer Gesamtheit die Haushaltung bedingen und die, jede einzeln genommen, unentbehrlich sind. Wenn sich vielerorts der Anstaltsaufenthalt nicht völlig unerträglich, zum Verzweifeln gestaltet, so ist es meistens dem Einfluß der Hausmutter zu danken, die, ohne viel Worte zu verlieren, Härten der Ordnung umgeht, Unebenheiten unbemerkt glättet, Steine des Anstoßes stiller, geschäftiger Hand aus dem Wege räumt und dadurch einen sittlichen Einfluß auf ihre Umgebung, namentlich aber auf die Zöglinge ausübt, der nicht zu unterschätzen ist, weil er oft der einzige bleibt, der wirklich erhebt und versöhnt.

Gnad' Gott jedoch der Anstalt, die keine ihrer schweren Aufgabe gewachsene Hausmutter hat. Sie braucht noch keine Megäre, sondern bloß eine nicht sehr kluge oder gelegentlich nicht sehr taktvolle, launische oder allzu sparsame Frau zu sein, um das Anstaltsleben vollends zu vergiften. Sie braucht bloß, meinetwegen in der besten Absicht der Welt, ihr ihr übrigens zukommendes Ansehen allzu deutlich zu betonen, um sowohl unter dem

Dienstpersonal wie namentlich unter dem Zöglingsbestand ein unausgesprochenes Schisma, uneingestandene Parteiungen hervorzurufen, die sich dann in unterdrücktem, aber desto nachhaltigerem sich gegenseitig «zu leid Werken» verheerend äußern. Und, was das schwerste für sie ist: wenn sie nicht nur Frau, sondern auch Mutter eigener Kinder ist, muß sie ihre natürliche Mutterschaft der Anstaltsmutterschaft in einer Weise aufzuopfern wissen, die gelegentlich ans Heldenhafte grenzt und das übersteigt, was man füglicherweise von einer Frau zum Opfer verlangen darf. Es darf für sie wohl in der leiblichen Erziehung, denn das verstehen die Zöglinge, nicht aber auf moralischem Gebiete zweierlei Kinder geben. Die Zöglinge fordern von ihr unbestechliche Gerechtigkeit, auch und namentlich ihren eigenen Kindern gegenüber. Ich möchte darum nicht behaupten, daß unter den Opfern der Anstalt etwa die Vorsteherskinder die am wenigsten beklagenswerten wären.

Die Hilfslehrerschaft besteht häufig aus jungen, unerfahrenen, weil elend bezahlten Lehrkräften, die kaum dem Seminar entronnen, oder weil sie sich anderswo aus irgendeinem Grunde unmöglich machen, nur so lange in der Anstalt verweilen, als sich ihnen nichts anderes, Besseres bietet. Es gibt unter ihnen jugendliche Idealisten, die begeistert in das Amt, von dem sie eine herrliche Lebensaufgabe erwarteten, eintraten, nun aber einsehen, daß die Anstaltsordnung, die sie allzu gern mit dem sie verkörpernden Vorsteher verwechseln, ihren Träumen entgegensteht. Sie geraten in Gewissenskämpfe, in Erbitterung, werden aufständisch oder zynisch, ergeben oder lässig, leiden die bittersten Qualen und diese finden das schmerzhafteste, weil dauerndste Echo in der Erziehung der Zöglinge. Andere gewöhnen sich rasch in die Anstalt ein. Wenn sie schon Ideale hatten, so haben sie einsehen gelernt, daß deren Durchsetzen schlechterdings unmöglich ist; sie haben sich gefügt, gleich wie die Zöglinge sich fügen. Das sind die schlimmsten, denn erstens bleiben sie gewöhnlich der Anstalt länger als die andern erhalten, zum zweiten legen sie sich auf eine Methode fest, die keiner Erfahrung, keinem vernünftigen Zweck als dem ihrer Bequemlichkeit und Ungeschorenheit entspricht; zum dritten werden sie geist- und gefühllose Erziehungsmechaniker, die einfach rein äußerlich ihre Pflicht absitzen, wie man sich einer lästigen Arbeit entledigt, und endlich rekrutieren sich aus ihren Reihen die schlimmsten Anstaltssadisten, die scheußlichsten Leuteschinder, die rohesten, dümmsten Prügelpädagogen, die man sich nur träumen kann. Die Zöglinge sind ihr Material, sie mißhandeln und verpfuschen es in einer noch verschärften Weise dergestalt, daß oft unwiederbringlicher Schaden entsteht.

Das Dienstpersonal dagegen, die Köchin, der Karrer, der Melker, die können, wenn sie nicht gerade selbst entlassene Zöglinge sind, vorzüglichen Einflusses sein, denn sie sind verhältnismäßig die freisten Menschen in der Anstalt, sind am wenigsten durch und an sie gebunden, bringen Odem des Außenlebens und Erfahrung der Umwelt hinein, die sonst keinen Eingang fänden; sie können, wenn es anders brave, ehrbare Leute sind, nicht nur das Anstaltsdasein den Zöglingen lediglich durch ihre Gegenwart, durch ihren Verkehr wesentlich erleichtern, sondern einen mitunter hervorragenden, ja, manchmal den einzigen fruchtbaren erzieherischen Einfluß auf sie ausüben. Es gibt unter den Anstaltsdienstboten solche Ehrenmänner und -frauen, die, an ihrem bescheidenen Orte, unbewußt und unbeschrien, wahre Wohltäter sind, auf die die nachgerade banal gewordene Bezeichnung von «stillem Heldentum» in ihrer vollen, reinsten Bedeutung angewandt werden darf. Es gibt ehemalige Anstaltszöglinge, die offen und gern gestehen, daß das einzige, was ihnen den Anstaltsaufenthalt erträglich gestaltet habe, die einzige sonnige Erinnerung, die sie davon ins Leben hinaus getragen hätten, die an jenen schlichten, bescheidenen Melker oder an jene handfeste, aber grundbrave Köchin gewesen sei.

Sind die Leute außerdem noch in ihrem Sonderberufe tüchtig, wird in die Anstaltserziehung, gerade durch sie, ein erzieherischer

Wert hineingetragen, der anders sozusagen nirgends, wenigstens
für die Zöglinge, sinnenfällig genug zum Ausdruck kommt; nämlich der der Erkenntnis, daß die Arbeit noch etwas anderes, höheres sein kann und muß als bloße, niederträchtige Fron.

Allerdings muß auch gesagt werden, daß sich unter den
Dienstboten der Anstalten allzuoft eben auch Leute ohne starken
oder auch nur erträglichen Charakter befinden; daß Leute guten
Schrots und Korns es mitunter nicht lange in der Anstalt aushalten, daß minderwertige Dienstboten sich allzu gern zu engstirnigen Tyrannen, dummköpfischen Quälern auswachsen und den
Zöglingen das ohnehin schon wenig rosige Dasein noch mehr
vergällen. Daß gerade derartige Dienstboten gelegentlich einen
im engsten Sinne des Wortes entsittlichenden Einfluß, namentlich auf die ältern Zöglinge, ohne es übrigens weder zu wissen
noch zu ahnen, ausüben, sei hier nur beiläufig erwähnt.

Man beliebe aus all dem Vorgesagten zu ersehen, daß die
«Organe der Anstaltsordnung» eben auch nicht so einheitlich
zusammengesetzt sind, wie man es sich, von außen gesehen, allzu
gern vorstellt, daß demnach die «Ordnung» entsprechend ausfallen muß. Sie wird auch entsprechend scheckig genug ausfallen,
am allermeisten dort, wo sie glaubt, jede Einzelheit des Lebens
fürsichtig regeln zu können. Nehme man nun außerdem noch
den durchaus nicht außerhalb des Bereichs menschlicher Möglichkeiten liegenden Fall an, daß zwischen den «Ordnungsorga-
nen» der Anstalt Reibungen und Eifersüchteleien entstehen, so
wird man sich ein niedliches Bildchen von den Annehmlichkeiten der Zöglinge entwerfen können, die allen widerspruchslos zu
gehorchen haben.

Freilich, der Vorsteher ist und bleibt die oberste Berufungs-
stelle; freilich ist er unfehlbar; aber seine Stellung wird oft durch
praktische, allzu praktische Rücksichten in einer Weise gemildert, daß die sittliche Ordnung der Anstalt dadurch aufs schwerste gefährdet wird. Ich erinnere mich beispielsweise mit Vergnügen des Ausspruches eines biedern Mannes, der einst in einer

eine Anstalt betreffende Versammlung die Frage aufwarf, woher es auch komme, daß die Anstalten alle arm, deren Vorsteher aber alle wohlhabend würden. Es ließen sich dutzendweise ähnliche, nicht weniger verfängliche Fragen über das Anstaltswesen aufwerfen, und ihre Beantwortung würde ergeben, daß, vermöge der Anstaltsordnung, die Anstalten ihrem Hauptzweck entfremdet wurden, daß aber dabei allemal die Leidtragenden, während der Erziehung selbst wie auch nachher, einzig die Zöglinge sind und möglicherweise auch, doch das gesteht man sich noch weniger gern ein, durch Nachwirkung die Allgemeinheit.

Im Leid

In den paar Monaten, während denen sich Otto, vormals Ernstli genannt, nun in der Anstalt befand, hatte er sich allgemach, von einer Verwunderung über die andere stolpernd und tastend, eingewöhnt und eingefügt, denn von eigentlichem Einleben kann in der Anstalt, weil sie selbst nicht lebt, sondern höchstens fungiert und verrichtet, keine Rede sein.

Er war nicht mehr «der Neue», doch war ihm das Anstaltsleben, obwohl nun annähernd zur Gewohnheit geworden, innerlich noch immer so fremd wie am ersten Tag. Die erste Schüchternheit allerdings, die hatte er überwunden. Aber die Unsicherheit blieb.

Als schüchternes, in sich gekehrtes Kind war es bis anhin nie zu großen Auseinandersetzungen zwischen ihm und seinen Vorgesetzten noch seinen Kameraden gekommen. Er gehörte zum Anstaltsbestand, genau wie jeder andere Zögling, ging darin, fast selbstverständlicherweise, unter. Ein Tag löste den andern ab, höchstens daß die Einförmigkeit seines Daseins durch kleine Ereignisse unterbrochen wurde, die anderswo keine Ereignisse wären und die übrigens rasch wieder vom gewohnten Gang des Anstaltsbetriebes verschlungen wurden. Freilich, in der ersten Zeit, da hatte er am Abend, wenn er im Bett lag, oft still vor sich hingeweint; da hatte ihn die Sehnsucht nach seinem frühern Heim, nach seiner Mutter arg geplagt; aber gerade durch die Eintönigkeit des Anstaltslebens verwischten sich allmählich die Eindrücke der frühern Zeit aus seiner Erinnerung; sogar die Mutter vermochte er sich, auch wenn er sich angestrengt Mühe gab, nicht mehr genau vorzustellen, wie er wohl gewünscht hätte.

Als ihm das zum ersten Mal zum Bewußtsein kam, als er merkte, daß die Erinnerung an die Erscheinung seiner Mutter in ihm zum schwankenden, unbestimmten Umriß verblaßte, da hatte er sich innerlich dagegen gewehrt, wie gegen eine schlechte Tat, hatte sich bestimmt vorgenommen, am Abend, wenn alles still sei, im Bett recht eindringlich an die Mutter zu denken; so eindringlich, bis sie ihm wie leibhaftig wieder vor Augen stünde. Er hielt sich Wort. Aber erfolglos. Das beelendete ihn, dann weinte er, bis der Schlaf ihn überwältigte. Noch zwei-, dreimal setzte er an, versuchte, die Mutter vor seinem geistigen Auge in aller Klarheit erstehen zu lassen. Es gelang ihm nicht und, wenn er sich auch darob schämte, so weinte er doch nicht mehr darüber, sondern empörte sich fast ein wenig dagegen, daß er nicht einmal mehr von ihr träumte. Das regelmäßige Leben der Anstalt lullte ihn ein, den Otto; er konnte sich kaum mehr Rechenschaft geben, daß es früher anders, noch weniger, wie es gewesen war. Die Erinnerungen, die ihm sein Vorstellungsvermögen etwa von früher her noch vorspiegelte, berührten ihn immer mittelbarer, waren nach einigen Monaten schon dermaßen aufgelöst, dermaßen verschwommen, daß sie ihm vorkamen, als bezögen sie sich nicht auf sein, sondern auf das Leben eines ihm gleichgültigen, beliebigen Andern.

Das Halstüchlein, das ihm am ersten Tag seines Anstaltslebens abgenommen worden war, hatte er nach der Wäsche wieder erhalten, und in der ersten Zeit hatte er sich nicht davon getrennt, sondern es immer in der Tasche mit sich getragen und gelegentlich, wenn er sich unbeobachtet wußte, hervorgenommen, es zärtlich gestreichelt. Jetzt war es droben in seinem Schränklein Nr. 42. Mitunter, wenn gerade sein Blick darauf fiel, gönnte er ihm eine weiche, sehnsüchtige Erinnerung, doch sie verfloß bald wieder, und seit Wochen schon hatte er, obwohl er es wohl versorgt hatte, obwohl er willens war, sich nie davon zu trennen, nicht mehr daran gedacht.

Nachrichten von der Außenwelt hatte er seit seinem Eintritt auch keine mehr erhalten. Wenn er auch nicht fähig war, es sich klar auszudenken, so sagte ihm doch sein Gefühl, daß er endgültig versorgt sei, daß zwischen ihm und der Welt, jenseits der Anstaltsmarchen, keine Verbindung mehr bestehe. Ohne besonders darunter zu leiden, hatte er sich fast wie selbstverständlich damit abgefunden; ohne sich eigentlich wohl zu fühlen, hatte er sich mit seinem Dasein, wie es sich gerade bot, versöhnt. Er lebte, wie die meisten seiner Kameraden, einfach in den Tag hinein, ohne große Überraschungen, ohne Erwartungen, nach Kinderart jeden Augenblick der Zerstreuung auskostend, doch nie bis auf den Grund genießend. Ohne daß er es wissen konnte, lebte er das Dasein eines abgelebten Greises im Körper eines Kindes.

Er gab seinen Vorgesetzten wenig zu schaffen. Bis jetzt war er noch nie ernsthaft bestraft, freilich ebensowenig besonders ausgezeichnet worden. Höchstens hatte er sich, kleiner Verstöße halber, gelegentliche Rügen, unbedeutende Strafen, wie sie alle Tage in der Anstalt verhängt werden, zugezogen. Der Vorsteher wie auch seine übrigen Vorgesetzten hätten ihm unbedenklich das Zeugnis ausgestellt, er sei ein lenksamer, wenn auch nicht sehr aufgeweckter Zögling.

Die Neugierde, die ihn im Anfang ebenso zerstreut als eingeschüchtert hatte, war nun überwunden. Er kannte jetzt den Gang des Uhrwerkes, dessen Bestandteil er geworden war, freilich ohne ihn zu begreifen, und drehte frag- und klaglos mit. Das Essen, das ihm anfänglich so gut geschmeckt hatte, war ihm gleichgültiger geworden; wenn es ihn noch berührte, so war es weniger um des «was?» als um des «wieviel?» willen.

Ebenso waren ihm weder die Sonntage noch die Freistunden mehr Gegenstände besonderer Freude. Sie boten durch ihre stete, gleichmäßige Wiederholung in stets gleichem Rahmen keine der Abwechslungen, die die freie Zeit jedem andern Kind als dem Anstaltszögling bietet. Sie waren lediglich eine zeitweilige Unterbrechung von Pflichten, oder besser: es schoben sich in den Frei- und Festtagsstunden Zeiträume ein, die andere, wenn auch ebenso genau geregelte Pflichten mit sich brachten, denen man sich fügte, wie man sich der Arbeit, der Andacht, ja dem Essen und Trinken unterzog.

Die Quälereien, denen er von seiten der ältern Zöglinge, wie übrigens alle «Kleinen», wenn auch nicht in so argem Maße wie viele andere seiner Kamerädlein, unterworfen war, berührten ihn nur mehr oberflächlich. Sie hatten sich, wie noch so manches andere, Ungewohnte, in sein Alltagsleben eingefügt; sie gehörten nun einmal offenbar dazu und erschütterten ihn nicht mehr sonderlich.

Daß er von Natur aus schüchtern und, wenn auch nicht im mindesten grüblerisch, doch in sich gekehrt veranlagt war, kam ihm jetzt zustatten, bot ihm Schutz. Sein Instinkt sagte ihm, daß in der Anstalt der am wohlsten sei, der am wenigsten Aufsehen errege, der unbemerkt dahinlebe. Das tat er, ohne Überlegung zwar, aber doch nicht so ganz unbewußt. Im allgemeinen war er wohl gelitten und niemandem im Wege. Besseres wünschte er sich auch gar nicht, ja hätte es sich kaum anders vorstellen können.

Allerdings, so farblos sein Leben sich auch gestaltete, schmerzlos war es darum nicht. Er litt beispielsweise unter den Strafen, die die Vorgesetzten über ganze Gruppen oder den ganzen Zöglingsbestand verhängten, weil sie in Einzelfällen den Schuldigen, auf den sie es abgesehen hatten, nicht herauszukriegen vermochten. Er empfand das Unrecht, das seiner Unschuld widerfuhr, aber er empfand es dumpf, ohne sich auch nur im entferntesten innerlich dagegen zu empören. Das mußte offensichtlich so sein, gehörte zu der Einrichtung der Anstalt, ebensogut wie etwa der sonntägliche Kirchgang oder die Abendandacht.

Er war noch kein halbes Jahr in der Anstalt, und schon fürchtete er sich vor allem, das ihm einigermaßen ungewöhnlich vorkam, wie vor etwas Feindlichem, an dessen Ende Strafen drohten. Sein Schlaf war ruhig, traumlos geworden, und hätte der Kleine sich über sein Dasein Rechenschaft zu geben vermocht, so hätte er gestehen müssen, daß sein Tagesleben eigentlich nur eine etwas bewegtere, daher unangenehmere Fortsetzung des Schlafes war. Er gehörte weder sich selbst an, noch wußte er, wem er denn eigentlich angehöre. Er war weder lustig noch traurig, eher müde und hätte doch nicht sagen können von was, noch warum.

Es war Spätherbst geworden, das letzte Laub fiel von den Bäumen. Ein feuchtkalter Nordwind kündete nahenden Schnee, den einbrechenden Winter an. Der kleine Otto war gerade mit einigen andern seiner Kamerädlein beschäftigt, das letzte dürre Laub im Hofe zusammenzurechen, um es auf den Komposthaufen zu tragen, und lugte eben darnach aus, ob der Zögling, der um vier Uhr mit dem Brotkorb zu erscheinen pflegte, noch nicht in Sicht sei, als von der Haustüre aus einer der größern Kameraden seinen Namen rief. Schon der Ton des Rufes schreckte ihn zusammen, denn so ruft während der Arbeitszeit, besonders wenn der Lehrer dabei ist, kein Zögling dem andern, wenn er nicht im Auftrage eines Vorgesetzten handelt. Otto wandte sich um.

«Du sollst zum Vater aufs Bureau!» rief der Große und verschwand im Innern des Hauses.

Dem Kleinen wurde weinerlich zumute, denn mitten von der Arbeit weg, zum Vater aufs Bureau gerufen zu werden, bedeutet in der Anstalt selten etwas Gutes. Das kommt in der Regel nur vor, wenn man sich ganz gröblich gegen die Ordnung vergangen hat und eine besonders exemplarische Strafe erwartet. Das wußte Otto, seine Kamerädlein wußten's auch, denn sie schenkten ihm teils neugierig-mitleidige, teils hämisch-schadenfrohe Blicke, und die beiden, die sich gerade mit einem Korb voll dürren Laubes entfernten, tuschelten bedeutsam zueinander, was er wohl angestellt haben möge, ob er wohl Schläge kriege. Otto sah nur die Bewegungen, aber er verstand sie, als hätte er ihren Worten gelauscht. Doch er war bereits Anstaltszögling genug geworden, um den Rechen, den er soeben noch geführt, an den nächsten Baum, mit dem Stiele abwärts zu lehnen und dem Rufe sofort, ohne Frage Folge zu leisten.

Während er sich im Eilschritt dem Hause näherte, überschlug er im Gedächtnis, was er wohl verfehlt haben möchte, das einer ausnahmsweise harten Strafe würdig wäre. Der Umstand, daß ihm nichts besonders Strafwürdiges einfiel, gereichte ihm keineswegs zur Beruhigung, weiß doch ein Anstaltszögling nie, wann und warum ein Unwetter sich über seinem Haupt entladen kann, denn ein Gewissen im gewöhnlichen Sinn des Wortes hat er eben nicht, es wäre denn, daß man den Instinkt der Abwehr so nennen wollte. Also erreichte er pochenden Herzens die Türe der Vorsteherskanzlei und klopfte schüchtern an.

«Herein!»

Der Kleine trat ein, zog seine Mütze:

«Grüß Gott, Vater!»

«Grüß Gott, wart ein bißchen!»

Der Vorsteher stand an seinem Stehpult, damit beschäftigt, Einträge in seine Bücher zu machen, und ließ den Kleinen, ohne ihn vorderhand zu beachten, stehen.

Eine geraume Weile, während der dem Kleinen allerhand durch den Kopf schoß. Einmal: Der Vater hat nicht unfreundlich gegrüßt, also ist's am Ende nicht so gefährlich. Dann: Am Ende habe ich heute morgen die Werkzeugkammer offen gelassen, als ich für den Lehrer den Spaten holen mußte. Ferner: Aber darum würde ich nicht aufs Bureau gemußt haben, da hätte ich lediglich einen Rüffel oder einen Haarrupf gekriegt. Im weitern, als der Vorsteher immer noch nicht den Kopf von seiner Arbeit erhob: Oder habe ich am Ende gar, ohne daß ich's mehr weiß, etwas ganz

Arges verübt? Aber was? – Als der Alexander vor vierzehn Tagen aufs Bureau mußte und Schläge kriegte, da hatte er in der Küche ein Stück Kuchen gestohlen gehabt, aber ich, ich habe doch nichts gestohlen! Und als neulich der Fritz I auf dem Bureau Schläge holte, da war's, weil er geflucht hatte. Aber ich habe nicht geflucht! Und vor etwa sechs Wochen, das wurde der Hermann windelweich geprügelt, weil er der «Mutter» eine unverschämte Antwort gegeben hatte. Otto überflog im Geist seine jüngsten Beziehungen zu sämtlichen seiner Vorgesetzten und kam zum Schluß, daß sie mit ihm und er mit ihnen nur das Allerunumgänglichste geredet hatten. Das heißt, ja, heute morgen, als er die Küchenabfälle nach dem Kompost trug, da hatte ihn der Karrer angehalten und ihn gefragt – ja, was hatte er ihn schon gefragt? Und was hatte er darauf geantwortet? Er vermochte sich dessen nicht zu erinnern, doch glaubte er zu wissen, daß es nichts Böses gewesen sei. Aber der Karrer konnte ihn am Ende falsch verstanden haben.

Der Kleine wußte sich nicht mehr zu helfen, das Blut summte ihm im Kopf, sein Herz pochte immer stärker, während der Vorsteher, ohne seiner zu achten, ruhig weiter schrieb. Hundert verschwommene Gedanken bestürmten Ottos Gehirn, so daß ihm fast schwindlig wurde dabei. Noch einen Augenblick und er mußte sich irgendwo halten oder fiel um. In diesem Moment klappte der Vorsteher das Buch klatschend zu und stellte es in das Unterfach des Stehpultes ein. Otto war dabei zusammengefahren, als ob er ob einer Missetat ertappt worden wäre. Nun kehrte sich der Vorsteher langsam um, nahm auf dem äußersten Sessel am ovalen Tisch etwas umständlich Platz, räusperte zwei-, dreimal, dann sagte er freundlich zu dem zitternden Buben:

«So, Otto, komm mal da zu mir her!»

Der Knabe tat zwei schüchterne Schritte vorwärts.

«Da, ganz zu mir, Otto, da zu mir.»

Zögernd gehorchte der Kleine.

Nun nahm ihn der Vorsteher bei der rechten Hand:

«Höre mal, Otto, ich habe dir etwas recht Schweres zu sagen.»

Der Junge brach in Tränen und Angstschweiß aus.

«Du fürchtest dich doch nicht etwa vor mir, gelt?»

«Nein, Vater», hauchte unter Schluchzen der Kleine.

«Also, ich habe dir etwas recht Schweres mitzuteilen, nämlich es ist von deiner Heimatgemeinde Bescheid gekommen – na, weine doch nicht so, höre, was ich dir sage –, also, es ist von deiner Heimatgemeinde Nachricht gekommen, deine Mutter, die nun seit mehreren Monaten im Spital war, sei vorige Woche gestorben.»

Wieder räusperte der Vorsteher. Der Junge weinte still in sich hinein, nicht wegen der Nachricht, denn die hatte er noch nicht in ihrer ganzen Bedeutung begriffen, sondern weil er schon vorher geweint hatte und nun gerade dran war. Der Vorsteher mochte es ahnen, denn er fragte:

«Hast du auch verstanden, was ich dir gesagt habe?»

«Ja, Vater», antwortete der Kleine mechanisch zwischen zwei Schluchzern, denn er empfand triebmäßig, daß er verstanden haben müsse, da der Vater etwas zu ihm gesagt hatte.

«Also, deine Mutter ist im Spital gestorben; sie war schon lange sehr krank, die Doktoren konnten ihr nicht mehr helfen.»

Erst jetzt dämmerte dem Knaben auf, was das etwa heiße, die Mutter sei gestorben; nämlich daß er sie nie, nie mehr sehen würde. In diesem Augenblick jedoch sah er sie wieder in seiner Erinnerung so klar, so deutlich wie an jenem Morgen, als sie in der Küche das letzte Frühstück zusammen eingenommen hatten, als sie ihm das Ringlein an den Finger gesteckt, und er fing überlaut an zu heulen. Dem Vorsteher war unbehaglich, er suchte nach Worten.

«Sieh mal, Otto», begann er, da unterbrach ihn ein tiefer Schmerzensschrei des Kleinen, den er nicht verstand. Dem Knaben aber war wie ein Blitz durch die Seele gehuscht:

«Die Mutter, die nannte mich Ernstli.»

«Sieh mal, Otto», setzte der Vorsteher wieder an, «deine Mutter ist jetzt beim lieben Gott und hat's gut. Sie braucht nicht mehr Schmerzen zu leiden, schaut jetzt vom Himmel her auf dich herab und freut sich, wenn du immer ein braver, folgsamer Bub bist und einmal ein rechter Mann wirst.»

Der Vorsteher holte Atem. Dann fuhr er nach einer Weile fort: «Und das willst du, nicht wahr, Otto? Du willst deiner Mutter im Himmel Freude machen, gelt?»

«Ja, Vater», lautete, kaum vernehmbar, des Bübleins Antwort.

«Da schau, Otto, wir haben dich alle lieb und meinen es gut mit dir. Wir wollen an Stelle deiner Mutter für dich sorgen, wollen Gott bitten, daß er alles zu deinem Besten wende. Er wacht über die Waisen und sorgt für sie ...»

Da zuckte es um des Bübleins Mund, als wollte es sprechen; und wirklich, beinahe hätte es gefleht:

«Vater, das Ringlein!» Aber es brachte die Worte nicht heraus.

«Was willst du sagen, Otto?» fragte der Vorsteher.

Doch der Kleine wollte nichts mehr sagen, getraute sich nicht mehr, etwas zu sagen, weil er im Zweifel war, ob es der Vater nicht übel nehmen würde, wenn er nach dem Ringlein frage. Also schwieg er, während ihm die hellen Tränen über die Backen rannen.

Der Vorsteher fühlte, daß er enden müsse, darum sagte er, indem er dem Kind mit der Hand freundlich durch das Haar fuhr:

«So geh jetzt, Otto, und sei immer recht brav, dann wird es dir gut gehen bei uns. Ich bin im ganzen recht zufrieden mit dir, nur so fortfahren, dann kommt's schon gut. Zur Arbeit brauchst du heute nicht mehr zu gehen, du kannst im Hause bleiben bis zum Abendbrot.»

Er erhob sich, geleitete das Büblein an die Türe und dieses lehnte sich im Gang an die Wand, bitterlich weinend, bis die Köchin, die gerade vorbeikam, seiner ansichtig wurde. Sie nahm den Kleinen am Arm und fragte ihn, was ihm fehle.

«Die Mutter ist gestorben!» schluchzte er.

Da führte sie ihn in die Küche, wischte ihm die Tränen ab, und wie sie in des Kindes rotgeweinte Augen schaute, fuhr sie mit der verkehrten Hand über das Gesicht, gab dem Kleinen einen teilnahmsvollen Kuß und dann eine Birne. Der Knabe blieb in der Küche sitzen bis zum Abendessen, ohne ein Wort zu sagen, trüb vor sich hin zu Boden blickend, ab und zu still vor sich hin weinend, bis die Tränen versiegten. Dann aß er die Birne.

Erst allmählich dämmerte es ihm verworren auf, daß er nun ganz verwaist, daß die Mutter schon begraben sei, und es tat ihm weh, es erst jetzt zu wissen. Er empfand unbestimmt, daß man es ihm früher hätte sagen sollen, als sie noch nicht in der Erde lag.

Die Küchenbuben, nämlich die Zöglinge, die der Köchin beim Bereiten des Abendbrotes halfen, hatten erfahren, was dem Kleinen fehle, und suchten ihn, jeder in seiner Art, zu trösten. Im übrigen teilten sie die Neuigkeit ihren Kameraden mit, und als sich Otto zu Tische setzte, da streiften ihn die Blicke aller seiner Gespanen, vom größten bis zum kleinsten, und mancheiner löffelte nachdenklicher als sonst seine Suppe. Der kleine Karl, der ihm gegenübersaß, der mit seinem Gesichterschneiden schuld daran gewesen war, daß Otto schon am ersten Abend beinahe einen Verweis bekommen hatte, blinzelte ihn über den Tisch hinweg mitleidig an, und als die Kinder nach beendeter Mahlzeit zum Gebet aufstanden, benutzte er die Gelegenheit, ihm ein abgegriffenes Bildchen über den Tisch weg zu schieben. Von diesem Augenblicke an betrachtete Otto ihn als seinen besten Freund, wie er auch fürderhin alles tat, was er der Köchin an den Augen absehen konnte, um ihr dienstbar und gefällig zu sein.

In der Abendandacht gedachte der Vorsteher des Leides des kleinen Otto, und diesem fuhr dabei durch den Kopf, das gehe jenen ja gar nichts an, er sei doch der Mutter Ernstli gewesen. Im Gebet empfahl ihn der Vorsteher ganz im besonderen Gottes Schutz und Huld. Aber den Kleinen dünkte es, es müßte noch etwas Besonderes geschehen, und ohne daß es ihm eigentlich klar zum Bewußtsein kam, empfand er, daß der Vorsteher eben nur die

Andacht abgehalten und gebetet hätte wie gewöhnlich, daß er halt doch nicht mehr als eine alltägliche Verrichtung erledigt habe.

Als er zu Bette ging, machte sich Otto eine kleine Weile an seinem Kleiderschränklein zu schaffen, und wie er am folgenden Morgen erwachte, hatte er das Halstüchlein immer noch fest in den Händen gepreßt.

Einige Tage war er noch stiller als gewöhnlich, beteiligte sich nicht an den lauten Spielen seiner Gefährten, sondern saß meistens mit dem kleinen Karl zusammen in einer Ecke, aber, da das Anstaltsleben alltäglich seinen nie veränderten Kreislauf vollendete, nichts anders wurde, so hätte schon nach wenigen Tagen niemand mehr daran gedacht, daß er im Leid sei, hätte er nicht am Sonntag eine schwarze Flormasche an seiner Mütze gehabt. Zwei, drei Sonntage schaute er sie manchmal ein wenig wehmütig an, dann vergaß er sie und, nach einiger Zeit, sie war ohnehin ein wenig locker geworden, entfernte er die Masche, schlug sie in ein Papierchen ein, versorgte sie in sein Schränklein, mit dem Halstüchlein, das nunmehr das einzige greifbare Band war, das ihn noch mit seiner seligen Mutter verknüpfte.

Der Kastengeist

Ob ausgesprochen oder nicht, jeder Anstaltszögling weiß und empfindet, daß die Anstalt um ihrer selbst, nicht um seinetwillen da ist. So befremdend dieser Satz klingen mag, ist er doch richtig, denn er beruht auf der alltäglich hundertmal wiederholten Erfahrung, daß die Persönlichkeit des Zöglings der Anstalt und ihrer Ordnung untergeordnet wird, daß, wenn es zu Zwiespältigkeiten kommt, allemal die Ordnung recht behält und der Zögling die Prügel kriegt. Diese Erkenntnis bedingt den besonderen Seelenzustand des Anstaltszöglings, nämlich seinen knechtischen Sinn. Er muß sich notwendigerweise als der Unterdrückte fühlen; er muß gezwungenermaßen in seinen Vorgesetzten die höhere Macht, die Herren erblicken, denen er unbedingt untertan und ausgeliefert ist.

Diese selbst, die Vorgesetzten, betrachten übrigens, von ihrem unbedingten Herrenstandpunkt, die Lage um kein Haar anders. Sie wissen und fühlen sich gegenüber dem Zögling im Besitze unbeschränkter Macht, sie verbinden damit den Willen, sie zu gebrauchen. Wo Beweisgründe, Überredung, wo erzieherische Einsicht, gemütliche, verstandesgemäße Überzeugungskraft bei ihnen aufhört, meistens aber schon vorher, da entscheidet die Macht, der Befehl, gegen die nicht zu löcken ist.

Der Vorgesetzte ist gegenüber dem Zögling allmächtig, der Zögling gegenüber dem Vorgesetzten ohnmächtig. Es gibt in der Anstalt nur zweierlei Menschen: Unterdrücker und Unterdrückte. Die letzteren sind die Zöglinge. Als solche scheiden sie sich in zwei scharf voneinander abgegrenzte Lager, deren jedes seine ganz eigene Beschaffenheit aufweist, sowohl körperlich wie geistig und seelisch; zwei Lager, die alles andere daher eher verbindet als etwa gegenseitiges Vertrauen.

Der Vorgesetzte sieht allzuoft in der Zöglingsschar eine zu bändigende, abzurichtende, ihm untergeordnete, wesentlich unter ihm stehende Bande; der Zögling in den Vorgesetzten die Verkörperung der Willkür, der Unterdrückung, der unberechenbaren Laune, der Ungerechtigkeit, der Gewalttat.

Die Herrschaft des Vorgesetzten erstreckt sich auf das Innigste, das dem Zögling innewohnt. Auf sein Seelen-, auf sein Geistesleben sogar. Sie trachtet darnach, es sich zu unterjochen, ihren Absichten unterzuordnen. Es gibt für den Zögling in der Anstalt weder Gedanken- noch Gefühlsfreiheit. Er braucht einen, seinen Vorgesetzten widerwärtigen Gedanken oder ein ihnen nicht genehmes Gefühl noch lange nicht nachweisbar zum Ausdruck zu bringen, sondern es nur entfernt ahnen zu lassen, um ohne weiteres ihren Verdacht, ihren Argwohn zu erregen.

Die Zu- und Abneigungen der Vorgesetzten gegenüber den Zöglingen werden daher viel weniger von deren Vorzügen und

Fehlern als von ihrer Einstellung zu dem von den Vorgesetzten
getragenen Anstaltsgeist geprägt und bestimmt. Es braucht für
den Zögling noch keiner Tathandlung oder Unterlassung, um
sich das Mißfallen und die Ahndung des Vorgesetzten zuzuziehen; das wirkliche oder gemutmaßte Meinungsvergehen reicht
füglich dazu aus, ja wird mitunter härter, grausamer bestraft als
offener Ungehorsam, unzweideutige Auflehnung. Denn diesen
letzteren ist der Vorgesetzte jederzeit kraft seiner Allmacht und
Strafgewalt gewachsen; jenen nicht, weil Stockhiebe, das fühlt er
selber wohl, nur einen kläglichen Ersatz für Gründe bieten.

Der Sklavensinn des Zöglings wird unter sotanen Umständen
recht eigentlich gezüchtet, und der umfaßt, unter vielen andern
entwürdigenden, wenig männlichen Eigenschaften, einmal Verlogenheit, Verschlagenheit, Mangel an sittlichem Mut, dafür
aber auch die niedrige Geschicklichkeit, jeden Augenblicksvor-
teil nach Kräften auszunutzen, und, nicht zu vergessen, den tief
eingewurzelten Haß gegen alles, was er als über ihm stehend betrachtet.

Wenn nun außerdem noch in Betracht gezogen wird, daß die
Zöglinge in ihrer weitaus überwältigenden Mehrzahl aus dürfti-
gen Verhältnissen stammen, daß die Vorgesetzten, dessen bewußt, ihre Erziehungsmethoden, übrigens meist in guten
Treuen, darnach einstellen, so ergibt sich daraus eine Verschärfung des Kastengeistes, die nicht ohne nachteilige Folgen bleibt.
Die Vorgesetzten nämlich, von der Erwägung ausgehend, daß
ihre Zöglinge einmal ihr tägliches Brot aus ihrer Hände Arbeit
werden schlagen müssen, glauben gut zu tun, wenn sie die Zöglinge schon früh an allerhand Entsagungen gewöhnen. An Entsagungen, die in vielen Fällen nicht notwendigerweise von dem
Anstaltsbetrieb geboten sind. Nämlich, sie glauben einsichtig zu
handeln, indem sie der Zöglinge natürliche, gesunde Sinnlichkeit nach Möglichkeit unterdrücken, beschneiden, ohne dabei zu
bedenken, daß unterdrückte Sinnlichkeit notwendigerweise
eben nur unterdrückte, nicht aber getötete Sinnlichkeit ist, daß

sich die Unterdrückung nur so lange durchführen läßt, bis der Gegendruck stark genug ist, um die Fessel zu sprengen, oder bis der Druck nachläßt. In der Regel hält dieser nun den Gegendruck, solange der Zögling in der Anstalt verweilt, aus, obwohl wir andernorts sehen werden, daß sich die Unterjochung der Sinnlichkeit durch Unnatürlichkeiten rächt, die gewiß nicht in der Absicht der Anstaltserzieher liegen, aber von ihnen, wenn auch bemerkt, doch niemals in ihrem ganzen Umfang erkannt und denen darum nicht gesteuert werden kann.

Die Anstaltserziehung, wie ich sie eben schilderte, ist die Erziehung zum hoffnungslosen, verzweifelten, willfährigsten Proletariat, zum menschenunwürdigen Helotentum. Die Entsagungstheorie, die hier in Praxis umgesetzt wird, erreicht in allzu vielen Fällen ihre nächstliegende Absicht nur zu gut; nämlich, sie gestaltet den Zögling teilnahmslos an allem, was um ihn her ist und geschieht, und solange er sich unter dem Bann der ihn führenden Fuchtel fühlt, wird er sich ihr auch beugen. Wehe aber, wenn er sich einmal meisterlos weiß! Dann bricht all die verhaltene, unterdrückte sinnliche Kraft, dann brechen alle die allzulang gepeinigten, unter Verschluß gehaltenen, an sich gesunden Naturtriebe auf einmal verheerend hervor, wahl- und sinnlos, mitunter in geradezu ungeahnter, empörender Roheit.

Die Erziehung zum Kastengeist mündet immer in der Erziehung zur Gefühlsroheit aus. Wessen Gefühle vergewaltigt und unterdrückt werden, der verliert das sinnliche, damit aber auch das sittliche Unterscheidungsvermögen; der ist, im buchstäblichen Sinne des Wortes, zu allem und jedem fähig.

Die Erziehung zum Kastengeist macht sich übrigens auch äußerlich, in einer durchaus unnützen, verrohenden, jedes feinere Gefühlsleben des Kindes von vornherein ertötenden Weise geltend.

Zunächst ist in weitaus den meisten Anstalten die Kleidung einheitlich. Das mag praktisch sein, aber erzieherisch ist es gewiß nicht, denn der äußere Habitus eines Kindes könnte dem

Erzieher, kümmerte er sich darum, wertvolle Aufschlüsse über des Zöglings Veranlagungen, Neigungen, Charaktereigenschaften erschließen, die ihm anders stets fremd bleiben. Auf den Zögling hat die Anstaltsuniform zunächst die Wirkung, ihm recht eindringlich begreiflich zu machen, daß er kein Einzelwesen mit selbständiger Daseinsberechtigung, sondern bloß der Bestandteil eines gemischten Ganzen ist. Dieser Eindruck wirkt um so stärker, einschneidender auf ihn, als die Herrscherkaste der Vorgesetzten den Einheitskleidungszwang nicht an sich selbst übt. Der Zögling muß notwendigerweise empfinden, daß die Persönlichkeit der Vielzahl, der er nur als Einzelbestandteil, nicht aber als Einzelpersönlichkeit angehört, der Einzelperson, in der Gestalt jedes beliebigen Vorgesetzten, nicht die Waage hält. Dazu kommt noch etwas Beiläufiges, das in diesem Zusammenhang nicht unerörtert bleiben soll. Nämlich, das Einheitskleidungsstück, auch wenn es durch ein neues ersetzt wird, bleibt sich immer gleich, hat als solches keinen persönlichen Wert, sondern nur den marktfähigen. Damit geht wiederum eine wichtige erzieherische Möglichkeit verloren, nämlich die der Verehrung des toten Gegenstandes, an den sich Erinnerungen knüpfen. Der Anstaltszögling kennt den Kultus des Dinges nicht. Die Anstalten wissen offenbar dessen veredelnden, sittlichen Einfluß nicht zu würdigen, anders sie dem Einzelzögling möglichst viel Eigenbesitz zubilligen würden. Wir sahen, welch eine Bedeutung ein einfaches Halstüchlein im Seelenleben eines Anstaltszöglings einzunehmen vermag, welche Erinnerungen sich daran ranken, welchen sittlichen Eindruck lediglich die Gedankenverbindung, die sich an einen erinnerungsreichen, wenn auch noch so bescheidenen Gegenstand knüpft, gelegentlich auszuüben vermag. Ich spreche aus eigener und anderer Erfahrung, wenn ich hier bekenne, daß der Umstand des Mißkennens dieser Tatsache nicht in letzter Linie dazu beiträgt, dem Zögling das Anstaltsleben zur Hölle zu gestalten.

Imponderabilien! wird man mir entgegenhalten.

Meinetwegen, Imponderabilien! Aber sie sind stark; stärker oft als jeder Zwang und alle noch so grundsätzlich streng angewandten Erziehungsmethoden, die nicht zu überzeugen vermögen, wie der bloße Anblick des Halstüchleins den kleinen Otto gelegentlich zu überzeugen vermochte. Ich will nicht verhehlen, daß mir Anstalten bekannt sind, wo man auch das Halstüchlein des kleinen Ernstli – nein, wollte sagen, des kleinen Otto – nicht geduldet hätte.

Damit jedoch dem Zögling recht eindringlich, unzweideutig eingebläut werde, daß er einer niederen Klasse als die übrigen Anstaltszugehörigen, folglich als die übrige Menschheit (da er ja außer der Anstalt keinen oder nur einen äußerst beschränkten Verkehr pflegt), angehört, wird er dreimal täglich an besonderen Tischen besonders und sicher oberflächlicher, wenn nicht schlechter genährt als die Herrenkaste der Vorgesetzten. Dazu, auf daß ihm dieser Unterschied ja nicht etwa entgehe, befindet sich in weitaus den meisten Anstalten der Vorstehertisch im gleichen Raum wie die Tische der Zöglinge.

Darüber einige Worte zu verlieren ist darum nicht ohne Belang, weil das Essen im Kindesalter nicht nur eine lebensbedingende, sondern auch eine nicht zu unterschätzende seelische Bedeutung in sich schließt, wäre es auch nur darum, weil die Freude am Essen beim Kinde besonders ausgesprochen ist, weil die Anhänglichkeit weitaus der meisten Kinder in nicht geringem Maße durch den Magen geht.

Ich spreche hier, wohlverstanden, nicht von Anstalten, und es sind mir leider auch solche bekannt, wo die Zöglinge in bezug auf die Nahrung schlecht gehalten werden, wo sie hungern, sondern ich spreche von Anstalten, wo weder der Arzt noch der Lebensmittelchemiker gegen die Zöglingskost auch nicht das geringste einzuwenden wüßten. Von Anstalten, deren Vorstehertisch durchaus nicht dazu geeignet ist, lukullische Vorstellungen zu erwecken, sondern wo sich die Vorsteherschaft, und das war, soweit ich es beobachten konnte, überall der Fall, mit einer durchaus einfachen, bürgerlichen Kost begnügt.

Zunächst ein Blick auf die beiden Tische. Der Tisch der Vorsteherschaft ist weiß gedeckt. Das Eßgeschirr ist das übliche, in Familien gebräuchliche Tongeschirr. Einfach, mitunter sogar sehr einfach!

Der Zöglingstisch ist blank gescheuert. Die Zöglinge essen aus Blechgamellen oder Zinntellern. Zur Sommerszeit mag auf dem Vorstehertisch gelegentlich ein Blumenstrauß prangen; auf dem Zöglingstisch würde er gegen die Anstaltsordnung verstoßen und nicht geduldet.

Die Speisen, die auf dem Vorstehertisch aufgetragen werden, sind in der Regel sorgfältiger zubereitet als die für die Massenfütterung bestimmten. Der Speisebestand des Vorstehertisches, so einfach er an sich auch sein mag, weist immerhin ein oder zwei Gerichte mehr auf als der des Zöglingstisches. Er bietet mehr Abwechslung.

So unglaublich es klingen mag, es gelingt der Anstalt, hungrigen, eßlustigen Kindern sogar die Mahlzeiten zur Pein zu gestalten. Wodurch? Durch eine merkwürdig phantasielose Speisefolge, die sich leicht ändern ließe, ohne daß es mehr kostete als nur ein klein wenig guten Willen. Ich habe in einem frühern Abschnitt eine Wochenspeisefolge (die sich praktisch zum Jahresfütterungsprogramm auswächst) mitgeteilt. Wer sie liest, wird mir sagen, daß sie durchaus annehmbar sei, und ich bin mit ihm einverstanden, wenn er seine Schätzung auf die Menge und die Güte des Gebotenen allein abstellt. Immerhin, ich bin ziemlich überzeugt, wenn er sie am eigenen Leib auch nur ein halbes Jahr und nicht, wie die meisten Zöglinge, jahrelang erfahren müßte, er würde Heuschrecken und bittere Wurzeln der Anstaltsküche entschieden und unbedenklich vorziehen.

Jeden Morgen von vornherein zu wissen: heute mußt du zu Mittag das und das, abends das und das, morgen mittags dieses und jenes usw. essen, solange das Jahr andauert, nein, solange du in der Anstalt verweilst, reicht füglich hin, um auch das eßlustigste Kind nach einiger Zeit des Essens überdrüssig zu machen. Es ekelt einen förmlich vor den Speisen, die, wenn sie in unvorhergesehener Reihenfolge auf den Tisch kämen, mit Appetit und Genuß verzehrt würden. Was hätten wir beispielsweise darum gegeben, wenn einmal die verdammten Makkaroni, die wir allmontäglich herunterwürgen mußten, einmal ausgeblieben, dafür unverhofft sich etwa an einem Donnerstag oder Freitag eingestellt hätten! Ich bin nicht der einzige unseres damaligen Zöglingsbestandes, der heute noch, nach mehr als dreißig Jahren, unsern Wochenküchenzettel auswendig weiß, der sich heute noch ein wenig in die Anstalt zurückversetzt fühlt, wenn es am Familientisch an einem bestimmten Tag zufällig ein Gericht gibt, das mit dem betreffenden Tagesgericht der Anstalt übereinstimmt. Ebensowenig war ich der einzige, der zu unserer Anstaltszeit, nicht etwa nur gelegentlich, irgend etwas anstellte, um zur Strafe vom Mittagstisch oder vom Abendessen ausgeschlossen zu werden, nur um nicht auf Kommando gerade dieses oder jenes Gericht herunterwürgen zu müssen. Sowenig wie ich der einzige war, dem noch jahrelang, nachdem wir die Anstalt verlassen hatten, gewisse Gerichte an gewissen Tagen körperliches Unbehagen, das sich bis zum Brechreiz steigern konnte, verursachte.

Mit welch sehnsüchtigen Blicken so ein mechanisch abgefüttertes Kind auf den noch so einfachen Vorstehertisch, der ihm recht sichtbar vor Augen gestellt ist, hinlüstert, vermag nur zu sagen, wer selber dabei war, wer es am eigenen Leibe erfuhr. Ich bitte, mir aufs Wort zu glauben, daß es sich da nicht um Leckerhaftigkeit oder, wie wir im Bernbiet sagen, um «Meisterlosigkeit» im gewöhnlichen Sinne des Wortes handelt, denn wir wären alle beglückt gewesen, irgend etwas an sich Schlechteres zu essen, wenn es uns nur den Reiz des Unerwarteten geboten hätte. Ich kann versichern und mit mir fast alle meiner heute noch lebenden Anstaltskameraden, daß wir es gelegentlich als ein eigentliches Fest empfanden, wenn einmal die Suppe oder ein anderes Gericht angebrannt war.

Diese Qual der Einförmigkeit der Speisefolge wird natürlich verschärft durch den allen Augen sichtbaren Gegensatz des Vorstehertisches, des Herrentisches. Der Zögling fühlt die Erniedrigung, die ihm dadurch angetan wird, daß man sich nicht einmal die Mühe nimmt, ihn ihm zu verbergen. Er empfindet den Mangel an natürlicher Scham, der sich dadurch kundgibt; er empfindet, daß er in einer niedern Kaste ein für allemal eingereiht ist, und je nach seiner Beschaffenheit wird er sich dazu verhalten.

Sollte übrigens dieses alles noch nicht hinreichen, um ihn von seiner tiefen Sonderstellung zu überzeugen, so sorgt die Anstalt auch noch in anderer, mannigfaltiger, stets neuer und eindringlicher Weise dafür, sie ihn nie vergessen zu lassen. Es gibt im ganzen Haus- und Anstaltsbetrieb sozusagen keinen Gebrauchsgegenstand, der ihn nicht täglich daran erinnerte, daß für ihn das Schlechteste gerade noch gut genug sei.

So war ich in einer Anstalt, wo für die Reinigung der Schuhe der Vorgesetzten nicht die gleichen Bürsten wie für die der Zöglinge verwendet werden durften. Derartige Beispiele könnte ich nach Belieben aus dem Gedächtnis vermehren.

Man schaue sich in dieser Richtung etwa auch die sogenannten Anstaltsbibliotheken, die für die Mußezeit der Zöglinge gelegentlich wirklich vorhanden sind, daraufhin an. Man wird selten etwas darin finden, das nicht abgelegter, geschenkter Ramsch wäre, den man der Anstalt übermachte, um sich der Mühe zu entheben, ihn auf den Mist oder ins Feuer zu werfen. Die Herrenmenschen der Vorsteherschaft dagegen haben ihre besonderen Bücher, haben namentlich auch Zeitungen, die zu lesen den Anstaltszöglingen strenge verboten ist, auch wenn sie sie ausnahmsweise kriegen sollten.

Sogar in der Kirche, im Gottesdienst, haben die Zöglinge ihre eigenen, von der übrigen Christenheit abgesonderten Plätze, manchmal sind es nicht gerade die besten, was zwar wenig zu sagen hat.

Da nun aber, in Gottesnamen, trotz aller Hintansetzung, aller Unterdrückung, allen Drills, der Anstaltszögling doch nie ganz aufhört zu sehen, zu beobachten, zu vergleichen, zu denken und zu empfinden, ist es schließlich natürlich, wenn er sich von Gott, Menschheit und Leben gelegentlich Vorstellungen macht, die nicht gerade auf dem Jedermannsweg liegen. Sollte es ihm daher vorkommen, daß er sein Verhalten in der Anstalt und später im Leben draußen darnach einstellte, so dürfte er, billigkeitshalber – nicht wahr? –, einigen Anspruch auf mildernde Umstände zu erheben berechtigt sein.

Die «Arbeit als Erziehungsmittel»

Die «Arbeit als Erziehungsmittel» gehört zum eisernen Bestand der Anstaltserziehungsgrundsätze. Dagegen ließe sich wenig einwenden, denn kommen die Zöglinge einmal ins Leben hinaus, werden sie auf ihre Arbeit angewiesen sein, so daß es gut ist, sind sie ihrer gewohnt. Zum andern ist die Arbeit wenn nicht das einzige und beste, vielleicht doch das dauerhafteste, untrüglichste Mittel, sich über des Lebens Elend und Nöte hinwegzusetzen. Wenn es nur die Anstalt verstünde, zur Arbeit wirklich zu erziehen; wenn sie nur die Arbeit als Erziehungsmittel nicht gerade so anwenden würde, daß sie in allzu vielen Fällen das strakte Gegenteil der von ihr beabsichtigten Wirkung erzielte.

So wie sie nämlich die Anstalt versteht und anwendet, ist die Arbeit meistens nichts anderes als quälende Fron ohne damit verbundene Befriedigung irgendwelcher Art; Plackerei ohne Gegenwert; Sklavendienst ohne der Arbeit Segen; eine bloße Gelegenheit zu allen übrigen, Strafen zu verhängen. Die Anstalt versteht es, auch im tätigkeitslustigsten, regsamsten Zögling die Arbeitsfreude zu ertöten; statt ihn anzufachen, verleidet sie ihm die Freude am Schaffen und leistet ihm damit während der Anstaltszeit, wie auch darüber hinaus, den denkbar schlechtesten Dienst.

Man möge sich nun nicht der Täuschung hingeben, daß, was hier gesagt wird, lediglich in der Absicht ausgesprochen werde, die Anstaltserziehung auch in dieser Beziehung herabzuwürdigen, oder daß das oben Gesagte nicht auch einsichtigen Anstaltserziehern selbst aufgefallen sei und von ihnen bedauert werde. Es mag hier wiederholt werden, weil es nicht eindringlich genug gesagt werden kann: Alles, was hier gegen die Anstalten vorgebracht wird, richtet sich nicht gegen deren einzelne Organe, insofern diese anständige, gewissenhafte Menschen sind, deren es unter ihnen gottlob recht viele gibt, sondern gegen die Einrichtung als solche, die wir allerdings als von Grund auf verfehlt, unzweckmäßig, schädlich betrachten.

Trotz dem oben Gesagten halte ich nämlich dafür, daß das «Erziehungsmittel Arbeit» in der Anstalt immerhin noch das beste, will sagen das am wenigsten schlechte ist, das ihr zur Verfügung steht. Um uns darüber Rechenschaft zu geben, genügt es, einen Blick in das Anstaltsgetriebe selbst zu werfen. Betrachten wir zunächst die Arbeiten im Hause. Es sind die Arbeiten, die in jeder größeren Haushaltung vorkommen. Sie bestehen aus täglichen Reinigungsarbeiten, aus kleinen, alltäglichen Verrichtungen im Schlafzimmer, in den Wohn- und Schulräumen, in Küche, Waschküche, Hof und Keller. Gewöhnlich findet dabei ein bestimmter, regelmäßiger Umgang statt, das heißt: in gewissen, gleichmäßigen Zeitabständen werden die Zöglinge von einer Arbeit zur andern befördert; jeder hat ein bestimmtes Ämtchen, das er eine Woche oder länger zu verrichten hat, worauf er ein anderes zugeteilt bekommt und in seinem vorhergehenden von einem andern Zögling abgelöst wird. Dieses System hat, namentlich auch für Knaben, den unschätzbaren Vorteil, daß sie mit den häuslichen Arbeiten in einer Weise technisch vertraut werden, wie es in den seltensten Familien weder möglich noch durchführbar ist. Wer selber Schuhe putzte, eine Suppe kochte, ein Zimmer fegte oder Lampen reinigte, der wird sich dessen, auch wenn er es im spätern Leben nicht mehr braucht, zeitlebens froh sein, wäre es auch nur deshalb, weil er sich in allen möglichen Lebenslagen zu helfen weiß, weil er einen Begriff davon erwirbt, was alle diese Kleinarbeiten in Wirklichkeit zu tun geben, wieviel Zeit und Stoffaufwand sie ungefähr beanspruchen. In dieser Hinsicht ist der frühere Anstaltszögling in der Regel später ein einsichtiger, praktischer Familienvater. Was er auf diesem Gebiete in der Anstalt lernte, kommt später seinem eigenen Hausstand in oft nicht geringem Maße zugute.

Nur hat der Ämtleinwechsel, wie ich ihn eben umschrieb, neben den soeben genannten Vorteilen auch seine ganz bestimmten, schwerlich auszumerzenden Nachteile. Nämlich: nicht jeder Zögling eignet sich für jede Arbeit gleichmäßig. Ich erinnere mich beispielsweise, ein musterhafter Lampenputzer, aber ein schlechter Zimmerkehrer gewesen zu sein. Andere hatten's umgekehrt. Die Folge davon war, daß es sich treffen konnte, daß die Lampen, wenn ein anderer dran war, schlecht brannten, die Zimmer dagegen, wenn ich an der Reihe war, nicht gerade durch Sauberkeit glänzten. Dem wurde mit Strafen soweit als möglich abgeholfen. Eine der ersten Strafen bestand darin, daß wir, wenn wir das Ämtlein eine Woche lang nicht zur Zufriedenheit der Vorgesetzten besorgten, es noch eine fernere oder zwei fernere Wochen besorgen mußten. Folge: Die unangenehme Arbeit (für mich das Zimmerkehren) wurde mir so gründlich verekelt, daß mir das Ämtchen zur Qual, die Arbeit zur Tortur wurde. War ich dagegen bei den Lampen, so besorgte ich das Ämtlein gerade so schlecht, daß es mir für eine fernere Woche Dabeiverbleibens langte, denn mich regte es an, allmorgendlich die verschiedenen Brenner auseinanderzuschrauben und dabei zu verweilen. Man ersehe den Nachteil, der sich daraus ergibt. Langweilige Arbeit wird um nichts kurzweiliger, anregende Arbeit um nichts besser, wenn man sie, gerade weil man sie gut besorgt, mit einer unangenehmen vertauschen muß. Den Neigungen, den Anlagen des Zöglings kann schon in den häuslichen Arbeiten zu wenig Rechnung getragen werden, und da die häuslichen Arbeiten eben alle, und zwar jeden Tag besorgt werden müssen, ist es schlechterdings unmöglich (ist es doch schon in der Familie mitunter nicht ganz leicht!), sie so zu verteilen, daß sowohl Zögling wie Hauswesen auf ihre Rechnung kommen.

Wenn ich diesem scheinbar geringfügigen Umstand eine gewisse Bedeutung beimesse, so geschieht es aus der Erinnerung heraus, wie wurzelgrundverekelnd gewisse «Ämtlein» auf manch einen von uns Zöglingen seinerzeit wirkten. Nun gibt es jedoch häusliche Arbeiten, bei denen es mehr als bei andern darauf ankommt, daß nicht gepfuscht werde. Solche bestehen etwa im Küchendienst, im überaus begehrten Ausläuferdienst, der, oh Wonne, alltäglich über das Anstaltsgebiet hinaus, in die freie Welt führt. Dann auch etwa in der täglichen Besorgung des Geflügels und der Schweine. Der Vorsteher wird daher hier vom Ämtleinwechsel in der Regel abgehen, diese Arbeiten nur Zöglingen anvertrauen, deren Zuverlässigkeit er erprobt hat. Die Folge davon ist, daß diese Ämtlein von den übrigen Zöglingen als Vorzugsstellen angesehen, daher beneidet werden, und zwar um so mehr, als die Freude an den Tieren beispielsweise bei fast allen Kindern wesentlich größer ist als die an rein mechanischen Arbeiten. Ich messe diesem Umstand nicht eine allzu schwerwiegende Bedeutung bei, mochte ihn jedoch nicht unerwähnt lassen, weil er gelegentlich dazu beiträgt, das Kastenbewußtsein tiefer einzuprägen, das Anstaltsleben unleidlicher, als es ohnehin schon ist, zu gestalten. Es ergeben sich Zurücksetzungen daraus, die mitunter recht fühlbar drücken.

In weit einschneidenderem Maß kommen diese Nachteile nun bei der außerhäuslichen Arbeit zur Geltung.

Wohlverstanden: ich spreche hier nicht von Anstalten, wo die Arbeitskraft der Zöglinge unbillig ausgebeutet wird, wo der Zögling sich mit vollem Recht als Ausnutzungsgegenstand fühlt.

Sondern es sei hier die Rede von vernünftig geleiteten Anstaltsbetrieben, die außer dem Hause entweder mit Werkstättenarbeit oder, was auf dem Land meistens der Fall ist, mit einem landwirtschaftlichen Betriebe verbunden sind.

Wir sahen schon früher, wie unglaublich bunt die Zöglingsschar gelegentlich zusammengewürfelt ist, wie verschieden die Zöglinge unter sich veranlagt sind. Die Anstalt nun erlaubt schlechterdings nicht, die einzelnen Zöglinge ihren Neigungen und Fähigkeiten entsprechend zu beschäftigen. Das ist ihr auch nicht ohne weiteres zuzumuten, es wäre denn, daß ihr viel reichere Mittel zur Verfügung stünden, als leider überall der Fall ist; daß beispielsweise im Kanton Bern auf die Zöglingszucht ebensoviel Sorglichkeit und Geld aufgewendet würde wie auf die Rindviehzucht. Das hat zur Folge, daß sich stets eine Anzahl, sie kann größer oder kleiner sein, gewissermaßen hintangesetzt fühlt, daher die ihr zugemutete Arbeit, die den andern vielleicht so unangenehm nicht sein mag, als drückende Fron empfinden muß.

Immerhin halte ich dafür, daß von allen Anstalten diejenigen mit Landwirtschaftsbetrieben noch die erträglichsten sind, weil die Arbeit auf dem Feld am meisten Abwechslung mit sich bringt und mehr als die Werkstatts- oder jede andere Arbeit dazu geeignet ist, die verschiedenen Veranlagungen zur Entfaltung zu bringen, anzuregen. Nichtsdestoweniger sollte man auch hier, soweit es jeweilen tunlich ist, auf die Einzelveranlagungen weitgehend Rücksicht nehmen und vor allen Dingen von der widersinnigen Gepflogenheit, die in vielen Anstalten leider immer noch gebräuchlich ist, Umgang nehmen, die darin besteht, den Zögling zu einer Arbeit, der er nun einmal, sei es körperlich oder geistig, nicht gewachsen ist, zu zwingen, strafweise zu zwingen!

Was jedoch dem Zögling die Arbeit viel mehr verleidet als die von ihr geforderten Anstrengungen selbst, liegt in dem Umstand, daß er keinen sinnenfälligen, unmittelbaren Vorteil davon sieht. Seine Einzelanstrengung geht in der Gesamtheit unter – er wird um den Lohn, oder besser noch, er wird um den seelischen

Erfolg, um die Schöpferfreuden der Arbeit geprellt. Ob er geschickt oder ungeschickt, ob er fleißig oder faul, ob er begeistert oder gezwungen arbeite, kommt am Ende, abgesehen von den Strafen, die in den Zweitfällen selten ausbleiben und die nicht gerade dazu angetan sind, ihn arbeitslustiger zu stimmen, im wesentlichen auf eins heraus. Daraus ergibt sich, daß der Zögling in allzu vielen Fällen die innere Anteilnahme an der Arbeit einbüßt, nie in ein persönliches Verantwortlichkeitsverhältnis zu ihr zu stehen kommt und sie lediglich als Fron betrachtet, deren Erledigung Gebot ist, deren er sich auf dem möglichst bequemsten Weg entlastet. Der Segen, der in der Arbeit selbst liegt, kommt ihm selten oder nie zum Bewußtsein – er arbeitet, weil er muß; einen andern Grund dazu kennt er um so weniger als er eben vom Leben außerhalb der Anstalt abgeschlossen ist und, ob er sich anstrenge oder nicht, in der Anstalt selbst alles dennoch seinen geordneten Gang geht. Auf diese Weise kann ihm die Arbeit zur verhaßten Last gestaltet werden. Ich weiß aus eigener Erfahrung zu melden, daß der in der Anstalt erworbene Arbeitsverleider nicht ohne recht bedenkliche Folgen auf das spätere Leben einwirken, in eigentliche Arbeitsscheu ausarten kann.

Der Vollständigkeit halber gestatte man mir hier eine kleine Abschweifung. Ich sprach bis anhin, wie ich schon vorhin sagte, von der Normalanstalt, will sagen von der Anstalt, wo Vorsteher und Vorgesetzte wohlmeinende, rechtdenkende Leute sind und die Zöglinge nur arbeiten lassen, was füglicherweise zu verantworten ist. Ich kann aber nicht umhin zu bemerken, daß mir Anstalten bekannt wurden, wo bei einem ungemein kargen, ungenügenden Tisch ein Übermaß von Arbeit von dem Zögling auf dem Zwangsweg erpreßt wird. Wo er über seine Kräfte angestrengt arbeiten muß, wo sich die Anstalt an ihm bereichert, während es sich Vorgesetzte dabei vor seinen Augen ordentlich wohl sein lassen. Daß in solchen Anstalten die Arbeitslust des Zöglings erst recht geschwächt wird, liegt auf der Hand. Jeder Vernünftige wird begreiflich finden, daß der einmal der Anstalt entwachsene

Zögling sich nicht gerade vom ersten Tage an als begeisterter Arbeiter entpuppen, daher auch manchen Gefahren ausgesetzt sein wird, denen er bei etwas vernünftigerer Behandlung in der Anstalt gewiß entgangen wäre. Die Ausbeutung jugendlicher Arbeitskräfte sollte demnach nirgends strenger geahndet werden als gerade in Anstalten, und ausgerechnet dort entgeht sie in der Regel jeglicher Beobachtung von außen. In der Schrift, die ich vor mehr als zwanzig Jahren ausarbeitete, von der ich eingangs dieses Buches sprach, finde ich wörtlich in diesem Zusammenhang gesagt:

«Es ist Pflicht der Vorsteher, dem Zögling die Arbeit so angenehm als es in der Anstalt immer möglich ist, zu gestalten, damit er nach und nach einsehen lerne, daß die Arbeit ein Segen ist und er sich unbehaglich fühlt, wenn er nichts zu tun hat.»

Ich hatte zu wiederholten Malen Gelegenheit, diese Forderung Anstaltsvorstehern gegenüber zu vertreten. Ihr grundsätzliches Einverständnis hat mir nicht immer gefehlt. Aber, so lautete ihre Einrede, wie ist das zu erreichen, ohne daß die Arbeit, die nun einmal geleistet werden muß, darunter leidet?

Es gab welche unter ihnen, die sich schon selber praktisch mit der Frage befaßt hatten. Sie hatten das sogenannte Prämierungssystem eingeführt. Es besteht im wesentlichen darin, daß den fleißigsten Zöglingen Noten erteilt werden, daß ihnen, je nach der Höhe der Noten, allwöchentlich oder allmonatlich ein gewisser Betrag gutgeschrieben wird, den man ihnen beim Verlassen der Anstalt aushändigt. Einer der Vorsteher, der dieses System anwandte, erklärte, damit ganz nebenbei seine Zöglinge auch noch zu weiser Sparsamkeit zu erziehen, welch letzteres schon darum nicht stichhaltig ist, weil das Sparen auf freiem Willensentschluß fußt und es eine Unmöglichkeit ist, nicht zu sparen, wenn man sein Eigentum nicht einmal sieht, geschweige denn darüber verfügen kann.

So angewandt ist das System, glaube ich, nicht viel wert. Abgesehen davon, daß die Leistung, nicht die Anstrengung beim

Erteilen der Noten ausschlaggebend ist; abgesehen ferner davon, daß Gunst oder Ungunst, Laune oder Mißlaune der Vorgesetzten bei der Notenerteilung bedingend sein können, ist die Prämie in der vorumschriebenen Form viel zu unfaßbar, abstrakt, um dem Zögling einen unmittelbaren Anreiz zur Arbeit zu vermitteln. Dennoch ist ein guter Kern darin und ich würde das Prämiensystem entschieden überall unter der Bedingung empfehlen, daß damit gleichzeitig dem Zögling das Verfügungsrecht, das unmittelbare Verfügungsrecht über den Prämienbetrag eingeräumt würde. Ich meine, es sollte dem Zögling mindestens gestattet sein, sich aus seinen Prämien während der Dauer seiner Anstaltszeit etwas zu leisten, sei es, indem er einen Gebrauchsgegenstand, meinetwegen gelegentlich auch eine Schleckerei oder einen Luxusgegenstand dafür erwerben könnte. Dann, aber erst dann würde das Prämiensystem wirklich die wohltätigen Folgen zeitigen, die viele von ihm erwarten. Oder es sollte dem Zögling gelegentlich Taschengeld, über das er frei verfügen könnte, ausgehändigt und mit der Aushändigung ein freier halber oder ganzer Tag außerhalb der Anstaltsmauern eingeräumt werden.

Ich kann mir denken, daß die meisten Anstaltsvorsteher ob diesem Vorschlag bedenklich das Haupt schütteln werden. Und doch, haben sie denn niemals bedacht, daß der Anstaltszögling, der nie in die Lage kommt, auch nur über einen Rappen ebensowenig wie über eine einzige freie, unbeaufsichtigte Stunde eigenmächtig zu verfügen, einmal der Anstalt entlassen, weder den Wert des Geldes noch die Bedeutung der Bewegungsfreiheit kennen kann, folglich allen möglichen Verführungen und Übervorteilungen zum Opfer fällt? Ich bin nicht der einzige meiner Anstaltskameraden, die nach ihrer Entlassung den Wert des Geldes in keiner Weise kannten; die sich beschummeln und betrügen ließen; denen es an jeder Übung des Umganges mit Geld und Geldeswert in einer Weise gebrach, daß wir in vorgerücktem Mannesalter gelegentlich noch darunter leiden. Daß nicht ich allein späterhin in Geldsachen das reinste Kind geblieben bin, schreibe ich zum überwiegend großen Teil der in dieser Beziehung lästerlich vernachlässigten Anstaltserziehung zu, die uns zuteil wurde. Ich denke, daß der Vorschlag wenigstens einer ernsthaften Prüfung wert wäre, daß damit mindestens Versuche angestellt werden dürften, auch auf die Gefahr hin, daß sie sich nicht alle bewähren sollten, denn die bisherigen Verfahren haben sich überhaupt noch nie und nirgends bewährt.

Mit Ausnahme von einem allerdings, von dem ich zwar begreife, daß es nicht immer und nicht durchgehend angewandt werden kann, für das ich aber dem Vorsteher der Anstalt, in der es üblich war, noch heute zu innigem Dank verpflichtet bin. Nämlich das Verfahren der Prämierung in der Form unmittelbar auf die Arbeitsanstrengungen folgender Freistunden. Dieser Vorsteher wies uns gelegentlich, einzeln oder in Gruppen, bestimmte Arbeiten mit der Weisung zu:

«Sobald das und das gut gemacht ist, habt ihr soundso lang frei!»

Ich sehe noch heute den Wetteifer, der dann unter uns entstand. Ganz nebenbei erreichte der Vorsteher noch etwas mehr als zufriedene Zöglinge und wohlverrichtete Arbeit, nämlich das nicht zu Unterschätzende, daß die arbeitsgewandteren, tüchtigeren Zöglinge die andern anlernten und ansspornten, um die gemeinsam zu genießenden Freistunden möglichst lang und ausgiebig zu genießen.

Warum dieses System in sonst keiner Anstalt, die mir im Laufe der Zeit, sei es als Zögling, sei es als bloßer Beobachter bekannt geworden ist, angewandt wurde, ist mir eigentlich unerfindlich, denn es ist einfach und läßt sich übrigens mit dem vorumschriebenen Prämiensystem um so besser verbinden, als es die Möglichkeit bietet, mit der Arbeitsleistung auch noch (was, wie oben schon angedeutet, nicht unwesentlich ist) die Arbeitsanstrengung, den Arbeitseifer zu belohnen.

Unzweifelhaft bleibt für mich daher bestehen, daß die «Arbeit als Erziehungsmittel» der Anstalt bestes, vielleicht einzig fruchtbares Erziehungswerkzeug sein kann, vorausgesetzt daß der Arbeitsanstrengung ein unmittelbar zu verwirklichender Vorteil, gleichviel welcher Art, gegenüberstehe.

Ist dies nicht der Fall, dann wird auch die Arbeit in der Anstalt zu einer Qual; statt zu ihr, wird zum Widerwillen gegen sie, wird zur Faulheit erzogen.

Der Schulunterricht

Weitaus die meisten Anstalten haben eigene Schulen. Je nach der Größe des Zöglingsbestandes sind sie ein- oder mehrklassig. Der Unterricht wird in der Regel zum kleinen Teil vom Vorsteher, in der Hauptsache von dem oder den Anstaltslehrern erteilt. Gewöhnlich behält sich der Vorsteher den Religionsunterricht, daneben noch ein oder zwei Fächer vor, die ihm besonders liegen. Über die Güte der Anstaltsschulen, als reine Unterrichtsanstalten betrachtet, habe ich mich hier nicht zu äußern, denn was darüber zu sagen wäre, ließe sich in einer Abhandlung über den Primarunterricht, wie er bei uns zulande gebräuchlich ist, im allgemeinen ebenfalls sagen; das heißt, die gleichen Fragen, die uns angesichts der Volksschule beschäftigen, stellen sich in kaum veränderter Form auch bei den Anstaltsschulen.

Immerhin mag bemerkt werden, daß die Schulführung in den Anstalten mit einigen, ganz besonderen Schwierigkeiten zu rechnen hat. Sie umfaßt einmal alle Schuljahre. Zum andern hat sie sich mit den Schülern mitunter sehr verschiedener Vorbildung zu befassen. Endlich, und das ist das Wesentlichste, hat sie sich der allgemeinen Anstaltsordnung, so gut wie die übrigen Anstaltsbetriebe, unterzuordnen. Sie ist sich nicht Selbstzweck wie die öffentliche Schule, sondern lediglich ein Organ der Anstalt unter andern, ebenso wichtigen, zum Teil wichtigeren Organen. Das erklärt, daß sie sich dem allgemeinen Anstaltsbetrieb anpassen und oft zum Schaden des Unterrichts unterordnen muß, was jedoch nicht immer ein Unglück ist, weil sich der Betrieb darum gelegentlich elastischer und biegsamer gestaltet.

Das bedarf einer kurzen Erklärung.

In einer Anstalt mit landwirtschaftlichem Betrieb spielt dieser die Hauptrolle; die Schule muß sich dessen Erfordernissen zunächst einmal zeitlich fügen. Es ergibt sich daher von selbst, daß das Hauptgewicht auf die Winterschule gelegt wird. Diese nun gestattet eine straffe, angespannte, nicht unnötigerweise unterbrochene Arbeit, ohne den Schüler allzusehr zu ermüden, weil zwischenhinein die häuslichen Arbeiten und die Kleinarbeit, die der Landwirtschaftsbetrieb auch im Winter mit sich bringt, die nötige Erholung von selbst bedingen. Es gibt wenige im engen Sinne des Wortes schulmüde Anstaltszöglinge.

Ganz allgemein gesprochen steht der Anstaltsschüler dem gleichstufigen Volksschüler nicht nach, eher ist er ihm über. Es gibt sogar Anstalten, selten zwar, aber es gibt welche, deren Schulergebnisse überraschend gut sind. So hatte ich als Zögling einer Anstalt beispielsweise Gelegenheit, eine Schule durchzulaufen, die den höchsten Anforderungen, die damals in der deutschen Schweiz an eine Sekundarschule gestellt wurden, annähernd entsprach. Freilich war jene Anstalt keine staatliche, aber ich habe auch seither die Beobachtung gemacht, daß, eins ins andere gerechnet, der Anstaltsunterricht den der Volksschule zum mindesten aufwiegt, will sagen in seinen Lehrergebnissen. Das mag daher rühren, weil der Unterrichtende den einzelnen Schüler nun doch besser kennt als es dem Volksschullehrer, der ihn nur während der Schulzeit sieht, möglich ist und ihn daher der Anstaltslehrer dementsprechend zweckmäßiger zu behandeln versteht. Der andere Grund liegt freilich darin, daß sich der Anstaltslehrer die Schularbeit des Schülers in weitgehenderem Maße erzwingen kann als der Volksschullehrer, dem weniger unmittelbare, eindringlichere Disziplinar- und Strafmaßregeln zur Verfügung stehen, weil er mit einer freieren Schülerschar zu arbeiten hat.

Die Nachteile des Anstaltsunterrichtes nun bestehen einmal darin, daß er, abgesehen vom Vorsteher, meistens von zu jungen, daher unerfahrenen Lehrkräften, die übrigens in der Regel fast alljährlich durch ebenso junge und unerfahrene neue ersetzt werden, erteilt wird. Er hat ferner den Nachteil, daß er, vermöge der allzu beschränkten Zeit, die ihm der übrigen Betriebe wegen eingeräumt werden kann, sich notwendigerweise nur auf die vom Vorsteher ein für allemal gut befundene, daher aufgedrängte Unterrichtsweise festlegen muß, die den übrigen Lehrkräften wenig Spielraum zu Versuchen gestattet. Er hat schließlich den Nachteil, der jedoch in anderer Beziehung wieder ein Vorteil ist, daß der Lehrer mit dem einzelnen Schüler nicht auf ein bestimmtes Unterrichtsziel, das sich in der Erfüllung eines Lehrplanes umschreiben ließe, hinarbeiten kann, sondern sich in jedem Einzelfalle mit dem begnügen muß, was eben noch, schlecht und recht, erreichbar ist. Er weist endlich den aus dem Vorhergehenden sich ergebenden Hauptnachteil auf, daß er, sich mit dem jeweilen Mindesterreichbaren von vorneherein begnügen müssend, in der Regel unendlich trocken, trostlos nüchtern ausfällt und weniger noch als in den Volksschulen den Schüler zu eigenem Nachdenken, zu selbständiger Betätigung seiner Einbildungskraft und seines Vorstellungsvermögens anreizt.

Trotz alledem bin ich eher geneigt, die Ergebnisse des Anstaltsunterrichtes durchschnittlich über die des Volksschulunterrichtes zu stellen, obwohl es mir, offen gestanden, schwer fiele, diese Meinung im einzelnen zu belegen.

Wenn ich nun dennoch erkläre, daß ich den Anstaltsunterricht grundsätzlich verwerfe, so begründe ich das aus rein menschlichen und erzieherischen Erwägungen heraus, die mit der Wertung der Schule als bloße Unterrichtsanstalt nur in einem sehr lockeren Zusammenhang stehen. Die Anstaltsschule weist zum übrigen Leben des Zöglings nämlich zu wenig unterschiedliche Gegensätze auf. Der Unterricht ist dem Zögling lediglich eine fernere Beschäftigung unter den gleichen Bedingungen und Voraussetzungen wie jede beliebige andere. Während der Volksschüler sich in der Schule von seiner Heimbeschäftigung, von dieser wiederum in der Schule zu erholen und zu kräftigen vermag, sieht sich der Anstaltszögling, sei er im Klassenzimmer oder auf dem Felde betätigt, der gleichen Ordnung, den gleichen Ahndungen, den gleichen Vorgesetzten, folglich der gleichen Willkür, den gleichen Strafen, den gleichen Wertungen seiner Leistungen unterstellt. Er kommt nie zum Aufatmen, darum auch in der Schule, wo er sich auszeichnen mag, nie zu einem erhebenden Selbstbewußtsein seiner Leistungen. Der Umstand, daß er gut rechnet oder liest, macht weder in den Augen seiner Kameraden noch in denen seiner Vorgesetzten, noch in seinen eigenen ungeschehen, daß er, sagen wir einmal beim Mähen oder Dreschen ein unheilbarer Tolpatsch ist. Gerade der Umstand, daß er sich in der Schule, sei es durch Begabung, sei es durch besonderen Fleiß, auszeichnet, gereicht ihm in der Anstalt unter Umständen sogar zum Nachteil, weil der Lehrer, der zugleich auch sein Vorgesetzter außerhalb der Schule ist, allzu leicht auf die Meinung verfällt, der Schüler könnte auch im übrigen Anstaltsleben ein mehreres leisten, wenn er nur den guten Willen dazu hätte. Behandelt er ihn darnach oder läßt er diesen Gedanken auch nur merken, so erzielt er in weitaus den meisten Fällen, daß sich der Schüler fortan einer unauffälligen Mittelmäßigkeit auch in der Schule befleißigen wird, darin der bewährtesten Anstaltszöglingsweisheit folgend, die da gebietet:

«Nur nicht auffallen, weder im Guten noch im Schlimmen. Jede Abweichung vom Durchschnitt ist, in sich schon, ein Verstoß gegen die Ordnung!»

Es ergibt sich daraus, daß gerade der begabteste Schüler in der Anstalt der geplagteste ist. Habe ich es doch mehr als nur einmal erlebt, daß Anstaltsschüler, die sich für ein Schulfach besonders erwärmten, Freude daran zu Tage legten, in ihrem Fortschritt strafweise gehindert wurden, weil sie sich auf einem andern, dem Unterricht fern stehenden Gebiete verfehlt oder lässig erwiesen hatten. Derartige Fälle brauchen nicht immer mit ausgesprochener Deutlichkeit zum Ausdruck zu kommen, aber daß sie sich sozusagen fortwährend ereignen, wird mir ehrlicherweise jeder Anstaltsvorsteher und Lehrer bei genauer Selbstprüfung ohne weiteres zugeben müssen.

Der andere, große Nachteil, den ich der Anstaltsschule vorzuwerfen habe (vom erzieherischen Standpunkt aus, wohlverstanden!), besteht darin, daß es den Anstaltserziehern nur ausnahmsweise gelingen wird, die Schüler zu überzeugen, daß der Unterricht noch etwas anderes bedeutet als eine Beschäftigung oder, um in der Denkweise des Zöglings zu sprechen, ein Mittel, ihn um die anders mutmaßlich freie Zeit zu bringen.

Wenn wir nämlich schon im Hinblick auf die öffentliche Schule mit vollem Recht beklagen, daß sie in allzu lockerer Beziehung zum Leben stehe, ist dieser Vorwurf gegen die Anstaltsschule in doppelt und dreifach verstärktem Maße zu erheben. Nicht im Hinblick auf die Vorstellung der Bedeutung, die sich der Zögling vom Unterricht notwendigerweise machen muß. Daß bloßes Wissen einem unerfahrenen Kinde, und das ist der Anstaltszögling immer in besonders verstärktem Maße, zu etwas Praktischem dienen könne, ist ihm einfach unfaßbar, weil alles, was er damit erreichen könnte, ihm durch das Anstaltsleben an sich verunmöglicht und versagt bleibt.

Einmal ist er gewohnt, daß andere, die Vorgesetzten, für ihn denken und handeln. Er hat dazu also nicht die mindeste Veranlassung, am allerwenigsten, wenn er, wie das jedem Zögling gelegentlich vorkommt, am eigenen Leibe und zu seinem eigenen Schaden erfuhr, daß sein eigenes Denken, eigenmächtiges Handeln ihn notwendigerweise mit der bestehenden Ordnung überwirft, ihm Mißhelligkeiten, Unannehmlichkeiten oder Strafen zuzieht. Zum andern, weil ihm die vergleichenden Maßstäbe, die jedem Volksschüler, der zwischen Elternhaus und Schulhaus hin und her pendelt, sinnlich aufgedrängt werden, ob er wolle oder nicht, vollständig abgehen.

Ferner weil er den Widerspruch weder geistig noch gemütlich versteht, der ihm zumutet, bei der Beschäftigung «Schule» zu denken, im übrigen aber sein Denken dem Gutfinden seiner Vorgesetzten unbedingt unterzuordnen.

Zum vierten und letzten, weil ihm die Anwendungsmöglichkeiten des in der Schule Gelernten, solange er in der Anstalt ist, sozusagen vollständig fehlen.

Die Anstaltsschule ist darum langweilig. Sie ist die endlose Fortsetzung des an sich langweiligen Anstaltslebens. Der Schüler sieht weder neue Gesichter, noch empfängt er neue Eindrücke, noch gedeihen ihm neue Erlebnisse. Sie ist ihm ein Muß wie jedes andere. Wer Anstaltszögling war, wird verstehen, was damit gemeint ist, wenn ich sage, daß mitunter die Schule sein bitterstes Muß ist. Der wird sich erinnern, was es etwa für einen Zögling bedeutet, einen halben Tag in der Schule aufmerksam zu sitzen und zu arbeiten, während ihm ein auf einem andern Gebiete zugezogenes Unwetter wartet. Er wird mir beistimmen, wenn ich sage, daß da, wo es irgendwie angeht und Volksschulen in erreichbarer Nähe sind, die Anstaltszöglinge in die öffentliche Schule geschickt werden sollten, wäre es auch nur, um sich einmal von der Ausnahmestellung, in die sie sich als von der übrigen Gesellschaft Ausgeschlossene gedrängt sehen, zu erholen.

Oder wenn das schon nicht möglich ist, dann sollte wenigstens der Schulunterricht in den Anstalten von außeranstaltlichen Lehrern erteilt werden können; von Lehrern, die nicht auch sonst bei Tag und bei Nacht über dem Zögling stehen, stets und überall seine Vorgesetzten sind.

Diese Neuerung wäre schon darum ungemein empfehlenswert, weil sie nebenbei auch gestatten würde, an die Vorsteherstellen nicht immer nur Lehrer, sondern gelegentlich auch Erzieher zu wählen; will sagen Leute mit mehr Lebenserfahrung und Herz als Methoden und Systemen; Leute mit menschlichem Verständnis!

Es ist wohl mehr als ein bloßer Zufall, daß die meisten Anstaltsleitungen bestrebt sind, sich die Religion zu einem Erziehungsmittel dienstbar zu machen, oder daß, um in ihrer Sprache zu reden, die Anstaltserziehung «von streng christlich-religiösem Geiste getragen wird». Gelegentlich mit stark orthodoxem, gewöhnlich mit noch strengerem pietistischem Einschlag. Die Religion, oder besser gesagt die religiösen Übungen bilden eine ständige Einrichtung der Anstalten; sie behaupten ihren ganz bestimmten Platz in der Anstaltsordnung selbst. Und zwar in einem Maße, das die Äußerung eines meiner früheren Anstaltskameraden durchaus rechtfertigt, der auf die Frage, was ihm von seiner Anstaltszeit am dauerhaftesten in der Erinnerung geblieben sei, unbedenklich erwiderte:

«Die Prügel und die Andachten!»

Wenn ich nun auch die letzteren auf geistigem Gebiet nicht ganz auf die gleiche Stufe stellen möchte wie die ersteren auf dem rein körperlichen, so ist doch deren gemeinsame Endabsicht so unverkennbar, daß sich die Vermutung nicht ohne weiteres von der Hand weisen läßt, die Andachtsübungen dienten allzu vielen Anstaltserziehern dazu, die Gewissen der Zöglinge weniger zu schärfen als zu knechten. Gott selbst hat sich in der Anstalt ihrer Ordnung zu fügen. Er steht immer auf der Seite des Vorgesetzten. Er wird, insofern er das Denk- und Empfindungsvermögen der Zöglinge überhaupt beschäftigt, auch durchaus als solcher anerkannt und gewertet. Er hat seine, ihm ganz und ausschließlich zugewiesenen Stunden, wie die Arbeit, das Essen oder die Freistunden. Im übrigen existiert er praktisch eigentlich nicht, weil an seine Stelle selbsttätig die Vorgesetzten treten und handeln.

Der Anstaltsgott ist im wesentlichen eine höhere Polizeiberufungsstelle. Wo das Unterscheidungsvermögen der Vorgesetzten nicht ausreicht, um etwa den Täter eines Verstoßes gegen die

Anstaltsordnung zu ermitteln, da springt er ein, dann hat er dafür zu sorgen, daß die vorgeschriebene Strafe am Fehlbaren vollzogen werde. So, oder anders! Im übrigen steht er in keinem persönlichen Verhältnis zu dem einzelnen Zögling, sondern ist gewissermaßen der unsichtbare Kollektivpatron der Anstalt, dessen Pflichten und Rechte unausgesprochen, aber darum nicht weniger genau, sowohl örtlich wie zeitlich umschrieben sind, wie die des Vorstehers, der Hausmutter oder des Melkers.

Eine sittliche Bedeutung kommt ihm außerhalb des Anstaltserziehungsplanes nicht zu. Die Religion ist dem Vorgesetzten ein Lehrstoff, dem Zögling aber eine Pflicht, und nur ganz ausnahmsweise gestaltet sie sich für den letzteren zu einem persönlichen Erlebnis, das ihn zu einer Überzeugung, die in seinem Innern, in seinem Fühlen verankert wäre, führt. Die Religion ist in der Anstalt ein Zuchtmittel unter andern Zuchtmitteln.

Als solche wird sie angewandt, als solches gebührt es sich, sie zu werten. Da die Anstalt in ihrem Zöglingsbestand keine Persönlichkeiten anerkennen noch aufkommen lassen darf, stellt sich auch die Religion dieser Auffassung nach ein. Sie bleibt daher dem Zögling etwas rein Äußerliches, Fremdes; ihre Übungen verdichten sich zu bloßen Verrichtungen. Die Moral, die die Anstaltsreligion vermittelt, ist Anstaltsmoral. Sie gipfelt für die Vorgesetzten in dem Satze:

«Was ich will, ist recht!», und für den Zögling in dem Worte: «Sich ducken!»

Brauche ich wirklich darauf hinzuweisen, daß diese Moral selbstredend eine Sklavenmoral ist, eine Zufriedenheitsmoral? Daß sie nicht nur außerstande ist, dem Zögling einen sittlichen Halt zu bieten, sondern daß sie ihn gelegentlich verwirrt, ihn noch unschlüssiger macht, als er ohnehin durch die Anstaltserziehung als solche schon wird?

Daß beim geistig fühllos gewordenen Zögling sie gar keine Bedeutung mehr hat als die einer zu erfüllenden Hausordnungsforderung, bei dem Zögling dagegen, dessen Geist und Wille noch nicht ganz gebrochen sind, Gewissenskämpfe zeitigt und so sein ohnehin schon wenig beneidenswertes Los noch unerträglicher gestaltet?

Bei dieser letzten Gattung von Anstaltszöglingen, nämlich bei denen, deren Denk- und Empfindungsvermögen noch nicht ganz in der Anstaltsordnung aufgegangen ist und von ihr ausgeschaltet wurde, kommt es gelegentlich zu eigentlichen religiösen Krankheitserscheinungen, zu mystischen Seuchen. Der Fall ist zwar nicht alltäglich, aber doch weniger außergewöhnlich, als man gemeiniglich annehmen sollte. Ich erinnere mich, eine solche Seuche miterlebt und miterlitten zu haben, deren eingehende Beschreibung einen nicht uninteressanten Beitrag zur Erkenntnis der Kinderseele bieten dürfte. Ich kann sie mir hier jedoch ersparen, da es mir weniger darum zu tun ist, an dieser Stelle Seelenkunde als Anstaltskunde zu vermitteln. Es mag daher genügen anzudeuten, daß sie über krankhafte Sinnlichkeit, Nervenstörungen, Selbstquälereien, die bis zur Selbstverstümmelung in einem Falle gediehen, zur mehr oder weniger restlosen, fatalistischen Ergebung führte und infolgedessen zum Kampf um das kommende, nach der Anstalt zu beginnende Leben nicht gerade als Stahlbad wirkte.

Was nun die Andachtsverrichtungen selbst anbetrifft, so möchte ich nicht behaupten, daß sie an sich immer unleidlich wären, wenigstens dort nicht, wo sie mit Musik und Gesang verbunden sind. Ja ich kann sogar bezeugen, daß sie, wo solches der Fall ist, mitunter einiges Licht in das graue Anstaltsdasein verbreiten und tröstlich wirken. Aber auf die Dauer werden sie doch langweilig. Von einer gewissen nüchtern-praktischen Trockenheit und Abstraktheit wird man sie (man verstehe, daß ich vom Zöglingstandpunkt aus rede!) nicht freisprechen können.

Ihre Absicht ist aber auch gar zu einseitig und durchsichtig. Sie predigen in der Regel das, was zu predigen längst nicht mehr not tut, nämlich Ergebenheit, Unterwürfigkeit. Weil sie sich darin nie genug tun und sonst nichts anderes können, so werden die Andachten erst recht öde und genießen nur mehr die Bedeutung, die jeder gewohnten, aber auch an sich langweiligen Verrichtung zukommt. Man findet sich mit ihnen so mechanisch als möglich ab, ohne zu empfinden, ohne zu denken. Man erledigt sie.

Und doch, ich tue ihnen Unrecht! Noch eines predigen die Andachten, nämlich die Verpflichtung zur Dankbarkeit; ein Thema, das bei den Anstaltsvorsteherandachten ganz besonders beliebt ist, das im Innern der allfällig noch nicht abgestumpften Zöglinge ungefähr die Wirkung zeitigt, die sich etwa in den Herzen jener Zuchthäusler regen mochte, als ein unerfahrener Predigeramtskandidat, der vertretungsweise in der Strafanstalt fungierte, als Text seiner Betrachtung das Bibelwort gewählt hatte: «Bis hieher hat uns der Herr geführt in seiner großen Güte!»
Die religiösen Verrichtungen der Anstalten zeichnen sich nämlich durch so dick, so aufdringlich vor- und aufgetragene Nutzanwendungsmoral aus, daß der Zögling, wenn er auch nur noch ein bißchen denkt, merkt, auf was es abgesehen ist, und sich dementsprechend einstellt.

Man vergegenwärtige sich nun, daß derartige Seelenbearbeitung alltäglich, jahrelang fortgesetzt wird, dann wird man sich selber ein Bild davon machen können, welcher Art die religiösen Gefühle sind, die ein Anstaltszögling von der Anstalt ins Leben hinausträgt, ebenso, was er ungefähr mit ihnen anzufangen imstande ist.

Damit aber der «streng christlich-religiöse Geist», in dem die Anstalt geleitet wird, ja recht sinnenfällig dem Zögling auch noch in anderer Weise zum Bewußtsein gebracht werde, gibt es für ihn in vielen Anstalten, außer der seiner Schulbücher, keine andere Freistundenlektüre als die von Herzen abstrakter, ihm daher unverständlicher Erbauungsschriften oder die von religiösen Traktätlein, deren schwüler, platter Stumpfsinn, deren innere und äußere Verlogenheit, deren kanaanitisches Kauderwelsch einfach gen Himmel stinken, in einer Weise, daß ich ihrer nach nun mehr denn dreißig Jahren nicht anders als gähnend oder fluchend zu gedenken vermag.

Was ich von den Andachten, die zu halten die Vorsteher sich verpflichtet glauben, sage, das gilt in gleichem Maße für den öffentlichen Gottesdienst, an dem die Zöglinge etwa teilnehmen. Nämlich, sie verstehen ihn einfach nicht. Er ist zwar – das Gute hat er – nicht ausdrücklich auf sie gemünzt, aber, ganz wenige, seltene Ausnahmen vorbehalten, rauscht die sonntägliche Predigt an ihnen vorbei als etwas Fremdes; sie könnte ebensogut in chinesischer oder malayischer Sprache abgehalten werden, denn sie hat keine Beziehungen zu dem, was den Zögling rührt und bewegt.

Was nun nicht hindert, daß im Gottesdienst vom Zögling die gespannteste Aufmerksamkeit gefordert wird. Wehe dem, der schwätzt oder schläft; dem wird der Sonntag durch eine fühlbare Strafe gründlich versalzen, und das hat insofern sein Gutes, weil ihm dadurch der zweifellose Begriff der allgegenwärtigen Güte und Liebe Gottes, gründlich fühlbar, allsonntäglich aufs neue eingeprägt wird. Kannte ich doch eine Anstalt, wo es als strafwürdig galt, den der Predigt unterlegten Text beim Nachhausekommen nicht mehr zu wissen. Wer darin seine Unkenntnis bekennen mußte, der wurde vom sonntagmittäglichen Fleischgenuß ausgeschlossen. Ich habe mich nie genug über die erzieherische und wirtschaftliche Klugheit dieser Maßregel wundern können, die einem so recht veranschaulicht, wie fühlbar das Walten Gottes auch in die scheinbar geringfügigsten Handlungen des Menschen, wie etwa sein Sonntagsessen, einzugreifen, sie zu beeinflussen vermag. Ganz abgesehen davon, daß die Anstalt dabei Fleisch einspart.

Sie werden an Hand dieses Beispieles, das ich durch ähnliche vermehren könnte, begreifen, daß das inbrünstigste Gebet, das der Zögling beileibe nicht ausspricht, denn das würde ihn schön in die Patsche bringen, aber still, überzeugungsvoll gen Himmel sendet, etwa lautet:

«Wenn nur der Teufel die ganze Religion mit allen Andachten, Predigten und Gebeten holen wollte!»

Gelegentlich gibt es auch Extra-Andachten. Nämlich dann, wenn fromme Gönner, meistens vorzügliche, menschenfreundliche Pädagogen, die Anstalt besuchen. Dann werden die Zöglinge etwa im Speise- oder Klassenzimmer versammelt und der Gast hat die Freundlichkeit, ihnen eine Moraleinspritzung – dummes Zeug! – wollte sagen eine Andacht einzuklistieren. Solche Extravorstellungen wohl gemästeter Philanthropen entbehren der Komik nicht, aber man muß sie weit hinter sich haben, um sie in ihrer ganzen Ausdehnung und Abgründigkeit verdienstgemäß zu erfassen und zu würdigen. Wüßten nur die guten Leute etwas von dem nicht beabsichtigten, aber wirklichen Eindruck, den solche Ansprachen, die sich in neunundneunzig auf hundert Fällen über die zwei Gedanken verbreiten, erwecken:

«Seht, liebe Kinder, wie gut ihr es hier habt, wie ihr gehätschelt, wie ihr geliebt werdet, wie innig für euch gesorgt wird.»

Dann folgt der zweite Vers:

«Darum, liebe Kinder, sollt ihr auch immer recht dankbar sein, sollt die Liebe, die euch entgegengebracht wird, mit Gehorsam vergelten!»

Folgt der Schlußjodel:

«Lasset uns beten!» Nun scharrt die ganze Gesellschaft, erhebt sich, faltet die Hände, blickt vor sich hin zu Boden und der feiste Menschenfreund da vorne, der sich inmitten dieser Jugend so unendlich wichtig, so übermenschlich erhaben vorkommt, der erhebt den Kopf, schließt die Augen und spricht ein den Umständen wundervoll angepaßtes, salbungstriefendes Gebet, daß mitunter – doch! zur Ehre der Anstaltsvorsteher sei's gesagt, weil ich's selber etwa erlauscht habe –, daß selbst der Vorsteher sich eines milden Lächelns nicht ganz zu erwehren vermag.

Überhaupt, das Gebet!

Da lachen wir über die tibetanischen Gebetsmühlen und – hol mich dieser und jener –, die wären doch ein vorzüglicher, dafür noch weniger gotteslästerlicher Ersatz für die Anstalts-beterei.

Sprechen wir ernsthaft! Es sei zugestanden, daß es, unter vielen andern, Anstaltsleiter gibt, denen die Religion eine heilige Herzens- und Glaubenssache bedeutet, die vom besten Willen beseelt sind, diesen sie beseligenden Glauben ihren Zöglingen zu vermitteln; die wirklich darauf ausgehen, ihnen seelische Nahrung zuzuführen. Allein, das gelingt nur in sehr beschränktem Maße, weil der Anstaltsbetrieb ihnen nicht gestattet, dem Zögling im einzelnen die Religion als Erfahrungstatsache, als inneres Erlebnis zu vermitteln, denn das käme ja einer Anerkennung seiner Persönlichkeit nahe, die in der Anstalt vermieden werden muß, anders sie in sich zusammenfällt.

Der Erzieher kommt also günstigsten Falles zu einer Massen-abfütterung der Seele, die darum nicht weniger unbefriedigt bleibt.

Ich habe gegen Kultushandlungen in Anstalten an sich so wenig wie anderswo etwas auszusetzen; aber gerade in der Anstalt sollten sie nicht zur öden Form und Gewohnheit versimpeln, sondern, wenn auch nur aus bloßer Achtung vor dem Geistigen, das sie versinnbildlichen, sollten sie eher Oasen als Straf- und Disziplinaranwendungsgelegenheiten im Anstaltsleben bilden.

Ebensowenig habe ich dagegen etwas einzuwenden, daß, wenn's doch sein muß, in den Anstalten täglich acht oder mehr Mal gebetet wird, aber dann gebetet, nicht geplappert, nicht wahr?!

Ich habe endlich nichts dagegen vorzubringen, daß man auch den Anstaltszöglingen etwas wie einen Gottesbegriff einzupflanzen bestrebt ist. Tut man's doch den Zulukaffern und Eskimos. Aber dann – bitte, nicht wahr? – einen Gottes-, nicht einen übernatürlichen Profoßbegriff!

Ich wünschte, daß der Buchstabe, der da tötet, ausgeschaltet, dafür aber der Geist, der da lebendig macht, in die religiöse Erziehung der Anstaltskinder eingeführt würde; aber im übrigen, ich muß es gestehen, habe ich gegen ihre religiöse Abrichtung nichts Wesentliches einzuwenden.

Als vielleicht das eine: nämlich, daß es raffinierten Kinderschindern, verrohten Anstaltsvorgesetzten, pietistischen und orthodoxen Heuchlern bei schwerer Geldbuße oder wenigstens bei Todesstrafe untersagt werden sollte, in der Gegenwart von Anstaltszöglingen den Namen Gottes der Liebe, des Erbarmens und der Gnade in den Mund zu nehmen.

Erholungs- und Ruhepausen

Obwohl die Sonn- und Festtage in der Anstalt, an denen der Außenwelt gemessen, immerhin noch so grau aussehen, daß der nicht daran Gewöhnte sie nach ein paar Kostproben ganz gerne an auch nur einigermaßen interessante Arbeitstage eintauschen würde, werden sie doch von den Zöglingen als angenehm empfunden, denn sie bieten eine, wenn auch streng genug geregelte Unterbrechung des ewigen, wochentäglichen Einerleis. Freilich gleichen auch die Sonn- und Festtage einander zum Verwechseln; freilich gehören die Gottesdienste, die, wie ich früher antönte, mitunter Straffallen sind, nicht gerade zu den Süßigkeiten des Zöglingsdaseins; freilich sind auch die Sonn- und Festtage nach einem genau feststehenden Schema ebenso einförmig wie die Werktage bis in alle Einzelheiten hinein geregelt, aber sie wiederholen sich weniger häufig; ihre noch so peinliche Regelung ist immerhin eine andere Regelung, die fast den Reiz einer wirklichen Abwechslung birgt. Wir sahen früher, wie etwa ein Anstaltssonntag tagesordentlich eingeteilt ist. Immerhin: die «Ämtlein» werden an Sonntagmorgen doch freudiger als sonst besorgt; jeder Zögling ist bestrebt, sich den etwas freieren Tag als die sonstigen nicht durch eine Strafe verderben zu lassen; er wird sich daher bei der Besorgung der häuslichen Geschäfte besonderer Sorgfalt befleißen, namentlich auch auf sein Äußeres eine mehr als gewöhnliche Sorglichkeit verwenden. Nicht aus Eitelkeit oder Gefallsucht zwar, sondern um bei der Reinlichkeits- und Kleiderinspektion ungeschoren davonzukommen. Um so empfindsamer trifft ihn dann die Buße, die ihn ereilt, wenn die Tücke des toten Gegenstandes ihm etwa einen Streich spielt, indem er ausgerechnet zwei Minuten vor dem Antreten zur Inspektion aus lauter Eifer in eine Pfütze rennt oder ihm ein Westenknopf abspringt und er nimmer Zeit findet, den Schaden vor der Besichtigung wiedergutzumachen. Denn, das weiß der Zögling, Entschuldigungen, wären sie auch noch so triftig, genießen nur sehr beschränkten Kredit bei den Vorgesetzten, und wenn am Sonntagmorgen das Pech etwa noch einen Zögling ereilt, der auch sonst nicht zum allerbesten bei den Vorgesetzten angeschrieben ist, oder der ihre Aufmerksamkeit im Laufe der verflossenen Woche in für ihn nicht schmeichelhafter Weise erregt hat, dann weiß er sich von vornherein geliefert, dann sackt er die über ihn verhängte Strafe mit der durch lange Übung erworbenen, stoischen Gleichmütigkeit ein als etwas Unvermeidliches, das man eben in philosophischer Ruhe als Faktum über sich ergehen läßt.

Ist die Kleider- und Reinlichkeitsinspektion vorbei, die Klippe des Gottesdienstes ebenfalls glücklich umschifft, dann, aber erst dann beginnt sich der Zögling seines Sonntages zu freuen.

Einmal, wir sahen es schon, ist das Mittagessen an Sonn- und Festtagen etwas reichlicher als sonst; die Sonn- und Festtage sind Fleischtage. Zum andern sieht der Zögling einige Stunden vor sich, über die er verhältnismäßig, wenn auch immer unter der Aufsicht seiner Vorgesetzten, frei verfügen kann. Wenn es ihn gelüstet, wenn er noch mit Verwandten, Freunden oder Bekannten außerhalb der Anstalt in Verbindung steht, so kann er ihnen am Sonntag schreiben. Freilich gilt diese Möglichkeit nicht uneingeschränkt; es gibt Anstalten, in denen nur einmal im Monat korrespondiert werden darf. Außerdem darf er spielen.

Bei schönem Wetter werden etwa auch Ausflüge unternommen. Ich möchte nicht gerade behaupten, daß sie zu den Annehmlichkeiten der Anstaltssonntage gehörten, wenn sie auch mitunter so unangenehm nicht sind. Aber, natürlich unter der Führung und Aufsicht der Vorgesetzten zu zweien hoch, einige Stunden in der sogenannten freien Natur herumzubummeln, während man viel lieber etwas gelesen oder gespielt oder auch nur vor sich hingeträumt hätte, ist nicht gerade eine der beliebtesten Erholungen für alle, die da mitmachen müssen, und wenn gar so ein infamer Vorgesetzter es ausgeheckt hat, mit seiner Zöglingsschar das Publikum eines gerade in der Nähe sein Unwesen treibenden Wanderpredigers zu vermehren, um dem vormittäglichen noch einen Nachmittagsgottesdienst in der besten, erzieherischsten Absicht der Welt hinzuzufügen, so hat wohl jeder Zögling das innige Gefühl, er sei um sein bißchen kärglichen Sonntags schmählich geprellt worden. Denn selbstverständlich gilt für den zweiten Gottesdienst, wie für den ersten, das Gebot gespannter Aufmerksamkeit, dessen Übertretung ebenso selbstverständlich geahndet wird. Will es ein scheußliches, verruchtes Ausnahmepech, das sich aber von Zeit zu Zeit in hinterlistiger Weise wie eine Erdbebenkatastrophe einzustellen pflegt, dem ich beispielsweise eine ganz besonders tückisch-empörte Erinnerung bewahrt habe, so findet die von einem mit Gottesdienst verbundenen Nachmittagsausflug zurückkehrende Zöglingsschar etwa noch einen braven Anstaltsbesucher, einen Pfarrer oder Stifter oder ein Direktionsmitglied vor, daß der ohnehin noch unvermeidlichen alltäglichen Abendandacht unbeschadet, die lieben Kinder noch einmal mit einer Gebetsstunde oder einer religiösen Betrachtung heimsucht.

Doch solches ist wirklich ausnahmsweises Pech und für gewöhnlich sind die Ausflüge ja auch nicht notwendigerweise von Andachten durchsäuert. Was ihnen vorzuhalten ist, was sie gelegentlich unleidlich macht, ist die vorgeschriebene, geschlossene Marschordnung. Die Zöglinge, wenn sie einmal außerhalb des

Anstaltsbereiches sind, sehen allerlei, das ihre Aufmerksamkeit erregt, über das sie sich unterhalten und unterrichten möchten. Dazu eignet sich nun die geschlossene Marschordnung nicht, denn die Gedanken und Einfälle, die einem etwa aufsteigen, möchte man doch am liebsten mit den Kameraden austauschen, bei denen man das meiste Mitgefühl, das klarste Verständnis voraussetzen darf, und das brauchen nicht notwendigerweise die zu sein, neben denen man marschieren muß, weil sie entweder unsere nächstältesten oder nächstjüngsten sind. Zum andern, auch wenn das nicht wäre, weiß der Zögling sehr wohl, daß, auch wenn der den Ausflug leitende Vorgesetzte nicht ausdrücklich Schweigen gebot, was heimtückischerweise mehr als nur gelegentlich vorkommt, ein allfälliges Gespräch von ihm belauscht, entsprechend eingeschätzt und beurteilt wird. Der Zögling wird sich darum höchstens im gedämpften Flüsterton unterhalten, um ja nicht aufzufallen, und der Umstand, daß kein freier Gesprächsaustausch stattfinden kann, nimmt den Ausflügen so viel von den ihnen sonst zukommenden Reizen, daß im allgemeinen ihre Ankündigung keine besondere Begeisterung und herzlich wenig Zufriedenheit erweckt.

Finden keine Ausflüge statt, und es ist schönes Wetter, so spielen die Zöglinge zu Hause oder da, wo sie vernünftigen, unterhaltsamen Lesestoff kriegen, was aber nicht überall der Fall ist, geben sie sich ihm hin. Diese Sonntage sind den Zöglingen weitaus die liebsten, denn dann gibt es Augenblicke, wo der Zögling auf ganze Minuten, ja auf Viertelstunden hinaus nur sich selbst gegenüber steht, wo er der Wohltat des Allein- und Ungestörtseins teilhaftig werden kann. Namentlich bei schönem Wetter, wo es möglich ist, sich nach Belieben bis auf einen gewissen Punkt von der Masse abzusondern, vorausgesetzt, daß es einem stets auf das Wohl der Zöglinge bedachten Vorgesetzten nicht etwa einfalle, sie alle zusammen zu gemeinsamem Spiel abzukommandieren. Brauche ich zu versichern, daß solche Spiele des Reizes der Unmittelbarkeit, der eigenen Unternehmungslust völlig entbehren und oft, namentlich von jungen Anstaltslehrern, eigentlich nur zu dem Zwecke veranstaltet werden, um den versammelten Zöglingen beizubringen, wie sie, die Lehrer, in jeder ritterlichen Tugend turmhoch über den ihnen anvertrauten Schafen stehen, wie sie besser rennen, besser Ball werfen, besser Croquet schlagen können als jene? Ja, es kommt vor, daß, wenn sich ein Zögling dabei auf Kosten des Vorgesetzten auszeichnet, er dafür, freilich nicht unmittelbar, dessen Ungnade darüber andernorts recht fühlbar zu verspüren bekommt.

Die Regensonntage weisen von selbst Freizeitbeschäftigungen unter Dach an. Da werden Spiele, meistens Brettspiele geübt. Sie sind in den Anstalten ungemein beliebt und werden gelegentlich in hervorragendem Maße leidenschaftlich gepflegt, weil sie oft die einzige Möglichkeit in sich schließen, Phantasie und Erfindungsgabe der Zöglinge zu wecken, betätigend anzuregen. Das erklärt, daß sich unter ihnen sehr oft überraschend fortgeschrittene, reife Schach-, Halma- und Damenspieler befinden.

Bleibt die Lektüre!

Ich habe mich schon in einem früheren Abschnitt über die erbarmungswürdige Dürftigkeit allzu vieler Anstaltsbüchereien, insoweit welche überhaupt vorhanden sind, geäußert. Es wird in den Anstalten darum nicht in dem Maße gelesen, wie wünschenswert und für die Zöglinge wohltätig wäre. Das einseitige, moralinsaure Lesefutter schreckt allzuoft die Bildungssucht der Zöglinge ab, ganz abgesehen davon, daß auch da, wo gute, will sagen dem Zögling angenehme, für ihn brauchbare Bücher vorhanden sind, die daraus empfangenen Anregungen in den wenigsten Fällen auf ein verständnisvolles Echo seitens der Vorsteherschaft eingestellt sind. Das hat nun seine Vor- und Nachteile. Naturgemäß und fördernd wäre es, wenn der durch seine Lektüre angeregte Zögling sich vertrauensvoll an seine Vorgesetzten wenden, von ihnen geistige Unterstützung seines Lesestoffes verlangen dürfte. Das trifft aus verschiedenen allgemeinen Gründen, deren Mehrheit ich schon in andern Zusammenhängen namhaft machte und deren vornehmster der Mangel an gegenseitigem Vertrauen ist, nicht zu. Also ist der Zögling auf die Allein- und Selbstverdauung seiner Lektüre ausschließlich angewiesen. Wird er von ihr wirklich gepackt, so hat er die empfangenen Eindrücke mit sich allein zu verarbeiten. Er wird sich, so oder anders, mit dem Gelesenen innerlich auseinandersetzen. Wie diese Auseinandersetzung etwa stattfindet, läßt sich, angesichts seiner Welt- und Lebensfremdheit, ahnen. Und doch hat dieses geistige Auf-sich-selbst-angewiesen-Sein bei dem geistig regsamen Zögling den unschätzbaren Vorteil, ihn zum Autodidakten, geistig Vorurteilslosen zu erziehen. Es entwickelt sich zwischen ihm und seiner Lektüre ein persönliches Verhältnis, das sich über die Sonn- und Festtage hinaus fortsetzt, das ihn innerlich um so mehr und in um so wohltätigerer Weise beschäftigt, als ihm sonst geistige Erholung in der Anstalt, abgesehen von gelegentlicher Musik- oder Gesangspflege, vollständig fehlt. Sogar diese letztere trägt oft, weil vom Vorgesetzten als Disziplin aufgefaßt und verbreitet, erst noch das Odium des Müssens in sich und darf daher nicht uneingeschränkt als Erholung gelten.

Nun darf aber nicht außer acht gelassen werden, daß der geistig erregbare Zögling immer der seltene Zögling ist; daß das Anstaltsleben es mit sich bringt, ihn in stete Minderheit zu drängen, daß somit schöne, autodidaktische Veranlagungen der Anstaltsdisziplin und dem Mangel an Überlegenheit des Zöglings gegenüber seinem Stoff allzuoft unterliegen.

Eigentliche Lichtblicke im Anstaltsleben, die jedoch nicht allgemein sind, bestehen dagegen in den Besuchen von Verwandten, Bekannten und Freunden einzelner Zöglinge. Man ahnt gar nicht, wie wohltuend, wie versöhnend so ein Besuch eines Bekannten auf einen Zögling einwirkt, wie kräftigend, wie belebend er auf Tage, ja Wochen hinaus das Alltagsanstaltsleben erheitert. Aber die wenigsten Zöglinge, und auch die noch selten genug, genießen diese, von der Vorsteherschaft in der Regel übrigens nicht gern gesehene Wohltat wenigstens ab und zu, wäre es im

Jahr auch nur zwei oder drei Male – ein freundliches Gesicht, das kein vorgesetztes Gesicht ist, zu schauen. Sich auszusprechen, ohne Mißdeutungen befürchten zu müssen; Wünschen, Hoffnungen Ausdruck zu geben, die man vor Kameraden und Vorgesetzten in gleicher Weise, wenn auch aus verschiedenen Gründen, sorgfältig verbirgt.

Endlich mag der briefliche Verkehr mit der Außenwelt erwähnt werden. Er ist unfruchtbarer als die Besuche, übrigens auch viel verlogener, weil sowohl die eingehenden als die ausgehenden Briefe der Zensur der Anstaltsleitung unterworfen sind, daher der Zögling im brieflichen Verkehr sich ebenso wie im gewöhnlichen, täglichen Leben ungemein hüten wird, sein wahres Gesicht zu entdecken, zu sagen, wie ihm eigentlich zumute ist. In der Briefzensur liegt eine der abgefeimtesten Grausamkeiten, die wirklich nur die Anstalt in dieser Form zu zeitigen vermag. Man denke sich etwa einen Zögling, der sich todunglücklich fühlt, der in der Anstalt von der Außenwelt vollständig abgeschlossen ist, der, sei es mit einer Mutter, einem Paten oder sonst jemandem, der ihm nahesteht, so korrespondieren muß, daß er sorgfältig gerade das zu verschweigen, zu verschleiern oder umzulügen genötigt ist, das offen und ehrlich zu bekennen ihm das innigste, seelische Bedürfnis wäre. Wie mancheiner verzichtet lieber auf jede Verbindung mit dem Liebsten, das er außerhalb der Anstaltsmauern zurückgelassen hat, als so, wie es die Anstalt bedingt, mit ihm zu verkehren und es zu belügen. Ich spreche aus eigener und anderer Erfahrung, wenn ich der Seelenkämpfe, den herbsten sittlichen Erschütterungen gedenke, die dieser Zwangszustand gelegentlich gerade bei den feinfühligsten Zöglingen bedingt. Der Anstaltszögling darf seiner Mutter nicht schreiben, daß er sich unglücklich fühle, daß er hungere, mißhandelt werde; er darf der Mutter, die ihn geboren hat, über das, was er nur ihr sagen könnte und dürfte, nichts laut werden lassen, denn zwischen ihm und der Mutter steht der Vorgesetzte, dem er das volle Vertrauen weder entgegenbringen kann noch

darf, der seine Briefe liest, der es gegebenenfalls nicht bloß bei
deren Kenntnisnahme bewenden läßt. Er sieht sich genötigt,
entweder zu lügen oder zu schweigen, und zieht, wie gesagt, in
der Regel das letztere vor, das heißt: er verzichtet scheinbar freiwillig, in Wirklichkeit aber dem bittersten, schmerzlichsten
Zwang gehorchend auf den letzten, wenn auch noch so lockeren
Verkehr mit dem einzigen Menschen, der ihm der liebste auf
Erden ist. Woraus mancher Anstaltserzieher, nur den äußerlichen Vorgang, nicht aber dessen innere Bedingtheiten beobachtend, ableitet, der Zögling fühle sich in der Anstalt so unendlich
wohl, habe sich in ihr Getriebe so herrlich eingewurzelt, daß er
die Außenwelt, ja seine nächsten, liebsten Angehörigen darob
vergessen habe. Ich habe ihrer welche gekannt, die diese Erscheinung sogar als ein lobendes Zeugnis für die Vortrefflichkeit
ihrer Anstaltsleitung in Anspruch nahmen. Einer sagte mir einmal im naivsten, überzeugtesten Tone der Welt, als ich bezwei-
felte, daß seine Zöglinge in der Anstalt gerade nur paradiesische
Empfindungen hätten, da irre ich mich sehr, ich brauchte nur zu
lesen, wie alle Zöglinge in den Briefen an ihre Angehörigen erklärten, wie wohl es ihnen in der Anstalt gefalle, um sofort eines
Besseren belehrt zu werden. Und, fügte er nicht wenig stolz ge-
hobenen Tones hinzu, ich werde doch nicht glauben, daß er den
Zöglingen ihre Briefe diktiere.

«In Worten nicht», entgegnete ich, doch seine erstaunte
Miene verriet mir zu deutlich, daß er mich nicht verstanden
hatte, nicht verstehen konnte, nicht verstehen durfte!

Zu den Erholungs- und Ruhepausen des Anstaltslebens gehören auch gelegentlich Besuche von Freunden und Gönnern der
Anstalt. Beileibe nicht alle – ich glaube das schon erwähnt zu haben. Aber alle sind schließlich doch nicht moralgeladen und an-
dachtsschwanger. Es kommt mitunter vor, wenn auch viel zu selten, daß ein wirklicher Jugendfreund sich in den Betrieb verirrt;
einer der vielleicht selber einmal in einer Anstalt erzogen wurde,
der noch nicht ganz vergessen hat, wie es tut, Zögling zu sein. Der

noch etwas anderes als fromme Segenssprüche und Ermahnungen zu geben vermag, beispielsweise Wecken, Würste oder einen fröhlichen Vortrag, und, vor allen Dingen, der Frohsinn, Fröhlichkeit um sich verbreitet. Gesegnet sind dem Zögling Besuche solcher Anstaltsfreunde, gesegnet seien solche Besucher, die etwas vom Hauche des draußen pulsierenden Lebens, die Sonne in die graue Abgeschlossenheit der trüben Anstaltsklausur hineintragen. Solche Lichtblicke bleiben lange unvergessen. Erst vor kurzem empfand ich mit einem ehemaligen Anstaltskameraden noch einen Schimmer jener kindlichen Begeisterung, als wir uns der Erscheinung eines Missionars erinnerten, der unsere Anstalt gelegentlich besuchte, aber nie mit uns betete noch andächtelte, sondern uns allerlei vom Leben und Treiben der Bassutoneger erzählte, bei denen er gewirkt und später sein Leben gelassen hat.

Soll ich's verraten. Einem unserer Vorgesetzten – nicht dem Vorsteher, denn der war ein vernünftiger Mann – waren diese Besuche nicht gerade angenehm, und hätte er auch nicht geäußert, daß er es von einem Missionar schicklicher gefunden hätte, hätte dieser uns von der ewigen Heimat statt von Afrika erzählt, so würden wir es dennoch geahnt und ihn dorthin gewünscht haben, wo die seltensten Gewürze wachsen.

Nächtliches Anstaltsleben

Unsere Schilderungen des Anstaltslebens würden unvollständig sein, gedächten wir nicht einiger Erscheinungen, die dem Anstaltszögling vertraut, den Anstaltsvorgesetzten bekannt, dem Außenstehenden dagegen sozusagen ganz fremd sind. Dabei denke ich an das nächtliche Leben der Zöglinge vor allen Dingen.

Die Nacht ist des Zöglings Freundin und Trösterin, der Schlaf sein bester Kamerad, der ihm Vergessen, vorübergehende Befreiung von des Anstaltslebens ödem Einerlei und seinem Drucke bietet.

Vergessen wir nicht, daß die Zöglinge immerhin Kinder sind; das will sagen, junge Menschen, deren Widerstandskraft gegen das Ungemach erstaunlich groß ist, anders man es sich oft nicht erklären könnte, wie sie es zustande bringen, das Leben, das ihnen in der Anstalt bereitet wird, zu ertragen. Aber die jugendliche Spannkraft, die herrliche Gabe raschen Vergessens, die unzerstörbare, wenn auch oft stark eingeschränkte Hoffnungsfreudigkeit lassen es sie stets von neuem wiederum erdulden, und die Nacht bietet die zur körperlichen wie zur geistigen Erholung so notwendigen Ruhe- und Kräftigungspausen.

Im Alter, in dem sich die Anstaltszöglinge befinden, schläft man leicht und gern. Der Schlaf ist einem so notwendig und gerade in dieser Umwelt mindestens so wohltätig, nein wohltätiger sogar als die Nahrung. Vom Augenblicke an, wo der Zögling im Bett ist, gehört er erst ganz sich selbst an. Sogar die Aufsicht der Vorgesetzten, die Beobachtung durch die Kameraden lassen nach. Die kurze Zeit vom Zubettgehen bis zum Einschlafen ist recht oft die einzige, in der sich der Zögling ganz allein gegenübersteht, wo er mit sich allein sich abfinden, für sich allein fühlen und denken darf. Dieses Für-sich-allein-Sein ist ihm ein mehr als nur gelegentliches Bedürfnis. Die Anstalt mit ihrem Betrieb mag noch so eintönig, noch so öde sein, sie wird doch nicht verhindern können, daß der Zögling innerlich wächst, daß sich seinem Geist neue Eindrücke, neue Erlebnisse, daher neue Fragen stellen, nach deren Beantwortung seine Seele dürstet. Bevor er sich darüber auch seinem liebsten, vertrautesten Kameraden eröffnet, empfindet er das Bedürfnis, erst einmal selbst dazu Stellung zu nehmen, sich ganz allein mit ihnen auf seine Weise abzufinden. Das tut er im Bett, vor dem Einschlafen. Daß es ihm dazu weder an Zeit noch Gelegenheit gebreche, dafür sorgt die Hausordnung in wahrhaft fürsichtiger Weise, indem sie den Zeitpunkt des Zubettgehens ein für allemal festlegt, nicht davon abweicht, unbekümmert darum, ob in jenem Augenblick, wo sie Lichterlöschen verordnet, der Zögling Schlafbedürfnis empfinde oder nicht. Hat er also das Bett erst einmal angewärmt, kann er noch nicht schlafen, träumt er in wachendem Zustand. Die Bilder, die sich im Laufe des Tages vor seine Seele drängten; die Empfindungen, die ihn fesseln, denen er tagsüber keine Beachtung zu schenken Zeit hatte, erstehen nun um so lebendiger vor ihm, heischen ihre Verarbeitung. Das Ruhegebot, das über den Schlafsälen drohend schwebt, begünstigt sein Grübeln; die Dunkelheit, die ihn wohltätig umgibt, verhindert seine Ablenkung auf etwas anderes als das, was ihn eben bewegt.

In jenen Augenblicken, vor dem Einschlafen, bildet sich gewissermaßen des Zöglings Lebens- und Weltanschauung. Hier setzt er sich mit sich selbst und der Welt auseinander; hier verfällt er auf die Einfälle, die sich, nachdem er sie gebührend reifen ließ, in Unterlassungen oder Taten umsetzen, die des Zöglings besondere Eigenart bedingen. In diesen Augenblicken weint er vor Sehnsucht um Verlorenes, aus Zorn und Erbitterung über Erlittenes; hier kochen in seiner Seele die fürchterlichsten Rachepläne, sprießen seine herrlichsten Vorsätze; hier blüht ihm die volle Erkenntnis seiner bedeutungslosen Ohnmacht; hier lernt er die schon praktisch angewandte Ergebung in ein handliches Verfahren kleiden; hier bildet er seinen Charakter, indem er ihn entweder stählt oder preisgibt, verfeinert oder verliert. Wenn er auch schließlich ob dem Sinnieren zu keiner Klarheit kommt und meistens darob einschläft, war es doch nicht umsonst, weil er das Wohltuende unbeobachteter Selbstunterhaltung genoß. Weil er, der sich sonst immer beobachtet, ausspioniert weiß, der sich triebmäßig genötigt sieht, nicht nur seine Gedanken und Gefühle, sondern daß er überhaupt denkt und empfindet, zu verbergen, nun frei, ungestört innerlich sich ausleben kann, seinem Geiste keine Schranken gezogen fühlt.

Mag sein Sinnen auch nur durch einen zwischen Wach- und Schlafzustand stehenden Taumel in das Reich der eigentlichen Träume führen; hier fühlt er sich frei und leicht; was er heute weder ergründete noch löste, was ihm heute noch verworren und unklar bleibt, wird er morgen abend weiter spinnen; das wird er verfolgen, bis es ihm klar ist, eine Lösung bietet. Und das eilt ja nicht; das Anstaltsleben ist ja lang, der kommenden Abende harren noch viele.

Ich weiß nicht, ob man verstehen wird, warum ich gerade darüber mehr in die Breite gehe, als der Gegenstand nach oberflächlicher Wertung zu verdienen scheint. Doch will mich bedünken, es sei nicht überflüssig, darauf hinzuweisen, daß auch der Anstaltszögling sozusagen kein Vieh ist; daß er seelische und geistige Bedürfnisse hat; daß er gelegentlich auch, wie irgend ein empfindendes und denkendes Wesen, seelischer Ruhepausen bedarf, daß auch seine Seele unter den allgemeinen Gesetzen lebendiger Entwicklung steht. Ist das einmal in seiner ganzen Bedeutung begriffen, dann wird auch mit den Befürwortern der Anstaltserziehung eher über die Frage zu reden sein, ob es vom Guten ist, daß der Zögling in seiner geistigen und seelischen Entwicklung ausschließlich und allein auf sich selbst angewiesen bleibe, oder ob es nicht zu aller Beteiligten Vorteil wäre, wenn er sich vertrauensvoll beraten lassen, sich aussprechen, gemeinsam mit einem fühlenden, verstehenden Herzen fördern und abklären könnte so manches, das ihn bedrückt, das ihm unbegreiflich, unleidlich, feindselig, unlogisch scheint und es meistens auch ist.

Die mönchische Abgeschlossenheit für in voller jugendlicher Entwicklung stehende Kinder ist nämlich etwas so widernatürlich Grausames, etwas so ruchlos Unerzieherisches, daß es sich wahrhaftig lohnt, ihr eine mehr als nur oberflächliche, vorübergehende Aufmerksamkeit zu schenken. Namentlich lohnt es sich auch zu überlegen, welches wohl die Folgen für den einzelnen Zögling sowohl wie für die Gesellschaft sein mögen, an die ihn die Anstalt eines Tages, wohl oder übel, wieder zurückgeben muß.

Ich wollte bloß darauf hinweisen, daß in der Anstalt der Zögling nur dann ganz ehrlich, ganz sich selbst sein darf, wenn er sich unbeobachtet und allein weiß, das heißt im Bett, bevor er noch einschläft, weil ihm die Anstalt sonst überhaupt nie erlaubt, ganz ehrlich, ganz sich selbst zu sein. Die Ruhekissen der Zöglinge sind die Gräber ihrer Erinnerungen, ihrer Tränen, wie auch die Saatbeete ihrer Hoffnungen und Zukunftsträume. Auf ihnen reifen die Häupter frühreifer Philosophen. Ist es nicht bedenklich, feststellen zu müssen, daß es die pessimistischen, skeptischen Philosophen sind? Im Kindesalter!

Wobei es wenig verschlägt, ob sie den Weg zur Stoa, zum Fatalismus oder zum Zynismus einschlagen.

Ich wage nämlich die Behauptung, daß niemand, am allerwenigsten die Vorgesetzten, aber ebensowenig die außer der Anstalt stehenden Befürworter ihrer Erziehung, die Seele des Zöglings auch nur annähernd kennen. Niemand kennt sie als er selbst und sogar auch er nur in rückerinnernder Betrachtung. Dieser Umstand allein schließt ein Urteil über die Anstaltserziehung in sich, weil Erziehung, die etwas anderes, die mehr ist als bloßes Abrichten, äußerliche Dressur, auf wenn auch noch so allgemeine Kenntnisse der Seele der zu Erziehenden aufgebaut werden muß.

Das Für-sich-Spintisieren-und-Grübeln, wie ich es soeben skizzierte, zeitigt gewisse Reifezustände des Denkens und Empfindens, die notwendigerweise in einem nicht mehr einzudämmenden Mitteilungsbedürfnis gipfeln, die nach Ausdruck ringen. Der Zögling, der aus der Gedanken- und Seelenmauser kommt, muß sich mitteilen. Er muß überzeugen oder überzeugt werden und wendet sich daher an seine ähnlich gestimmten Kameraden. Daraus ergeben sich innige Freund- oder Feindschaften, die mitunter erst mit dem Leben, sicher aber stets erst lange Jahre nach der Entlassung aus der Anstalt ein Ende nehmen. Solche gemeinsame, eindringliche Erlebnisse, wie sie die Anstalt vermittelt, bilden einen festen, fast unlösbaren Kitt im Guten wie im Schlimmen. Diese Herzensergüsse zeitigen aber noch, verbunden (namentlich bei den größeren Zöglingen) mit der sich einstellenden Mannbarkeit, ziemlich ausnahmslos noch etwas anderes, nämlich die Entdeckung der einem innewohnenden, durch die Anstaltserziehung ebenso gewaltsam als widernatürlich zurückgedrängten Sinnlichkeit. Daraus nun entsteht etwas, das man Seuche nennen möchte, wäre das Wort nicht allzu tragisch gewählt für eine Sache, die sich höchstens zur Sucht steigert, nämlich zur Onanie. Man hat sie fürchterlich dunkel eingefärbt, hat ihr die grauenerregendsten Wirkungen zugeschrieben. Man predigt der Jugend von ihr als von einer nie gut zu machenden, unverzeihlichen Todsünde und ängstigt damit ihr ohnehin schon gequältes, weil unbefestigtes Gewissen. Im Vertrauen gesagt: es liegt viel weniger daran, als man sich gerne vorstellt. Sie kann sich zu vorübergehenden Erregungszuständen von einer gewissen Dauer steigern; sie wird, außer den natürlichen Bedingtheiten der erwachenden Pubertät, namentlich durch blödsinnige moralische Erziehungsmaßnahmen, durch unhygienische Körperpflege, wenn auch nicht hervorgerufen, doch gefördert, in den Anstalten aber in einer Weise gezüchtet, hinter der man eine bestimmte Absicht vermuten möchte, nämlich die, durch die Onanie die Willenskraft des einzelnen noch mehr, als es sonst geschieht, zu schwächen. Man entwächst übrigens der Onanie, wie man ihr zum Opfer fällt, ganz von selber, ohne besondere seelische Anstrengung. Nämlich dann gewöhnlich, wenn man der Anstalt den Rücken gekehrt hat, wenn das Sinnen und Denken von etwas anderem, vom Leben, gefesselt wird. Sie ist zum großen Teil die Frucht der Anstaltslangeweile. In der Anstalt freilich gestaltet sie sich gelegentlich zum wechselseitigen Großbetrieb, artet mitunter auch in Päderastie aus. Doch muß ich gestehen, daß mir während meiner Anstaltszeit nur zwei Fälle letzterer bekannt wurden, und zufälligerweise weiß ich, daß die Verirrung, wie dies übrigens bei der Onanie auch fast immer der Fall ist, keinen Dauercharakter annahm, sondern nach Anstaltsaustritt ganz von selbst erlosch.

Warum, abgesehen von den natürlichen Bedingtheiten, verfällt der Anstaltszögling derartigen Irrungen? Aus Langeweile zunächst und dann – hier nun wäge ich jedes Wort ab –, weil er sich auf irgendeinem Gebiet ein Vorbehaltsrecht uneingeschränkter Verfügung über sein sonst immer zurückgedrängtes, unterdrücktes Ich zu schaffen sucht. Sie ist endlich ein Ausdruck seiner natürlichen Sinnlichkeit, doch auch dieser Ausdruck wäre gesunder, sorgte nicht die Anstalt selbst dafür, gerade das Natürliche und Gesund-Sinnliche nicht aufkommen zu lassen. Das alles hat mit bemerkenswerter Einsicht ein Gelehrter, dem man schwerlich den Vorwurf der Leichtfertigkeit machen wird, ungemein richtig erkannt und gesagt, nämlich Prof. Dr. August Forel, der für diese Art der Onanie in seinem Werk *Die sexuelle Frage* (Kap. VIII, pag. 241 ff.) den durchaus treffenden, weil einzig bezeichnenden Ausdruck «Notonanie» geprägt hat.

Ich habe mir hier nicht zur Aufgabe gestellt, die Anstaltserziehung zu reformieren, sondern sie schildernd überhaupt zu befehden, weil ich sie als heillos erachte, und könnte darum über die Frage, die sich hier unwillkürlich aufdrängt, hinweggehen, die da lautet:

«Soll und kann man solche Verirrungen bekämpfen und wenn ja, wie?»

Ich glaube, die Anstalt kann es nicht; es wäre denn, daß sie die sexuellen Verirrungen als stehende Verrichtungen in ihre Hausordnung aufnähme und darin praktisch, mit Übungen verbunden, unterrichtete. Wird doch jedes Lustgefühl in der Anstalt und durch die Anstalt abgetötet, sobald sie es ihrer Ordnung unterstellt. Warum sollte daher das sexuelle Lustgefühl durch die Anstaltspädagogik dem Zögling nicht ebensogut verekelt werden können wie das Essen, das Spiel, die Augen- und Ohrenfreude?

Gerade dadurch, daß die ganze Anstaltserziehung darauf ausgeht, den Willen des Zöglings zu schwächen, liefert sie ihn jeder Versuchung gegenüber wehrlos aus, und weil das wenigstens den einsichtigsten ihrer Pädagogen im Grunde wohl, wenn auch recht dunkel bewußt ist, so sehen sie gerne darüber hinweg, wohl ahnend, daß hier mit ihren gewöhnlichen Mitteln, den Ahndungen und Strafen, verteufelt wenig auszurichten wäre.

Oder gehört am Ende die Duldung der sexuellen Verirrungen zum Anstaltserziehungssystem, wie ich oben vermutete?

Verbote und Strafen

So zahlreich und mannigfaltig die Anforderungen sind, die die Anstaltsordnung an den Zögling stellt, so erbärmlich dürftig sind die Mittel der Vorgesetztenschaft, ihnen Nachachtung zu verschaffen, denn sie bestehen zu neunundneunzig Hundertsteln ausschließlich aus Verboten und Strafen. Das ist einfach, praktisch und bequem. Es enthebt der Mühe, eine Maßregel erst lange vor sich selbst oder gar vor den Zöglingen zu begründen, was mitunter weniger leicht wäre. Es enthebt ferner der Mühe, des Zöglings Verständnis anzurufen, ihm Nutzen und Absicht des Gebotes klar zu machen, was mitunter nicht nur unbequem, sondern beschämend oder aufreizend wirken könnte. Also hält man sich ans Praktische: man gebietet und verbietet bei Strafandrohung. Da man alle Gewalt in den Händen und keine Einmischung von oben noch von außen zu befürchten hat, gewinnt man so eine Menge kostbare Zeit; man erreicht damit seinen unmittelbaren Zweck auf dem kürzesten Weg der Gewalt, von der allerdings Cavour, wenn ich nicht irre, behauptete, mit ihr könne jeder Esel regieren.

Die Strafe in der Anstalt ist auch nichts anderes als eine fortgesetzte Gewaltanwendung, doch wird sie vom Zögling, glücklicherweise, auch als nichts anderes empfunden und eingeschätzt. Je straffer, je peinlicher die Anstaltsordnung ist, je kleinlicher, zahlreicher ihre Vorschriften sind, je vielseitiger, häufiger sind auch die Strafen, die Gewaltanwendungen, die die ersteren überhaupt ermöglichen.

Es wird um alles und um nichts gestraft. Die Strafe steht selten in einem ursächlichen oder folgerichtigen Zusammenhang mit dem Vergehen, noch in einem wohl erwogenen Verhältnis dazu, denn das Hauptvergehen, das eigentlich alle andern in sich schließt, gipfelt im Verstoß gegen die Ordnung der Anstalt. Ob sich der Zögling einer sittlich anfechtbaren Handlung schuldig machte; ob er mit schlecht geputzten Schuhen zur Kleidermusterung antrete; ob es sich um die Äußerung sittlicher Minderwertigkeit, um Charakterschwäche, Flüchtigkeit, ein bloßes Versehen, Zufallspech oder um eine planmäßig angelegte Gemeinheit handle, ist ungefähr gleichgültig, weil sich alles als Widerhandlung gegen die bestehende Anstaltsordnung darstellt. Daher sind die Strafen fast immer die gleichen. Höchstens, daß sie sich in ihrer Schärfe und Eindringlichkeit insofern abstufen, als die erste Strafe für den nämlichen Verstoß gelinder als die zweite, diese weniger hart als die dritte usw. ausfällt, aber auch diese Staffelung wird nicht immer genau eingehalten.

Der Zögling rechnet mit den Strafen nicht als mit einer Ausnahmemaßregel, sondern als mit einer stehenden Einrichtung, ja mancherorts gewissermaßen wie mit einem Lohntarif im verneinenden Sinne. Er sagt sich etwa: Wenn ich das oder das tue oder unterlasse, kriege ich die und die Strafe. Lohnt es sich, das zu tun oder zu unterlassen? Wobei die Wahrscheinlichkeitsberechnung des Unentdecktbleibens mit in Betracht gezogen wird.

Man ersehe, daß die Strafe in der Anstalt lediglich ein Zwangs- und Polizeimittel bildet, dem keinerlei erzieherischer Wert beizumessen ist. Der Strafe Zweck liegt nicht in der sittlichen Hebung des Zöglings, sondern gipfelt in der Gewähr der Anstaltsordnung. Genau wie in der preußischen (ob wohl nur in der preußischen?) Kaserne. Die Gleichartigkeiten zwischen den Anstalts- und den militärischen Disziplinarstrafen sind übrigens so augenfällig, daß sich beide Strafsysteme zum Verwechseln ähnlich sehen, sowohl in der Auffassung wie in der Anwendung. Jedes geht auf einen bestimmten, einfachen, leicht zu überblickenden Endzweck aus, der lediglich in der äußern Ordnung ausmündet. Keines von beiden denkt auch nur daran, sittlich zu heben oder zu überzeugen, sondern lediglich zu verfügen.

Darin liegt ihrer beider Härte, ihre Ungerechtigkeit, die vom Zögling wie vom Soldaten, mögen sie auch Fatalisten sein, sich ausnahmsweise auch als Aufständische fühlen, empfunden wird. Sie, die Strafen und ihre Anwendung, bilden den Hauptgrund zu der Tatsache, daß die Vorgesetzten nicht geliebt, meistens gehaßt, gelegentlich auch verachtet werden. Allzuoft empfindet der Zögling, daß der, der die Strafe über ihn verhängt, zwar der mit unbeschränkter Macht ausgerüstete Vorgesetzte, er aber, der Zögling, der eigentliche Herr der Lage ist. Er wird alle seine Kräfte darein setzen, der nach der Auffassung des Vorgesetzten verdienten Strafe zu entgehen, dazu sind ihm alle Mittel gerade recht. Ich kann ruhig behaupten, daß die von den Zöglingen angewandten Schliche, sich den Strafen zu entziehen, an sich, moralisch, in der Regel unendlich anfechtbarer sind als die Verstöße, die ihnen die Strafe eigentlich zugezogen haben würden, hätte man sie erwischt.

Neue Ähnlichkeiten zwischen dem Anstaltsstrafsystem und dem des Unteroffiziers: Da, wo der Einzelschuldige nicht zu ermitteln ist, werden Gesamtstrafen verhängt. Indem der Anstaltserzieher eine ganze Zöglingsschar prügelt, ihnen Essen oder Freistunden entzieht, Strafarbeiten aufgibt; der Drillmeister, indem er die ganze Gruppe, den ganzen Zug konsigniert oder mit Arrest belegt.

Solche Strafen sind ganz besonders dazu angetan, das natürliche, im Zögling schlummernde, feine Rechtlichkeitsgefühl zu wecken sowie die Vorgesetzten, die sie verhängen, beliebt zu machen, wie man es sich wohl denken kann. Der einmal zu Unrecht Bestrafte wird es dem Strafenden schwerlich verzeihen und sich ihm sittlich überlegen fühlen. Mit Recht! Der Vorgesetzte ist und bleibt des unschuldig Bestraften Schuldner. Er sorgt durch stete Neuanwendungen seines Unbills dafür, daß ihm die Schuld nicht nur nie erlassen werden kann, sondern, daß sich das Gefühl des unter ihm Leidenden allgemach in unauslöschlichen Haß oder, was noch schlimmer ist, in unsägliche, bodenlose Verachtung umwandelt.

Mit solchen Strafbonzen liegt nicht nur der einzelne Zögling, sondern der ganze Zöglingsbestand in unausgesprochenem, aber darum nicht weniger erbittertem Kampf, bei dem der Vorgesetzte schließlich unterliegen würde, wäre er in der Anstalt nicht dauernder, überdauernder als die Zöglinge. Oft unterliegt er trotzdem. Ist er einmal unterlegen, dann hilft ihm kein Gott mehr auf die Beine; dann ist und bleibt er geliefert. Seine Strafdonner, mögen sie auch noch so heftig poltern, tun nur mehr äußerlich weh, aber schrecken nicht mehr und machen keinen andern als einen rein körperlichen Eindruck.

Der Kampf, der gelegentlich zwischen Vorgesetzten und Zöglingen auf diesem Boden ausgefochten wird, ist mitunter ungemein bemerkenswert. Auf der einen Seite der sich angegriffen fühlende Vorgesetzte, der der stillen, nie in äußern Zeichen noch Kundgebungen sich bemerkbar noch faßbar machenden Meuterei gegenübersteht, der sie durch erhöhte Gewalt einzudämmen, ihrer Herr zu werden sucht, während er sie lediglich vertieft und verankert. Auf der andern Seite erfindungsreiche Lausbuben! Es ist mitunter ein geistreiches Spiel, das die Zöglinge mit bewunderungswürdigem Verständnis gegen den Vorgesetzten spielen. Es besteht darin, ihn mit seinen Strafanwendungen in Widerspruch mit sich selbst zu setzen, um ihn unausgesprochen fühlen zu lassen, wie tief und mit wieviel Recht man ihn verachtet. Es werden schwere, aber unvorhergesehene Verstöße gegen die Anstaltsordnung peinlich ausgesonnen, ins Werk gesetzt, die so strafwürdig als möglich sind, bei denen die lästerliche Absicht unverkleidet zu Tage tritt, die jedoch dem Vorgesetzten ausgerechnet nur darum unfaßbar und unbestrafbar bleiben, weil er sie weder voraussehen noch durch rechtzeitiges Gebot oder Verbot verhindern konnte. Gelingt es ihm ausnahmsweise dennoch, dann kann er sicher darauf rechnen, in der Achtung der Zöglinge wieder um einiges zu steigen. Gewöhnlich ist solches aber nicht der Fall, und während er den gerade gegebenen Streich für die Zukunft verbietet, mit strengen Strafen ihn zu ahnden sich entschlossen erklärt, pfupft ihm unter den Händen ein neuer, ungeahnter Feuerteufel auf, der ihn in eine wiederum unvorhergesehene, wenig beneidenswerte Lage drängt. Er ist der Geprellte und ist er von Natur aus klug, wird er es einsehen, den Kampf aufgeben, mildere Saiten aufziehen, das verlorne Vertrauen, die eingebüßte Achtung wieder zu erobern wünschen, indem er zu verstehen sucht, was ihm meistens, wenn er damit ernst macht, schneller als man ahnen möchte gelingt, weil die Kinder in der Regel leicht vergessen und, wenn nicht zum äußersten der Erbitterung getrieben, selten auf die Dauer rachsüchtig sind.

Umgekehrt verhält es sich aber mit dem beschränkten Vorgesetzten, der es darauf ankommen läßt, zu biegen oder zu brechen. Der sich seiner unumschränkten Macht in der Anstalt bewußt, gewillt ist, sich ihrer bis zum äußersten zu bedienen. Der sich auf den Standpunkt stellt: «Mir ist es gleich, ob ihr mich liebt oder haßt, ob ihr mich achtet oder verachtet; aber parieren sollt ihr!»

Dieser Vorgesetzte nun ist nicht selten; um so weniger als ihm auf die Dauer, vermöge seiner größeren Beharrlichkeit, verbunden mit seiner fast unbeschränkten Machtvollkommenheit, der Erfolg recht gibt: Die Zöglinge parieren, willenlos und gebrochen – sie sind «erzogen»!

Von dieser Geistesverfassung des Vorgesetzten zum eigentlichen Machtkoller, von diesem wiederum zum klar ausgeprägten Sadismus trennt gewöhnlich nur ein kleiner Schritt.

Diese Verirrungen nun zeitigen Scheußlichkeiten im Anstaltsleben, die unglaublich scheinen, jedoch vielerorts fast an der Tagesordnung sind.

Wie sich diese Verirrungen etwa praktisch äußern, davon mögen folgende Beispiele zeugen, deren ich entweder selbst Zeuge oder Opfer war, oder die mir durch durchaus glaubwürdige, ernsthafte Leute, deren Zeugnis jederzeit anzurufen ist, mitgeteilt wurden.

In einer bekannten Erziehungsanstalt von weithin reichendem Ruf wurden taubstumme Mädchen zur Strafe nackt ausgezogen und geprügelt oder in eine Kufe eiskalten Wassers untergetaucht.

In einer andern wurden Durchbrenner (man beachte, daß es sich um Kinder unter sechzehn Jahren handelt) dadurch bestraft, daß sie, wenn sie wieder eingebracht waren, wochen- oder monatelang eine rote Jacke tragen mußten, ähnlich der früher in bernischen Strafanstalten für Kindsmörderinnen gebräuchlichen.

In einer dritten wurde ein Knabe, der ebenfalls durchgebrannt war, wieder eingeliefert und folgendermaßen abgestraft:

Der Vorsteher, der, nebenbei sei's gesagt, im Rufe besonderer Frömmigkeit steht, hielt an ihn vor den versammelten Zöglingen eine Ansprache, die darin gipfelte: «Du magst also gern laufen. Schön, dazu wollen wir dir nun Gelegenheit verschaffen!»

Darauf ließ er die ganze Zöglingsschar mit Gerten ausgerüstet antreten. Je zu zweien mußten sie den Ausreißer peitschend im Hof herumhetzen, bis sie müde waren, worauf zwei andere, frische Zöglinge ihre Stelle einzunehmen genötigt wurden, bis der arme Teufel unter den Streichen zusammenbrach. Der Zögling ist, kaum zwanzigjährig, vor nicht allzu langer Zeit gestorben. Ob sein früher Tod mit den in der Anstalt erlittenen Mißhandlungen zusammenhängt, läßt sich zum mindesten fragen.

In derselben Anstalt drang der Vorsteher immer darauf, daß beim Kartoffelschälen die Pelle so dünn als möglich ausfalle. Fand er bei einzelnen Zöglingen zu dicke Pelle, wurde diese den Fehlbaren im Kaffee vorgesetzt und mußte verschlungen werden.

Ebendaselbst kam es eines schönen Tages vor, daß ein Knabe von der Mähmaschine erfaßt und ihm ein Fuß abgeschnitten wurde. Der Verunglückte achtete seiner Verletzung nicht, sondern schrie fortwährend, man möchte es doch um Gotteswillen dem «Vater» nicht sagen, sonst kriege er Strafe. Ein hübscher Zug – nicht wahr? –, der auf den lieblichen Geist, der in jener Anstalt herrschte, wohl schließen läßt.

In einer andern Anstalt, deren überaus frommer Vorsteher allerdings auf diesem Gebiet so ziemlich jede Höchstleistung auf

Pferdelängen schlug, gab es außer den üblichen Stock- und Dunkelarreststrafen, welch letztere sich, bei Wasser und Brot, bis zu zwei Wochen und länger ausdehnen konnten, folgende drei reizende Strafmittel: Zwangsjacke, Salzruten und Kettenstrafen.

Wissen Sie, was eine Zwangsjacke ist? Das ist ein aus grobem Zwillich bestehendes Kamisol mit etwa zwei und einem halben Meter langen, spitz auslaufenden Ärmeln. Als Strafmittel wird sie angewandt, indem sie dem Opfer angezogen, hernach die Arme kreuzweis soweit als möglich über den Rücken hinauf gezogen werden, so daß die linke Handwurzel etwa auf die Höhe des rechten, die rechte Handwurzel auf die des linken Schulterblattes zu stehen kommt. Dann werden die Ärmel wiederum kreuzweise über die Brust so stark als tunlich angezogen und endlich um den Leib geknüpft. In dieser Stellung beläßt man den Bestraften einige Stunden. Es läßt sich schwer ausmalen, welche unerträglichen Schmerzen er durch die Muskelanspannung der Arme und die Einengung der Atmungsorgane erleidet. Das Verfahren hat eine gewisse Ähnlichkeit mit der früher bei uns zulande als Tortur verwendeten sogenannten Strecke, mit dem einzigen Unterschied, daß die Zwangsjacke die Arme nur bis nahe an die Ausrenkung der Schultergelenke anspannt, sie aber doch nicht ganz ausrenkt. Unser Vorsteher, der diese Strafe oft verhängte, in einem Falle an einem Zögling drei Tage hintereinander je acht Stunden lang, begnügte sich damit noch nicht. War nämlich der Zögling bereits in Schweiß gebadet, vom Schreien und Keuchen heiser, so machte es ihm Vergnügen, sich an des armen Teufels Leiden zu weiden, ihn zu höhnen, und wenn der Zögling, aus Trotz oder Erschöpfung, nicht darauf rückwirkte, so konnte es ihm einfallen, ihm auf die gespannten Arme mit einem buchenen Scheit oder, wie etwa mir geschah, mit einem Gabelstiel Schläge zu versetzen, damit er wieder des Lebens froh werde.

Eine andere Strafe bestand in einer vorher bestimmten Anzahl von Salzrutenprügeln. Die Salzrute ist eine aus Weiden geflochtene Tresse von etwa 1,20 Meter Länge und vier bis fünf

Zentimeter Breite, die vor dem Gebrauch ins Salzwasser einge-
legt wird, um sie geschmeidig zu machen. Der Zögling, der dieser Strafe verfallen war, wurde nun, nur mit Hemd und Hosen
bekleidet, bäuchlings auf eine Bank festgeschnallt, dann wurden
ihm die Streiche so kräftig als möglich, übrigens nicht ohne
Kunstpausen, auf den Rücken verabfolgt. Platzte etwa die Haut,
so hatte er wenigstens das tröstliche Bewußtsein, ein andauern-
des Andenken an seine Strafe ins Leben hinaus zu tragen.

Daß ich's nicht vergesse, die Zwangsjacken- und Salzruten-
strafen wurden vom Vorsteher freundlicherweise jeweilen wenigstens vierundzwanzig Stunden, mitunter auch einige Tage vor
ihrem Vollzug angekündigt, um den damit Bedachten ja nicht ihres trostreichen Vorgeschmackes zu berauben.

Die Kettenstrafe wurde nur bei Durchbrennern angewandt.
Sie bestand darin, daß man an das rechte Bein des Zöglings eine
etwa anderthalb Schuh lange Kette schmiedete, an deren Ende
zur Verzierung eine Kugel im Gewicht von 10 bis 15 Kilogramm.
baumelte. Es gab in der Anstalt, von der ich spreche, zwei Knaben, von denen der eine etwa zwölf, der andere vierzehn Jahre alt
sein mochte, die dieses Schmuckstück lange Monate, wenn nicht
mehr als ein Jahr mit sich herum schleppten.

In dieser Anstalt wurde, zu meiner Zeit, ein Zögling dermaßen gequält, daß er epileptoformen Krämpfen verfiel und wo-
chenlang irre redete. In dieser Anstalt ist nach meinem Austritt,
aber unter demselben Vorsteher, auch der einzige Zöglings-
selbstmord vorgekommen, der mir je bekannt wurde.

Ich hoffe, daß diese Zeilen noch früh genug im Druck erscheinen werden, um ihre Lektüre den beiden letzteren, hier ge-
meinten Alt-Vorstehern zu ermöglichen. Dann mögen sie mich
der Lüge zeihen, wenn sie es können und dürfen. Sollte ihnen
übrigens an meinem Fluche etwas gelegen sein, so sei er ihnen
hiemit feierlich erteilt.

Ich dürfte es hier mit der Aufzählung von Scheußlichkeiten
füglich bewenden lassen, handelte es sich nicht darum zu zeigen,

wie dumm, wie unverständig gelegentlich die Strafen verhängt
werden und wie merkwürdig es in den Köpfen derer aussehen
muß, die sie anordnen.

Es gibt in jeder Anstalt beispielsweise Bettnässer. Dieses Übel
kann nun ebensowohl eine bloße, schlechte Gewohnheit, eine
Nachlässigkeit, die meistens ihre Ursache in der Vernachlässigung des Kindes vor seinem Anstaltseintritt hat, als auch eine
krankhafte Blasenschwäche sein. Was tut man in der Anstalt, um
die Bettnässer zu heilen? Man bestraft sie. In einer Anstalt, die
ich freilich nur vorübergehend kennenlernte, war es bräuchlich,
die Bettnässer mit ihren nassen Leintüchern am Sonntagmorgen, wenn die Predigtleute der Straße entlang kamen, an deren
Rand an den Pranger zu stellen, um damit ihre Selbstzucht und
ihr Ehrgefühl zu stärken. In andern wurden sie einfach geprügelt. Noch in einer andern wurden sie in gewissen Zeitabständen
aus dem Schlafe geweckt und gezwungen, ob's not tat oder nicht,
bei jeder Witterung, jeder Temperatur, ihre Notdurft in den im
Hofe, neben dem Hause befindlichen Abort, in Schuhen und im
Hemd, verrichten zu gehen. Eidlich kann ich versichern, daß ich
mich, trotz aller Gedächtnisanstrengung, nicht erinnern könnte,
daß einmal in solchen Fällen ein Arzt zu Rate gezogen worden
wäre.

Sogar Fallsucht wurde mit dem Stock behandelt. In einem
Fall zwar nur, weil man den betreffenden Zögling vorgesetzter-
seits als einen Schwindler betrachtete. Er war's aber nicht, sondern kam dann einige Jahre nach seinem Austritt aus der Anstalt
in einem Anfall, auf die denkbar traurigste Weise ums Leben, indem er beim Umfallen eine Petroleumlampe mit sich riß und
jämmerlich verbrannte.

Ich mache schon jetzt darauf aufmerksam, obwohl ich später noch eingehender auf diesen Punkt zurückzukommen genötigt sein werde, daß diese Zustände schon das Verdammungs-
urteil des Anstaltsunwesens in sich tragen und daß dieses selbst
eben nur dadurch möglich ist, weil sich die Anstalt, vermöge

ihrer Abgeschlossenheit, der öffentlichen Aufsicht fast vollständig entzieht.

Die Zöglinge unter sich

Es versteht sich von selbst, daß unter den besonderen Bedingungen, die das Anstaltsleben mit sich bringt, auch das Verhältnis der Zöglinge unter sich ein besonderes ist, das sich nicht ohne weiteres mit Schulkameradschaft, aber noch viel weniger mit Familiengenossenschaft, wie sie zwischen Geschwistern besteht, vergleichen läßt. Zum ersteren fehlt die freie Ungebundenheit, zum zweiten die innige Zusammengehörigkeit. Die verschiedene Herkunft, die starke Mischung unter sich durchaus anders gearteter Einzelkinder, die von einem Zögling zum andern ganz andern körperlichen, geistigen und seelischen Voraussetzungen, nötigen den Zöglingsbestand einer Anstalt, unter sich eine Lebensgenossenschaft auszubilden, die, um es möglichst zusammenfassend zu umschreiben, einmal von der allgemeinen Abwehrstellung gegenüber der Anstaltsleitung, von der Notwendigkeit gegenseitiger Duldung und gemeinsamen Auskommens, endlich aber auch von dem Bestreben jedes Einzelnen bedingt ist, sich soviel als möglich persönliche Vorbehaltsrechte auf jedem Gebiete zu sichern, zu wahren und zu behaupten.

Der Neuling in der Anstalt hat meistens Mühe, das zu erfassen; darum fällt es ihm oft schwer und erfordert von ihm mitunter geraume Zeit, sich in den Zöglingsbestand einzuleben. Vor allen Dingen muß er sich abgewöhnen, das Kinderleben, das er vor seiner Anstaltszeit geführt haben mag, als Grundlage seines Verhaltens in der Anstalt zu betrachten. Gerade zum Beginn seiner Anstaltszeit sind Zusammenstöße mit seinen Kameraden sozusagen unvermeidlich. Einmal, weil er sich ihnen gegenüber durchaus fremd fühlt; zum andern, weil er noch vom Wahne befangen ist, die Vorgesetzten seien wirklich, wenigstens bis zu einem gewissen Punkt, imstande, ihm die Eltern zu ersetzen; zum dritten, weil er noch allzusehr, wie man etwa beim Militär sagen würde, als «Zivilist» denkt und empfindet. Seine Anfangsstellung in der Anstalt ist demnach nicht beneidenswert, es wäre denn, daß eine glückliche Veranlagung ihm erlaubte, sich scheinbar oder wirklich gefühllos über alles mögliche, Befremdende, Feindselige hinwegzusetzen. Das kommt mitunter vor, aber selten, am allerwenigsten bei den Kleinen.

Der Zöglingsbestand unterwirft zunächst, ohne daß er sich dessen eigentlich gewahr wird, den Neuling gewissen Belastungsproben, die nebenbei bemerkt von viel tieferer seelischer Einsicht zeugen als die Stellung, die die Vorgesetzten meistens zu den Zöglingen einnehmen. Ohne daß er's merkt, wird der Neuling auf seine körperlichen, geistigen und sittlichen Eigenschaften von seinen Kameraden praktisch geprüft und zum Gemeinschaftsleben erzogen. Man stellt an ihn allerlei Zumutungen, billige und unbillige. Geht er widerstandslos auf alles ein, dann ist er geliefert, dann wird er so lange als Aschenbrödel behandelt, bis er sich gebessert und gefestigt hat oder ihm ein anderer Neuling, der ihn an Widerstandslosigkeit noch übertrifft, der außerdem den Reiz der Neuheit bietet, in seiner Rolle ablöst. Ist er dagegen über die Maßen widerborstig, so wird er so lange gedrillt, geneckt, gequält und beiseite geschoben, bis er sich entweder geändert und seine Persönlichkeit auf ein der Gemeinschaft erträgliches Maß heruntergeschraubt hat, oder bis er, was auch gelegentlich vorkommt, sich als stärker denn die übrigen Zöglinge erwiesen hat, sich gegen sie durch die Bank weg siegreich behauptet. In diesem Falle fällt ihm neidlos, in selbstverständlicher Anerkennung, eine Führerrolle zu.

Ein Irrtum, in den fast jeder Neuling verfällt, beruht auf der Annahme, daß ihn die Vorgesetzten gegen allfälligen Unbill, der ihm seitens der Kameraden widerfährt, wirksam zu schützen vermöchten. Er wird sich also gegebenenfalls über sie beschweren. Die Vorgesetzten werden seine Beschwerde untersuchen und die

Fehlbaren bestrafen. Damit hat er sich die Feindschaft der Bestraften gleichzeitig mit dem Mißtrauen der andern Kameraden aufgeladen. Wenn er nun mit seinen Beschwerden fortfährt, so wird ihm das Zusammenleben mit den Gespanen bald dermaßen verekelt, daß es kaum mehr zum Aushalten ist. Es geschieht ihm nichts mehr, das einer strafbaren Handlung gleichkommt, das von oben geahndet werden könnte, weil ihm überhaupt nichts mehr geschieht, weder Gutes noch Schlimmes. Er wird als nicht vorhanden behandelt. Nur dort, wo die Kameraden vor Entdeckung ganz sicher sind, wird er, aber gründlich, körperlich oder moralisch mißhandelt. Mag er sich dann beschweren! Entweder ist eigentlich nichts geschehen, oder aber das halbe Dutzend Zöglinge, die ihn abseits der Vorgesetzten, sei's im Holzhaus, sei's in der Werkzeugkammer, weidlich durchwalkten, versichern unisono, mit so rührender, entrüsteter Übereinstimmigkeit, der «Neue» sei nicht einmal angeschaut, geschweige denn angerührt worden, daß der Vorgesetzte sich dann doch nicht getraut einzuschreiten und der Mehrheit Glauben schenkt. Kommt der Neuling mit erneuten Klagen, so wird ihm, obwohl viele Vorgesetzte die Zuträger nicht ungern sehen, ja sie insgeheim begünstigen, zu verstehen gegeben, daß er mit seinen ewigen Klagen und Anschuldigungen lästig falle, daß er sich eher befleißen solle, mit seinen Kameraden auszukommen. Der Zögling lernt einsehen, daß auf die Vorgesetzten kein Verlaß ist, daß er schließlich mit den Kameraden leben muß, daß es in seinem höchsteigenen Vorteil liegt, sich mit ihnen zu verständigen, anders er ganz allein da steht. Also wird er nachgeben, sich allgemach einfügen.

Das erste Gebot der Gemeinschaftlichkeit unter den Zöglingen lautet unausgesprochen: Es ist den Vorgesetzten alles zu verheimlichen, was sich irgendwie verheimlichen läßt! – Das zweite: Schaust du mir durch die Finger, schau ich dir durch die Finger! – Das dritte: Kommt etwas Unangenehmes von oben, wird es so gedreht, daß es möglichst wenige und diese tunlichst gelinde trifft. Mit dem Einhalten dieser drei Gebote läßt sich schon was recht Ordentliches ausrichten. Man ahnt kaum, bis zu welcher Vollendung dieser Brauch in gewissen Anstalten gedeihen kann. Der Vorgesetzte steht ihm ohnmächtig gegenüber, auch da, wo er sein Vorhandensein ahnt oder weiß. Er hat es mit einer namenlosen Masse zu tun, die sich einfach nicht fassen läßt; es ist ihm gegebenen Falles unmöglich, auch nur das geringste aus einem ganzen Zöglingsbestande, der in seiner Gesamtheit in den ihn gerade beschäftigenden Tatbestand genau eingeweiht ist, herauszukriegen. Er weiß nicht, ob ihn alle, ob ihn nur einzelne belügen, ob ihn nur ein einziger hinters Licht führt. Es kommt mehr als nur gelegentlich vor, daß, wenn ein Verstoß entdeckt wird, sich als Fehlbarer ein Zögling meldet, dem der Vorgesetzte auf den Kopf hin sagen könnte, er sei's jedenfalls nicht gewesen; umgekehrt kommt es vor, daß er, wenn er den eigentlich Fehlbaren richtig erraten hat, vom Zeugnis des ganzen übrigen Zöglingsbestandes von seiner Fährte abgelenkt wird.

Das hat seine praktischen Gründe. Einmal, das ist grundsätzliche Hauptsache, soll der Vorgesetzte nie recht haben. Dann, je öfters ein Zögling bestraft wird, je härter fallen die Strafen aus. Ist dieser Zögling nun beliebt, das heißt ist er vermöge seiner Fähigkeiten auf irgendeinem Gebiet dem Zöglingsbestande unentbehrlich, findet unter ihnen ein gewisser Strafkreislauf zu seiner Entlastung statt. Das Geschäft beruht übrigens auf Gegenseitigkeit; wenn es auch in der Aus- und Durchführung nicht immer tadellos klappt, klappt es doch in den meisten Fällen.

Gelingt es nicht, weil ausnahmsweise das Belügen des Vorgesetzten nicht verfängt, dann ist's gut, dann war's eben unabwendbares Schicksal. Aber wehe, wenn es mißrät, weil einer der Zöglinge aus der Rolle fiel oder sich des Verrates schuldig machte. Über den urteilt die öffentliche Meinung des Zöglingsbestandes, der erfährt zu seinem Schaden, daß ihn seine Kameraden empfindlicher, eindringlicher, andauernder zu strafen vermögen, als je ein Vorgesetzter es tat. Man nimmt gelegentlich eine Massenstrafe gern in Kauf, handelt es sich darum, einen beliebten Kameraden vor einer härtern Einzelstrafe zu schützen; man wird sich jedem Kameraden gegenüber in gleicher Weise verhalten, solange man überzeugt ist, daß er zur Masse hält und ihren Vorteil seines Orts wahrnimmt. Tut's einmal einer nicht, dann hat er nicht nur, was das Schlimmste ist, den Ausschluß aus der Gemeinschaft seiner Kameraden zu gewärtigen, sondern er wird dermaßen zum Sündenbock gestempelt, daß auch die Vorgesetzten regelmäßig darauf hereinfallen und ihn ihrerseits mit nie enden wollenden Strafen belegen. Er wird den Vorgesetzten mit aller Abgefeimtheit, die man sich vorstellen kann, ans Messer geliefert. Man verübt gemeinsam mit ihm einen wohlüberlegten, dummen Streich, von dem man die äußersten Folgen zum voraus wohl berechnet hat. Der durch mitunter mehrwöchentliche Abseitsstellung mürbe gewordene Verfehmte geht mit Freuden darauf ein, glaubt die Sperre gebrochen, macht mit, bis er im entscheidenden Augenblick, nämlich dann, wo der Vorgesetzte eingreift (und er greift genau in dem von der holden Schar vorher berechneten Augenblicke ein, ohne daß es nötig gewesen wäre, ihn unmittelbar dazu aufzufordern), allein auf weiter Flur steht und die Strafe für sich und seine natürlich unschuldigen oder von ihm verführten Kameraden quittiert. Manchmal kauft er sich durch eine derartige Sühne wieder in die Zöglingsgemeinschaft ein. Er wird sich fortan hüten, gegen ihre stillschweigenden Gesetze zu löcken.

Es ist etwas Schönes, manchmal fast Erhebendes um diese Gemeinschaftlichkeit der Zöglinge unter sich. Immerhin zeitigt sie ihre trüben Schattenseiten. Die schlimmste besteht in der eigentlichen dauernden Mißhandlung der jüngern, kleinen durch die ältern, größern Zöglinge. Das kommt davon, weil die Kleinen ratloser, schwächer, daher hilfsbedürftiger sind als die Großen, daher der Versuchung des Verpetzens öfter als jene unterliegen. Dann aber werden sie in die Schule genommen, roh, gemein und ausdauernd. So daß sie ihres Lebens nimmer froh werden. Sie kommen in ein Abhängigkeits- und Unterwürfigkeitsverhältnis zu den Großen, gegen das das des willen- und wehrlosen Sklaven eines morgenländischen Despoten noch immer das reinste Herrenleben bedeutet. Der von den Vorgesetzten roh und unmenschlich behandelte Zögling wird eben selber unmenschlich und roh. Es gewährt ihm eine gewisse Genugtuung, seinerseits weh zu tun; die Grausamkeiten, denen er ausgesetzt ist, seinerseits auf Schwächere als er weiterzuleiten, sozusagen abzuladen. Das kann so weit gehen, daß der kleine Zögling den großen mehr fürchtet als seine sämtlichen Vorgesetzten und ihm jedenfalls auf den ersten Wink buchstäblich gehorcht, mag jener von ihm verlangen, was er auch nur wolle. Bis er selber unter die Größern zählt, dann wird er's mit den Kleinen genau so machen, wie es ihm geschah.

Aber merkwürdig – wenn auch der Zögling, der unter einem andern litt, was er vielleicht während der ganzen Anstaltszeit unter seinen sämtlichen Vorgesetzten nicht zu leiden hatte, söhnt er sich verhältnismäßig rasch und restlos mit seinem Peiniger aus, kann später sein vertrauter Freund, sein bester Kamerad werden, während er dem rohen oder ungerechten Vorgesetzten nie verzeiht, in der richtigen, wenn auch oft unklaren Erkenntnis, daß eigentlich alle Qualen, die er auch von seiten seiner Kameraden erduldete, schließlich auf die Vorgesetzten und ihre Auffassung der Anstaltsleitung zurückfallen.

Wie alle Unterdrückten und Gepeinigten sind die Zöglinge in der Regel feig. Sittlich feig nämlich! Es kommt etwa vor, daß es ein vernünftiger Vorgesetzter wirklich einmal ehrlich meint, selbst empfindet, daß etwas in der Anstaltsleitung nicht stimme. In solchen Fällen wird er sich bei den Zöglingen zu erkundigen suchen. Er versichert ihnen, sie möchten ihm offen sagen, was sie zu klagen hätten, ohne irgendwelche Ahndung befürchten zu müssen, und die Zöglinge, die ein feines Gefühl haben, die die Psychologie der Vorgesetzten besser, gründlicher studierten als jene die der Zöglinge, diese letzteren also sind überzeugt, daß er es ehrlich meine. Demnach wird er aus keinem ein Wort herausbringen, nach einigen Fehlversuchen das Aussichtslose seiner Bemühungen einsehen und sie einstellen.

Ein Vorfall unter vielen, die zum Belege dazu anzuführen wären, der aber als Gattungsbeispiel vollauf genügen mag. In einer der Anstalten, deren Zögling ich war, hielt unser Vorsteher streng darauf, daß es uns in der leiblichen Verpflegung an nichts gebreche. In der Küche aber schaltete und waltete eine Haushälterin, ein fromm-böser Drache, von dem ich noch heute überzeugt bin, daß sie wie eine Dohle stahl und unterschlug. Selbstverständlich auf Kosten unserer Nahrung. Schon seit geraumer Zeit war diese wieder einmal besonders knapp und schlecht gewesen. Alle munkelten, alle schimpften darüber, keiner hatte jedoch den Mut, sich zu beschweren. Schließlich mag es wohl dem Vorsteher selber aufgefallen sein, denn eines schönen Tages fragte er uns unvermittelt bei Tische, ob wir am Essen etwas auszusetzen hätten. Da hätten wir nun alle mit Fug und Recht bejahen dürfen; um so mehr als wir wußten, daß er uns ein gutes, reichliches Essen gönnte, ferner auch, daß er unsere Klagen unparteiisch untersucht hätte. Alle schwiegen indessen, einige ergingen sich sogar in Lobhudeleien. Zum Teil freilich nicht bloß aus Feigheit, sondern auch in der mehr triebmäßigen als überlegten Absicht, ihm keine Gelegenheit zu bieten, sich uns gegenüber gerecht zu erweisen, was seinen Anspruch auf unsere Anerkennung, daher auch auf Dank begründet hätte. Ein einziger unter uns, ein kaum zwölfjähriger Junge, der sich noch nicht lang bei uns befand, erklärte offen und frisch, das Essen sei seit soundso lange schlechter und mitunter fast ungenießbar geworden.

Wir wurden nun der Reihe nach abgefragt. Keiner von uns hatte den sittlichen Mut, dem Kleinen beizustehen, daher ging diesmal unser sonst kluger Vorsteher der Mehrheitsfeigheit auf den Leim und bestrafte den Kleinen, den er einen Unzufriedenen, einen Undankbaren nannte, indem er ihn während acht Tagen auf schmale Kost setzte. Bei denen, die nicht die Feigheit leitete, sprach der Neid: Wir mochten dem Kleinen den Triumph seines Mutes nicht gönnen, ließen ihn fallen. Der so Bestrafte hütete sich in der Folge wohl, zu sagen, was er dachte, sondern heuchelte, schmeichelte und log fortan wie wir übrigen alle.

Ich will nicht behaupten, daß es immer so gehe, aber meistens doch. Daran trägt die in den Anstalten angewandte Erziehungsweise die Hauptschuld, gerade weil sie ängstlich darauf bedacht ist, die Persönlichkeit des Zöglings zu unterdrücken, ihn sich molsch und unterwürfig zu kneten. Daß es aber auch anders gehen kann, davon zeuge nun folgendes Gegenstück. Bei dem vorhin erwähnten Anlaß mochte unser Küchendrache doch gemerkt haben, daß etwas nicht ganz sauber sei, und befleißigte sich während einiger Wochen, wieder anständig zu kochen, bis ihn dann wiederum ein Geizanfall heimsuchte. Diesmal versuchte es die Haushälterin, an unserm Vesperbrot einzusparen, schnitt die Stücke so klein, daß sie kaum zum richtigen Versuchen reichten. Im Zöglingsrat wurde beschlossen, dagegen einzusprechen. Bei wem? Nun, natürlich beim Vorsteher! Aber wer sollte der Katze die Schelle umhängen? Ich erinnere mich der Beratung, die darüber stattfand, noch ziemlich lebhaft, weil ich damals einer der ältesten war. Schließlich wurde erwogen, ich hätte in der letzten Zeit verhältnismäßig wenig Strafen abgekriegt, dürfe daher am ehesten ein Gewitter wagen. Gern oder ungern mußte ich mich der Mehrheit fügen. Also ward ich zum Sprecher auserkoren und übernahm das Amt, indem ich erklärte:

«Gut, ich will's besorgen; aber wenn mir einer umfällt, dann soll er Prügel kriegen, wie sie in der ganzen Weltgeschichte noch nie erhört wurden!»

Als uns der Vorsteher kommenden Nachmittags die Feldarbeiten zugeteilt hatte, wich keiner von uns von der Stelle, während ich vortrat und erklärte, wir hätten beschlossen, nicht mehr zu arbeiten, bis man uns genügend zu essen gebe. Der überraschte Vorsteher fragte zunächst, was das bedeuten solle, begriff aber rasch und frug nun jeden einzeln ab. Der Umstand, daß ich vorgetreten war, hinter ihm stand, jedem meiner Kameraden, während er dem Vorsteher Auskunft gab, in die Augen sehen konnte und ihm mit entsprechenden Zeichen verständlich machte, wessen er sich etwa zu gewärtigen hätte, wenn er nicht pariere, brachte die schönste Einstimmigkeit zustande.

Die Haushälterin wurde angehalten, uns sofort eine Nachration Brot während der Dauer von vierzehn Tagen zu bewilligen, und von jenem Tage an nahm sie sich vor uns in acht, wohl darum, weil wir ihr zu verstehen gaben, daß wir ein nächstes Mal nicht so lange auf unsere Beschwerde warten lassen würden.

Ich glaubte, diese beiden Erinnerungen gewissermaßen als erklärende Schulbeispiele der Seelenverfassung der Zöglinge hier einschalten zu müssen, weil sie in ihrer Art sprechender, als eine noch so weit getriebene Schilderung es vermöchte, Einblicke in das Verhältnis der Zöglinge unter sich erlauben. Ich möchte jedoch nicht, daß daraus geschlossen würde, die Zöglinge seien unter sich stets jedes ritterlichen Gefühles bar, jeder eigentlichen Freund- oder Feindschaft unfähig. Nur habe ich die Erfahrung gemacht, daß die Feindschaften in der Regel von geringerer Dauer sind als die Freundschaften. Während die ersteren, wenn nicht schon während der Anstaltszeit erlöschen, überdauern die Freundschaften diese oft lange Jahre, ja dauern auf Lebenszeit. Das ist eigentlich ganz erklärlich, weil, einmal entlassen, jeder einsieht, daß, was ihn von den andern trennte, durch die Macht der Verhältnisse geboten war, während die gegenseitigen Wohltaten, die ein Freundschaftsverhältnis in bedrängter Lage mit sich bringt, so schnell nicht vergessen werden und stets neue Anknüpfungsgelegenheiten bringen.

Doch sind beide, Freundschaft und Feindschaft, eigentlich Ausnahmen, denn wie die Zöglingsschar vor der Anstaltszeit zerstreut und vom Zufall zusammengetragen wurde, wird sie nach der Entlassung aus der Anstalt wiederum in alle Winde verweht und, abgesehen von einigen wenigen, verlieren sich die meisten derer aus den Augen, kennen sich einige Jahre später nicht mehr, die gemeinsam die eindruckvollsten, schmerzensreichsten Jugendjahre in enger Gemeinschaft unter einem Dache verlebten.

Trifft man sich später wieder, tauscht man wohl etwa Erinnerungen aus, weicht aber rasch davon ab, denn im Grunde schämt sich doch jeder vor dem andern der Erniedrigungen, der Knechtung Opfer gewesen zu sein; jener glücklich dahinten liegenden, nichts weniger als goldenen Jugendzeit hinter düstern Anstaltsmauern.

Die Aufsicht über die Anstalten

Weltabgeschlossenheit führt notwendigerweise zu Weltfremdheit, diese zu Einseitigkeit, Einseitigkeit wiederum zu Halbheit und Untauglichkeit. Ich will nicht gerade behaupten, daß die Mängel der Anstaltserziehung auch nur in ihrer Hauptsache durch größere und andauernde Verbindung und Mitleben mit der Außenwelt gehoben werden könnten; gemildert aber würden sie auf jeden Fall. Daß das nicht einmal in dem beim gegenwärtig möglichen Stand der Dinge genügendem Maße geschieht, ist ein fernerer Mangel unseres Anstaltslebens. Man, das will sagen das Volk, die Regierung, die Aufsichtsorgane nehmen die Anstalten als etwas einmal Bestehendes, Gegebenes hin, an dem nichts zu ändern ist. Alle haben eine gewisse Angst davor, störend einzugreifen, daraus ergibt sich, daß die Anstalten bei dem belassen werden, was sie eben sind, nämlich in sich abgeschlossene, sich Selbstzweck bildende Körperschaften, die darum zu bekämpfen oder zu ändern schwierig, wenn nicht unmöglich ist, weil sich niemand damit befassen mag, weil sich niemand weder genügend Verständnis noch Einfluß zutraut, gegen die Gewohnheitsmäßigkeit ihrer Erziehungs- und Betriebsauffassungen wirksam einzuschreiten. Auch da, wo die Erkenntnis sich Bahn bricht, daß dieses oder jenes faul sei, wird wenig oder nichts unternommen, den Übelständen gründlich abzuhelfen, weil sich der außenstehende Verbesserer an allzu vielen seiner Auf- und Einsicht sich entziehenden Widerständen stößt. Diese Widerstände aber sind nicht offen erkennbar, sondern um so unbesiegbarer als sie stillschweigend sind.

Auf der andern Seite verhält sich die Anstaltsvorsteherschaft gegen jede von außen kommende Änderungsbestrebung, mag sie auch noch so wohlgemeint und klug sein, feindselig. Der Despotismus, auch da wo er gut gemeint ist, läßt sich nicht gern in die Karten gucken, noch weniger dreinreden. Er ist, da wo seiner Machtfülle wenigstens gesetzliche Schranken gezogen sind, eher geneigt, gegenüber der Aufsichtsgewalt bestehende Mängel zu übertünchen als sie auszumerzen, wenn er befürchten muß, seine Machtvollkommenheit durch deren Hebung erschüttert zu sehen. Das setzt nun nicht notwendigerweise bösen Willen voraus, sondern lediglich die Liebe zur Bequemlichkeit, zur Betriebssicherheit, die sich jeder Vorsteher im Laufe der Jahre, durch alle möglichen Vereinfachungen, die ebensoviele Schematisierungen, also Vergewaltigungen bedeuten, endlich erobert hat und die ihn einzig seines Lebens froh werden lassen, anders er keinen Augenblick Ruhe hätte. Sowenig wie wir andern gibt er vielfach Erprobtes, bei dem sich nun einmal, gleichviel auf wessen Kosten, auskommen läßt, gerne preis. Außerdem kommt noch die triebmäßige Erwägung hinzu, daß seine Vorgesetztenallmacht in dem Augenblick ein Ende nehmen könnte, wo es den ihm Untergebenen bewußt würde, daß über ihm noch eine höhere Macht stehe, ähnlich dem Schulmeister, dessen Schule der alte Fritz eines Tages auf einem Spaziergang in der Nähe Potsdams besuchte. Der König wünschte eine Prüfung anzustellen, auf welches Begehren der Schulmeister ohne weiteres einging, sich aber durch des Monarchen Gegenwart sonst in keiner Weise stören ließ und trotz der mißbilligenden Mienen des Königs die Schüler, deren Antworten ihn nicht befriedigten, gehörig durchwalkte. Als die Kinder entlassen waren und der Schulmeister dem König allein gegenüberstand, stellte der ihn ob seines Verhaltens zur Rede, worauf ihm der Schulmeister die klassische Antwort erteilte:

«Ew. Majestät halten zu Gnaden! Wenn ich diese gottlosen Jungens merken ließe, daß es noch jemand auf der Welt gibt, der mehr zu befehlen hat als ich, könnte ich sie nicht mehr bändigen.»

Worauf der größere Despot einsichtig bemerkte:

«Dann will ich ihn in seiner Machtsphäre nicht wieder beeinträchtigen», und sich verabschiedete.

Die Scheu vor fremden Einblicken in die Anstalten ist den Vorstehern dermaßen eigen, daß sie, wo es nur einigermaßen angeht, sogar des Arztes entraten. Es müssen ein oder mehrere Zöglinge schon ordentlich schwer krank sein, ehe man sich dazu entschließt, von den bewährten Hausmitteln abzuweichen und den Arzt herbeizuholen. Krankheit sollte in den Anstalten überhaupt verboten sein, denn sie widerspricht der Anstaltsordnung, wie übrigens der Arzt auch, indem sie Ausnahmezustände schaffen. Letzterer verordnet sogar das gerade Gegenteil dessen, was die Anstaltsordnung anstrebt, nämlich die Sonderbehandlung des einzelnen. Überdies hat so ein Arzt gelegentlich recht offene Augen, mitunter eine scharfe Zunge, große Unabhängigkeit, denen nicht so leicht zu widersprechen ist. Also wird er, oft zum Nachteil der Zöglinge, so geflissentlich als möglich von ihnen ferne gehalten. In einer mir bekannten Anstalt machte man übrigens den praktischen Versuch, der Krankheit ein für allemal vorzubeugen, indem die Zöglinge, gleichviel ob sie's benötigten oder nicht, alle Frühjahre mit Lebertran gleichmäßig abgetränkt wurden, bis ihnen allen so sterbensübel wurde, daß sie nicht mehr ans Kranksein dachten.

Bei staatlichen und solchen Anstalten, die von gemeinnützigen Vereinen oder Genossenschaften unterhalten oder unterstützt werden, läßt sich nun eine Oberaufsicht nie ganz vermeiden. Die Anstaltsvorsteherschaft wird sich dementsprechend einzurichten wissen, indem sie deren Aufmerksamkeit vom eigentlichen Anstaltsbetrieb auf Äußerlichkeiten abzulenken sich bestrebt. Wer auch nur einigermaßen mit dem Anstaltsleben vertraut ist, der weiß, wie gut, wie restlos solches Unterfangen jedesmal gelingt. Man zeigt den Aufsichtsbehörden gerade, was man ihnen zeigen will. Da sie meist nicht mit dem innigen, eigentlichen Anstaltsleben vertraut sind, fallen sie regelmäßig darauf herein und entfernen sich, ohne etwas gesehen zu haben, mit der Versicherung ihrer Überzeugung, daß alles zum besten stehe.

Wie das möglich ist? Sehr einfach!

So eine Aufsichtskommission besteht einmal aus Stadtherren, meinetwegen aus Beamten, Pfarrherren oder sonst aus Leuten, deren Weltfremdheit nicht ohne weiteres in Zweifel zu ziehen ist. Zum andern aus landwirtschaftlichen Fachleuten. Die Behörde kündet ihren Besuch rechtzeitig genug an, damit der Vorsteher die nötigen Vorkehrungen zu ihrem Empfang treffen kann. Diese bestehen unter anderem darin, daß die Anstaltsordnung noch etwas peinlicher als sonst durchgeführt wird. Wenn die Herren kommen, so werden sie von der in der Anstalt herrschenden Reinlichkeit und Ordnung ohne weiteres geblendet und zugunsten der Leitung eingenommen. Die Zöglinge, wenn sie nicht zur Ehre des Tages in ihre Sonntagskleider gesteckt wurden, werden jedenfalls am festlichen Morgen, möglicherweise auch schon einige Tage vorher, gründlichen Kleider- und Reinlichkeitsmusterungen unterstellt, so daß sie sich vor den Augen der Herren sehen lassen dürfen. In jeder Beziehung, denn der Parademarsch ist auf allen Gebieten gründlich und ausgiebig geübt worden.

Mitte vormittags kommen die Herren. Ist's Sommer und die Zöglinge arbeiten auf dem Felde, werden die Besucher vom Vorsteher in seiner Kanzlei empfangen. Er wird ihnen seine wohlgeführten, saubern Bücher vorlegen; er wird sie um Rat in dieser oder jener Verwaltungsangelegenheit fragen, mit dem besten Willen, nachher zu tun, was ihm beliebt; aber er weiß, daß das die Herren freut, daß sie es ihm hoch anrechnen, wenn er ihnen zu verstehen gibt, er dünke sich nicht klüger als jeder von ihnen. Dann wird er mit ihnen das Haus besichtigen. Hier gibt es hundert Gelegenheiten, die Aufsichtsbehörden ganz nebenbei und bescheiden auf kleine, aber wohl überdachte Anordnungen aufmerksam zu machen, die sie verblüffen, weil sie in allem nur Früchte fein überlegter Anordnungen sehen, die die überlegene Hand des Vorstehers traf und die sie, wohl oder übel, bewundern. Die Übung hat außerdem noch den nicht zu unterschätzenden Zweck, ihnen begreiflich zu machen, wie vielseitig sich die Leitung einer Anstalt gestaltet. Das erzieht die Herren zu der bescheidenen Ansicht, daß es jedenfalls nicht ratsam wäre, hier eingreifen zu wollen, weil man sonst wohl das ganze, fein gefügte, wohl geölte Räderwerk stören würde. Nebenbei bringt es ihnen auch den richtigen Begriff von der Überlegenheit des Vorstehers bei.

Folgt das Mittagessen, das den Herren in reichlicher, aber berechneter Einfachheit vorgesetzt wird. Ein Mittagessen, wenn es nicht allzu knapp und nicht allzu miserabel gekocht ist, übt immer versöhnliche Wirkungen aus. Bei der Gelegenheit wird etwa auch die Kost der Zöglinge von den Herren untersucht. Sie machen Kostproben, und ich muß bezeugen, daß diese jeweilen zu ihrer vollen Befriedigung ausfallen, auch wenn das Essen für diesen Tag nicht ausdrücklich einer besonderen Sorgfalt oder Reinlichkeit in der Küche anempfohlen wurde, was jedoch auch etwa geschieht.

Nun kommt das Hauptstück der Vorstellung, nämlich die Andacht. Entweder werden die Zöglinge im Klassenzimmer oder im Speisesaal besammelt. Ist Schulzeit, dann wird einiger Unterricht abgehalten. Alle Beteiligten, mit Ausnahme der Aufsichtsmitglieder, sind zu wohl darauf vorbereitet, als daß jemand aus der Rolle fallen würde. Sonst gnad ihm Gott, wenn erst einmal die Herren fort sind! Also werden sie auch von der Schulhaltung befriedigt sein. Folgen die Ansprachen. Der Vorsteher stattet zunächst einen zusammenfassenden Bericht über das Gesamtverhalten der Zöglinge ab. Hält er es für angebracht, so wird er über das Betragen einzelner Zöglinge im besondern berichten, etwa vorbringen, wie er sich, blutenden Herzens, in der letzten Zeit leider genötigt gesehen habe, diese und jene Zöglinge mit ganz besonderen Strafen zu belegen. Die Herren fallen regelmäßig auch auf dieses Kunststückchen herein, das mitunter die ärgsten Schindereien verschleiert, und einer oder zwei oder drei quittieren nun für das Mittagessen, kommen dem Vorsteher mit supermoralinsauren Ansprachen zu Hilfe. Der Zögling, wenn er es nicht sonst bereits geahnt hätte, weiß nun, daß die Aufsichtsbehörde nur eine verlängerte, aber jedenfalls nicht anders geartete Vorsteherschaft ist, und wenn nun, was auch etwa vorkommt, einer der Herren erklärt, für den Fall, daß unter den Zöglingen welche wären, die gegen die Behandlung in der Anstalt oder gegen das Verhalten von Vorgesetzten Beschwerden anzubringen hätten, so möchten sie's in aller Offenheit tun, so kann man sich ungefähr die bleierne Stille vorstellen, die dieser Aufforderung folgt. Die Herren ersehen daraus, daß zu Klagen kein Anlaß vorliegt, dann wird noch ein Lied gesungen, gebetet und die Zöglinge sind für die Herren, die sich nun den Feldern und namentlich den Ställen zuwenden, wieder für einmal erledigt.

Bei dieser Besichtigung nun gehen den bäurischen Mitgliedern der Behörde Herzen und Münder auf, während die Stadtherren, die bisher die Gesprächigen waren, eher verstummen. Jede einzelne Kuh, jedes Kalb, jedes Schaf, jedes Schwein wird eingehend gemustert, auf seinen Wert und seine Zukunft gewertet; sein mutmaßlicher Nutzertrag wird erwogen; Viehzüchtererfahrungen werden ausgetauscht; das alles mit einer verständnisvollen Sachlichkeit, die den Unbefangenen könnte glauben machen, wir befänden uns in einem Betrieb, der ausschließlich auf die Veredelung des Rindviehes bedacht sei. Eine Annahme übrigens, die mitunter schon darum nicht unberechtigt ist, weil dem einzelnen Zögling nicht ein Zehntel der Aufmerksamkeit geschenkt wird, deren sich jedes Abbruchkalb im Stall erfreut, und weil allzu viele Aufsichtsmitglieder die Führung der Anstalt nach ihrer Nutzertragsfähigkeit einschätzen. Dieses nun ist selbstverständlich dem Vorsteher auch kein Geheimnis geblieben, darum wird er nicht in Verlegenheit geraten, handelt es sich darum, seinen Betrieb von der vorteilhaftesten Seite zu zeigen.

Wie der Stall, so werden auch Felder und Äcker besichtigt. Wenn die Herren noch das Vesperbrot zu sich genommen haben, das jedoch nicht nur aus einem Stück trockenen Brotes wie das der Zöglinge besteht, dann harrt schon im Hof das Fuhrwerk, das sie nach der Bahnstelle führt. Wer sie nun belauschen könnte, der würde aus ihren Gesprächen nicht entnehmen, daß sie eine Erziehungsanstalt besichtigt haben, sondern der würde zu hören bekommen, welche Zuchtfehler der eine im vordern Stall, welche Vorzüge der andere am braunen Zuderhandpferd bemerkt hat. Von den Zöglingen ist nur insofern die Rede, als festgestellt wird, sie seien offensichtlich im allgemeinen recht gut aufgehoben, der Vorsteher sei ein ganz tüchtiger Mann; jedenfalls ein vorzüglicher Erzieher, der seinen Posten wohl versehe, auf dem eine große Verantwortung laste, so daß man schon froh sein müsse, wenn er auch gelegentlich dieses oder jenes anders und besser machen könnte, wenn er der Anstalt erhalten bleibe. Denn es wäre gar nicht leicht, ihn zu ersetzen.

In der Anstalt nun hat der Besuch der Aufsichtsbehörde noch ein kleines Nachspiel. Ist er nämlich zur vollen Zufriedenheit der Vorsteherschaft ausgefallen, so wird auch die Zöglingsschar in der Abendandacht gebührend belobigt, doch wird selbstverständlich die Sache stets so gedreht, daß ihr zum Bewußtsein kommt, auch diese Errungenschaft sei einzig und allein ein Verdienst der alles voraussehenden, stets vorsorglichen Anstaltsleitung. Die Zufriedenheit der Aufsichtsbehörde wird ausgenützt, sie fügt sich als zugehöriger Bestandteil in die erhöhte Machtfülle der Vorsteherschaft ein. Ist dagegen etwas gerügt worden, kann sich der Fehlbare, der natürlich nie ein Vorgesetzter, sondern stets ein Zögling oder, wenn's hoch kommt, ein Dienstbote ist, schon ein wenig freuen. Er muß es büßen, so oder anders.

Hat sich sogar jemand zur Beschwerde verstiegen, was jedoch sozusagen nie vorkommt, wird ihm vor versammelter Gemeinde in drohendem Ton verkündet, man schätze seine Aufrichtigkeit hoch, man werde selber das Nötige tun, damit volles Licht verbreitet, strenge Gerechtigkeit geübt werde. Dann weiß der Beschwerdeführer schon, wessen er sich zu gewärtigen hat.

Wird die Beschwerde, wie nicht anders zu erwarten war, abschlägig beschieden, dann setzt das Klagelied über den Undank der Welt im allgemeinen und den der Zöglinge im besonderen in so rührend andauernder, nachdrücklicher Weise ein, daß der Zögling oder auch der Dienstbote, der sich beschwerte, seine Untat nicht nur aus moralischen Gründen zu bereuen alle Ursache hat.

So ungefähr verhält sich das landesübliche Verhalten der Aufsichtsbehörden zu den Anstalten. Ich sage das landesübliche, denn es sind mir Fälle bekannt, wo zur Erreichung persönlicher Vorteile zwischen Vorsteherschaft und Aufsichtsbehörden etwa noch sonst allerlei Menschliches vorfiel, das nicht allzu entfernte Ähnlichkeit mit Bestechung aufwies, und daß das nicht gerade dazu beitrug, die Anstalt innerlich besser zu gestalten, brauche ich wohl nicht im besonderen darzulegen.

Die Folge davon ist, daß schreiende Übelstände in den Anstalten zur stehenden Einrichtung werden können, ohne daß je ein Hahn darnach kräht, ja ohne daß sie auch nur je bemerkt werden. Hier einzugreifen ist, wie gesagt, ungemein schwer, wenn nicht unmöglich, und damit auf die Behauptung das Beispiel nicht fehle, will ich bloß erwähnen, daß ein Vorsteher, der in keiner Weise dazu weder technisch noch sittlich beschaffen war, eine Anstalt zu leiten, über zwanzig Jahre dort sein mitunter scheußliches Unwesen treiben konnte, bevor sich, dank namentlich der Festigkeit eines einsichtigen hohen Staatsbeamten, sein Abgang erzwingen ließ, obwohl seine groben Verfehlungen den Behörden seit über fünfzehn Jahren bekannt waren.

Die Ergebnisse

Es war mir selbstverständlich nicht vergönnt, die späteren Schicksale und Verhältnisse meiner ehemaligen Anstaltskameraden alle kennenzulernen und zu verfolgen. Immerhin bin ich mit einer ziemlichen Anzahl von ihnen im Laufe der Jahre wieder zusammengetroffen und mit einigen davon in mehr als vorübergehender Verbindung geblieben. Mit solchen nämlich, die sich nach langen Irrungen im Leben schließlich doch zu behaupten wußten. Von vielen andern habe ich überhaupt später nichts mehr gehört, von ebensovielen wurde mir später Kunde, die, wenn auch nicht in jedem Falle, betrübsam, doch selten erfreulich war.

Im allgemeinen melden mir meine Beobachtungen und Erfahrungen, daß die Anstaltserziehung, da wo sie nicht unmittelbar verderblich wirkt, die Lebenskraft und die Lebenstüchtigkeit ihrer Zöglinge untergräbt, so daß es den wenigsten von ihnen gelingt, sich später im Leben ohne große Anstrengungen zu behaupten. Die meisten, der Durchschnitt, und der ist hier groß, verschwindet in der allgemeinen, namenlosen Masse der willenlosen, ausgebeuteten Besitzlosen. Sie bleiben zeitlebens Ausbeutungsgegenstände, sowohl in leiblicher wie in geistiger Hinsicht. Was unter dem Durchschnitt steht, fällt dem Verbrechen oder der widerstandslosen Verarmung anheim, die sich durch Untüchtigkeit und Arbeitsscheu äußert. Was über dem Durchschnitt steht, besteht aus den Leuten, an denen die Anstaltserziehung mehr oder weniger wirkungslos abprallte, die sich ihr, wenigstens innerlich, nicht fügten; die für die Anstalt eigentliche Fehlexemplare waren. Aber auch sie leiden in der Regel lange, in mancher Beziehung zeitlebens unter den in der Anstalt eingegangenen Gewohnheiten und Unarten. Es bedarf auch bei ihnen unendlicher Anstrengungen, um, einmal ins Leben gesetzt, all das abzustreifen, was die Anstalt ihnen einprägte, und mancher geht ob der Befreiungskämpfe wegen Mangel an innerer Kraft, oder außer ihm liegender Widerstände halber, dennoch zugrunde. Eine gewisse Einseitigkeit auf irgendeinem Gebiete wird jedem anhaften bleiben.

Sogar die Erziehung zur Ordnung und Pünktlichkeit, die in mancher Beziehung wohltätig sein könnte, die es manchmal auch ist, trägt dazu bei, sie weltunerfahren zu gestalten. Denn das Leben ist keine Anstalt, es kennt eine andere als die von oben vorgeschriebene Ordnung, nämlich die organische. An diese nun ist der Anstaltszögling nicht gewöhnt. Er ist im Gegenteil darauf geeicht, Befehle zu empfangen, deren Endzweck ihm nicht klar gemacht wird; Verbote vorgeschrieben zu erhalten, deren Absicht er nicht zu verstehen braucht. Die Ordnung, zu der er in der Anstalt erzogen wird, ist rein äußerlich. Sie geht ihn im Grunde genommen nur insofern etwas an, als ihre Innehaltung ihn vor Strafen schützt. Im Leben gewärtigt er infolgedessen ebenfalls Befehle und Verbote. Treffen die nicht regelmäßig und rechtzeitig ein, ist er ratlos, weiß weder wo aus noch wo ein. Die angewohnte Ordnung aber lebt in ihm fort; sie verführt ihn zu äußerer, unbegründeter Kleinlichkeit und Zaghaftigkeit, die keinen Wagemut, keine Unternehmungslust, die weder Lebenshoffnung noch Kraft aufkommen läßt.

Er befindet sich nun auf einmal sich selbst allein gegenüber, während er in der Anstalt, oft während der Dauer langer Jahre, stets unter Aufsicht gehalten wurde. Er weiß nun, da ihm der äußere Antrieb fehlt, nichts mit sich anzufangen; die Einsamkeit, deren er entwöhnt war, ist drückend und unheimlich; er wird sich, sobald es nur immer angeht, in den noch so reizlosen, mitunter gefährdenden, sich gerade bietenden Trubel der Umwelt versenken, nur um sich vor sich selbst zu flüchten; um nicht allein zu sein; um Anregungen gleichviel welcher Art zu erhalten, nach denen er fortan sein Leben einstellen wird.

Schwerlich wird er dazu gelangen, über den Tag hinaus zu sehen. Denn sein äußeres Leben wurde während seiner Anstaltszeit nach ehernen Gesetzen Tag um Tag zum voraus geregelt. Er hatte sich um seine auch nächstliegendste Zukunft nicht zu kümmern; man beraubte ihn der Fähigkeit, seine Vorsicht, seine Umsicht zu üben. Trieb ihn dennoch angeborne Neigung oder Veranlagung dazu, so mußte er deren Wirkungen mindestens so weit unter Verschluß halten, daß sie nicht mit der Anstaltsordnung in Widerstreit gerieten, anders er in seiner Eigenart vergewaltigt, zurückgesetzt wurde. Das geschah nun zu oft, um ihn nicht schließlich zu lähmen, ihm weitere Versuche als aussichtslos und gefährlich erscheinen zu lassen. Nun, im Leben fehlt ihm sehr oft nicht nur die Spannkraft, sondern auch das Können, das Versäumte nachzuholen. Da jedoch das Leben im Gegensatz zur Anstalt nicht zur bestimmten Zeit den Tisch deckt, noch für Kleidung und Obdach besorgt ist; da das Leben ferner Verstöße nicht nach einem bestimmten Schema sofort ahndet, sich nicht wie der Vorgesetzte belügen und hinters Licht führen läßt, scheitert der Zögling an den nutzlosen Versuchen, sich ihm mit seiner Anstaltseinstellung anzupassen, und wohl ihm, wenn er dabei nicht endgültig vollständigen Schiffbruch erleidet.

Er hat vielleicht einmal besondere Begabungen in sich verspürt, die sich in Sonderliebhabereien äußerten. Sagen wir zur Musik, zur bildenden Kunst, zur Mechanik oder was weiß ich? Sie könnten ihm jetzt von unermeßlichem Nutzen sein, nicht nur technisch, sondern vor allen Dingen sittlich. Er würde, könnte er sich ihnen noch hingeben, sich ein Schaffensfeld erobern, einen Lebenszweck erarbeiten, kann es aber nicht mehr, weil die Anstaltserziehung all das, was seine auch geistige Selbstheit bedingte, auf den Durchschnittsstand des Zöglingsbestandes herunterzuschrauben bedacht war. Weil sie ihm die Anwendungsmöglichkeiten ebensowenig wie die Zeit zu einer Sonderentwicklung gönnte; weil sie seine Sinnlichkeit erwürgte, weil sich die Anstaltsordnung, die sich allzusehr mit unparteiischer Gerechtigkeit verwechselt, dadurch gefährdet geglaubt hätte. Weil sie jede Äußerung der Eigenart des Zöglings gewissermaßen als ein unstatthaftes Vorrecht betrachtete und unterdrückte.

Dadurch unterdrückte sie noch viel mehr; der nun entlassene Zögling muß es bitter büßen. Nämlich sie unterdrückte in ihm bis zur Empfindungslosigkeit, bis zur Roheit die Entdecker-, die Schöpferfreuden und nun, wo er ihrer bedürfte, wo er darauf angewiesen wäre, um sich eine Lebensstellung, namentlich auch im sittlichen Sinne, zu erringen und zu behaupten, zeigt es sich, daß dort, wo einst heiße, verzehrende Glut brannte, nur noch kalte Asche übrig blieb, die der erste Windstoß mit sich fortträgt und zerstreut. Ich weiß nicht, ob die, die dieses lesen werden, die volle Tragweite eines solchen Zustandes zu ermessen fähig sind. Ob sie ahnen, was es für einen jungen Menschen etwa bedeutet, wenn er entdeckt, in einem Alter, wo sich ihm das Leben erst eigentlich erschließen sollte, daß ihm die Fähigkeiten, es sich selbst zu gestalten, abgestorben sind; daß er mit siebzehn oder achtzehn Jahren schon dorthin gelangen muß, wo die andern am Ende ihres Lebens, nämlich zur Entsagung. Ebensowenig weiß ich, ob man ahnen wird, wohin diese Erkenntnis einen Jüngling zu führen imstande ist. Denn die Anstalt hat in ihm nicht nur seine geistigen Fähigkeiten wenn nicht erwürgt, so doch in einer Weise zurückgedrängt, daß sie sich jetzt im Zustande praktischer Unverwendbarkeit befinden, sondern sie hat auch noch sein sittliches Bewußtsein, sein Fühlen, sein Empfinden durch stete Unterdrückung seiner Meinungsfreiheit, durch bewußte oder gewollte Erziehung zur Unterwürfigkeit dermaßen geknickt, daß es ihm nun nicht von heute auf morgen möglich wird, sein Gleichgewicht zu finden. Aus dem einfachen Grunde nicht, weil er kein eigenes, sondern noch immer sein Anstaltsgewissen mit sich herum schleppt, das ihm jetzt nicht nur nichts nützt, ihn weder beratet noch ermuntert noch tadelt, sondern das ihn verwirrt, weil es sich auf keine Gegebenheit seines jetzigen Zustandes anwenden läßt. Er ist von der Anstalt gewöhnt worden, all sein Eigendenken und Empfinden der höheren Einsicht des Vorgesetzten, der für ihn dachte und handelte, unterzuordnen, nun hat er plötzlich diesen Vorgesetzten nicht mehr über sich. Er weiß auch noch, aus langer, bitterer Erfahrung, daß die ehrlichsten Regungen seines Gewissens und seiner Erkenntnis in der Anstalt als etwas Ungehöriges, Ahndungswürdiges galten und gelegentlich als Widerspenstigkeit bestraft wurden; nun, auch wenn er ihrer noch fähig wäre, getraut er sich eigener Entscheidungen nicht, aus Furcht vor dem unsichtbaren Backel eines ihm noch unbekannteren, daher um so mehr zu scheuenden Vorgesetzten, der das Leben ist.

Nun rächt sich an ihm das ununterbrochene Verbrechen der Anstalt am keimenden Leben des Geistes und der Seele, das sie mitunter jahrelang an ihm verübte; er ist eingeschüchtert, verdattert; er hat Angst!

Die Mittel, derer er sich bediente, um sich in der Anstalt das Dasein so erträglich als möglich zu gestalten, nämlich die bis zur Heuchelei getriebene Anpassungsfähigkeit an die Umwelt, leisten ihm nun plötzlich keine Dienste mehr, statt ihm zu helfen, machen sie ihn im Gegenteil verächtlich. Andere Auswege aber kennt er keine! Etwas anderes hat er nicht gelernt!

Wie soll er sich da mit dem Leben abfinden?

Der erste ihm entgegentretende, feste Wille wird ihn unterjochen. Er wird für alles zu haben sein, das ihm mit dem nötigen Nachdruck aufgegeben wird. Seine Weltfremdheit in den praktischen Lebensfragen wird das Ihre dazu beitragen, ihn gläubig, vertrauensselig, unterscheidungsunvermögend zu gestalten. Gerät er gar in schlechte Umgebung, unter schlimme Einflüsse, ist hundert gegen eins zu wetten, daß er blöde schlechte Streiche verüben wird, ohne sich davon eigentliche Rechenschaft zu geben, daß er sie zum Nutzen anderer verüben und selbst nichts davontragen wird als die Unannehmlichkeiten, die Strafen.

Er versteht weder mit Geld noch Menschen umzugehen, denn in der Anstalt hatte er keine Gelegenheit, weder Geld noch Geldeswert, noch Geldesbedeutung kennenzulernen und Menschen auch nicht, denn was er dort sah, waren entweder Vorgesetzte, also über ihm Stehende, weil mit höherer Gewalt ausgestattete Wesen oder ebenso geknechtete Kameraden; Sklaven, wie er selbst einer war. Kommt ihm nun etwas vor, das die Gesellschaft als unzulässig und strafbar anerkennt, so wird er nicht mehr nach Anstaltsmaßstäben, sondern nach gesellschaftlichen Maßstäben beurteilt, er, der von der Gesellschaft nichts kennt und nichts weiß. Er wird der Verderbnis preisgegeben wie seinerzeit der Anstalt. Die gleiche Gesellschaft, die ihn früher in den wichtigsten Entwicklungsjahren von sich ausschloß, ihn verurteilte, seine Jugend in klösterlicher Abgeschlossenheit durchzuleiden, erbittert sich nun über ihn, weil sie ihm nicht vertraut ist.

Aber auch wenn es nicht zu offenem Bruch zwischen dem also verpfuschten Anstaltsentlassenen und der Gesellschaft kommt, ist darum sein Los noch lange nicht beneidenswert. Lange Jahre, mitunter die besten seines Lebens, muß er daran vertändeln, sich in die Umwelt hinein zu finden. Er wird sich daher in weitaus den meisten Fällen mit einer untergeordneten moralischen und geistigen Knechtestellung begnügen müssen. Stets wird er Zögling bleiben; allfällige Fähigkeiten, die später in ihm erwachen, sich festigen, bleiben in der Regel zum großen Teil zu seinem und der Gesellschaft Schaden ungenützt, weil ihm das Vertrauen in sich selber, der Wagemut, sie zu behaupten, fehlt.

Will es ein glücklicher Zufall, daß er, was nicht gerade die Regel zu sein pflegt, nach seiner Entlassung aus der Anstalt in eine liebe- und verständnisvolle, eine rechtliche und namentlich auch uneigennützige Umgebung gerät, wo man ihm und seiner Vergangenheit Rechnung zu tragen versteht, dann mag er sich wohl erholen und wird später seinen Mann trotz allem stellen, weil die Natur sich unter solchen Umständen dann doch stärker erweist als jeder noch so lang erdauerte Zwang. Aber auch dann wird's ihm nicht leicht gemacht. Es bedarf der vollen Geduld, des tiefen Verständnisses seiner Umwelt, um nicht jeden Augenblick, sei es an seiner sittlichen Feigheit, seiner Schlappheit, seiner Lügenhaftigkeit, seiner Befangenheit zu scheitern.

Kommt es endlich leidlich mit ihm heraus, will sagen, wird er einigermaßen gerade gewachsenes Glied der Gesellschaft, dann mag sich nur die Anstalt darauf nichts einbilden; dann ist er's nicht durch sie, sondern trotz ihr geworden. Jeder von denen, die sich in solchem Falle befinden, wird ehrlicherweise gestehen müssen, daß es nicht von selber gekommen ist und ihm gerade durch die vorhergegangene Anstaltserziehung nicht leicht gemacht wurde, kein Spitzbube, kein Tölpel oder kein sittlich Minderwertiger zu bleiben.

Die endlich, die durch Veranlagung und Vererbung sich in der Anstalt als widerstandsfähig genug erwiesen haben, um nicht gebrochen zu werden, die wurden wenigstens nach einer, öfters aber nach mehreren Richtungen hin verbogen. Nämlich dadurch, daß ihre innerste Wesensart vielleicht nicht sehr angetastet, daß ihr eigentlicher Wille, ihre Selbstbehauptungskraft nicht durchaus vernichtet wurde; aber sie mußten sich knirschenden Mundes mindestens äußerlich fügen. Es kam zu gewissen Nebenentartungen, unter denen sie ungemein schwer zu leiden haben, weil sie, einmal ins Leben versetzt, alles mit vorgefaßtem Mißtrauen, mit Erbitterung, die allzu leicht in Verbitterung umschlägt, zu betrachten genötigt sind. Um sie ist es ein eigen Ding. Sie schwanken jahrelang zwischen Verbrechen und hoher, sittlicher Selbstbehauptung; sie suchen sich geistig und sittlich mit allen Mitteln zu stärken, zu festigen und wählen oft in ihrem Selbstbehauptungsdrang gerade die verkehrtesten, weil ihnen die Anstalt wenigstens das Unterscheidungsvermögen genugsam schwächte. Daher sind sie genötigt, oft begangene Wege immer wieder von neuem verbessernd, stets wieder ausgleichend zu betreten, und wenn die Selbstzucht, die sie sich auferlegen, schließlich annehmbare Früchte zeitigt, sind darüber doch so viele, lange Jahre verstrichen, daß ihnen der Genuß schwerlich mehr beschieden sein kann. Blicken sie hinter sich, trägt ihnen die Erinnerung nur ein krauses Gewirr schmerzlicher Irrtümer, bitterer Erfahrungen zu, die leicht hätten vermieden werden können, hätte ihnen die Anstalt nicht von vorneherein die Sinne verwirrt.

Dafür erhebt die Anstaltserziehung Anspruch auf der entlassenen Zöglinge Dankbarkeit. Offen gestanden, dazu mögen diese in gewissen Einzelheiten einige wenige Ursachen haben, im ganzen aber sicher keine. Ich sage das nicht, um damit jemanden zu kränken, sondern um festzustellen, daß der Massenbetrieb nirgends heillosere Verheerungen anrichtet als gerade auf dem Gebiete der Erziehung, daß er, wenn schon nicht aus praktischen, so doch aus allgemeinen Menschlichkeitsgründen verpönt werden müßte.

Wenigstens dürfte man von der Anstaltserziehung soviel Verständnis für die körperlichen, geistigen und seelischen Bedürfnisse aufzubringen suchen, wie man etwa Sorglichkeit und Sonderverständnis in den gleichen Anstalten für jedes einzelne in ihren Ställen befindliche Stück Vieh aufbringt.

Oder ist auch das schon zuviel verlangt? Weil die Schweine, Kälber, Füllen und Kühe Wertgegenstände sind, während die Zöglinge – nur von Gott und von der Welt verlassene Kinder?

Sehen Sie: die Verschiedenheit der Behandlung und Wertung von Mensch und Vieh, wie sie sich in der Anstalt dem Zögling einprägt, zeitigt Eindrücke, die er mit sich ins Leben hinaus trägt, die er nie ganz los wird.

Ob bewußt oder nicht wird er so oder anders der Gesellschaft, die ihn so tief einschätzte, die sein Leben verpfuschte, zum Richter gedeihen, und sie wird vor ihm schwerlich bestehen können.

Ist doch sein bloßes Dasein mit seinen Unzulänglichkeiten, seinen Leiden, eine stete, bohrende, nie verstummende Anklage gegen sie, die ihn nie anders denn als Einzelteil einer namenlosen Masse Wertloser zu erkennen vermochte.

Ist es ihm zu verargen, wenn er die Gesellschaft, die ihn dermaßen vernachlässigte, die ihn solchen Qualen aussetzte, nicht gerade begeisterungsvolle Liebe entgegenzubringen vermag?

Und ist er so schwer zu verstehen, wenn er sich entweder verbittert oder höhnisch zu den Stützen der Gesellschaft einstellt, die all das wissen könnten, wissen müßten und trotzdem, nach wie vor, der Anstaltserziehung mit ihren Scheußlichkeiten aus voller, wohltönender Überzeugung das Wort reden?

Ausblicke?

Ich bin mir bewußt, das vorliegende Buch sonder Haß noch Leidenschaft, wenn auch nicht ohne gelegentliche, rückerinnernde Erbitterung geschrieben zu haben. Dennoch oder gerade darum kann ich mir nicht verhehlen, daß es auf manchen Widerspruch, auf manches Mißverständnis stoßen wird. Das ist in dem unerhörten Standpunkt begründet, von dem aus es geschrieben wurde. Nämlich von dem des am unmittelbarsten an der Anstaltserziehung Beteiligten; vom Standpunkt des bis anhin nie gehörten Zöglings. Ich glaube immerhin, daß gerade dieser Standpunkt es verdiente, einmal geschildert, umschrieben und bekannt zu werden.

Was mich dabei leitete, waren einmal Erwägungen allgemein menschlicher Natur, doch will ich gerne gestehen, daß die Menschlichkeitsgründe, die mich dazu bewogen, die zwingendsten waren. In zweiter Linie waren es Gründe der öffentlichen Wohlfahrt, die mich anspornten, die Anstaltserziehung und mit ihr die Anstalten selbst zu bekämpfen.

Ich weiß auch, was man mir im günstigsten Fall entgegenhalten wird. Man wird mir sagen, daß die Anstalten unentbehrlich seien. Man wird vielleicht sogar zugeben, daß sie notwendige Übel sind, und mich vor die scheinbar nicht leicht zu beantwortende Frage stellen, mit was ich sie zu ersetzen gedenke.

Darauf habe ich meine Antwort schon bereit.

Sie lautet: Mit einem einigermaßen vernünftig ausgebauten Verdingwesen, für alle Fälle, wo sich die Familienerziehung unter keinen Umständen durchführen läßt. Warum ich das Verdingwesen auch der besten Anstaltserziehung vorziehe, liegt vor allen Dingen in dem Umstand, daß die Verdingkinder, auch da, wo sie nicht am besten gehalten sind, doch immerhin weniger weltfremd erzogen werden als in der bestgeleiteten Anstalt. Zum andern in der Möglichkeit des Staates, der Gemeinden, der Aufsichtsbehörden und der Öffentlichkeit, die Haltung der Verdingkinder entschieden besser beaufsichtigen und gegebenenfalles einschreiten zu können.

«Das arme Kätheli», wie es uns Jeremias Gotthelf so ergreifend geschildert hat, ist heute schwerlich mehr denkbar. Wäre es jedoch noch ausnahmsweise möglich, wäre das freilich eine entsetzliche Schmach, ein nie zu verantwortendes Übel, aber doch immerhin noch kein so großes wie die geflissentliche Verderbnis ganzer Kinderbestände durch die Massenerziehung. Das Verdingwesen hat aber auf alle Fälle gegenüber der Anstaltserziehung den Vorteil, weniger und nur vereinzelte Opfer zu fordern. Schon heute genießt das Verdingkind weitgehenderen Schutz als jedes Anstaltskind. Armeninspektoren, die Lehrerschaft der öffentlichen Schulen, zu deren Besuch es verpflichtet ist, Nachbarsleute und Hausgenossen haben die Möglichkeit der Einsicht und nötigenfalls des Einspruches. Insofern sie Amtspersonen sind, haben sie die Pflicht, für Wohlergehen und menschliche Behandlung des Verdingkindes besorgt zu sein, die Pflicht, es unmenschlichen oder auch nur unzulänglichen Pflegeeltern wegzunehmen. Auch rechtlich ist das Waisenkind heute nicht mehr so schutzlos, wie es noch vor paar Jahren war. Von Amtes wegen wird ihm ein vereidigter Beistand zugesichert, der jederzeit berechtigt, ja verpflichtet ist, Ungehörigkeiten zur Anzeige zu bringen, ihnen zu steuern. Er wird des Verdingkindes nicht so leichten Kaufes los wie des Schutzbefohlenen, den er in einer Anstalt versorgt und damit gewissermaßen dieser seine Vormundsrechte und -pflichten überbindet.

Ich habe mich hier nicht mit der Programmentwicklung des Verdingwesens zu befassen, sondern lediglich den Nachweis zu erbringen, daß es durchführbar ist und daß die Anstalten nicht nur schädlich, sondern auch überflüssig sind.

Dagegen wird man einwenden, man werde nie genügend Pflegeplätze finden. Das bestreite ich. Man muß es sich nur etwas kosten lassen, dann finden sie sich gewiß ebensogut wie sich Hunderte, Tausende von Schweizer Familien gefunden haben, um ohne Entgelt, ja unter Zugeständnissen zeitlicher und finanzieller Opfer unzählige Kinder aus den kriegführenden Staaten aufzunehmen, zu betreuen, zu nähren und zu kleiden. Über den Kostenpunkt übrigens wird in einem Augenblick noch zu reden sein.

Daß die Anstalt in ihrer heutigen Gestalt durchaus nicht notwendig oder unentbehrlich ist, mag übrigens die Erfahrung sämtlicher dem 19. vorausgegangenen Jahrhunderte erhärten. Der Anstaltsbegriff ist ein durchaus neuzeitlicher Begriff, denn was der Anstalt etwa aus früherer Zeit an die Seite gestellt werden möchte, weist bei Licht besehen nur eine sehr entfernte Ähnlichkeit mit ihr auf.

Wenn ich also aufgefordert würde, Vorschläge zu unseren Armen- und Waisenerziehungszuständen einzubringen, so würde ich mich auf den einzigen beschränken, der da lautet:

Bedingungslose Abschaffung der Erziehungs-, Rettungs-, Zwangserziehungsanstalten und Waisenhäuser vermittelst fortgesetzter Aufteilung und ihre möglichst beschleunigte Überführung ins Verdingwesen.

Da ich mich aber den praktischen Schwierigkeiten, die sich gegen die rasche Verwirklichung dieser Forderung auftürmen, nicht verschließen kann und eine durchgehende Verbesserung des Anstaltserziehungswesens so eindringlich erforderlich ist, daß sie schon seit Jahrzehnten hätte durchgeführt werden müssen, weil sie inzwischen zahllose, unwiederbringliche Opfer forderte, so mögen für die Übergangszeit, wobei der grundsätzliche Hauptvorschlag der Abschaffung der Anstalten in vollem Umfang aufrechterhalten bleibt, folgende Besserungsvorschläge hier

Raum finden, obwohl ich mir durchaus bewußt bin, daß sie, auch in ihrer weitherzigsten, weitgehendsten Anwendung immer nur Flickwerk bleiben und weder eine grundsätzliche noch durchgehende Gesundung bringen werden, weil der Schaden der Anstaltserziehung im Wesen der Anstalt selbst, nämlich in der Massenerziehung verankert und begründet ist.

Da wäre denn vor allen Dingen von der immer noch zu wenig beachteten Erkenntnis auszugehen, daß in der Erziehungsanstalt weder der Gründer noch der Stifter, noch der Staat, noch die Gemeinde, noch die Vorsteherschaft, noch die Landwirtschaft, noch der Betriebsertrag, sondern die Zöglinge die Hauptsache sind.

Um dieser Erkenntnis auch praktisch den Weg zu bahnen, gehören für die Anstalten vor allen Dingen mehr finanzielle Mittel zur Verfügung gestellt zu werden. Ich habe den Menschlichkeitsstandpunkt, der diese Forderung rechtfertigt, in den vorhergehenden Abschnitten, glaube ich, genügend betont, um jetzt darüber als über etwas Selbstverständliches hinweggehen zu dürfen. Bleibt übrig, die Frage der Einträglichkeit mit zwei Worten zu beleuchten.

Leider muß ich gestehen, daß ich dabei lediglich auf Überzeugungen angewiesen bin, daß mir keine statistischen Beweisgrundlagen zur Verfügung stehen, weil gerade darüber keine vorhanden sind. Ich weiß aber bestimmt, daß, wären welche vorhanden, sie meinen Standpunkt vollständig rechtfertigen würden. Der nun stützt sich auf die Erkenntnis, daß es zum Nutzen der Gesellschaft ausschlägt, jedes einzelne ihrer Mitglieder so lebenstüchtig, so selbständig als möglich heranzubilden, daß, was an der Erziehung des einzelnen in seiner Jugend eingespart wird, die Gesellschaft allemal viel zu teuer zu stehen kommt, indem der Vernachlässigte oder Verpfuschte entweder die menschliche Gemeinschaft später dadurch belastet, daß er auf Abwege gerät und sie sich seiner versorgend oder strafend annehmen muß, oder ihr dadurch prächtige und nutzbar zu machende Werte verlorengehen, weil sie es nicht verstand, ihn zu deren vollen Entfaltung und Ausnutzung zum gemeinen Wohl zu erziehen.

Wie sollen die vermehrten Mittel vernünftig verwendet werden?

So, daß man sich bestrebt, bis zur völligen Ausschaltung der Anstalten, diese soweit es immerhin möglich ist, in ihren Erziehungsweisen denen der Familien ähnlich zu gestalten. Ein Weg dazu dürfte die weitgehende Einführung der Gruppen- oder Familien-Ordnung in den Anstalten selber sein. Darunter verstehe ich die selbständige Erziehung kleiner Gruppen von Zöglingen unter der Leitung eines Erziehers, der sich nur mit der Erziehung, sagen wir einmal von sechs oder höchstens von acht Kindern zu befassen hätte, während der Gesamtbetrieb, namentlich das Verwaltungstechnische vorderhand unter der Leitung eines Ober-Vorstehers belassen werden könnte. Auf diese Weise wäre es dem einzelnen Erzieher möglich, sich eingehender, als es beim heute allgemein üblichen Vorgehen geschieht, mit dem einzelnen Zögling zu befassen, seiner Eigenart gerecht zu werden. Es wäre ihm außerdem möglich, was ihm heute, durch Vereinigung der obersten Machtfülle in der Hand des Vorstehers, selten gestattet ist, erzieherische Versuche auf eigene Faust zu machen, sich in seinem Beruf zu vervollkommnen, statt darin zu erstarren. Die Gruppen oder Familien einer Anstalt würden unter sich zu einem gewissen Wettbewerb angeregt, was wohltätige Folgen sowohl für die Erzieher selbst, denen es Erleichterungen verschaffen würde, indem sie vor handwerksmäßiger, öder Gewohnheitspfuscherei besser bewahrt würden, wie auch für die Zöglinge zeitige, deren persönliche Anlagen und Kräfte im Hinblick auf einen ihnen verständlichen, erstrebenswerten, vernünftigen Zweck geübt werden könnten.

Da darum die Zöglinge nichtsdestoweniger vom Außenleben noch allzusehr abgeschlossen wären, so würde es sich empfehlen, überall wo es immerhin anginge, sie wenigstens in die öffentlichen Ortsschulen zu schicken, damit sie im Umgang mit außer der Anstalt stehenden Kameraden, Lehrern und Bürgern sich wenigstens einigermaßen ins Außenleben einfügen könnten.

Um die in der Anstalt unentbehrliche Zucht aufrecht zu erhalten, ohne beim Zögling das ewig auf ihm lastende Gefühl der willkürlichen Vergewaltigung zu nähren, wäre eine vollständige Neubildung des Zucht- und Strafwesens auf dem Boden der Eigenregierung und eines aus von Zöglingen regelmäßig gewählten, aus Zöglingen und Vorgesetzten zusammengesetzten Ausschusses, oder wenn man lieber will, eines Zöglingsrates, vorzusehen. Je nach Umfang und Zöglingsbestand der Anstalt ließe sich diese Einrichtung abstufen, so daß in erster Instanz der engere Familienrat, in zweiter Linie der eigentliche Anstaltsrat, bestehend aus Vorgesetzten und Zöglingen, beraten, anordnen und entscheiden würde. Davon verspreche ich mir nicht nur die Verstärkung des Gefühles der Ehre, der Eigenbedeutung und der Persönlichkeit, sondern auch die des Verantwortlichkeitsgefühles gegenüber Dritten, die dem Anstaltszögling, so wie wir ihn jetzt kennen, sozusagen vollständig abgeht.

Die bis anhin vorgeschlagenen Neuerungen würden gestatten, als Vorgesetzte nicht immer nur Lehrer oder Geistliche, sondern im Erwerbs- und sonstigen Leben praktisch gereifte Kräfte, beispielsweise auch Handwerker, zu verwenden, was gewiß nicht wenig dazu beitrüge, die Zöglinge auf das ihnen wartende Leben zweckentsprechend vorzubereiten.

Um das Aufsichtswesen wirkungsvoller zu gestalten und zugleich zu erreichen, daß die Öffentlichkeit mit dem Anstaltsbetrieb in engere Fühlung käme, wäre einmal darauf Bedacht zu nehmen, daß der Arzt mindestens vierteljährlich sämtliche Zöglinge sehen und für den Fall, daß er es für nötig erachten würde, untersuchen und behandeln könnte, wie solches ja in den Schulen, durch die wohltätige Einrichtung ständiger Schulärzte, bereits da und dort geschieht.

Die Aufsichtsausschüsse nun müßten dazu angehalten werden, ähnlich den Schulkommissionen, vollzählig oder durch Abordnungen die Anstalten regelmäßig mindestens monatlich einmal zu besuchen. Es müßte ihnen eingeräumt werden, nicht nur zu sehen, was man ihnen zeigen will, sondern sie müßten im Gegenteil dazu angehalten werden, über den Zöglingsbestand Erhebungen zu machen, allfällige Beschwerden oder Mitteilungen des Zöglingsrates entgegenzunehmen, darüber unverzüglich an eine zu schaffende, allgemeine Anstaltsaufsichtsstelle Bericht zu erstatten, die mit den nötigen Vollmachten ausgerüstet wäre, um überall, wo sich dazu die Notwendigkeit erwiese, ordnend, helfend und in letzter Zuständigkeit entscheidend einzugreifen.

Ebenso möchte ich den vereinigten Befugnissen der Anstaltsaufsichtsbehörde und der Aufsichtsstelle die Befugnis in Form einer Verpflichtung überbinden, entlassene Zöglinge in Lehren oder Arbeitsplätzen unterzubringen, ihnen bis zu ihrer erreichten Volljährigkeit, und wenn nötig darüber hinaus, ratend und helfend als Beistände zur Seite zu stehen, sie vor Ausbeutung und schädlichen Einflüssen zu schützen und namentlich aber ihre Lehr- oder Arbeitsplätze ebenso wie das Verhalten des entlassenen Zöglings selbst zu beaufsichtigen.

Wo unvermeidliche Anstaltsschulen noch bestehen bleiben müßten, wären sie den allgemeinen Schulaufsichtsbehörden, also den örtlichen Schulkommissionen, dem Schulinspektorat und in letzter Linie den kantonalen Unterrichtsdirektionen zur Aufsicht zu unterstellen, mit der Verpflichtung der Aufsichtsbehörden, diese Schulen ebenso häufig und ebenso eingehend zu mustern wie die öffentlichen Volksschulen.

Den Zöglingen wäre auf jeden Fall ein wirksames und auf rasche, gerechte Erledigung ausgehendes Beschwerderecht einzuräumen, das zu gestalten bei der Einführung des Gruppen- oder Familiensystems auf keine allzu großen Schwierigkeiten stoßen dürfte.

Die Anstaltsleitungen endlich wären davon zu überzeugen, daß bei allem Hochhalten der haushälterischen Tugenden das Wohl der Zöglinge und deren vernunftgemäße Erziehung die allererste Anforderung bildet, die an die Anstalten gestellt werden muß. Sind sie mit landwirtschaftlichen oder gewerblichen Betrieben verbunden, so wären sie dermaßen einzurichten, daß diese schlimmstenfalles auch ohne die Hilfe der Zöglinge wenigstens zeitweise aufrechterhalten werden könnten, da der Kinder Betätigung in praktischer Arbeit keine gewinnsüchtige, sondern lediglich eine erzieherische Absicht verfolgen sollte.

Darin liegen, in großen Zügen umrissen, die Besserungsvorschläge, die wenigstens zum Teil die Mängel des Anstaltslebens und der Anstaltserziehung zu mildern vermöchten.

Nicht zu beheben, denn wie schon erwähnt, die einzige wirklich sinn- und sachgemäße Verbesserung besteht in der Preisgabe eines Verfahrens, das in sich selbst zweckwidrig, unmenschlich und für die Zöglinge wie für die Gesellschaft in gleicher Weise verderblich und unfruchtbar ist.

CARL SPITTELER AN LOOSLI

12. Oktober 1924

Lieber Freund,

Dank für die Zusendung und die Widmung.

Ich bin vom Inhalt angenehm überrascht: ich hatte einen leidenschaftlichen Angriff befürchtet und habe eine ernste, sachliche, wohlüberlegte Abhandlung gefunden.

Ein braves, tapferes und gewissenhaftes Buch, das ich mit Interesse und mit Genuß gelesen habe.

Aber merkwürdig, es wirkte auf mich fast wie eine Verteidigungsschrift der Anstalten, deshalb weil ich mir die Zustände noch viel schlimmer vorgestellt hatte. Gewiß geht es ja in dieser pädagogischen Mechanik hartherzig zu und auch mir würde schaudern, wenn ich dorthin versetzt würde. Nur kommt mir vor, im Militärdienst sei es noch schlimmer und in der Schule nicht wesentlich besser. Ich empfinde halt überhaupt jede pädagogische Zucht als einen feindlichen Eingriff in die Seele des Kindes. Darum habe ich die Schule gehaßt, vom ersten Tag bis zum letzten.

Dem letzten Kapitel fehlt die Überzeugungskraft der früheren, weil ihm die Beispiele und damit die Anschaulichkeit fehlen. Sie zahlen da mit Worten. Das «Leben» z. B. ist eine metaphysische Macht, die ich nicht kenne und nicht anerkenne.

Doch das ist Nebensache.

Ob das Buch etwas tatsächlich bessern wird?

Wir wollen hoffen.

In Freundschaft

Ihr Carl Spitteler

MEINE PESTALOZZIFEIER

In seiner Schrift «Über Kriminalgesetzgebung» äußert sich Pestalozzi unter anderm:

«Im Waisenhaus tritt an den Platz der natürlichen Anhänglichkeit, der Lokalkenntnisse und Hausbrauchübung eine künstliche Führung; eine künstliche Ordnung verändert den Geist und die Fertigkeiten der Naturordnung, in welcher der gemeine Mensch in seiner Hütte gebildet wird. Steife Abmessung der Zeit und Tat, Verminderung des Gefühls der Haus- und Notbedürfnisse, welche die Kräfte des gemeinen Mannes so trefflich für ihn entwickeln, mechanische Fertigkeiten, Kunstübung ohne Kunstliebe, Tätigkeit ohne eigenen Willen, ohne Bedürfnisse und ohne nahe Endzwecke etc. ist Geist der Schule, die das Waisenhaus in öffentlichen Anstalten bildet.

Die allzu steife Ordnung, die wesentlich in allen größern Anstalten herrschen muß, hemmt den Geist des Menschen.»

Und weiterhin:

«Es ist unter zehn Menschen immer kaum einer, der nicht für sein ganzes Leben Schaden nimmt, wenn in seiner Auferziehung und Entwicklung des freien, selbstsuchenden und biegsamen häuslichen Sinnes vernachlässigt worden. Es ist deshalb die Hausauferziehung des gemeinen Menschen für die ersten Bedürfnisse seines Lebens ein fast unersetzliches Ding.»

Diese goldenen «Pestalozzi-Worte» werden mit anderen der bernischen Lehrerschaft zum 17. Februar 1927 von der bernischen Direktion des Unterrichtswesens gewidmet.

Als ich vor nun zweieinhalb Jahren meine Schrift über das *Anstaltsleben* und die gleich darauffolgende, notwendige Ergänzung *Ich schweige nicht!* veröffentlichte, in denen ich im wesentlichen lediglich, es belegend, wiederholte, was Pestalozzi hier sagt, da fanden sich fromme, staatlich abgestempelte Erzieher und Erziehungsbeamte, welt- und volksfremde Zeitungsschreiber, die die Stirne hatten, im Namen Pestalozzis gegen mich ins Feld zu ziehen.

Es gab auch welche, wie Herr Regierungsrat Burren in Bern, Herr Felix Moeschlin in Basel, die mich aufforderten, die Erziehungsanstalten, in denen die von mir bekämpften Übelstände vorkämen, öffentlich zu nennen, wie auch die Anstaltserziehungsschuster, die sich die von mir gerügten Erziehungsentgleisungen zuschulden kommen ließen.

Man wollte damals wohl geflissentlich nicht verstehen, daß es mir, ebensowenig wie heute, daran gelegen sein konnte, einzelne Anstalten, einzelne Fehlbare an den Pranger zu stellen, *sondern daß es mir einzig um eine allgemeine, durchgehende Veredelung der Anstaltserziehung als solcher zu tun sein mußte.*

Herr Moeschlin war sogar naiv genug anzunehmen und es öffentlich auszusprechen, ich hätte für meine, auch für meine weitgehendsten Behauptungen keine tatsächlichen Beweise zur Verfügung.

Seither sind nun mehr als zwei Jahre verflossen. Ich hatte mehr gehofft als wirklich erwartet, es würde inzwischen in der Angelegenheit der Verbesserung unserer Anstaltserziehung wenn auch nicht etwas Entscheidendes geschehen, so doch ernsthaft angebahnt werden.

Statt dessen werden wir nun seit reichlich einem halben Jahr mit dickleibigen Neuerscheinungen über Pestalozzi, mit Ankündigungen weihevoller Pestalozzifeiern heimgesucht.

Inzwischen harren 13 000 schweizerische Anstaltskinder auf Erlösung von Anstaltserziehungsschrecken, Anstaltserziehungswidersinn.

Wird man mir es da verübeln, wenn ich erkläre, daß ich unter diesen Umständen den ganzen Pestalozzirummel als eine häßliche, feige Heuchelei empfinde?

Je nun: Zu den schon längst aufgespeicherten Belegen meiner Feststellungen über das Anstaltswesen habe ich in den letzten Jahren noch eine Fülle neuer hinzugekriegt. War ich schon damals, so bin ich heute noch besser in der Lage nachzuweisen, daß, von löblichen Ausnahmen abgesehen, die «scheußlichen Heimlichkeiten», die ich namhaft machte, auch zur Stunde und zwar in Anstalten fortbestehen, die den Herren, die mich damals am bittersten befehdeten, die mich, wie etwa Herr Regierungsrat Burren, darob kurzerhand der Verleumdung beschuldigten, zum Teil sehr, sehr nahestehen.

Ich habe mich nun überzeugt, daß, um unsere Erziehungsanstalten dahin zu führen, wo sie die Einsicht, die Menschlichkeit, die Amtspflicht ihrer Behörden selbsttätig hätten führen sollen, es notwendig sein wird, Anstalten, Vorkommnisse und Namen schonungslos zu nennen.

Ich bin entschlossen es zu tun und überzeugt, daß mir Pestalozzis Manen beifällig zulächeln werden.

Das sei meine Pestalozzifeier!

RÜCKBLICKE

Als ich mich, vor nunmehr acht Jahren, endgültig dazu entschlossen hatte, mit meinen Ansichten und Erfahrungen über
die Anstaltserziehung vor die Öffentlichkeit zu treten, da war
ich mir vom ersten Augenblicke an bewußt, was ich wagte und
was günstigsten Falles meiner wartete. Meine Voraussicht, die
ich im einführenden Abschnitte meines *Anstaltslebens* umschrieb, hat sich in der Folge mehr als nur gerechtfertigt; die
wesentlichsten Einwände, die gegen mein Buch und Vorgehen
seither erhoben wurden, sind daselbst ziemlich genau umschrieben.

Aber auch wenn ich, was jedoch nicht der Fall war, eitlen
Hoffnungen Raum gewährt hätte, so würden mich schon die Erfahrungen, die ich mit dem Buche machte, bevor ich es nach drei
langen Jahren endlich bei einem Verlage unterbrachte – dem
zwölften, den ich darum angegangen hatte –, so würden mich
diese Erfahrungen also schon hinreichend über das, was mir und
dem Buche etwa in Aussicht stand, aufgeklärt haben.

Es ist bei uns nun einmal so! Wer zu Gewohnheit und
Schlendrian verdichtete öffentliche Schäden unseres Landes an-
greift, der muß von vorneherein damit rechnen, daß zunächst
nicht die Schäden, die er aufdeckt, sondern er selber zum Ziele
aller möglichen Verdächtigungen und Anfeindungen, auch der
unfeinsten und unwahrsten, auserkoren wird. Es gehört eine
ebenso entschlossene als kräftige Veranlagung dazu, sich darob
weder irre noch kirre machen zu lassen, die Segel nicht nach den
ersten Stürmen, die übrigens immer die heftigsten sind, zu streichen.

Viele lassen sich darob entmutigen. Es wäre ungerecht, es ihnen allzusehr zu verdenken, ist es doch nicht jedem, auch wenn
er es wollte, gegeben, unter Preisgabe seines Namens, seines Rufes, seiner Persönlichkeit und seines allfälligen gesellschaftlichen

Ansehens, rücksichtslos ein einmal für gut und richtig erkanntes Ziel bis zum gedeihlichen Ende zu verfolgen. Nur dem mag es gelingen, der entweder in jeder Hinsicht unabhängig ist oder aber, geächtet und gesellschaftlich verbannt, nichts mehr zu verlieren, für die Sache jedoch, für die er einsteht, alles zu gewinnen hat. In dieser letztumschriebenen bevorzugten Lage, die ich mir übrigens einiges habe kosten lassen, befand ich mich damals und befinde ich mich heute noch.

Mochte kommen, was wollte, ich war und bin entschlossen, solange mein Gehirn einen Gedanken fassen, meine Hand eine Feder führen kann, den Verteidigern unhaltbarer Erziehungsweisen immer wieder, die Waffen in der Hand, entgegenzutreten, zu welchem Ende ich zwei treffliche Gründe habe, nämlich Gewissen und Pflicht.

Ich war zwölf Jahre lang Verdingkind, dann über fünf Jahre Anstaltszögling gewesen; folglich vermochte ich die Härten der sogenannten Armenerziehung aus eigenem bitteren Erleben heraus bis in alle ihre Einzelheiten und Folgen zu würdigen, und ich hätte kein Stück Brot mehr von mir anzunehmen vermocht, hätte ich nicht in die Welt hinaus geschrien, was nicht allein ich erlitten hatte, sondern was vor, mit und nach mir Tausende und aber Tausende von armen Kindern erduldet haben und stets wieder aufs neue erdulden. Darin lag mein Gewissensgrund.

Andererseits befinden sich unter den unschuldigen Opfern unserer unheilvollen Gesellschaftsordnung, unter den Armenerzogenen, diejenigen nicht allzu dick gesät, denen es ein Gott gab zu sagen, was sie litten, und da das Verschweigen von Übelständen denen, die sie verschulden oder die sie dulden, zur steten Entschuldigung gereicht, weil sie sich schlimmsten Falles jeweilen auf ihre Unkenntnis der Verhältnisse und Tatbestände berufen können, so halte ich es für die doppelte und dreifache Pflicht aller derjenigen, die dazu fähig und in der Lage sind, jenen ihre einzige Entschuldigung, nämlich die ihrer wirklichen oder vorgeblichen Unkenntnis der Dinge zu rauben. Darin lag mein Pflichtgrund.

[...]

*

Wer meine beiden ersten Anstaltsbücher vorurteilslos sachlich las und würdigte, der wird mir zugestehen müssen, daß ich es bei aller bewußten und gewollten Schärfe, die ich in sie hineintrug, vermied, einzelne Personen oder Körperschaften bloßzustellen oder anzugreifen. Es konnte mir ja auch in keiner Weise daran gelegen sein, handelte es sich doch nicht darum, Personen oder Körperschaften, sondern eine gesellschaftliche Einrichtung zu beleuchten, von deren Unzulänglichkeit, um nicht zu sagen von deren Gefahren mehr als nur gelegentliche, zufällige Beweise zeugen, deren ich eine hübsche Anzahl zusammengestellt und veröffentlicht habe. Tatbestände also, die zu verlautbaren ich wohl oder übel genötigt war, anders man mich weder begriffen hätte noch mir geglaubt haben würde.

Namentlich ist es mir nie eingefallen, noch wird es mir je einfallen, die Anstaltserzieher, besonders die Anstaltsvorsteher als solche, für die Schäden der Anstaltserziehung anders als gelegentlich und teilweise verantwortlich zu machen.

Im Gegenteil – gerade weil ich aus jahrelanger Anschauung und Erfahrung die Schwierigkeiten ihrer Aufgabe, die Nöte ihrer Stellungen erkenne und anerkenne, hoffe ich, durch eine freimütige Aussprache auch ihnen, insofern sie einsichtig und guten Willens sind, helfend und fördernd beizuspringen. Denn nicht nur die Zöglinge, sondern auch ihre Vorgesetzten, namentlich die Anstaltsvorsteher selber, sind allzuoft nicht viel mehr als bedauernswerte Opfer von Einrichtungen und Betrieben, die nicht sie geschaffen haben, die aber unsinnig, unwürdig und auf die Dauer unhaltbar sind.

Es freut mich feststellen zu dürfen, daß ihrer eine schöne Zahl, größer als ich sie erwartete, meine Einstellung auch zu ihnen verstanden hat, obwohl ich mich genötigt gesehen hatte, von einigen Fehlexemplaren aus ihren Reihen wenig Erbauliches zu berichten, was selbstverständlich der ganzen Gilde nichts weniger als angenehm sein mußte.

Zum andern ist es immer hart, sowohl für den, der sich dazu genötigt sieht, wie für die, die es erleiden müssen, festzustellen, daß ganze Lebensarbeiten, wovon viele voller Hingabe und Selbstentäußerung, die ich der Mehrzahl unserer Anstaltsvorsteher weder je abgestritten habe noch je abzustreiten gesonnen bin, in Frage gestellt, abschätzig beurteilt werden müssen, auch wenn dabei ausdrücklich betont wird, daß man nicht sie für die Mängel ihrer Betriebe verantwortlich zu machen gewillt sei.

Es braucht einen hohen Grad von Unparteilichkeit, von Hingabe an den höhern Zweck und von Selbstverleugnung, über die aufgeworfenen Schanzen hinweg dem Angreifer, seine guten Absichten auch da anerkennend, wo sie einem zuwiderlaufen, die Hand zu reichen. Daß es unter den Anstaltsvorgesetzten mehr als nur ein gutes Bernerdutzend gab, die dieser Selbstüberwindung fähig waren, sich mit mir, im Hinblick auf das gemeinsame Ziel, wenn auch zum Teil blutenden Herzens, in Verbindung zu setzen, mir ihre Mitarbeit zuzusichern, das rechne ich ihnen wenn auch hoch, doch wohl schwerlich je hoch genug an, und das, ich gestehe es, hat mich über so manches Widerwärtige, das mein Anstaltsstreit für mich im Gefolge hatte, nicht nur hinweggetröstet, sondern es gereichte mir auch zum stets erneuten Ansporn, die Sache, um die ich kämpfe, schon um jener Mitarbeiter willen, nicht fallen zu lassen.

Viele andere Anstaltsvorgesetzte jedoch fühlten sich von meinen Ausführungen sozusagen persönlich getroffen, beleidigt, geschädigt. Es sind dies die Selbstbewußten, die sich unfehlbar Wähnenden, die in Gewohnheit und Überlieferung Erstarrten und namentlich auch die, deren persönliche, wirtschaftliche, ja in gewissen Fällen auch sittliche Existenz innig von der Beibehaltung der Anstaltserziehung, die ich bekämpfe, bedingt ist.

Diese Leute nun, für deren Einstellung ich viel mehr menschliches Verständnis aufbringe, als sie mir wohl zutrauen, erklären sich ausdrücklich oder stillschweigend mit ihren Anstalten und deren Betrieb solidarisch. Sie vermögen in allzu vielen Fällen den Wertungsunterschied, der zwischen dem Anstaltszweck, der einzig die wohlverstandene Erziehung armer Kinder sein darf, und der Anstaltsleitung, die sich diesem Zwecke unter allen Umständen und in allen Folgerungen unbedingt unterzuordnen hat, nicht mehr wahrzunehmen. Das ist menschlich begreiflich, ja bis zu einem gewissen Punkte möglicherweise sogar entschuldbar.

Aber indem sie vermeinten, bloß gegen mich Stellung zu beziehen, stellten sie sich, ob bewußt oder unbewußt möge vorderhand dahingestellt sein, einer Veredelung unserer Erziehungsweisen entgegen, was nicht nur mich angeht, sondern das Wohl und Weh vieler Tausender armer Kinder betrifft. Darum, nur darum muß ich sie als Gegner betrachten und, so leid es mir tut, so gern ich mit ihnen zusammenarbeiten möchte – ich muß sie als solche bekämpfen.

*

Ihnen nun sei von vornherein gesagt, daß der Kampf, den ich aufnahm, nicht um ihretwillen, sondern um armer Kinder willen geführt wird. Daß, wenn ich sie angreife, ich es nur tue, weil sie die sicht- und greifbare Verkörperung eines heillosen Erziehungsverfahrens darstellen, daß sie mir aber daneben durchaus gleichgültig sind und sein können.

Was ich mit meinen Anstaltsbüchern bezwecke, ist nicht, sie zur Rede zu stellen, zu bekämpfen, herabzuwürdigen, ja nicht einmal sie zu bekehren, sondern die öffentliche Meinung auf die Schäden eines Erziehungsverfahrens so laut, so nachdrücklich und lange aufmerksam zu machen, daß sie auf die Dauer nicht umhin können wird, es von Grund auf zu prüfen, um es dann ein für allemal aufzugeben.

Was ich also gegen die mir feindlich gesinnten Anstaltsvorgesetzten vorbrachte oder noch vorbringen werde, richtet sich gegen sie als Träger und Verteidiger jenes Fehlverhaltens, dessen Bekämpfung bis zur Überwindung allein wichtig ist, nicht aber gegen sie als Menschen, obwohl mir viele unter ihnen das Recht dazu reichlich genug eingeräumt hätten.

Umgekehrt ist es mir, von ebendemselben Standpunkte aus, durchaus gleichgültig, was sie etwa gegen mich persönlich sagen und schreiben mögen, auch wenn es, wie schon oft, hanebüchene Wahrheitsentstellungen sind, von denen einige derart aussehen, daß es mir ein leichtes wäre, ihre Urheber zur Verantwortung zu ziehen und zum öffentlichen Widerruf zu nötigen.

Das nun fällt mir nicht ein! Die persönlichen Angriffe sind eher dazu angetan, und zwar je unfeiner sie sind um so mehr, mich in der Überzeugung zu festigen, daß eine Sache, die der Verteidigung mit den trügerischen Mitteln der Schmähung und der Entstellung bedarf, bereits bedenklich wackelt, und da ist nichts dabei, das mir zur Entmutigung gereichen könnte – im Gegenteil!

*

Was haben die Leute nun gegen meine Bücher vorgebracht?

Zunächst einmal, daß weder meine Bücher noch ich selbst ernst zu nehmen, noch ihnen irgendwelche Bedeutung zuzuerkennen sei. Das sei ihnen, sofern es meine Person anbetrifft, meinetwegen zugestanden, ist es mir doch selbst zeitlebens nie gelungen, mich auch nur halb so ernst und wichtig zu nehmen, wie es ein von seiner Vortrefflichkeit und Unfehlbarkeit überzeugter Anstaltsvorsteher tut und wohl auch um seiner sittlichen Selbstbehauptung, um seines Ansehens willen tun muß.

Allein, ihrer Behauptung widersprechen immerhin die beiden Umstände, daß der bloße Name des nicht ernst zu Nehmenden auf sie wirkt wie ein rotes Tuch auf gewisse cholerisch veranlagte Tiere und sie zum «Coué machen» nötigt; wie auch der andere Umstand, daß seit dem Erscheinen meiner Bücher die Anstaltsfragen, die ich darin behandelte, ununterbrochen sogar unter ihnen selbst weiter erörtert werden, so daß etwa das *Schweizerische Evangelische Schulblatt*, an meine Schriften anknüpfend im Jahre

1927 in nicht weniger als einundzwanzig Nummern dreiundzwanzig Artikel veröffentlichte, die sich mit meinen Ausführungen auseinandersetzten. Da es zum Teil in hervorragend sachlicher, einsichtiger Weise geschah, glaube ich annehmen zu
dürfen, die Herren Einsender hätten meine Arbeiten gerade
ernst genug genommen, da sie sie so eingehender Erörterungen
würdig befunden haben.

Der zweite Einwand meiner Gegner lautet, ich hätte in meinen Darstellungen des Anstaltswesens dessen Schäden «maßlos
übertrieben».

Wie, wenn ich dem nun entgegenhalten würde, dies sei eine
bloße, beweislose Behauptung von «maßloser Leichtfertigkeit»?

Hol mich dieser und jener – ich tu's!

Zunächst stelle ich fest, daß in dem, was ich Tatbeständliches
in meinen beiden Schriften *Anstaltsleben* und *Ich schweige nicht!*
vorgebracht haben mag, auch nicht eine einzige Behauptung
steht, die ich nicht an Hand von Urkunden oder Zeugenaussagen
zu erhärten vermöchte. Wer mich der Übertreibung bezichtigt,
der möge mich in auch nur einem einzigen Fall der Entstellung
oder auch nur der bloßen Übertreibung überführen, dann will
ich mich geschlagen geben.

Ferner – was ich in den beiden obgenannten Schriften vorgebracht habe, war nur eine recht bescheidene Auslese aus dem belastenden Urkundenbestand, der mir schon damals zur Verfügung
stand, der sich aber seither, von mir sozusagen ungesucht, so wesentlich vermehrt hat, daß ich mich heute zu dem Geständnis genötigt sehe, ich selbst, der ich doch wahrhaftig nicht mehr so leicht
zu verblüffen bin, wenn von Anstaltsunzulänglichkeiten die Rede
ist, hätte mir die Dinge nicht so schlimm vorgestellt, wie sie sich
aus freiwilligen Zeugnissen, die mir stetsfort unberufen zugehen,
ergeben. Auch heute noch, wie vor dreißig und mehr Jahren, gibt
es Anstalten, deren Einrichtung und Betrieb einfach grauenhaft
sind, die nicht nur jeder vernünftigen Erziehung, sondern jeglicher Menschlichkeit, jeglichem gesunden Empfinden spotten.

Die Behauptung, ich hätte «maßlos übertrieben», reicht darum wahrhaftig nicht aus, mich zu beirren, und die Herren, die es mir vorwerfen, werden in Zukunft wohl beraten sein, sich zu vergegenwärtigen, daß sie es in mir nicht mit einem ihnen wehrlos ausgelieferten, einzuschüchternden, leicht und jederzeit mundtot zu schlagenden und zu vergewaltigenden Zögling, sondern fortan mit der öffentlichen Meinung zu tun haben werden, der ich die neuesten Anstaltsgreuel lediglich darum noch vorenthalte, weil ich bis jetzt noch nicht jede Hoffnung verloren habe, auf andere Weise an meine Ziele, zur Anerkennung des Rechtes armer Kinder auf gesellschaftlichen Schutz und vernünftige Erziehung zu gelangen.

*

Weiterer Vorwurf! In der Darstellung der Anstaltsverhältnisse und Anstaltsbetriebe, die ich und mit mir Tausende am eigenen Leib jahrelang erfahren und erlitten haben, mache ich mich unzulässiger Verallgemeinerung auf alle Anstalten schuldig!

Wer meine Bücher wirklich gelesen hat, der weiß, was davon zu halten ist; der weiß, daß es mir nie einfiel zu behaupten, alle Unzulänglichkeiten, Ungehörigkeiten, Härten und Grausamkeiten seien allen Anstalten in gleichem oder auch nur in annähernd ähnlichem Maße eigen. Ich weiß so gut wie einer und habe es in meinen Schriften auch ausdrücklich anerkannt, daß es Anstalten und Anstalten, bessere und schlechtere gibt, ja ich stehe nicht an zu erklären, daß ich gerade in den letzten Jahren einige wenige Anstalten kennenlernte, die mein Ideal der Anstaltserziehung, insofern darin überhaupt ein Ideal zu erblicken ist, annähernd verwirklichen. Eigentümlicherweise sind gerade die Vorsteher dieser wirklich vorbildlichen Anstalten nicht unter denjenigen zu finden, die sich meinen Aussetzungen und Vorschlägen gegenüber feindselig oder auch nur ablehnend verhalten, sondern diese sind gerade dort zu Hause, wo der eiserne Besen am notwendigsten wäre.

Auch denke ich, wenn, wie aus den mir zur Verfügung stehenden Akten hervorgeht, vom Landeserziehungsheim über das städtische Waisenhaus bis zu der auf dem Lande verlorenen Rettungsanstalt dieselben Klagen, dieselben Unzulänglichkeiten und Härten vermeldet werden (in größerem oder geringerem Ausmaß, versteht sich!), es vielleicht doch nicht so ganz unangebracht ist zu behaupten, daß gewisse Mängel mit dem Anstaltserziehungsverfahren nun einmal unzertrennlich verbunden sind, die zwar mehr oder weniger gemildert, aber nie vollständig behoben werden können.

Weiter jedoch ging meine Verallgemeinerung nicht! Sie konnte billigerweise nicht weiter gehen, noch wird sie je weiter reichen, so daß ich mir ruhigen Gewissens wenigstens das Zeugnis ausstellen darf, ich hätte nicht alle Anstalten über den gleichen Leist geschlagen, wie es etwa gerade meine erbittertsten Gegner unter den Vorstehern mit ihren Zöglingen jahraus, jahrein tun, ohne sich je auch nur eine Minute mit deren Sondermenschlichkeit zu befassen.

*

Im weiteren beklagen sich die Herrschaften über meinen herben, harten Ton.

Ich könnte ihnen erwidern, daß ich über die Anstaltsfragen in dem Tone schrieb, der mir in den Anstalten anerzogen wurde, aber das würde der Wirklichkeit schon darum nicht entsprechen, weil ich die Herren durch meinen Ton nicht zu Schwerarbeit zwang und hungern ließ, während ich mich an den wohlbesetzten Tisch setzte, weil ich sie weder verprügelt noch verandächtelt, noch, während der Dauer langer Jahre, körperlich und seelisch mißhandelt, ja weil ich nicht einmal zu ihnen, sondern zu der öffentlichen Meinung gesprochen habe, zu der ich sprechen werde, bis sie mich hört, und deren Stimme meine Herren Gegner schließlich auch werden hören müssen.

Es ist immerhin bemerkenswert, wie zartfühlend die Herrschaften sich gebärden, wenn sie, ob zu Recht oder zu Unrecht, Aussetzungen an ihren Betrieben gegen «Ihre Unfehlbarkeit» gerichtet wähnen; wie ihnen vermeintliche Verallgemeinerungen aufstoßen, die sie betreffen, während sie selbst in ihrer Erziehungsschusterei überhaupt nur durch die roheste Verallgemeinerung bestehen können. Namentlich ist ihre zarte Empfindlichkeit auffällig da, wo sie auch nur zu befürchten scheinen, sie möchten ausnahmsweise einmal so angepackt werden, wie sie jahraus, jahrein ihre Zöglinge anfassen.

Ich weiß zum Beispiel noch heute nicht, was mich mehr bewegt, ob Ekel, Mitleid oder Hohn, wenn ich in meinen Urkunden blättere und auf den Brief eines Bekannten stoße, der, als ruchbar wurde, daß ich ein zweites Anstaltsbuch vorbereitete, im Namen eines Alt-Vorstehers an mich gelangte, mich bittend, ihn zu schonen, da er infolge der Meldung an schweren Depressionen leide, er, der zur Zeit seines zwanzigjährigen Amtsmißbrauches weder Schonung noch Erbarmen kannte. Ich konnte mir den Luxus leisten, den kläglichen Wicht bei seinem schlechten Gewissen zu belassen und zwar um so leichter, als er, Gott sei's getrommelt und gepfiffen, seit Jahren nicht mehr im Amte, also verhältnismäßig unschädlich geworden ist.

Dabei war er beileibe nicht der einzige, der mich immerhin ernst genug nahm, um vor meinen kommenden Schriften zum voraus zu erzittern. Ferne sei es von mir, ausgerechnet diese Herren als die eigentlichen Vertreter unserer schweizerischen Anstaltsvorsteher anzusprechen, aber jedenfalls brachten sie mir die Tatsache zum Bewußtsein, daß sich in den letzten vierzig Jahren die gattungsbezeichnende Urgestalt des salbungsvollen Biederschuftes, des heuchlerischen Kinderschinders, hinter dessen Unfehlbarkeit Härte, Grausamkeit und Tücke hausen, noch nicht verändert hat. Daß die Sorte übrigens auch heute noch nicht ausgestorben ist, davon zeugen mir einige erschütternde Meldungen gerade aus den letzten Monaten, und zwar aus gegenwärtig in der Schweiz richtig gehenden Anstalten.

«Ihre unfehlbaren Unantastbarkeiten» mögen sich daher ein für allemal gesagt sein lassen, daß ich – Allah sei dafür gepriesen –

nicht ihr Zögling bin, daher nicht mehr im Zwangsverhältnis steten Duckens zu ihnen stehe, daß sie mir daher schon gestatten müssen, ihnen immer wieder so eindringlich als möglich zu Gemüte zu führen, daß in den Anstalten nicht sie und ihr Wille, sondern die Zöglinge und deren Wohl die Hauptsache sind.

*

Ein fernerer Einwand, den die Herren gegen mich erheben und mit ihnen eine ganze Anzahl Leute, an deren allgemein menschlichem Wohlwollen zu zweifeln ich nicht ohne weiteres berechtigt bin, ist dieser:

Was auch in den Anstalten unzulänglich und übel bestellt ist, möge dahingestellt bleiben; jedenfalls stehe es in der sogenannten Familienpflege um kein Haar besser!

Gesetzt auch, dieser Einwand treffe allgemein zu, was jedoch nicht in dem Maße der Fall ist, wie uns die Herren wohl glauben machen möchten, so rechtfertigen jedenfalls die Übelstände der Familienversorgung die noch größeren der Anstaltserziehung keineswegs. Der Einwand selbst schaut eigentlich, bei Lichte besehen, bedenklich nach einer wenn auch unbeabsichtigten Selbstanklage und einem Eingeständnis aus.

Freilich steht es auch in der Familienpflege nicht zum besten, bei weitem nicht; freilich stoßen wir auch dort, wenigstens vieler-, wenn auch nicht allerorten, auf schreiende, durch nichts weder zu beschönigende noch zu rechtfertigende Übelstände, von denen gerade im Verlaufe dieser Arbeit wenigstens einige gestreift werden sollen. Daraus wird sich deutlich genug ergeben, daß sie auch mir weder entgingen noch fremd sind. Wenn ich dennoch der Familienversorgung (wohlverstanden, grundsätzlich!) unbedingt den Vorzug vor der Anstaltserziehung einräume, dann lediglich aus dem Grunde, den ich bereits in meiner Schrift *Ich schweige nicht!* umschrieben habe, nämlich: Während ich die Übel der Anstaltserziehung an sich und grundsätzlich vermöge ihrer unumstößlich gegebenen Wesensart als letzten Endes unheilbar betrachte, glaube ich an die mögliche grundsätzliche und praktische Verwirklichung einer annähernd einwandfreien Familienpflege. Warum und wie wird noch zu erörtern sein.

*

Endlich wurde mir zum Vorwurfe gemacht, ich hätte die Erziehungsanstalten und ihre Betätigung wohl einer vernichtenden Kritik unterstellt, mich aber wohl gehütet, praktische Verbesserungsvorschläge einzubringen.

Insofern dieser Vorwurf gegen meine erste Schrift *Anstaltsleben* erhoben wurde, war er in der Tat, wenigstens teilweise, berechtigt. Darum nur teilweise, weil ich im letzten Abschnitt denn doch grundsätzliche Verbesserungen, freilich in recht unbestimmter Fassung, andeutete. Ich könnte mich nun darauf hinausreden, und eigentlich würde das meinem innigsten Empfinden auch am genauesten entsprechen, daß es überhaupt nichts nützt, an einer Einrichtung, die man für grundsätzlich verfehlt und unhaltbar hält, verbessernde Flickarbeiten anbringen zu wollen.

Allein, wie schon eingangs erwähnt, ging meine nächstliegende Aufgabe nicht dahin zu bessern, sondern Schäden bloßzulegen, die Öffentlichkeit auf sie aufmerksam zu machen und, da mir ja von verschiedenen Seiten, namentlich von denen, die mir zum Vorwurfe machen, nur kritisiert zu haben, deutlich genug mitgeteilt wurde, ich verstehe von der Sache eben nichts, so hätte ich erwarten dürfen, daß aus ihren Kreisen, denen der Fachmänner und Unfehlbaren, die Vorschläge ersprießen würden, deren Verwirklichung not tut. Ich muß aber feststellen, daß sie sich bis anhin darüber gründlich ausschwiegen, ja bei der bloßen Zumutung, die Verhältnisse auch nur zu untersuchen – «Coué gemacht» haben.

Vollkommen unberechtigt, weil der Wahrheit widersprechend, ist es jedoch, wenn der Vorwurf heute noch, nachdem meine zweite Schrift *Ich schweige nicht!* erschienen ist, aufrechterhalten bleibt. Denn diese nun, in der die Notwendigkeit der vorläufigen Beibehaltung der Anstalten unumwunden zugegeben wird, gipfelt gerade in ihren Schlußfolgerungen in einer Anzahl von Besserungsvorschlägen, die nicht von mir allein, sondern, wie dort schon gesagt, in Verbindung mit einer Anzahl erfahrener Schulmänner, Erzieher, Armeninspektoren ausgearbeitet wurden.

«Ihre hochwohlmaßgeblichen Unfehlbarkeiten» unter den schweizerischen Armenerziehern haben davon geflissentlich entweder gar keine oder dann deren Sinn und Wort entstellende Notiz genommen. Einzig drei Pfarrherren haben unsere Vorschläge, wenn auch nicht durchaus gründlich geprüft, so doch von ihrem jeweiligen Standpunkte aus sachlich und zum Teil wohlwollend erörtert. Dafür sei ihnen herzlich gedankt!

Aber, abgesehen von diesen drei Herren, wurden unsere Vorschläge, insofern sie der Untersuchung und Erörterung würdig befunden wurden, in keinem einzigen Falle von dem Standpunkt, der hier einzig in Betracht kommt, nämlich von dem des Wohles und der ertüchtigenden Erziehung der Jugend, sondern einzig und allein vom Anstaltsbetriebs- und Anstaltsfinanzenstandpunkt aus erwogen und, natürlich, abgelehnt! Das nun finde ich äußerst bezeichnend, kommt es doch dem Geständnisse gleich, daß die Anstalten nicht um der zu erziehenden Jugend willen, sondern um der Herren Vorsteher und ihrer Bequemlichkeit willen da sind, insofern sie vom Betriebsstandpunkte erörtert wurden, und die Ablehnung unserer Forderungen, insoweit sie vom Standpunkte ihrer finanziellen Folgen beurteilt wurden, schließt das weitere Geständnis in sich, daß es den maßgebenden Körperschaften, die da sind: Staat, Gemeinden und gemeinnützige Gliederungen gegenüber der armen Jugend, einzig auf die Versorgung, nicht aber auf die Erziehung und Lebensertüchtigung der Zöglinge ankommt.

*

In geradezu hervorragendem Maße hat außerdem gerade die Körperschaft versagt, von der ich Einfältiger am ehesten, wenn auch nicht ohne weiteres Beistimmung und Förderung, so doch zum mindesten sachlich unvoreingenommene Prüfung erwartet hatte.

Ich meine die schweizerische Vereinigung Pro Juventute.

Seit nunmehr drei Jahren bewegt sich der Streit fast ausschließlich um die Frage, ob ich in meinen Büchern sachlich recht oder unrecht habe. Man zankt sich für und gegen mich, und das Ergebnis ist in der Hauptsache das, daß man mir im Wesentlichsten und Wichtigsten, ob gern oder ungern, mit noch so sauersüßen Mienen, eben doch beipflichten muß. Sogar die Herren im *Schweizerischen Evangelischen Schulblatt*, nachdem sie eingangs ihrer Auseinandersetzungen über die Anstaltserziehung und auch in deren Verlaufe meine Kritik daran im allgemeinen schroff ablehnen, kommen dazu, sobald sie selber auf Einzelgebiete eingehen, meine Aussetzungen in fast allen wesentlichen Punkten treffender zu bestätigen, als ich es oft selber vermocht hätte.

Grundsätzlich ist demnach die Frage entschieden. Dieser Entscheid ruft jedoch nach einer neuen, der einzig wesentlichen Frage, die da lautet:

Was hat nun, angesichts der festgestellten Tatsachen, mit den 13 000 Anstaltskindern unseres Landes zu geschehen?

Offen gesagt; ich hätte wenigstens den Anlauf, den Versuch ihrer Beantwortung von der schweizerischen Vereinigung Pro Juventute erwartet. Allein, der blieb aus.

Die nachweisbare und nachgewiesene Not von 13 000 armen Kindern läßt die angeblich ausschließlich zum Wohle der Jugend gegliederte größte Körperschaft unseres Landes so kalt, daß sie es nicht einmal der Mühe wert findet, sich auch nur rein theoretisch mit der Armen- und Anstaltserziehung zu befassen. Diese Tatsache, obwohl sie für Eingeweihte nichts besonders Überraschendes bietet, verdient als solche festgehalten zu werden.

Sich an bestehenden öffentlichen Übeln zu vergreifen oder sich mit ihnen auch nur kritisch auseinanderzusetzen, liegt nicht im Tätigkeitsbereich der schweizerischen Wohltätigkeitsindustrie, wie Pro Juventute trefflich genannt wurde.

Es lassen sich nämlich im ernsten, grundsätzlichen Kampf gegen gesellschaftliche Schäden und Verbrechen keine billigen Zeitungslorbeeren erwerben, keine wohlbezahlten Stellen ergattern, keine eindrucksvolle Volkstümlichkeit erschinden. Da, wo es sich um eigentliche Not, um wirkliche Kernfragen handelt, wo es um herzhaftes Zugreifen zu tun ist, da wird nicht gejuventututet, weil, um mit dem mir so oft in dieser Anstaltsfehde entgegengehaltenen Pestalozzi zu sprechen, das Bestreben der Pro Juventute-Vereinigung auch hier darauf ausgeht, zu wohltäteln und «die Wohltätigkeit das Ersäufen des Rechtes im Mistloch der Gnade bedeutet».

Wir leiden in unserem Lande nachgerade an einer chronischen Philantropinvergiftung, die schlußendlich, je länger je ausgesprochener, lediglich darauf hinausläuft, statt Nöte zu beheben, sie unter dem Vorwand der Nächstenliebe auf dem Umweg über den wohlgegliederten Hausbettel und der daraus abgeleiteten Wohlattentate zu verschleiern. An die Wurzeln der Übel wagt sich niemand, darf sich niemand wagen; die Notleidenden werden nicht unterstützt, es wird ihnen weder geholfen noch werden sie wirksam beraten, sondern sie werden vermittelst eines ebenso sinnwidrigen als unzulänglichen Verfahrens einfach beamtenhaft abgefertigt und mögen selber zusehen, wie es ihnen gehen mag. So verhält es sich mit der Schwindsuchtbekämpfung, so mit der Gefangenenfürsorge, so mit der Armenerziehung, mit den Anstaltsnöten.

Die Philantröpfe, die auf dem Postcheckbureau einen Fünfliber einbezahlt haben, glauben damit ihren menschlichen und gesellschaftlichen Verpflichtungen gegenüber den Notdürftigen genügt zu haben – sie kümmern sich keinen Teufel darum, was mit dem Fünfliber in den Händen der vertrusteten Philantropophagen geschieht; sie haben ihrer Pflicht gegenüber Gott, Gewissen und Menschheit genügt, sie sind gegen jede Not, jedes

Elend, jede Roheit, jedes noch so himmelschreiende Unrecht rückversichert, und wer's nicht glauben will, dem weisen sie ihre Postquittung vor, indes der Wohltätigkeitstrust Stellen schafft und sich in Wort, Bild und Film vergötzen läßt.

Damit ist nun der Sache, die wir verfechten, nicht gedient, wird ihr nimmer gedient sein. Wir verlangen wirkliche, praktische, gründliche Arbeit und wenden uns an die Leute, die mit uns, von den Mängeln unserer Armenerziehung und der daraus sich ergebenden Jugendnot überzeugt, gewillt sind, wirklich zu helfen, das Übel in seinen Urgründen zu erfassen.

Es sind ihrer viele und würden ihrer noch mehr sein, wüßten sie nur, wie man es anzustellen hat, um zum Ziele zu gelangen. Das beweisen mir zahlreiche mündliche und schriftliche Äußerungen zu meinen Erziehungsvorschlägen. Sie wären alle willig, aber sie alle möchten wissen, was vorzukehren sei, damit ihr guter Wille zu fruchtbarer Tat gedeihe.

Sie anerkennen die Richtigkeit und die Notwendigkeit meiner Aussetzungen und Vorschläge, fragen aber, was zu tun sei, um ihnen Nachachtung zu verschaffen.

Ihnen diene diese Schrift zur vorläufigen Antwort, zur Wegleitung.

Mögen sich «Ihre Unfehlbarkeiten» noch so sehr darob aufregen, ich für meinen Teil bin wenigstens entschlossen, keine Ruhe zu geben, bis die Einsicht der Notwendigkeit gründlicher Arbeit, grundsätzlicher Verbesserungen unserer Armenerziehung ins Bewußtsein der Menge dermaßen eingedrungen sein wird, daß unsere Stimmen wohl oder übel gehört und beachtet werden müssen.

Dazu nun sind mir alle Mittel recht, die ich vor meinem Gewissen verantworten kann, wobei ich gerne bekenne, daß ich mir, der Not vielmehr als dem eigenen Triebe gehorchend, dafür ein recht weites Gewissen anerzogen habe.

Als Kampfgenosse sei jeder willkommen, dem es um die Sache, nicht um deren bloßen Schein zu tun ist, gleichviel welcher

Richtung oder welchem Bekenntnis er daneben angehöre. Wegleitend sei für uns einzig das Wohl der Jugend, folglich des emporwachsenden Volkes, des Bürgerstandes von morgen.

Wo ich einen guten Willen zur Tat sehe, trennt mich grundsätzlich nichts von Heide, Jude oder Christ, nicht einmal Weltanschauungen. So würde ich von mir aus nicht auf den Gegensatz zwischen Humanität und Christentum verfallen sein, den der vorerwähnte Besprecher meiner Vorschläge in der *Reformierten Schweizer-Zeitung* unterstreichend hervorhebt. Obwohl weder kirchlich noch im landläufigen Sinne christlich gesinnt, habe ich nicht das mindeste gegen christliche Hilfskräfte einzuwenden, wenn es wirkliche Kräfte sind, die Hilfe bringen; Hilfe, die aber – unsere Feststellungen beweisen es – bis anhin weder gebracht noch ernsthaft angestrebt worden ist, sondern von der stets immer nur da als dem Vorzüglichsten, was es geben könne, georakelt wurde, wenn es dazu dienen konnte, der wirklich werktätigen Arbeit aus andern Lagern ein Bein zu stellen.

HUGO BEIN AN LOOSLI

21. September 1929

Herrn C. A. Loosli, Bern.

Ich möchte Ihnen, sehr geehrter Herr, auf Ihr neustes Anstaltsbuch gerne eingehend antworten. Aber der große Neubau des Waisenhauses nimmt mich Tag & Nacht in Anspruch, so daß ich nur schnell in einer ruhigen Sonntagsstunde dazu komme, Ihnen für Ihren Mut und Ihre ehrliche Gesinnung herzlich zu danken.

Ich war auch kurze Zeit Anstaltszögling – aber die beiden Jährlein drückten so schwer + waren so ewig lang, daß ich als reifer Mann noch urteilte, wenn je der Weg mich am Anstaltsgebäude vorbei führte: da liegt meine Jugend begraben. Und nun denken Sie, nun leite ich den großen Betrieb selbst, den ich so bitter bekämpfte. Ihnen zu erzählen, warum ich das tu + weshalb ich mich zu diesem Posten wählen ließ, das alles zu erzählen, führte jetzt viel zu weit. Aber im Grunde genommen geschah es darum: zu bessern, was ich lange und offen und überall angeklagt hatte.

Ich war gegen alles Anstaltsmäßige – habe ich vielleicht deshalb Ihre vorzüglichen A.-Bücher erst dann gelesen, als ich bereits im Amte stand? Nun stehe ich ein Jahr im Amt. Ich möchte, sie kämen schauen, was ein Jahr vermochte. Was ich in meinen Bemerkungen für die Neugestaltung (die ich Ihnen beilege) forderte, das war leicht zu erreichen; was von Behörden zu erreichen war, erreichte ich geradezu spielend; das andere, besonders Forderungen an das *Personal*, das ist unsäglich schwer zu erlangen. Das scheint mir der schwierigste Punkt, aus Gründen, die ich hier nicht weiterführen kann, in *Basel* besonders schwierig.

Den Kindern aber glaube ich so weit geholfen zu haben, daß ich bekennen darf, keine einzige Ihrer Forderungen ist unberücksichtigt geblieben. Keine einzige – bis an *die Zöglingsräte*. Das möchte ich einführen, wenn ich erst einmal Ferien hinter mir habe. Ja wirklich, vieles ist erfüllt, das Sie selbst freuen müßte. Und doch fassen ja alle Thesen, alle «Forderungen» das Wichtigste nicht: den Geist des Hauses.

Auf meiner großen Studienreise habe ich prachtvolle Anstalten gesehen, besonders im Norden. Aber das Köstlichste erfüllte mich doch in einer armseligen Anstalt, wo alles baufällig war und wo wohl oft auch Nahrung & Kleidung nicht dem entsprechen, was wir verlangen. Aber in jenem Hause lebte eine solche wundersame Luft des Friedens, der Zufriedenheit und herzlichen Kindertollens, daß ich mir immer wieder sage: diesen Geist suche ich.

Unsere Knabenabteilung wird in 3 Wochen eingeweiht. Sie besteht aus 3 Gruppen zu je 12 bis 15 Knaben, denen ein Lehrer vorsteht, mit völlig geschlossenen Wohnungen, die alles bieten: 1 Wohnstube, 1 Aufgabenzimmer, 1 Bastelraum, 1 Musizierzimmer, 1 Lehrerzimmer, 6 Schlafzimmer (5 zu je 3 Betten + 1 Besuchszimmer), 1 große Abortanlage.

Gemeinsam sind: großer Sportplatz (im Winter Eisbahn)
Douchenanlagen
Eßsaal
Theatersaal
offene Regenwetterhallen.

Jede Gruppe hat ihre eigenen Rechte + Pflichten; ihre eigenen Fahnen, Wanderkleider usw. Natürlich *öffentlicher* Schulbesuch, freie Berufswahl. Neu eingeführt: 4 Wochen Sommerferien in Höhenkurorten, wobei nirgends mehr als 5 Waisenkinder einer Kolonie zugeteilt werden dürfen, damit die Anstaltsluft nicht verdumpft, sondern immer wieder frischer Zug möglich ist.

Das alles sage ich Ihnen wie mir selbst zum Troste, denn es ist ein schweres Amt und zermürbt. Aber wie köstlich ist es, wenn man es spürt, wie nach + nach Verstockte aufwachen und anfangen mitzusingen. Und wie köstlich ist es, wenn man es spürt, die eigene, verlorne, ach begrabene Jugend wacht wieder auf, wacht auch wieder auf und freut sich mit.

Nehmen Sie meinen flüchtigen Gruß als Dank und als Ansporn – es gilt ja noch so vielerorts und auch bei uns zu bessern. Entschuldigen Sie meine Eile. – Kommen Sie selbst einmal und erzählen Sie uns allen etwas Liebes aus dem Aemmitaw.

Es grüßt Sie Ihr
Hugo Bein

LOOSLI AN HUGO BEIN

23. September 1929

Sehr geehrter Herr, empfangen Sie meinen verbindlichen Dank für Ihren Brief und den ihm beigelegten Bericht, den ich Ihnen anliegend wiederum zustelle.

Aus beiden geht hervor, daß wir grundsätzlich durchaus einig sind und uns verstehen, namentlich wenn Sie betonen, daß es der Geist des Hauses ist, der da einzig und ausschließlich belebt und befruchtet. Aber um diesen Geist überhaupt aufkommen lassen zu können, müssen, wie auch Sie bemerkt haben, zunächst einmal die materiellen und technischen Grundlagen geschaffen sein. Daß es Ihnen in Basel gelungen ist, sie in weitgehendem Maße zu schaffen, das ist ungemein wertvoll und dazu beglückwünsche ich Sie.

Daß Ihre Hauptschwierigkeit in der Personalfrage besteht und daß sich deren endgültig befriedigender Lösung gerade in Basel besondere Widerstände entgegensetzen, begreife ich sehr wohl und ich kann mir auch ohne große Anstrengung vorstellen, welcher Art diese Widerstände sind. Ich glaube mich aber nicht zu täuschen, wenn ich Ihnen voraussage, daß gerade durch die Einführung der Zöglingsräte in dem von mir umschriebenen und von Ihnen wohl verstandenen Sinn ein wesentlicher Teil dieser Frage gewissermaßen selbsttätig gelöst werden wird.

Und nun, um auch noch den letzten allfälligen Rest eines Mißverständnisses zwischen Ihnen, den Anstaltsvorstehern überhaupt, und mir zu zerstören: Wenn ich die Familienerziehung gegenüber der Anstaltserziehung unerbittlich und dringend fordere, so will ich damit beileibe nicht etwa behaupten, daß sich die Familienerziehung nicht auch in Anstalten durchführen lasse. Ist dies aber der Fall, wie etwa im Sonnenberg in Zürich, dann ist eben die Anstalt, die ich bekämpfe und verabscheue, überwunden und aufgehoben. Und auf das allein kommt es schließlich an, nicht auf die rein äußerliche Bezeichnung, obwohl ich es zu erleben hoffe, daß man Anstalten, die unsern Wunschzielen entsprechen, auch äußerlich und bezeichnungsweise von den Anstalten, die ich bekämpfe, schon um der suggestiven Wirkung, die eine Bezeichnung für die Masse immerdar in sich trägt, unterscheiden wird. Da Sie ja selber Zögling waren, brauche ich Ihnen nicht im einzelnen zu erklären, warum.

Sollte mich Einsiedler und Hausratte mein Weg gelegentlich nach Basel führen, so wird es mir ein Vergnügen sein, Ihr Waisenhaus zu besuchen, und wenn Ihrer Schar dann mit etwas Emmentalerrauhbrot Freude gemacht werden kann, so werde ich meine «Tischdrucke» nicht verschlossen halten.

Bis dahin bin ich, mit verbindlichem Dank und hochachtungsvollen Grüßen

Ihr Ergebener

C.A. Loosli

LOOSLI AN PETER SURAVA

14. September 1944

Verehrter Herr Surava,

soeben wird mir vermeldet, das Kinderheim für jüdische Flüchtlingskinder in Speicher (Kt. Appenzell) weise ähnliche Zustände auf wie unser geliebter Sonnenberg ob Kriens.

Die Kinder würden, bei der geringsten Verfehlung oder Unachtsamkeit, voll bekleidet, Kopf voran, an den Beinen gehalten, in kaltes Wasser getaucht – so ein Knabe, der bloß nicht schnurgerade ausgerichtet gewesen sei.

Während des ganzen letzten Winters seien bloß die vom Vorsteher bewohnten Räume geheizt gewesen. Die ärztliche Betreuung sei so gut wie unvorhanden, so daß die geringste Verletzung schwere Folgen zeitige. Viele müßten in Spitalbehandlung überführt werden.

Am 9. d. M. habe ein Knabe eines Abszesses wegen operiert werden müssen und der Arzt habe festgestellt, daß der Abszeß von erlittenen Mißhandlungen herrühre.

Mein Gewährsmann glaubt zu wissen, das Heim sei eine Gründung des Roten Kreuzes.

Haben Sie die Möglichkeit, hier eine Enquête einzuleiten? Wenn nicht, darf ich Sie höflich bitten, mich unverzüglich davon zu verständigen, damit ich mich anderweitig umschauen kann?

Inzwischen empfangen Sie die besten Grüße ·

Ihres

C. A. Loosli

HEINRICH HANSELMANN AN LOOSLI

7. Januar 1953

Sehr geehrter Herr Loosli,

darf ich Ihnen für Ihre Schrift *Psychotherapie und Erziehung* und dafür, daß Sie sie auch mir zugestellt haben, warmen Dank sagen. Ich habe mich für meinen Freund Fritz Gerber gefreut, daß gerade Sie, der Sie ja große und nachhaltige Erfolge in einem mühevollen Kampfe für die Neugestaltung des Anstaltswesens erreicht haben, für Herrn Gerber eintreten.

Vielleicht wäre es besser gewesen, den Titel Ihrer Schrift etwas bestimmter zu fassen: Psychotherapie und Erziehungsanstalt. – Ich habe Ihre Schrift mit großer Aufmerksamkeit gelesen, da ich ja selbst vor vierzig Jahren in Deutschland, dann als Sekretär der Stiftung Pro Juventute, als Gründer und Leiter des Heilpädagogischen Seminars, des Landerziehungsheims Albisbrunn, lange auf diesem Gebiete gekämpft habe. Da ich aber mit Herrn Fritz Gerber persönlich befreundet bin, konnte und wollte ich in die Diskussion um Uitikon nicht eingreifen, weil ich selbst ein gewisses Ressentiment und einen Mangel an Neutralität gespürt habe. Ohne Auftrag wären mir ja auch die Akten nicht zugänglich gewesen.

Mir scheint, daß, generell gesehen, Ihren Ausführungen unten auf Seite 40 Ihrer Schrift entscheidende Bedeutung zukommt, wo Sie vorschlagen, daß die ärztlichen Psychotherapeuten selbst die Leitung eines Heimes für Schwer- und Schwersterziehbare, Jugendliche und jüngere Erwachsene, übernehmen sollten.

Wir wollen dankbar anerkennen, daß die Psychiatrie und die neuzeitliche Psychotherapie sich auf dem Gebiete der Fürsorge für Verwahrloste große Verdienste erworben haben. Leider aber ist die von uns Heilpädagogen dringlich nachgesuchte Mitarbeit des ärztlichen Psychotherapeuten bisher bei uns in der Schweiz nur in sehr bescheidenem und völlig unbefriedigendem Maße möglich geworden. Diese Mit- und Zusammenarbeit ist bisher nur ambulatorisch erfolgt, und jede Zumutung, daß der Psychiater seinen weißen Kittel ausziehen und hemdärmlig in Schule, Werkstatt und auf dem Felde mitarbeiten sollte, um die Zöglinge nicht nur im Sprechzimmer, sondern im rauhen Alltag beobachten und kennenzulernen, wurde mit Entrüstung zurückgewiesen. So kennen die Psychiater und Psychotherapeuten eben den Erziehungsanstaltsbetrieb nicht. Darum ist auch noch viel zu wenig beachtet worden, daß in der heutigen Erziehungsanstalt dem Anstaltsleiter, der ja in sehr starkem Maße Verwaltungsmann sein muß, erstens die Zeit für eine ausgiebige und persönliche Betreuung des einzelnen Zöglings fehlt. Der Arzt, der nur in der Sprechstunde arbeitet und in der Regel nur zahlungsfähige Patienten hat, überlegt auch zu wenig die andere Tatsache, daß in der Erziehungsanstalt nicht nur die Zeit, sondern vor allem auch das Geld fehlt für die Einzeltherapie. Mir ist ein Beispiel bekannt, wo ein neunjähriges Kind wegen auffälligen Angsterscheinungen in achtzig Stunden (Sitzungen) von einem Psychotherapeuten behandelt wurde, wofür das Honorar mit rund Fr. 1600 gestellt wurde. Mit diesem Betrag muß aber eine Erziehungsanstalt ein Kind ein ganzes Jahr lang nähren, kleiden, ihm Wohnung, Unterricht und evtl. Lehre bieten. Dabei ist es noch nicht lange her und wohl auch heute noch nicht überall realisiert, daß das Pflegegeld pro Zögling diese Höhe erreicht.

Ich will nicht auf die Tatsache eingehen, daß für eine klassische psychoanalytische Behandlung eines Kindes in der Anstalt noch andere innere und äußere Voraussetzungen nicht erfüllt sind.

Auffallen muß die Tatsache, daß von seiten der Psychiatrie bei uns in der Schweiz nur ganz vereinzelt der Versuch gemacht worden ist, selbst Erziehungsheime nach kinderpsychiatrischen Grundsätzen zu gründen oder die Leitung bestehender Erziehungsheime zu übernehmen. Mir sind in der deutschen Schweiz nur zwei solcher Versuche bekannt geworden: Dr. med. Rutishauser, ärztliches Landerziehungsheim «Breitenstein» bei Ermatingen, und Dr. med. Garnier in Bern und Fribourg. Beide Heime sind aber ausgesprochene Kleinheime und keine eigentlichen Anstalten; die Pflegesätze für den einzelnen Zögling stellen das Doppelte, ja das Mehrfache der Pflegegelder dar, wie sie für die Unterbringung eines schwererziehbaren Kindes in einer Anstalt von der öffentlichen Hand ausgerichtet werden. – Aus US-Amerika sind uns in den letzten zwanzig Jahren Berichte über ein wirksames «Teamwork» von Arzt, Erzieher und Fürsorger zugekommen; in Deutschland haben Prof. Dr. Villinger, jetzt Marburg, und vor bald vierzig Jahren Dr. med. Redepenning in Göttingen ernsthafte und beachtenswerte Versuche gemacht, in Erziehungsanstalten voll tätig zu sein. Bei uns in der Schweiz haben Dr. med. Tramer, Dr. med. Repond im Wallis und der leider früh verstorbene Dr. P. Bovet große Verdienste erworben als erfolgreiche Vorkämpfer der medico-pädagogischen Zusammenarbeit.

So bleibt also, wie Sie es selbst fordern, die Hoffnung, daß Kinderpsychiater und Kinder-Psychotherapeuten durch Übernahme der Leitung von Anstalten für Schwererziehbare selbst die Möglichkeiten und Grenzen kennenlernen, welche im Anstaltsbetrieb die neuesten Erkenntnisse und Behandlungsmethoden in ihrer Auswertung haben.

Noch einmal danke ich Ihnen bestens und wünsche Ihnen guten Erfolg für Ihren persönlichen und opferreichen Einsatz.

Mit hochachtungsvollem Gruß!

H. Hanselmann

LOOSLI AN HEINRICH HANSELMANN

16. Januar 1953

Verehrter Herr Hanselmann,

empfangen Sie meinen aufrichtigen Dank für Ihren so liebenswürdigen Brief vom 7. d. M., der mich um so mehr erfreut und ermutigt hat, als er von einem Manne stammt, dem nichts Anstaltliches und Pädagogisches fremd geblieben ist.

Meine Schrift wurde mir, angesichts der sinnlosen Anklagen gegen Direktor Gerber, direkt Gewissenspflicht, und zwar umso mehr als ich weiß, wie sehr er darunter litt und noch leidet. Und gerade er verdiente sie am allerwenigsten!

Je nun – ich hoffe und wünsche, daß er sich recht bald davon erholt und fröhlich weiterarbeiten kann, trotz der vorübergehenden Störung auch in seinem Anstaltsbetriebe selbst.

Aber abgesehen davon war mir der Anlaß willkommen, meinen Standpunkt zu ihm und seiner Anstalt einmal in aller Öffentlichkeit zu umschreiben, im Hinblick auf die nun unumgängliche Strafvollzugsreform, die ja laut StGB bis 31. Dezember 1961 unter Dach sein soll.

Zwar gebe ich mich keinen Illusionen hin: wir werden, auch günstigstenfalls, nicht einmal das erreichen, was das StGB vorschreibt. Aber den Weg dazu dermaßen anbahnen, daß fortan kein anderer verfolgt werden kann, das hoffe ich mit meinen Freunden von der Schweizerischen Gesellschaft für Strafrechtspflege und Strafvollzugsreform erreichen zu können.

Nämlich: weitmöglicher Abbau des Strafrechtes zugunsten eines zweckmäßigen und sinnvollen Nacherziehungsrechtes!

Besonders interessiert hat mich, was Sie mir über die psychiatrische Betätigung sagen. Es deckt sich durchaus mit meinen Beobachtungen und meinen Überzeugungen.

Nun, da mir Ihre Autorität zur Seite steht, werde ich, Ihre Zustimmung voraussetzend, auch in dieser Richtung einen

Reformversuch anzubahnen suchen, in vorgedachter Gesellschaft.

Würden Sie ihr dazu gegebenen Falles beistehen?

Auf alle Fälle bin ich Ihnen für Ihre Darlegungen sehr verbunden und bitte Sie, verehrter Herr Hanselmann, meine besten Grüße und die Versicherung meiner ausgezeichneten Hochachtung entgegenzunehmen.

Ihr

C. A. Loosli

VERDINGKINDER

EDITORIAL

«Bedingungslose Abschaffung der Erziehungs-, Rettungs-, Zwangserziehungsanstalten und Waisenhäuser [...] und ihre möglichst beschleunigte Überführung ins Verdingwesen» (S. 249). Diese Forderung, in der C. A. Looslis Kritik an den Anstalten 1924 gipfelt, ist so verblüffend wie irritierend. Denn bereits 1904 hatte er ja öffentlich festgestellt, daß es Verdingkinder gebe, «denen ihr Verpflegungsort zur Hölle gemacht, deren Jugend gemordet, deren schwache Kräfte rücksichtslos ausgebeutet werden» (S. 292).

Tatsächlich haken seine Gegner 1924 bei diesem scheinbaren Widerspruch ein und argumentieren, «ein Kind sei denn doch in der Anstalt besser aufgehoben als bei lasterhaften Eltern oder Pflegeeltern».[1] Ihnen erwidert Loosli 1925 in *Ich schweige nicht!*: Zwar sei «unser gegenwärtiges Verdingwesen» tatsächlich «nur ein sündhaft dürftiger, um nicht zu sagen miserabler Ersatz für das Familienleben». Aber im Gegensatz zu den Anstalten halte er das Familienversorgungswesen für verbesserungsfähig. Darum seien die 13 000 Kinder, die in Anstalten lebten, so schnell wie möglich in Pflegeplätze zu geben, und die Pflegequalität sei durch die Entrichtung eines «Entgelts» zu heben.[2]

Es geht noch einmal zwanzig Jahre, bis das Verdingkinder-Malaise 1945 zum öffentlich diskutierten Thema wird. Kurz nacheinander werden damals der mehrjährige sexuelle Mißbrauch eines Verdingbubs in Madiswil (BE) und der erschütternde Tod eines anderen auf der Alp Ladholz (BE) bekannt. Sofort wird der nun achtundsechzigjährige Loosli publizistisch aktiv – auch in der französischen Schweiz (S. 296 ff.). Insbesondere verfaßt er eine große Serie für den *Tages-Anzeiger* (S. 299 ff.), in der er vor dem Hintergrund eines unbedingten Humanismus die Verdingkinderfrage in ihrer ganzen sozial- und gesellschaftspolitischen Vielfältigkeit analysiert und zur «Generalmobilisation aller Wohlgesinnten» (S. 330) aufruft. Zusammen mit Gleichgesinnten lanciert er die Idee einer «Vereinigung zum Schutze der Verdingkinder und anderer Hilfsbedürftiger», die zur föderalistisch strukturierten Dach-

1   C. A. Loosli, *Ich schweige nicht!*, Bern (Pestalozzi-Fellenberg-Haus) 1925, 116.
2   Hier und im Folgenden: C. A. Loosli, *Ich schweige nicht!*, a.a.O., 116–121.

organisation von örtlich und regional arbeitenden Schutzverbänden werden soll. Dem *Schweizerischen Beobachter*, der sich für die Reformideen einspannen läßt, gelingt es mit zwei Aufrufen, «etwa 5000 Anmeldungen» von Interessierten zu sammeln. Danach stellt er sich aber gegen die Idee der Gruppe um Loosli: «Es ist nun nicht die Meinung, [...] eigene Wege zu gehen, nachdem ohnehin die Fürsorgetätigkeit in unserm Land zu sehr an der Aufspaltung in verschiedene Interessengruppen krankt.» Deshalb gibt die Redaktion die Adressen an das Zentralsekretariat der Pro Juventute weiter.[1]

Damit ist Looslis Idee einer Volksbewegung für den Kinderschutz erledigt. Zwar meldet der *Beobachter* im Mai 1949 noch, in Zürich seien erfreulicherweise «nun zwei Vereinigungen am Werk».[2] Aber die bis heute tätige Pflegekinder-Aktion Schweiz wurde am 4. Februar 1948 in Zürich unabhängig von der Pro Juventute gegründet.[3] 1951 hat diese dann den Kontakt zu Loosli gesucht.[4]

«Was nun die Pflegekinderangelegenheit anbetrifft», resümiert Loosli in einem Brief, «so gehe ich vollkommen mit Ihnen darin einig, daß wir nicht Ruhe geben dürfen, bis wenigstens das unter den gegenwärtigen Umständen und bei der derzeitigen sogenannten ‹Gesellschaftsordnung› Mögliche erreicht sein wird. Dabei bin ich vollkommen davon überzeugt, daß eine vollständigere, billigere Lösung erst von einer neuen, keimenden, menschlicheren Welt zu erwarten ist, die den Menschen über das Eigentum stellt.»[5]

Die Herausgeber

1 Aufrufe: *Beobachter*, Nr. 8, 20. 4. 1946 und Nr. 11, 15. 6. 1946; Ergebnis: *Beobachter*, Nr. 22, 30. 11. 1946.
2 *Beobachter*, Nr. 9, 15. 5. 1949.
3 «Pflegekinder-Aktion – kurzer Abriß ihrer Geschichte», www.pflegekinder.ch.
4 Vgl. Schweizerische Pflegekinder-Aktion an C. A. Loosli, 4. 4. 1951 und Looslis Antwort vom 11. 4. 1951 (SLA, Bern)
5 C. A. Loosli an Ernst Reinhard, 13. 12. 1945 (SLA, Bern).

KINDERAUSBEUTUNG

Aus gewichtigen Gründen, welche an dieser Stelle auseinanderzusetzen ich mir für später vorbehalte, bin ich immer der Meinung gewesen, daß die Versorgung elternloser Kinder auch bei
den ärmsten Familien immerhin noch der denkbar idealsten An-
staltsversorgung vorzuziehen ist, und bin auch heute noch der
Meinung Zschokkes, welcher irgendwo, ich glaube es ist in seiner Doppelgeschichte «Der Millionär», sagt: «Das beste Waisenhaus, die beste Erziehungsanstalt außerhalb des häuslichen
Kreises ist eine moralische Verderbungsanstalt.» Ja ich stehe
nicht an zu behaupten, daß das Verdingkindersystem, auch damals, wo es mit Recht als ein Schandfleck unseres Landes bezeichnet werden durfte, immerhin noch besser war als die beste
unserer Armenerziehungsanstalten, deren System so unpädagogisch als nur immer möglich ist, deren Erziehung Dressur, deren
Bildung eine höhere Schusterei bedeuten würde, auch wenn an
den Anstalten lauter Rousseaus und Pestalozzis wirkten; es liegt
nicht in erster Linie an den dort beschäftigten Erziehern, sondern an dem System.

Nach diesem Bekenntnis, welches ich, wie gesagt, mir zu begründen vorbehalte, wird man mich nicht der Einseitigkeit oder
Gehässigkeit zeihen dürfen, wenn ich mich heute mit den Mängeln der Privatversorgung armer Kinder befasse und dabei vielleicht zu dem Schlusse gelange, daß im Staate Dänemark etwas
faul ist.

Vor allen Dingen aber möchte ich vorausschicken, daß das
Güterkindersystem, das Losbubenunwesen, wie es zu Gotthelfs
Zeiten leider praktiziert wurde, wenigstens insofern es die offizielle Versorgung durch die Landgemeinden anbetrifft, bis auf
wenige Ausnahmen endgültig der Vergangenheit angehört.
Mehr und mehr wird darauf gehalten, daß die Kinder, da wo man
sie noch auf Höfe verteilt, nicht mehr schlankweg dem Mindest-

bietenden zugeschlagen werden, sondern daß sie in Familien kommen, welchen moralisch nichts vorzuwerfen ist, daß auch in bezug auf die leibliche Verpflegung viel besser, als dies früher geschah, gesorgt wird.

Es gereicht mir zur großen Genugtuung, einmal öffentlich konstatieren zu dürfen, daß es eine große Menge bei Bauern verkostgeldeter Kinder gibt, welche behandelt werden, als gehörten sie zur Familie, welche sich mit Fug und Recht als Kinder des Hauses fühlen. Ja ich darf weiter gehen und sagen, daß die Mehrzahl der Verdingkinder unserer Zeit die Wohltat eines traulichen, liebevollen Familienlebens genießen.

Daß dem so ist, verdanken wir, nächst der wachsenden Einsicht unserer Landbevölkerung selbst, vor allen Dingen der wirksamen Kontrolle der Staats- und Gemeindebehörden, wie auch dem immer mächtigeren Eindringen humanitärer Anschauungen auch in die breitesten Schichten unserer Landbevölkerung. Einen großen, in dieser Beziehung nie genug zu schätzenden wohltätigen Einfluß hat auch das Obligatorium des öffentlichen Unterrichtes ausgeübt; durch den Schulzwang kommen die Kinder viel mehr, als dies früher geschehen konnte, unter die Augen der Leute, unter das Kriterium der Öffentlichkeit.

Wenn es dennoch heutzutage Kinder gibt, denen ihr Verpflegungsort zur Hölle gemacht, deren Jugend gemordet, deren schwache Kräfte rücksichtslos ausgebeutet werden, so muß betont werden, daß solche Zustände nicht mehr im Geiste unserer Zeit liegen. Um so mehr ist es unsere Pflicht, diesen Zuständen abzuhelfen, rücksichtslos den Schäden, welche vielleicht im erlahmenden Eifer oder im Mangel an Pflichtbewußtsein der Aufsichtsbehörden, vielleicht auch in Mißgriffen in der Wahl der Pflegeeltern begründet sind, auf den Leib zu rücken.

Es ist die dringende Pflicht der dazu bestellten Organe, sorgfältig und pflichteifrig zu sein, und es ist ebenfalls die dringende Pflicht des Staates, auch dort, wo ihm das Aufsichtsrecht ferner steht, es dennoch auszuüben, ich meine dort, wo die Verkostgeldung nicht von den Behörden, sondern von den Eltern der Kinder selbst oder von gemeinnützigen Gesellschaften vorgenommen wird.

Daß gerade auf diesem Boden noch eine große Aufgabe zu lösen ist, beweisen mir eine Anzahl von Einzelfällen, welche ich zu beobachten Gelegenheit hatte. Von der ersten Kategorie, nämlich von den Kindern, welche von ihren Eltern, sei es aus ökonomischen, sei es aus Gründen eines zerrütteten Familienlebens, verkostgeldet werden, läßt sich nur sagen, daß sich hier wie nirgends die Ware nach dem Preis, die Verpflegung nach dem Kostgelde richtet. Je kleiner das Kostgeld, je größer die Ausbeutung. Die Pflegeeltern wollen zum mindesten an dem Kinde keinen Schaden erleiden, im Gegenteil; rechneten sie nicht auf einen vielleicht auch recht bescheidenen Profit, so würden sie die Last der Erziehung fremder, sie nichts angehender Kinder nie und nimmer auf sich laden. Das Resultat ist, daß an dem Kinde gespart, daß es unterernährt, schlecht gekleidet, möglichst billig gehalten, daß seine kleine Arbeitskraft bis zu dauernder Überanstrengung ausgebeutet wird. Ein direktes Aufsichtsrecht steht nur den Eltern zu, welche jedoch, auch wenn sie es wollten, gegen gewissenlose Pflegeeltern keine rechte Handhabe haben. Denn die Pflegeeltern werden im Falle einer ernsten Differenz einfach vom Vertrage zurücktreten, oder im günstigsten Falle werden die braven Leute das Kostgeld um einiges in die Höhe markten und die Behandlung bleibt, wie sie war – unter aller Kritik.

Die andere Kategorie von Kindern, die nämlich, welche sich Schützlinge besonderer Korporationen philanthropischen Charakters nennen, sind etwas, aber nicht viel besser dran. Die Patronatsorgane haben vielleicht allzusehr die Quantität als die Qualität der Versorgung im Auge, finanzielle Rücksichten spielen auch hier eine große Rolle, und die Aufsichtsorgane dieser gemeinnützigen Gesellschaften werden entweder von geriebenen Pflegeeltern elegant über den Löffel balbiert oder haben keine Autorität, weil den Pflegeeltern als letzter Trumpf immer die Kündigung des Pflegevertrages in den Händen bleibt. Dem Patronate zwar auch, aber die Pflegeeltern wissen sehr genau, daß sie eigentlich ein gesuchter Artikel sind, daß die Nachfrage nach Ware ihresgleichen größer ist als das Angebot, und wenn sie nicht gerade mit dem Sack geschlagen sind, und sie sind es in der Regel nicht, so wissen sie sich diesen Umstand zunutze zu machen.

Es wurde bis jetzt immer vorausgesetzt, daß ein faktisches Aufsichtsrecht geübt werde, und ich muß nun freilich gestehen, daß ich durchaus nicht überzeugt bin, daß dies in Wirklichkeit der Fall ist.

Wie wäre es sonst möglich, daß eine einzelne Familie seit einer geraumen Reihe von Jahren von einer stadtbernischen Gesellschaft Kinder bezieht, und daß diese es duldet, daß diese Kinder wie Hunde geprügelt, wie Pferde zu unverhältnismäßig harter Arbeit angehalten, wie tote Ware nach Möglichkeit ausgenutzt werden? Um gleich an diesem einen Beispiel zu zeigen, wie die betreffenden Pflegeeltern ihr Geschäft verstehen, mag beigefügt werden, daß dies alles unter der Flagge des reinsten Christentums geschieht. Es gibt nämlich in gemeinnützigen Versorgungsgesellschaften Leute, welche noch immer auf diesen Köder gehen, welche noch nicht wissen, daß der Schein der Religiosität unter Umständen höhere Prozente abwirft als die besten Aktien. Wie wäre es ferner möglich, daß die Handlungsweise dieser Familie ihren anvertrauten Kindern gegenüber in der ganzen Gegend bekannt und verabscheut wird, daß jedermann mit Fingern auf die Kinderschinder zeigt, daß die Spatzen auf den Dächern von der Ausbeutung dieser Verdingkinder pfeifen, und nur gerade ausgerechnet die Gesellschaft, welche sie dort verkostgeldete in den langen Jahren, seit denen der Skandal dauert, nie etwas gemerkt hat, ahnungslos immer neue Kinder in jene Hölle schickt?

Weil so etwas vorkommen kann (und wir sind bereit, die obenerwähnte Tatsache, welcher wir übrigens auch noch sonstige Folgen zu geben gedenken, durch Nennung von Ort und Namen zu erhärten), finden wir, es wäre die allerhöchste Zeit, dafür zu sorgen, daß den staatlichen und Gemeindebehörden nicht allein die Befugnis gegeben, sondern ihr zur Pflicht gemacht würde, sich auch um das Los jener Kinder zu kümmern, auch dort ein Aufsichtsrecht zu üben, wo diese Kinder nicht von Gemeinde und Staates wegen, sondern von Eltern und Gesellschaften für Kinderversorgung und -erziehung verkostgeldet werden. Daß es bald geschehe, ist eine dringliche Forderung der Menschlichkeit.

ENFANTS MARTYRS EN HELVÉTIE

Le canton de Berne, et d'autres avec lui, revendiquent le triste privilège de se prévaloir d'une institution qui, pour être ancestrale, n'en est pas moins surannée et odieuse. C'est celle des «enfants en location» *(Verdingkinder)*.

Les enfants illégitimes, orphelins ou ressortissants de parents trop pauvres pour les élever, tombent à la charge de l'assistance publique municipale qui les place pour la plupart chez des paysans. Ceux-ci sont censés leur servir de parents nourriciers. En un temps encore proche du nôtre, on procédait par la mise aux enchères publiques de ces pauvres petits déshérités. On amenait alors un jour, fixé et dûment publié d'avance, ces pauvres gosses devant le Conseil communal qui les offrait à la location des intéressés. Là, ils étaient adjugés aux moins-offrants, c'est-à-dire à ceux qui se contentaient du prix de pension minimal, à charge de les élever. Le budget de l'assistance publique communal se trouvait ainsi déchargé.

Il va sans dire que les enfants placés de la sorte subissaient trop souvent, presque régulièrement même, le sort d'esclaves et de souffre-douleur, car leurs soi-disants parents nourriciers, afin de compenser le déficit causé par l'allocation d'une indemnité ridiculement insuffisante, se rattrapaient, presque sans exception, en exploitant indignement les maigres forces de travail de leurs pupilles mal nourris, insuffisamment vêtus, indignement maltraités de toute façon, sinon par leurs patrons, du moins par les domestiques et leurs camarades «non assistés». De plus, leur éducation et leur instruction scolaire laissaient tout à désirer. Heureux encore s'ils n'étaient pas incités à tous les vices! La mortalité de ces pauvres gosses fut de tout temps bien au-dessus de la moyenne normale.

Parmi les survivants se recrutent avant tout les domestiques ruraux les moins exigeants et les plus malléables, puis, dans une proportion vraiment effrayante, des inaptes à la vie et à la liberté, et surtout aussi un nombre imposant de délinquants et de criminels.

Aujourd'hui, les enchères publiques de ces enfants abandonnés ne sont plus de mise, mais leur sort n'en est guère adouci. L'essentiel reste cependant que l'élevage de ce bétail humain juvénile coûte aussi peu que possible à la commune et rapporte, autant que faire se peut, aux patrons.

Mais feu M. Albert Gobat, ancien Directeur de l'Instruction publique du canton de Berne, le constatait il y a plus de quarante ans déjà: «Le Bernois est doux avec les bêtes et dur avec les gens!»

Aussi, en moins de six mois, deux cas exaspérants ont mis en émoi l'opinion publique de la Suisse entière. Le premier est celui d'un garçon de douze ans, placé chez un couple de paysans cossus de la commune de Madiswil (Haute-Argovie, BE). Ces dignes époux rouaient le pauvre petit de coups et assouvissaient tous deux, sur lui, leur perversité sadique et sexuelle.

Tout le village en était plus ou moins informé, mais personne ne trouva le courage de dénoncer les criminels à qui de droit. Ce fut un rédacteur et photo-reporter de l'hebdomadaire *Die Nation* qui découvrit enfin le pot aux roses, le désigna à l'indignation publique et, par contrecoup, aux autorités judiciaires. Toujours est-il qu'au moment où j'écris ces lignes, l'instruction traîne encore et les deux principaux criminels jouissent de leur pleine liberté, sinon de la considération publique de leur commune.

Le second cas concerne un petit garçon de cinq ans qui a subi à Kandersteg un effroyable martyre de six mois, auquel il eut enfin le bonheur de succomber. L'autopsie légale constata qu'il était mort de surmenage, d'inanition, de froid et des blessures qui couvraient tout son petit corps meurtri, pesant treize kilos. Le tribunal aura à établir si, en dernier lieu, il ne fut pas assommé, après avoir passé le meilleur de son temps enfermé au poulailler où il se nourrissait de la pâture des poules.

Ce ne fut qu'après son triste décès que les autorités furent obligées, bon gré mal gré, d'examiner le cas. L'assistance publique responsable ne s'en était pas occupée et avait même négligé de prévenir du placement de la petite victime l'inspecteur d'arrondissement, selon les prescriptions légales. «Elle ne se doutait de rien!» L'affaire n'aurait pas transpiré, si un étudiant à l'Institut de médecine légale n'avait proclamé son horreur et son indignation révoltée dans la *Berner Tagwacht* – car ces choses-là ne regardent pas le peuple.

La justice est saisie de l'affaire. Ici encore les deux criminels sont un couple de petits paysans nouvellement mariés. Quant aux autorités responsables en premier lieu, elles n'ont pas été inquiétées jusqu'à présent, en dépit des dispositions très formelles de l'article 127 du *Code pénal suisse*.

Le gouvernement, selon la déclaration faite au Grand Conseil en date du 1er mars par notre illustre Directeur cantonal de l'Assistance publique, attend, pour procéder *par voie administrative* contre les autorités municipales responsables, le résultat de l'enquête judiciaire.

Tout en exprimant les regrets du gouvernement à l'égard de ce crime monstrueux, M. le Directeur de l'Assistance publique a saisi l'occasion pour assurer que, dans la plupart des cas, les patrons des «enfants en location» faisaient parfaitement face à leurs obligations envers eux. Assertion dont nous aurons à démontrer l'inanité sous peu.

Une motion et deux interpellations, concernant cette nouvelle atrocité, occuperont le Grand Conseil dans une prochaine session.

En attendant, le gouvernement vient de créer un office de protection pour ces enfants-ilotes, dépendant de l'Office cantonal des Mineurs qui, jusqu'à présent, n'avait pas de compétences dans ce domaine.

Qu'il suffise pour aujourd'hui d'avoir exposé ces faits sans les commenter. Nos lecteurs concluront eux-mêmes.

Quant à nous, nous nous réservons de revenir sur ces questions en temps utile.

VERDINGKINDER

I.

In kurzen Zeitabständen wurden von den unzähligen Verbrechen an sogenannten Verdingkindern im Kanton Bern zwei empörende Fälle aufgedeckt. Der von Madiswil, wo ein zwölfjähriger Knabe (Chrigel) von seinen Pflegeeltern fortgesetzt sexuell mißbraucht und mißhandelt wurde, ohne daß die Behörden einschritten, obwohl die Angelegenheit dorfbekannt war. Der andere, jüngste Fall in Kandersteg betrifft einen fünfjährigen Knaben, der buchstäblich zu Tode gemartert und ausgehungert wurde. Im ersten Fall waren es ein Journalist und ein Photoreporter, die ihn öffentlich aufdeckten. Im zweiten ein Student der Medizin. Der zuständige Armeninspektor erfuhr erst nach dem Tode des Opfers, daß dieses beim Ehepaar Wäfler im Ladholz (Gemeinde Kandersteg) verkostgeldet war. Die Armenbehörde von Kandersteg hatte es nicht für nötig befunden, ihn pflichtgemäß davon zu verständigen.

Mißhandlungen und unverantwortliche Verwahrlosungen von Verdingkindern sind im Kanton Bern häufig. Sie sind nicht alle so schwer wie die vorberührten und namentlich – die wenigsten werden der Öffentlichkeit bekannt.

Das kann geschehen, weil unsere Armengesetzgebung unzureichend ist und weil die Kinderschutzgesetze nicht befolgt werden. Art. 368 und 405 [des *Schweizerischen Zivilgesetzbuches*] ZGB würden Handhabe bieten, dem Übel weitgehend zu steuern, würden sie bloß sinngemäß befolgt. Es gibt viele Verdingkinder, die überhaupt keinen Vormund haben oder unter unzulänglicher Kollektivvormundschaft stehen, die den Anforderungen des Art. 405 ZGB nicht gerecht wird und auch praktisch nicht gerecht werden kann.

Ferner fallen als Ursachen vor allem in Betracht die unsoziale Einstellung weiter Bevölkerungskreise, ihre sittliche Feigheit, ihre allgemein selbstsüchtige Lieblosigkeit und Gleichgültigkeit gegenüber Verbrechen an Unmündigen. Daraus ergeben sich Mißhandlungen, mangelhafte Betreuung im Hinblick auf Wohnung, Kleidung, Nahrung, Mißbrauch der jugendlichen Arbeitskraft, Vernachlässigung ihrer Schulung, Verwahrlosung ihrer nachschulischen, beruflichen Ertüchtigung. Daher fallen auffallend viele ehemalige Verdingkinder später der Erwerbs- und Freiheitsunfähigkeit, dem Laster und dem Verbrechen anheim.

Staat und Gesellschaft haben dann den doppelten Schaden vermehrter Armen- und Fürsorgelasten, Gerichts- und Strafvollzugsausgaben, aber auch die zuzüglichen Fiskalbelastungen zu tragen, die sich aus der Nachkommenschaft der vernachlässigten, verwahrlosten, unertüchtigten, verbitterten, daher freiheitsunfähigen und kriminellen ehemaligen Verdingkinder ergeben; ganz abgesehen von den Schädigungen sozial-ethischer Natur. Also auch ein fiskalisches Defizitgeschäft!

Daher muß gefordert werden: Kinder noch nicht schulpflichtigen Alters dürften überhaupt nicht verdingt werden, sondern sind, wenn sie schon keine Eltern haben oder nicht bei diesen bleiben können, in wohlbeaufsichtigten Kinderheimen wenigstens bis zum erreichten siebten Altersjahr zu betreuen.

Da die örtlichen Armeninspektorate an sich unzulänglich organisiert und unzureichend sind, müssen ihre Kompetenzen ergänzt, ihre Pflichten erweitert werden. Und zwar sollten über den Bezirksarmeninspektoraten Oberinspektorate nach Landesteilen geschaffen werden, die, unabhängiger als jene, zugreifen könnten und dürften. Es wäre denn, man unterstellte die ganze Kinderbetreuung dem kantonalen Jugendamt und seinen zu diesem Zwecke entsprechend zu vermehrenden Jugendanwälten.

Diese Instanzen müßten befugt sein, private Meldungen über Kinderverwahrlosungen oder -mißhandlungen entgegenzunehmen, ohne verpflichtet zu sein, die Namen der Anzeiger preiszugeben. Dagegen müßte jede einlaufende Anzeige einer unverzüglichen Untersuchung rufen. Die Anzeiger aber müßten die

Gewähr haben, vor aus ihren Meldungen anders erwachsenden Unannehmlichkeiten und Schädigungen verschont zu bleiben. In jedem Anzeigefall wäre unverzüglich einzugreifen und die allenfalls erforderlichen Maßnahmen zu treffen unter Anzeige- oder Klageverpflichtung gegen fehlbare Eltern, Pflegeeltern, Behörden und deren Organe an das zuständige Richteramt. Zivil-, straf- und administrativrechtlich Verzeigte dürften nicht anders als einzelne Privatdelinquenten behandelt werden. Zivilrechtliche Forderungen, die sich aus Delikten an Kindern ergeben, müßten aus dem Vermögen der Gemeinde, in der sich der Rechtsbruch ereignet hat, von Fall zu Fall gedeckt oder sichergestellt werden.

Vorbeugender Familienschutz wäre überhaupt allgemein anzuordnen. Besonders müßten die ohnehin zu entrichtenden Kostgelder für arme Kinder, wo es irgendwie angängig wäre, ihren Eltern zufließen, unter der Voraussetzung immerhin, die Mutter werde zu jener Erziehung und Betreuung außerhäuslichem Erwerbsleben enthoben, und zwar vermittelst hinreichender Zuschüsse aus öffentlicher Hand.

Die Amtsentsetzung der zuständigen, fehlbaren Behörden und Organe müßte in jedem deliktischen oder kriminellen Fall automatisch erfolgen. Als Fürsorger und Fürsorgegehilfen dürften bloß Leute angestellt werden, deren menschliche und fachliche Zuständigkeit vermittelst eines Ausweises über ausreichende charakterologische, pädagogische und soziologische Tüchtigkeit und Eignung zu erbringen wäre. Ein ständiger Pressedienst (ähnlich wie über Handel, Sport, Literatur usw.) müßte mit der Aufgabe der Aufklärung und Erziehung des Volkes zu menschlich-sozialem Verständnis geschaffen werden.

Die Kostgelder für die Pflegekinder müßten so weit erhöht werden, daß die Pflegeeltern ebensowenig wie die Erziehungsanstalten zu ihrem wirtschaftlichen Daseinsbestand auf die Arbeitsleistung der Verdingkinder angewiesen wären. Die wie vorgedacht ausgebildeten Fürsorger und ihre Hilfskräfte müßten ausreichend besoldet und in erforderlicher Zahl auf Lebenszeit angestellt werden; es wäre denn, sie träten freiwillig von Amt und Anstellung zurück oder ließen sich grobe Pflichtvernachlässigungen zuschulden kommen.

Pflegeeltern, die sich einmal gröblich gegen die zu erlassenden oder bereits bestehenden Pflegevorschriften vergangen haben würden, müßten für die Dauer von wenigstens fünf Jahren von der Berechtigung, weitere Pflegekinder aufzunehmen, ausgeschlossen werden. In schweren (deliktischen oder kriminellen) Fällen würde der Ausschluß auf Lebenszeit verhängt. Mit dieser Verfügung wäre, nach Maßgabe richterlichen Urteils, ihr ebenso langer Verlust der bürgerlichen Ehrenrechte zu verbinden.

Das wären vorderhand die dringlichsten erforderlichen Maßnahmen, die jedoch so lange nicht ausreichen, als der Großteil unseres Volkes nicht zu sozialem Gemeinsinn (nicht zu Philanthropophagie und Wohltätigkeitsattentaten!) erzogen sein wird.

II.

Angesichts des erschütternden, an einem fünfjährigen Verdingknaben in Kandersteg begangenen Verbrechens hat nun der bernische Regierungsrat die Stelle einer Adjunktin für das Pflegekinderwesen errichtet, die dem kantonalen Jugendamt unterstellt wird. Es hätte kaum eine bessere Wahl getroffen werden können, denn sowohl die Gewählte als ihr Vorgesetzter, der Vorsteher des kantonalen Jugendamtes, bieten Gewähr für wirklich durchgreifende, ersprießliche Arbeit. Vorausgesetzt immerhin, sie werde ihnen namentlich auch materiell ermöglicht. Bis dahin nämlich war das Jugendamt trotz der Aufopferung und des tiefen Herzensverständnisses seiner leitenden Persönlichkeiten immer fiskalisch gehindert, all das zu verwirklichen, was es anders in viel reichlicherem Maße geleistet haben würde. Bis anhin unterstand das Pflegekinderwesen dem Jugendamt nur sehr bedingt. Kinder unter sechs Jahren waren seiner Betreuung nicht unterstellt, folglich ist es auch für den vorberührten Fall keineswegs mitverantwortlich. Die nun getroffene Neuerung dürfte demnach einem begrüßenswerten Fortschritt gleichkommen.

Inzwischen hat sich nun auch der kantonale Armendirektor [Georges Moeckli (SP)] gegenüber der Öffentlichkeit zu dem Fall vernehmen lassen. Es ist weder an der Zeit, noch erlaubt es an dieser Stelle der Raum, sich, wie sie es verdienten, mit seinen Ausführungen eingehend auseinanderzusetzen. Wir müssen uns daher darauf beschränken, folgende Punkte herauszugreifen und kurz zu beleuchten:

Der Armendirektor stellt fest, daß gegen die verbrecherischen Pflegeeltern eine Strafuntersuchung anhängig ist. Dann wiederholt er, was er schon im Großen Rat am 1. März eröffnete, daß nämlich seinerzeit an Hand weiterer Akten geprüft werden solle, inwiefern den Mitgliedern der verantwortlichen Gemeindearmenbehörden von Kandersteg und den von ihr beauftragten Aufsichtsorganen Amtspflichtverletzungen vorgeworfen werden können, die dann gemäß gesetzlichen Bestimmungen geahndet würden.

Dagegen ist, vom Standpunkt des Armendirektors aus gesehen, wenig einzuwenden. Immerhin läßt es der Vermutung Raum, es würden diese Amtsvergehen außerordentlich, das heißt auf dem beliebten administrativen Disziplinarwege erledigt. Angesichts der Schwere des Falles wird es Sache der Justizbehörden sein, zu diesem Verfahren, falls es wirklich beabsichtigt sein sollte, Stellung zu beziehen und zu erklären, ob sie sich damit begnügen werden. Es darf nämlich schon heute festgestellt werden, daß der von Art. 127 des *Schweizerischen Strafgesetzbuches* [StGB] umschriebene Tatbestand, wenn je, gerade in diesem Fall unabweisbar gegeben ist [vgl. VI].

Doch sei zugestanden: darüber zu befinden haben die Justizbehörden, nicht die Armendirektion.

Richtig bemerkt der Armendirektor im weiteren, daß viele Fälle von Verding- und Anstaltskindermißhandlungen oder -verwahrlosungen nicht stattfinden könnten, würde den vorhandenen rechtskräftigen Gesetzen und Vorschriften wirklich Folge geleistet. Daß solches aber geschehe, dafür ist denn doch die Regierung und hier im besonderen die kantonale Armendirektion verantwortlich; dafür ist sie eine Vollzugsbehörde, die sich dessen auf anderen Gebieten bis zur schikanösen, unbilligen Pedanterie stets pünktlich zu erinnern weiß. Versagt sie hier bloß, weil unsere armen Kinder keine politische Macht auszuüben vermögen und daher nicht zu befürchten steht, sie möchten etwa die Regierungsratswahlen beeinflussen?

Es verhält sich nämlich so, wie der Armendirektor schreibt:

«Die Vorschriften brauchen nur strikte befolgt zu werden, dann wäre die Fehlplacierung oder gar Mißhandlung von Pflegekindern nach menschlichem Ermessen ausgeschlossen.»

Wenn er aber fortfährt:

«Es brauchte gelegentlich auch nur etwas Mut bei den Nachbarn, um Beobachtungen über die Behandlung von Pflegekindern rechtzeitig den Behörden mitzuteilen»,

so soll damit offensichtlich vorgetäuscht werden, diese würden unverzüglich die erforderlichen Maßnahmen treffen. Das fällt ihnen aber gar nicht ein! Oder doch nur ausnahmsweise! Wer sich bei uns erdreistet, nachdem er die Behörden jahre- oder jahrzehntelang mit unbeachtet gebliebenen Vorstellungen «behelligt» hat, öffentlich seine Wahrnehmungen und Anklagen vorzubringen, dem kann es geschehen, wie es dem Schreiber dieser Zeilen schon dreimal geschah, daß er in der Großratssitzung vom Regierungstische aus in ehrverletzender Weise geschmäht und verleumdet wird. Gelegentlich wird so ein «mutiger Nachbar» als unheilbarer Querulant denunziert und irgendwie gemaßregelt. Man erwägt beispielsweise seine Bevormundung, um ihn zum Schweigen und vielleicht nebenbei auch noch sich in den Besitz seines Aktenmaterials zu bringen. Oder er wird, wenn er Beamter oder Angestellter des Staates oder der Gemeinde ist, sozusagen von heute auf morgen seiner Stelle enthoben. Auf alle Fälle wird gerade von den Behörden, die dem Volk Mangel an sittlichem Mut vorwerfen, solchen, die ihn wirklich betätigen, aus Prestigegründen, Unfehlbarkeitsdünkel oder Angst das Leben dermaßen sauer gemacht, daß es wirklich nicht jedermann zuzumuten ist, Anzeigen zu erstatten, die ihm allenfalls einen bösen Prozeß oder jedenfalls eine behördliche Diffamierung eintragen.

Wäre dem anders, ginge es nicht bloß unserer armen Jugend weniger schlecht, sondern wir würden mit noch zahlreichen anderen, nicht weniger schändlichen Übelständen als jener Schutzlosigkeit und Vogelfreiheit längst fertiggeworden sein. Warum bedurfte es auch in diesem Fall eines außeramtlichen Eingriffes wie vor einem halben Jahr in Madiswil, um die Verbrechen zur öffentlichen Kenntnis zu bringen, die der Armendirektor dann jeweilen aus der Presse erfährt?

Doch wohl vor allem darum, weil für viele Behörden der Skandal, das Ärgernis nicht im Verbrechen selbst, sondern ausschließlich in seiner öffentlichen Bekanntmachung besteht. Daher ihr Verheimlichungsbedürfnis, daher auch ihr stetes Bestreben, solche Verbrechen und andere Korruptionserscheinungen außeröffentlich, administrativ zu erledigen. Worauf dann alles bis zum nächsten Fall wieder hübsch beim alten bleibt, wenn es sich nicht etwa verschlimmert.

Darum ist es ebenso wichtig als geboten, den vorliegenden wie alle ähnlichen Fälle so lange nicht ruhen zu lassen, bis auch an die hohen und höchsten Behörden der vom bernischen Armendirektor gegenüber den Gemeindearmenbehörden geforderte «strenge Maßstab» angelegt wird und auch sie sich bewußt werden, «daß das Wohl und Wehe eines jungen Menschen auf dem Spiel steht und das Verhalten der Pflegeeltern (und der Behörden, fügen wir bei! D. V.) seinen Lebensweg und seine Einstellung zu den Mitmenschen entscheidend beeinflussen kann.»

III.

Unter dem ersten Eindruck der unerhört grausamen Tötung eines fünfjährigen Verdingknaben in Frutigen reichten am letzten Februarsessionstage des Großen Rates des Kantons Bern, nämlich am 1. März d. J., Hr. [Ernst] Reinhard eine Motion, Hr. Fritz Schwarz eine Interpellation und die HH. Hack und Egger je eine einfache Anfrage zu dem empörenden Falle ein. Darauf konnte an jenem letzten Sessionstage nicht mehr eingetreten, sondern bloß beschlossen werden, der unser Land so beschämenden Angelegenheit hinreichende Zeit in der nächsten Session zu widmen. Das geschah nun in der Sitzung vom 15. Mai insoweit, als die Motion Reinhard eingehend behandelt wurde, die da fordert:

«1. Sicherung der Erziehung der Pflegekinder nach den allgemein gültigen Grundsätzen der sozialen Pädagogik.

2. Verstärkte Garantien, daß Pflegekinder nur Familien anvertraut werden dürfen, die dazu tauglich sind, wobei der wirtschaftliche Verwendungszweck ganz ausgeschaltet werden soll und nur erzieherische Gesichtspunkte entscheidend sein sollen.

3. Ausbau der Erziehungsanstalten zu Erziehungsheimen unter besonderer Heranbildung und Entschädigung der in ihnen wirkenden Lehrkräfte.

4. Verschärfte staatliche Aufsicht; Regelung der Verantwortlichkeit der Aufsichtsorgane.»

Die Regierung erklärte sich bereit, die Motion in der Form eines Postulates entgegenzunehmen, was vom Motionär abgelehnt wurde, obwohl sich Stimmen aus der Mitte des Rates zugunsten der Regierungsauffassung bekannten. Nach ergiebiger, gründlicher Erörterung wurde die Motion Reinhard glücklicherweise mit großer Mehrheit erheblich erklärt. Es bleibt daher abzuwarten, welche Stellung die Regierung zu der Motion beziehen und was schließlich dabei herauskommen wird.

Aus der Debatte selbst ging hervor, daß, was wir schon oft bedauernd rügten, dem Art. 368 des ZGB, der da bestimmt, es sei jede unmündige Person, die sich nicht unter elterlicher Gewalt befindet, unter Vormundschaft zu stellen, keineswegs nachgelebt wird, insofern es sich um Anstalts- und Verdingkinder handelt. Im weiteren ergab sich, daß die Aufsicht über die Pflegekinder äußerst mangelhaft ist, daß die Armeninspektoren (worunter sich eine große Zahl Geistlicher und Lehrer befindet) trotz besten Willens ihrer Pflicht nicht zu genügen vermögen, ohne ihre bürgerliche Existenz zu gefährden. Es wurden sowohl im Rat wie seither auch in der Presse verschiedene Vorschläge laut, diesem Übelstande zu steuern. Sehr vernünftig und praktisch entschieden durchführbar wäre wohl die Berufung von großbezirklichen Armeninspektoren, von denen jeder einen Assisenbezirk zu betreuen hätte. Da diese Einteilung bereits für die Jugendanwaltschaften besteht, dürfte es, da sie sich trefflich bewährte, vielleicht um so ratsamer sein, sie mit diesen organisch zu verbinden, um so mehr als gleich nach dem Vorfall in Frutigen die Regierung auch die Aufsicht über die Pflegekinder unter sechs Jahren dem kantonalen Jugendamt überbunden hat.

Die Angeschuldigten Krähenbühl (Madiswil) und Wäfler (Frutigen) werden glücklicherweise von ihren zuständigen Schwurgerichten beurteilt werden. Hoffentlich auch ihre Mithafter, die lässigen, pflichtvergessenen Versorgungs- und Aufsichtsbehörden, die an den empörenden Vorkommnissen die erste, wenn auch nicht die Hauptschuld trifft. Wenn wir die Überweisung dieser und aller ähnlichen Fälle an die Schwurgerichte ganz besonders begrüßen, dann schon um der weithinreichenden Öffentlichkeit ihrer Verfahren willen. Es steht zu hoffen, es werde sich nicht bloß die Tagespresse, sondern auch die pädagogisch-soziologische recht eingehend mit diesen Verhandlungen befassen und das Volk darüber aufklären. Ein fernerer wesentlicher Vorteil des Schwurgerichtsverfahrens besteht in der Möglichkeit weitgehendster Beweisaufnahmen sogar noch während der Hauptverhandlung selbst. Endlich erweisen sich die Schwurgerichte jeweilen als wesentlich unabhängiger und unbefangener als die Amtsgerichte, wovon u.a. der Fall Pierre Gigandet in Pruntrut zeugt.

Im März dieses Jahres wurde dieser verheiratete Unhold, Mitglied der Schulkommission, des Kirchenrates, der Musikgesellschaft, Wassereinzieher usw. wegen fortgesetzter Unzucht mit einem dreizehnjährigen Knaben dem Gericht überwiesen, nachdem schon seit langer Zeit unter der Hand schlimme Gerüchte über ihn umgingen. Das Opfer war dieses Mal kein Verdingkind, sondern der Sprößling einer rechtschaffenen Bauernfamilie. Das Strafgesetzbuch ahndet derartige Vergehen unbedingt mit Zuchthaus. Vom Pruntruter Gericht wurde jedoch der Missetäter zu bloß zwanzig Tagen Gefangenschaft verurteilt, die ihm obendrein bedingt erlassen wurden (!). Der Bezirksstaatsanwalt, Paul Billieux, der sich im Falle Rais der Revision des Mordprozesses mit fanatischem Starrsinn widersetzt hatte, erwies sich in diesem Falle so ungemein mild gesinnt, daß er die Appellationsfrist gegen das lächerliche Urteil gegen Gigandet unbenützt verstreichen ließ, so daß es nunmehr endverbindlich rechtskräftig geworden ist.

Man weiß, daß der kantonal-bernische Armendirektor sich als überzeugter Adept der administrativ anzuordnenden Sterilisation, gestützt auf soziale Indikation, in amtlicher Eigenschaft bekannt hat, wenigstens insofern sich damit eine fiskalische Erleichterung der Armenlasten erzielen läßt. Hier nun wäre sie zur Bewahrung der Jugend von Pruntrut, wenn überhaupt je, entschieden gebotener, sowohl gestützt auf soziale wie namentlich auch auf ethische Indikation. Es ist uns jedoch bis heute noch nicht bekannt geworden, daß Regierungsrat Moeckli sich zu dieser Maßnahme aufzuraffen vermocht hätte.

Aus alledem ergibt sich, daß die heranwachsende Jugend – nicht bloß des Kantons Bern – des ihr gesetzlich zukommenden Rechtsschutzes und der ihr geschuldeten Pflege weitgehend entbehrt. Das aber nötigt uns, an Hand jedes Einzelfalles auf deren Unumgänglichkeit stets erneut hinzuweisen. Die Fälle von Madiswil und Frutigen haben erwiesen, daß ihnen das Volk weder abweisend noch gleichgültig gegenübersteht. Um so dringlicher gebietet es die Pflicht, es darüber aufzuklären und die längst fälligen Reformen endlich durch den Druck der öffentlichen Meinung zu erzwingen, auf die Gefahr hin, sämtliche quietistischen Quiriten, die durch ihr Verhalten an den Übelständen mit Schuld tragen, vor Kopf und Bauch zu stoßen.

IV. Bemerkungen zu einem Prozeß

Am 18. Juli [1945] fand der in mehrfacher Hinsicht Aufsehen erregende und in jeder Beziehung bedrückende Strafhandel gegen den Bauern Niklaus Krähenbühl in Madiswil durch dessen Verurteilung vom Schwurgericht des II. Bezirkes in Burgdorf, das in Wirklichkeit ein Schöffengericht ist, seinen Abschluß.

Wer weder der Hauptverhandlung derartiger Strafprozesse beigewohnt hat, noch mit deren Akten vertraut ist und die Urteilsbegründung bloß durch die Presse erfährt, läuft stets Gefahr, an Stelle rein sachlicher Würdigung seinem persönlichen, subjektiven Empfinden, wenn nicht seinen Leidenschaften zu folgen und seinerseits unbillig zu werden, besonders wenn wie hier der Fall große, nachhaltige öffentliche Erregung zeitigte. Im übrigen sei ein für allemal festgestellt, daß auch das wohlbegründetste, sachlichste, gerechteste Urteil stets mit dem Makel der Relativität behaftet bleibt, da der Richter ausschließlich auf Tatbestand und Gesetz, nicht aber auf die ethische und psychologische Würdigung der implizierten Personen verpflichtet ist, obwohl sich erfreulicherweise seit der Einführung des schweizerischen Strafrechtes in den letzten Jahren auch in dieser Hinsicht manches gebessert hat.

Subjektiv gesprochen darf man sich u. E. mit dem Urteil im vorberührten Falle sehr wohl abfinden. Zehn Monate Gefängnis, die Auferlegung von neun Zehntel der bekanntlich nicht geringen Kosten des Verfahrens, die gesetzlich zulässige Höchstdauer von fünf Jahren Bewährungsfrist, die das Gericht an den bedingten Straferlaß knüpfte, lassen immerhin darauf schließen, daß es den Fall keineswegs leicht nahm, sondern nach bestem Wissen und Gewissen urteilte. Rechnet man hinzu, daß der bisher unbescholtene Bauer während länger als einem Jahr der öffentlichen Verachtung preisgegeben war, daß er zeitlebens an den Ehrenfolgen seines Sittlichkeitsdeliktes zu leiden haben wird, so darf man sich, auch wenn man sein Vergehen verabscheut und verdammt, mit dem Urteil zufriedengeben.

Übrigens kommt es u. E. weniger auf das Strafmaß als darauf an, daß solche Fälle in aller Öffentlichkeit gerade von unserer höchsten, berufungslosen strafrechtlichen Instanz beurteilt werden. Dieser Umstand allein wirkt in sozialpädagogischer Beziehung viel eindringlicher, als es ein noch so drakonisches Urteil vermöchte. Gerade darin erblicken wir den Hauptzweck derartiger Rechtsverfahren. Unser Volk – wir alle müssen uns bewußt werden, daß es schandbar, entehrend, strafwürdig ist, Menschenrechte und Menschenwürde, wäre es auch im Ärmsten, Geringsten, Unmündigsten unserer Mitbürger, zu vergewaltigen.

Nichtsdestoweniger drängen sich aus den Presseberichten über die Verhandlungen in Burgdorf einige Bemerkungen auf. Zunächst einmal geht daraus nicht hervor, daß der Kreisarmeninspektor von der langandauernden sittlichen Gefährdung des Knaben Eberhard unterrichtet wurde, somit keine Möglichkeit hatte, seines Amtes zu walten. Zum andern wurde, und zwar vom Staatsanwalt, festgestellt, daß die Untersuchung des Falles so ziemlich alles zu wünschen übrig ließ, daß folglich unser Gerichtsverfahren auch hier versagte, anders die allfälligen, ja wahrscheinlichen Mitschuldigen, besonders die Frau des Verurteilten, der Anklagebank und der Verurteilung schwerlich entgangen wären. Daraus ergibt sich, wie sehr die Untersuchungsgerichtsbarkeit des Kantons Bern revisions- und verbesserungsbedürftig ist, was übrigens an zuständiger Stelle längst anerkannt wurde. Es steht zu hoffen, hier werde in schon absehbarer Zeit nun doch endlich eine befriedigende Lösung gefunden werden, obwohl sich der Fiskus und die Prestigesucht hoher Verwaltungsbehörden bis anhin erfolgreich davor zu schützen wußten. Daß Fälle wie der uns hier beschäftigende mehr als ein volles Jahr auf ihre gerichtliche Verabschiedung harren müssen, weist an sich auf ein Justizgebrechen und auf eine öffentliche Gefahr hin, die keineswegs, und zwar in mehrfacher Hinsicht, zu unterschätzen ist. Schon darum, weil sie das Vertrauen des Volkes zum Recht erschüttert, und der ohnehin schon empfindliche Rechtszerfall immerdar noch vertieft wird.

Der Staatsanwalt sprach von unverantwortlichen Übertreibungen, die sich auch in diesem Fall die Journalisten, die ihn veröffentlichten, zuschulden kommen ließen. Er vertrat die Ansicht, es wäre deren Pflicht gewesen, ihre Wahrnehmungen an die zuständigen Polizeibehörden weiterzuleiten. Da er jedoch im gleichen Atemzuge bedauernd zugestehen mußte, es sei leider viel zu lange gegangen, bis die schon längst zur Anzeige gelangten Verfehlungen des Angeschuldigten rechtlich erfaßt wurden, ergibt sich daraus, daß die Presse auch in diesem Fall einer durchaus notwendigen, nützlichen, um nicht zu sagen unentbehrlichen Aufgabe genügte. Denn die grundsätzliche Reaktion, die den Veröffentlichungen der *Nation* im Juni letzten Jahres folgte, richtete sich nicht etwa in erster, vornehmster Linie gegen die sogenannten Übertreibungen, sondern gegen die Veröffentlichung des Falles überhaupt, und zwar mit moralisch äußerst anfechtbaren Mitteln. Es bleibt nämlich auch heute noch sehr fraglich, ob ohne die beanstandete Veröffentlichung der Fall überhaupt vor das u. E. nicht bloß rechtlich, sondern namentlich auch sozialpädagogisch einzig zuständige Forum des Schwurgerichtes gelangt wäre.

Im weiteren übersah der Staatsanwalt, daß dem Journalisten nicht die Untersuchungsmöglichkeiten amtlicher Organe zustehen, ebensowenig wie der Einblick in die allfälligen Untersuchungsakten, sondern daß er lediglich auf seine, mitunter allerdings sehr einseitigen, leidenschaftsbefangenen, parteiischen Auskunftsgeber angewiesen ist, wobei Übertreibungen und Entstellungen der Tatbestände ebensowohl wie bei der Polizei selbst unterlaufen mögen, für die jedoch gegebenenfalls der Journalist, im Gegensatz zu befangenen oder unzulänglichen Polizeiorganen (nicht seine Auskunftgeber), die sowohl moralische als auch rechtliche Verantwortung ausschließlich trägt. Im weiteren war dem Staatsanwalt offenbar nicht bekannt, daß in ebenso schweren Fällen die Behörden auf Vorstellungen, Meldungen oder Anzeigen häufig nicht bloß keineswegs reagieren, sondern sie aus Prestige- oder parteipolitischen Gründen entweder bagatellisieren oder überhaupt unterdrücken, wenn sie es nicht vorziehen – wie es uns persönlich wiederholt geschah – , den wohlmeinenden Warner öffentlich und von Amtes wegen als nicht ernst zu nehmenden, böswilligen Querulanten zu brandmarken.

Zugestanden: die Veröffentlichung und Behandlung derartiger Fälle in der Presse ist mit durchaus nicht leicht zu nehmenden Gebrechen belastet. Sie wären jedoch zu vermeiden, genügten die zuständigen Behörden jeweilen prompt und gründlich ihren amtlichen Pflichten und erwiesen sie sich dem journalistischen Informationsbedürfnis gegenüber weniger überheblich, schroff und abweisend. Aber gerade daran fehlt es und das macht das Eingreifen der Presse schlechterdings unentbehrlich!

Freilich sind ihre Eingriffe, die wir übrigens stets als ultima ratio betrachtet haben, mitunter nichts weniger als ideal. Zunächst ist daran häufig die parteipolitische Ausschlachtung der Straffälle unbedingt verwerflich. Bedauerlich ist ferner, daß die – sagen wir einmal euphemistisch – konformistische Presse den öffentlichen Anklagen in derartigen Fällen vielfach sozusagen hermetisch verschlossen bleibt. Daraus ergibt sich für den Publizisten die Notlage, dort das Wort zu ergreifen, wo es ihm überhaupt noch möglich und gestattet ist.

Das alles erweist aber lediglich die dringliche Notwendigkeit und das Bedürfnis, einen überparteilichen, sachkundigen, vor allem aber einen in jeder Hinsicht objektiven, wohlwollenden, aufbauenden, aufklärenden, sozialpädagogischen Pressedienst zu schaffen und ihm zu ermöglichen, beratend, vorbeugend, volksaufklärend und aufrüttelnd zu wirken. Es müßte u. E. eine ständige Rubrik für Sozialpädagogik, Fürsorgewesen und einschlägige Jurisprudenz auf breiter Grundlage geschaffen werden, die in unserer gesamten Presse ebenso ausdauernd und ausgiebig betreut würde wie etwa die Berichterstattung über Politik, Wirtschaft, Sport, Kunst und Literatur. Es handelt sich hier um eine der vornehmsten Aufgaben der Volksaufklärung und der Volkserziehung durch die Presse überhaupt.

Der in schon absehbarer Zeit vor dem Schwurgericht in Thun zur Verhandlung gelangende Fall Wäfler (Kandersteg) wird uns dazu weitere wertvolle Anregungen bieten. Für heute sei lediglich dem Wunsche Ausdruck verliehen, die gesamte Presse möchte sich gerade dieses ebenso typischen als schweren Straffalles annehmen. Denn man merke sich: der Skandal besteht nie in der Veröffentlichung empörender widerrechtlicher Tatbestände, sondern ausnahmslos in diesen selbst!

V. Der Tatbestand eines Verbrechens

Der Aufsehen und Empörung erregende Schwurgerichtsprozeß, der vom 1. bis zum 4. Oktober [1945] in Thun verhandelt wurde, erweist sich von so weittragender, grundsätzlicher Bedeutung, daß sich seine Erörterung geradezu aufdrängt, da es um nichts weniger als um das Ansehen der Schweiz als Rechts- und Kulturstaat geht.

Es handelt sich, wie man weiß, um die qualifizierte Tötung des fünfjährigen Verdingknaben Gebhard Paul Zürcher, begangen von dem Ehepaar Wäfler im Ladholz bei Kandersteg. Zunächst mag der Tatbestand, wie er seinerzeit durch die Presse veröffentlicht und nun durch die Gerichtsverhandlungen ergänzt und erhärtet wurde, summarisch in Erinnerung gerufen werden: In der *Berner Tagwacht* vom 16. Februar 1945 berichtete ein Student, Hörer am gerichtsmedizinischen Institut, es habe daselbst der Dozent über einen aktuellen Fall referiert, der sich soeben ereignet habe. Es lag die Leiche eines fünfjährigen Knaben vor, die noch 13 Kilogramm wog. Über seinen ausgemergelten Körper seien rote Striemen gelaufen; ein Auge sei blau und geschlossen gewesen; an den Fingerspitzen habe die Haut gefehlt; der ganze Körper habe zahlreiche verharschte Wunden und blaue Flecken aufgewiesen. Dieser fünfjährige Knabe sei zur Mithilfe auf den Hof eines jungen Ehepaares verdingt worden, wo er mit seinem Alter und seinen Kräften keineswegs angemessenen Schwerarbeiten belastet und außerdem dermaßen unterernährt worden sei, daß er oft nach dem Morgenessen im Hühnerhof von den Resten und dem Dreck aus dem Freßnapf der Hühner seinen stets nagenden Hunger gestillt habe. Im Nacken habe die Leiche außerdem einen großen, offensichtlich durchaus vernachlässigten Abszeß aufgewiesen. Ein Arzt sei nicht beigezogen worden. An seinem Todestag habe das Kind nach dem Morgenessen Holz in die Küche schaffen sollen, mit der Weisung, es dürfe erst wieder ins Haus kommen, wenn es diese Arbeit verrichtet haben werde. Da er bei der damaligen anhaltenden grimmigen Kälte Frostbeulen an den Fingern hatte, habe sie der Knabe vor lauter Schmerzen abgenagt; folglich sei ihm die Ausführung seines Auftrages schon materiell unmöglich gewesen. Erneute Mißhandlungen befürchtend, habe er den ganzen Tag hinter dem Haus, im eisigkalten Holzschopf verbracht. Das sei ihm von seinem «Pflegevater» als Trotz ausgelegt worden. Dieser sei dann am Abend nach dem Essen hinausgegangen, habe das Kind hereingeholt und daraufhin dermaßen mißhandelt, daß es in derselben Nacht starb. Blutspuren an Holzscheiten hätten verraten, wohin der Knabe infolge der

Wucht der Schläge gefallen sei. Auch bei seinem Bett und in der Küche hätten die Untersuchungsbehörden später Blutspuren gefunden.

Diesem Bericht des Studenten sei ergänzend beigefügt, daß nach dem «plötzlich» erfolgten Tod des Knaben der Ortsarzt um den Totenschein und die Leichenschau telephonisch angegangen worden sei. Dieser habe dem Anrufer erklärt, es gebreche ihm an Zeit, sich nach dem abgelegenen Gehöft zu begeben, man möchte ihm die Leiche bringen. Der schreckliche Zustand der kleinen Leiche habe dann den Arzt veranlaßt, die zuständigen Polizeiorgane und einen Gerichtsmediziner beizuziehen, da nicht festgestellt werden konnte, ob das Kind erfroren, zu Tode mißhandelt oder an allgemeiner Schwäche gestorben sei.

Um der Sache auf den Grund zu kommen, hätten sich dann die zuständigen Polizeiorgane und der Gerichtsmediziner nach dem Gehöft der Eheleute Wäfler ins Ladholz begeben, wo der Knabe verdingt gewesen war. Der Bauer, der sich übrigens im Laufe der Untersuchung als Kleinbauer und in der Hauptsache als Schieferbrucharbeiter erwies, habe ein dürftiges Dasein gefristet und sei seit kurzem verheiratet gewesen. Von den beiden «feilgebotenen» Knaben, dem Ermordeten und seinem um zwei Jahre älteren Bruder, hätte er lieber diesen gehabt, der aber schon anderwärts verdingt gewesen sei. Folglich sei ihm der kleine Päuli, der sich in einem Kinderheim befand, zugewiesen worden. Der «Pflegevater» wollte, außer dem von der Gemeinde entrichteten Kostgeld, aus dem Knaben auch noch die größtmögliche Arbeitsleistung herausschlagen.

Der «Pflegevater» gestand, er habe das Knäblein häufig geprügelt. Dies sei, seiner späteren Erklärung nach, durchaus angebracht gewesen, weil sich der Pflegling starrköpfig und eigenwillig benommen habe. Festgestellt wurde ferner, das Kind sei oft tagelang allein gelassen worden bei ungenügender Kost. Der Bub sei, laut Aussage der Beklagten, «nicht ganz recht im Kopfe gewesen», sonst hätte er sich nicht am Hühnerfutter gesättigt.

(Also nicht etwa aus Hunger! D. V.) Den Abszeß habe die «Pflegemutter» selber behandelt, indem sie dem Kind ein Taschentuch, das als Verband gelten sollte, um den Hals band. Einen Arzt habe der Bauer darum nicht zuziehen können, weil damals gerade die Großmutter gestorben sei und er keine Zeit gehabt hätte.

Alle diese durch die Presse veröffentlichten Feststellungen veranlaßten den Untersuchungsrichter des Amtes Frutigen zu folgender öffentlicher Erklärung (*Bund* vom 26. Februar 1945): «Gegen die Pflegeeltern wurde sofort nach der Leichenschau eine Strafuntersuchung wegen Mißhandlung und Vernachlässigung eines Pflegekindes eröffnet und sie werden sich seinerzeit wegen dieses Deliktes vor dem zuständigen Gericht zu verantworten haben.»

Auffällig berührt schon hier, daß angesichts der bereits erfolgten Feststellungen sich die Untersuchung nicht auch auf den doch ungemein naheliegenden Tatbestand des Totschlages im Sinne von Art. 113 [StGB] erstreckte. Doch die Erklärung lautet im weiteren: «Die Voruntersuchung ist geheim, und es können angesichts der absoluten Geheimhaltungspflicht der beteiligten Organe Einzelheiten aus derselben nicht bekanntgegeben werden.» Nichtsdestoweniger fuhr der Untersuchungsrichter fort: «Heute schon kann gesagt werden, daß die fragliche Armenbehörde im Glauben war, das Kind richtig plaziert zu haben. Die von ihr eingeholte Auskunft lautete sehr günstig. Auch weitere Auskünfte hätten zweifellos günstig gelautet, da die Pflegeeltern bisher allgemein in gutem Rufe standen.» Dazu sei bemerkt, daß hier offensichtlich die «absolute Geheimhaltungspflicht der Voruntersuchung» nicht gerade vorbildlich erfüllt ward! «Ferner wurde ein angemessenes Pflegegeld vereinbart, und es war bei der Begründung des Verhältnisses in keiner Weise davon die Rede, daß das Kind jetzt schon zur Arbeit angehalten werden sollte. Die Pflegeeltern mögen zwar damit gerechnet haben, daß das Kind gewiß kleine Hausarbeiten wie Holz- und Wassertragen verrichte. Ausschlaggebend für die Übernahme des Kindes war aber, daß die schwangere Frau, welche infolge Abwesenheit ihres Ehemannes in der Schiefergrube tagsüber oft allein war, jemanden bei sich haben wollte. Fehler sind dennoch gemacht worden. Sie werden in der Voruntersuchung restlos aufgedeckt. Bis dahin fehlen dem Publikum die Grundlagen für eine gerechte Beurteilung des Falles, weshalb Zurückhaltung in der Kritik und im Urteil geboten ist.»

Da der weitere Verlauf und der Ausgang des Prozesses nun in frischer, allgemeiner Erinnerung stehen, werden wir uns in der Folge darauf beschränken – seine Sonderfeststellungen und seinen Austrag als bekannt voraussetzend –, lediglich zu einigen wichtigen Punkten grundsätzlich Stellung zu beziehen.

VI. Die rechtliche Verantwortung der Armenbehörde

Die auffällige Hast, mit der sich der Untersuchungsrichter von Frutigen befliß, die Armenbehörde Kanderstegs schon zu entlasten, bevor noch die Voruntersuchung durchgeführt war, mußte zum mindesten verdächtig erscheinen. Ließ sich doch die offensichtliche Absicht vermuten, die ganze, restlose Verantwortung des an dem bedauernswerten, fünfjährigen Knaben begangenen Verbrechens ausschließlich auf die allerdings Hauptbelasteten, das Ehepaar Wäfler, zu verdichten. Als außerdem noch bereits am 1. März 1945 und kurz darauf in der Großratssession der kantonal-bernische Armendirektor erklärte, es sollten seinerzeit weitere Akten zu dem Fall daraufhin geprüft werden, inwiefern den Mitgliedern der Armenbehörde von Kandersteg und den von ihr beauftragten Gemeindebeamten sowie allenfalls den zuständigen Aufsichtsorganen Amtsverletzungen vorgeworfen werden können, lag die Annahme nahe, es möchte dies auf administrativem, also außeröffentlichem Wege geschehen, wogegen wir uns unverzüglich verwahrten [vgl. I].

Wir hielten es für geboten, die Armenbehörde und ihre Organe als Mitangeschuldigte ebenfalls vor Gericht gestellt und abgeurteilt zu sehen, wobei es sich für uns viel weniger um das allenfalls zu erkennende Strafmaß als um die klare Umschreibung und Feststellung der armenbehördlichen Verantwortlichkeit handelte. Das hinderte jedoch nicht, daß die Gemeindeorgane von Kandersteg lediglich mit einem administrativen, außergerichtlichen Verweis und der Androhung des Entzuges des Staatsbeitrages an ihre Armenpflege im Falle ihrer Rückfälligkeit geahndet wurden. Daß man mit der Möglichkeit ihres Rückfalles in grobe Pflichtvernachlässigung immerhin rechnete, war so abwegig nicht – die schwurgerichtlichen Verhandlungen haben es drastisch genug bewiesen! Daß man dagegen das behördliche Versagen durch den Entzug des Staatsbeitrages die Armen entgelten zu lassen sich vornahm, zeugt von einem sozialen Billigkeitsgefühl, das immerhin ausdrücklich angeprangert zu werden verdient.

In der Hauptverhandlung vor Schwurgericht erklärte nun der Staatsanwalt in seiner Anklagerede, von einem Mitverschulden der Kandersteger Behörden und ihrer Organe im Sinne des Strafgesetzes könne hier doch wohl nicht die Rede sein, da ja die betreffenden Gemeindeorgane niemals wissentlich oder sogar mit Absicht das Verdingkind seinem traurigen Schicksal ausgeliefert hätten. Diese oberbehördliche Auffassung muß befremden. Es fehlte gerade noch, daß die Kandersteger bewußt und gewollt an dem grauenhaften Verbrechen unmittelbar beteiligt gewesen wären! Daß ihr Schulgemeindepräsident und mit ihm einige Mitunterzeichner die von den Angeschuldigten Wäfler angewandten «Erziehungsmethoden» öffentlich weitgehend billigten und sie zu rechtfertigen suchten, sagt übrigens allerhand. Sollte also diese Rechtsanschauung wirklich durchdringen, dann wäre unser Strafgesetzbuch unverzüglich in dem Sinne zu berichtigen, daß sämtliche aus Pflichtversäumnis und Fahrlässigkeit begangenen oder geduldeten Delikte fortan ungeahndet bleiben und niemand dafür zur Rechenschaft gezogen werden dürfte, auch wenn es sich nicht um eine Behörde, sondern etwa um einen fahrlässigen Brandstifter oder Totschläger handeln würde.

Daß sich die Kandersteger gröblicher Pflichtvernachlässigung schuldig gemacht haben, steht heute außerhalb jeglicher Diskussion. Es ist wenigstens nach den uns vorliegenden Verhandlungsberichten nicht festgestellt worden, daß sie sich über die Wäfler rechtzeitig anderswo als beim Pfarrer in Frutigen erkundigt hätten, der ihnen allerdings leichtfertig und bedenkenlos genug die denkbar beste Auskunft über sie erteilte. Es steht ferner fest, daß der Bezirksarmeninspektor von der Versetzung des kleinen Märtyrers vom Kinderheim ins Ladholz erst nach dessen Tod Kenntnis erhielt, weil sich die Armenbehörde von Kandersteg nicht bemüßigt gefühlt hatte, ihn davon zu verständigen. Endlich steht unbestritten fest, daß sich während der langen Leidenszeit des bedauernswerten kleinen Knaben kein Mensch, am allerwenigsten die zuständige Behörde oder ihre Organe auch nur nachfrage-, geschweige denn besuchs- und inspektionsweise um ihn kümmerten. Er war seinen Peinigern und Mördern von den Behörden aufsichts- und schutzlos auf Gedeih und Verderb ausgeliefert worden.

Etwa einen Vormund hatte das Büblein ebensowenig als die überwältigende Mehrheit aller bernischen Verdingkinder, obwohl das ZGB in Art. 368 dies ausdrücklich vorschreibt. Daß gesetzlich eine zivil- und verwaltungsrechtliche Verantwortlichkeit auch abgesehen von der im ZGB ohnehin vorgesehenen im Kanton Bern noch ganz besonders zu positivem Recht besteht, geht auch aus dem Gesetz über die Verantwortlichkeit der öffentlichen Behörden und Beamten vom 19. Mai 1851 eindeutig hervor.

Wenn man nun die gesetzlichen Bestimmungen über die Armenpflege im allgemeinen wie im besonderen und namentlich auch die Verordnung betreffend die Aufsicht über die Pflegekinder vom 21. Juli 1944 in Betracht zieht, so kann die persönliche und solidarische Verantwortlichkeit ebensowenig als die Haftpflicht der Kandersteger Behörden und ihrer Organe einem Zweifel mehr unterstehen. Sie waren zum allermindesten zivilrechtlich verantwortlich.

Wenn je, wäre in diesem Falle ein zivilrechtliches Verfahren gegenüber den Behörden Kanderstegs nicht bloß zulässig, sondern geradezu geboten gewesen. Allein wenn anders die ausdrücklichen Bestimmungen des StGB nicht als unverbindliche Farce betrachtet werden müssen, so war auch entgegen der oberbehördlichen und staatsanwaltlichen Auffassung die strafrechtliche Beurteilung der Behörden von Kandersteg und ihrer Organe mehr als bloß zulässig, nämlich ganz einfach rechtsgeboten. Lautet doch Art. 127 des StGB ausdrücklich:

«1. Wer einen Hilflosen, der unter seiner Obhut steht oder für den er zu sorgen hat, einer Gefahr für das Leben oder einer schweren, unmittelbaren Gefahr für die Gesundheit aussetzt, wer einen Hilflosen, der unter seiner Obhut steht oder für den er zu sorgen hat, in einer Gefahr für das Leben oder in einer schweren, unmittelbaren Gefahr für die Gesundheit im Stiche läßt, wird mit Zuchthaus bis zu fünf Jahren oder mit Gefängnis nicht unter einem Monat bestraft.

2. Hat die Aussetzung den Tod des Ausgesetzten zur Folge gehabt und konnte der Täter dieses voraussehen, so wird er mit Zuchthaus bestraft.»

Diese Ziffer 2 traf nun allerdings auf die Kandersteger Behörden nicht zu. Hier wären sie gegebenenfalls von den Oberbehörden und dem Staatsanwalt zu schützen gewesen. Daß aber der kleine Päuli Zürcher unter der Obhut besagter Kandersteger Behörden stand, daß sie für ihn zu sorgen hatten, daß sie ihn schmählich im Stiche ließen, daß sie ihrer gesetzlichen Aufsichtspflicht auch nicht im geringsten genügten und daß die langen Qualen samt dem elenden Tod des Knäbleins die Folge ihrer Pflichtvernachlässigung war, ist dermaßen unbestreitbar erhärtet, daß sich sogar die Oberbehörden veranlaßt fühlten, jener Pflichtvergessenheit in allerdings lächerlich schonender Art, und zwar eventuell nicht auf Kosten der Fehlbaren, sondern der ihrer Fürsorge unterstellten Armen zu ahnden.

Über die Beweggründe, die sowohl die Kandersteger wie ihre Oberbehörden zu ihrem Tun und Lassen bestimmten, wird noch zu reden sein. Heute nun frägt man sich jedoch weiterum, ob denn unser klares, positives Recht nur dann gelte und angewandt werden dürfe, wenn es sich gegen einflußlose Privatdelinquenten oder solche handelt, die nicht den Vorzug und die Ehre genießen, irgendeiner Behörde anzugehören.

VII. Vorläufige Ergebnisse

Die Verdingkinder-Prozesse von Madiswil und Frutigen haben die Öffentlichkeit ebenso tief als nachhaltig beeindruckt. Sie werden auch heute noch stetsfort erörtert, woraus hervorgeht, daß diesmal das Gewissen der Öffentlichkeit so gründlich aufgerüttelt wurde, daß sie sich ernstlich um eine grundsätzliche Reform der Armenerziehung kümmert und sich nicht mehr wie in zahlreichen früheren Fällen mit bloßen Verzögerungen und Beschwichtigungen zufriedengeben wird.

Die uns vorliegenden Reformvorschläge sind so zahlreich, so mannigfaltig, daß es sich lohnen wird, sich mit ihnen grundsätzlich, wenn auch summarisch auseinanderzusetzen. So wohlgemeint manche davon auch sein mögen, befinden sich doch allzu viele darunter, die mangelnder Einsicht und Sachkenntnis halber am Ziel vorbeischießen. Sie sind nichtsdestoweniger darum erfreulich, weil sie den ernsten Willen vieler Mitbürger bekunden, einen der Schweiz anhaftenden schändlichen Makel endlich zu tilgen. Das aber betrachten wir als einen keineswegs unerheblichen Gewinn.

Dieses schwerlich hoch genug zu wertende Ergebnis ist vor allem darauf zurückzuführen, daß beide Fälle in öffentlichem

Gerichtsverfahren und vollem Licht vor aller Augen verhandelt und wenigstens strafrechtlich erledigt wurden. Ferner, daß die Gerichtsverhandlungen in der gesamten Schweizerpresse einen starken Widerhall fanden. Daraus ergibt sich, wie wünschenswert, wie geboten es ist, auch alle künftigen Fälle der öffentlichen Gerichtsbarkeit und der Gerichtsberichterstattung zu überweisen und sie weitmöglich der Vertuschungssucht und der Prestigewahrung der Administrativbehörden zu entreißen.

Als erste, wesentlich praktische Kundgebung zu dieser beschämenden Angelegenheit betrachten wir die von Großrat Ernst Reinhard in Bern eingereichte und erheblich erklärte Motion, die eine neue gesetzliche Regelung der Armenerziehung im Kanton Bern zur Folge haben wird. Die Berner Regierung wird nun demnächst mit einer einschlägigen Gesetzesvorlage aufzuwarten haben, deren Nutzertrag wir vor allem darin erblicken, daß sie eine sinnfällige Grundlage zu dem ganzen, weitausgreifenden Fragenkomplex der Armen- und Verdingkindererziehung bieten wird. Freilich müssen wir ebenso aufrichtig gestehen, daß wir nicht glauben, es sei irgendwie möglich, die Armen- und Verdingkindererziehung auf rein gesetzgeberischem Wege zu regeln, denn, sagt Gottfried Keller, «nicht so sehr in der Geläufigkeit, mit welcher man ein Gesetz entwirft und annimmt, sondern in der Ehrlichkeit, Ernsthaftigkeit und Entschlossenheit, mit welcher man es zu handhaben gesonnen ist, zeigt sich die wahre politische Bildung».

Aber gerade daran gebrach es bis heute! Wir wurden mit Gesetzen, Verordnungen, Reglementen, Erlassen und Vorschriften überflutet, um die sich, mitunter gerade in ihren wesentlichsten Bestimmungen, praktisch niemand kümmerte, so daß dem hergebrachten Schlendrian Tür und Tor erschlossen blieb. So beispielsweise gegenüber durchaus wohlgemeinten, wohlerwogenen Bestimmungen des ZGB, und zwar in einer Weise, die an das scharfe Wort des Tacitus erinnert, das da feststellt: «In dem verdorbenen Staat gibt es die meisten Gesetze.»

Gesetze wirken nämlich nie schöpferisch an sich, sondern günstigstenfalls regelnd und ordnend. Schöpferisch veredelnd vermögen nur uneigennützige, wohlgesinnte Menschen zu wirken, die unter Einsatz ihrer ganzen Kraft ausdauernd an der Verbesserung gesellschaftlicher Zustände, unbekümmert um Beifall oder Tadel, zielstrebig schaffen. Und auch da nur erfolgreich, wo der Staat weitmöglich vermenschlicht, der Mensch dagegen entstaatlicht ist. Daß auch dem Großen Rat des Kantons Bern diese Erkenntnis aufzudämmern beginnt, ist daher begrüßenswürdig. Stellt er doch – besser spät als nie! – in seiner jüngsten Botschaft an das Bernervolk zur am 25. November nächsthin zur Volksabstimmung gelangenden Gesetzesvorlage über die Förderung der Wohnbautätigkeit weise fest: «Was der Staat am Kind tut, das wird er vom Mann dereinst zurückerhalten.» Hoffen wir, daß diese zwar für uns nicht neue, von ihm aber zum erstenmal amtlich kundgegebene Einsicht ihn auch bei der Beratung des in Aussicht stehenden Pflegekindergesetzes leiten werde!

Aber auch wenn das, wie wir wünschen und hoffen, der Fall sein sollte, wird damit allein noch herzlich wenig gewonnen sein. Vor allem darum nicht, weil das Verdingkinderelend sich nicht ausschließlich auf den Kanton Bern beschränkt, sondern das ganze Gebiet unseres Staates belastet. Zum andern, weil – exempla docent! – auch die beste Gesetzgebung kläglich versagt, solange ihre Ausführungsbestimmungen deren Sinn und Absichten abbremsen oder wenn sie lediglich den ausführenden und verwaltenden Behörden als Ruhekissen und zur Ablehnung ihrer persönlichen Eigenverantwortung dienen, wie es bis anhin vielfach geschehen ist und noch geschieht. Nichtsdestoweniger betrachten wir den bernischen gesetzgeberischen Vorstoß nicht bloß aus dem schon vorberührten Grund als zeitgemäß und beachtenswert, sondern namentlich auch darum, weil er die Erörterung der Armen- und Verdingkindererziehung überhaupt vor Vergessenheit bewahren und das Volk immer wieder vor die

Pflichtaufgabe stellen wird, sich damit mehr als bloß oberflächlich und vorübergehend zu befassen.

Aus den überraschend zahlreichen uns zugekommenen Zuschriften und Pressestimmen hat sich überdies noch eine weitere, durchaus nicht zu unterschätzende Tendenz ergeben, die wir als besonders wertvoll und ausbaubedürftig betrachten: Man scheint sich nämlich – endlich – je länger desto mehr zur Überzeugung durchzuringen, die Betreuung der Verdingkinder stelle Anforderungen an Gesellschaft und Staat, die über jene bloß leibliche Versorgung hinausreichen: es handle sich da nicht nur um eine Aufgabe der Armenfürsorge im unmittelbar engeren Sinn, sondern um der Verdingkinder Erziehung und Ertüchtigung. Hier erhärtet sich mehrheitlich die zwar reichlich verspätete, aber dennoch sehr willkommene Einsicht, man müsse die Betreuung der Pflegekinder von vornherein des Odiums der Armengenössigkeit entkleiden. Sollte sich, was zu hoffen steht, diese Erkenntnis praktisch wirksam durchsetzen, dann wäre zur Lösung der Verdingkinderfrage unerhört viel, um nicht zu sagen die Hauptsache gewonnen. Ein großer Teil des Verdingkinderelendes, das wir nicht bloß im Bernerland zu beklagen haben, gleichviel ob es sich um Pflegekinder im engeren Sinn oder um Anstaltszöglinge handelt, beruht gerade auf dem Übelstand, daß deren Versorgung auf Kosten ihrer Erziehung und Ertüchtigung vor allem, wenn nicht ausschließlich verfügt wird.

Man darf sich jedoch ja nicht etwa der Täuschung hingeben, diese begrüßenswerte, gesellschaftsfördernde, daher notwendige Umstellung sei leicht erreich- und durchführbar. Sie wird sich, wenn erst einmal ernstlich in Betracht gezogen und eingeleitet, in mehrfacher Hinsicht äußerst schwierig gestalten, weil sie die Notwendigkeit in sich schließt, ein alteingewurzeltes System überlieferter Anschauungen, Gepflogenheiten und Institutionen sowohl grundsätzlich als praktisch zu verabschieden, um an deren Stelle unbefangen etwas ganz Neues, noch Unerprobtes sowohl auf rechtlichem wie auf fürsorgerischem und sozialethischem Gebiet aufzubauen. Immerhin ist es begrüßenswert, daß auch in dieser Richtung, ob auch vorderhand bloß noch als reine Postulate, Vorstöße zur Verbesserung der Lage der Verdingkinder angebahnt werden.

Damit sind die wesentlichsten bis heute erzielten Ergebnisse der Erörterungen des Verdingkinderjammers umrissen. Sie sind immerhin erfreulich, obgleich noch lange nicht befriedigend oder gar ausreichend. Wir werden uns nun demnächst noch ebenso zusammenfassend mit den einzelnen eingebrachten praktischen Lösungsvorschlägen zu befassen haben, die freilich, ob noch so wohl gemeint, die eigentliche Kernfrage der ganzen Angelegenheit umgehen, sich ihr jedoch – das sei dankbar anerkannt – in immerhin bis vor kurzem noch nicht zu erhoffender Weise annähern.

VIII. Alte Nöte – neue Aussichten!

Seit den aufsehenerregenden gerichtlichen Erledigungen der Kindermißhandlungs- und Perversionsfälle von Madiswil, Frutigen und der Anstalt Sonnenberg ist glücklicherweise das dadurch aufgeschreckte, großenteils erstmals über die herrschenden Zustände aufgeklärte Gewissen der schweizerischen Öffentlichkeit nicht mehr zur Ruhe gelangt. Man begann auch in außeramtlichen Kreisen einzusehen, es müsse da endlich etwas Tapferes, Vorbeugendes, Reinigendes geschehen. Da sowohl die Behörden wie die jugendfreundlichen Korporationen in allen drei Fällen ganz oder teilweise versagt hatten, drängte sich ferner die Einsicht auf, es müsse aus dem Volke selbst eine Gliederung erstehen, dem Anstalts- und Verdingkinderelend in jeglicher einigermaßen möglichen Weise zu steuern.

Eine hochherzige, mutige Frau arbeitete einen eigentlichen Werkplan zur Erreichung des vorgesteckten Zieles aus und unterbreitete ihn den ihr gerade zugänglichen Jugendfreunden und

Beamten, von denen sie sich Verständnis und Förderung versprechen konnte. Am 16. Februar [1946] versammelten sich die von der unternehmungsfrohen Dame Eingeladenen zu erstmaliger, vielverheißender Fühlungnahme und Aussprache in Bern, über die an Hand des uns vorliegenden Tagungsberichtes zu referieren wir uns an dieser Stelle vorgenommen hatten, als plötzlich ein neuer Pflegekinderskandal in Bern der Öffentlichkeit zur Kenntnis gebracht ward.

Da der Fall des Ehepaares Dr. Graber sich nun im Zustand der gerichtlichen Voruntersuchung befindet und wir keinen Anlaß haben, daran zu zweifeln, es werde in aller Öffentlichkeit volles Licht darüber verbreitet, haben wir auch keine Veranlassung, uns über die zum Teil noch nicht restlos abgeklärten Tatbestände zu verbreiten, behalten uns jedoch vor, später eingehend darauf zurückzukommen. Wohl aber scheint es geboten, gerade im Hinblick auf die eingangs erwähnte so erfreuliche Bewegung einiges schon heute festzustellen, das für die Gestaltung ihres künftigen Tätigkeitsprogrammes nicht unwesentlich sein möchte.

Seit nun bald einem halben Jahrhundert, während welchem wir uns stets aufs neue mit der Behebung von Jugendnöten und der Anprangerung von an Kindern und Jugendlichen begangenen Verbrechen, aktiven und passiven Verbrechen zu befassen hatten, sind wir stets auf dieselben, stets wieder erwachsenden, oft unüberwindlichen Hindernisse gestoßen. Das wichtigste besteht in der Beweisnot in sozusagen allen einzelnen Beanstandungsfällen. Ein zuverlässiger Informations- und Meldedienst besteht auch dann nicht, wenn Kindermißhandlungen oder verwandte Vergehen gerüchtweise längst in einer mehr oder weniger unbeschränkten Öffentlichkeit notorisch geworden sind. Es ist nicht immer Gesinnungsfeigheit, die die Kenner unhaltbarer Zustände davon abhält, die zuständigen Behörden oder die Presse von ihren Wahrnehmungen zu verständigen, sondern meistens der ihnen abgehende Rechtsschutz.

Denn wer da klagt oder anzeigt, muß seiner Sache beweissicher sein, und das sind die wenigsten aller Bürger. Erweist es sich aber, daß ihre Anzeigen oder Veröffentlichungen irgendwie, mitunter nur in untergeordneten Nebenumständen ungenau oder unzuverlässig sind, so kann ihnen häufig auch die wohlgesinnteste Aufsichtsbehörde trotz eigenen dringlichen Verdachtes selten die eigentlich gebotene Folge geben. Der Anzeiger oder das von ihm bediente Presseorgan aber muß gewärtigen, zum Wahrheitsbeweis angehalten zu werden, der ihm angesichts unserer formaljuristischen Gerichtspraxis nur ausnahmsweise restlos gelingt und ihn der Gefahr aussetzt, seinerseits wegen Verleumdung, übler Nachrede oder falscher Anzeige belangt und verurteilt zu werden. In Einzelfällen richtet sich dann nachträglich, das heißt wenn hintendrein dann doch die einstmals erhobenen Anschuldigungen aktenkundig erhärtet worden sind, der Volksunwille gegen mitunter durchaus wohlgesinnte, tüchtige, aber mit ungenügenden Kompetenzen oder Informationen ausgestattete Fürsorge- oder Aufsichtsbeamte, die dadurch verärgert und entmutigt werden.

Ein freiwilliger, diskreter Benachrichtigungsdienst zu Handen der zuständigen Behörden und in deren Versagungsfall zu Handen der Presse ist daher dringlich wünschbar. Er sollte von der zu schaffenden Vereinigung allen Ernstes in Aussicht genommen werden. Er müßte Klagen und Anzeigen entgegennehmen, um sie auf ihre materielle Berechtigung zu prüfen, nötigenfalls ergänzen zu können zu Handen der Gerichtsbehörden, ohne die gutgläubigen Anzeiger anders denn als gerichtliche Zeugen preiszugeben. Er würde bei den Aufsichtsorganen, die allzu häufig absichtlich umgangen oder irregeführt werden, hintendrein aber dann doch für die daraus entstandenen Schäden zum mindesten moralisch verantwortlich gemacht werden, Wunder wirken.

Mit dem Benachrichtigungsdienst müßte außerdem eine Rechtsberatungs- und wo nötig eine Rechtshilfestelle verbunden werden. Die Mehrzahl gutgläubiger Ankläger und Anzeiger versteht sich auf unsere Rechtspraxis in der Regel zu wenig, als daß ihnen zugemutet werden dürfte, auch ihren gegebenenfalls gerechtfertigten Standpunkt durch dick und dünn zu behaupten. Von dieser Rechtsberatungs- und Rechtsschutzstelle könnten vor allem die wohlmeinenden, pflichtbewußten Behörden selber profitieren, während der hohle Prestigefimmel einzelner ihrer Aufgabe nicht oder unzulänglich gewachsener Beamter wesentlich gedämpft würde. Der Nachrichtendienst müßte sich außerdem, und zwar in Verbindung mit einem wohlgegliederten, zuständig geleiteten sozialpädagogischen Informationsdienst zu Handen der Presse, also der denkbar breitesten Öffentlichkeit verbinden. Nicht bloß die großen Tageszeitungen, sondern namentlich auch die bei uns weitverbreitete Landpresse und die Zeitschriften müßten von dem Informationsdienst fortlaufend über alle Erziehungs- und Fürsorgefragen unterrichtet werden. Daß sich die Redaktionen in ihrer großen Mehrheit zur Einführung einer derartigen ständigen Rubrik bereit finden würden, ist kaum zu bezweifeln vom Augenblicke an, wo ihnen Gewähr zuverlässiger Berichterstattung, zuständiger Erörterungen geboten würde. Damit würde verhindert, daß Angriff und Kampf gegen zutage tretende Übelstände jeweilen ausschließlich von der sogenannten Oppositionspresse monopolisiert werden müßten, weil den Klägern jegliche andere Möglichkeit, sich Gehör zu verschaffen, verschlossen bleibt. Es würde aber auch den weiteren wesentlichen Vorteil zeitigen, die nun einmal vorhandenen erzieherischen Sozialgebrechen nicht vor allem polemisch, sondern rein sachlich, daher zielstrebig und fruchtbringend erörtern zu können. Wie ungemein nützlich solches wäre, erweist gerade der Fall Graber. Kaum war er ruchbar geworden, als er auch schon von führenden Zeitungen gehässig verdächtigend, parteipolitisch ausgeschlachtet wurde.

Die Leidtragenden sind in solchen Fällen immer die armen Anstalts- und Verdingkinder, von welchen die Aufmerksamkeit ab auf engstirnige Parteibelange gelenkt wird, womit gar mancher wertvolle Helferwille enttäuscht und gelähmt sich von ihnen abwendet. Während der langen Jahrzehnte, die uns zu stets erneuten Angriffen auf erzieherische, fürsorgliche und andere Unzulänglichkeiten nötigten, haben wir jederzeit in jeder Partei, in jedem konfessionellen Lager, zwar mitunter nicht auf den ersten Anhieb, aber schließlich doch treue Mitkämpfer, verständnisvolle Freunde gefunden, denen es um die Sache, um das Wohl und Gedeihen der Jugend ging. Andererseits wird sich keine Partei, keine Konfessionsgemeinschaft, keine Korporation finden, der nicht auch anrüchige, ja verbrecherische Elemente angehören können. Sie den Parteien, Glaubensgemeinschaften oder Korporationen als solchen belastend anzukreiden, kommt der entschiedenen Verleumdung gleich, es gäbe deren in der Schweiz, die die Verwahrlosung oder die in der Jugend begangenen Verbrechen ausdrücklich oder stillschweigend billigten, sie kraft ihrer Autorität deckten, sich damit solidarisch erklärten.

Es wird eine der dankbarsten, wesentlichsten Aufgaben der im Entstehen begriffenen Vereinigung sein, die Entpolitisierung der Jugendbelange ein für allemal durchzusetzen. Dem Parteihader bleiben dann ja noch immer der Gebiete allzu viele erschlossen, so daß er gerade des uns hier beschäftigenden, von dem die Zukunft unseres Landes und Volkes großenteils abhängt, füglich entraten könnte. Gelingt das, dann wird auf dem Wege bestverstandener, befruchtender Jugendbetreuung ein großer, fast unübersehbarer Fortschritt erzielt worden sein. Denn dann wird es sich erweisen, daß sich jede Partei, die aus unsachlichen Erwägungen Unverantwortliches duldet, schließlich sich selber schwächt, des Vertrauens des Volkes verlustig geht, folglich zu ihrem eigenen Heil den eisernen Besen vor allem zu internem Gebrauch anzuwenden wohlberaten sein wird.

IX. Hilfe in Sicht?

Wir haben an dieser Stelle [vgl. XIII] bereits darauf hingewiesen, daß die stets aufs neue die Öffentlichkeit beschäftigenden Verwahrlosungen und Verbrechen an unserer Jugend, auf der immerhin der Bestand und die Zukunft unseres Volkes beruht, dringlich nach allgemeinen, gründlichen Abwehrmaßregeln rufen, die zu treffen und durchzuführen unseres Erachtens weder die Behörden noch die zahlreichen armen- und jugendfreundlichen Institutionen und Verbände fähig sind.

Es wurde in besagtem Zusammenhang darauf hingewiesen, daß es, um hier Ordnung zu schaffen, des ausdrücklichen, massenhaften Volkswillens bedürfe und daß im Hinblick darauf über alle politischen, konfessionellen und charitativen Schranken hinweg eine Generalmobilisation aller Wohlgesinnten unbedingt erforderlich sei.

Damit wurde lediglich ein Unternehmen allgemeinen Ausmaßes angekündigt, über dessen Notwendigkeit sich eine zunächst noch verhältnismäßig bescheidene Zahl von Jugendfreunden grundsätzlich geeinigt hatte.

Folglich stellte sich zunächst die Frage, wie die Bewegung eingeleitet werden könne, um sich zu gliedern und werktätig, womöglich auf dem ganzen Gebiet der Eidgenossenschaft und im Gelingensfalle vielleicht später auch darüber hinaus vorzugehen. Es handelte sich vor allem darum, einen Aufruf an das ganze Volk zu erlassen, um möglichst vielen Gelegenheit zu bieten, irgendwie mitzuarbeiten oder sich auch nur gesinnungsmäßig zu der Bewegung zu bekennen.

Da gelang es nun, eine schweizerische Zeitschrift, die in der deutschsprachigen Schweiz sehr stark verbreitet ist, nämlich den *Schweizerischen Beobachter,* dafür zu gewinnen. Unter der Aufschrift «Das Volk soll mithelfen!» forderte er jedermann auf, sich zu der in Aussicht genommenen Bewegung zu bekennen und sich ihr, gleichviel in welcher Art und Weise, nach bestem Können und Vermögen zur Verfügung zu stellen. Er schreibt dazu zutreffend: «Es gibt nur eine Lösung: Alle gutgesinnten Schweizer müssen mithelfen, diese Schande aus der Welt zu schaffen. Es muß möglich sein, eine so weitverzweigte und lückenlose Kontrolle zu schaffen – die uneigennützig und unbestechlich arbeitet und sich durch keine Machenschaften täuschen läßt, eine Kontrolle, die aus Tausenden von Augen und Ohren besteht –, daß jeder ‹Fall› schon im Entstehen erkannt und erledigt wird. Es muß so weit kommen, daß alle Pflegeeltern, alle legitimen Eltern, alle Arbeitgeber, die ein armes Knechtlein oder einen hilflos Schwachsinnigen beschäftigen, genau wissen: ringsum sind wohlmeinende Mitbürger, die zum Rechten sehen.

Wie läßt sich das verwirklichen? – Es gibt schon eine Organisation auf ähnlichem Gebiet, die als Vorbild dienen kann: die Tierschutzvereine, die ausgezeichnet funktionieren und denen zu verdanken ist, daß viel weniger Tierquälereien vorkommen als früher. Auf gleiche Weise, wie wir für eine anständige Behandlung der Tiere sorgen, müssen wir uns auch um unsere Mitmenschen kümmern. Der *Beobachter* ergreift die Initiative und will versuchen, eine solche idealgesinnte Vereinigung ins Leben zu rufen. Das Volk soll mithelfen, bessere Verhältnisse zu schaffen, indem es sich jenen Institutionen und Behörden zur Verfügung stellt, die sich gewissenhaft und tatkräftig um das Los der Hilfsbedürftigen kümmern. Es soll aber auch zugleich dafür sorgen, daß gemeldete Fälle nicht verschleppt oder vertuscht werden.»

Wer bereit ist, einer Vereinigung zum Schutze der Pflegekinder und anderer Hilfsbedürftigen beizutreten, wird gebeten, sich beim *Beobachter* anzumelden. Die äußerst wertvolle Mitwirkung namhafter Presseorgane ist bereits zugesichert.

Es handelt sich also vorderhand lediglich um ein grundsätzliches Bekenntnis unseres Volkes zur Behebung beschämenden sozialen Jammers und Elendes. Je nach dem Ergebnis des Aufrufes wird es sich dann erweisen, wie sich die Vereinigung zu gliedern, welchen Arbeitsplan sie zu befolgen habe, um den erwünschten Zweck zu erreichen. Daß die ihrer harrende Arbeit sozusagen unübersehbar, mannigfaltig, äußerst vielseitig und anpassungsfähig sein wird, ist einleuchtend. Sie wird aber zweifellos bewältigt werden können, wenn der vorerwähnte Aufruf den erhofften Erfolg zeitigt.

Dieser nun stellt das Schweizervolk vor eine Gewissensfrage höchster, dringlichster Bedeutung. Darum ist zu wünschen, es möchte die ihm auferlegte Probe in Ehren bestehen. Aus diesem und nur aus diesem Grunde rufen wir es auch an dieser Stelle dazu auf, seiner Pflicht zu genügen, seine Ehre zu wahren – im zweihundertsten Pestalozzi-Jubiläumsjahr! Denn ein Volk, das seine Jugend verwahrlost, gibt sich selbst, seine Zukunft, gibt sein Daseinsrecht preis!

Soweit wir den Stand der Dinge heute zu überblicken vermögen, scheinen das Wohlgesinnte aller Lager und Verbände begriffen zu haben. Aber eigentlich handlungsfähig können sie sich erst auswirken, wenn sie der Unterstützung der öffentlichen Meinung in ihrer großen Mehrheit dauernd sicher sind. Keiner ist zu gering, keiner ist unfähig, sich an der Lösung der sich uns stellenden Aufgabe zu beteiligen. Wie sich diese Mitarbeit, sei es im allgemeinen oder im einzelnen, gestalten wird, hängt von dem Ergebnis des Aufrufes ab: Immerhin können wir unsern Lesern schon heute verraten, daß sich bereits eine namhafte Zahl gewichtiger sachkundiger Stimmen zum Arbeitsprogramm gemeldet hat.

Selbstverständlich werden alle eingehenden Anregungen gründlich und gewissenhaft auf ihre praktische Verwirklichungsmöglichkeit geprüft werden müssen. Mit bloßen, noch so schwungvollen, aber praktisch undurchführbaren Wunschträumen ist dem Unternehmen nicht gedient, obwohl auch sie wertvolle Hinweise auf eine hoffentlich nicht allzu ferne Zukunft im Keime enthalten mögen. Man wird sie eben weniger zu zählen als zu wägen haben! Wichtig aber ist vor allem, daß sich unser

Volk zu der Notwendigkeit bedingungslos bekenne, den Hilfsbedürftigen unbedingte Linderung zu verschaffen.

Ist dies einmal geschehen, eindeutig, unmißverständlich, dann braucht der Vereinigung um die Wahl ihrer Vorgehen um so weniger zu bangen, als sie das Leben und der Armen Nöte ganz von selbst davon bewahren werden, bloß schematisch, pedantisch oder kasuistisch vorzugehen, weil sich ja, um mit F. Th. Vischer zu sprechen, das Moralische immer von selbst versteht.

Wir wollen keine starre Institution, keine bürokratischen spanischen Stiefel, keine amtliche oder außeramtliche Einschränkung, sondern lediglich werktätige, womöglich vorbeugende, treue Hilfe, getragen von menschlichen Kräften und warmen Herzen. Sobald die Ergebnisse des vorberührten Aufrufes einigermaßen übersichtlich vorliegen, werden wir an die unumgängliche Gliederungsarbeit gehen, aus der sich dann die praktische Hilfeleistung unverzüglich ergeben wird.

Unserer Leserschaft an dieser Stelle periodisch darüber zu berichten, wird uns zur angenehmen Pflicht gereichen. Allein, um es überhaupt zu ermöglichen, ist es unerläßlich, daß uns die öffentliche Meinung des ganzen Schweizervolkes unablässig den Rücken stärke und sich gerade hier des erhebenden Zwingliwortes besonders erinnere, das da lautet:

«Tut um Gottes willen etwas Tapferes!»

X. Schutz den Pflegeeltern – mehr Pflegeplätze!

Der zweite Aufruf des *Schweizerischen Beobachters* zum Beitritt zur Vereinigung zum Schutz der Pflegekinder und anderer Hilfsbedürftiger (vom 15. Juni 1946) hat insofern mehr Erfolg als der erste (vom 30. April 1946) gezeigt, als sich bereits anfangs dieses Monats über 5000 Männer und Frauen angemeldet hatten. Das ist immerhin ermutigend, wenn auch nicht so überwältigend, wie es sich vielleicht einige wohlgesinnte Optimisten erträumt hatten. Aber gerade hier kommt es weniger auf die zwar auch sehnlich erwünschte Großzahl der Mitglieder als auf ihre Eignung zu praktischer Arbeit an. Jedenfalls ergibt sich aus dem vorvermeldeten Ergebnis immerhin die Gewißheit, es werde das Unternehmen von vielen verständnisvoll begrüßt, so daß es sich wohl lohnt, mit der Werbearbeit dafür unentwegt fortzufahren.

Eine eigentliche Gliederung der Vereinigung konnte bis heute noch nicht stattfinden. Daß dies nicht übermäßig zu bedauern ist, mag sich aus folgenden Ausführungen ergeben. Nämlich bevor nur die Vereinigung konstituiert ist, hat sie bereits in einem Falle wertvolle Hinweise auf ihre künftige Tätigkeit gezeigt. Erlebten wir doch neulich in einer bernischen Gemeinde wiederum schwere Fälle von Pflegekinderverwahrlosungen und -mißhandlungen. Unter der mannhaften Leitung eines tapferen Ortsbürgers konstituierte sich daselbst unverzüglich eine Schutzgemeinschaft für das bernische Verdingkind, die ihren Kollektivbeitritt zu der vorgedachten Vereinigung anmeldete und sich gleichzeitig – übrigens keineswegs erfolglos – der Fälle annahm. Die Akten darüber sind noch nicht geschlossen, doch steht zu hoffen, es werde die Angelegenheit außergerichtlich, ohne die Presse zu Hilfe zu rufen, in allseitig befriedigender Weise erledigt werden.

Es hat sich da in ganz besonders eindrücklicher Weise erhärtet, daß es mitunter genügt, unerschrocken mit den zuständigen Behörden in Verbindung zu treten, um sie zu veranlassen, innerhalb der ihnen zustehenden, rechtlichen Möglichkeiten wenigstens den schlimmsten Übelständen Einhalt zu gebieten oder ihnen vorzubeugen. Dazu dürfen sich sowohl die aktiv wie passiv davon Betroffenen beglückwünschen; denn dadurch bleibt ihnen die anders immerhin nie ganz zu vermeidende, peinliche, sensationelle öffentliche Anprangerung erspart und, was wichtiger ist: den Opfern wird auf dem denkbar einfachsten, kürzesten, natürlichsten Weg geholfen. Wenn nicht, bleibt ja die Flucht in die

Öffentlichkeit, sei es durch die Presse oder das Gericht, immer noch unbenommen.

Daraus lassen sich nun einige praktische Lehren ableiten, die bei der endverbindlichen Programmsetzung der Vereinigung zu berücksichtigen sein werden:

1. die, daß die Vereinigung als solche ebenso gerechtfertigt als notwendig ist; nicht bloß um bereits eingetretene Schäden auf gütlichem Weg zu heilen, sondern sie auch vorbeugend, im Einverständnis mit den zuständigen Behörden, zu verhüten;

2. daß sie mit allen Mitteln um die Aktivlegitimation zur Akteneinsicht und zur Hilfe ringen muß;

3. daß – der vorgedachte Fall beweist es – mit dem Entzug der elterlichen Gewalt und den Massenamtsvormundschaften immer noch Mißbrauch getrieben wird. Ferner, daß viele Eltern sehr wohl ihre Kinder selbst zu erziehen und zu betreuen vermöchten, gewährte man ihnen die Zuschüsse aus öffentlicher Hand, die man andernfalls nachher doch, in der Form von Kostgeldern, an Pflegeeltern oder Anstalten auszurichten genötigt ist;

4. daß damit dem Mangel an geeigneten, zuverlässigen Pflegeplätzen teilweise, und zwar in weiterem Maße als gewöhnlich angenommen wird, gesteuert werden könnte;

5. daß es einfach zweckwidrig ist, das Anstalts- und Pflegekinderwesen ohne Berücksichtigung der lokalen und regionalen Verhältnisse und Gegebenheiten zu schematisieren. Stadt und Land, Industrie- und Agrargebiete weisen dermaßen verschiedene Lebensbedingungen auf, daß ihre Berücksichtigung unbedingt geboten ist. Wer aber vermöchte jene besser zu erkennen und ihnen Rechnung zu tragen als eben lokale und regionale, der Gesamtvereinigung angeschlossene Schutzverbände?

Aber unabhängig davon drängt sich für diese die Aufgabe auf, selber, von sich aus, für vermehrte, bessere Pflegeplätze besorgt zu sein. Ferner, den betreffenden Pflegeeltern mit Rat und Tat beizustehen, sie in ihren Aufgaben weitmöglich zu beraten und zu unterstützen.

Das ist bis anhin nicht oder doch nur ausnahmsweise und allzu häufig dermaßen ungeschickt geschehen, daß sich viele bewährte, tüchtige Pflegeeltern weigern, fernerhin Pflegekinder zu betreuen.

Sie werden gelegentlich, wie übrigens auch Familien mit Kindern, sei es von Vormundschafts-, von Fürsorge- oder von Polizeiorganen, in der denkbar unzweckmäßigsten, schikanösesten, weil verständnislosesten Weise überwacht und geplagt, bis ihre aufrichtige Hilfsbereitschaft dermaßen gelähmt ist, daß sie sich ihrer lieber ein für allemal endverbindlich entschlagen.

Das rührt daher, daß die erwähnten amtlichen Organe paragraphenmäßig gebunden, oft auch unmenschlich vernunftwidrig, ohne irgendwelches psychologisches Einfühlungsvermögen, gerade dann und dort tolpatschig in einer Weise eingreifen, die allzu deutlich erkennen läßt, wie sehr sie ihre Befugnis lediglich aus den Akten, ihrer Verfügungsgewalt, statt aus den Gegebenheiten des pulsenden Lebens, mitunter empörend taktlos und zweckwidrig ableiten.

Es liegt demnach im wohlverstandenen Vorteil auch der zuständigen Behörden selbst, der genannten Vereinigung mit ihren lokalen und regionalen Schutzverbänden weitgehende Aktivlegitimationen einzuräumen, die die Verantwortlichkeit entlasten, namentlich aber verhindern würden, stets neue Fälle vor das öffentliche Forum der Gerichte und der Presse ziehen zu müssen.

Diesen Ausweg haben wir von jeher, und zwar offen gestanden allzu lange, als ultima ratio betrachtet! Grundsätzlich weichen wir auch heute nicht davon ab; wohl aber geht unser Bestreben dahin, die Fälle, in welchen er sich schließlich als unumgänglich erweist, nach Möglichkeit zu vermindern.

Die rein menschliche Fühlung zwischen Pflegekindern, Pflegeeltern, Anstalten und Behörden muß mit allen Mitteln verstärkt und erweitert werden. Dazu eignet sich niemand besser als eben die Vereinigung zum Schutze der Pflegekinder, mit ihren womöglich allerorten ins Leben zu rufenden lokalen und regionalen Schutzverbänden.

Es erschließen sich da bisher ungeahnte Möglichkeiten, die zu verfolgen einfach Pflicht ist, weil sie, einmal verwirklicht, dazu berufen sein werden, auf dem denkbar geradesten, natürlichsten Weg dem Jugend- und anderem Elend vorbeugend zu steuern.

Freilich wird, wie bei jeder Neuerung, ihre Durchführung auf einige, durchaus ernst zu nehmende Schwierigkeiten stoßen. Sie sind jedoch nicht schwerer zu bewältigen als seinerzeit diejenigen, welche sich sowohl in den Kantonen wie im schweizerischen Strafrecht der Einführung des Jugendrechtes entgegenstellten. Namentlich wird es darum gehen, besondere Privat- und Prestigeinteressen zu überwinden. Aber gerade da wird sich die Vereinigung in der bevorzugten Lage befinden, diesen ohne weiteres so wesentliche, allgemein sinnfällige Vorteile entgegenzustellen, daß zuversichtlich gehofft werden darf, sie werde den Hindernissen in schon verhältnismäßig kurzer Frist Herr werden.

XI. Rückblick und Ausblick

Seit dem schlimmen Handel der Erziehungsanstalt von Sonnenberg bei Kriens im Jahre 1944 haben sich die zur öffentlichen Kenntnis und die zum Teil zu gerichtlichem Abschluß gelangten Fälle von Mißhandlungen, Verwahrlosungen, widerrechtlichen Ausbeutungen von Kindern und Jugendlichen in sozusagen ununterbrochener Folge abgelöst. Nicht bloß in Anstalten und Pflegeplätzen untergebrachte Kinder wurden betroffen, sondern es gab und gibt leider auch Fälle genug, wo unertüchtigte, lasterhafte oder entartete Eltern ihrem eigenen Nachwuchs ein Los bereiten, das sich um keines Haares Breite erträglicher erweist als das der anderen, vorberührten jugendlichen Märtyrer.

Da diese empörenden Vorkommnisse sozusagen ausnahmslos auch in diesem Blatt erwähnt und zum Teil kommentiert wurden, erübrigt es sich, heute darauf zurückzugreifen. Um so mehr als wir möglicherweise demnächst in einem andern Zusammenhang ihrer doch noch gedenken müssen. Immerhin mag festgestellt werden, daß die Zahl der erschütternden Fälle unmenschlicher Behandlung von Kindern und Jugendlichen seit langen Jahrzehnten – und zwar bis auf den heutigen Tag – ziemlich konstant, ob auch der Öffentlichkeit nur ausnahmsweise bekannt geworden ist. Wir haben sogar berechtigten Anlaß zu befürchten, sie hätten in letzter Zeit eher zugenommen, barlaufend und im Kausalzusammenhang mit der allerorten feststellbaren fortschreitenden Ehe- und Familienzerrüttung.

Die vorberührten Fälle waren jedoch samt und sonders so schwer, zeitlich dermaßen kumuliert und wirkten so sensationell, daß die öffentliche Meinung tief und nachhaltig davon betroffen wurde. Wir haben jedoch seit langen Jahrzehnten schon zu viele derartige Entrüstungskrisen erlebt, um daraus allzu optimistische Erwartungen abzuleiten. Mögen fehlbare Anstaltsleute, Pflegeeltern, Verwaltungs-, Aufsichts- oder Gerichtsbehörden noch so scharf angegriffen, noch so rücksichtslos angeprangert werden, mögen Scham und Zorn noch so viele Wangen vorübergehend röten – geändert und gebessert wird darum an den bedauerlichen Zuständen noch lange nichts. Das wäre auch zuviel verlangt, denn was vermögen einzelne noch so wohlgesinnte, noch so entrüstete Bürger auszurichten, die mit unseren mangelhaften Institutionen unvertraut, lediglich auf bloßes Abreagieren ihrer meinetwegen noch so ehrlich leidenschaftlichen Entrüstung angewiesen bleiben? Sie stehen davor wie etwa wohlmeinende, vielleicht auch opfer- und hilfswillige Buchbinder- oder Schneidergesellen gegenüber einem drohenden Brückeneinsturz. Um wirklich helfen zu können, muß man zunächst einmal wissen wie! Es ist aber dem Außenstehenden gar nicht so leicht gemacht, sich dieses Wissen zu erwerben.

Daher lag es nahe, anläßlich der nun seit einigen Jahren stets wieder neu entfachten Entrüstungskrise, diese zum Ausgangspunkt praktischer Mitarbeit weiter Volkskreise, zur Besserung und Reform unserer Armenerziehungszustände zu benutzen. Schon im Herbst 1944 fanden sich daher einige fachkundige Jugendfreunde zusammen, um zu beraten, was nun endlich praktisch Verwendbares aus den traurigen Vorfällen abzuleiten wäre. Man wurde bald darüber einig, vor allem tue eine gründliche, ausdauernde, unpolemische Aufklärungsarbeit durch die Presse not. Die Frage war bloß, ob sich diese dazu hergeben würde. Fühler wurden ausgestreckt, Verhandlungen gepflogen, worauf es sich herausstellte, daß wenigstens die meistgelesenen, meistverbreiteten Presseorgane der deutschsprachigen Schweiz sich den ihnen unterbreiteten Anregungen durchaus zugänglich erwiesen. Sie haben auch seither nie vollständig aufgehört, sich in den Dienst der Sache zu stellen, und es wäre unbillig zu verschweigen, daß sie dadurch immerhin einige wertvolle Teilerfolge erzielten.

Im gesamten aber erwies sich der Versuch, so vielversprechend er sich auch angelassen hatte, praktisch als fraglos unzulänglich. Der ursprüngliche Leitgedanke, eine eigentliche Aufklärungs- und Benachrichtigungsagentur über unser Erziehungswesen zu schaffen, die sich in ihren Mitteilungen ganz besonders auch den örtlichen und regionalen Bedürfnissen der in unserem Lande so wichtigen Land- und Kleinstadtpresse aller drei Sprachgebiete angepaßt und ihnen genügt haben würde, konnte nicht verwirklicht werden. Obwohl sich hervorragende, fachzuständige Leute sowohl der deutschsprachigen wie der welschen Schweiz auf den ersten Anhieb, zum Teil begeistert, für das Projekt ausgesprochen und ihre Mitarbeit zugesichert hatten, blieb es im Stadium eines erst noch zu verwirklichenden, frommen Wunschtraumes stecken.

Daran trugen zum Teil die damaligen, jede Dauertätigkeit störenden, stets wiederholten Militäraufgebote, die unsichere

Stellung der unter die Zensur gestellten Presse, vor allem aber der Umstand Schuld, daß es erstens an Mitteln, zum andern an einer zielbewußten, initiativen Hand gebrach, sich welche zu beschaffen. Das nun obwohl von verschiedenen glaubwürdigen Seiten versichert wurde, es dürfte die Geldbeschaffung auf keine unüberwindlichen Hindernisse stoßen. Die stete Anteilnahme der Presse, ihre zum Teil außerordentlich leidenschaftliche Erörterung der seither bekannt gewordenen Pflegekinderskandale, die es, wie wir später noch sehen werden, durchaus nicht bei bloß negativer Kritik bewenden ließ, sondern zum Teil äußerst erwägenswerte Vorschläge einbrachte, drängt uns zu der Überzeugung, es sollte die Anregung vom Herbst 1944 wieder aufgenommen und planmäßig ausgebaut werden.

Wir verfügen in der Schweiz über eine vielseitige und – man darf ihr dieses Zeugnis nicht versagen – wertvolle, gediegene Erziehungsfachpresse. Allein sie erreicht bloß eben die ohnehin schon weitgehend unterrichteten Fach- und Verbandsleute. Die Art ihrer Darbietung ist zu wenig gemeinverständlich, um unmittelbar von der Tagespresse, den Wochenblättern, den zahlreichen Volkszeitschriften übernommen zu werden. Eine sichtende redaktionelle Vorarbeit, die, soll sie sich fruchtbar auswirken, sich jedem Blatt und jeder Leserschaft nach ganz bestimmten, grundsätzlichen Richtlinien anzupassen versteht, ist dazu einfach unentbehrlich. Es müßten sich da die großen Erziehungsverbände, die einzelnen Jugendfreunde, die Erziehungswissenschaftler, die Behörden und die Jugendrechtskundigen die Hand zu gemeinsamer, sich gegenseitig ergänzender Arbeit reichen. Denn mit bloßer, wie ein Brillantfeuerwerk verrauchender Entrüstungsliteratur ist es da erfahrungsgemäß nun einmal nicht getan, so notgeboten sie sich gelegentlich, wenn alle Stricke reißen, auch erweisen mag.

Freilich, auch wenn, wie wir hoffen, der vorumrissene Plan verwirklicht werden sollte, dürfte man sich zunächst keinen allzu rosigen, besonders aber keinen kurzfristig erfüllbaren Erfolgshoffnungen hingeben. Es würde sich da um ein Erziehungswerk am lesenden Volk vielmehr als um bloße, leidenschaftliche Explosionen guten Willens und opferwilliger Hilfsbereitschaft handeln. Diese, die Explosionen nämlich, wie wir sie nun mehrfach in der Presse erlebt haben, müssen und dürfen bloß als ultima ratio verwendet werden, anders sie eher abstumpfend als dauernd anspornend oder befruchtend wirken.

Es handelt sich also um den organisch-rationellen Aufbau eines sozialpädagogischen, ständigen Pressedienstes, dessen verantwortungsbewußte Leitung nur ein Ziel zu erstreben hat, nämlich das Jugendelend in jeder Form und Gestalt, in Verbindung mit unseren Behörden, unseren Erziehungs- und Ertüchtigungsverbänden sowie allen Zuständigen und irgendwie an diesen Fragen Beteiligten zu beheben, oder es zum mindesten weitmöglich zu mildern. Das kann jedoch nur erreicht werden, wenn sich des so wünschbaren, notwendigen Pressedienstes Tätigkeit allmählich zum erzieherischen Gewissensrat und geistigen Leiter des breiten Volkes zu erheben und sich als solcher zu behaupten vermag.

XII. Rückblick und Ausblick: Die Schutzverbände

Von den in den Jahren 1944 und 1945 ununterbrochen zur öffentlichen Kenntnis und zu gerichtlicher Erledigung gelangten Fällen von Kinder- oder Pfleglingsverwahrlosungen und -mißhandlungen, wovon eine unter ganz besonders empörenden Umständen stattgefunden hatte, da sie den jammervollen Tod des fünfjährigen Päuli Zürcher zeitigte, ereignete sich deren überwiegende Zahl im Kanton Bern.

Daraus zog die Öffentlichkeit den naheliegenden Schluß, es habe sich seit dem Erscheinen von *Käthi die Großmutter* und dem *Bauernspiegel* von Jeremias Gotthelf wenig oder nichts zum Besseren gewandt. Dabei übersah man, daß der Kanton Bern von allen eidgenössischen Ständen die größte Bevölkerungszahl, das zweitgrößte Gebiet aufweist, daß er in der Hauptsache ein Agrarkanton ist und daß sich, prozentual zur Bevölkerung, an Kindern und Jugendlichen begangene Delikte so ziemlich gleichmäßig über das ganze Land verteilen, wenn auch in gelegentlich ziemlich verschiedenen Erscheinungsformen. Ferner, daß es Sache des reinen Zufalls war, wenn in jenen Jahren gerade die vorberührten Fälle öffentlich bekannt, leidenschaftlich erörtert und schließlich von ordentlichen Strafgerichten behandelt wurden. Weitaus die meisten ebenso schlimmen Verirrungen und Verbrechen entziehen sich nachweisbar der öffentlichen Kenntnis wie der rechtlichen Ahndung, sogar häufig auch dann und dort, wo sie den zuständigen Behörden bekannt sein müßten oder bekannt sind. Gerade in den vorbedachten Fällen wurde, wie allgemein üblich, aus Unfehlbarkeitsdünkel, Schlendrian, Schuldbewußtsein wie aus Prestigegründen wiederholt versucht, sie entweder zu bagatellisieren, wenn nicht überhaupt zu leugnen. Es war das Verdienst einiger unerschrockener Journalisten, daß dieses Vorhaben nicht vollkommen gelang, da es ja leider bei uns jeweilen der rücksichtslosen, öffentlichen Anprangerung längst bekannter Mißstände bedarf, um endlich nach vielen Gegenverdächtigungen, Ausreden und Wahrheitsentstellungen deren meistens ordentlich lendenlahme Behebung zu erwirken.

In den vorerwähnten Fällen nun verfing das herkömmliche Vertuschungs- und das rein roßtäuscherisch-administrative, praktisch ergebnislose Untersuchungskommissionsverfahren nicht. Der Verlauf der Gerichtsverhandlungen erwies übrigens nur allzu deutlich, wie wenig damit auszurichten ist, so daß der Unwille und die Beschämung des Volkes anstiegen und es endlich einmal etwas nachhaltig Tapferes dringlich forderte.

Erfahrenen Einsichtigen, Kennern des Volkes, seiner Verhältnisse, unserer Institutionen und behördlichen Gepflogenheiten war jedoch zum voraus unzweideutig klar, wie wirkungslos auch hier die Empörungswellen verebben würden, solange sich nicht die breiten Schichten der Bevölkerung nachhaltig und ausdauernd gegen die wieder einmal zutage getretenen Verbrechen an Kindern und Jugendlichen, aber auch an erwachsenen Pfleglingen und Häftlingen zur Wehr setzten. Es fanden sich daher sozusagen unvermittelt eine Anzahl Jugendfreunde zusammen, zu beraten, ob und auf welche Weise dem Verdingkinderelend gesteuert werden könne. Schon aus den allerersten Unterredungen ergab sich, daß hier nicht bloß Institutionen versagt hatten, sondern daß auch die großen Verbände, die zum Wohl und zur Ertüchtigung der Jugend gegründet wurden, schlechthin außerstande sind, bessere Dauerzustände auch nur anzubahnen.

Man verfiel dann auf den Gedanken, eine sich über das ganze Land erstreckende Vereinigung zum Schutze der Pflegekinder und anderer Schutzbedürftiger ins Leben zu rufen. Ein erster Aufruf erschien im April 1946. Jedermann wurde aufgefordert, sich der Bewegung anzuschließen, deren Zweck zunächst darin gipfeln sollte, über alle irgendwie feststellbaren Fälle unmenschlichen Verhaltens gegenüber Wehrlosen zu berichten, um sie in der Folge, wenn tunlich Hand in Hand mit den Behörden, zu befriedigendem Abschluß zu bringen. Sechs Wochen später mußte man jedoch feststellen, daß der Aufruf bloß ungefähr 2000 Bereitschaftserklärungen gezeitigt habe. Eine erneute, dringliche Einladung ergab dann bis Ende November 1946 einen weiteren Zuwachs von rund 3000 bis 4000 Hilfsbereiten. Dabei scheint es geblieben zu sein, und es muß bedauernd festgestellt werden, daß damit die ganze Angelegenheit für die breiten Massen wieder einmal vertagt, wenn nicht endgültig verabschiedet ward.

Warum? Weil die Leitung der geplanten Bewegung ihren ursprünglichen Initianten aus der Hand gespielt und der großen Vereinigung Pro Juventute übertragen worden war. Gerade damit ist aber die eigentlich ersehnte, in die Wege zu leitende Volksbewegung gelähmt worden. Man sagte sich männiglich, da sich nun jene Großvereinigung der Sache bemächtigt habe, werde sie wohl in guten Händen ruhen, und wandte sich vertrau-

ensvoll befriedigt davon ab. Oder auch unbefriedigt, im bedau-
ernden Bewußtsein, es habe die Vereinigung Pro Juventute, die
ein hervorragender westschweizerischer Pädagoge als «tentacu-
laire» bezeichnete, die ganze Pflegekinderangelegenheit ihrem
Großbetrieb eingegliedert, der sich nun, sicherlich mit den besten Absichten und in besten Treuen, gegen Anregungen oder
gar gegen Vorstellungen aus Initianten- oder gar aus gemeinen
Volkskreisen verwahren würde.

Diese Befürchtung war nicht unbegründet, weil ein zentral
geleiteter Großverband als solcher einmal nie weder eigentlich
volkstümlich werden noch das Vertrauen der Bürger aller Kon-
fessions- und Sprachgebiete zu erwerben vermag. Zum andern,
weil es ihm gerade vermöge seiner Betriebsgestaltung versagt ist,
anders als in Sonderfällen, nämlich grundsätzlich auf der ganzen
Kampflinie, von den institutionellen Schäden überhaupt benachrichtigt, und wenn benachrichtigt, ihnen nach Maßgabe des
örtlichen und regionalen Bedarfes, in genauer Kenntnis der Verhältnisse, Überlieferungen, Legislationen und Behörden, mit allem erforderlichen Nachdruck, allen zweckdienlichen Mitteln zu
begegnen.

Die ursprünglichen, wirklich volksverbundenen Initianten hatten etwas anderes angestrebt! Nämlich örtliche oder regionale,
auf freiwilligen Dienstleistungen beruhende Schutzverbände,
aus welchen dann freilich mit der Zeit eine große idealistische
Dachorganisation wohl hätte herauswachsen können und müssen, doch erst, nachdem jene einige Übung erworben, praktische
Erfahrungen gesammelt haben würden.

Für diese Auffassung sprach ganz ungesucht, aber überzeugend ein durchaus beweiskräftiges Experiment. Es hatte sich in
einer bekannten bernischen Industrieortschaft eine derartige
Schutzvereinigung gegliedert und sich von den ursprünglichen
Initianten beraten lassen. Es gelang ihr in der merkwürdig kurzen Zeit weniger Wochen nicht bloß, und zwar freundschaftlich
oder zum mindesten verständnisvoll, unter Mitarbeit mit den

344

Gemeindebehörden zwei oder drei Fälle zu erfreulichem Abschluß zu bringen, sondern auch zu erreichen, daß ihrer Wiederholung wenigstens teilweise, nämlich institutionell, vorgebeugt werden konnte.

Es kann hier nicht ausführlich dargelegt werden, daß und warum wenigstens noch auf die paar nächsten Jahrzehnte hinaus der Plan der ursprünglichen Initianten der Bewegung für Pflegekinderschutz, mit weitgehender Eigenverantwortung belastete, aber auch zur Bewältigung ihrer örtlichen oder regionalen Aufgaben wohl ausgerüstete Kleinverbände unentbehrlich sind. Nur solche können jeweilen, und zwar vornehmlich auch vorbeugend, gerade dort einspringen, wo just Not am Manne ist. Sie haben weitaus am meisten Aussicht, schließlich eine grundsätzliche, allseitige Behebung nicht bloß der Jugendnöte in bereits fortgeschrittenen Einzelfällen anzubahnen, sondern ihnen in ihren institutionellen, administrativen, legislatorischen und menschlichen Bedingtheiten beizukommen.

Wir sind der festen Überzeugung, es sollte der Vorschlag jener ursprünglichen Initianten neuerdings aufgenommen, ernstlich geprüft, erörtert und weitmöglich verwirklicht werden, anders wir schwerlich vom Fleck kommen. Schon darum nicht, weil sich die sicherlich wohltätigen, jugendfreundlichen Großverbände – und es sind ihrer viele – gegenseitig oft nicht zu finden vermögen und darum dazu verurteilt bleiben, über das nachweisbar tiefe, hilfsbereite Volksempfinden hinweg vermassend, monopolisierend, mitunter auch zu wenig vorurteilslos und zu volksfremd, oft rein administrativ, bürokratisch zu arbeiten, über allerhand Organisches ex cathedra zu verfügen, das ihnen schlechterdings weder wahrnehmbar noch sinnenfällig zu werden vermag. Aber auch wenn dem anders wäre, so könnten und dürften sie sich nie restlos der freilich oft naiv-handgreiflichen, aber im Volksgewissen immerhin noch tief verwurzelten, daher wirksamen Kräfte und Mittel bedienen, deren es hier bedarf.

Bloß ein Beweis dafür unter mehreren, die leicht zu erbringen wären: In keinem einzigen der schweren Fälle, die in den letzten Jahren strafgerichtlich erfaßt wurden, geschah dies auf die Anregung der Großverbände hin, so Wertvolles, Tüchtiges sie sonst geleistet haben und anerkennenswerterweise fortwährend leisten.

Aber um soziale Übel an der Wurzel zu fassen, dazu reichen auch die vereinten Kräfte aller Großverbände solange nicht hin, als sie nicht freudig vom Volk verstanden und unterstützt werden. Wo aber solches nicht der Fall ist, wird sich das Volk, hat einmal seine Stunde geschlagen, schon selber zu helfen wissen. Man sollte es jedoch – so raten Erfahrung und Klugheit – nicht so weit kommen lassen!

XIII. Rückblick und Ausblick: Die Gesetzgebung

Eines der größten, weil gesellschafts- und lebenswidrigsten Übel unseres Landes besteht in seiner kasuistischen Legislationswut, deren Nachteile und Schäden sich besonders auch auf den Gebieten der Erziehung, der Ertüchtigung und der Schulung unseres Nachwuchses nachgerade verheerend auswirken. Diese kasuistische Legislationsseuche ist besonders in der deutschsprechenden Schweiz so tief verwurzelt, daß der launige Ausspruch eines Franzosen nachgerade unabweisbare Wirklichkeitsbedeutung errungen hat: «In der Schweiz ist alles verboten, und was nicht verboten ist, ist obligatorisch!»

Statt gesetzgeberisch großzügig grundsätzlich vorzugehen, die praktische Anwendung elementarer Rechtsnormen aber weitmöglich dem gesunden Menschenverstand, der Vernunft, dem Billigkeitsgefühl sowohl der Behörden als der Beamten und des Volkes anheimzustellen, werden wir von zahllosen Gesetzen, Dekreten, Verordnungen, Erlassen, Verfügungen, Reglementen, Weisungen, Geboten und Verboten heimgesucht, deren bloße

Kenntnisnahme allein über das Bewältigungsvermögen aller tätig oder leidend Beteiligten weit hinausreicht.

Bund, Kantone, Gemeinden, Direktionen, Departemente, subalterne Amtsstellen wetteifern in der Mehrung blutleerer, wirklichkeitsentrückter, sich häufig widersprechender Formalrechte, deren vornehmster Zweck darin besteht, die Verantwortlichkeit der Behörden zu vermindern oder sie überhaupt auszuschalten. Dadurch wird das eigenpersönliche Pflichtbewußtsein aller weitgehend aufgehoben, jedenfalls aber dermaßen verwirrt, daß in Wirklichkeit auch die widersinnigsten, unmenschlichsten, empörendsten Verstöße gegen Vernunft und Menschlichkeit möglich werden und ungeahndet bleiben. In sogenannten Skandalfällen, die freundeidgenössisches Aufsehen, entrüstete Mißbilligung der breiten Öffentlichkeit erregen, rückt man ihnen mit neuen amtlichen, rechtlich allgemeinverbindlichen Erlassen zu Leibe, womit die Konfusion vermehrt, die zu Tage getretenen Mißstände aber um keinen Deut vermindert oder gar behoben werden.

Diese rein formalrechtlichen Palliativmittel tragen lediglich dazu bei, den ohnehin schon allzu weit gediehenen Rechtszerfall je länger desto mehr zu fördern und die Geschäfte dem subjektiven Ermessen der Behörden und ihrem Beamtenstab, also der baren Willkür auszuliefern. Der Mensch mit seinem Fühlen und Denken wird zugunsten amorpher Massenbetriebe abgedankt. An seine Stelle treten papierene Akten, lebenswürgende Paragraphen, das Abfertigungs- und Erledigungsbedürfnis der Behörden und ihrer Beamtenschaft.

Es kann aber kein Gesetz, keine Verordnung alle denkbaren, aber stets möglichen unliebsamen Vorfälle voraussehen, um ihnen prophylaktisch zu begegnen. Es verhält sich vielmehr so, daß jedes Gesetz schon im Augenblick seines Inkrafttretens, weil vom Leben bereits überholt, eigentlich revisions- und ergänzungsbedürftig ist, bevor es auch nur zur Kenntnis, geschweige denn zum Verständnis und zum Rechtsbewußtsein aller davon Betroffenen gelangt. Da jedoch die praktische, wenn auch durchaus unbillige Rechtsfiktion statuiert, die Unkenntnis der Gesetze schütze nicht vor deren Folgen, wäre es um so dringlicher geboten, so wenig und so gemeinverständlich als nur immer möglich zu legiferieren.

Das alles hindert nun aber nicht, daß sowohl das Volk wie seine Behörden samt ihrem Beamtenstab an die einmal promulgierten Gesetze gebunden sind, so daß jede Abweichung davon, wäre sie verstandesgemäß oder menschlich noch so gerechtfertigt oder geboten, an sich und als solche ahndungsfähig ist.

Rein formaljuristisch sind daher sogar die schwersten Vergehen und Verbrechen, die jeden sittlich geradegewachsenen Menschen empören, wenn auch nicht gerechtfertigt, so doch zum mindesten entschuldbar. Wir sind der Notwendigkeit enthoben, an dieser Stelle neuerdings den Beweis dieser Feststellung zu erbringen: das haben die Ereignisse der letzten paar Jahre wiederholt und so unwiderlegbar besorgt, daß sich jeder weitere Kommentar darüber erübrigt.

Erschwerend fällt dabei in Betracht, daß unvermeidlicherweise die unübersehbaren Vorschriften häufig im Widerspruch zueinander stehen, daß sich für jeden Einzelfall Interpretationsmöglichkeiten aufdrängen, die, von der formaljuristischen Praxis aufgegriffen und angewandt, nicht bloß jegliche Ruchlosigkeit zulassen oder entschuldigen, sondern, was noch schlimmer ist, die menschliche Gesellschaft und Gemeinschaft dermaßen verblödend automatisieren, daß der allgemeinen Rechtsverdämmerung Tür und Tor erschlossen, dagegen jegliches eigenpersönliche Gewissen, jegliche praktisch bessere Einsicht vermittelst Paragraphen einfach erdrosselt wird.

So oft nun infolgedessen der Karren unserer kasuistischen Legislation heillos verfahren ist und die Verhältnisse nach dringlicher Remedur schreien, wird zunächst die Heftpflästerchen-Therapeutik neuer Erlasse und Verordnungen zur Vermehrung der allgemeinen Konfusion angewandt. Gleichzeitig aber auch wird die Hilfe und die Opferwilligkeit des Volkes angerufen.

Glücklicherweise ist diese jederzeit vorhanden. Sie begehrt bloß, sich praktisch und wirksam zu betätigen. Allein die dschungelhafte Legislation würgt auch die wohlgemeintesten, unaufschiebbarsten Reformbestrebungen im Keime ab, indem sie sie entweder bürokratisiert oder sie, was auf dasselbe hinauskommt, in eine Zwangsjacke einschnürt, die ihre anders möglichen Wohltaten und Fortschritte von vornherein vereitelt.

Worauf sich das Volk, enttäuscht und verärgert, davon abwendet und sich damit zufriedengibt, insofern es überhaupt noch irgendwelchen guten Willen aufbringt, diesen vermittelst einer Einzahlung auf das Postcheckkonto irgendeiner gemeinnützigen Gesellschaft zu bekunden. In allem übrigen aber läßt es den lieben Gott einen guten Mann sein und schreitet über die SOS-Rufe zur Tagesordnung, wenn es sich nicht über «die ewige Bettelei» in nicht durchaus unberechtigter Weise beschwert, sich mißmutig ein für allemal davon abwendet, weil ja doch nichts Vernünftiges, wirklich Greifbares und Nützliches dabei herausschaue.

An diesen nun einmal traditionell und institutionell gewordenen Gegebenheiten ist im wesentlichen das Pflegekinder- und Jugendelend, wohl noch auf lange Zeit hinaus, verankert. Die vielseitige, mannigfaltige Legislation und Reglementiererei trägt täglich anschwellend dazu bei, das Volk zu mechanisieren, zu automatisieren, zu entmenschlichen und zu entseelen! Verdammungswürdige Skandale rufen freilich zunächst der unmittelbaren Entrüstung weiter Kreise der Öffentlichkeit, die jedoch in merkwürdig kurzer Zeit in Gleichgültigkeit, schließlich in passive oder aktive Ablehnung auch der hochherzigsten Bestrebungen umschlägt.

Vermehrt und verschärft wird dieses Übel erst noch dadurch, daß sich die so zahlreichen Vereinigungen, Verbände und Gesellschaften für Kinderschutz und Jugendertüchtigung den verdammenswürdigen Methoden der offiziellen, monopolistischen Kasuistik auf die Dauer nicht zu entziehen vermögen, sondern sie erst noch unterstützen und ihrerseits fördern. Auch sie erliegen der alles nivellierenden Systematik der Dampfstraßenwalze, die jegliche Eigenpersönlichkeit als betriebsgefährdend, jegliche spontane Initiative von außen als eigentlich unbefugt, unzulässig und befehdungswürdig nicht bloß betrachtet, sondern auch behandelt.

Ein einziges Beispiel aus der jüngsten Vergangenheit mag genügen, diese Feststellung zu erhärten: Als nach den neulich an dieser Stelle erwähnten schweren Fällen von Kinderverwahrlosung und -mißhandlung wieder einmal die Entrüstung des Volkes herausgefordert worden war, haben sich, wie gemeldet, unverzüglich Leute zusammengefunden, einen wirksamen Damm gegen deren Wiederholung zu errichten. Sie strebten aktive, örtliche und regionale Schutzverbände für Pflegekinder und andere Schutzbedürftige an, und zwar nachweisbar keineswegs ohne Aussicht auf Erfolg. Es wurde hier bereits berichtet, daß und wie diese Bestrebung abgedrosselt ward, indem sich die Vereinigung Pro Juventute ihrer bemächtigte. Pro Juventute hat wohl auch schon früher nicht versäumt, in Einzelfällen helfend und Ordnung schaffend einzugreifen. Dafür weiß ihr sicherlich jeder Jugendfreund ungeschmälerten, aufrichtigen Dank! Allein die 5000 bis 6000 freiwillig Hilfsbereiten erwarteten noch etwas anderes, Besseres, Wirksameres von ihr. Nämlich, da sie sich schon die Führerschaft der Bewegung gesichert hatte, ersehnte man allgemeine praktische Anweisungen und Richtlinien im ganzen Volk, um für den Schutz der Pflegekinder und Hilfsbedürftigen zu werben und etwas Greifbares zu verwirklichen.

Statt dessen wurde ihnen im Januar 1947 eine Druckschrift zugestellt, die acht an sich durchaus bemerkenswerte, zeitgemäße Abhandlungen über die obschwebenden Fragen enthielt, welche jeder sozialpädagogischen Zeitschrift zur Ehre gereicht haben würden.

Bloß das, was am dringlichsten erwartet und von den Anregern der Gründung von Schutzverbänden am meisten benötigt ward, nämlich brauchbare Anweisungen zu praktischer, unverzüglicher Betätigung in ihrem möglichen persönlichen Wirkungsbereich, war darin nicht zu finden. Dagegen lag der Sendung natürlich wieder einmal ein grüner Einzahlungsschein bei zur Deckung der Druckkosten besagten Manifestes...

Was Wunder, daß er von vielen enttäuschten, entmutigten Empfängern unberücksichtigt blieb, die etwas anderes, Konsistenteres als eine Vermehrung noch so ansprechender sozialpädagogischer Literatur erhofft und erwartet hatten? Sie vermochten keine dringliche Notwendigkeit einzusehen, jene finanziell fördernd zu unterstützen, und wandten sich stillschweigend davon ab. Womit wieder einmal wirklich hilfsbereite Leute der werktätigen Mitarbeit von der Bekämpfung und Überwindung des Jugendelendes entfremdet wurden, lediglich, weil sie dem traditionellen Prokrustesbett uneinfügbar waren.

XIV. Rückblick und Ausblick:
Die administrative Betriebsamkeit

Unsere kasuistische Legislation, die zwangsläufig Rechtsverwirrung, Rechtsunsicherheit, schließlich aber unheilbaren Rechtszerfall fördert, bildet den fruchtbarsten Nährboden bloß administrativer Betriebsamkeit, die allzu leicht in bürokratische Willkür ausartet. Diese nun wird getragen und verschärft von der Verantwortungs- und Ahndungslosigkeit vieler ihrer Organe. Nichts verpflichtet sie nämlich zum Verständnis rein menschlicher und sozialer Belange. Es genügt, die vorgeschriebenen Bürostunden betriebsmäßig gewissenhaft, rechtschaffen mechanisch abzusitzen, die vorliegenden Aufgaben auf dem Wege der Mindestanstrengung zu erledigen und darauf Bedacht zu nehmen, daß einem nichts Ahndungsfähiges unterläuft.

Zwar sind die Kompetenzen jedes einzelnen mehr oder weniger genau umschrieben, in den untersten Instanzen jedoch regelmäßig dermaßen beschränkt, daß der Beamte, auch wenn er an sich ein rechtschaffener, pflichtbewußter Mensch ist – und es gibt deren glücklicherweise recht viele –, sich schließlich darauf verwiesen sieht, die ihm obliegende Arbeit gedanken- und empfindungslos zu bewältigen. Dabei ist er, schon um seiner Selbsterhaltung willen, darauf angewiesen, die Verantwortung für jede seiner Amtshandlungen von sich, womöglich auf die nächstfolgende höhere Instanz abzuwälzen. Das soll keineswegs als Vorwurf gegen pflichtgetreue Beamte, sondern als reine Feststellung aufgefaßt werden. Auch der edelste, verständnisinnigste, pflichteifrigste Menschenfreund wird als Administrativbeamter über kurz oder lang vor die Wahl gestellt, sich entweder den überlieferten Betriebsanforderungen zu unterwerfen oder seine Stelle aufzugeben.

Daraus ergibt sich aber ein ungemein kostspieliger, dem Außenstehenden unverständlicher, weil unerhört verschlungener, komplizierter Geschäftsgang, der sich sowohl fiskalisch wie gesellschaftlich verheerend auswirkt. Die rasche, oft einzig zweckmäßige Erledigung eines Handels wird dadurch, zum unwiederbringlichen Nachteil der zunächst Betroffenen vor allem, dann aber auch zum Dauerschaden der Allgemeinheit, verunmöglicht. Es sind Fälle bekannt, die, obwohl dringliche Erledigung heischend, gleichzeitig bei vier, fünf oder noch mehr Instanzen hängig waren. Bis die Akten ihren zwangsbedingten Gang durchlaufen und sich die Amtsstellen endlich geeinigt hatten, waren die Fälle meist zum unheilbaren Leidwesen der Betroffenen in der Regel vom Leben überholt.

Ein solches System nun schließt sowohl eigentliche, unbeirrbare Gesetzestreue als auch die erwartete Wohltat behördlicher Eingriffe schlechterdings aus. Die Mehrspurigkeit des amtlichen Instanzenweges darf nicht den einzelnen Beamten, ja nicht einmal der Beamtenschaft als solcher zur Last gelegt werden. So zweckwidrig, so unmenschlich deren Ergebnisse vom menschlichen und gesellschaftlichen Standpunkt aus gesehen auch sein mögen, sind sie nun einmal einem Betrieb eigen, der, einer Hackmaschine ähnlich, einfach alles gleichmäßig, innerlich unbeteiligt verschrottet, das ihm zugewiesen wird.

Die unerbittliche Emsigkeit des administrativen Betriebes führt unvermeidlich dazu, unbekümmert um die allgemeine gesellschaftliche Wohlfahrt wie um das Wohl und Gedeihen der von ihm Erfaßten, sich mit dem äußeren, täuschenden Schein der Legalität zufriedenzugeben. Dazu bietet das legislativ-kasuistische Wirrsal jederzeit willkommene Möglichkeiten, die, einmal benutzt, sich von diktatorischer, oft sinn- und herzloser Willkür nur darin unterscheiden, als sie sich jederzeit auf irgendwelche deckungsverschaffende, positive Rechtsbestimmungen zu berufen vermögen. Die administrative Betriebsamkeit ist daher schon kraft ihrer Eigenbeschaffenheit auf unbegrenzte Schematisierung unwiderruflich angewiesen. Jeder Eingriff, ja jeder von außen kommende Protest wird daher von ihr – und zwar von ihrem einseitigen Erledigungs- und Abfertigungsstandpunkt aus mit Recht – als störend, unzulässig, ahndungswürdig betrachtet und triebmäßig abgewiesen.

Daraus ergibt sich des administrativen Geschäftsganges stets fortschreitende, lebenswidrige Verknöcherung und Härte, die sich ganz besonders in der amtlichen, sozialen Fürsorgepraxis und innerhalb dieser namentlich auch auf allen Kinder- und Jugendbelangen ungemein einschneidend, ja häufig geradezu vernichtend auswirkt. Wohl nirgends wie gerade hier gilt das Dichterwort:

«Es erben sich Gesetz' und Rechte
Wie eine ew'ge Krankheit fort;
Sie schleppen von Geschlecht sich zum Geschlechte
Und rücken sacht von Ort zu Ort.
Vernunft wird Unsinn, Wohltat Plage;
Weh dir, daß du ein Enkel bist!
Vom Rechte, das mit uns geboren ist,
Von dem ist, leider! nie die Frage.»

Da bestimmt beispielsweise unser Art. 368 [ZGB], sicherlich wohlüberlegt und gemeint: «Unter Vormundschaft gehört jede unmündige Person, die sich nicht unter der elterlichen Gewalt befindet.»

Der Zweck dieser weisen Bestimmung ist, wie aus den sie begleitenden Ausführungen hervorgeht, die Wahrung der materiellen Rechte und die Gewährleistung des ethischen, geistigen und physischen Wohlbefindens der Mündel. Da deren Zahl jedoch viele Tausende umfaßt, die ein Anrecht auf gute Erziehung und Ertüchtigung zu späterem, gesellschaftlichem Eigenleben beanspruchen, ist es schlechterdings unmöglich, jedem Kind und Jugendlichen einen geeigneten väterlichen Vormund, der sich seiner verständnisvoll-einsichtig und zuständig annimmt, zu stellen. Um daher wenigstens dem Buchstaben des Gesetzes einigermaßen zu genügen, errichtet der administrative Massenbetrieb kollektive Amtsvormundschaften. Da werden Amtsvormünder eingesetzt, die gelegentlich mehrere Hundert Mündel zu betreuen haben, von denen sie nichts wissen, als was ihnen von den papierenen Akten vermeldet wird. Praktisch ist es diesen Amtsvormündern unmöglich, ihre sämtlichen Mündel auch nur einmal des Jahres auf wenige Minuten persönlich zu sehen, geschweige denn, mit ihnen in ein vertrautes, für die Mündel fruchtbares, weil menschliches Verhältnis zu treten, sie kennenzulernen. Unter den gegebenen Voraussetzungen vermöchte auch der menschlichste, wohlmeinendste Vormund nicht, seiner ihm vom Gesetz eigentlich gestellten Aufgabe zu genügen. Er ist und bleibt auf Berichte aus dritter, oft unzuverlässiger, fragwürdiger Hand und auf seine blinde, amtliche Verfügungsgewalt ausschließlich angewiesen und darf von großem Glück reden, wenn es dabei nicht zu allzu gröblichen, allzu zahlreichen Verwahrlosungen und Mißhandlungen der Mündel kommt.

Nichtsdestoweniger wird, immer gestützt auf dasselbe Zivilgesetzbuch, die Zahl der Mündel oft unnötig, willkürlich vermehrt durch Entzug der elterlichen Gewalt. Das nun gelegentlich in Fällen, die bloß aus fiskalischen Rücksichten aufgegriffen werden, wo sich dieser einschneidende, oft für das ganze künftige Leben des Mündels ausschlaggebende Eingriff bei einiger menschlicher Einsicht, gutem Willen und seelischer Einfühlungsfähigkeit sehr wohl vermeiden ließe.

Unbestrittenermaßen gibt es erziehungsunfähige, pflichtvergessene, verrohte, verbrecherische Eltern, gegenüber welchen diese Maßregel durchaus geboten ist. Immerhin ist darauf hinzuweisen, daß die Mehrzahl der aufsehenerregenden Skandalfälle von Kinderverwahrlosungen und -mißhandlungen sich aus den Mündelbeständen rekrutiert, die vom Art. 368 des ZGB beschlagen werden.

Ähnlich verhält es sich auf allen andern Gebieten der im weitesten Sinn aufgefaßten Jugendrechte. Allzu häufig werden auch die bestgemeinten Bestimmungen auf dem administrativen Betriebsweg in ihren erhofften Wirkungen rettungslos verkümmert. Wir unterstellen beispielsweise die Pflege des eigentlichen, im engeren Sinn des Art. 82 ff. [StGB] umschriebenen Jugendrechtes hier den Justiz-, dort den Armen-, anderswo den Polizeidirektionen, wogegen es sich doch, wenn richtig und vernünftig, weil einzig zweckentsprechend verstanden, um ein Erziehungs- und Ertüchtigungsrecht handelt. Man müßte es also, ob vielleicht auch nicht restlos ausschließlich, doch in der Hauptsache und vornehmlich den Erziehungsdirektionen und -behörden zur Ausführung und Anwendung unterstellen.

Die administrative Vermassungsmaschinerie mit ihrer allzuoft lebens- und wirklichkeitsfremden, daher leerlaufenden, wenn nicht gegenwarts- und zukunftsgefährdenden Massenbetriebsamkeit kann hier natürlich nicht bei allen ihren Konfektions- und Willküräuswüchsen behaftet werden, denn ein solches Unterfangen erforderte ganze Bände. Jedermann erduldet sie irgendwie und irgendwann am eigenen Leibe zu seinem persönlichen Nachteil. Dann aber wird über ihre Organe gewettert, die ihrerseits ebenfalls bloß ihre Opfer von der anderen Seite der Barrikade sind.

Immer wieder übersieht man – oder ist zu träge, sich darüber Rechenschaft abzulegen –, daß der Mensch, vor allem das Kind und der Jugendliche, nicht verstaatlicht werden darf, sondern daß der Staat mit allen seinen Institutionen vermenschlicht werden muß, anders wir dem unvermeidlichen gesellschaftlichen Zusammenbruch anheimfallen.

XV. Rückblick und Ausblick: Die Strafgerichtsbarkeit

In weitaus den meisten, zum Teil sehr schweren Fällen von Anstalts- und Verdingkinderverwahrlosung und -mißhandlung hat deren strafgerichtlicher Abschluß den empörten Unwillen der Öffentlichkeit erregt. Zum ersten fand sie, die gegen die unmittelbar dafür Verantwortlichen ausgefällten Urteile seien unverhältnismäßig milde; zum andern schien es ihr ebenso unbegreiflich als unbillig, die mittelbar, weil fahrlässig Mitschuldigen, nämlich die Fürsorgebehörden, nicht ebenfalls straf- und zivilrechtlich zur Verantwortung gezogen zu sehen. Dagegen rebellierte das Billigkeitsempfinden des Volkes.

Was den ersten Punkt anbetrifft, so mag immerhin daran erinnert werden, daß unser schweizerisches Strafrecht darauf festgelegt ist, die Strafe des Delinquenten nicht mehr wie früher nach der sogenannten Schwere seiner Tat, sondern nach dem ihm zuzubilligenden Verantwortungsbewußtsein, seinen geistigen und physischen Fähigkeiten und seiner Besserungsfähigkeit zu bemessen im Hinblick auf seine sittliche Genesung und Wiedereingliederung in die bürgerliche Gesellschaft. Dagegen wäre nun von dem Augenblick an nichts einzuwenden, würde an diesem Grundsatz konsequent in allen Fällen festgehalten, besonders auch wenn es sich um bloße Übertretungen oder um aus purer Not begangene Eigentumsdelikte handelt. Diese an sich einsichtige strafrechtliche Auffassung dürfte sich vor allem nicht als offensichtliches Kastenrecht auswirken (Fall Hoffmann, Thun).

Weitgehende Abschaffung der Strafminima ist ebenso begrüßenswert und vernünftig als der ganz oder teilweise bedingte Straferlaß. Unter der Voraussetzung immerhin, es werde damit kein billigkeitswidriger Unfug getrieben, der dazu führt und bereits dazu geführt hat, das Vertrauen in unsere Rechtsprechung noch gründlicher zu erschüttern, als dies bereit seit langen Jahren in stets zunehmendem Maße geschieht.

Es muß aber auch darauf verwiesen werden, daß die dem Volk einfach unverständlich milden Urteile, die in mehreren der vorbedachten Fälle ausgefällt wurden, von Richtern und Gerichten ausgingen, die sich das Volk selber eingesetzt hat. Die letzte, schwerste Verantwortung dafür fällt demnach auch hier auf das wahlfähige Volk selbst, und zwar auf jeden einzelnen von uns zurück, die wir unsere Richter wählen und sie auch im Versagungsfall fernerhin dulden.

Ein weiterer, nie genug angeprangerter Schaden unserer ordentlichen Gerichtsbarkeit besteht in den ununterbrochenen, mitunter entscheidend schweren Eingriffen der Polizei- und Administrativbehörden in menschliche und gesellschaftliche Angelegenheiten und Rechtsverhältnisse, die in ausgesprochenem Widerspruch zum verfassungsmäßig gewährleisteten Grundsatz der Gewaltentrennung stehen. Man wird daher die verfassungsgebotene Gewaltentrennung nie oft, nie nachdrücklich genug anzustreben haben! Aber auch das ist Sache des Volkes, folglich jedes einzelnen, an seinem Ort und nach Maßgabe seiner Möglichkeiten.

Ein weiteres, der vorberührten Selbsterhaltungsvorsicht entsprossenes Gebrechen unseres Berufsgerichtsstandes besteht namentlich auch in den uns hier beschäftigenden Gebieten, in seiner naheliegenden Tendenz, seine Verantwortlichkeit weitmöglich zu vermindern, daher hinter konjekturalwissenschaftlichen Fachexpertisen, die sich gelegentlich in baren Gefälligkeitsgutachten kundgeben, Deckung zu suchen. Man lese einmal das in dieser wie in so mancher anderer Hinsicht so überaus wertvolle, aufschlußreiche Buch *Wahnsinniger oder Prophet?* von Dr. Alex von Muralt (Europa-Verlag in Zürich), um sich wenigstens teilweise Rechenschaft darüber ablegen zu können, wohin wir schließlich geraten, wenn wir zulassen, die Rechtsprechung der Gerichte wie die Verfügungen der Administrativbehörden zugunsten unverantwortlicher, stets subjektiv eingestellter Fachexperten, die sich obendrein noch fast regelmäßig widersprechen, abgedankt zu sehen!

Der andere Grund zur Befremdung und Entrüstung der Öffentlichkeit, angesichts der vorberührten Fälle, beruht auf dem Umstand, daß in keinem, aber auch wirklich in keinem der zum Teil sehr schweren Fälle von Verding- und Anstaltskinderverwahrlosung und -mißhandlung, wovon eine mit tödlichem Ausgang unter grauenhaften Umständen stattfand, die in erster Linie verantwortlichen Fürsorgebehörden, seien es Armen- oder Vormundschaftsbehörden, nicht ebenfalls strafrechtlich zur Rechenschaft gezogen und, insofern nicht ausschließlich persönliches Verschulden einzelner ihrer Mitglieder zu ermitteln war, solidarisch verurteilt wurden. Bestimmt doch Art. 134 [StGB]:

«1. Wer ein Kind unter sechzehn Jahren, dessen Pflege oder Obhut ihm obliegt, so mißhandelt, vernachlässigt oder grausam behandelt, daß dessen Gesundheit oder geistige Entwicklung eine Schädigung oder schwere Gefährdung erleidet, wird mit Gefängnis nicht unter einem Monat bestraft.

Hat die Mißhandlung oder die Vernachlässigung des Kindes eine schwere Körperverletzung zur Folge und konnte der Täter dies voraussehen, so ist die Strafe Zuchthaus bis zu zehn Jahren oder Gefängnis nicht unter sechs Monaten.

Hat sie den Tod des Kindes zur Folge und konnte der Täter dies voraussehen, so ist die Strafe Zuchthaus.»

Es wird wohl kaum jemand in Abrede stellen, die Obhut der Anstalts- und Verdingkinder entziehe sich den vorerwähnten Fürsorgebehörden. Es wäre jedoch selbstverständlich unzulässig, die Fürsorgebehörden für jedes an einem unter ihrer Obhut stehenden Unmündigen begangene Vergehen oder Verbrechen rechtlich haftbar zu erklären und sie zu bestrafen. Auch bei weitgehender, gewissenhaftester Fürsicht wird solchen nie restlos vorzubeugen sein. Was aber von den gedachten Behörden und ihren Organen verlangt werden darf und muß, weil es die Gesetze vorschreiben und es die elementarste Menschenpflicht gebietet, ist, in der Auswahl der Pflegeplätze und in deren wirklich wirksamer Beaufsichtigung (auch der Erziehungsanstalten) so peinlich, so gewissenhaft als nur immer möglich ihres Amtes zu walten. Kommt es dann trotz aller gewissenhaften Vor- und Umsicht dennoch zu einem Verbrechen, so können die Fürsorgebehörden selbstredend billigerweise weder zivil- noch strafrechtlich dafür zur Rechenschaft gezogen werden. Haben sie jedoch nachweisbar diese ihre Pflicht versäumt, dann machten sie sich der fahrlässigen Begünstigung des fraglichen Vergehens oder Verbrechens schuldig. In diesem Fall sind sie rücksichtslos dem Strafgericht, unter Berufung auf Art. 18 [StGB («Schuld. Vorsatz und Fahrlässigkeit»)], zu unterstellen und zu beurteilen. Denn in solchen, schweren Fällen kann sich das Rechtsbewußtsein des Volkes keineswegs mit einer bloß administrativen Rüge der pflichtvergessenen, fahrlässigen Behörden begnügen. Um so weniger, als diese ebenfalls der allgemeinen Strafgesetzgebung unterstehen und als gerade ihnen die besondere Pflicht obliegt, vorbildlich zu amten und nicht einmal den Verdacht ihrer Pflichtvergessenheit aufkommen zu lassen.

Dabei handelt es sich natürlich nicht darum, Unmögliches von ihnen zu verlangen oder sie unbillig hart zu bestrafen. Allein sie einfach ungeschoren zu lassen, nachdem sie ein Verbrechen durch ihre Pflichtvernachlässigung ermöglichten, nachdem ihnen die von ihnen wohlbenutzte Vertuschungsgelegenheit geboten ward, tatbestandsverschleiernd, zur Prestigewahrung, sich schon im Stadium der Voruntersuchung davon zu distanzieren und schließlich mit einer sanften Ermahnung der vorgesetzten, allenfalls mitschuldigen, höheren Administrativinstanz davonzukommen, das wird vom Volk mit Recht nicht bloß als ungehöriger, sondern auch als künftigen Vergehen und Verbrechen Vorschub leistender Unfug und Hohn empfunden.

Man kann füglich davon überzeugt sein, es dürfte, ganz abgesehen von nachträglich erfolgender Verurteilung oder Freispruch, die bloße Versetzung solcher Behörden in den Anklagezustand, mit nachfolgender, öffentlicher Gerichtsverhandlung, schon weitgehend dazu beizutragen, sie alle zu veranlassen, ihren amtlichen Pflichten sorgfältiger nachzukommen, womit allein schon allerhand Unverantwortlichem, später nie mehr wieder Gutzumachendem vorgebeugt würde.

Auch darauf mit allen zu Gebote stehenden, legalen Mitteln zu dringen, gehört zu unseren obersten, dringlichsten Menschen- und Bürgerpflichten! Denn vom gesetzlich normierten Pflichtverhalten aller unserer Behörden hängt schließlich in erster, unmittelbarster Linie das allgemeine Wohl, aber auch das Bewußtsein des Volkes ab, in einem wirklichen Rechtsstaat die verfassungs- und gesetzesmäßig gewährleistete Sicherheit zu genießen und seinen Nachwuchs nicht annähernd vogelfrei zu wissen!

XVI. Rückblick und Ausblick: Zwischenbilanz

Die unter dem vorstehenden Untertitel an dieser Stelle erschienenen Ausführungen konnten aus naheliegenden Gründen nicht anders als fragmentarisch ausfallen. Unser Jugendelend, unsere Kindernöte erweisen sich als ebenso mannigfaltig und vielgestaltig wie das derzeitige soziale Geschehen überhaupt. Man wird daher genötigt sein, an dieser und anderer Stelle immer wieder ergänzend und vertiefend darauf zurückzukommen, um nach und nach der Mißstände Herr zu werden. Um so mehr als unser gerade in dieser Hinsicht unaufschiebbar dringliche, wichtige Aufgaben harren. Vor allem muß das Volk aufgerüttelt, aufgeklärt, überzeugt und dafür gewonnen werden; denn sein Fortbestand, seine Lebenskraft, sein Heil und seine künftige Wohlfahrt sind von der vernünftigen Erziehung und Ertüchtigung seines Nachwuchses vornehmlich bedingt.

Wir stehen inmitten einer Umbruchszeit, die uns vor wesentliche, rein praktische, bei gutem Willen und wahrer Einsicht durchaus lösbare Probleme stellt. In einzelnen Kantonen sind Pflegeschutz- und Jugendrechtsgesetze in vorgerückter Vorbereitung, zu welchen es Stellung zu beziehen gilt, bevor es wiederum zu spät ist. Durch das Inkrafttreten des StGB (am 1. Januar 1942), dessen Art. 82 ff. sich bereits teilweise als reformbedürftig erweisen, drängt sich ferner unter anderem auch die allgemeingültige Neugestaltung des Strafvollzugs auf dem Gebiete der ganzen Eidgenossenschaft auf, dessen Wirkung auf die Nacherziehung rechtsbrecherischer Kinder und Jugendlicher von grundlegender Bedeutung sein wird. Dazu stehen uns laut Gesetz bloß noch die nächsten dreizehn Jahre zur Verfügung.

Aus allen diesen wie aus andern Gründen ist es angezeigt, eine vorläufige Zwischenbilanz des Erreichten und noch zu Erreichenden zu ziehen, die wenigstens teilweise aufklärend zu werben geeignet ist. Ferner sind allgemeingültige, grundsätzliche Richtlinien anzudeuten, die nach gewalteter Diskussion fernerhin praktisch zu verfolgen sind.

Wir erfreuen uns in der Schweiz einer, man darf wohl sagen auf hoher Warte stehenden sozialen und sozialpädagogischen Fachpresse, die innerhalb ihres notwendigerweise begrenzten Kreises, wenigstens theoretisch und kritisch, Vorzügliches leistet, ohne jedoch auf die praktische Umgestaltung der Verhältnisse den wünschbaren Einfluß auszuüben. Sie vermag jedoch als ausgesprochene Fachpresse die breiten Volksmassen, auf die es in

Wirklichkeit vor allem ankäme, weder zu erreichen noch gar sie nachhaltig wirksam zu beeinflussen. Die Tages- und Wochenpresse ebenso wie unsere zahlreichen Zeitschriften haben jederzeit den besten Willen, wenn auch nicht immer die erforderliche Zuständigkeit bekundet, sich mit Erziehungs- und Nacherziehungsfragen ernstlich zu befassen. Um wirksam Positives anzubahnen, gebricht es ihnen an klarer, grundsätzlicher Zweckrichtung. Dies muß ihnen irgendwie geboten werden, wie auch dem Radio, damit auch der gemeine Mann eindeutig zu erfassen vermag, um was es dabei geht, wohin wir steuern und was erreicht werden muß.

Ebensowenig gebricht es uns an zahlreichen kinder- und jugendfreundlichen Großverbänden, von denen jeder auf seinem Sondergebiet Erfreuliches, mitunter Vorzügliches leistet. Leider unterliegen sie in teilweise bedauernswert fortschreitendem Maße der zentralistischen Tendenz nach Wohltätigkeitsvertrustung, die sich als äußerst kompliziert, kostspielig, unnahbar eigenwillig, um nicht zu sagen unfehlbarkeitsbewußt diktatorisch auswirkt. Durch ihre monopolisierenden Bestrebungen werden diese Körperschaften dem Volke, auf das es schließlich vor allem ankommt, zusehends entfremdet. Sein Vertrauen in sie wird erschüttert, bis es ihnen eines Tages durchaus gleichgültig gegenüberstehen wird. Hier nun ist es geboten, Wege zu erschließen, sie in den Dienst des ganzen Volksbestandes aller Klassen einzugliedern, sie aus dem lebenswidrigen Eigen- und Sonderbetrieb zum pulsenden Leben mit seinen Tagesnöten zurückzuführen, mit ihnen gemeinsam zu streben und zu schaffen und, falls sie sich dazu unfähig oder renitent erweisen, ohne, oder wenn's nicht anders geht, gegen sie unser Ziel zu erreichen suchen.

Unsere Armen-, Fürsorge- und Erziehungsgesetzgebungen, insofern sie Kinder und Jugendliche erfassen, zersplittern sich in ebenso viele Sonderlegislationen, als es Kantone oder gar, innerhalb dieser, Gemeinden gibt. Das wäre an sich kein Unglück, stünde jeder Kanton in befruchtendem Wettbewerb mit jedem andern, würde jeder seinen Überlieferungen und Sonderbedürfnissen entsprechend legiferieren. Sie böten dann ebenso viele einzelne Versuchslaboratorien, deren Ergebnisse dem ganzen Land zugute kommen könnten, unter der Voraussetzung vergleichender Sichtung und der entschlossenen Anwendung des allgemein Bewährten auf dem ganzen Gebiet der Eidgenossenschaft. Dann aber auch, was bis anhin nur sehr bedingt zutrifft oder doch nur ausnahmsweise auf dem einzig gangbaren Wege der überkantonalen Konkordate der Fall war, müßten sie auf einheitlich grundsätzliche, allgemeinverbindliche Richtlinien kondensiert werden, die zu beraten, zu formulieren und praktisch zur Anerkennung und Verwirklichung zu fördern ohnehin eine der vornehmsten Aufgaben der nächsten Jahrzehnte sein wird. Denn erst dann werden sich auch die hilfsbereiten, opferwilligen Menschen zusammenfinden, um ihnen allerorten sinnfällige Nachachtung zu verschaffen.

Armenerziehung, Schule, Nacherziehung, die Ertüchtigung der Kinder und der Jugendlichen aller Gesellschaftsschichten und in allen Gebieten müssen, soll etwas dauernd Wertbeständiges dabei herausschauen, wenigstens grundsätzlich koordiniert werden. Erst dann wird es möglich sein, charakterfeste Persönlichkeiten eigenen Gepräges, selbstdenkende, selbständige, unabhängig pflichtbewußte, gewissenhafte Menschen und Bürger heranzubilden.

Zu diesem Ende ist es vor allem erforderlich, endlich wieder einmal den Menschen als den einzigen, höchsten Wert der Gesellschaft anzuerkennen, ihn als solchen auch im Kinde zu achten, zu fördern, von der unterdurchschnittlichen Vermassung zu erlösen, um ihn wiederum, besonders auch in seinem geistigen Entwicklungsgang, weitmöglich einer wirklich lebendigen, in jeglicher Hinsicht produktiven Gemeinschaft einzugliedern. Dazu, verhehlen wir es uns nicht, wird es zweifelsohne nicht bloß langer Jahrzehnte, sondern auch der zweckbewußt ausdauernden Zusammenarbeit des ganzen Volkes mit seinen Behörden, aber auch mit seiner denkfähigen Jugend und der Frauen bedürfen.

Der erste unbedingt unerläßliche Schritt dazu wird im Abbau der administrativ-bürokratischen, lebens- und wirklichkeits-abgewandten, willkürlichen, oberflächlichen, weil stets bloß provisorischen Verfügungs- und Verordnungsgewalt auf ihr unumgängliches Mindestmaß bestehen müssen. Denn bloß kanzleimäßige Massenbetriebe liefern lediglich amorphe Produkte, statt organische, lebenstüchtige Menschen zu erziehen. Einsicht, Menschlichkeit und Pflicht fordern aber, entweder mit den bestehenden Fiskal-, Polizei- und Verwaltungsbehörden den Boden gemeinsamer Aufbauarbeit zu vereinbaren, oder aber, in ihrem Renitenzfall, sie umzugestalten und ihnen auf alle Fälle ihre unbillig angemaßten Kompetenzen hinreichend zu beschneiden.

Gerade hier aber ist der heranwachsenden Jugend, insofern sie bereits einigermaßen urteilsfähig geworden ist, weitgehendes Mitsprache- und Mitbestimmungsrecht einzuräumen, um sie nicht auch fernerhin mit untilgbaren Hypotheken auf Lebenszeit zu belasten. Ihre sich hoffentlich nunmehr stets vermehrenden, ausbaufähigen Parlamente möchten hier wohl nicht bloß eine ihrer dringlichsten, sondern auch dankbarsten Aufgaben erblicken. Ihre Mitarbeit an deren Lösung, wenn vernünftig angefaßt, sachlich bewältigt und kraftvoll mehr als bloß postuliert, kann gar nicht überschätzt werden.

Einsichtigen, jugendfreundlichen Alten aber gebieten sowohl Erfahrung und Menschlichkeit als auch Heimat- und Vaterlandsliebe, diese Jugend tunlich in ihrem Tun zu unterstützen, ohne sie darum schulmeistern oder gar knechten zu wollen. Diejenigen aber, die, weil vergreist, nicht mehr fähig sind, die Jugend zu lieben oder sie zu verstehen, sie zu fördern, noch der Zukunft unseres Volkes neu belebendes Blut zuzuführen, sind unter Verdankung ihrer allenfalls früher geleisteten Dienste endlich einmal in

jenen Ruhestand ehrenvoll zu versetzen, der es ihnen verunmöglichen wird, sich stets aufs neue als Bremsklötze lebendigen
Wachstums und Gedeihens zu betätigen.

Zusammenfassend sei festgestellt, daß trotz gelegentlich gegenteiligen Anscheins unsere Zwischenbilanz mit einem nicht zu
unterschätzenden Aktivposten abschließt. Er besteht in den allseitig regsamen, willigen Aufbaukräften, die in unserem Volke
tief und echt verwurzelt sind, in noch ungeahnter Bereitwilligkeit, die bloß die Gelegenheit ersehnt, sich mutig, unbehindert,
unbelastet fruchtbar zu betätigen. Das wird ihnen jedoch erst von
dem Augenblick an möglich sein, wo sich alle ihre Kräfte unter
ein gemeinsames, klar programmatisches Banner scharen können und sich über die zu Richtlinien praktischer Tätigkeit verdichteten Grundsätze zu einigen vermögen. Der Wille dazu ist
fraglos, ja nachweisbar vorhanden. Eine Verständigung zu gemeinsamer Tat baldmöglich herbeizuführen, ist daher das
nächstliegend dringlich Gebotene und überdies jedes einzelnen
und Wohlmeinenden unumgängliche Pflicht!

XVII. Der Pflegeelternschwund

Seitdem nicht bloß im Kanton Bern Verdingkinder-Skandale die
öffentliche Meinung mehr als bloß vorübergehend beschäftigten, wähnen Staat und Gemeinden, ihnen vorbeugend durch
Gebote und Verbote steuern zu können. Sicherlich in besten
Treuen, ob auch mit untauglichen Mitteln. Vor uns liegt beispielsweise – nicht zum erstenmal – folgender amtlicher Erlaß
einer großen städtischen Gemeinde:

«Wer in der Gemeinde X ein Kind in Pflege nehmen will, bedarf hierzu einer behördlichen Bewilligung. Diese ist bei der
Pflegekinderaufsicht einzuholen. Das Gesuch um Erteilung der
Bewilligung ist vor der Aufnahme des Pflegekindes mündlich
oder schriftlich einzureichen. Bei Wohnungswechsel ist innert

dreißig Tagen um die Erlaubnis zur Fortsetzung des Pflegeverhältnisses nachzusuchen.

Wird infolge vertraglicher Aufgebung oder aus anderen
Gründen das Pflegeverhältnis aufgelöst, so hat der Pfleger binnen 48 Stunden der Pflegeaufsicht Anzeige zu machen. Im To-
desfall ist diese Anzeige sofort zu erstatten.

Als Pflegekind gilt jedes Kind, das nicht bei seinen eigenen
Eltern, sondern bei den Großeltern, sonstigen Verwandten oder
bei Drittpersonen untergebracht ist, gleichgültig, ob dafür ein
Pflegegeld bezahlt wird oder nicht. Auch die ausländischen Kinder unterstehen der Pflegekinderaufsicht (ausgenommen Kinder, die während ihres kurzfristigen Aufenthalts vom Roten
Kreuz, Kinderhilfe, betreut werden).

Widerhandlungen gegen die obigen Vorschriften werden mit
Buße von Fr. 1.– bis Fr. 50.– bestraft. Usw.»

Kein Zweifel – dieser Erlaß ist wie so mancher andere entschieden wohlgemeint. Zunächst soll verhindert werden, daß
Kinder in erziehungsunfähige Hände geraten. Über die Eignung
allfällig postulierender Pflegeeltern entscheidet die Pflegekinderaufsicht. Dazu ist sie auf amtliche oder außeramtliche Informationen angewiesen, denn persönlich kennt sie ja die Bewerber
nicht oder doch bloß in seltenen Ausnahmefällen. Die amtlichen
Informationen sind solche der Polizei, der Armenpolizei, der
Sozialen Fürsorge und ihrer Organe. Insofern sie sich nicht aus
dem Strafregister, dem Leumundszeugnis oder ähnlichen amtlichen Urkunden ergeben, ist die Pflegekinderaufsicht auf offi-
ziöse oder private Erkundigungen aus dritter, mitunter nicht
ganz sauberer Hand angewiesen. Es sollte vorausgesetzt werden
dürfen, die amtliche Pflegekinderaufsicht trete in persönlichen
Kontakt sowohl mit den präsumptiven Pflegeeltern wie auch mit
den Pflegekindern.

Die Frage ist bloß, nach welchen Grundsätzen oder Ge-
sichtspunkten die Erhebungen aufgenommen werden. Man wird
sich versichern, ob das Pflegekind hinreichend ernährt, beklei-

det und geschult wird, ferner, ob die Wohnungsverhältnisse der Pflegeeltern dessen leibliche und moralische Gesundheit hinreichend gewährleisten; endlich, ob unmenschliche Mißhandlung oder Ausbeutung der kindlichen Arbeitskraft zu befürchten steht oder nicht. Je nachdem wird in den meisten Fällen der Entscheid ausfallen. So rudimentär das auch sein mag, ist es immerhin schon etwas, obwohl es die psychischen Attraktionen und Repulsionen zwischen Pflegeeltern und Pflegekindern nicht zu fassen vermag.

Immerhin wären die vorbedachten Vorsichtsmaßregeln um so anerkennenswerter, beruhten die Informationen nicht auf dem bloß subjektiven Ermessen der Informatoren. Daß diese keineswegs über jeden Zweifel erhaben sind, hat uns der Fall des unglücklichen kleinen Päuli Zürcher gelehrt, der, gestützt auf die Empfehlung eines Pfarrherrn, dessen guter Glaube in Frage zu stellen nicht unbedingt erforderlich ist, einem grausamen Martyrium mit letalem Ausgang ausgeliefert wurde.

Daher wohl auch die wohlerwogene Vorschrift, Todesfälle von Pflegekindern unverzüglich anzuzeigen. Doch wohl um die Todesursachen ermitteln zu können. Wir möchten diese Vorschrift aber auch auf alle Anstalten ausgedehnt wissen, erweitert durch die fernere, es seien die Todesursachen in jedem Fall von unabhängigen Ärzten festzustellen, die in keinem materiellen oder anderen Verhältnis zu den Anstaltsleitungen und den Behörden stehen dürften.

Umgekehrt dürfte allerdings auch die Frage aufgeworfen werden, ob *Käthi die Großmutter*, wie wir sie durch Jeremias Gotthelf kennenlernten, heute ermächtigt würde, ihren Johannesli zu betreuen.

Daß bei Wohnungswechsel die Erlaubnis zur Fortsetzung des Pflegeverhältnisses binnen dreißig Tagen nachzusuchen ist, wird angesichts der chronischen Wohnungsnot eine erkleckliche Anzahl kinderfreundlicher Leute davon abhalten, sich um Pflegekinder zu bewerben, die ihnen, einmal eingelebt, bei jedem Umzug von Amtes wegen wieder entzogen werden können. Das hindert nicht, daß die Forderung sicherlich gut gemeint ist. Offensichtlich soll damit verhindert werden, das Kind in irgendwie ungesunde oder es gefährdende Wohnungsverhältnisse geraten zu lassen. Über die Eignung der neubezogenen Wohnung entscheidet, wiederum subjektiv, das Ermessen der Aufsichtsorgane, die sich in diesem Sonderfall keineswegs um die erzieherische Eignung der Pflegeeltern, sondern bloß um die ihrer neuen Wohnung zu kümmern haben.

Daß laut amtlichem Erlaß als Pflegekind jedes Kind gilt, das nicht bei seinen Eltern, sondern bei den Großeltern, sonstigen Verwandten oder bei Drittpersonen untergebracht wird, ist insofern begrüßenswert, als er dem Unfug zu steuern beabsichtigt, Kinder in ungeeigneten Pflegeplätzen zu belassen oder sie ihnen anzuvertrauen. Der Nachteil besteht aber darin, daß die gefährliche Praxis, solche Kinder außerhalb der Gemeinde zu versorgen an Orten, wo derartige Vorschriften nicht bestehen, gefördert wird. Wenn schon, müßte diese Vorschrift allgemeinschweizerische oder zum mindesten kantonale Geltung beanspruchen dürfen, anders sie gerade die Mißstände, die sie bekämpfen will, erleichtert.

Aber dann wird sich den Behörden die Unterscheidungsfrage zwischen städtischen und ländlichen Lebensgewohnheiten und Verhältnissen aufdrängen, die praktisch gar nicht so leicht abzuklären ist. Ihre Beantwortung untersteht wiederum dem subjektiven Ermessen von Amtsstellen, die nichts dazu verpflichtet, die verschiedenen Gegebenheiten zu Stadt und zu Land zu kennen. Sie sind daher der Gefahr ausgesetzt, einen rein schematischen Maßstab anzulegen, der sich – die bisher erworbenen Erfahrungen rechtfertigen diese Befürchtung – als unzulänglich, wenn nicht als falsch erweisen wird. Außerdem weist gerade diese Vorschrift eine praktisch nachweisbar bedauernswerte Lücke auf, da sie die in Anstalten eingewiesenen Kinder nicht beschlägt. Angesichts der Erfahrungen der letzten Jahre wie der Gegenwart muß gerade dieser Defekt als recht eigentlich unverantwortlich bezeichnet werden.

Überhaupt – kann die Amtsstelle, die die vorstehende Verfügung sicherlich in guten Treuen und von den besten Absichten geleitet erlassen hat, dafür Gewähr bieten, daß das dem A abgesprochene Pflegekind bei B, bei welchem es infolgedessen untergebracht wird, besser betreut, erzogen und ertüchtigt werde? Wohl kaum, oder dann sicherlich nur in Ausnahmefällen, die gar nicht allzu selten einzutreffen brauchen, um dennoch Ausnahmefälle zu bleiben, solange die Eignung der Pflegeplätze bloß nach dem subjektiven Ermessen besagter Amtsstellen bejaht oder verneint wird.

Widerhandlungen gegen die vorumschriebenen Vorschriften werden durch Bußen geahndet! Wem nützt das und zu wessen Gunsten werden die Bußen eingetrieben? Sicherlich nicht zum Vorteil der Pflegekinder. Schon darum nicht, weil sich gerade die ohnehin mit Straf- und Bußandrohungen aller Art auf jeglichem Gebiet belasteten Bürger nicht obendrein freiwillig in die Gefahr neuer Bußenfallen begeben werden. Das aber spricht weder für noch gegen ihre erzieherische Eignung auch nur das geringste.

Es werden Fälle von kinderfreundlichen, erziehungstüchtigen Leuten angerufen, um sich um keinen Preis mehr bestimmen zu lassen, Pflegekinder zu betreuen. Sie erblicken in den aufgestellten Vorschriften behördliche Eingriffsmöglichkeiten in ihr Hausrecht, in ihre Privat- und Familienverhältnisse, welchen sich auszusetzen sie angesichts erworbener Erfahrungen oder gemachter Beobachtungen nicht mehr die geringste Lust verspüren. Sie fürchten sich vor dem subjektiven, behördlichen Ermessen, das sie in Steuer- oder anderen Angelegenheiten unbillig belastete oder schädigte, dermaßen, daß sie sich hüten, der öffentlichen Gewalt noch weitere Zugriffsmöglichkeiten einzuräumen.

Es sind dies, wie berührt, nicht immer gerade die Leute, denen erzieherische Eignung, Menschen- und Kinderfreundlichkeit abzusprechen sind – im Gegenteil! Aber daraus folgt der zunehmende Schwund wirklich guter Pflegeplätze. Dieses Defizit auszugleichen gibt es bloß zwei Möglichkeiten: Entweder begnügt man sich mit Pflegeplätzen zweiter und dritter Garnitur, die unter steter amtlicher Aufsicht stehen und denen ihre Pfleglinge jederzeit weggenommen werden können. Der wiederholte Platzwechsel der Verdingkinder trägt aber keineswegs zu ihrem Heil bei, noch wirkt er sich allgemein sozial aufwertend aus. Oder aber man vermehrt die ohnehin schon allzu große Zahl unserer Erziehungs- und Nacherziehungsanstalten. Welche Nachteile dies in sich birgt, braucht hier nicht erörtert zu werden, da man ja ohnehin hinreichend Bescheid weiß.

Da jedoch der goldene Mittel- und Überbrückungsweg, nämlich die Gründung privater lokaler und regionaler Schutzverbände für Pflegekinder und andere Hilfsbedürftige von unseren Behörden und unsern Erziehungstrusts verlegt wurde, bleibt das Verding- und Anstaltskinderelend auch weiterhin bestehen, da sich nun einmal erzieherische Eignung, Vernunft und Menschlichkeit nicht auf dem Verordnungs- und Strafweg erzwingen lassen.

XVIII. Rückblick und Ausblick: Die Strafrechtsprechung

Der so wünschbare, so dringlich notwendige Verdingkinder-, Jugend- und Pfleglingsschutz, dem sich, unter dem Druck der öffentlichen Meinung, die gesetzgebenden Behörden je länger desto weniger zu entziehen vermögen, wird seit einer geraumen Reihe von Jahren durch eine so auffällig laxe Strafrechtsprechung in Frage gestellt, daß man deren soziale Gefahren nicht länger übersehen darf. Während verhältnismäßig geringe, oft elend- und notbedingte Eigentumsdelikte, ja bloße, unbedeutende Übertretungen gerichtlich streng, wenn nicht auf administrativem Wege willkürlich grausam geahndet werden, erweist sich die ordentliche Strafgerichtsbarkeit gegenüber eigentlichen Verbrechen dermaßen nachsichtig, daß das Rechts- und Billigkeitsbewußtsein des Volkes längst kein Verständnis mehr dafür aufbringt, sondern sie, empört, unserer leider in bedauerlichem Maße zunehmenden Rechtsverwilderung zuschreibt.

Da aber, wo die Gerichte nicht darum herumkommen, angesichts horrender, wohlerwiesener Tatbestände die strafgesetzlichen Bestimmungen, obzwar so sanft als möglich anzuwenden, wird den Delinquenten die Rechtswohltat des bedingten Straferlasses zugebilligt, womit diese nachgerade diskreditiert wird und zu eigentlicher Rechtsverneinung ausartet.

Art. 41 Ziff. 1 des StGB nämlich bestimmt:

«Der Richter kann den Vollzug einer Gefängnisstrafe von nicht mehr als einem Jahr oder eine Haftstrafe aufschieben:

wenn Vorleben und Charakter des Verurteilten erwarten lassen, er werde durch diese Maßnahme von weiteren Verbrechen oder Vergehen abgehalten;

wenn der Verurteilte überdies innerhalb der letzten fünf Jahre vor der Verübung der Tat weder in der Schweiz noch im Ausland wegen eines vorsätzlichen Verbrechens oder Vergehens eine Freiheitsstrafe verbüßt hat

und wenn er den gerichtlich oder durch Vergleich festgestellten Schaden, soweit es ihm zuzumuten war, ersetzt hat.

Schiebt der Richter den Strafvollzug auf, so bestimmt er dem Verurteilten eine Probezeit von zwei bis fünf Jahren.»

Nun aber wird das Vorleben eines Verurteilten doch wohl vor allem, wenn nicht überhaupt, von seinem Charakter, das heißt von seiner Gesinnung bestimmt. Wer aber monate- und gar jahrelang ihm anvertraute Pfleglinge aus Gewinnsucht, hemmungsloser Roheit, Sadismus bis zum gelegentlich letalen Ausgang ausgebeutet, mißhandelt und quält, der bekundet damit seine niederträchtige Gesinnung, seinen unbedingt minderwertigen Charakter in einem Maße, das ihn der Rechtswohltat des bedingten Straferlasses von vorneherein unwürdig gestaltet.

Auch wenn angenommen werden kann oder nachgewiesen wird, er sei ganz oder teilweise unzurechnungsfähig, bleibt er darum nicht weniger gemeingefährlich, in welchem Fall der Richter die von Art. 14 ff. des StGB vorgesehenen Maßnahmen zu treffen und die zuständige, vollziehende Behörde den Delinquenten, zum Schutze der Gesellschaft, in einer Heil- und Pflegeanstalt zu internieren hat, solange es sein Zustand erfordert, das heißt bis zum Zeitpunkt, wo er, ohne irgendwelche Gefahr für seine Mitmenschen, in Freiheit gesetzt werden kann.

Daß diese Auffassung bei unseren Strafgerichten nicht durchzudringen vermag, wenn es sich um Verbrechen oder Vergehen gegen wehrlose Pfleglinge handelt, ist für diese um so bedauerlicher, als sie nur in ganz seltenen Ausnahmefällen in der Lage sind, sich erfolgreich als Zivilpartei stellen zu können, weil ihnen der zwar zivil- wie strafrechtlich zugesicherte Schutzbeistand praktisch versagt bleibt.

Daraus aber leitet das Rechts- und Billigkeitsgefühl des Volkes – nicht ohne triftige, instinktive Einsicht – die Folgerung ab, unsere Strafrechtsprechung lasse sich von dem Grundsatz leiten: «Zeige mir den Mann, und ich zeige dir das Recht!» Denn je nach der sozialen Stellung des Delinquenten werden Urteile gefällt, Strafen zugemessen, Straferlasse erkannt oder umgekehrt, Beklagte beweislos der Willkür unserer ruchlosen, sogenannten «Administrativjustiz» überliefert.

Auch wenn diese Auffassung über das Ziel hinaus schösse, was u. E. gelegentlich der Fall ist, weil wir die Gerichte viel eher als von barer Willkür von kasuistisch-formalrechtlichen Ansichten befangen betrachten, so werden darum die ernsten, zahlreichen sozialen Gefahren ihrer Überstände keineswegs gemildert oder gar aufgehoben.

Es wird nämlich in den Augen des Volkes, das sich glücklicherweise noch darob zu entrüsten vermag, die Überzeugung genährt, es werde da ausgesprochene Klassenjustiz geübt. Ferner wird offenbar, daß die Strafrechtsprechung den Wert und die Bedeutung menschlicher Wesen, die vom Unglück heimgesucht wurden, als vergewaltigte Pfleglinge Opfer verbrecherischer Taten oder Unterlassungen geworden zu sein, als quantités négligeables betrachtet und die an ihnen begangenen Untaten gewissermaßen zu sanktionieren immerdar bereit sei.

Bei Kindern und Jugendlichen, welchen solche Vorkommnisse angesichts der heutigen Veröffentlichungsmöglichkeiten je länger desto weniger verborgen bleiben können, wird dadurch ihre spätere Einstellung zum sie entrechtenden Staat und der sie verwahrlosenden Gesellschaft weitgehend in einer für diese durchaus nicht harmlosen Weise präjudiziert.

Mit welcher Befugnis werden, sind einmal dermaßen entrechtete Kinder und Jugendliche volljährige Staatsbürger geworden, Staat und Gesellschaft von ihnen ein sie erhaltendes, ja ihren Bestand sicherndes Verhalten erwarten oder gar fordern dürfen?

Die kräftige, unzweideutige öffentliche Reaktion, die den vorberührten Urteilen jeweilen im Volk und in der Presse auf dem Fuße folgt, erweist, daß glücklicherweise jenes noch nicht gesonnen ist, sein Rechts- und Billigkeitsbewußtsein protestlos aufzugeben. Da sich aber die Strafrechtsprechung um die öffentliche, grundsätzlich entschieden berechtigte, gesunde Volksmeinung in der Regel nicht kümmert, sondern auf dem nun einmal eingeschlagenen Irrweg beharrt, so wird entweder mit der Zeit das Volk gegen die vom Gericht unzureichend geahndeten Verbrechen und Vergehen ebenfalls abgestumpft, oder aber es wird sich eines Tages in überschäumender Leidenschaft gegen den fortschreitenden Rechtszerfall in einer Art zu wehren wissen, die mehr als bloß bedauerliche Begleiterscheinungen zu zeitigen vermag.

Diesen Gefahren vorzubeugen liegt heute noch im Machtbereich der Strafgerichte selbst, sicherlich aber in dem der Staatsanwälte, welchen die Appellationsbefugnis gegen unzulängliche Urteile jederzeit zusteht. Gefordert werden muß so-

wohl aus Gründen der Menschlichkeit gegenüber ohnehin entrechteten, verwahrlosten oder mißhandelten Kindern und
Pfleglingen wie im wohlverstandenen Interesse des Ansehens
unserer Strafrechtspflege, der Sicherheit des Staates wie der Gesellschaft:

die weitmöglich strenge Bestrafung der Rechtsbrecher an
Schutzbefohlenen jeder Art;

die unbedingte Verweigerung des bedingten Straferlasses in
allen Fällen, die auf Gewinnsucht, Roheit, niedrige Gesinnung,
also schlechten Charakter der Delinquenten schließen lassen;

deren Internierung im Falle ihrer ganzen oder teilweisen Un-
zurechnungsfähigkeit bis zu ihrer vollständigen Heilung;

die Wahrnehmung der zivilrechtlichen Interessen ihrer Opfer, und zwar erforderlichenfalles von Amtes wegen.

Was bleibt zu tun?

Obwohl leicht begreiflich, ist es doch auffällig, daß die grundle-
gend umwälzenden, neugestaltenden pädagogischen Bewegungen jeweilen in Zeiten politischen und wirtschaftlichen Niederganges katastrophaler Ausmaße fallen. Der kaum hoch genug zu
verehrende Vorläufer, der eigentliche Schöpfer der neuzeitlichen
Erziehungsmethoden war Johann Amos Comenius (1592–1670),
der während des Dreißigjährigen Krieges und darüber hinaus in
Schrift und Tat dermaßen vorbildlich für die zweckmäßige Jugenderziehung warb, daß er in manchem auch heute noch nicht
überholt worden ist.

Seither ist eine nunmehr fast unübersehbare hochwertige Erziehungsliteratur entstanden, die, obzwar langsam, gelegentlich
aber auch recht eigentlich revolutionär wirkte und umgestaltete.
An dieser Literatur ist die Schweiz nicht bloß mit den beiden unbestrittenen Klassikern J.-J. Rousseau und J. H. Pestalozzi beteiligt, sondern mit einer geradezu erstaunlichen Zahl bedeutender

Erzieher und pädagogischer Schriftsteller, die ihr zu hoher Ehre gereichen. Namentlich im laufenden Jahrhundert ist infolge der weitgehenden Förderung der Erziehungswissenschaften ein nie zuvor erlebter Aufschwung eingetreten, der sich sowohl theoretisch als praktisch mannigfaltig auswirkt. Institutionen, Verbände, Anstalten aller Art wetteifern miteinander, die Jugenderziehung und Nacherziehung weitmöglich auszubauen und zu vervollkommnen.

Nichtsdestoweniger wird fortlaufend über die Verwahrlosung und die Nöte der Jugend geklagt, so daß dem Uneingeweihten oft scheint, es hätten die ganze, umfassende Erziehungsliteratur und alle veredelnden Erziehungsbestrebungen kläglich versagt. Ganz besonders im Hinblick auf die seelisch Heimatlosen, die Verdingkinder. Diese Klage nun ist glücklicherweise nicht durchweg berechtigt, obgleich allerdings die Hauptsache noch zu tun bleibt. Aber unmerklichen, organischen Wachstums ist überraschend viel Dauerbeständiges, Positives geleistet worden, das in nach außenhin nicht ohne weiteres wahrnehmbarer, treuer, ausdauernder Arbeit täglich gemehrt und verbessert wird.

Wer dem entgegenhält, noch nie habe die Jugendfürsorge und die Erziehung der seelisch heimatlosen Verdingkinder, die häufig in ihren natürlichen Familien wie in Pflegeplätzen und Erziehungsanstalten anzutreffen sind, so viel von sich reden gemacht, der übersieht, daß durch die neuzeitlichen Verkehrsmittel mit ihrem weitausgebauten Nachrichtendienst gar viele Ungehörigkeiten der Öffentlichkeit bekanntgemacht werden und daß es schon sehr erfreulich ist, daß sie sich damit befaßt oder darob entrüstet. Ferner, daß bei uns in der Schweiz der kantonale, regionale und lokale Partikularismus viel dazu beiträgt, zahlreiche wirklich beachtenswerte Errungenschaften der Allgemeinheit vernebelnd vorzuenthalten.

Damit soll jedoch keineswegs gesagt sein, es stehe bei uns nun alles zum besten, man habe lediglich die weitere Entwicklung abzuwarten, um deren Ergebnisse auf der Aktivseite zu buchen. Im

Gegenteil: Gerade aus dem bis anhin Erreichten sind uns zwei schwerwiegende, äußerst gefährdende Widerstände erwachsen, von deren Überwindung es abhängen wird, ob das bisher Geleistete wirklich fruchtbar, erziehungs- und gesellschaftsveredelnd wirken oder bloß unpraktische, ergebnislose Wunschzieltheorie bleiben werde. Vor allem ist nicht zu übersehen, daß sich in Staat, Gemeinde, Schule und Haus die Erziehung der Jugend weitgehend mechanisiert, bürokratisiert und vertrustet hat. Sie ist vielerorts zum herz- und vernunftlosen Betrieb verdämmert – sie funktioniert zwar, aber sie lebt nicht…

Unsere Jugenderziehung und -fürsorge wird je länger desto bedenklicher von schablonisierender Vermassung beeinträchtigt, die dem individuellen Organismus der Kinder und Jugendlichen nichts überzeugend Lebendiges, innerlich Förderndes, Festigendes zu bieten vermag. Allzu vieles, so manchenorts Schule und Jugendfürsorge, wird reglementarisch, schematisch erledigt, ohne Rücksicht auf die Bedürfnisse nicht bloß der Jugend, sondern der Gesellschaft überhaupt. Man spezialisiert sich und verliert darob nicht bloß den Überblick über das Ganze, den Kontakt mit dem pulsenden Leben, der nottut, sondern man richtet rein drillmäßig ab, wo liebevolles Eingehen auf die Persönlichkeit der Kinder und Jugendlichen vor allem geboten wäre. Dazu gesellt sich erschwerend das Abfertigungsbedürfnis der mit der Erziehung und Nacherziehung betrauten Instanzen, die, weil dazu ungeeignet oder überlastet, ihrer eigentlichen Aufgabe nicht zu genügen vermögen.

Das rührt vor allem daher, daß unser Volk vielfach Besitz und materiellen Erfolg höher als den Menschen, das Kind, den Jugendlichen bewertet. Es erweist sich jedoch als unbestreitbare Erfahrungstatsache, daß durchgreifende Verbesserungen irgendwelcher Zustände vom Willen der Masse des gesamten Volkes getragen werden müssen, anders sie in ideologischen Wunschträumen und Unwahrheit versanden. Daraus ergibt sich die Forderung, das breite Volk zu überzeugen, es sei die Erziehung seines Nachwuchses nicht bloß seine nächstliegende, dringlichste Pflicht, sondern deren Erfüllung biete ihm auf die Dauer auch das Höchstmaß möglichen Wohlbefindens und Glückes.

Wichtig, unabweisbar erforderlich ist daher die Aufklärung des übrigens durchaus zugänglichen Volkes. Dazu müssen aber die Erziehungswissenschaften mit ihrer reichhaltigen, wertvollen Literatur zweckdienlich vulgarisiert werden, eindringlich, ausdauernd, mit allen Mitteln, die Presse, Radio, Kino in so üppigem Maße zu bieten vermögen. Eine der Leserschaft angemessene gemeinverständliche Erziehungsseite in unseren Zeitungen, besonders auch in den durchaus nicht unwichtigen Landblättern, ähnlich der Sportseite, vermöchte unerhört viel zu fördern, vorausgesetzt, es befasse sich eine volks- und erziehungskundige, psychologisch einfühlungsfähige Presseagentur damit, die, den bestehenden Agenturen ähnlich, unsere Tageszeitungen, Wochenblätter und Zeitschriften, dem Aufnahmevermögen ihrer Leserschaft entsprechend, bedienen würde. An der Bereitwilligkeit der Presse, darauf einzugehen, darf kaum gezweifelt werden, da es ja schon heute sozusagen kein einziges noch so weltverlorenes Blättchen gibt, das nicht freiwillig, bloß sporadisch und systemlos, seinen Lesern Erörterungen über Erziehungsfragen vorsetzte.

Dieser Pressedienst müßte freilich von Fall zu Fall auf die lokalen und regionalen Gegebenheiten ebenso nachhaltig als taktvoll Bezug nehmen und sich davon leiten lassen, da die erzieherischen Bedürfnisse zu Stadt und Land, in Industrie- und Agrarbezirken zwar nicht in ihrem Endziel, wohl aber in ihrer praktischen Dringlichkeit und Dinglichkeit ebenso verschieden sind wie zwischen verschiedenen Sprach- und Konfessionsgebieten.

In ähnlicher und verschiedener Weise wären sowohl Radio als Kino dem Gesamterziehungszweck zu unterstellen; dann, aber erst dann würde sich unsere so ungemein reiche, wertvolle Erziehungsliteratur, die sich bis anhin fast ausschließlich an die ohnehin schon weitgehend unterrichteten Erziehungsfachleute wandte, die Früchte tragen, die zu zeitigen sie durchaus befähigt, aber auch recht eigentlich berufen ist.

Was uns dabei vorschwebt, ist die ständige, aufklärende Erziehungsberatung des ganzen Volkes, bis es sich nicht bloß zur Jugend, sondern auch, was nicht weniger wichtig ist, zur Selbsterziehung genugsam ertüchtigt haben wird. Bei hinreichender Einsicht und einigem guten Willen scheint uns die Verwirklichung dieses Postulates sicherlich nicht praktisch schwieriger zu sein als etwa die alltägliche politische und wirtschaftliche Propaganda. Dazu sollten sich, so hoffen wir, die so zahlreichen und zuständigen Jugendfreunde aller Landesteile, Sprach- und Konfessionsgebiete zu einigen vermögen, wobei etwa die bereits gut eingeführten, allgemein beliebten Frage- und Antwortsendungen des Radios nicht zu vernachlässigen wären.

UND IMMER WIEDER KINDER IN NOT

Gestehen wir es uns ehrlich ein: Staat, Gesellschaft, Institutionen, wir alle haben gegenüber den Pflegekindern, seien sie in Anstalten oder bei Privaten untergebracht, jämmerlich versagt. Stets erneute, Abscheu erregende Fälle von Verwahrlosung, an ihnen verübten Roheiten und Verbrechen erweisen, wie unerhört weit wir von jenem allmenschlichen Gemeingefühl und solidarischen Pflichtbewußtsein entfernt sind, die eine wirklich für- und vorsorgliche Betreuung der armen Kinder erst eigentlich ermöglichen würden. Dessen müssen wir uns endlich zu unserer Schande einmal schonungslos bewußt werden.

Damit ist es jedoch nicht getan! Wir sind verpflichtet, aus den schmählichen Ereignissen, die nun seit Jahren die Öffentlichkeit beunruhigen, entrüsten und empören, jene unumgänglichen Feststellungen abzuleiten, gestützt auf welche es uns dereinst vielleicht ermöglicht werden wird, die Verdingkindernot zu beheben. Die folgenden Ausführungen sind als Teilversuch dazu zu werten.

Zunächst sei einem allzu bequemen Einwand begegnet. Man sagt uns, die Fälle von Sonnenberg, von Madiswil und Kandersteg seien allerdings empörende, aber immerhin Ausnahmefälle. Hoffentlich! Aber mit allem Nachdruck und aus sicherer Wahrnehmung heraus sei festgestellt, daß solche Ausnahmefälle unvergleichlich viel zahlreicher sind, als man glauben möchte. Zwar gelangen die wenigsten zu öffentlicher Kenntnis. Daran ist nicht bloß unsere eingeübte sittliche Feigheit schuld, sondern ebensosehr die chronische Beweisnot, in der sich auch der Mutige befindet. Diese ist verankert im Prestigefimmel, im Schuldbewußtsein, aber auch in der Unwahrhaftigkeit vieler Behörden, die sich geflissentlich vom Einblick des Volkes in ihr Tun und Lassen abschließen, und zwar unter dem Schutz eines unbilligen, menschlichkeitswidrigen, leider aber sehr positiven Formalrechtes. Dieses ermöglicht es ihnen, sich von Fall zu Fall hinter ihre einseitigen Akten und ihr sogenanntes Amtsgeheimnis zu verschanzen.

Zugleich aber auch dafür, wie unentbehrlich, wie dringlich notwendig sich das Sicherheitsventil einer unabhängigen, unerschrockenen Presse erweist, die es fast ausschließlich ermöglicht, gelegentlich die Dunkelheit der düsteren, offiziellen Tatbestandsvernebelungen aufzuhellen. Sie wirkt auch dann noch wohltätig, wo sie überbordet und verletzt, worauf sie jeweilen pünktlich der Sensations- und Skandalsucht bezichtigt wird. Die Presse darf aber den legitimen Anspruch darauf erheben, von diesem Anwurf auch dann und dort freigesprochen zu werden, wo sie sich, gewissensbedrängt, entrüstet und erbittert, zuungunsten der von ihr Angegriffenen irrt. Würde ihr nämlich Gelegenheit geboten, sich wirklich zuverlässig und genau zu unterrichten, würde sie nicht stetsfort angelogen, geflissentlich von der objektiven Wahrheit ferngehalten, so fiele es ihr schwerlich ein zu übertreiben oder zu schmähen. Schon darum nicht, weil es ihr dann an der Entschuldigung, unvollständig oder falsch unterrichtet worden zu sein, gebräche und sie daher für ihre Irrtümer belangt werden könnte. Presseprozesse aber beschwört keine Schriftleitung leichtsinnig oder gar mutwillig herauf! Man verschleiere ihr die Wahrheit nicht von Amtes wegen, man lüge sie nicht an, man unterrichte sie zuverlässig, dann wird man sich schwerlich mehr ob ihrer Sensationslust zu beklagen haben, sondern auch für die amtlichen Nöte und Schwierigkeiten bei ihr weitgehendes Verständnis finden.

Aber: die Angelegenheit der Anstalt Sonnenberg-Kriens, der Fall von Madiswil mußten zuerst von der *Nation*, derjenige von Kandersteg von der *Berner Tagwacht* veröffentlicht werden, bevor etwas wirklich Eingreifendes geschah. Und zwar noch immer widerstrebend, beschönigend und verwedelnd genug! Das Rechtsbewußtsein des Volkes wurde auch durch die gerichtliche Erledigung der beiden letztberührten Fälle nur sehr, sehr bedingt befriedigt. Nichtsdestoweniger waren diese gerichtlichen Verhandlungen ungemein wertvoll. Weniger um ihrer strafrechtlichen Ergebnisse als um des Lichtes willen, das dadurch nicht bloß über die beiden Fälle, sondern über das Verdingkinderwesen überhaupt verbreitet wurde.

Daß ein gerichtliches Verfahren gründlicher, zuverlässiger, bestimmter Tatbestände zu erläutern vermag, als es auch dem gewiegtesten, gewissenhaftesten Journalisten möglich wäre, leuchtet dermaßen ein, daß auch dessen möglicherweise übertreibenden oder ungenauen Berichte füglich entschuldigt werden dürfen. Denn, wo es dem Zeitungsschreiber nur immer gelingt, durch seine, sei es noch so unzulängliche, subjektive Tätigkeit derartige Skandalfälle der öffentlichen oder forensischen Aburteilung zuzuführen, hat er sich immerhin um Volk und Land verdienter gemacht als die, die ihn darob schmähen. Wobei nie zu übersehen ist, daß bekanntlich ein Skandal bei uns leider erst zu einem solchen gedeiht, wenn er der Kenntnis der Öffentlichkeit schlechterdings nicht mehr vorenthalten werden kann! Gerade das beweist aber, wie tief wir sozialethisch bereits verlumpt und verdürftigt sind!

Hier aber stellen sich ein paar weitere Fragen. Zunächst die, ob unsere Gesetzgebung gegenüber den schändlichen Fällen versagt, keine Handhabe weder zu ihrer Vorbeugung noch zu ihrer nachträglichen Ahndung geboten habe. So wünschenswert und notwendig es auch ist, der Verdingkindernot gesetzgeberisch stets noch eingehender, schärfer, unerbittlicher auf den Leib zu rücken, muß diese Frage verneint werden. In den beiden Fällen von Madiswil und Kandersteg hätte die gewissenhafte, verantwortungsbewußte Anwendung der zivil- und armenrechtlichen Vorschriften, im Falle von Kandersteg die der Verordnung betreffend die Aufsicht über die Pflegekinder vom 21. Juli 1944 vollauf genügt, die begangenen Delikte und Verbrechen vorsorglich zu verhüten oder doch weitgehend zu mildern. Ebenso würden die Bestimmungen des Strafgesetzbuches und des Gesetzes über die Verantwortlichkeit der öffentlichen Behörden und

Beamten vom 19. Mai 1851 restlos hingereicht haben, nicht bloß die überwiesenen Verbrecher, sondern auch die pflichtvergessenen Behörden, mit den von ihnen so reichlich verdienten Strafen zu belegen. Man unterließ es und erhärtete damit, daß nicht nur Staatsanwaltschaft, Gericht und Volk versagten, sondern auch, daß die Behebung der Verdingkindernot überhaupt so lange ein frommer Wunschtraum bleiben wird, als sich unsere Volksgemeinschaft nicht in jedem ihrer Einzelindividuen menschlich pflicht- und verantwortungsverbunden weiß und fühlt.

Das Verdingkinderelend ist lediglich ein Teilgebiet unserer allgemeinen sozialen Übelstände und kann nur mit diesen selbst wirklich überwunden werden!

Gerade diese Feststellung enthält wohl die wichtigste Lehre, die sich aus den uns so beschämenden, schändlichen Fällen ergab.

Nun stellt sich jedoch eine weitere, praktisch dringliche, ernste Frage an unsere Armen-, Vormundschafts- und Fürsorgebehörden.

Können diese, angesichts der erwähnten Fälle, es auch weiterhin verantworten, irgendwelchen, ob noch so armen, noch so verdürftigten Eltern, ausgenommen in dringlichen Notfällen, ihre Kinder wegzunehmen, um sie, sei es in Anstalten, sei es in Pflegeplätzen unterzubringen?

Können sie in allen Fällen Gewähr bieten, daß die Kinder daselbst nicht verwahrlost, mißhandelt, zu Tode gequält werden?

Glauben sie, daß die Eltern des Verdingbuben in Madiswil diesen geschlechtlich pervertiert hätten, daß der Vater des langsam zu Tode gefolterten fünfjährigen Päuli Zürcher diesen bis zu dem nun bekannten, schauererregenden tödlichen Ausgang mißhandelt haben würde, obwohl dieser Vater keineswegs ein vorbildlicher Edelmensch ist?

Vermögen sich die Behörden vorzustellen, welche Erwägungen und Befürchtungen fortan die Eltern, denen man ihre Kinder wegnimmt, ebenso wie diese selbst, bedrücken werden, da erwiesenermaßen ja alles, auch das Verruchteste möglich ist und lächerlich gering geahndet wird?

Man wird auf diese Fragen noch oft zurückzugreifen und sie zu ergänzen haben. Für heute jedoch sei mit folgendem Kulturbildchen abgeschlossen.

Ein angesehener, vielbeamteter, parteitreuer Bürger eines unserer Amtsbezirkstädtchen hat einen zwölfjährigen Knaben wiederholt geschlechtlich pervertiert. Schließlich wurde er angezeigt, aber, entgegen den Bestimmungen des Strafgesetzbuches, unterinstanzlich zu zehn Tagen Haft, die ihm bedingt erlassen wurden, verurteilt. Als der Fall zu unserer Kenntnis gelangte, war die Berufungsfrist abgelaufen, folglich das Urteil zu unwiderruflicher Rechtskraft erwachsen. Auf unsere Anfrage, warum sich die Eltern des Knaben nicht als klägerische Zivilpartei gestellt hätten, wurde uns mitgeteilt, man habe ihnen behördlich angedroht, falls sie sich dessen unterstünden, würde ihnen der Knabe entzogen und anderwärts «versorgt».

Also geschehen im bernischen Formalrechtsstaat im Jahre des Heils 1945!

STRAFEN ODER ERZIEHEN?

EDITORIAL

Verdingkinder und Anstaltszöglinge werden, sagte C. A. Loosli, «einseitig und ausschließlich zu Bauernknechten und -mägden erzogen».[1] Gleichzeitig zeigt ihm seine Erfahrung, daß gerade diese Kinder «später der Erwerbs- und Freiheitsunfähigkeit, dem Laster und dem Verbrechen» anheim gefallen ist.[2] Für Loosli ist klar, daß hier die Erziehungsangebote der Gesellschaft versagt haben. Denn wer nicht Knecht oder Magd werden kann oder will, gerät später zumeist als Tagedieb in die Fänge der «Administrativjustiz» (vgl. hierzu Band 2 dieser Werkausgabe) – oder wurde kriminell. Darum fordert Loosli: Straffällig gewordene junge Menschen sollen nicht strafrechtlich abgeurteilt, sondern mit erziehungsrechtlichen Maßnahmen in die Gesellschaft zurückgeführt werden.

Bereits um die Jahrhundertwende haben die Strafrechtler in der Schweiz – angeregt von US-amerikanischen Erfahrungen – Jugendstrafrechtsreformen zu diskutieren begonnen: Über eine geeignete Nacherziehung straffällig gewordener Jugendlicher scheint sich eine Chance zu bieten, die Kriminalität insgesamt zurückzudrängen. Erschwert werden Reformbemühungen in der Schweiz allerdings dadurch, daß hier so viele Jugendstrafgesetze angewandt werden, wie es Kantone gibt, und weil insbesondere in ländlichen Gebieten rückständige Erziehungs- und Strafvorstellungen dominieren.

Mit einer Satire nimmt Loosli 1911 den Kampf auf gegen den Unfug, strafunmündige Kinder vor ordentliche Gerichte zu stellen. Das sei zu teuer, zu zeitaufwendig und völlig unpädagogisch, kritisiert er und fordert eine Jugendgerichtsbarkeit (S. 402). In den zwanziger Jahren wird er dann insbesondere von seinem Freund Fritz Langhans, dem Generalstaatsanwalt des Kantons Bern, in die Diskussion um ein neues Jugendstrafrecht einbezogen (S. 404 ff.). Auf 1931 setzt der Kanton Bern das neben jenem des Kantons Zürich fortschrittlichste Gesetz in Kraft. 1935 gelingt es Loosli zudem, den Justizdirektor des Kantons Genf, Léon Nicole (SP), davon zu überzeugen, daß der damals in Genf disku-

---

1   C. A. Loosli, *Ich schweige nicht!*, Bern (Pestalozzi-Fellenberg-Haus) 1925, 127.
2   C. A. Loosli, «Verdingkinder I», *Tages-Anzeiger*, 6. 3. 1945.

tierte Jugendstrafrechts-Entwurf «réactionnaire, barbare et monstrueux» (S. 434) sei.

Parallel zu diesen kantonalen Reformerfolgen läuft in den dreißiger Jahren die Debatte um die Nationalisierung des Jugendstrafrechts im Zusammenhang mit der Schaffung eines *Schweizerischen Strafgesetzbuchs* (StGB). Hier mischt sich Loosli mit fundierten Beiträgen ein (S. 408 ff.). Und er versucht, wenn auch vergeblich, über die SP-Fraktion im Nationalrat auf die Gesetzesdebatte Einfluß zu nehmen (S. 427 ff.).

Looslis Einsatz für ein Erziehungsrecht ist schließlich weitgehend erfolglos. Mit dem Inkrafttreten des StGB auf 1. Januar 1942 werden auch die kantonalen Jugendstrafgesetze in Bern und Genf außer Kraft gesetzt und durch die Artikel 82 bis 99 StGB ersetzt. 1947 resümiert Loosli: «Das wenige, das wir in einzelnen Kantonen durch unsere kantonalen Jugendgerichte erreicht hatten, ist uns durch die an sich begrüßenswerte Vereinheitlichung des Strafrechtes großenteils wieder geraubt worden. Wir hatten ein Erziehungsrecht angebahnt und nun haben wir wiederum auf lange Zeit hinaus lediglich ein gemildertes Strafrecht für Kinder und Jugendliche.»[3]

Was bleibt, sind Looslis zukunftsweisende Vorschläge in Richtung eines resozialisierenden Erziehungsrechts – etwa das Postulat, daß kurze Freiheitsstrafen für Jugendliche durch eine Schutzaufsicht ersetzt werden sollen: «Dieser Vorschlag, damals nicht durchzusetzen, wird heute wieder diskutiert – auch für Erwachsene», schreibt der Erziehungswissenschaftler Lucien Criblez.[4]

Die Herausgeber

---

3 C. A. Loosli an Emil Ludwig, 8.10.1947 (SLA, Bern).
4 Lucien Criblez, «Die Pädagogisierung der Strafe. Zur Geschichte von Jugendstrafrecht und Jugendmaßnahmenvollzug in der Schweiz», in: Hans Badertscher/Hans Ulrich Grunder [Hrsg.], *Geschichte der Erziehung und Schule in der Schweiz im 19. und 20. Jahrhundert. Leitlinien*, Bern (Paul Haupt) 1997, 332.

HEIL DIR HELVETIA

Nein, meiner Seel nicht, ich will keine Satire schreiben, wenn ich schon in den folgenden Zeilen über die Bestie, welche ich nach dem Vorbilde berühmterer Naturforscher Bureausaurus helveticus L. (das L bedeutet hier ausnahmsweise nicht Linné, sondern Loosli) genannt habe, berichten muß.

Nein, ich will keine Satire schreiben, sondern trocken, schlicht und treuherzig, wie es meine biedere Art ist, berichten, was ich seit dem 22. Weinmonat 1905 mit eigenen Augen wahrgenommen habe. Ich schreibe keine Satire, sondern skizziere ein Drama, welches sich in seinen verschiedensten Wandlungen in den höchsten politischen Kreisen der schweizerischen Eidgenossenschaft und in den bescheidensten ländlichen Verhältnissen meines kleinen Dörfchens wechselweise abspielte und unter dessen Schlußeffekt meine Seele heute noch bebt.

Ich will keine Satire schreiben, nein, sondern Tatsachen berichten. Der 22. Weinmonat 1905 war ein Sonntag, und zwar ein schöner, milder und sonniger. Auf dem Sträßlein, welches von Gnäppikofen nach Gytigen führt, tummelten sich ausgelassen und froh drei acht- bis neunjährige Buben; Hans Gnägi, Fritzli Bohnenstecken und Ruedeli Gängwigäng. Es war nachmittags, so um die viere herum, und die Buben hatten rote Köpfe, denn sie hatten ein Fangspiel getrieben, waren einander weidlich nachgerannt auf den kahlen sonnigen Matten, und nun standen sie am Straßenrand und ratschlagten, welcher Art wohl ihr nächster Zeitvertreib sein möchte. Denn müde waren sie noch lange nicht. Und wie sie also Kriegsrat hielten, da flog ein Buchfink hart über die Köpfe der Buben hinweg. Die Augen der Buben folgten dem Fluge des Vogels, doch nicht lange, denn jener setzte sich auf den Leitungsdraht der die Straße entlang ziehenden eidgenössischen Telephonleitung. Deren Stangen, schlank und gerade, glitzernde, gleißende, weiße Isolatoren in die durchsichtige Herbstluft hoben. Und an diesen Isolatoren blieben die Augen der Buben einen Augenblick wie verzaubert haften und begannen zu glitzern und zu glänzen wie die weißen Isolatoren droben auf den Stangen. Fritzli Bohnenstekken war es, der zuerst seine Gefühle in Worte umzuwerten vermochte:

«Was wei mer wette, i preiche-n-eis vo dene Hüetli?»

«Was wei mer wette, ig au!» meinte Hans Gnägi, und kaum hatte er es gesagt, so flog von Ruedeli Gängwigängs Hand geschleudert ein Stein durch die sonnige Herbstluft. Er verlor sich, ohne Unheil angerichtet zu haben, jenseits der Telephonleitung, kugelnd und überpurzelnd auf der kahlen Matte. Aber schon sausten zwei, drei, vier neue Steine zu den Isolatoren empor; drei, vier fernere folgten, und kling-kling-kling – die Scherben zweier Isolatoren fielen klirrend zu Boden. Wer der oder die Meisterschützen waren, konnte nimmer ermittelt werden, denn in diesem Augenblicke ertönte einen halben Scheibenschuß entfernt von den Buben vom Waldrande her die Stimme des Bannwartes:

«So, so, dir tonners Trible, erwütscht me-n-ech einisch, wartet, euch wei mer zeige, was Trumpf isch!»

Und in langen Sätzen rannte der Bannwart querfeldein auf die Buben zu. Aber das verfrühte Kriegsgeschrei des Hüters der Wälder hatte die Buben mobil gemacht – einträchtiglich rannten sie ihrem Dörfchen Gnäppikofen zu, und als der keuchende Bannwart nahe daran war, sie einzuholen, da entfalteten sie ihre bisher geschlossene Front und jeder machte sich nach einer andern Richtung aus dem Staube. Der Fang war mißglückt, und der Bannwart sandte den Buben zornige Flüche nach. Hätte er sie erwischt, so hätte er, wie recht und billig, jedem eine oder zwei Ohrfeigen gegeben, und die Sache wäre erledigt gewesen, wie recht und billig. Aber nun stand die Ehre des Bannwartes auf dem Spiel. Er hatte die Buben nicht gefangen und ihnen keine Ohrfeigen verabreichen können, die Buben waren ihm davongelaufen und lachten ihn hinter sicherer Deckung verschanzt obendrein aus – da durfte er schon seines Amtes wegen nicht den kürzeren ziehen, sondern machte sich auf, suchte den Landjäger auf und veranlaßte diesen zu einer Anzeige wegen Beschädigung an eidgenössischen Schwachstromleitungen, begangen dadurch, daß die Knaben Hans Gnägi, des Hansen und der Elisabeth geborne Wegmüller, wohnhaft in Gnäppikofen, Bauhandlanger; Fritz Bohnenstecken, Kaspars und der Katharina geborne Röst in Gnäppikofen, Taglöhner, und Rudolf Gängwigäng des Karl Ludwigs, Landwirten und Gemeindepräsidenten und der Anna Susanna geborne Hablich, wohnhaft zu Gnäppikofen, Sonntags den 22. Weinmonat a. c. auf der Fahrstraße von Gnäppikofen nach Gytigen vermittelst mehrfacher und wiederholter Steinwürfe zwei Isolatoren der eidgenössischen Telephonleitung zertrümmerten und diese dadurch lädierten.

Der Landjäger übermachte diese Anzeige dem Regierungsstatthalteramt seines Bezirkes innerhalb nützlicher Frist, worauf der Regierungsstatthalter die Anzeige der Eidgenössischen Telegraphendirektion mit dem Ersuchen übermachte, ihm binnen gesetzlicher Frist mitzuteilen, ob sie gesonnen sei, der Anzeige gerichtliche Folgen zu geben, eventuell sich als Zivilpartei in einem allfälligen Polizeihandel zu stellen.

Die Eidgenössische Telegraphendirektion, angesichts der Tatsache, daß in diesem Falle die Täter in flagranti erwischt wurden, und in Anbetracht des Umstandes, daß derartige Vergehen sich in der letzten Zeit auf dem ganzen Gebiete ihrer eidgenössischen Netze wesentlich vermehrt hatten, setzte das Regierungsstatthalteramt davon in Kenntnis, daß sie gedenke, die Inkulpaten gerichtlich zu belangen, und ersuchte gleichzeitig unter Beilage der Akten den hohen Bundesrat um die Ermächtigung, gegen die Inkulpaten Hans Gnägi, Fritz Bohnenstecken und Rudolf Gängwigäng den ordentlichen Rechtsweg zu betreten unter Berufung auf die Art. x und y des Bundesgesetzes betreffend den Schutz der eidgenössischen Schwachstromanlagen und Artikel 1764, Lemma b des schweizerischen Obligationenrechtes.

Der hohe Bundesrat befaßte sich mit dieser Angelegenheit in seiner Sitzung vom 5. Januar 1906 und beschloß mit vier gegen drei Stimmen, es sei der Petentin die erwünschte Prozeßvollmacht zu erteilen und ihr dies amtlich in Beantwortung ihres Reskriptes vom 1. Dezember 1905 zu eröffnen, ebenso sei im Namen Gottes des Allmächtigen der hohen Regierung des Kantons Bern zuhanden der kantonalen Justizdirektion den getreuen und lieben Eidgenossen von obigem Beschluß gebührende Kenntnis zu geben.

Gestützt auf den unterm 5. Januar 1906 ergangenen Bundesratsbeschluß überwies die kantonale Justizdirektion die Akten dem Regierungsstatthalteramte mit der Weisung, dieselben an die zuständige Gerichtsstelle weiterzuleiten. Gleichzeitig reichte die Eidgenössische Telegraphendirektion gegen die Inkulpaten Hans Gnägi, Fritzli Bohnenstecken und Ruedeli Gängwigäng Strafklage ein wegen Beschädigung der eidgenössischen Telephonleitung, begangen dadurch etc., und stellte sich als Zivilpartei.

Der Regierungsstatthalter überwies den Strafhandel dem zuständigen Polizeirichteramt und dieses lud die Beklagten unterm 8. Mai 1906 vor, unter Androhung der gesetzlichen Folgen im Falle des Ausbleibens, am 28. Mai 1906 im Amtshause zu Bern zu erscheinen.

Die Vorladung wurde den Eltern der drei Übeltäter unterm 10. Mai 1906 zugestellt und die Folge davon war, daß zunächst die drei Buben von ihren respektiven Vätern derart durchgewalkt wurden, daß sie während der drei folgenden Tage sich ängstlich befleißen mußten, in der Schule nicht allzu fest abzusitzen, welches Bestreben ihnen von seiten des Lehrers, der sich über ihre schlechte Haltung empörte, mehrere Ohrfeigen und Haarrupfe eintrug.

Am 28. Mai 1906 fanden sich die drei Knaben zitternd und zagend im Amtshause ein, und zwar schon um halb neun Uhr, da sie um neun Uhr vorgeladen waren. Da jedoch der Polizeirichter sich noch mit andern Geschäften zu befassen hatte, mußten die Jungen bis um halb elf Uhr warten, ehe sie drankamen und wurden nun einem eingehenden Kreuzverhör unterworfen, aus welchem das Geständnis hervorging, daß sie allerdings zwei Isolatoren zertrümmert hätten, aber nicht mehr imstande wären zu sagen, welcher oder welche zwei von den dreien dieselben getroffen hätten. Die Aussagen der Delinquenten wurden des langen und breiten zu Protokoll genommen und, da dem Richter die Feststellung des objektiven Tatbestandes nicht vollständig gelungen war, indem unermittelt blieb, welche beiden von drei Buben die zwei Isolatoren getroffen hatten, ordnete er ein weiteres Beweisverfahren an, indem er den einzig bekannten Augenzeugen, den Bannwart Samuel Lappi von Gnäppikofen, als Zeuge auf den 22. Brachmonat 1906 behufs Einvernahme in Sachen der Eidgenössischen Telegraphendirektion contra Hans Gnägi und Mithafte vorlud.

Am 22. Brachmonat 1906 deponierte Samuel Lappi, Bannwart der Gemeinde Gnäppikofen, nach erteilter Zeugenvermahnung und unter Beachtung der Vorschriften der Artikel 192 u. ff. des Gesetzbuches über das Verfahren in Strafsachen für den Kanton Bern vom 2. März 1850, daß er nicht in der Lage sei, über die Frage, welcher oder welche der drei Buben die zwei Isolatoren mit Steinwürfen getroffen und dadurch zertrümmert hätten, genaue Auskunft zu geben, da er sich dessen nicht genau geachtet habe.

Der Anwalt der Zivilpartei verlangte namens seiner Klägerin, der Eidgenössischen Telegraphendirektion, die Vereidigung des ihm unglaubwürdig scheinenden Zeugen, allein Bannwart Samuel Lappi änderte seine Aussagen auch unter Eid nicht ab. Worauf der Polizeirichter den Haupttermin in Sachen Eidgenössischer Telegraphendirektion contra Hans Gnägi und Mithafte auf den 23. Juli 1906, vormittags 10 Uhr, ansetzte, und, da die Beklagten nicht eigenen Rechtes und daher der natürlichen Vormundschaft ihrer respektiven Eltern, welche für sie verantwortlich waren, standen, lud er, im Hinblick auf die zivilrechtlichen Ansprüche der Klägerin die Väter der Beklagten ebenfalls auf vorgenannten Termin vor.

Die Folge davon war, daß die Väter, erfreut, durch diese Vorladung einen Arbeitstag versäumen zu müssen, ihren Sprößlingen neuerdings die Hosen spannten und ihnen handgreiflich bemerkbar machten, wie angenehm es sei, wegen solchen Lausbuben Zeit und Geld zu opfern.

Am 23. Juli 1906 erklärte die Klägerin durch den Mund ihres Anwaltes, daß sie verlange, es möchte erkannt werden, die Beklagten seien schuldig zu erklären der Lädierung einer eidgenössischen Schwachstromleitung, begangen dadurch etc. und zu verurteilen, zu einer angemessenen Strafe und zur Entschädigung für den durch vorgenanntes Delikt entstandenen Schaden, sowie zu den sämtlichen Kosten des Verfahrens.

Der Polizeirichter nahm von diesem Antrage Akt und schloß die Hauptverhandlung, um zu der Begründung und Fällung des Urteiles überzugehen. Die Begründung ist mir leider nicht mehr gegenwärtig, sonst würde ich sie meinen Lesern gewiß nicht vorenthalten, aber das Urteil lautete auf Freispruch der drei Inkulpaten wegen Mangel an Unterscheidungsvermögen, die Kosten des Verfahrens wurden dem Staate überbunden, und die Klägerin wurde mit ihren Zivilansprüchen auf den Zivilweg verwiesen.

Das Urteil wurde in mehreren Doppeln angefertigt, wovon eines der Klägerin, eines dem Regierungsstatthalter zur Kenntnisnahme und weiterer Verfügung und eines den Beklagten zugestellt wurde.

Der Regierungsstatthalter übermachte sein Doppel der kantonalen Justizdirektion, diese dem hohen Regierungsrate des Kantons Bern, dessen Kanzlei es dem hohen Bundesrate zuhanden der Klägerin weiterleitete. Das Doppel der Beklagten machte ungefähr die gleiche Reise, nur in umgekehrter Reihenfolge und befand sich am 24. März 1908 bereits wieder in Händen des Regierungsstatthalteramtes Bern mit der Weisung, der

Schulkommission von Gnäppikofen das mehrmals vorgenannte Urteil zu eröffnen und dieselbe anzuweisen, die fehlbaren Knaben für das am 22. Weinmonat 1905 begangene Delikt disziplinarisch zu bestrafen.

Am 8. April 1908 nahm die Schulkommission von Gnäppikofen Kenntnis des immensen Aktenbündels und lud die fehlbaren Knaben vor sich. Am 5. Mai 1908 erschienen die drei Sünder gesenkten Hauptes vor der Schulbehörde, welche ihnen zunächst nach allen Noten den Text las und dann folgende Strafen über sie verhängte.

Hans Gnägi und Fritz Bohnenstecken wurden ihrem Lehrer zur exemplarischen Strafe mit dem Stocke überwiesen, Ruedeli Gängwigäng dagegen, dessen schwächliche Konstitution die Prügel schon deswegen nicht vertragen konnte, weil sein Vater ebenfalls Mitglied der Schulkommission war, wurde dazu verfällt, die ergangenen Akten in seinen freien Stunden säuberlich abzuschreiben. Das arme Kind machte sich an die Arbeit und starb drei Wochen später an einem überaus heftigen Anfalle von Drehkrankheit verbunden mit Gehirnvertrocknung.

Damit schien die Angelegenheit, welche während drei Jahren unsere höchsten und niedrigsten Behörden eingehend beschäftigt hatte, erledigt und niemand dachte weiter daran, es sei denn, um der weisen staatlichen Pädagogik seine ergebene Bewunderung zu zollen.

Allein, schon am 3. September 1908 erhielten die drei Väter der freigesprochenen Knaben, von welchen inzwischen einer verstorben war, folgendes Schreiben der schweizerischen Telegraphen- und Telephonverwaltung:

«Gemäß Mitteilung des Polizeirichteramtes in Bern ist ihr Sohn (folgte der Vorname des betreffenden Knaben) am 23. Juli 1906 abhin vor dem Polizeirichter erschienen und hat gestanden, an den seinerzeit vorgekommenen Isolatorenbeschädigungen in der Umgebung von Gnäppikofen beteiligt gewesen zu sein.

Sämtliche Täter wurden mit Rücksicht darauf, daß sie offenbar nicht im Besitze der zur Unterscheidung der Strafbarkeit der überwiesenen Delikte erforderlichen Urteilskraft gewesen sind, von Strafe freigesprochen.

Bevor wir nun mit unserer Forderung für Rückvergütung des uns entstandenen Schadens den zivilrechtlichen Weg beschreiten, möchten wir Sie, um Ihnen weitere Kosten zu ersparen, anfragen, ob Sie bereit sind, den auf Sie entfallenden Betrag der Reparaturkosten von Fr. 10.80 auf unserer Amtsstelle oder gegen Nachnahme zu entrichten.

Im Weigerungsfalle würden wir uns weitere Schritte vorbehalten.

Achtungsvollst

Telegraphenbureau Bern.

(Unterschrift)»

Der Gemeindepräsident von Gnäppikofen, Vater des verstorbenen Rudolf Gängwigäng, sagte kein Wort, sondern zahlte noch am selben Nachmittag den Betrag auf dem Postbureau seines Dorfes ein. Dann ging er über Feld und sammelte eine schöne Anzahl Steine, worauf er sich der menschenleeren Straße der Telephonlinie entlang schlich und unter Vermeidung jeglichen Aufsehens dreiundzwanzig Isolatoren sicheren Wurfes herunterholte. Es ist ihm bis jetzt nicht ausgekommen und käme es aus, so wäre die Geschichte inzwischen verjährt.

Kaspar Bohnenstecken, der Vater des jungen Fritz, Taglöhner in Gnäppikofen, nahm zunächst Kenntnis von dem amtlichen Schreiben und dann einen zügigen Haselstock, mit welchem er dem Buben das Fell derart vergerbte, daß er sich infolgedessen wegen Überschreitung des elterlichen Züchtigungsrechtes vor Gericht verantworten mußte und bis auf weiteres noch im Gefängnis sitzt. Den Buben, welchen er zum hoffnungslosen Krüppel schlug, mußte die Gemeinde Gnäppikofen in einer Anstalt für Unheilbare versorgen.

Hans Gnägi senior dagegen verwahrte sich, für seinen Buben auch nur einen Batzen zu zahlen. Der Bub sei seinerzeit freigesprochen worden, also sei er niemandem nichts schuldig, punktum! Immerhin holte er sich den Jungen heran und versohlte ihm den Hosenboden so lange, bis ihm der Atem ausging. Aber dabei ließ er es bewenden. Anders die schweizerische Telegraphendirektion. Sie strengte eine Betreibung gegen Hans Gnägi an, bei welcher Gelegenheit der sonst ehrbare und fleißige Familienvater fruchtlos ausgepfändet wurde. Er hatte den Winter durch wenig Verdienst gehabt und es war ihm nicht möglich gewesen, seine acht Kinder zu ernähren und dabei noch Fr. 10.80 für die schweizerische Telegraphenverwaltung aufzubringen.

Fruchtlose Pfändung bedingt im Kanton Bern die Einstellung in den bürgerlichen Rechten auf drei Jahre. Hans Gnägi senior ertrug diese Demütigung nicht, sondern erhängte sich im Gnäppikoferwald, und nun muß die Gemeinde Gnäppikofen dessen acht Kinder auch noch erhalten. Die Fr. 10.80 hat die schweizerische Telegraphendirektion nicht gekriegt, sondern wartet die Volljährigkeit des jungen Hansen ab, um ihn dafür zu betreiben.

Apropos, ich ließ mir sagen, daß ein Isolator sich ungefähr auf einen Franken im Ankauf stelle. Wissen Sie etwas Genaueres darüber? Ich nicht; und dann, ich möchte der schweizerischen Telegraphendirektion nicht unrecht tun, denn wie gesagt, ich wollte keine Satire schreiben.

Die Gegendarstellung der schweizerischen Obertelegraphendirektion

Die Nummer 291 des *Berner Tagblatts* vom 24. Oktober laufenden Jahres bringt folgende Nachricht: «Am 22. September 1905 zerschlugen drei Knaben zwei Isolatoren an einer Telegraphenleitung, indem sie einen Vogel mit Steinwürfen treffen wollten. Wie der *Démocrate* in Delsberg meldet, ist nach sechsjährigen administrativen und gerichtlichen Untersuchungen diese Angelegenheit endlich in dem Sinne erledigt, daß der eidgenössischen Telegraphendirektion das Recht zugesprochen wurde, den Betrag von Fr. 10.80 rechtlich einzutreiben. Obwohl zwei Isolatoren gewöhnlich nicht ganz zwei Franken kosten, zahlten zwei Väter für ihre Schlingel die entfallenden Beträge. Der eine kam aber hernach in eine solche Täubi, daß er hinging und 23 weitere Isolatoren zerschlug. Dafür steht ihm ein weiterer, jedenfalls gesalzener Prozeß in Aussicht. Der zweite Vater vergriff sich in einem ähnlichen Gemütszustande an seinem Buben in solcher Weise, daß er nun wegen Mißbrauchs der väterlichen Gewalt ebenfalls strafrechtlich verfolgt wird. Der dritte Vater konnte aber den von der Telegraphendirektion geforderten Betrag gar nicht bezahlen. Dafür wurde er weiter hochnotpeinlich verfolgt und zu drei Jahren Verlust der bürgerlichen Rechte verurteilt. Der Mann wurde trübsinnig über diese Schande und hängte sich eines schönen Tages auf, so daß die Gemeinde heute seine acht unerzogenen Kinder erhalten muß. Der eidgenössischen Gerechtigkeit ist nun Genüge getan...»

Diese Nachricht ist die zusammengefaßte Wiedergabe eines Aufsatzes, der vor einiger Zeit in der zürcherischen Zeitschrift *Wissen und Leben* erschienen und von Herrn C. A. Loosli unterzeichnet ist.

Wir sehen uns veranlaßt, an Hand der Akten die Mitteilungen des Herrn Loosli richtigzustellen:

Seit Jahren waren in der näheren Umgebung von Bümpliz Gefährdungen von Telegraphen- und Telephonleitungen durch Zertrümmerung von Porzellanisolatoren an der Tagesordnung. Anfangs Dezember 1909 wurden in jener Gegend neuerdings 16 Isolatoren zertrümmert, worauf, gestützt auf die Strafbestimmungen des Bundesgesetzes über die elektrischen Anlagen, am 4. Dezember 1909 beim Regierungsstatthalteramt in Bern Anzeige eingereicht wurde. Im Monat August 1910 zählte man in derselben Gegend wiederum 35 zerschlagene Isolatoren. Es erfolgte am 20. August 1910 eine weitere Strafanzeige.

Durch Zuschrift vom 27. September 1910 gab das Regierungsstatthalteramt auf Grund eines Polizeirapportes die Namen der

mutmaßlichen Täter in bezug auf den zuletzt angezeigten Fall
bekannt. Mit Rücksicht auf die fortwährenden Linienbeschädi-
gungen in jener Gegend wurde die genannte Amtsstelle unterm
7. Oktober 1910 darum angegangen, die Voruntersuchung zu
beenden, damit alsdann nach gesetzlicher Vorschrift der Bundesrat entscheide, ob das Verfahren von den eidgenössischen oder
den kantonalen Strafbehörden durchzuführen sei. Am 10. Dezember 1910 leitete das Regierungsstatthalteramt die Akten an
die Bundesbehörde weiter. Auf Antrag des eidgenössischen Justiz-
und Polizeidepartements wurde durch Präsidialverfügung vom
19. Dezember 1910 die weitere Untersuchung und eventuell die
richterliche Beurteilung des Falles den zuständigen Behörden des
Kantons Bern übertragen. Am 2. Februar 1911 erschienen die Angeschuldigten vor dem Polizeirichteramt Bern. Alle drei gestanden, im Jahre 1910 in genannter Gegend Isolatoren zerschlagen
zu haben. Der Richter sprach sie jedoch frei mit Rücksicht darauf,
daß sie offenbar nicht im Besitze der zur Unterscheidung der
Strafbarkeit der überwiesenen Delikte erforderlichen Urteilskraft
gewesen seien. Dagegen hielt es der Richter für angezeigt, die
Akten zur disziplinarischen Maßregelung der jugendlichen Delinquenten den Schulbehörden von Bümpliz zu übermitteln, damit von seiten dieser Behörden mit Nachdruck gegen den unter
der dortigen Schuljugend eingerissenen Unfug gearbeitet werde.
Da sich die Telegraphenverwaltung vor dem Polizeirichter nicht
als Zivilpartei gestellt hatte und von diesem auch nicht vorgeladen
worden war, wurde über die Entschädigungsfrage nicht geurteilt.
Die ergangenen Staatskosten hatte der Staat zu tragen.

Der der Telegraphenverwaltung entstandene Schaden (Arbeitslöhne und Material) belief sich im ganzen auf Fr. 32.40. Die
drei Täter, bezw. deren gesetzliche Vertreter, wurden unterm
13. März laufenden Jahres aufgefordert, den Schaden zu ersetzen, und zwar jeder zu einem Drittel (Fr. 10.80).

Für die Familie des einen Knaben verwendete sich daraufhin
mit Zuschrift vom 16. März abhin Herr C. A. Loosli, Schriftstel-

ler und Vize-Präsident der Schulgemeinde Bümpliz. Er ersuchte um Erlaß der Forderung, indem er geltend machte, daß der Vater des Fehlbaren seit längerer Zeit arbeitslos sei und eine große Familie habe. Ein analoges Gesuch stellte die Mutter des zweiten Knaben, eine arme Witwe. In Ansehung dieser Umstände wurde den beiden die Forderung vollständig erlassen und ebenso aus Billigkeitsrücksichten auch dem Vater des dritten Jungen. Die Telegraphenverwaltung hat mithin den Schaden ganz auf sich genommen. Am 19. April laufenden Jahres erhielten die Ersatzpflichtigen Kenntnis von diesem Verzicht, womit die Angelegenheit erledigt war. Seither sind in jener Gegend keine derartigen Eigentumsbeschädigungen mehr vorgekommen.

Aus Vorstehendem ergibt es sich, daß die von Herrn C. A. Loosli wiedergegebene Darstellung des Sachverhaltes zum Teil, das heißt in allen wesentlichen Punkten, frei erfunden ist, zum andern Teil aber auf wissentlicher Verdrehung und Entstellung der Tatsachen beruht.

Es steht natürlich Herrn Loosli vollständig frei, seine Phantasie nach Belieben walten zu lassen, wenn er dichten will. Nur sollte er dann die Erzeugnisse seiner Phantasie als Dichtung oder mit irgend einem ähnlichen Titel bezeichnen. Wenn er aber, nicht etwa aus ferner Vergangenheit, sondern aus der gegenwärtigen Zeit Geschichten erzählen will, um Personen oder Einrichtungen der Gegenwart zu illustrieren und dem von ihm sogenannten «Bureausaurus helveticus L.» den Garaus zu machen, so sollte er, wenigstens einigermaßen, bei der Wahrheit bleiben. Dies um so mehr, wenn er seine Darstellung mit den Worten einleitet:

«Nein, ich will keine Satire schreiben, sondern trocken, schlicht und treuherzig, wie es meine biedere Art ist, berichten, was ich seit dem 22. Weinmonat 1905 mit eigenen Augen wahrgenommen habe.»

Um dem Vorgehen der Telegraphenverwaltung ein recht bureaukratisches Gepräge zu verleihen, läßt Herr Loosli die Affäre am 22. September 1905 beginnen und ihren Abschluß gegen das

Jahr 1909 finden, verleiht ihr also eine Dauer von ungefähr vier Jahren, während tatsächlich die Entdeckung der Täter durch die bernische Polizei im September 1910 erfolgt ist und die ganze Angelegenheit am 19. April 1911 ihre definitive Erledigung gefunden hat.

Die Replik von Loosli

Mea culpa, mea maxima culpa! Die Eidgenössische Obertelegraphendirektion hat mich der gröblichsten Entstellung der Tatsachen überführt. Sie hat festgestellt, daß, wenn sie gegen strafunmündige Kinder vorgeht, ihr fünfzehn Monate und nicht, wie ich behauptet hatte, ein Dutzend Jahre genügen. Sie hat festgestellt, daß sie wirklich drei Knaben vor den Richter zitierte, daß diese drei Knaben wirklich freigesprochen wurden unter Auferlegung der Gerichtskosten an den Staat, der sein Geld sonst zu nichts zu verwenden weiß. Sie hat endlich festgestellt, daß sie nach etwa vierzehn Monaten wirklich noch hintendrein durch die Schulbehörde von Bümpliz die disziplinarische Bestrafung der Fehlbaren anbegehren ließ und daß sie wirklich nach dieser Zeit noch von deren Eltern den ihr übrigens zukommenden Schadenersatz verlangte, um dann in Anbetracht der bedrängten Verhältnisse der Eltern der jugendlichen Delinquenten in anerkennenswerter Weise darauf zu verzichten. Ich erlaubte mir, in einem Aufsatz in *Wissen und Leben* dieses Vorgehen der Eidgenössischen Obertelegraphendirektion in einer, ich gebe es zu, recht grotesken Weise zu verulken. Der *Démocrate* nahm diese Verulkung für bare Münze und von ihm aus verbreitete sich die Schauergeschichte, ihres sarkastischen Beiwerkes, welches sie als solche ohne weiteres hätte erkennen lassen, entkleidet, so ziemlich durch die ganze Schweizerpresse.

Was ich eigentlich der Eidgenössischen Obertelegraphendirektion zu sagen hatte, wurde durch diesen kritiklosen Nachdruck des *Démocrate* verschleiert und ich erlaube mir daher, es in aller Kürze zu wiederholen. Nämlich folgendes:

Ich bin durchaus der Ansicht, daß es der Schuljugend nicht gestattet werden darf, durch Zertrümmern von Isolatoren den Telegraphen- und Telephonverkehr zu stören und das Eigentum des Staates zu beschädigen. Ich bin mit der Telegraphendirektion der Meinung, daß solche jugendliche Sünder Strafe verdienen und ihr nicht entgehen sollen. Aber ich meine auch, daß die Strafe, soll sie wirksam sein, der bösen Tat auf dem Fuße folgen muß und nicht erst vierzehn Monate hintendrein, wo die Schlingel ihr Vergehen mit einem gewissen Recht als moralisch verjährt betrachten. Man kann dann nicht mehr so strafen, wie jede Schulbehörde ohne weiteres strafen würde, wenn ihr ein solcher Fall sofort zur amtlichen Kenntnis gebracht und sie aufgefordert würde, disziplinarisch vorzugehen. Im besonderen Falle war ich mit der nachträglichen Bestrafung der jugendlichen Sünder beauftragt, und ich konnte mich zu nichts mehr als zu einem ernsten Verweis und einem populären, dem Fassungsvermögen der Delinquenten angepaßten Vortrag über die Bedeutung der Telephonleitungen aufschwingen. Und außerdem bin ich ein grundsätzlicher Gegner der Überweisung von strafunmündigen Kindern an die ordentlichen Gerichte. Ja, wenn wir Jugendgerichte hätten! Aber so ist das Verfahren langsam, teuer, für die Eltern der Kinder und für die Organe des Staates zeit- und geldraubend. Und vor allen Dingen unpädagogisch! Wenn nämlich, wie dies in solchen Fällen häufig geschieht, die armen Sünder wegen Mangel an Unterscheidungsvermögen oder weil sie das Strafmündigkeitsalter nicht erreicht haben, freigesprochen werden müssen. Versteht denn ein Kind die juristischen Erwägungen, welche seinen Freispruch durch den Richter bedingten? Kaum; es weiß nur, daß es freigesprochen wurde, daß es, ohne Strafe befürchten zu müssen, noch weiter sündigen darf. Und weiß auch ganz genau, daß es gesündigt hatte. Ich erlaube mir daher im Interesse des Ansehens unserer Gerichte, die man nicht schon im

Kindesalter als eine farcenhafte Einrichtung so sinnenfällig darstellen sollte, und im Interesse einer wohlverstandenen Pädagogik der Eidgenössischen Obertelegraphendirektion entschieden, von der Anrufung der Gerichtsinstanzen gegenüber Kindern abzuraten. Sie darf versichert sein, daß sie darum nicht in ihren Rechten verkürzt wird, denn, wie gesagt, jede Schulbehörde wird ihr gerne an die Hand gehen, um derartigen Ausschreitungen in wirksamer und nachdrücklicher Weise entgegenzutreten. Und wird ihr für die Zukunft die Mühe ersparen, an den Satiren eines lustigen Rates philologische Textkritik öffentlich üben zu müssen.

Und da ich mich gerade mit ihr auseinanderzusetzen habe, so erlaube ich mir bei dieser Gelegenheit, ihre Feststellung, daß seither in unserer Gegend keine derartigen Eigentumsbeschädigungen mehr vorgekommen seien, ein wenig anzuzweifeln. Dem miserablen Telephonverkehr nach zu schließen, dessen wir uns in Bümpliz zu beklagen haben, müssen mindestens sämtliche Isolatoren beider uns mit Bern verbindenden Linien in Scherben sein.

Mea culpa, mea maxima culpa! Ich verspreche hiermit öffentlich und feierlich der Eidgenössischen Obertelegraphendirektion, nur noch eine Geschichte von zertrümmerten Isolatoren, die sich letzthin in einem ihrer ostschweizerischen Kreise abgespielt hat und von männiglich belacht wurde, aufzutischen, wenn sie mir dagegen verspricht, daß auch wir Bümplizer uns in Zukunft eines einigermaßen zufriedenstellenden Telephonverkehrs erfreuen dürfen. Bis dahin bleibe ich ihr schuldbewußter und zerknirschter und ihr Interesse stets zu wahren bereiter
C. A. Loosli.

LOOSLI AN FRITZ LANGHANS

2. Oktober 1929

Mein lieber Langhans,

ich danke Dir, daß Du mir Gelegenheit bietest, zu der Vorlage über die Jugendrechtspflege noch einiges anzubringen. Freilich hätte ich es gerne gründlicher und eingehender getan, als es mir das kurze und oberflächliche Studium des Entwurfes heute ermöglicht. Immerhin sind mir die folgenden Punkte aufgestoßen, die mir der Erwägung und gegebenenfalles der Dir gutscheinenden rechtlichen Formulierung wert scheinen.

In den Erläuterungen zu dem Entwurf heißt es, sehr vernünftiger- und einsichtigerweise (Seite 4, 2. Spalte): «Die Jugend hat eine Zukunft vor sich, die nicht der Vergangenheit geopfert werden darf.»

Goldene Worte! Aber in unserm Falle besteht die Vergangenheit der uns beschäftigenden Jugendlichen nicht allein in der Strafhandlung, die sie vor das Gericht führt, sondern ebensosehr und mehr noch in ihren bisherigen Versorgungs- und Erziehungsbedingungen. Dem müßte, scheint mir, Rechnung getragen werden. Der letztjährige Jahresbericht von Tessenberg meldet, daß von 92 Zöglingen am 1. Januar 1929

16 vaterlos,

18 mutterlos,

7 Ganzwaisen und

16 Kinder von Geschiedenen oder getrennt Lebenden waren. Mehr als zwei Drittel des gesamten Zöglingsbestandes entbehrte demnach einer vollwertigen Familienerziehung und eines vollwertigen Familienlebens. 19 wurden von fremden Leuten oder Verwandten, 22 in Erziehungsanstalten erzogen.

Erste Pflicht des Staates scheint mir demnach, den fehlbaren Jugendlichen nicht nur unter den in Art. 16 vorgesehenen Voraussetzungen einen Beistand zu stellen, sondern ich halte dafür, jedem Kinde oder Jugendlichen, der mit dem Jugendgericht in Berührung kommt, ohne weiteres und vor allem einen Beistand zu stellen, dessen Tätigkeit sich vom Augenblicke der Urteilsfällung über die Dauer der Enthaltung und der Bewährungsfrist erstreckt. Dieser Beistand sollte nicht der Jugendanwalt sein. Der hat dazu binnen kurzem keine Zeit mehr, folglich bringt er auch die notwendige Sorglichkeit zur Betreuung der Schützlinge nicht mehr unter der notwendigen Berücksichtigung der Eigenmenschlichkeit eines jeden auf.

Der Entwurf sieht drei Jugendanwälte vor, die sich jährlich in rund 800 Fälle zu teilen hätten. Macht auf den Mann 266 Fälle das erste, ebensoviel das zweite, dritte, vierte Jahr usw. Weniger als durchschnittlich drei Jahre sollen oder werden die Jugendlichen nur ausnahmsweise enthalten sein. Folglich hat sich der einzelne Jugendanwalt schon nach ganz wenigen Jahren ständig mit über 1000 Einzelfällen zu befassen. Daß dabei für die Erziehung und Lebensertüchtigung der Jugendlichen, auf die es vornehmlich, wenn nicht ausschließlich ankommt, nicht dauernd Ersprießliches zustande kommt, scheint mir klar.

Folglich Beistände in jedem Einzelfall!

Allgemeine Pflichten der Beistände: Siehe *Erziehen, nicht erwürgen!* [Loosli verweist auf den Abschnitt «Die Verbeiständung der Armenerziehbaren»] Besondere Pflichten für die Jugendlichen:

a. Berufsberatung und -vermittlung in Verbindung mit den bestehenden oder noch zu schaffenden Berufsberatungsstellen.

b. Arbeitsvermittlung, Stellenvermittlung, wobei die Fähigkeiten, die Eigenmenschlichkeiten sowohl des Schützlings wie des Meisters im Hinblick auf des ersteren Wohl und Ertüchtigung dzu erwägen und demnach zu beschließen wären.

c. Wohngelegenheitsvermittlung, Familienanschluß.

d. Gewährleistung billiger Entlöhnung bzw. Beschaffung von so ausreichendem Taschengeld, daß der Schützling weder von der Gesellschaft ausgeschlossen noch in die Versuchung geführt wird, es sich widerrechtlich anzueignen. Daher:

e. Ständige, wohlwollende Fühlung des Beistandes mit dem Schützling während seiner Enthaltungs- und Bewährungszeit.

Endlich möchte ich dem Beistand auch das in Art. 5 vorgesehene Rekurs- und in Art. 13 vorgesehene Appellationsrecht für seinen Schützling eingeräumt wissen.

Ob dem Jugendanwalt zusteht, im Einzelfalle zur seelischen und geistigen Bewertung des Kindes oder des Jugendlichen schon im Untersuchungsstadium psychiatrische und namentlich psycho-therapeutische Sachverständige beizuziehen und sich von ihnen beraten zu lassen, geht aus dem Wortlaut des Art. 4 jedenfalls nicht hervor. Ich halte aber dafür, daß ausdrücklich auf diese Möglichkeit verwiesen werden sollte, ja hätte sogar nichts dagegen einzuwenden, daß eine solche Ermittlungshilfe zwangsweise für alle Fälle eingeführt würde, wo es sich nicht bloß um delinquente, sondern lediglich um schwererziehbare Kinder handelt. (Siehe meinen Vortrag in *Ombres et lumières de la vie d'établissements*, den ich Dir vor einiger Zeit zusandte. Ich denke dabei auch beispielsweise an die nicht eben seltenen Fälle von Pubertätsstörungen verbunden mit Pyromanie etc.)

Soll, wie wir hoffen und wünschen, der Erziehungszweck einmal und für allemal dem bloßen Versorgungs- und Unschädlichmachungszweck vorangestellt werden, welche Bedenken können dann noch gegen die Abschaffung der Strafmindestmaße für Kinder und Jugendliche erhoben werden? Ich kann mir denken, daß die Beibehaltung des Strafmindestmaßes in vielen Fällen die zweckentsprechende Erziehung und Lebensertüchtigung geradezu verunmöglichen wird. Beispiel: Ein Fünfzehnjähriger wird zu neun Jahren Enthaltung verurteilt. Bei seiner Entlassung ist er vierundzwanzig Jahre alt, hat nichts gelernt, ist weltfremd usw. und wird rückfällig. Ich habe nichts gegen lange Bewährungsfristen, aber alles mögliche gegen festzusetzende Minimalenthaltungsfristen.

Im ganzen erblicke ich in dem Entwurf die Grundlage zu einem hocherfreulichen Fortschritt. Vieles ist geradezu vorzüglich. Noch besser wäre es freilich, wenn die zu schaffende Jugendrechtspflege durch ein vorgängiges und vorbeugendes Armenerziehungsrecht von vorneherein entlastet würde.

Dies in aller und erster Eile! Im einzelnen sprechen wir uns wohl noch!

Mit besten Grüßen, Dein

C. A. Loosli

JUGENDRECHT UND
SCHWEIZERISCHES STRAFRECHT

Vorbemerkungen

Der Hauptzweck der nachfolgenden Ausführungen besteht darin, das in Vorberatung befindliche schweizerische Strafrecht im Hinblick auf das Jugendrecht zu befruchten und namentlich einzelne Forderungen, die uns notwendig und berechtigt scheinen, zu umschreiben, bevor es zu spät ist, weil erfahrungsgemäß ein einmal zu Gesetzeskraft erwachsenes Recht auf Menschenalter hinaus allgemein verbindlich zu sein und nicht so rasch abgeändert und verbessert zu werden pflegt – auch dann nicht, wenn es sich in einzelnen seiner Bestimmungen überlebt hat und der allgemeinen gesellschaftlichen Entwicklung eher hinderlich und schädlich als fördernd geworden ist.

Wenn wir auf diese Forderungen besonderes Gewicht legen, so geschieht dies nicht in der Absicht, die gewaltige Arbeit, die im bundesrätlichen Entwurfe zu einem schweizerischen Strafgesetzbuch seit nun mehr als dreißig Jahren geleistet wurde und noch immer geleistet wird, kleinlich zu benörgeln, denn auch dazu fühlten wir uns am allerwenigsten berufen. Sondern, von der Ansicht ausgehend, daß hier ein Werk im Wurfe ist, dessen Rechtsverbindlichkeit sich, im Falle seiner Annahme, auf die Dauer mehrerer Geschlechter erstrecken wird, liegt es uns einfach daran, einige bescheidene Meinungsäußerungen zu verlautbaren, die vielleicht noch berücksichtigt zu werden verdienen und die dazu beitragen können, zu vielem bereits Vorhandenem und Gutem noch Besseres einzufügen. Wir wünschten, was an uns liegt, dazu beizutragen, daß unser Strafrecht, namentlich soweit es das Jugendrecht umfaßt, so vorbildlich, so gesellschafts- und menschheitsfördernd als nur immer möglich ausfallen möchte.

Daß wir trotzdem nachstehend an einzelnen seiner Bestimmungen Kritik üben werden, soll also niemanden weder verärgern noch betrüben. Auch dort, wo wir mit der geleisteten Arbeit nicht einiggehen können, sind wir uns stets des vielen Wertvollen, in mancher Beziehung Großzügigen bewußt, das sie in ihrer Gesamtheit mit sich bringt und das an sich einen wesentlichen Fortschritt bedeutet.

Endlich sei noch vorausgeschickt, daß wir, auch da, wo wir bestimmte Forderungen aufstellen, keineswegs von unserer höheren Einsicht oder gar unserer Unfehlbarkeit überzeugt sind. Namentlich wissen wir die ungeheuren Schwierigkeiten wenigstens teilweise zu würdigen, die sich einem Gesetzeswerk von der Bedeutung des vorliegenden entgegenstellen, dessen Aufgabe darin besteht, 25 verschiedene Überlieferungsrechte zusammenfassend unter einen Hut zu bringen, ohne die einzelnen Stände in ihrem Rechtsbewußtsein und ihren Anschauungen allzusehr zu vergewaltigen.

Im übrigen wollen wir hüben und drüben nie vergessen, daß jegliches Gesetzeswerk im Augenblick seines Eintrittes in Rechtskraft von dem stets beweglichen Leben bereits in manchen Teilen überholt ist; ferner, daß das geschriebene Recht stets nur die Formulierung des völkischen und gesellschaftlichen Gebrauchtums bedeutet, das immerdar flüssig und wandelbar ist und jenem unablässig vorauseilt.

Kein Gesetzgeber schreitet seiner Zeit voraus, sondern jeder, auch der erhabenste, folgt ihr. Wir preisen den als den besten, der seiner Zeit am nächsten folgt und der, in Ausnahmefällen, über sie hinaus, eine zwar immerhin eng beschränkte Zukunft zu überschauen und seine Tätigkeit darnach einzustellen vermag.

Der beste Weg, der bis anhin in dieser Richtung begangen wurde, besteht für ihn darin, soviel als möglich grundsätzlich, dagegen sowenig als möglich kasuistisch vorzugehen.

Es muß zugestanden werden, daß der uns beschäftigende Strafgesetzesentwurf dieser Höchstforderung in weitgehendem Maße entspricht. Schon darum verdient er unser aller Achtung, auch dort, wo wir, in Einzelgebieten, in guten Treuen andere Auffassungen als die seinigen zu vertreten genötigt sind.

Das Jugendrecht in unserem zeitgenössischen Verständnis ist ein durchaus neuer Begriff, der um kaum viel mehr als dreißig Jahre zurückreicht. Er ward und ist bedingt durch die neue Auffassung der Gesellschaftswissenschaften und die vorher ungeahnten Entdeckungen auf den Gebieten der Lebens- und Seelenkunde, die, wie bereits erwähnt, den Verantwortlichkeitsstandpunkt des Einzelmenschen erschütterten und wesentlich in die gesellschaftliche Allgemeinheit verlegten. Psychiatrie, Psychologie, Soziologie, Biologie, Psychoanalyse und die Anfänge der gemeinnützig praktischen Erschließung jener Wissenschaften, die das rationalistische Zeitalter, aus dem heraus wir ältern Leute von heute geboren wurden, übersah oder zu Unrecht überlegen belächelte, haben wesentlich dazu beigetragen und werden immer mehr dazu führen, die Wechselbeziehungen von Mensch zu Mensch, vom Einzelnen zur Gesellschaft und umgekehrt abzuklären. Alle diese geistigen Neuwerte, verbunden mit denen, die uns die Technik unserer Tage förderte, konnten nicht umhin, auch die überlieferten Rechtsanschauungen wesentlich zu erschüttern und umzugestalten. Ist ja doch das Recht eine der tiefgreifendsten Einrichtungen, der empfindlichsten Äußerungen des gesellschaftlichen Lebens überhaupt!

Wir stehen heute, insoweit wir allen diesen Neuwerten auch nur einigermaßen Rechnung tragen, in einem recht unsicheren, kritischen Übergangszustand. Wir haben bereits den Anfang des Bruches mit der Vergangenheit vollzogen, ohne uns noch klar geworden zu sein, wohin uns letzten Endes unsere Neuerkenntnisse wirklich führen und zu welchen praktischen Folgerungen sie uns schließlich nötigen werden. Aus diesem Grunde stehen die Staaten, die sich gerade gegenwärtig mit der Um- und Neuformulierung ihres Strafrechtes zu befassen haben, in der denkbar ungünstigsten Lage durchgehender Unsicherheit. Auch die Schweiz! Wäre irgendein Strafrecht, sagen wir einmal der ursprüngliche Entwurf von Prof. Dr. Stoß, vor dreißig Jahren vom Volk angenommen worden, so könnten wir heute ruhig der Entwicklung all der neuen Erkenntnisse, namentlich auf den Gebieten der Seelenkunde, abwartend und aufmerksam zusehen, um uns allmählich auf die gründliche Umgestaltung und Umformung des Strafrechtes vorzubereiten. Nun aber, da wir aus allen möglichen, wesentlichen Gründen dem neuen Strafrecht keinen Aufschub mehr zu gewähren vermögen, laufen wir die Gefahr, etwas zu schaffen, das schon nach verhältnismäßig kurzer Zeit von jenen Wissenschaften überholt und in vielen Teilen bankrott erklärt werden wird. Wer aber aus Erfahrung und Beobachtung weiß, wie schwer es hält, Gesetzeswerke von der Tragweite und Bedeutung eines Strafgesetzbuches um- und neuzugestalten, dem bangt vor der Aussicht, ein solches nun in unsern Tagen in Kraft treten zu sehen, wo dessen soziale, biologische und psychische Grundlage von heute auf morgen vollständig verschoben werden kann, dessen Rechtskraft und Wirkung vielleicht kommende Geschlechter unverantwortlich belasten und hemmen wird.

Da wir jedoch keine Wahl haben, so gebieten uns Einsicht und Gewissen in gleicher Weise, das neue Strafrecht, solange es noch Zeit ist, wenigstens so auszubauen, daß es möglichst lange den Anstürmen der Neuerkenntnisse, ihnen Spielraum gewährend, standzuhalten vermag. Zu diesem Zwecke aber ist es unerläßlich, uns an das zu halten, was sich aus ihnen bis anhin am unanfechtbarsten ergeben hat. Das aber läßt sich in ein paar Worten zusammenfassen:

Die strafrechtlichen Begriffe der Rache, der Vergeltung, der Sühne und der Abschreckung werden von Tag zu Tag, zugunsten des denkbar weitgehendsten Begriffes der Erziehung und Heilung, erschüttert.

Damit ist die grundsätzliche Richtung, die wir zum Jugendrecht innerhalb unseres Strafrechtes einzunehmen haben, klar umrissen. Sie weist auf Erziehung, psychopädagogische Heilbehandlung, eigenmenschliche und soziale Ertüchtigung des Körpers, des Geistes und der Seele unbeirrbar hin.

Von diesem Standpunkte aus werden wir einzelne Bestimmungen oder Vorschläge unseres Strafgesetzentwurfes, das Jugendrecht betreffend, einzig zu werten und womöglich zu beeinflussen haben.

Von der geschichtlichen Entwicklung des Jugendrechtes

Insofern ihn die vorstehenden Ausführungen nicht schon wenigstens andeutungsweise vermittelten, müssen wir uns einen kurzen geschichtlichen Überblick über das Jugendrecht überhaupt gestatten. Gewisse ausnahmsweise Bestimmungen der Strafgesetzgebung zugunsten der Kinder und Jugendlichen finden sich schon fast so lange vor, als es geschriebene Strafrechte überhaupt gibt; doch beziehen sie sich ausschließlich auf das Strafmündigkeitsalter, und, wenn auch viel später, auf das sogenannte Unterscheidungsvermögen.

So bestimmt etwa – um nicht noch weiter zurückzugreifen – bereits die Hals- oder Peinliche Gerichtsordnung Karls V. (C.C.C.) vom Jahre 1533 in ihren Artikeln CLXIII und CLXXIX der erstere ihre mildere Bestrafung im Falle die Jugendlichen zur Zeit der Begehung ihrer Straftat das 14. Altersjahr nicht erreicht haben; der andere statuiert die verminderte Strafausmessung von Übeltätern, «die jugent oder anderer sachen halb, jre sinn nit haben».

Seit der Französischen Revolution, die auch in dieser Hinsicht neue Aussichten und Möglichkeiten erschloß, wurden fast überall verschiedene Stufen der Strafmündigkeit strafrechtlich vorgesehen. So wurde die Strafmündigkeit vielerorts beispielsweise bis zum erreichten 12. Altersjahr vollständig verneint, vom 12. bis zum vollendeten 18. Altersjahr nur bedingt, darüber hinaus dagegen unbedingt bejaht. Allein, auch bei der erreichten

Strafmündigkeit vom 18. bis zum 20. Altersjahr wurde dem Richter vielerorts die Frage nach dem Unterscheidungsvermögen des jugendlichen Rechtsbrechers zur Entscheidung überlassen, was ihn in deren ganzem oder teilweisem Verneinungsfalle dazu ermächtigte, entweder die vorgesehenen Strafen wesentlich herabzusetzen oder besondere Maßnahmen, die wir heute als fürsorgliche anzusprechen gewohnt sind, zu verfügen.

Allein, vor ungefähr fünfzig Jahren schon wurde die kriminalistische Wertbemessung des sogenannten Unterscheidungsvermögens (discernement) je länger je erfolgreicher bestritten. Wenigstens innerhalb der Stufe der bedingten Strafmündigkeit, vielerorts auch in der dritten Stufe der vollen Strafmündigkeit vom 18. bis zum 20. Lebensjahre durfte das «Unterscheidungsvermögen» entweder überhaupt nicht mehr oder nur mehr bedingt den Ausschlag zur Strafbemessung oder zur fürsorglich erzieherischen Maßnahme geben. Ausschlaggebend wurde statt dessen die mit der geistigen verbundene sittliche Reife und die Widerstandskraft gegenüber den Antrieben zu Straftaten. Einzelne Rechte gingen so weit, in Fällen der Verneinung der Reife und der Widerstandskraft vollkommene Strafunmündigkeit anzunehmen und die Strafe durch erzieherisch-fürsorgliche Maßnahmen zu ersetzen.

Dies ist der Standpunkt, auf dem wir heute so ziemlich allgemein stehen, auf dem sich unsere neuzeitlichen Jugendrechte aufgebaut haben und immer weiter ausbauen. Darin gingen uns England und die Vereinigten Staaten Nordamerikas in vorbildlicher Weise voran. Die Ergebnisse, die sie und ihre Nachahmer damit in vermehrtem Ausmaße erzielen, bieten Gewähr, daß sie damit auf dem richtigen Wege sind und daß unsere Forderung gegenüber jeglicher Jugendstrafrechtspflege je länger je bestimmter lauten muß:

«Erziehen, nicht strafen!»

Wobei es durchaus gleichgültig ist, ob der jugendliche Rechtsbrecher in allen Fällen den Unterschied zwischen erzieherischer Fürsorgemaßnahme und eigentlicher Strafe wahrzunehmen und zu empfinden vermag, so wertvoll und zweckfördernd es vom erzieherischen Standpunkte aus auch wäre, er vermöchte es in allen Fällen.

Die Hauptsache aber ist und bleibt, daß gegenüber jugendlichen, namentlich gerade gegenüber den erziehungsfähigsten Rechtsbrechern, überhaupt die Absicht der Rache, der Wiedervergeltung, der Sühne, der Abschreckung vor dem Willen der Ertüchtigung und vollwertigen Wiedereingliederung in die menschliche Gesellschaft bedingungslos zurücktrete.

Das nun nicht nur zum wohlverstandenen Dauervorteil des betroffenen Jugendlichen selbst, sondern namentlich auch zu Nutz und Frommen der Gesellschaft, die von jedem Rechtsbrecher sittlich und sachlich belastet, von jedem ertüchtigten Vollbürger dagegen gefördert und bereichert wird.

Das Straf- und Jugendrecht darf daher grundsätzlich unter keinen Umständen die sogenannte «Unverbesserlichkeit» der jugendlichen Rechtsbrecher, sondern einzig und allein deren «Erziehbarkeit», und zwar bis zum endgültig unwiderlegbaren Beweise des Gegenteils, anerkennen.

Fußend auf dieser Einsicht haben die wohlverstandensten Jugendrechte nicht nur eigene Jugendgerichte eingeführt und den Vollzug ihrer Urteile von denen des gemeinen Strafrechtes grundsätzlich anders, nämlich erzieherisch fürsorglich gestaltet; sondern sie gehen bewußt und gewollt mit aller Entschiedenheit darauf aus, die jugendlichen Rechtsbrecher sowohl in der Voruntersuchung, während der Untersuchung, im gerichtlichen Verfahren wie im Urteilsvollzug streng von den Erwachsenen zu trennen.

In welcher Weise sie innengerichtlich und fürsorgetätig arbeiten, darf als so bekannt vorausgesetzt werden, daß wir es uns versagen dürfen, an dieser Stelle auf ihre Gliederung und ihren Betrieb einzutreten. Es wäre dies auch zu weitläufig, da sie fast allerorten ein wenig anders eingerichtet und tätig sind. Wichtig aber ist und bleibt, daß sie alle hauptsächlich auf dem Boden der erzieherischen Fürsorgetätigkeit, der Schutzaufsicht im Gegensatz zum Strafvollzug, fußen.

Auch in der Schweiz, wenn auch nicht in der ganzen Schweiz. Eigentliche Jugendgerichtsbarkeiten mit Schutzaufsicht haben bis anhin eingeführt die Kantone Zürich, Bern, Baselstadt, Appenzell AR, St. Gallen, Thurgau, Neuenburg und Genf. Wie sie im einzelnen gegliedert und welches ihre Betriebsarten und Erfolge sind, läßt sich außer ihren beziehungsweisen gesetzlichen Grundlagen, Ausführungsbestimmungen, Tätigkeitsberichten unter anderen aber auch aus den Berichten der Schweizerischen Jugendgerichtstage ersehen, in denen dann auch in kaum übertrefflicher Weise zur Darstellung gelangt, mit welchen allgemeinen und besonderen Belangen sie sich zu befassen, welche Widerstände sie zu überwinden haben. Auf sie sei daher nachdrücklich verwiesen.

Die Botschaft des Bundesrates an die Bundesversammlung zum Entwurf eines schweizerischen Strafgesetzbuches (vom 23. Juli 1918) hat diesen Neuerungen im Hinblick auf das Jugendrecht weitgehend Rechnung getragen. Der Entwurf selbst widmet dem Jugendrecht oder, wie er es zutreffender benennt, der «Behandlung der Kinder und der Jugendlichen» einen eigenen, den vierten, von Art. 80 bis 96 reichenden Abschnitt.

Es ist, wir wiederholen es ausdrücklich und um jedem Mißverständnis, das sich aus folgenden Ausführungen ergeben möchte, von vornherein die Spitze abzubrechen, ein äußerst begrüßenswerter Fortschritt gegenüber den meisten bisherigen kantonalen Strafrechten darin zu verzeichnen, daß er in weitgehendem Maße den oben umschriebenen Neuerkenntnissen Rechnung trägt, indem er grundsätzlich und allgemein die erzieherischen Maßnahmen den Strafurteilen und -verfügungen voranstellt.

Art. 80 bestimmt, daß Kinder unter vierzehn Jahren wegen Vergehen oder Übertretungen strafrechtlich nicht verfolgt werden können.

Im Gegensatz zum Ständerat schlägt der Nationalrat statt vierzehn fünfzehn Jahre vor, weil in den meisten Kantonen das 15. Altersjahr mit dem des Schulaustrittes zusammenfällt. Nun gibt es aber einige Kantone, wo sich die Schulpflicht bis zum erreichten 16. Altersjahre erstreckt. Da wir nun der Meinung sind, ein Schulpflichtiger gehöre unter gar keinen Umständen vor den Strafrichter, so wünschten wir, die Strafmündigkeit möchte auf das erreichte 16. Altersjahr festgelegt werden, da eine schon während der Schulzeit einsetzende Strafverfolgung für den Betroffenen auf alle Fälle die Schulerziehung (und den Konfirmandenunterricht) in ihren erzieherischen Wirkungen nur zu gefährden, wenn nicht überhaupt aufzuheben geeignet ist. Denn auch im Falle einer bloß disziplinarischen Strafe oder Maßnahme des Strafrichters wird dem Kinde gewissermaßen ein entwürdigender Stempel aufgedrückt, dessen Wirkung sich besonders im Verkehr mit seinen Schulgenossen verderblich geltend machen muß. Endlich sehen wir nicht ein, warum das Strafmündigkeitsalter nicht mit dem im Art. 49, Absatz 3 der Bundesverfassung festgelegten religiösen Mündigkeitsalter übereinstimmen sollte, das auch das vollendete 16. Altersjahr ist.

Zu einem zum mindesten formellen, aber auch praktischen Bedenken bietet der Art. 89 insofern Anlaß, als er bestimmt, daß der in eine Korrektionsanstalt für Jugendliche versetzte Rechtsbrecher darin verbleibt, bis er gebessert ist, jedoch mindestens drei und höchstens zwölf Jahre. Würde also ein Jugendlicher im Alter von 14 bis 16 Jahren in eine solche Anstalt eingeliefert und müßte er daselbst volle zwölf Jahre verweilen, so ergäbe es sich, daß die letzten Jahre seiner Enthaltung daselbst über seine Volljährigkeit hinausreichen würden. Dadurch aber wird der wesentliche Grundsatz, wonach jugendliche und erwachsene Straffällige streng getrennt zu halten sind, durchbrochen. In diesem Sonderfalle dürfte darüber wohl hinweggesehen werden, ergäbe sich nicht die praktische Möglichkeit, daß in derselben Anstalt Zöglinge von 14 bis 26 Jahren verwahrt würden, was ohne wesentliche erzieherische Unzukömmlichkeiten, namentlich zuungunsten der jüngsten Insaßen, schwerlich denkbar ist.

Es ließe sich daher die Frage wenigstens überprüfen, ob die Schlußbestimmung des Art. 89 nicht darin abgeändert werden sollte, daß der Jugendliche bis zu seiner Besserung, jedoch nicht unter drei Jahren, in der Anstalt zu verbleiben hätte, diese aber mit dem erreichten 20. Jahre spätestens verlassen würde, womit die über dieses Alter hinaus dauernden Wirkungen seiner Schutzaufsicht keineswegs in Frage gestellt werden müßten. Umsoweniger, als diese ohnehin, nach der jüngsten ständerätlichen Auffassung, bis zum zurückgelegten 22. Altersjahr ausgedehnt werden kann; eine Erweiterung des ursprünglich vorgesehenen Entwurfes, die äußerst begrüßenswert ist und die, gerade im Hinblick auf verhältnismäßig zu langfristigen Schutzaufsichtsmaßnahmen verfällten, ältern Jugendlichen sehr wohl erweitert werden dürfte.

Diese soeben erwähnte Erweiterung der Schutzaufsicht bis zum zurückgelegten 22. Altersjahr ist die Frucht einer Eingabe der beiden Justizdirektionen von Zürich und Bern, die wir begrüßen.

Noch mehr hätten wir es begrüßt, wenn die ständerätliche Strafrechtskommission auch den beiden weitern Anträgen derselben entgegengekommen wäre:

Der erste, der bereits mit den beiden andern am 28. November 1930 und seither am 7. Februar 1931 neuerdings eingereicht wurde, bezieht sich auf Art. 93, der, für den Fall, daß der Jugendliche weder sittlich verwahrlost noch sittlich verdorben oder gefährdet ist, kein schweres Vergehen begangen hat und keiner besondern Behandlung bedarf, den Richter ermächtigt, ihn mit einem Verweise oder mit einer Einschließung von drei Tagen bis zu einem Jahr zu bestrafen.

Die Einschließung soll in einem Gebäude vollzogen werden, das nicht als Strafanstalt oder Arbeitsanstalt für Erwachsene dient. Er soll darin angemessen beschäftigt werden.

Soweit der von den Justizdirektionen und Jugendämtern wie auch von uns beanstandete Artikel. In ihrer ersten Eingabe vom 28. November 1920 hatten die vorerwähnten Amtsstellen kurzerhand und mit voller Berechtigung den Ersatz der kurzen Freiheitsstrafen gegen Jugendliche durch geeignetere Maßnahmen, nämlich durch Anordnung der Schutzaufsicht verlangt. Die ständerätliche Strafrechtskommission hat dieses Begehren abgewiesen. In ihrer Eingabe vom 7. Horner 1931 kommen jene Amtsstellen darauf zurück und verlangen, das Strafrecht möchte zum mindesten die Schutzaufsicht wahlweise neben der Einschließung vorsehen; eine Forderung, die alle diejenigen, denen es um die sittliche Gesundung und allmenschliche Ertüchtigung der fehlbaren, straffällig gewordenen Jugend zu tun ist, nicht eindringlich genug unterstützen können.

Es unterliegt in den Kreisen erfahrener Jugendkriminalisten, natürlicher und Berufserzieher sowie der Jugendfürsorgefachleute nämlich längst keiner Erörterung mehr, daß die kurzen Freiheitsstrafen, über Jugendliche verhängt, nicht nur unzweckmäßig, sondern unmittelbar zweckwidrig, ja gefährlich sind. Wir wissen längst, daß der straffällige Jugendliche von kurzen Freiheitsstrafen nichts weniger als abgeschreckt, aber noch viel weniger gebessert oder ertüchtigt wird. Das beweisen nicht nur die Beobachtungen an Einzelnen, sondern namentlich und unwiderlegbar die Statistik der Rückfälligen. Wer einmal in der Jugend im Gefängnis saß, dessen Selbstbewußtsein erleidet einen in der Regel nie wieder auszugleichenden Bruch. Sein Ehrgefühl ist und bleibt in den meisten Fällen dauernd abgestumpft, träge. Und da ja die jugendlichen Strafgefangenen billigerweise im Gefängnis weder geschunden noch mißhandelt, sondern nach Recht und Billigkeit ordentlich gepflegt, untergebracht und anständig behandelt werden, so ist es auch hier, wie immerdar und überall, mit der Abschreckung nicht eben weit her.

Eine Einsicht, der sich in einem andern Zusammenhang der Bundesrat nicht zu verschließen vermochte; schreibt er doch in seiner Botschaft zum Strafrecht (Seite 14) selbst, freilich hier im Hinblick auf die Prostituierten:

«Wer einmal eine Freiheitsstrafe erlitten hat, hat an Selbstachtung und Achtung anderer eingebüßt, seine moralische Spannkraft ist vermindert, zumal die Strafe, wenn sie nicht ihren ganzen Ernst gezeigt hat, ihm nur die Furcht vor der Gefangenenzelle benommen hat. Kurzfristige Gefängnisstrafen sind deshalb möglichst zu vermeiden.»

Wir denken, daß, was für die Prostituierten richtig ist, in noch viel höherem Maße für die entschieden viel eindrucks- und erziehungsfähigeren jugendlichen Rechtsbrecher zutrifft. Eine Einsicht, der sich bei nochmaliger sachlicher Überlegung gewiß auch weder die ständerätliche Strafrechtskommission und noch viel weniger die Gesamtheit der eidgenössischen Räte verschließen werden.

Woher aber der merkwürdige Umfall der ersteren?

Wir vermögen, da wir nicht in die Geheimnisse der Götter eingeweiht sind, nur eine (freilich an Gewißheit grenzende) Vermutung auszusprechen.

Wir haben eine ganze Anzahl kleiner, armer Kantone, bei denen, gemessen an der Gesamtzahl der Strafrechtsfälle, die Jugendlichen, wie glücklicherweise überall, nur einen bescheidenen Prozentsatz ausmachen. Je kleiner und ärmer der Kanton, je ausnahmsweiser und seltener sind daher die Jugendstraffälle. Kommen aber dennoch solche vor, so ist es für sie bequemer, namentlich aber viel wohlfeiler, die fehlbaren Jugendlichen zu einer kurzen Freiheitsstrafe zu verurteilen, die gegebenenfalles in Arresträumen von Schul- oder Ratshäusern abgesessen werden kann und die Behörden nur vorübergehend zu beschäftigen braucht. Es muß zugestanden werden, daß es unbillig und unwirtschaftlich wäre, von jedem Kanton, auch dem kleinsten und ärmsten, beispielsweise zu verlangen, er möchte eigentliche Jugendgefängnisse oder Besserungsanstalten errichten. Folglich suchte man ihnen entgegenzukommen, weil gerade in diesen, aber auch in andern Kantonen das neue schweizerische Strafrecht ohnehin keine allzu begeisterte Aufnahme zu erwarten hat. Aus Referendumsrücksichten also! Das ist zu begreifen und bis zu einem gewissen, meinetwegen sogar sehr weitgehenden Punkte entschuldbar.

Freilich läßt sich, auch vom wohlverstandenen Vorteilsstandpunkt gerade dieser Kantone aus einwenden, daß nachgewiesenermaßen – die Kriminalistik aller Länder und Zeiten erhärtet es unwiderlegbar genug – der un- oder schlecht erzogene, vernachlässigte jugendliche Rechtsbrecher auf die Dauer durch sich selbst und seine Nachkommenschaft die öffentlichen Finanzen unverhältnismäßig höher belastet, als es auch seine denkbar beste, kostspieligste Erziehung tun würde. Ganz abgesehen davon, daß der zum wertvollen Vollbürger Wohlerzogene nicht nur sittliche, geistige, sondern auch Steuer- und Leistungs-, also Sachwerte darstellt, die für Staat und Allgemeinheit höchst abträglich sind, so daß man ohne Übertreibung sagen kann, die Ausgaben des Staates und der Gemeinden für wirklich wohlverstandene Erziehungszwecke seien weitaus die ertragreichsten von allen öffentlichen Ausgaben.

Ferner ist zu bedenken, daß, was ein kleiner Kanton vermöge seiner beschränkten Staatseinnahmen nicht allein auszuführen vermag, sehr wohl im Verein mit andern, auf dem Wege der genossenschaftlichen Verständigung, also auf dem Konkordatswege erreicht werden kann; wobei die Aussicht besteht, daß die Konkordatskantone dabei noch billiger fahren würden.

Dessen ungeachtet aber begreifen wir in weitgehendem Maße die vorläufige Rücksichtnahme auf ihre derzeitigen Verhältnisse und Bedrängnisse und stimmen daher, wenn auch nicht aus Überzeugung, so doch aus praktischen Erwägungen mit den vorgenannten Justizdirektionen überein, wenn sie nicht mehr, wie in ihrer Eingabe vom 28. November 1930, die unbedingte Preisgabe der kurzfristigen Freiheitsstrafen fordern, sondern sich damit begnügen zu verlangen, es möchte den Kantonen freigestellt werden, sich wahlweise dieser oder der Schutzaufsicht zu bedienen.

Sollte nun aber die derzeitige Auffassung der ständerätlichen Strafrechtskommission das Oberwasser gewinnen, so wäre diese Wandlung nicht bloß von vorneherein verunmöglicht und auf lange Zeit hinaus, bis zur ersten Umarbeitung des kommenden Strafrechtes, ausgeschlossen; sondern die fortschrittlicheren Kantone, die bereits mit jenen Einrichtungen ausgerüstet sind, die deren Rechts- und Gesellschaftswohltaten genießen, die sie darum nimmer missen möchten, würden eines Schlages gelähmt und ihnen, gerade in ihren wesentlichsten, wertvollsten Wirkungen, die Schutzaufsichtsmaßnahmen beschnitten, wenn nicht überhaupt verunmöglicht.

Mit andern Worten: Auch wenn der Richter angesichts eines bestimmten Falles zur innigen Überzeugung gelangen sollte, daß für den vor ihm stehenden jugendlichen Rechtsbrecher eine bestimmte Berufslehre, eine dauernde Beratung, eine besondere, seiner Wesensart angepaßte Familien- oder Anstaltserziehung, ein bloßer Umweltswechsel das einzig Vernünftige, Zweckentsprechende wäre, so müßte er von Rechts wegen die unter Umständen den Jugendlichen auf alle Zeiten gesellschaftlich vernichtende Gefängnisstrafe gegen besseres Wissen und Gewissen aussprechen.

Endlich ist darauf hinzuweisen, daß, wie die Eingabe der vorerwähnten Justizdirektionen und Jugendämter (vom 7. Februar 1931) zutreffend bemerkt, die Kantone keine Lokale zur Verfügung haben, in denen die Einschließung, wie sie der Strafrechtsentwurf vorsieht, vollzogen werden kann; nicht einmal Zürich, nicht einmal Basel, bei denen man doch, vermöge ihrer großen städtischen Gemeinwesen, am ehesten solche zu vermuten berechtigt wäre.

Laut Entwurf sollen vernünftigerweise die Gefängnisse für Erwachsene die Jugendlichen nicht aufnehmen. Somit müßten allüberall eigentliche Jugendgefängnisse geschaffen werden; oder aber, was wahrscheinlicher ist, die Jugendlichen würden, in Umgehung der bestimmt lautenden gesetzlichen Vorschrift, eben doch in die gemeinen Gefängnisse gesperrt, wenn auch vielleicht abgesondert von den darin ebenfalls enthaltenen Erwachsenen. Ob und wie es da möglich sein würde, die nur für Kurzstrafen eingewiesenen jugendlichen Häftlinge laut gesetzlicher Vorschrift «angemessen zu beschäftigen», sie ertüchtigend zu erziehen, das heißt auf das ihnen wartende Leben erziehend vorzubereiten und zu ertauglichen, darüber befrage man jeden nicht gerade mit dem Sack geschlagenen, wohlwollenden und erfahrenen Gefängnisbeamten oder Gefangenenwart.

Also: Schutzaufsicht als selbständige Maßnahme neben den kurzfristigen Freiheitsstrafen!

Das ist die Mindestforderung, an der wir unter allen Umständen festhalten müssen, wenn nicht die wohlverstandene Jugendrechtspflege auf Jahrzehnte hinaus in unserm Lande gefährdet oder gar verunmöglicht werden soll.

Zur Begründung der Schutzaufsicht selbst vermöchten wir nichts Besseres vorzubringen, als was die vorerwähnte Eingabe vom 7. Februar 1931 wie folgt auseinandersetzt:

«Wie die Erfahrungen zeigen, wird die kurzfristige Freiheitsstrafe am zweckmäßigsten durch die Schutzaufsicht, bzw. durch den Aufschub der Strafsetzung und damit verbundene Schutzaufsicht, ersetzt. Es ist dies die Lösung, wie sie in neuester Zeit auch das bernische Gesetz (bisher als erstes und einziges! D. V.) über die Jugendrechtspflege vom 11. Mai 1930 getroffen hat. Zuerst angewendet und erprobt wurde sie in Nordamerika und England. Doch pflegen unsere städtischen Vormundschaftsbehörden und Jugendämter schon seit Jahren verwahrloste und gefährdete Kinder unter vormundschaftliche Aufsicht zu stellen, wenn nicht von Anfang an zu schwerwiegenden Maßnahmen gegriffen werden muß. Nach längerer Überwachung, verbunden mit allfälligen Hilfsmaßnahmen, und nach persönlicher Kenntnis der Kinder und Eltern sind die Fürsorgebehörden jeweilen viel besser in der Lage, die zweckentsprechenden Maßnahmen zu treffen (wenn überhaupt solche nötig sind), als wenn sie die Personen und Verhältnisse nur oberflächlich und erst seit kurzer Zeit kennen. – Ganz ähnlich verhält es sich im Jugendstrafrecht. Ist der Richter gezwungen, gleichzeitig mit dem Schuldurteil auch schon die Strafe festzusetzen, so wird diese Strafe ihren Zweck selten ganz erreichen. Geschieht die Verurteilung bedingt, wie dies nach dem Entwurf meistenteils der Fall sein wird, und bewährt sich der Jugendliche nicht, so muß nach Art. 93/II die kurzfristige Einschließung vollzogen werden, auch wenn die Strafe der in der Bewährungszeit gewonnenen besseren Kenntnis des Täters nicht mehr entspricht. Dieser große Nachteil wird ausgeschaltet, sobald der Jugendliche zunächst für längere Zeit unter Schutzaufsicht gestellt wird, womit bestimmte Weisungen für sein Verhalten verbunden werden können. Bewährt sich der Jugendliche, was bei richtiger Ausübung der Schutzaufsicht in der großen Mehrzahl zutreffen dürfte, so hat er sich durch sein eigenes Wohlverhalten vor der Strafe bewahrt, und es ist sowohl ihm wie der Allgemeinheit geholfen! Bewährt er sich nicht, so hat es der Richter in der Hand, diejenige Maßnahme oder Strafe zu verhängen, die der Zustand des Täters erfordert und die am ehesten Erfolg verspricht.

Alle diese Gründe lassen es als dringend geboten erscheinen, die Schutzaufsicht als selbständige Maßnahme in das eidg. Jugendstrafrecht aufzunehmen, sei es an Stelle der kurzen Haftstrafe, sei es neben ihr usw.»

Wir vermeinen, diese Antragsbegründung sei so zutreffend und wohlbegründet, daß jeder Zusatz nur deren Abschwächung bedeuten würde.

Allein, ebenso einsichtig, wenn auch auf den ersten Anblick weniger allgemein einleuchtend, war der Antrag der vorerwähnten Justizdirektionen und Jugendämter vom 28. November 1931, der die Verfolgung von Antragsdelikten Jugendlicher, auch wenn kein Strafantrag vorliegt, forderte, und der ebenfalls von der ständerätlichen Strafrechtskommission abschlägig beschieden wurde.

Wir wollen es uns versagen, uns über die mutmaßlichen Gründe dieser Ablehnung auszulassen, da sie uns nicht bekannt sind, von denen wir aber mit an Gewißheit grenzender Vermutung annehmen können, sie seien wiederum nicht sachlicher, das heißt zweckmäßig erzieherischer und ertüchtigender, sondern lediglich referendumspolitischer und finanzieller Natur gewesen.

Die Berechtigung des Antrages selbst aber leuchtet jedem wirklich Unvoreingenommenen ein. Handelt es sich doch im Jugendstrafrecht nicht vor allen Dingen um die Wertung oder Ahndung des durch den jugendlichen Rechtsbrecher angerichteten Schadens, der übrigens auf dem zivilrechtlichen Wege, unbeschadet des strafrechtlichen, verfolg- und sühnbar ist; sondern darum, den fehlbaren Jugendlichen auf seine sittliche, geistige, gesellschaftliche Einstellung überhaupt zunächst kennen und darnach behandeln zu lernen, um ihn für sich selbst und die Gesellschaft womöglich zu festigen, zu ertüchtigen und zu retten. Es gilt also vor allen Dingen von Amtes wegen ausnahmslos in allen vorkommenden Fällen die erzieherischen Maßnahmen zu ergreifen und durchzuführen, die dazu geeignet sind, einen werdenden Bürger sich selbst und der Gesellschaft zu erobern.

Im wohlverstandenen Jugendrecht ist nicht die Straftat, nicht die Art und Weise, mit der sie begangen wurde, nicht der größere oder kleinere Schaden, der durch sie gezeitigt, nicht die Wiedervergeltung noch die Sühne die Hauptsache. Es kommt vielmehr auf den Jugendlichen selbst an, der vermöge erzieherischer Maßnahmen und Einflüsse in die Lage versetzt werden soll, womöglich nicht wieder rückfällig zu werden, und der zu diesem Zwecke sinngemäß zu seinem und der Allgemeinheit Wohl ertüchtigt und erzogen werden muß.

Schalten wir nun von vorneherein alle Antragsdelikte von der Schutzaufsichtsbehandlung, die keinen strafrechtlichen Charakter trägt noch tragen soll, aus, so wird sich unfehlbar ergeben, daß eine Anzahl jugendlicher Rechtsbrecher zum Teil physisch, zum größern Teile geistig, zum allergrößten Teil aber sittlich unertüchtigt, gefährdet bleibt, daher rückfällig wird und sich selbst wie der Gesellschaft auf die Dauer, wenn nicht überhaupt verlorengeht, so doch minderwertig ausfällt.

Die Frage weist aber noch eine andere, bedenkliche Seite auf, die um so bedenklicher würde, wenn, wider Erwarten, dem Begehren nach Gleichstellung der Schutzaufsicht mit den kurzfristigen Freiheitsstrafen nicht entsprochen werden sollte.

In weitaus den meisten Fällen nämlich wird bei Antragsdelikten nur und erst dann ein Strafantrag gestellt, wenn die geschädigte Zivilpartei nicht auf dem Wege gütlicher, das heißt in den meisten Fällen geldlicher Übereinkunft abgefunden wurde. Folglich würde sich praktisch die Sache so gestalten, daß bemittelte Eltern ihre fehlbaren Sprößlinge von der verdienten Strafe loszukaufen vermöchten, während die Unbemittelten zusehen müßten, wie ihre nicht fehlbareren Kinder ins Gefängnis geworfen, oder von ihnen, den Eltern selbst, Leistungen erpreßt würden, die in keinem Verhältnis zu ihrem Einkommen stünden. Das aber wäre ein durch keinerlei weder vernünftige noch sittliche Erwägung zu rechtfertigendes, äußerst hartes, geradezu aufreizendes Klassenrecht, dessen wir wahrhaftig, gerade in unserer Zeit der gegenseitigen Klassenspannung, am allerwenigsten bedürfen und das von dem Gesetzgeber weder ersehnt noch erstrebt werden darf.

Wir geben darum auch heute die Hoffnung noch nicht auf, die eidgenössischen Räte werden den Antrag der Justizdirektionen und Jugendämter der Kantone Bern und Zürich vom 28. Wintermonat 1930 nochmals ernstlich wiedererwägen, anders es ihnen, wie wir schon anderwärts betonten, erblühen könnte, daß der von ihnen so sehr gefürchtete Referendumswind unversehens auch noch von einer andern Seite als aus der bisher befürchteten Richtung blasen möchte und das große schöne Gesamtwerk der Strafrechtsfreiheit auf Jahrzehnte hinaus einfach verunmöglicht würde.

Wir sind der allgemeinen Meinung, die auch von hervorragender Seite am II. Schweizerischen Jugendgerichtstag vom 17. und 18. Oktober 1930 vertreten wurde, daß das kommende schweizerische Strafrecht unter keinen Umständen irgendwelchen Rückschritt gegenüber bestehenden kantonalen Rechten bedeuten dürfe, und erlauben uns die Ansicht zu äußern, es sollte im Gegenteil dazu beitragen, die Kantone zur Verbesserung ihrer Sonderrechte nicht nur anzuregen und zu ermutigen, sondern, da wo es not tut, in aller Freundschaft sogar zu nötigen, besonders wenn es sich um das menschlich und gesellschaftlich so ungemein wichtige Recht der Jugend, folglich um das bestverstandene Wohl der kommenden Geschlechter handelt.

LOOSLI AN ADOLF GASSER

10. Juni 1934

Lieber alter Freund,
   da ich nicht weiß, wer der derzeitige Vorsitzende der soz.-dem. Fraktion der Bundesversammlung ist und ihn wahrscheinlich auch nicht kennen würde, wende ich mich mit der Bitte an Dich, die nicht nur meine, sondern auch die manch erfahrenen Jugendrechtskundigen ist, Du möchtest so freundlich sein, die folgenden Ausführungen und Anregungen der nächsten Fraktionssitzung, mit der Bitte, dazu Stellung zu nehmen, unterbreiten:
   Anregung: Die soz.-dem. Fraktion der Bundesversammlung möchte beschließen, noch in dieser Session einen Wiedererwägungsantrag des nationalrätlichen Beschlusses vom 7. d. M. betreffend Art. 80 des Entwurfes zum schweiz. Strafrecht einzubringen und im weiteren zu beantragen, das Höchstalter der Kinder sei auf 16 Jahre festzusetzen.
   Begründung:
1. Es ist grundsätzlich unzulässig, daß die Zukunft der Kinder und Jugendlichen ihrer Vergangenheit geopfert werde; die Jugendrechtspflege hat infolgedessen bei der Beurteilung von Kindern und Jugendlichen, deren volles Strafmündigkeitsalter auf das 20. Altersjahr gesetzt werden sollte, weniger auf den Tatbestand des Vergehens oder Verbrechens als auf die Persönlichkeit des Täters im Hinblick auf seine Erziehung, Nacherziehung, Ertüchtigung und allfällige Wiedereingesellschaftlichung Bedacht zu nehmen.
2. Überall dort, wo ein Jugendstrafrecht auf dieser Erkenntnisgrundlage angewandt wird, ergeben sich die besten gesellschafts- und jugendaufwertendsten Ergebnisse, während umgekehrt überall dort, wo das reine, wenn auch gemilderte Strafrecht gegen sie angewandt wird, die Zahl der Rückfälligen unvergleichlich größer ist.

3. Es ist schlechterdings nicht wahr, und die jugendliche Kriminalstatistik beweist es, daß, wie im Nationalrate gesagt wurde, die Psychologie der Jugendlichen sich während den Jahren der Vorberatung des Strafrechtes derart verändert hat, daß dessen Verschärfung auch nur im geringsten gerechtfertigt wäre. Es läßt sich im Gegenteil sowohl statistisch als erfahrungsmäßig nachweisen, nicht nur, daß unsere Jugend von heute nicht schlimmer ist als die der hinter uns liegenden vierzig Jahre, sondern daß gerade die schwersten Rechtsbrüche der Kinder und Jugendlichen fortwährend seltener werden. Es handelt sich hier namentlich um Verbrechen oder Vergehen an Leib und Leben, sadistische, schwere Fälle von Roheitsvergehen (Tierquälerei, Vergewaltigungen und Körperverletzungen, schwere Mißhandlungen von Kindern oder Jugendlichen unter sich). Diese haben entschieden abgenommen und nehmen von Jahr zu Jahr ab, mit den weitgehenderen Erziehungs- und Jugendfürsorgemaßnahmen ziemlich genau Schritt haltend.

Dort, wo dem anders ist, läßt sich mit Sicherheit darauf schließen und der bündige Beweis dafür erbringen, daß die öffentlichen Gewalten die Kindererziehung und Jugendfürsorge als zu nebensächlich und untergeordnet betrachten und behandeln. Es geht nicht an, daß gerade aus diesen die Jugend am meisten vernachlässigenden Kreisen Verschärfungen des Strafrechtes gegen sie gutgeheißen werden, die in durchaus ungerechtfertigter Weise auch die der Stände mitbetreffen würden, deren Erziehungs- und Jugendfürsorgetätigkeit die Kriminalität der Kinder und Jugendlichen vorbeugend vermindert.

4. Schulkinder gehören überhaupt vor kein Strafgericht, sind an sich nicht straf-, sondern erziehungsfällig. Nun haben wir aber Kantone, die mit neunjähriger Schulzeit ihre Schüler erst mit dem 16. Altersjahr aus der Schule entlassen. Infolgedessen ist die Kindheitsgrenze auf das Maximum der in der Schweiz überhaupt üblichen Primarschulzeit, also auf das 16. Altersjahr festzusetzen.

5. Art. 49 der Bundesverfassung bestimmt das religiöse Mündigkeitsalter der Kinder auf das vollendete 16. Altersjahr. Wer aber erst verfassungsrechtlich von diesem Zeitpunkte an mündig genug ist, seine religiöse Einstellung selbst zu bestimmen, von dem darf denn doch füglicherweise weder erwartet noch gefordert werden, er habe mit 14 oder 15 Jahren die Einsicht und sittliche Festigung, die es berechtigen würde, ihn dem gemeinen Strafrecht, wenn auch in der vom Entwurf vorgesehenen, gemilderten Form zu unterstellen.

6. Daß Kinder, Schulkinder, unter keinen Umständen mit Gefängnis, also mit kurzfristigen Freiheitsstrafen belegt werden sollen, wurde längst sowohl von den Justizdirektionen Zürichs und Berns dem Eidg. Justizdepartement nachgewiesen als von ihm auch grundsätzlich anerkannt. Der Standpunkt, der dabei ausschlaggebend ist, wurde vom Bundesrat selbst in trefflicher Weise auf Seite 14, Absatz 2, des Entwurfes eines schweiz. Strafgesetzbuches vom 23. Juli 1918 begründet. Freilich bezieht sich der dort vom Bundesrat sehr zutreffend eingenommene Standpunkt nicht auf Kinder und Jugendliche, sondern auf Erwachsene, gewerbsmäßig Unzüchtige, die folglich strafrechtlich bessergestellt werden als Kinder und Jugendliche, obwohl die Nacherziehung und Wiedereingesellschaftlichung dieser wesentlich aussichtsreicher sein dürfte als die jener.

Das sind nur einige der Gesichtspunkte – die hauptsächlichsten –, die für meine Anregung sprechen. Die amtlich und aktenkundig festgestellten Erfahrungen in der Jugendstrafrechtspflege, dort, wo eine solche auf vernünftigen, menschlichen, daher wirklich gesellschaftsaufwertenden Grundlagen geübt wird, vermehren und bestätigen sie. (Siehe: «Die bisherigen Erfahrungen in der bernischen Jugendstrafrechtspflege» von Dr. Jakob Leuenberger, Vorsteher des kant. Jugendamtes Bern in Heft II/1934 der *Schweizerischen Zeitschrift für Strafrecht*.)

Freund Huber hatte am Donnerstag vollständig Recht – man wird es noch dazu bringen, daß niemand frohen Herzens für die Vereinheitlichung des schweizerischen Strafrechtes mehr eintreten kann, weil es von Tagung zu Tagung der eidg. Räte stets verschlechtert, und zwar im Sinne der ausschließlichen Belastung der armen Volksklassen verschärft wird.

Da nun die Jugenderziehung und -fürsorge zum Wichtigsten und Aufbauendsten gehört, das wir heute noch zu tun imstande sind, nachdem wir das aufwachsende Geschlecht ausschließlich mit Arbeitslosigkeit, erschwerten Lebensbedingungen und Not, Wehrpflicht und erdrückenden Staatsschulden belastet haben, ohne ihm dafür auch nur den geringsten greifbaren oder ideellen Gegenwert zu gewähren, sehe ich nicht ein, was uns Jugendfreunde schließlich hindern könnte, das schweizerische Strafrecht, das die Daseinsbedingungen der Jugend noch mehr zu erschweren und zu verschlechtern beabsichtigen würde, den kantonalen Gesetzgebungen zu opfern, die in dieser Hinsicht vorbildlich einsichtig, gesellschaftsaufbauend vorgehen und zum Teil schon wirksam vorgegangen sind. Wenn nämlich das neue Strafrecht überhaupt einen Sinn hat und für uns annehmbar sein soll, dann doch gewiß nur unter der Bedingung, daß es wenn nicht besser, doch zum mindesten so gut ausfällt, wie das beste kantonale Strafrecht unseres Landes.

Wir sehen uns nicht veranlaßt, unsere jugendrechtlichen Errungenschaften, gerade in den am dichtesten bevölkerten Kantonen, den Gegenden und Ständen zu opfern, die sich um die Jugendbelange herzlich wenig erzieherisch und fürsorglich kümmern und die es, angesichts ihrer abgeschlossenen Sonderverhältnisse und ihrer dünneren Bevölkerung, vielleicht auch weniger nötig zu haben vermeinen.

Dies sind die Erwägungen, die mich veranlassen, Dich zu bitten, das Vorstehende der Fraktion zu unterbreiten, und Dir zum voraus herzlich für Deine Bemühungen darum zu danken.

Im übrigen würde es mich sehr freuen, könnte ich Dich, Huber, Nobs vielleicht während dieser Tagung einmal bei mir begrüßen.

Läßt sich das machen? Auf alle Fälle seid Ihr bestens eingeladen.

Mit besten Grüssen bin ich, in alter Freundschaft,

Dein

C. A. Loosli

LOOSLI AN ADOLF GASSER

15. Juni 1934

Mein lieber Freund,

mit großem Bedauern erfahre ich von Deiner Frau Deine schwere Erkrankung, von Herzen hoffend und wünschend, Du möchtest davon sobald und so gründlich als möglich genesen.

Die Erledigung meines Gesuches an die Fraktion der SP der Bundesversammlung überrascht mich nicht darum, weil sie sich weigert, einen Wiedererwägungsantrag zu dem von mir beanstandeten Artikel 80 des StGB. einzubringen, was ja aus taktischen Gründen erklärlich wäre; wohl aber darum, weil aus ihr hervorgeht, wie wenig der Antragsteller auf Abweisung mit der Sache selbst vertraut ist, die doch gerade für die arme Jugend von so wesentlicher Bedeutung ist, daß sie gerade von der SP nicht übersehen werden sollte. Sie stellt sich damit auf die gleiche Linie wie die K.-K. und der evangelische Bajazzo Hoppeler, mit dem einzigen Unterschied, daß diese wissen, was sie mit ihren steten Verschlechterungen der Vorlage bezwecken, und ihren Zweck folgerichtig immer und überall anstreben.

Nun bleibt, wenigstens was dieses wichtige Gebiet des neuen Strafrechtes anbetrifft, nichts mehr übrig als die, wie ich weiß, auch von vielen Mitgliedern der SP gehegte Hoffnung, die ganze Vorlage werde der Volksabstimmung unterliegen. Das nun wäre in mancher Hinsicht zwar bedauerlich. Da aber die Strafrechtseinheit verfassungsmäßig geboten ist, wird nach der Verwerfung unverzüglich eine neue Vorlage ausgearbeitet werden müssen, und dann werden wir weiter darüber sprechen. Bis dahin werden einzelne Stände ihr Jugendstrafrecht erneut und dermaßen verbessert haben, daß sie sich ihrer Errungenschaft froh, übereinkunftsmäßig verbunden, die bis anhin erzielten Fortschritte nicht mehr so leichten Kaufes entreißen lassen werden.

Der Kantönligeist wird damit das Gute zeitigen, daß er sich – nicht zum ersten Mal, und entgegen unserem Wünschen und Hoffen vor noch zwei Jahrzehnten – als das vielleicht einzig wirksame Abwehrmittel gegen Rückschritt und Faszismus erweisen wird, also auch von uns nur gepriesen werden darf.

Also, nochmals recht herzliche Wünsche zur Genesung und beste Grüße an Dich und die Deinen.

Dein alter

C. A. Loosli

LOOSLI AN LÉON NICOLE

Monsieur,

lorsque, au mois de juin de l'année dernière, vous voulûtes bien m'accorder un entretien à Berne au sujet de votre projet de loi sur le régime pénal des mineurs du canton de Genève, nous tombâmes d'accord, que toute législation sur cette matière qui ne serait qu'une application adoucie et appropriée du code pénal aux délinquants mineurs, ne saurait atteindre son but humanitaire et social, puisqu'elle ne serait par essence que répressive au lieu d'être prophylactique, et qu'un régime légal, qui ne se baserait que sur la répression du délit, sans tenir compte de la personnalité physique, intellectuelle et morale du délinquant ne pourrait nécessairement aboutir qu'à une institution officielle de déclassement social irrévocable. Une telle juridiction aboutirait donc à une pépinière de la perpétuation du crime et de l'abaissement social sans remède.

Nous convînmes en conséquence, qu'un régime dit pénal des mineurs (et enfants) devrait avant tout s'affranchir de la tradition du droit pénal purement répressif et qu'il importait avant tout qu'il considérât en premier lieu non le délit ou la gravité pénale du délit en cause, mais la personnalité du délinquant. En d'autres termes, qu'il était essentiel de créer une institution d'éducation, de rééducation et de résocialisation pour les enfants et adolescents incriminés et que, pour ce faire, il était de première urgence qu'un office des mineurs, dont dépenderait le tribunal des mineurs, fournirait à celui-ci toutes les observations d'une enquête sociale et pédagogique sur lesquelles le tribunal pourrait se baser pour prononcer les jugements les mieux appropriés au relèvement social et moral des mineurs délinquants.

J'eus à cette occasion l'honneur de vous soumettre quelques formules de solution pratique qui trouvèrent votre entier acquiescement et que vous me priâtes de soumettre à Me Dupont, chargé par vous de l'élaboration du projet de loi en question. Je me rendis incontinent à votre suggestion en lui envoyant sans retard quelques pièces qui me semblaient les plus propres à l'influencer dans le sens convenu entre nous. Je dois dire qu'il ne m'en a jamais accusé réception.

Aujourd'hui je me vois tout d'un coup stupéfié en apprenant par la presse, que la loi soumise à votre Grand Conseil ne tient pas le moindre compte non seulement des principes que vous approuvâtes, mais moins encore des expériences probantes et de notoriété publique, que, dans le cours des derniers lustres, l'on fit à maint endroit sur ce domaine spécial de la législation et de la juridiction. Cette loi, ou plutôt le projet de loi dont il s'agit ne me semble être qu'un expédient dicté par la routine de la juridiction pénale, propre seulement à consacrer légalement le déclassement et l'abandon définitif de la jeunesse contaminée ou dévoyée.

Or, je suis intimement persuadé que telle n'a jamais pu être votre intention et que c'est seulement la multitude de vos occupations qui ont pu dérober à votre perspicacité un projet de loi aussi réactionnaire, barbare et monstrueux.

Je prends donc la liberté de vous prier de bien vouloir y prêter votre attention, avant qu'il soit trop tard et que pour une longue durée le canton de Genève soit entaché d'une loi qui ne pourrait que le déshonorer.

M. Pierre Bovet, Directeur de l'Institut des Sciences de l'Education à Genève m'a fait connaître l'un de ses anciens étudiants, M. Pierre de Mestral, qui, tout dernièrement, publia dans le *Journal de Genève* des réflexions et des propositions tout à fait remarquables au sujet qui nous interesse. Or, je vous sais assez dépourvu de préjugés pour savoir et pour être persuadé, que lorsqu'il s'agit de réaliser un réel progrès pour le bien de la société et de l'humanité, des considérations de classes ou de partis politiques ne vous importent pas.

Or, en l'occurrence je me suis persuadé qu'il n'y a à Genève peut-être à l'heure qu'il est pas deux hommes qui disposent des connaissances approfondies et spécialisées aussi appropriées à vous soumettre un projet de loi concernant le régime pénal des mineurs, tel que M. de Mestral (1, chemin de l'Escalade), qui non seulement a étudié en Suisse et ailleurs toutes ces questions du point de vue pédagogique et social, mais qui – et ceci me semble important – est en même temps juriste.

Je vous prie de bien vouloir excuser mon intervention qui pourrait vous paraître bien intempestive. Mais je trouve qu'il serait vraiment bien dommage et impardonnable, que précisément dans ce domaine votre canton nous gratifiât d'une loi impropre par essence, antisociale et réellement nocive dans sa teneur et ses effets.

Veuillez, je vous prie, recevoir l'expression de ma considération distinguée.

C. A. Loosli

LOOSLI AN LÉON NICOLE

29. Juni 1935

Cher Monsieur,

j'ai appris avec beaucoup de satisfaction que la teneur de la loi projetée au sujet du régime pénal des mineurs a subi d'importantes transformations et améliorations, ce dont je vous félicite sincèrement. Il importait en effet que cette loi inaugurée sous vos auspices corresponde aux exigences d'une pédagogie vraiment humanitaire et à une conception de la pénalité sociale avant tout.

Une autre nouvelle qui ne me réjouit pas moins est d'avoir appris que M. Pierre de Mestral s'est mis sur les rangs pour être nommé au poste de juge de l'enfance. Or, depuis les deux ans à peu près que je l'ai vu à l'œuvre, j'ai acquis la conviction qu'il réunit en lui toutes les qualités requises pour cet office délicat, puisqu'il est jeune, donc souple d'esprit et d'entendement, compétent aussi bien sur le domaine juridique que sur le domaine pédagogique, ce qui est essentiel, et enfin enthousiaste, donc dévoué à la cause que ses devoirs l'appelleront à défendre. Tous les travaux qu'il a bien voulu me soumettre à ce sujet m'ont trahis sa vaste et impréconçue compréhension de ce qui, en cette matière, est l'essentiel – le relèvement et la résocialisation des jeunes dévoyés, de sorte que je ne puis que vous féliciter d'avoir sous la main un candidat si bien approprié à la tâche. Car, vous n'ignorez point qu'une législation a beau être excellente, voire parfaite, et que pour cela elle n'en reste pas moins stérile ou même nocive si, pour son application, l'on ne tombe point sur des fonctionnaires qui sont pénétrés de son esprit plus encore que de ses dispositions juridiques, nécessairement sommaires et abstraites. En nommant M. de Mestral au poste auquel il aspire, je suis persuadé que vous couronnerez l'œuvre si parfaitement menée jusqu'à présent. Je sais d'expérience l'importance qu'il y a à appliquer une loi telle que celle qui nous interesse en l'occurrence d'une façon vivante et fructifiante dès son entrée en vigueur. Chez nous, dans le canton de Berne, nous avons eu cette insigne chance. Nous avons de prime abord trouvé les fonctionnaires aptes et dévoués, dont la compétence a rendu l'application de cette loi si populaire que d'ores et déjà elle s'est si bien enracinée dans la conscience populaire, que personne ne voudrait plus s'en passer, quoiqu'elle ne date que de peu d'années. Je souhaite de tout mon cœur qu'il en advienne autant pour votre canton et la nomination de M. de Mestral au poste de juge de l'enfance m'en fournirait une garantie sérieuse. C'est pourquoi je me suis permis de vous la recommander tout spécialement.

Vous vous souviendrez peut-être que lors de notre entretien à Berne nous avons effleuré entre autres le régime pénitencier que nous sommes tombés d'accord de trouver antisocial et nocif au premier degré. Vous me confiâtes alors que vos expériences et observations confirmaient les miennes que l'arbitraire et l'incurie vous en avaient frappé et qu'en temps utile vous seriez fort disposé à vous occuper de plus près de cette question.

Permettez moi de vous demander si le temps et les occupations multiples vous permettent maintenant d'envisager de plus près cette question. Si oui, je me permettrai de vous demander un entretien soit à Berne soit à Genève, car je crois le moment propice de mettre enfin la main à l'œuvre d'une façon sérieuse.

Je travaille depuis des mois à combattre le fascisme et sa brutale barbarie à ma façon, et le procès autour des soi-disants *Protocols des Sages de Sion* à Berne m'a gratifié d'un premier succès que je suis décidé à poursuivre. Or, la question pénitenciaire fait partie de mon programme d'action générale. Il faut, à mon avis, ancrer ce régime d'une façon constitutionelle avant tout, et pour ce faire, établir dans nos constitutions quelque chose d'analogue à l'acte de habeas corpus suivant le modèle anglais, avant toute autre chose.

Mais voilà une matière dont nous nous entretiendrons mieux de vive voix si et quand vous le voudrez bien.

En attendant le plaisir de vos nouvelles, je vous prie, cher Monsieur, d'agréer l'expression de ma considération distinguée et de ma gratitude pour tout ce que vous avez fait.

C. A. Loosli

STRAFRECHT ODER
ERZIEHUNGSRECHT?

Überall, wo nur unser Strafgesetzbuch gesellschaftsbefruchtende Wirkungen zeigt, dankt es gewissermaßen vor sich selber ab, indem es auf seine Bestimmung zu strafen einsichtig verzichtet.

Auf Kinder, die das 6. Altersjahr noch nicht zurückgelegt haben, ist es überhaupt nicht anwendbar. Bei solchen, die wohl das 6., nicht aber das 14. Altersjahr zurückgelegt haben, verzichtet es auf deren Bestrafung im Falle ihrer Straffälligkeit und ordnet lediglich erzieherische Maßnahmen an (StGB, Art. 83 bis 88).

Jugendliche, die das 14., nicht aber das 18. Altersjahr zurückgelegt haben, werden ebenfalls nicht eigentlich bestraft, sondern rein erzieherisch oder nacherzieherisch behandelt (StGB, Art. 89 bis 99).

Sowohl bei straffällig gewordenen Kindern wie bei Jugendlichen wird zunächst der Sachverhalt festgestellt. Das heißt, die zuständige Behörde ordnet, soweit es die Beurteilung der jugendlichen Rechtsbrecher erfordert, Erhebungen über deren Verhalten, ihre Erziehung und Lebensverhältnisse an. Sie zieht außerdem Berichte und Gutachten über deren körperlichen und geistigen Zustand ein und ordnet, je nach Befund, die erforderliche Behandlung an (StGB, Art. 84 und 90). Sie behält sich vor, die getroffenen Maßnahmen je nach Bedarf durch andere, geeignetere zu ersetzen (StGB, Art. 86 und 93).

Alle diese Maßnahmen sind rein erzieherisch oder nacherzieherisch und in jeglicher Hinsicht ertüchtigend. Gegen Kinder werden die eigentlichen Strafbestimmungen des Gesetzes überhaupt nicht, gegen Jugendliche können sie, immerdar in erzieherischer Absicht, angewandt werden, wobei allerdings der an sich ominöse, weil ihre Zukunft gefährdende Eintrag ins Strafregister mit inbegriffen ist, dessen Löschung jedoch vorgenommen wird, wenn sich der fehlbare Jugendliche während der ihm auferlegten Probezeit bewährt hat.

Diese und die sie ergänzenden Bestimmungen des Strafgesetzbuches haben sich praktisch in durchaus erfreulicher Weise bewährt. Die Rückfälligkeitsquote der dermaßen behandelten Kinder und Jugendlichen hat sich, gegenüber früher, erfreulich gering erwiesen. Sie wird jedoch größer vom Augenblicke an, wo es sich um Minderjährige zwischen achtzehn und zwanzig Jahren handelt, die den eigentlichen, obzwar ordentlich gemilderten Strafbestimmungen des Gesetzes unterstellt sind (StGB, Art. 100). Am größten erweist sie sich bei volljährigen Delinquenten, die dem landläufig überlieferten Strafvollzug unterstehen.

Daraus läßt sich schließen, daß sich dieser zur Heilung oder Besserung der ihm Verfallenen nicht eignet. Dieser Schluß wird durch die Erfahrungen der Arbeitserziehungsanstalt Uitikon am Albis, die neben Jugendlichen und Minderjährigen gelegentlich auch Volljährige nacherzieht, bestätigt; denn auch bei diesen ist die Rückfälligkeitsquote um ungefähr zwei Drittel gesunken.

Folglich fordern öffentliche Wohlfahrt und Sicherheit ebenso wie das bestverstandene Wohl der straffällig Gewordenen ihre nacherzieherische Behandlung in allen Fällen, wo eine solche überhaupt möglich und durchführbar ist.

Zum Vorteil aller Beteiligten, des Staates, der Gesellschaft, der Gemeinden und nicht zuletzt der Rechtsbrecher selbst muß demnach darauf hingearbeitet werden, das Strafrecht weitmöglich auszuschalten, um an seine Stelle ein wohlüberlegtes Erziehungs- und Nacherziehungsrecht zu setzen.

Man wird sich dessen zu erinnern haben, wenn erst einmal die bereits dringend wünschbar gewordene Revision unseres Strafgesetzbuches fällig sein wird.

ERZIEHEN, NICHT ERWÜRGEN!

EDITORIAL

In der Erziehungsanstalt habe das «Auf-sich-selber-angewiesen-Sein» den unschätzbaren Vorteil, schreibt C. A. Loosli, «den geistig regsamen Zögling [...] zum Autodidakten, geistig Vorurteilslosen zu erziehen» (S. 203). Loosli bleibt Autodidakt, auch wenn er 1897, nach Trachselwald, an der Universität Neuchâtel Naturwissenschaften zu studieren beginnt: Wegen seines wieder verstärkt auftretenden Augenleidens – er hat als Kind durch einen Flobertschuß ein Auge verloren – und einer vorübergehenden Morphiumabhängigkeit bricht er das Studium bereits 1899 ab.

Schon als junger Mann interessiert sich Loosli für die Frage, wie Erziehung anders denn als geistloser Zwang und sadistische Willkür möglich wäre. Schnell begreift er, daß Schulreformen zumeist im Umfeld von privaten, reformpädagogischen Projekten erprobt werden. Er lernt von ihnen, sein Interesse aber gilt den staatlichen Schulen. Für ihn ist klar, «daß auf dem Gebiete des öffentlichen Bildungswesens gerade der Staat in allen Schulfragen wegleitend und mustergültig vorangehen, den Privatschulen vorangehen sollte». Deshalb ärgert ihn, daß das in der Schweiz «gerade umgekehrt» sei: «Der Staat muß sich von den Privatschulen beschämen und überflügeln lassen. War das die Absicht, aus welcher der schöne demokratische Gedanke der allgemeinen Volksschulbildung entsprang?» (S. 472)

Sechs Jahre nachdem die schwedische Reformpädagogin Ellen Key *Das Jahrhundert des Kindes* ausgerufen hat[1], veröffentlicht Loosli als Redaktor des *Berner Boten* unter dem Titel «Kinderarbeit in der Schweiz» die Ergebnisse einer Umfrage aus 13 Kantonen, wonach von den knapp 280000 erfaßten Schulkindern gut 149000 «zu gewerblicher Beschäftigung herangezogen» werden – also neben der Schule Erwerbsarbeit verrichten müssen.[2] Vor diesem Hintergrund beginnt Loosli, sich für eine kindergerechte Erziehung zu engagieren, betont die Bedeutung des Spiels und die Macht der Phantasie (S. 445 ff.) oder kritisiert die lebensverneinende Schule, die Selbstmörder züchte (S. 450 ff.).

---

1   Ellen Key, *Barnets århundrade* (1900); deutsch: *Das Jahrhundert des Kindes*, Berlin (Fischer) 1902.
2   *Berner Bote*, Nr. 29, 11.4.1906.

Einige Jahre später beginnt Loosli als Vizepräsident der Schulkommission Bümpliz ganz konkret in schulpädagogischen Fragen mitzureden. Er plädiert für eine humane, kindgerechte Schule, die praktisches Wissen und Lebenserfahrungen vermitteln und zu Selbständigkeit erziehen soll (S. 452 ff.).

In späteren Jahren wird Looslis Ton bisweilen bitter. Die Volksschule, ist er inzwischen überzeugt, ist im Griff der Parteien zur «religiösen» und «politischen Pfandleihanstalt» verkommen und weitgehend reformresistent. Seine Schulreformideen seien im «gelobten Lande weitgetriebenster Rindviehzucht» nichts mehr als «Hirngespinste eines welt- und wirklichkeitsentrückten Schwärmers».[1] 1940 stellt er fest: «Daß der Nationalsozialismus in den Kreisen unserer Intellektuellen und unseres Offiziersbestandes so viele Adepten gefunden hat, die sich heute landesverräterisch auswirken, verdanken wir zu einem großen Teil eben der jede Individualität, jedes selbständige Denken, jeden Eigenwuchs verpönenden und unterdrückenden Schule, die längst ebenso korrumpiert, heuchlerisch und verlogen ist wie leider noch so manches andere und wofür wir nun zu büßen haben werden.»[2]

«Der mir vorschwebende Endzweck der Erziehung», schrieb Loosli bereits 1920 in einem unveröffentlichten Typoskript, «müßte Glück und nicht Vorteil heißen, und unter Glück verstehe ich die Fähigkeit des Menschen, sich, wo es nur immer geschehen kann, zu freuen und dort, wo ihm die Freude nun einmal versagt bleibt, sich über das Leid auf dem kürzesten Weg hinwegzusetzen.» (S. 474 f.)

Die Herausgeber

---

1   C. A. Loosli an Fritz Schwarz, 2. 3. 1927 (Stellungnahme zu einer Umfrage, abgedruckt in: *Schulreform*, Bern, Nr. 2, Juni 1927).
2   C. A. Loosli an Jonas Fränkel, 21. 4. 1940 (SLA, Bern).

SPIELZEUG

Des Kindes bestes Spielzeug ist immer noch die Phantasie. Wir Erwachsenen wissen das nimmer und belächeln des Kindes Spiel und Tand gerade dort oft am meisten, wo wir die zartesten und intimsten Regungen seiner sich entfaltenden Seele belauschen, wo wir das Wachstum der kindlichen Geisteskräfte am deutlichsten und sinnenfälligsten bewundern könnten.

Denn niemand wie das Kind in seinem Spiel ist Schöpfer in des Wortes reinster Bedeutung. Auch der größte Künstler nicht, es sei denn, daß es ihm gelinge, Kind zu werden. Darum bewundern wir mit Recht als eine der kennzeichnendsten Eigenschaften des wirklich guten Künstlers die Naivität.

Die Naivität aber hat mit Beschränktheit nicht das mindeste zu tun. Sie ist nicht Unkenntnis, sondern produktive Arbeitsgrundlage, nämlich Vorurteilslosigkeit. Vorurteilslosigkeit, Naivität, sie sind der sonnigen Kindheit schönste Wiegengabe. Darum weiß niemand wie das Kind sich eine große, herrliche, farbige Welt aus dem Nichts zu bauen und sie mit phantastischen Geschöpfen zu bevölkern, sie zu beleben, ihnen, den toten Dingen, eine Seele, Gedanken und Überlegungen, Absichten und Eigenschaften einzuhauchen vermag.

Die Welt, die sich das Kind aus dem Nichts schafft, ist des Menschen schönste Welt, sein einziges Paradies, an dessen Erinnerung er seiner Lebtag zehrt. Sie ist nicht eine ideale, aber die idealste Welt. Ihr haften auch Schlacken an und sie ist mangelhaft eingerichtet. Sie birgt ihre würzigsten Freuden und ihren grausamsten Kummer. – Erinnert ihr euch, wie ihr weinet, wenn ihr mit einigen Holzabfällen ein Häuslein gebaut, einen Garten abgesteckt, beide mit Möbeln, Geräten, Menschen und Tieren ausstaffiert hattet und ein großer, böser Bube kam und eure Schöpfung rohen Tuns über den Haufen warf? Habt ihr seither je so bittere, so trostverlassene, so ehrliche Tränen geweint? Erlittet ihr seither auch noch Schicksalsschläge, die euch so tief, bis ins Innerste der Seele erschütterten, unglücklich machten?

Freilich, die Tränen von dazumal trockneten rasch und der Kummer, so tief er auch fraß, war bald verweht. Damals waren wir eben reich, konnten aus dem Vollen schöpfen. Die jämmerlichen Trümmer unseres zerstörten Häusleins und Gärtleins, wir rafften sie zusammen und suchten eine andere lauschige Ecke, abseits von den großen, starken, bösen Buben, und aus den Trümmern des bescheidenen Häusleins bauten wir uns einen Palast, eine Brücke, eine Eisenbahn und bevölkerten sie mit neuen, lebendigen Geschöpfen. Das war Glück!

Was gäbe ich darum, könnte ich wie weiland noch einmal spielen, wie ich als kleiner Bube spielte. Wo ein Waschklämmerlein mein Karrer, ein paar Hölzchen Pferde und Wagen, drei Papierfetzen köstliche Gewänder und eine Handvoll Stroh kostbare Fracht waren.

Was gäbe ich darum, bereiteten mir heute die Gebilde meiner Phantasie nur halb soviel Freude wie damals, als ich aus Sand und Straßenkot Häuser, Kirchen, Burgen und Städte baute, wo die schmutzigste Wasserrinne für mich ein mächtige Schiffe tragender Strom war, in dessen Fluten die seltensten Fische sich tummelten und dessen Lauf ich mir herrisch und als souveräner Schöpfer dienstbar machte zu meinen Herrscherzwecken.

Nimmer ward ich seither so mächtig und reich wie damals, als ich mir aus des Löwenzahns leuchtenden Blumen die prächtigsten Geschmeide, aus seinen Stengeln die wundervollsten Ketten, aus bunten Blättern und Fichtennadeln die herrlichsten Gewänder schuf.

Denn es gibt nichts, das dem Kinde nicht dienstbar wäre, dessen sich sein praktischer Sinn nicht bemächtigte.

Wenn ihr's nicht glaubt, so durchsucht einmal eines kleinen Jungen Tasche. Was da für ungeahnte Schätze sind, die uns, den Klugen und Erwachsenen, uns, die wir des Lebens Ernst und

Notdurft kennen, nichts mehr bedeuten – leider nichts mehr bedeuten dürfen.

Wo seid ihr, ihr lustigen Wasserrädlein, die ich mir aus einem Stück Holunderholz und zwei Dachschindeln verfertigte und die so fröhlich im Frühlingssonnenschein, inmitten duftiger Primeln und goldener Butterblumen im Plätschertakte des verträumten Bächleins unter alten Weiden sich drehten?

Was ist aus euch geworden, meine schlanken Regatten, die eine gütige Nachbarin aus alten Zeitungen mir verfertigte, die dann so lustig das Bächlein hinunterschwammen, bald kreisend, bald landend, dann wieder abwärts treibend und davonhuschend?

Was aus meiner prächtigen, tanzenden Schlange, die ich aus einem blauen Heftumschlag zurechtgeschnitten hatte und sie auf einem Federhalter, in den ich eine Nadel eingezwängt hatte, erhöhte? Sie stand auf dem Ofen, und wenn geheizt wurde, dann wirbelte sie gar lustig den ganzen, langen Tag um ihren Pfahl herum.

Wo sind meine kleinen Pferdlein und Kühlein, die man für einen halben Batzen das Stück an einem Geschirrstande an der Bernermesse erstanden hatte und denen ich Ställe und Scheunen baute, die ich molk, mit denen ich werkte, wie die großen Bauern werken, die ich zur Tränke und zur Schwemme führte, mit denen ich zur Schmiede fuhr, die ich striegelte und pflegte?

Wo endlich ist John Gilpin, der hölzerne Freund meiner sonnigsten Jugend, mit seiner unglaublich bewegungsfähigen Rosinante, seinem Zylinderhut und seinem roten Jockeifrack. Wo die kleinen Holztäfelchen, die mir als Bausteine dienten und an welchen ich das Alphabet und die Zahlen kennenlernte, lange bevor ich zur Schule ging?

Die herrlichen Schätze meiner Kindheit sind dahin, unwiederbringlich vertauscht an – ja, an was? An andern, weniger gefügigen, weniger schönen Tand.

Statt Buchstabenhölzchen habe ich Bücher, kluge und dumme, schlechte und gute, statt Pferde und Kühe, Häuser, Kirchen und

447

Paläste habe ich eine Wohnung, für welche ich Miete, und einen Hund, für den ich die Taxe bezahlen muß, und statt stets williger Knechte aus Waschklammern habe ich Mitmenschen und Mitbürger, die, auch wenn sie hölzern und steifbeinig genug sind, mir doch lange nicht das Vergnügen bereiten, das meine Scharen von ehemals mir boten. Ich habe des Lebens Ernst und Notdurft erfahren, und meine arme Phantasie, die mich einst in die herrlichsten Länder und Märchen versetzte, die mir Paläste und Welten gebar, die mit Gold und Edelsteinen nicht kargte, sie dient mir jetzt dazu, für reiche Herren Verleger magere Feuilletons zu schreiben, die mir zu zehn Rappen die Zeile und mitunter auch gar nicht bezahlt werden.

Ihr guten Götter, gebt mir mein früheres Spielzeug wieder, jenes Spielzeug, mit dem sich schaffen ließ, und nehmt mir den Tand des erfahrenen Lebens, an dem sich nur rackern läßt.

Ja, ja – die schöne Kindheit mit der Kindheit Tand!

«Ja, was zum Teufel willst du denn schon wieder? Wie oft habe ich dir schon gesagt, daß, wenn ich schreibe, du nicht zu mir kommen, mich nicht stören darfst, Kreuzdonnerwetter nochmal! Was, schon wieder eine Schnur willst du haben? Zu was denn, wenn ich fragen darf?

So, so! Das Annemeieli soll der Fuhrmann sein und du das Pferd. Da hast du eine Schnur, verdammter Racker, und paß hübsch auf, daß du das kleine Schwesterlein nicht ausleerst.

Wie? Was noch? Ob ich nicht herunter kommen und mit euch spielen will? Das fehlte gerade noch, ich will dir helfen, du kleiner Lump! Meinst, ich habe sonst nichts Gescheiteres zu tun, als mich mit euch Rasselbande herumzubalgen. Pack dich, marsch!»

Mein kleinster Junge geht und unter der Türe schaut er sich noch einmal um.

«Aber gelt, Vater, wenn du dann fertig bist, dann kommst du herunter und hilfst uns wüst tun!»

«Geh jetzt nur, ich will dann sehen!»

Weg ist er. Ja, ja, ich habe Gescheiteres zu tun. Gescheiteres? Hähähähä!

Wo bin ich gleich verblieben?

«Ihr guten Götter, gebt mir jenes Spielzeug wieder.» Loosli, jetzt paß mal auf! Komm da vor diesen Spiegel und schaue hinein. Siehst du den Kerl da? Ja?

Nun, sieh mal, das ist eines der dümmsten Luder, die Gott in seinem Zorne schuf. Flennt um seine Kindheit, um sein Spielzeug und seinen Tand und schickt seinen Buben fort, der noch ein Kind ist und mit ihm spielen wollte.

Sitzt der Kerl gravitätisch an seiner Schreibmaschine und beklagt elegisch der Zeiten Wandel und unter ihm ist Kindheit und Jugend und die ruft ihm. Will mit ihm Rößlein spielen und Hukkepack, will ihm Waschklämmerlein als große Herren verzaubern und der Dummkopf verschmäht's, hat Gescheiteres zu tun, der Affe!

Bube, ich komme spielen, hurra, jetzt geht's los, bis kein Ding in der ganzen Stube mehr an seinem Orte ist.

Gelt, kleines Mädel, da schaust! Der Alte am hellichten Tag wälzt sich mit den Kleinen in der Stube herum und treibt allerhand Narrenpossen.

Und spielt wieder mit papierenen Schifflein und Schnürlein und Hölzchen ... Und hat wahrhaftig nichts Gescheiteres zu tun!

SCHÜLERSELBSTMORDE

Die letzten, noch in aller Erinnerung stehenden Schülerselbstmorde in deutschen Gymnasien haben die Frage der vernünftigen Reorganisation dieser Lehranstalten wieder in den Vordergrund gerückt. Mit vollem Rechte wurde den Gymnasien der Vorwurf gemacht, sie überlasteten ihre Schüler und züchteten einen falschen, im gegebenen Falle lebensverneinenden Ehrbegriff, welcher im letzten Grunde als die Hauptursache der Schülerselbstmorde zu betrachten sei. Daran ist nicht zu zweifeln, allein die Eltern selbst vermöchten da den Widersinn des Schulmeistergeistes gar oft zu korrigieren. Sie tun es nicht, sondern fühlten sich selbst entehrt, würde der Junge durch das Examen fallen. Und das ist das Schlimme und logisch Unhaltbare. Denn die Examen beweisen für die Fähigkeiten des Examinanden so gut wie nichts. Höchstens zeugen sie von mehr oder weniger geschärftem Gedächtnis und vor allen Dingen zeugen sie nicht vom Wissen, insofern man darunter (und mir scheint, man müßte das) das geistig erworbene und nicht bloß ad hoc geborgte Inventar versteht. Nun werden aber die Schüler der höheren und Mittelschulen, vielmehr als die der Volksschulen, nach den Resultaten der Examen eingeschätzt, und darin liegt der verhängnisvolle Irrtum und auch die Erklärung dafür, daß die Schule wirkliche Begabung, eigentliche Tüchtigkeit, angebornes Talent, von Genie gar nicht zu reden, in den seltensten Fällen vorgeahnt und anerkannt hat. Ich verweise dabei auf die aller Welt bekannten Schulbeispiele von Linné, Walter Scott, und von den unter uns Lebenden, Ludwig Thoma.

Alle waren im Sinne der Scholarchen schlechte Schüler (die Liste ließe sich übrigens um ein Erkleckliches vermehren), und keinen unter den Leuten von gutem Geschmack und feiner Bildung habe ich noch kennengelernt, der nicht, wenigstens einmal im Leben, die Schule verflucht hätte.

Weil sie lebensverneinend ist, züchtet sie Selbstmörder. Das ist es! Weil ihr der Wille und die Lust am Geschehen und Gestalten fehlt, weil sie nicht einzusehen vermag, daß es eine Entwicklung geben könnte, die außerhalb eines ausgeklügelten Programmes läge, darum ist sie lebensverneinend, ledern, knöchern, tot, und wer ihr verfällt, muß logischerweise das Leben verneinen. Es zeugt immerhin noch von einem schönen Überschuß von Lebenskraft unserer Jugend, daß alljährlich eine große Zahl junger Leute ohne Lebensgefahr durch das Examen geht und sich keine Kugel durch den Kopf schießt. Das ist eigentlich ein Wunder, denn die Schuld der Schule, daß dem so ist, ist es gewiß nicht. Von Rechts wegen müßte alles in ihr zum Tode drängen, und wer die Schule übersteht, der beweist damit eigentlich nichts anderes als eine schulwidrige Lebenskraft, welche ihm zu rauben ihr nicht ganz, sondern nur teilweise gelang.

Der Selbstmord an sich nämlich ist ein Kriterium der Un- oder besser der Halbbildung. Ein wahrhaft gebildeter Mensch vermag das Leben zu ertragen, wie es auch sei. Denn der wahrhaft Gebildete schöpft neuen Lebensgeist und Lebenslohn aus seinem Wissen, nur der unklare und unfertige Kopf vermag der Erkenntnis Last nicht zu tragen oder sich nicht zur klaren Erkenntnis durchzuringen. Die Schülerselbstmorde sind für mich der fürchterlichste Beweis, daß die Schule das gerade Gegenteil einer Bildungsanstalt ist, da sie doch abstrakte Bildungsscheinwerte an Stelle der natürlichen Lebenskraft stellt. Und so bleibt uns nur die eine magere Hoffnung, nämlich, daß die sich stets vermehrenden Schülerselbstmorde endlich zum Selbstmord der Schule führen werden. Und diesen plötzlichen Hinschied werden nur die amtlich abgestempelten Bildungsträger von Zunftes Gnaden bedauern, weil er sie brotlos macht und vielleicht dazu zwingen wird, ihr Brot auf dem verwandten Gebiete der Scharfrichterei zu suchen.

SCHULE UND LEBEN

Hausaufgaben

Gestatten Sie mir zunächst das ehrliche Bekenntnis, daß ich ihr grundsätzlicher Gegner bin. Ihr grundsätzlicher Gegner aus hygienischen, pädagogischen und praktischen Gründen!

Aus hygienischen Gründen! Ich halte dafür, daß die Schulzeit reichlich genug bemessen ist, um den Geist des heranwachsenden Kindes dermaßen in Anspruch zu nehmen, daß ein Mehr zu Hause ein Zuviel bedeutet. Ich glaube, daß zur gesunden und harmonischen Geistes- und Körperausbildung eine rationelle Verteilung geistiger und körperlicher Kräfteübungen gehört. Daß bei einseitiger Beschäftigung des Geistes der Körper und rückwirkend auch die Entwicklung des Geistes geschmälert wird.

Ich glaube ferner, daß der staatlich vorgeschriebene Unterrichtsplan für unsere bernischen Primarschulen nicht dermaßen überlastet ist, daß seine Bewältigung innerhalb der Schulzeit außerhalb dem Bereiche der Möglichkeit läge, und halte dafür, daß das körperlich gesunde und arbeitstüchtige Kind für die Schule und seine geistige Ausbildung nichts durch den engen Umgang mit der Natur und mit der praktischen körperlichen Ausgabe zu verlieren, wohl aber sehr viel zu gewinnen hat.

Meine Überzeugung sagt mir im weitern, daß normalerweise die geistige Arbeit dem Körper und die körperliche Arbeit dem Geiste Erholung bieten solle, anders auf keinem Gebiete tüchtig gearbeitet werden kann.

Denn nutzbringende und fruchtbare Arbeit ist keine Fron, sondern soll ein Ausruhen und Kräftesammeln der gerade nicht an ihr beteiligten Fähigkeiten bedeuten, anders sie Danaidenstrafe ist!

Gestatten Sie nun, daß ich auf Einzelheiten des Schulbetriebes eingehe! Sprechen wir zunächst von den drei ersten Schuljahren! Im ersten Schuljahr muß ein Minimum von Stoff bewältigt werden. Die Hauptaufgabe der Lehrerin wird jedoch vor allem darin bestehen, die kleine, bisher ungebundene Schar für die erst in ferneren Jahren einsetzende Schuldisziplin vorzubereiten. Jedermann, der Kinder kennt und beobachtet, weiß, daß dies allein schon eine ganz erkleckliche Aufgabe ist, besonders wenn die Kinderzahl groß ist, wie dies im Kanton Bern in den Elementarklassen häufiger, als es eigentlich sein sollte, der Fall ist.

Der Unterricht der Elementarstufe ist demnach ein Übergang von kinderverträumtem Tändeln zu pflichtbewußter Arbeit. Er schlägt eine Brücke zwischen dem Hang zum Spiele und dem Arbeitsgewissen, dem Unbewußtsein kindlichen Tandes und dem Schaffensbewußtsein zweck- und absichtsbewußter Arbeitsmenschen.

Je sanfter dieser Übergang stattfindet, je weniger gewaltsame Erschütterungen das einzelne Kind ob diesem Prozesse erleidet, je sicherer wird der Zweck erreicht. Das bisher zwecklose Spiel, die planlose Betätigung des Kindes, muß allgemach und fast unmerklich in die Bahn bewußter Arbeit geleitet werden. Dem Takte der jeweiligen Lehrkraft bleibt es vorbehalten, die zarten Fäden des angeborenen Betätigungstriebes zum Gewebe einsichtsvoller und zielbewußter Arbeit auszuspinnen oder sie zu zerreißen. Fürs erstere scheint mir die zeitliche Beschränkung geistiger Arbeit die unumgänglichste Vorbedingung zu sein. Um den Geist zu disziplinieren, darf er vor allem nicht übermüdet werden. Die Gehirndisziplin, welche in Aufmerksamkeit und Fassungsvermögen besteht und in selbstbewußter Arbeit und fleißiger Anteilnahme am Unterrichtsstoff ausmündet, setzt die absolute Frische, die Jungfräulichkeit des Kindergehirns voraus. Dieses Gehirn ist einer unglaublichen Spannkraft fähig, wenn es seinen Kräften angemessen belastet und nicht betäubt wird.

Es wird aber vielfach betäubt, und zwar gerade in den ersten, kritischen Elementarschuljahren. Durch allerlei Plackereien, deren Aufzählung ich mir auf ein andermal verspare, von denen der vornehmsten eine jedoch die Hausaufgaben sind. Jawohl, ich halte die Hausaufgaben bis ins dritte Schuljahr für ein direktes Verbrechen an der geistigen Entwicklungsmöglichkeit der Kinder. Sie sind, Gott sei's geklagt, an vielen Schulen gang und gäbe, und man entschuldigt sich damit, daß es eben bei der großen Kinderzahl nicht möglich sei, ohne Hausaufgaben das vom Staate vorgeschriebene Lehrpensum abzuwickeln. Worauf ich ergebenst erwidere, daß in ebensovielen Schulen, welche keine Aufgaben erteilen, das Pensum abgewickelt wird, ohne daß sich im weiteren Bildungsgange der Schüler ein bemerkenswertes Vorbildungsmanko herausstellt.

Das sechs- bis neunjährige Kind, welches im Sommer drei bis vier und im Winter vier bis sechs Stunden täglich auf den Schulbänken herumrutscht, hat das Recht, seine übrige Zeit seinem körperlichen Wohlergehen, sei es leichter körperlicher Arbeit oder dem Spiele zu widmen.

Um so mehr als die Bedingungen, unter welchen namentlich schriftliche Hausaufgaben von den Kleinen zu Hause gemacht werden müssen, in der Regel höchst unhygienische sind.

Bedenken die Lehrerinnen auch, in welcher Körperhaltung und bei welcher Beleuchtung, in welcher Umgebung oft die Hausaufgaben gemacht werden müssen? Bedenken sie, daß die Kurzsichtigkeit, die Engbrüstigkeit und die Erschlaffung sehr oft durch schriftliche Hausaufgaben recht eigentlich gezüchtet werden? Bedenken sie, wieviel Zeit sie gerade den schwach begabten Kindern mit den Hausaufgaben entziehen, welche viel besser an der freien Luft, zur Entwicklung der Atmungsorgane verwendet würde?

Ist ihnen noch nie aufgefallen, daß die schulfeindlichsten und schulmüdesten Kinder immer gerade die sind, welche mit Hausaufgaben gequält werden? Daß, was an Quantität durch die Hausaufgaben mehr geleistet wird, an geistiger Frische und Aufmerksamkeit während des eigentlichen Unterrichts doppelt und dreifach verlorengeht?

Und bedenken sie auch, daß es ein Eingriff in die Rechte der Eltern ist, ihre Kinder außerhalb der Schule, zu Hause in einer Art zu beschäftigen, welche weder den hygienischen noch den pädagogischen Absichten der Eltern notwendigerweise entspricht?

Und bedenken sie auch, daß es als ein Eingriff in die elterliche Gewalt vom einfachen Mann aus dem Volke empfunden wird, der nicht an spitzfindige Gedankengänge gewöhnt ist und als Mensch, der inmitten des harten, realen Lebens steht, sich angesichts der Überbürdung seiner Kleinen sagen muß: zu was denn eigentlich die lange neunjährige Schulzeit gut sei, wenn deren Arbeit denn doch noch zu Hause bewältigt werden müsse?

Die Schulfreundlichkeit im Volke wird dadurch gewiß in keiner Weise gefördert, und doch ist es die Lehrerschaft, welche, und zwar mit Recht, mehr Interesse des Verstandes und des Herzens für unsere Volksschule fordert! Ich bin der letzte, der dieser Forderung entgegentreten würde, allein, ich wünschte, daß der Schulbetrieb derart gestaltet würde, daß er unter Erwachsenen mehr Schulfreudigkeit aufkommen ließe, als dies vielerorts leider der Fall ist.

Im Namen der Humanität, welche ich auch auf die Kinder ausgedehnt sehen will, protestiere ich gegen den sträflichen Mißbrauch der Hausaufgaben auch in rein moralischer Hinsicht. Ist es denn nötig, daß dem Kinde seine Jugendfreude, das bißchen Kindesalter durch den stets drohenden Schulbackel verdorben und getrübt werde? Ist es nicht eine Grausamkeit, Hausaufgaben über die freien halben Tage, über die Sonn- und Feiertage, ja über die Ferien zu verhängen? Muß denn das Kind vom sechsten Jahre an in dem drückenden Bewußtsein auferzogen werden, daß ihm kein Augenblick der an ihm so rasch vorbeieilenden Jugendzeit mehr ganz gehöre?

Als äußerster Notbehelf und als Disziplinarstrafe lasse ich die Hausaufgaben am Ende gelten. Aber dann so, daß sie nützen und nicht schaden, daß sie fördern und nicht verdummen, daß sie wecken und nicht einlullen!

Meines Erachtens dürfte den Kindern der ersten drei Schuljahre überhaupt keine schriftliche Hausaufgabe erteilt werden und die Hausaufgaben müßten so bemessen sein, daß sie jedes, auch das am wenigsten begabte Kind, in nicht mehr denn einer halben Stunde täglich zu erledigen vermöchte.

Und für die weiteren sechs Schuljahre sollte darauf Bedacht genommen werden, daß die Hausaufgaben ein Kind höchstens eine Stunde des Tages beanspruchten, wobei für alle Klassen Aufgaben über freie Nachmittage, Sonn- und Feiertage, namentlich aber auch über die Ferien streng zu untersagen wären.

Denn das Kind ist kein Automat, in welchen man oben Gelehrsamkeit eingießt, damit unten Wissen herauskomme!

[...]

Religions- oder Moralunterricht?

Kurz nach dem Erscheinen meiner jüngsten Broschüre *Ist die Schweiz regenerationsbedürftig?* schrieb mir ein alter, in bernischen Schulkreisen wohlbekannter und geachteter Herr, der ein langes Menschenleben dem bernischen Schuldienste widmete, einen Brief, aus welchem ich einige Sätze, gewissermaßen als Motto, den folgenden Ausführungen voranstellen möchte.

Er schreibt: «Ich bitte um Entschuldigung, wenn ich hiermit an Sie schreibe, da Sie mir persönlich unbekannt sind. Ihre Schrift über die ‹regenerationsbedürftige Schweiz› kenne ich nur aus einem Referate des... Tagblattes. Sie haben viel Richtiges gesagt. Aber der Hauptmangel Ihrer Schrift besteht darin, daß Sie die Haupterziehungsanstalt, die Kirche, ganz unberührt lassen und daß Sie nicht sagen, daß die Schule immer noch im Bann der rückständigen Kirche steht. Dies bezieht sich auf den Religionsunterricht.

Ich möchte wünschen, daß Sie die kirchliche Frage studieren. Die Schulreform hängt damit zusammen ...»

Und in einem späteren Briefe schreibt er u. a.: «Der große Fehler der Kirche besteht darin, daß sie hartnäckig an der Tradition festhält und die Lehren der Bischöfe aus dem 3., 4. und 5. Jahrhundert dem Volke des 20. Jahrhunderts aufzwingen will, trotz der fortgeschrittenen Welterkenntnis, und daß sie dadurch die Lehre Jesu selber fälscht. Und das Vergehen des Staates besteht darin, daß er eine solche unwahre Kirchenlehre bezahlt und die Schule in ihren Dienst stellt. Dadurch wird das Volk für das Jenseits erzogen, das nicht existiert, und daher kommt die Gleichgültigkeit gegen das Diesseits, die sich in den Abstimmungen zeigt. Frankreich hat den Religionsunterricht der Schule schon seit dreißig Jahren beseitigt und ersetzt durch den Moralunterricht, und die guten Folgen sind: 1. Weniger Fälle der Kriminalität der Jugend. 2. Abnahme der Verlogenheit der Jugend. 3. Größere Gewissenhaftigkeit in der Erfüllung der bürgerlichen Pflichten!

Die Trennung des Staates und der Schule von der Kirche hat sich auch in Nordamerika (Union) bewährt, seit 140 Jahren!»

Ich muß gestehen, dieses kategorische Bekenntnis eines abgeklärten und vielerfahrenen Greises, der viele Jahrzehnte hindurch als Lehrer und Inspektor an unserer Volksschule mitgearbeitet hat und dessen hohe Jahre ihn über den Verdacht kleinlicher Parteilichkeit und unüberlegter jugendlicher Draufgängerei hinreichend erheben, machte mir einen tiefen Eindruck.

Möge sich auch noch der nimmer verharschte Groll eines alten Kulturkämpfers in den soeben zitierten Zeilen Luft gemacht haben, eines ist und bleibt sicher, daß nämlich der Religionsunterricht, wie ihn unsere Schulen erteilen, veraltet und kaum mehr zu rechtfertigen ist. Inwiefern die Kirche und ihr Einfluß gegenwärtig daran schuld sind, will ich und kann ich nicht untersuchen, obwohl ich grundsätzlich mit meinem Korrespondenten der Meinung bin, daß Schule und Kirche einander so fern als möglich bleiben sollten, schon um den Artikel 49 der Bundes-verfassung nicht in seinen Wirkungen zu kürzen. Allein, mir scheint, der Religionsunterricht, der die Allüren eines kirchli-chen Unterrichtes in unseren Schulen trägt, ist mehr ein Resul-tat jahrelanger Gewohnheit und Überlieferung als das Werk einer streitbaren und zielbewußten konfessionellen Kirche. Weil wir zu träge sind, unsere Schule zu reformieren, und zu un-tüchtig, mit dem verstaubten und neben dem Leben stehenden Kram und Moder eines schematischen Schulbetriebes aufzuräu-men, darum hegen und pflegen wir in unserer Volksschule des 20. Jahrhunderts auch noch einen Religionsunterricht, der nicht weniger zweckwidrig und fossil ist als der Unterricht in den Fä-chern, welche ich bereits vorgängig in diesen Aufsätzen einer Kritik unterzog.

Zu der Sache selbst scheint mir nämlich, daß eine gewisse Kenntnis der christlichen Religion, in Staaten, welche sich im-merhin noch christliche Staaten nennen und deren Gegenwarts-kultur eine Tochter der mittelalterlich-christlichen Kultur ist, zu der allgemeinen Bildung gehöre. Eine Schulbildung, welche diese Religionskenntnis vollständig ausschalten würde, begäbe sich von vornherein der Mittel, deren sie bedarf, um eine ganze Kultur-welt, die noch in die unsrige hineinragt, verständlich und klar zu machen. Ich habe also nichts dagegen, daß, sagen wir einmal, bis und mit dem vierten Schuljahre das, was man so den Unterricht in der biblischen Geschichte nennt, erteilt werde. Zur Mehrung, wohlverstanden, des allgemeinen Wissens und zur Vervollständi-gung einer sonst immerhin lückenhaften Schulbildung. Ob an Hand dieses Unterrichtes in biblischer Geschichte ein Ethos an-gestrebt werden soll und kann, brauche ich wohl nicht zu erör-tern; denn es ist selbstverständlich, daß ein Moralunterricht an die biblischen Geschichten ebensowohl angekuppelt werden kann als an irgendein Geschichtenbuch, welches Beispiele des Guten zu seinem Gegenstande hat, und die in der Regel rührend verlogen sind, oder an die Lafontaine'schen Tierfabeln.

458

Allein, unter keinen Umständen dürfte geduldet werden, daß sich an diesen Unterricht Kultushandlungen und Dogmatik knüpfen; denn das nun widerspricht nicht nur dem Sinn und Geist des verfassungsrechtlich niedergelegten Grundsatzes der Unverletzlichkeit der Glaubens- und Gewissensfreiheit, sondern es widerstrebt im letzten Grunde einer großen Zahl von Staatsbürgern, welche nur deswegen nicht protestieren, weil der Religionsunterricht eben immer so gehalten wurde und weil sie sich scheuen, gegen etwas aufzutreten, das in den Augen der Menge noch immer den Nimbus des Geheiligten hat, gegen welches anzukämpfen leicht den Kämpfenden allerhand Mißdeutungen, Schädigungen und Verleumdungen aussetzt.

Von einem eigentlichen Religionsunterricht im schultechnischen Sinne zu sprechen, ist jedoch an und für sich paradox! Denn die Religion ist, so meine ich, nicht eine Wissenschaft, sondern eine Erfahrungstatsache! Sie läßt sich nicht anlernen, sondern nur empfinden. Unterricht in der Religion zu erteilen, heißt Blinde, statt ihre übrigen Fähigkeiten auszubilden, sehend machen zu wollen.

Was die Schule in religiöser Beziehung vermitteln kann, ist allerhöchstens eine gewisse Summe dogmatischer und religionsgeschichtlicher Kenntnisse. Sie hat weder das Recht noch das Vermögen, einer Konfession Proselyten zuzuführen, und hat weder das Recht noch das Vermögen, jugendliche Konfessionsangehörige dauernd an eine Konfession zu binden.

Von Religion sprechen heißt: von Gott und seinem Verhältnis zum Menschen sprechen. Das setzt voraus, daß die Existenz eines Gottes, wie ihn die Kirche lehrt, als unwiderlegbare wissenschaftliche Tatsache bewiesen sei. Sie ist das nicht, infolgedessen hat der Religionslehrer die nicht leichte Aufgabe, in jugendliche Gehirne eine Vorstellung zu pflanzen, welche er ihnen nicht logisch auf dem Wege des unmittelbaren Beweises beibringen kann.

Wenn, was durchaus nicht immer der Fall ist, der Unterrichtende ein gläubiger Christ ist, dann mag er eine gewisse moralische Macht über seine Zöglinge gewinnen; aber diese Macht geht, wie beim ungläubigen Lehrer, dann lediglich von seiner Persönlichkeit und nicht von dem Unterrichtsstoffe, zu dem er gerade durch den staatlichen Lehrplan verurteilt ist, aus.

Man drehe und wende die Frage, wie man will, eine befriedigende Lösung läßt sich nicht finden.

Man kann ein braver Mann und dennoch nicht Christ sein! Man kann ein ausgezeichneter Lehrer und wiederum nicht Christ sein, und diesen Lehrer nun zur Verkündigung einer Morallehre, einer Religion anzuhalten, mit welcher er innerlich zerfallen ist, das nenne ich einen unser Zeitalter entwürdigenden Zustand.

Gerade die religiös gesinnten Bürger, welche die Streichung des Religionsunterrichtes aus unsern Volksschulen verlangen, haben dazu das größte Recht. Weil ihnen die Religion als etwas Heiliges und persönlich Unantastbares gilt, haben sie das Recht zu verlangen, daß die Schule durch den Unterricht nicht das religiöse Bewußtsein des Kindes fälsche, durch welches sie glücklich wurden und ihr sittliches Leben danach einstellten.

Bezeichnend ist ja, daß es nicht gerade die frömmsten Leute sind, welchen die Religion eine Herzenssache ist, die sich für den Religionsunterricht in der Schule am zähesten wehren, sondern diejenigen, welchen die Religion ein Machtmittel (namentlich ein kulturelles und politisches Machtmittel) bedeutet. Die Schule aber soll in einem Freistaate politisch, konfessionell und kulturell neutral sein, anders sie zweierlei Recht fördert und oft recht eigentlich schafft.

Moralunterricht? Gut, ich will ihn gelten lassen, obwohl ich der Meinung bin, daß eigentlich jeglicher Schulunterricht gleichzeitig eine moralische Festigung des Schülers in sich tragen müßte. Denn die Schule ist doch in erster Linie da, um Bürger, das will besagen Leute von Kenntnissen und Charakter, und nicht Angehörige eines Glaubensbekenntnisses heranzubilden.

Der Moralunterricht, den ich für die Schule träume, wäre eben gerade ein vertiefter und praktischer Unterricht auf dem

Gebiete der Realien, der Sprache und des Zeichnens; es handelt sich lediglich darum, unsern Geschichtsunterricht, unsere Sprachstunden ethisch gehaltvoll an Lebenstatsachen zu gestalten, und alles übrige gibt der Herr umsonst.

Gott nicht in den Büchern und Schriften zweitausendjähriger und zum Teil noch mäßiger Autoren, sondern in seiner täglichen Umgebung, in der Natur, im lieben Nächsten, in den menschlichen Verhältnissen, mit einem Worte, Gott im Leben finden lernen, das ist der einzige Moralunterricht, den wir von der Schule verlangen, dringend verlangen.

Daß sie nicht totes Wissen, sondern lebendiges Können, nicht Buchgelehrsamkeit, sondern praktische Lebenstüchtigkeit vermittle, daß sie kein Credo, sondern Kraft verbreite, das ist es, was sie uns lieb und wert und teuer machen kann. Mehr nicht!

Die Dressur auf die Sekundarschule!

Gewisse Übelstände unseres Schulbetriebes, und leider nicht immer die geringsten, sind weniger vom guten oder bösen Willen der staatlichen und kommunalen Behörden, als von landläufigen und oft geradezu verderblichen Volksanschauungen bedingt.

Eine der verderblichsten und kulturell und ökonomisch gefährlichsten Anschauungen unseres Volkes besteht in seiner Wertung der verschiedenen menschlichen Berufe, der verschiedenen Arbeitsgebiete überhaupt. Das Volk will nicht einsehen, daß ein gewissenhafter Kaminfeger, ein Melker, der seinen Beruf beherrscht und darin Tüchtiges leistet, ein Straßenkehrer, der solid und fleißig seiner Arbeit genügt, ein viel wertvollerer Staatsbürger ist als ein leichtfertiger Beamter, ein unzulänglicher Pfarrer, ein oberflächlicher und gleichgültiger Arzt.

In unserer sozialen Einteilung und Wertung der einzelnen Berufsklassen gewähren wir demjenigen die größte Achtung, der sich am weitesten von der sogenannten groben, der Handarbeit entfernt.

Wir schätzen den Privatdozenten, dem die epochemachende Entdeckung gelingt, daß Goethe am 29. Horner 1819 in einem Billett an seinen Schneider Tuchkragen mit «th» schrieb, höher als den Mann, der uns im Schweiße seines Angesichts ein Klafter Holz gespalten hat. Daher auch die Sucht, namentlich des bürgerlichen Mittelstandes zu Stadt und Land, aus seinen Kindern etwas «Höheres» zu machen, als man selbst ist. Der gute Landschreiner, dessen Handwerk einen goldenen Boden hat, meint wunder was er seinem vielleicht gerade zum Schmiede außergewöhnlich befähigten Sohne für einen Dienst leiste, wenn er es ihm ermöglicht, «Pfarrer zu studieren». Daß dadurch alljährlich unglaublich viele nützliche Kräfte ihrer eigentlichen Bestimmung entfremdet werden, daß das Handwerk moralisch und technisch auf den Hund kommt, daß das Gelehrtenproletariat sich in beängstigender Weise mehrt, daß die Zahl der Nur-Konsumenten sich vervielfacht, während die Zahl der tüchtigen Produzenten auf jedem Gebiete von Jahr zu Jahr vermindert wird, das alles spielt keine Rolle, das tut dem mörderischen Vorurteil keinen Abbruch. Der Bub muß etwas «Besseres», etwas «Höheres» werden, ob er sich dazu eigne und ob er dazu die Fähigkeiten habe oder nicht.

Und wenn es schon nicht für das Gymnasium und die Hochschule langt, dann muß es wenigstens für die Sekundarschule langen. Es gibt landauf, landab viele Leute, welche es als eine persönliche Beleidigung empfinden, wenn man sie zu überzeugen sucht, daß ihr Hans oder ihre Grete mit dem besten Willen den Anforderungen der Sekundarschule nicht zu genügen vermögen, und daß dem Kinde weit besser gedient sei, wenn es die Primarschule als guter denn die Sekundarschule als mittelmäßiger Schüler durchlaufe.

Und da nun die Lehrer und Lehrerinnen von diesen Eltern, welche ja auch ihre Wähler und Brotgeber sind, in einem gewissen materiellen und moralischen Abhängigkeitsverhältnis stehen, so richten sie ihr Verhalten allzuoft danach ein und glauben, sich einen besonderen Ruhmestitel geschaffen zu haben, wenn sie möglichst viele Viertkläßler in die Sekundarschule abschieben können. Denn dann sagt das Volk: «Seht, wie die Jungfer X. tüchtig ist – bei der lernen die Kinder etwas; sie hat soundso viel in die Sekundarschule abgeben können, während Jungfer N. nur soundso viel dazu gebracht hat!»

Daraus ergibt sich im für den ganzen Schulbildungsgang ohnehin so wichtigen vierten Schuljahr alljährlich in einer ganzen Reihe von bernischen Primarschulen ein Betrieb, den ich vom Standpunkte der allgemeinen Volksbildung aus direkt als frevelhaft bezeichnen muß. Statt daß nämlich im vierten Schuljahre das reichlich bemessene Unterrichtsprogramm erledigt wird, setzt so vom Neujahr an ein eigentlicher Wettbewerb zwischen den einzelnen Klassen ein, wer am meisten zukünftige Sekundarschüler züchte. Wohlverstanden, es handelt sich nicht etwa darum, diese Schüler dazu zu bringen, daß sie sich als Schüler der Sekundarschule auszeichnen werden, das geht die Lehrerin nichts an, sondern, daß sie befähigt werden, das Aufnahmeexamen mit Erfolg zu bestehen. Was nachher aus ihnen wird, ist der Lehrerin und den Eltern in gleicher Weise Wurst.

Wie wird nun geschafft? Die sogenannten besseren oder die Kinder derjenigen Leute, von welchen die Lehrerin annehmen darf, daß sie die öffentliche Meinung in ganz besonderem Maße beeinflussen, werden auf das Aufnahmeexamen gedrillt, wobei auf das Unterrichtsprogramm der Sekundarschule in weit mehr als zulässiger und erlaubter Weise geschielt wird. Die übrigen sind misera plebs und werden in ihrer Bildung verkürzt und vernachlässigt. Jawohl, vernachlässigt! Und der beste Beweis, daß ich hier nicht übertreibe, liegt darin, daß die Schüler des fünften Schuljahres in der Primarschule immer um so schwächer sind, als ihre Lehrer des vierten Schuljahres mehr Kinder in die Sekundarschule abzuschieben vermochten.

Die Primarschule wird von dem Schaden, welcher sich aus diesem Betriebe ergibt, am empfindlichsten und unmittelbarsten getroffen. Einmal hat sie die Pflicht, alle Kinder ausnahmslos auf eine gewisse Bildungsstufe zu bringen. Das vornehmste Mittel hierzu ist die peinliche Kontinuität in der Abwicklung ihres Programms. Und diese Kontinuität erleidet gerade in dem dem Übertritt von der Mittel- zur Oberstufe vorangehenden Semester einen oft niemals einzuholenden Unterbruch für die Mehrzahl der Schüler, nur damit eine Minderzahl, und ich will nun einmal wirklich annehmen, es seien die Begabtesten, der Primarschule entzogen werden können.

Das Resultat ist von diesem Augenblicke an klar vorauszusehen: Gerade die schwächeren Schüler des vierten Schuljahres werden zugunsten der besseren vernachlässigt, und die besseren verlassen die Primarschule, so daß im fünften Schuljahr mit den minder begabten Schülern, die obendrein vernachlässigt wurden, im Unterrichte dort angeknüpft werden muß, wo man nicht mehr sollte anknüpfen müssen, nämlich im Pensum des vierten Schuljahres. Und das nenne ich ein Verbrechen an der Schule und an den Schülern!

Die Primarlehrer sind in erster Linie für die Primarschule da und sollten es sich angelegen sein lassen, die ihnen anvertraute Schülerzahl im Primarunterricht nach Kräften zu fördern. Sie sollten ein Interesse daran haben, dem Primarunterricht der kommenden Schuljahre vorbereitend soviel wie möglich in die Hände zu arbeiten und den Boden zu ebnen und es mit ihrem Gewissen nicht vereinbaren können, gerade die unterrichtsbedürftigsten Kinder am meisten zu vernachlässigen, in einer Zeit, die für die ganze fernere geistige Entwicklung wohl die kritischste ist. Sie sollten, so scheint es wenigstens, ein Interesse daran haben, gerade die guten und fördernden Elemente unter den Schülern der Primarschule tunlichst zu erhalten und nicht darauf hinarbeiten, die eigentlichen Zugrosse auszuschalten.

Und die Eltern sollten verständig genug sein, eine solche Ungehörigkeit nicht nur von den Lehrern nicht zu verlangen, sondern sie geradezu zu bekämpfen.

Würde nun von dieser gerügten Praxis wenigstens die Sekundarschule gefördert, dann hätten wir zum mindesten noch einen entfernten Gegenwert und den Schein ihrer Entschuldigung. Allein, auch die Sekundarschule leidet darunter, denn die Kinder, die so gepreßt werden, sind nicht auf den Sekundarschulbetrieb, sondern nur auf das Aufnahmeexamen vorbereitet worden. Die Folge davon ist, daß sie den an sie gestellten Erwartungen in der Sekundarschule nur teilweise, vielleicht auch gar nicht entsprechen, und daß die Sekundarklassen über Gebühr numerisch belastet werden. Statt daß nun der Sekundarlehrer ein numerisch beschränktes, aber auserlesenes Schülermaterial vor sich hätte, mit dem er das Unterrichtsprogramm der bernischen Mittelschulen mit vollem Erfolg absolvieren könnte, blüht ihm das zweifelhafte Vergnügen, mit einer großen Zahl von Schülern einen Unterricht zu treiben, der immer noch Primarunterricht ist. Darunter leiden nun in erster Linie die guten Sekundarschüler selbst, welche über den Primarunterricht nicht hinauskommen, weil eine Anzahl von Mitschülern dem Sekundarunterricht nicht ohne weiteres zu folgen vermag. Und wer etwa schon zugesehen hat, welchen Staub es aufwirbelt, wenn ein einmal in der Sekundarschule aufgenommener Schüler in die Primarklasse zurückversetzt werden soll, der begreift leicht, warum solche Zurückversetzungen nur ausnahmsweise vorgenommen werden.

Der Sekundarschüler von Aufnahmeexamensgnaden aber, der nicht auf Grund seiner besonders entwickelten Fähigkeiten dem Sekundarunterricht zu folgen vermag, hat nun ein böses Dasein. Um promoviert zu werden, muß er mehr zu Hause arbeiten als seiner geistigen und körperlichen Entwicklung zuträglich ist, um dennoch immer mittelmäßig zu bleiben, und während er in der Primarschule seinen Fähigkeiten entsprechend immerhin noch etwas hätte werden können, lernt er nun fürs Leben in der Sekundarschule gar nichts, sondern memoriert bloß, wenn er sich nicht in sein Schicksal ergibt und nach vergeblichen Anstrengungen, Schritt zu halten, es aufgibt, überhaupt noch etwas zu lernen.

Aus solchen künstlich gezüchteten Sekundarschülern werden dann die unzulänglichen «besseren» Berufsleute ausgehoben, die naiv-vorwitzigen Ladenschwengel und das unnütze Schreibervolk, das, wenn es hoch kommt, eine passable Handschrift und einen Stehkragen sein eigen nennt und das, wäre es nicht gewaltsam aus seinem normalen Bildungsgang, der seinen Fähigkeiten angemessen war, herausgerissen worden, auf den Gebieten seiner eigentlichen Talente und seiner natürlichen Bestimmung Gutes und Wertvolles hätte leisten können.

Und es ist bereits so weit gekommen, daß man in gewissen Kreisen beginnt, die Sekundarschule mit recht kritischen Augen zu betrachten und sie an Hand der von ihr erzielten Resultate auf ihre Existenzberechtigung zu prüfen, und daß man in gewissen Berufsarten Lehrlingen mit gewöhnlicher Primarschulbildung wieder den Vorzug gibt.

Auf diese Weise haben wir es zustande gebracht, durch die Primarschule die Sekundarschule zu diskreditieren und die Primarschule selbst zu schwächen.

Ist es noch nötig, auf die Erfahrungstatsache aufmerksam zu machen, daß das Resultat der Rekrutenprüfungen der letzten Jahre ergeben hat, daß die Rekruten mit Primarschulbildung denjenigen mit Sekundarschulbildung immer mehr überlegen sind? Und läßt diese Feststellung nicht gewisse Schlüsse zu?

Ich denke doch und denke weiter, die ruhige Überlegung sollte allein genügen, um einen Betrieb, wie den soeben geschilderten, der darauf hinausgeht, unsere Volksschulbildung auf der ganzen Linie zu schädigen und zu hemmen, von heute auf morgen schon unmöglich zu machen.

Allein, wo die Eitelkeit und der Unverstand der Eltern das Szepter führen, da wäre die Vernunft unvernünftig, räumte sie nicht das Feld!

Organischer Unterricht statt Drill

Als ich vor einiger Zeit (in meiner Broschüre *Ist die Schweiz regenerationsbedürftig?*) den Satz aufstellte, unsere Volksschule sei, statt eines Lebens- und Kulturfaktors, eine bureaukratische Einrichtung geworden, da wurde ich der Gehässigkeit und maßlosen Übertreibung beschuldigt, und wenig fehlte, und man hätte mich cum infamia und als abschreckendes Beispiel für meine ebenfalls kritisch veranlagten Mitbürger öffentlich ausgestäupt. Man verlangte Beweise und sagte mir ziemlich unverhohlen ins Gesicht, daß es mir nie glücken würde, sie zu erbringen, und man verlangte an Stelle der unbequemen Aussetzungen Vorschläge zur praktischen Hebung der gerügten Mängel.

Ich glaube nun, in den vorhergehenden Erörterungen Beweise und Vorschläge zur Genüge erbracht zu haben, um meine Herren Gegner wenn auch nicht zum Verstummen, so doch zum ernsten Nachdenken zu veranlassen; Beweise und Vorschläge, welche unter intelligenten Menschen, so will mir scheinen, genügen sollten, um zunächst in unserm Kanton und dann auch auf dem ganzen Gebiete der schweizerischen Volksschulen eine gründliche, vom Staate ausgehende Schulreform als etwas dringend Notwendiges anerkennen zu lassen. Allein, ich bin zu wenig mehr Optimist, um nicht einzusehen, daß das Pflichtbewußtsein der leitenden Organe gegenüber der kommenden Generation durch noch so wohlgemeinte und wohlbegründete Auseinandersetzungen nicht aufgerüttelt wird. Sollte es wider Erwarten einmal doch der Fall sein, dann würde ich mir erlauben, noch weitere Vorschläge zu machen, von welchen die folgenden wohl die wichtigsten wären:

1. Abschaffung des Klassensystems und Ersatz desselben durch Unterrichtsstufen, und wenn dies nicht belieben sollte,

2. Abschaffung des Reinklassensystems und Ersatz desselben durch das Gemischtklassensystem.

Unser bernisches Primargesetz schreibt vor, daß ein Schüler, gleichviel ob er gut oder schlecht, begabt oder unbegabt sei, nicht länger als höchstens zwei Jahre in ein und derselben Klasse verbleiben dürfe. Was der Staat damit beabsichtigt, ist also nicht die organische und individuelle Ausbildung des Schülers, sondern das Durchlaufen einer gewissen Zahl von Schulklassen.

Ob bei diesem System der Schüler etwas lerne und fürs Leben tauglich werde, danach frägt der Staat nicht, sondern lediglich danach, ob er eine gewisse Anzahl von Schulklassen durchlaufen und eine gewisse Anzahl von Jahren Schule abgesessen habe. Er vertritt damit die für ihn nicht schmeichelhafte Auffassung, daß sich seine Bildungsgelegenheiten vielmehr an das Gesäß denn an den Kopf wenden, und wenn man die Resultate dieser Auffassung des näheren prüft, so braucht man noch nicht besonders kritisch veranlagt zu sein, um wahrzunehmen, daß wirklich der Kopf der Schüler von unserer Volksschule unverhältnismäßig wenig profitiert, daß dagegen das Organ, welches vornehmlich der Ruhe dient, durch unsern Schulbetrieb zu einer erfreulichen Entfaltung seiner Masse emporgezüchtet wird.

Das vom Staate eingeschlagene System ist falsch! Nicht das ist die Hauptsache, daß der Schüler eine gewisse Anzahl von Klassen durchlaufe und ein gewisses Minimum von Stunden absitze, sondern, daß er für das Leben etwas Brauchbares lerne! Und um etwas Brauchbares zu lernen, muß man gründlich lernen. Es dürfen keine Lücken im Verständnis des Stoffes zugelassen werden, anders alle weitere Arbeit Danaidenarbeit bedeutet und nicht die Zeit wert ist, welche man darauf verwendet.

Gerade der schwache Schüler benötigt dringend, daß man sich mit ihm ganz besonders befasse, und das geschieht nicht, indem man ihn in zweijährigem Turnus mechanisch und von Gesetzes wegen durch die Klassen peitscht.

Schon aus diesem Grunde ziehe ich dem reinen Klassensystem das System der gemischten Schulklassen vor.

In den Landschulen, wo eine oder zwei Lehrkräfte alle neun Schuljahre gleichzeitig und in demselben Lokale unterrichten, ist der schwachbegabte Schüler immer noch am besten aufgehoben. Er übersieht nämlich dort sein ganzes Schulpensum und kann sich danach ausrichten. Indem er in einer Klasse unterrichtet wird, genießt er das ständige Repetitorium des Unterrichtes der untern Klassen, und seine früheren Bildungserrungenschaften sind ihm stets lebendige Gegenwart und werden seinem Gedächtnis nie entzogen. Daraus ergibt sich eine viel größere Gründlichkeit des elementaren Wissens, als sie bei dem System der reinen, voneinander getrennten Klassen je erreicht wird.

Der gute Schüler jedoch, der mit rascher Auffassungsgabe bedacht das Pensum seiner Klasse mit spielender Leichtigkeit bewältigt, der langweilt sich in den gemischten Klassen nicht; die Schule wird ihm nicht zur Qual, denn sein lebhafter Geist kann sich passiv oder aktiv an dem Unterrichte der über ihm stehenden Altersklassen beteiligen, so daß sein Bildungsgang ein stetiges unmerkliches Repetieren des schon Gelernten und gleichzeitig ein stetes Besitzergreifen neuer Wissensgebiete ist. Aus diesem Grunde halte ich dafür, daß an den Schulen mit gemischten Klassen vielleicht nicht mehr, aber entschieden nutzbringender gearbeitet wird als an den Schulen mit reinem Klassensystem, wo dem Lehrer eine Menge ihm persönlich bis anhin unbekannter Schüler alljährlich aufgesalzen wird, bei welchen er zunächst einige Wochen verwenden muß, um sie auf ihre Fähigkeiten zu prüfen und die einzelnen kennenzulernen.

Die Kontinuität des Kontaktes zwischen dem Schüler und dem Lehrer in unsern gemischten Klassen ist nicht nur vom Standpunkte des Bildungsganges von unersetzlichem Werte, weil er dem Unterrichtenden viel eher gestattet, den Schüler seinen Fähigkeiten angemessen zu beschäftigen, sondern scheint mir auch große erzieherische Vorteile aufzuweisen. Es ist ein Wille da, der die ganze Schülerzahl leitet und regelt, und eine Methode, welche, während neun Schuljahren, die Arbeit beherrscht. Es kann nicht vorkommen, daß im dritten Schuljahre eine Federhaltung vorgeschrieben wird, welche im fünften Schuljahre einer andern weicht, um im achten Schuljahre durch eine dritte ersetzt zu werden, wovon alle drei die alleinselig-machenden und allein richtigen sind. Es wird Zeit gewonnen und lebendiger geschafft!

Allein, in Wirklichkeit genügt auch die Methode der gemischten Klassen nicht, um dem Schüler die Schulbildung ins Leben mitzugeben, welche den Aufwand an Zeit, Geld und Arbeit, der an unsere Schule verwendet und oft verschwendet wird, rechtfertigt. Die einzig vernünftige Lösung wäre, die Klasseneinteilung überhaupt abzuschaffen und sie durch Unterrichtsstufen zu ersetzen.

Was darunter zu verstehen sei?

Sie haben gewiß schon Schüler einer Klasse gesehen, welche, sagen wir mal, im Rechnen Vorzügliches leisteten, dagegen dem Sprachunterricht kaum zu folgen vermögen. Was wäre nun natürlicher, als solchen Schülern zu gestatten, den Rechenunterricht in ihrer normalen Altersstufe, den Sprachunterricht aber dort zu besuchen, wo er ihrem Begriffsvermögen angemessen ist, nämlich in der untern Klasse. Umgekehrt haben Sie auch schon Schüler gesehen, die das Pensum eines Faches ihrer Klasse mit Leichtigkeit erfaßt und verdaut haben, weil sie eine besondere Begabung dafür ihr eigen nennen, und nun gezwungen sind, einem Unterrichte zu folgen, der ihnen in Gottesnamen nichts Neues mehr zu bieten vermag und der sie langweilt in einem Maße, daß sie nicht selten auf dem Gebiete, wo ihre besondere Begabung liegt, faule und unaufmerksame Schüler werden. Wäre es in einem solchen Falle nicht viel vernünftiger, ihnen zu gestatten, den Unterricht in der folgenden Altersklasse zu besuchen, wo ihr Geist angeregt und ihre Fähigkeiten geschärft würden, wo ein lebendiges Interesse am Lehrstoff stets vorhanden und die Möglichkeit, wenigstens auf einem Gebiete das Höchste zu erreichen und zu leisten, gegeben wäre?

So wie die Sache gegenwärtig steht, bedeutet die Schule für viele Kinder eine eigentliche Verdummungsanstalt, während ihre Aufgabe doch sein sollte, treibende Knospen zur Entfaltung, grünende Reiser zur Blüte, Blüten zu ausgereiften Früchten emporzuzüchten.

Das Leben ist heutzutage, will mir scheinen, mannigfaltig genug, daß sich jede Fähigkeit darin entfalten und nützlich machen kann. Es kommt in unserm Zeitalter der weitgehendsten Arbeitsteilung viel weniger denn in früheren Zeiten auf eine allgemeine und gleichmäßige Schulbildung an als darauf, daß der einzelne auf einem Sondergebiete tüchtig sei. Auf Sondergebieten reifen heutzutage die Früchte der Arbeit; auf Sondergebieten vermag sich der einzelne im Leben zu behaupten; Sondergebiete sind es, die den Tüchtigen nähren und kleiden, ihm Ansehen und Macht verschaffen.

Und dieser Lebenstatsache darf sich die Schule nicht ewig verschließen, wenn sie dem Leben nützlich sein will. Sie soll auf das Leben vorbereiten und nicht gegen seine Anforderungen abstumpfen.

Zwar weiß ich eine allgemeine Bildung vielleicht mehr denn viele meiner Herren Gegner zu werten; allein, diese allgemeine Bildung, die den Menschen adelt, fußt auf der tüchtigen und hingebenden Arbeit auf einem Sondergebiete! Was uns not tut, ist viel weniger das summarische Wissen auf allen möglichen Gebieten als die Arbeitsmethode, sich dieses Wissen je nach Bedarf selbst zu erobern.

Und auf intellektuelle Eigeneroberungen sind wir im Leben angewiesen, gleichviel ob wir Künstler oder Landarbeiter, Beamte oder Akademiker seien!

Unterrichtsstufen also, die dem Schüler gestatten würden, beispielsweise im Rechnen im Pensum des achten, in der Sprache in dem des sechsten, in einigen Realfächern in dem des vierten Schuljahres nicht zu sitzen, sondern an der Mehrung seines positiven und lebendigen Wissens zu arbeiten, und zu erwerben, was ihm fehlt, und zwar ohne Zeitverlust, mit Lust und Interesse am Unterricht!

Das wäre alles schön und recht, höre ich mir erwidern; aber praktisch undurchführbar und kostspielig!

Ich erlaube mir, gegenüber dem ersten Einwande, die praktische Durchführbarkeit betreffend, ergebenst zu bemerken, daß dieser Modus, wie ich ihn vorschlage, das Geheimnis der Erfolge der meisten Privatschulen ist, und daß gerade an den besten Fachschulen kein anderes System in Anwendung kommt, und daß gerade dieses System die Handels- und Fremdenschule in Neuenburg zu einer der besten Schulen überhaupt gemacht hat.

Sollte nun dem Staate unmöglich sein, was der privaten Initiative ein leichtes ist? Hat der Staat weniger Organisationstalent als dieser und jener einzelne Lehrer oder Lehrerin, welche aus ihren Privatschulen eigentliche Bildungsinstitute mit rationellem Unterricht fürs Leben geschaffen haben?

Ist dies der Fall, dann hat die Volksschule moralisch Konkurs gemacht, dann mag sie der Staat ruhig aufheben; denn dann lohnt es sich nicht, sie länger in einem Zustande des Scheinlebens zu erhalten!

Allein, ich denke doch, daß auf dem Gebiete des öffentlichen Bildungswesens gerade der Staat in allen Schulfragen wegleitend und mustergültig vorangehen, den Privatschulen vorangehen sollte, während bei uns die Sache umgekehrt ist: der Staat muß sich von den Privatschulen beschämen und überflügeln lassen. War das die Absicht, aus welcher der schöne demokratische Gedanke der allgemeinen Volksschulbildung entsprang?

Der Kostenpunkt? Nun, ich denke, daß nur das Geld uns reuen darf, das sich schlecht oder nicht verzinst! Daß eine wirklich gute Schule, eine Schule nicht für die Schule, sondern fürs Leben gar nicht teuer genug bezahlt werden kann, und ich glaube ferner, daß uns nur das Geld zu reuen braucht, welches wir für unsere jetzige unzulängliche Schule auswerfen, nicht aber der doppelte und dreifache Betrag des Geldes, das wir für eine gute Schule auszugeben hätten. Denn dieses Geld würde sich reichlicher als jedes andere verzinsen, schaffte es uns doch junge Leute, mit welchen im Leben, nicht wie jetzt trotz der Schulbildung, sondern infolge der Schulbildung etwas anzufangen ist. Sie würde uns an Stelle des Geldes ganze Menschen geben, und je mehr ich um mich blicke und unsere Zustände auf allen Gebieten der Kultur, der Politik und der Volkswirtschaft betrachte, je mehr drängt sich mir die betrübende Überzeugung auf, daß es uns an nichts so gebricht wie an ganzen, selbständigen und lebenstüchtigen Menschen!

BILDUNG UND ERZIEHUNG

Der Endzweck der Erziehung, wenn anders sie überhaupt einen solchen hat, müßte der sein, die Menschen lebenstauglicher zu machen. Sie behauptet nun freilich, solches zu tun; in Wirklichkeit geht sie jedoch günstigsten Falles darauf aus, seine Konkurrenzfähigkeit, will sagen die Anlagen in ihm zu entwickeln, die ihm erlauben, sich auf Kosten seiner Mitmenschen am weitesten hervor- und am höchsten hinaufzudrängen. Dadurch verstärkt sie bis zur Unerträglichkeit die von der Natur schon ohnehin bedingten, schmerzlichen Ungleichheiten, zieht rücksichtslose Herren und wehrlose Sklaven heran, weil sie eine irrtümliche Auffassung des Lebens [und] ihrer Tätigkeit zu Grunde legt.

Würde sie nämlich von der Erkenntnis ausgehen, daß das Leben lediglich ein leidiger Zustand ist, zu dem wir verurteilt sind, und nicht ein Zweck, so würde ihr die Einsicht sagen, daß das Beste, was einem Menschen geschehen kann, darin gipfelt, die Leiden des Lebens, denen keiner entgeht, soweit als möglich zu meiden und zu lindern und die unvermeidlichen mit möglichst geringem Kraft- und Schmerzaufwand zu ertragen. Sie würde uns lehren, das Leben als etwas Wichtiges, Vorübergehendes, nicht allzu ernst zu Nehmendes zu erkennen und uns dementsprechend zu ihm einzustellen. Statt zum Kampf ums Dasein würde sie uns zum weitmöglichsten Genuß dessen, was genossen werden kann, anspornen. Ihr Ethos, insofern ein solches bei der Erziehung vorausgesetzt werden darf, würde darunter nicht Schaden leiden, denn erst dann würde sie vollkommen von der Überzeugung ausgehen können, daß die Bewegungsfreiheit jedes einzelnen durch die Bewegungsfreiheit jedes andern begrenzt wird.

Kurz gesagt: Der mir vorschwebende Endzweck der Erziehung müßte Glück und nicht Vorteil heißen, und unter Glück verstehe ich die Fähigkeit des Menschen, sich, wo es nur immer geschehen kann, zu freuen und dort, wo ihm die Freude nun einmal versagt bleibt, sich über das Leid auf dem kürzesten Weg hinwegzusetzen.

*

Der Endzweck jeder wohlverstandenen Bildung kann unmöglich darauf ausgehen, unsere Unwissenheit zu beheben, sondern darauf, sie uns zum Bewußtsein zu bringen. Der Umstand, daß diese Tatsache von den meisten unserer Erzieher und Lehrer verkannt wird, bedingt fast ausschließlich, daß ihre Lehren fürs Leben oft so unheimlich untauglich und unbrauchbar sind.

*

Wäre ich beruflicher Erzieher, ich würde mir jeden Morgen folgenden Katechismus laut und deutlich vorsagen:

Was ist Philosophie? Eine miserable Karikatur des Humors.

Was Religion im landläufigen Sinn? Ein Versuch der Schwachen, sich mit der Schwachheit abzufinden.

Was ist Tugend? Durch Überlieferung und Herkommen geheiligtes Laster.

Was ist Sittlichkeit? Mediatisierte Wollust.

Was ist Wissenschaft? Unsere Einbildung, etwas anders als durch Erfahrung erkannt zu haben.

Was ist Moral? Ein auf Unerfüllbarkeit gegründeter Gesellschaftsvertrag.

Was ist Kunst? Rhythmische Energie.

Mit diesen sieben Sätzen getraute ich mich, etwas Rechtes auszurichten.

*

Eine der verderblichsten Folgen der uns von der Französischen Revolution vermittelten Gleichheitsauffassung äußert sich in der Forderung des allgemeinen und obligatorischen Volksunterrichts. Denn der geht auf einen gewissen Durchschnitt der Bildung aus, setzt ein Mindestmaß von Kenntnissen fest, über das er nicht hinauskommt, und verschärft dadurch die Schwierigkeiten der Lebensbedingungen des Schwachen, während er den Starken zurückbindet. Die anzustrebende Gleichheit hätte in gleichen

475

Bildungsmöglichkeiten, aber nicht in gleichem Bildungsgang bestehen müssen.

*

Die Aufklärung der Masse auf irgendwelchem Gebiet hat noch
nie andere Erfolge gezeitigt als die, der ihr innewohnenden Un-
duldsamkeit, ihrer Beschränktheit, ihrem Aberglauben und ihrer
Grausamkeit eine andere Richtung zu geben.

*

Wenn ich beispielsweise kein gemeingefährlicher Verbrecher
wurde, so verdanke ich das gewiß nicht der Erziehung, die mir
die Gesellschaft angedeihen ließ. Im Gegenteil, es gab eine Zeit,
wo ich ihr bittere Rache geschworen hatte, und wenn ich sie nie
ausübte, so war es, weil mir, als sie jung und frisch in mir kochte,
die Gelegenheit, sie so schrecklich, wie ich sie mir ausgedacht
hatte, auszuüben, fehlte. Später fehlte mir dazu der Gegenstand
und heute sowohl der Wille wie die Kraft. Aber der erbitterte
Haß in mir, der ist, wenn auch meistens schlummernd, geblieben, und ich muß oft meine ganzen seelischen Kräfte anspannen,
um mich zu überzeugen, daß er sinnlos ist.

*

Die Sitten ändern nicht, nur ihre Formen. Früher opferte man
die Kinder dem Moloch, heute dem Mammon und, wenn's hoch
kommt, Minerven.

*

Eine umfassende Bildung ist heute wirklich billiger als ehemals.
Bei Brockhaus kann man sie schon um etwa 200 Franken in rund
zwanzig Bänden haben.

*

Die Konversationslexika sind die Zusammenstellung alles dessen, was man weder selbst zu wissen noch zu denken braucht. Daher ihre Beliebtheit und Unentbehrlichkeit.

*

Es sind unter den Gelehrten entschieden mehr wirklich dumme
Leute anzutreffen als in den breiten Schichten des sogenannten

ungebildeten Volkes, und es ist oftmals erstaunlich, wie nahe sich tiefgründige Gelehrsamkeit und gedankenlose Oberflächlichkeit berühren, wie sie sich manchmal zum Verwechseln ähnlich sehen und wie übereinstimmend unfruchtbar alle beide sein können.

Jeder einzelne kann diese Wahrheit an sich selbst des öftern erproben, denn wie unendlich klüger hätten wir nicht manchmal gehandelt, wenn wir weniger gewußt hätten.

*

Der Ausdruck «abgeschlossene Bildung» will in den meisten Fällen besagen: «von der weiteren Bildung abgeschlossen» und kennzeichnet so recht die ganze schulmeisterliche Anmaßung unserer Zeit, die jämmerliche Hohlheit vieler unserer Zeitgenossen.

Ja, wenn es noch heißen würde «abgerundete Bildung» oder «abgeschlossene Lehre»! Aber auch diese fehlen den meisten.

*

Die Schulbildung aller Grade sollte weniger darauf ausgehen, eigentliches Wissen zu vermitteln, als die Wege zu erschließen, auf denen man sich welches auf eigene Faust erwerben kann. Erst dann wäre sie wirklich nützlich.

*

Wollte sich die Volksschule darauf beschränken, allen Schülern gleiche Bildungsgelegenheit zu bieten, statt bei allen annähernd gleiche Ergebnisse zu erzielen, dann erst wäre sie wahrhaft praktisch, nützlich und im besten Sinn demokratisch.

*

Der Kardinalfehler der zeitgenössischen Schulbildung liegt weniger in dem, was sie versäumt, als in dem, was sie tut.

*

Ein Unterricht, der nicht überzeugt, ist ein Versuch mit untauglichen Mitteln und obendrein eine der gemeinsten Vergewaltigungen, die man sich denken kann.

*

477

In einer Erziehungsanstalt unterbringen heißt: Umbringen durch Erziehung veranstalten!

*

Die Konfectionserziehung der Anstalten hat, gegenüber den Konfectionskleidern, auch noch den Nachteil voraus, daß dem gezwungenen Verbraucher keine Auswahl des ihm annähernd Passenden eingeräumt wird.

*

Sadismus als Erziehungsmittel ist uns allen geläufig und den Erziehungsanstalten meist unentbehrlich. Wenn wir mit Kindern wie Kinder zu denken vermöchten, würden wir ihnen gegenüber nicht wie Kinder handeln.

*

Die Zeit ist vielleicht weniger fern als man glaubt, wo man unsere Erziehungsanstalten im gleichen Atemzug mit der Nürnberger-Folterkammer nennen und letzterer den Vorzug geben wird.

*

Wann endlich wird uns die Beecher-Stowe, der Dunant, die Berta Suttner erstehen, die der Menschheit über die Bestialitäten der sogenannten Anstaltserziehung die Augen öffnet? Uns die unsäglichen, stumm und wehrlos ertragenen Leiden unzähliger jugendlicher Opfer schildert? Sich gegen die sadistischen Orgien frommer und geachteter «Erzieher» auflehnt?

*

O, daß doch unsere Universitätsstudien ein klein wenig universeller wären!

ERZIEHEN, NICHT ERWÜRGEN!

Einer Einladung der Psychologischen Vereinigung Berns folgend, hielt ich in deren Schoß im November 1927 einen Vortrag über Anstaltspsychologie, der nachträglich im Dezemberheft Nr. 8 der *Schweizerischen Schulreform* (1927) abgedruckt wurde.

In jenem Vortrage sprach ich von den seelischen und geistigen Nöten, die den Erziehungsverfahren der Anstalten einfach grundsätzlich und von ihnen untrennbar anhaften, wenn auch in verschiedenem Maße. Das konnte ich natürlich nicht sagen, ohne die materiellen Unzulänglichkeiten der Anstaltserziehung und -gliederung wenigstens zu streifen.

Ich hatte meine Ausführungen kaum geschlossen, als der stadtbernische Schularzt, Herr Dr. P. Lauener, das Wort zu einem aus dem Stegreif gehaltenen, sachlich ungemein reich belegten Gegenreferat ergriff, worin er nachwies, daß viele gerade der größten Mängel, die ich der Anstaltserziehung vorwerfe, eben auch der Erziehung der in Familien untergebrachten Kinder anhaften, was er anschaulich an Hand sprechender Beispiele belegte. Tatsachen, die den meisten unserer Armeninspektoren ebenfalls leider nur zu wohl bekannt sind und über die sich beispielsweise Herr Armeninspektor Pfarrer Salchli in Meikirch vor einigen Jahren an einer Inspektorenkonferenz eindringlich und aufschlußreich aussprach.

Der Meinungsaustausch, der unsern Äußerungen folgte, erhärtete, daß sowohl in wie außerhalb der Anstalten die Armenerziehung unseres Landes ganz bedenkliche, zum Teil unerhörte Schwächen aufweist.

Nach einigen Hin- und Widerreden faßte der bekannte bernische Hochschullehrer der Physiologie, Herr Prof. Dr. L[eon] Asher, das Ergebnis unserer Erörterungen in einer kurzen, licht- und gehaltvollen Äußerung zusammen, die dermaßen zutreffend wirkte, daß wir alle, von der Richtigkeit seiner Ausführungen überzeugt, bewegt auseinandergingen.

Prof. Asher führte im wesentlichen aus, daß das Kind bei uns in Europa nicht wie es sollte und müßte gewertet werde, daß alle Unzulänglichkeiten, Mißgriffe und Roheiten unserer Erziehungsmaßnahmen und -einrichtungen eben darauf und nur darauf zurückzuführen seien. Während im äußersten Osten, bei den Japanern etwa, die Annahme an Kindesstatt von Waisen, Halbwaisen oder auch nur von unbemittelten Kindern durch wohlhabende oder kinderlose Familien gewissermaßen an der Tagesordnung sei, gehöre solches bei uns zu den seltenen Ausnahmefällen. Während – wiederum im fernen Osten – Kindermißhandlungen und -vernachlässigungen, Erziehungspfuschereien und Zwangserziehungsverfahren sozusagen unbekannt und dem Volksbewußtsein kaum vorstellbar seien, sei bei uns zulande das traurige Gegenteil die gewöhnliche, allzu gewöhnliche Erscheinung. Die Ausführungen gipfelten in dem leider erschreckend wahren Satze:

«Wir lieben die Kinder nicht!»

Gegen diese beschämende Wahrheit ist schlechterdings nicht aufzukommen. Wir fühlten es alle und senkten die Köpfe. Denn, wo wir auch die uns beschäftigenden Erziehungsfragen anfassen, wo wir auch auf die Unzulänglichkeit ihrer praktischen Lösung stoßen, und wir stoßen sozusagen immer und überall darauf, stets tritt uns als letzte Ursache aller Mängel die traurige Wahrheit entgegen, daß es uns, um ihnen zu begegnen, einfach an Liebe, an wirklich ungeheucheltem, hingebendem Wohlwollen zu der Jugend gebricht.

Solange aber diese Liebe zur Jugend, zum Kinde, nicht in unser innerstes, seelisches Bewußtsein dermaßen eingedrungen ist, daß es sich in unserem ganzen Tun und Lassen, in unserem ganzen Verhalten, unserer restlosen Einstellung zum Kinde gewissermaßen selbsttätig immer und überall kundgibt, solange bleiben alle wissenschaftlichen, alle pädagogischen, alle volkswirtschaftlichen, alle sittlichen Anstrengungen Hohn und Stückwerk, um nicht zu sagen übertünchte Heuchelei, Seelenmeuchelei!

Es ist schmerzlich, solches gerade bei uns, im Lande des voll Liebe zu den Kindern überquellenden Pestalozzi, den wir vor einiger Zeit ebenso geräuschvoll als unaufrichtig gefeiert haben, mit besonderem Nachdruck feststellen zu müssen.

Wahr ist's! Wir bringen mehr Verständnis, mehr Sorgfalt in der Behandlung jeglichen Kraftwagens als in der von Hunderttausenden unserer Kinder auf und lassen es uns auch mehr kosten. Wir verstehen uns besser auf die Erziehung des Rennpferdes, die Aufzucht des Rindviehes, des Hundes, des Geflügels als auf Kinderzucht, und mehr als bei dieser ist bei jener unser Herz, unser Geist, unser inniges Miterleben beteiligt. Bedürfte es dazu eines weiteren Beweises, so denke ich, würde der bloße Hinweis auf die steten Fortschritte des Geburtenrückganges in fast allen abendländischen Staaten wohl ausreichend sein. Wir begehren keine Kinder mehr; wir empfinden sie nicht als einen Segen, sondern als eine drückende Last, als ein Hindernis, das sich zwischen uns und unserer Selbstsucht auftürmt.

Wir bieten den Kindern nur, was unsere Selbstsucht etwa übrig läßt, was aber durchschnittlich erbärmlich dürftig ist.

Wohl ist mir bewußt, daß es dazu an Entschuldigungen heranreichende Erklärungen gibt, wie etwa die der angeblich höheren Gewalt unserer derzeitig plutokratischen Gesellschaftsordnung, die den denkbar rücksichtslosesten, rohesten, unerbittlichsten sogenannten Kampf ums Dasein bedingt und auch den knechtet, dessen Veranlagung und Gesinnung ihm noch so gerne andere Wege weisen würden. Aber gereicht uns das zur wirklichen Entschuldigung?

Wir empfinden selbst am besten, daß dem nicht der Fall ist. Bewußt oder unbewußt fühlen wir uns in seltenen Augenblicken aufrichtiger Selbsteinkehr gegenüber der Jugend schuldig; wir vermögen den vorwurfsvoll leidenden Blick unschuldiger Kinderaugen nicht auszuhalten, ohne die unsern niederzuschlagen. Wir fühlen uns alle als der Kinder Schuldner, und, da sie unsere Selbstsucht, unsern Eigennutz nicht zu befriedigen befähigt sind, so suchen wir zur Beruhigung unseres persönlichen wie unseres gesellschaftlichen Gewissens mit ihnen eine Abfindung zu treffen.

Daher unsere angeblich so opferwillige Jugendfürsorge, unsere nach außen so glänzenden erzieherischen Anstrengungen, unsere grundverheuchelte, erzverlogene Wohltäterei und die sich daraus notwendigerweise ergebenden Halbheiten, Roheiten, Gemeinheiten, unsere Lügen!

Wir rauben dem Kinde die Mutter, schicken sie in die Fabrik und reichen ihm als lächerlich kläglichen Ersatz Krippe und Kinderheim. Wir stehlen ihm den Vater, zwingen ihn zur Fron eines ungesund gesteigerten Erwerbslebens, eines unsinnig überspannten öffentlichen Dienstes, der ihn abstumpft, der ihn verblödet, und bieten dem Kinde als Entgelt für seinen natürlichen Erzieher, den wir ihm ebenso gründlich als grundsätzlich alltäglich entfremden, Schule und Anstalt.

Wir unterbinden dem heranwachsenden Kinde die Entwicklungsmöglichkeiten seiner Anlagen und Fähigkeiten und peitschen es zum widerlichen Ausgleich auf möglichst frühzeitigen und tunlichst reichlichen Gelderwerb ein.

Wir unterschlagen ihm die Wohltaten natürlicher seelischer Entfaltung und glauben wunder was geleistet zu haben, wenn wir es zum Tausch mit übrigens in den meisten Fällen obendrein noch für das Leben ungenügenden geistigen und technischen Fertigkeiten ausgerüstet haben.

Wir betrügen das Kind um seine naturgewollte körperliche, geistige und seelische Entwicklung und bilden uns ein, ihm dadurch einen Gegenwert geboten zu haben, indem wir es acht bis neun Jahre lang neunhundert Stunden des Jahres auf die Schulbank genietet und ihm einige Kenntnisse vermittelt haben, die sich im darauffolgenden Leben regelmäßig als ungenügend oder falsch erweisen.

Das alles leisten wir und bilden uns noch ungemein viel darauf ein! Nicht um unsern Kindern gegenüber, denen wir das Le-

ben, das sie nicht von uns verlangten, aufbürdeten, unserer
Pflicht und Schuld zu genügen, sondern um sie und unser Gewissen damit auf Abschlag abzufinden, um desto rücksichtsloser uns
selbst – unsern Gelüsten, unsern Gesellschaftstrieben frönen zu
können.

Dabei bringen wir noch die Stirne auf, für all das Üble, das
wir den Kindern eisernen Herzens zufügen, Anspruch auf ihre
Anerkennung, ihre Dankbarkeit zu erheben, sie, die wir fortwährend berauben und entlauben, bevor sie noch eigentlich empor-
geblüht sind.

Es fällt uns leichter, für unsere Kinder einige Franken, ein
Paar Socken, ein Stück Brot aufzubringen als einen liebevollen,
verständnisinnigen Blick, als die paar kurzen Stunden, deren es
bedürfte, um sie unsern mitfühlenden Herzschlag vernehmen zu
lassen.

Wer aber sein Herz nicht schenkt, der schenkt nichts und ver-
gabte er auch Millionen! Was unsere Kinder brauchen, sind weniger Systeme noch Methoden, weniger Einrichtungen noch
Fürsorge des Staates und der Wohltätigkeitsgewerbler, als verständnisvolle Seelenwärme, Freundschaft, Liebe.

Wir aber lieben die Kinder nicht!

Dieser Umstand ist es, der von vornherein alle unsere Erziehungsbestrebungen unfruchtbar, nicht selten aber geradezu
schädlich gestaltet. Weil nicht getragen von innigem Herzensan-
teil an den Kindern und ihrer Sache, sind unsere äußerlichen Anstrengungen von vornherein dazu verdammt, stets nur die Aus-
wüchse, nie aber die tiefer liegenden Ursachen der Jugendnot zu
bekämpfen; darum ist diese in stetem, unaufhörlich beängstigen-
dem Wachstum begriffen. Die Ursachen aber bekämpfen heißt,
entschlossen gegen jede Lieblosigkeit, jede Roheit, jede gesellschaftliche Halbheit und Heuchelei, gegen jedes Unrecht das
Banner entfalten, unerschrocken, und zwar da, wo es eben nicht
anders geht, unter Einsetzung unserer eigenen Persönlichkeit,
unseres Ansehens, unseres Rufes. Wer aber dazu nicht gewillt ist

oder wer solches nicht vermag, der halte die Hände weg vom Werke für die Jugend, denn der wird, auch bei äußerlich gutem Willen, bloß pfuschen, darum Schaden anrichten oder vorhandene Schäden vergrößern; denn kaum auf einem Gebiete wie gerade auf diesem ist Enthaltung von jeglichem Tun immer noch fördernder als die Leistung halber oder unaufrichtiger Arbeit, die zwangsläufig keine andere Wirkung zu zeitigen vermag als die der Verlängerung und Bestätigung aller Unzulänglichkeiten und Dauerschäden. Gerade auf diesem Gebiete, wie schwerlich auf einem andern, erwahrt sich jenes Apostelwort, das da feststellt:

«Wenn ich mit Menschen- und Engelszungen redete und hätte der Liebe nicht, so wäre ich ein tönendes Erz und eine klingende Schelle.»

Tönendes Erz, klingende Schelle – wer denkt da nicht an all das bombastische Gelärme, mit dem wir, angeblich um der Jugend Wohl, Zeit und Welt erfüllen!

Unsere nächstliegende Aufgabe, insofern es uns wirklich ernst ist, der Jugend zu helfen, muß demgemäß darin bestehen, einmal selber die Liebe zu den Kindern aufzubringen, die wir ihnen schulden und die sie durch ihr bloßes Dasein verdienen; zum andern, das Unsrige mit allen Kräften dazu beizutragen, diese Liebe in und um uns zu verbreiten.

Nur unter dieser Voraussetzung wird es uns mit der Zeit – einer langen Zeit, das verhehle man sich nicht – möglicherweise gelingen, der Jugend das zu bieten, was wir ihr wirklich schulden, ihre Nöte zu beheben, ihr Leben lebenswert zu gestalten und sie im edelsten Sinne des Wortes für das Leben selbst zu ertüchtigen.

Nur unter dieser Voraussetzung dürfen auch die folgenden Auseinandersetzungen und Vorschläge den Anspruch erheben, etwas mehr zu bedeuten als in den Wind geschriebene Worte, nämlich Samenkörner einer besseren Zukunft, einer wohlverstandenen Förderung des Lebensglückes und der menschlichen Lebenswerte im Kinde. Sie werden aufgehen und Frucht tragen vom Augenblicke an, wo der traurig bedrückende Satz seinen gegenwärtig leider allzu eindringlichen Wahrheitswert verloren haben wird, der da sagt:

Wir lieben die Kinder nicht!

[...]

Worin besteht nun in unserer Zeit der Hauptschaden unserer menschlichen Gesellschaft, namentlich der europäischen?

Die Antwort muß bestimmt und unzweideutig lauten: Im Kapitalismus und in dem von ihm bedingten Militarismus!

Unter Kapitalismus versteht man die Erzeugungsweise, die unter dem Zwang und der Leitung des Eigentümers des Kapitals, also des Kapitalisten, stattfindet. Der Kapitalismus verunmöglicht in Wirklichkeit jegliche Art erfolgreicher Arbeit, die von dem Kapital unabhängig ist. Dieser Umstand verschafft dem Kapitalisten eine unbillige Überlegenheit gegenüber dem eigentlichen Erzeuger, dem besitzlosen Arbeiter. Denn der Geldgeber, der Kapitalist, bestimmt nicht nur die Art und Richtung, sondern auch den Umfang der Warenerzeugung. Diese aber richtet sich für ihn nicht nach dem wirklichen Warenbedarf, sondern er macht sie lediglich von seinem Vorteil abhängig. Er wird, ohne jegliche Arbeitsleistung, Eigentümer des gesamten Erzeugnisses, während er seine Arbeiter, die eigentlichen Erzeuger, mit dem Arbeitslohn abfindet, und vermöge seiner Macht, die Warenerzeugung zu beschleunigen oder hintanzuhalten, liegt es in einem durchaus unbilligen Verhältnis auch in seiner Hand, die Höhe der Arbeitslöhne, somit auch die Lebenshaltung nicht nur der Arbeiter, sondern auch der Verbraucher seiner Erzeugnisse gewaltsam und widerrechtlich zu bestimmen. Das Unsittliche und Verwerfliche der kapitalistischen Wirtschaftsordnung besteht demnach darin, daß der Kapitalist sich auf Kosten der Allgemeinheit unverhältnismäßig durch arbeitsloses Einkommen in Form von Wucher- und Spekulationsgewinnen bereichert, während gerade dadurch der eigentliche Erzeuger, der Arbeiter also, verkürzt und unverhältnismäßig ebenso ausgebeutet wird, wie der Verbraucher der Waren, und zwar in einem Maße, das allgemach notwendigerweise zur Verelendung der überwiegenden Mehrheit der Menschheit führt.

Auf der andern Seite wird durch die kapitalistische Verschatzung der vorhandenen Gelder und ihrer ausschließlichen Verwendung, nicht zum Nutzen der Allgemeinheit, sondern lediglich zum Vorteil und zur Bereicherung des Kapitalisten, der Arbeit selbst die Möglichkeit der freien Entfaltung entzogen, wenn sie nicht überhaupt ganz und gar verunmöglicht, und dadurch der Arbeiter einfach dem Hunger und dem Elend preisgegeben wird.

Die fortschreitende Verelendung der besitzlosen Bevölkerungsschichten, in erster Linie der unmittelbar ausgebeuteten Arbeiter, führt notwendigerweise zu deren Zusammenschluß, zum Zwecke der Abwehr der kapitalistischen Übergriffe. Daraus ergibt sich die Erscheinung des Klassenkampfes. Da sich die Kapitalisten in verschwindender Minderheit, gemessen an den von ihnen ausgebeuteten Arbeiter- und Verbraucherbevölkerungsschichten, befinden, geht ihre Politik selbstverständlich darauf aus, einerseits Arbeiter und Verbraucher nach Möglichkeit auszubeuten, andererseits zu verhindern, daß diese sie vermittelst Arbeitsverweigerung oder schlimmsten Falles auf dem Wege des gesellschaftsumwälzenden Aufstandes der Revolution aus dem Wirtschaftsleben eines Schlages endgültig ausschalten.

Um dies zu verhindern, stehen dem Kapitalismus zwei Mittel zur Verfügung, nämlich: das der rechtzeitigen und wohlberechneten Zugeständnisse und das der nackten Gewalt. Das erste Mittel kommt immer nur vorübergehend dort zur Anwendung, wo der Kapitalismus sich im Augenblicke der Kampfansage zu schwach oder zu unvorbereitet fühlt, die Gegenbewegung mit Gewalt zu unterdrücken. In diesem Falle wird er den durch seine erzwungene Nachgiebigkeit erlittenen Gewinnausfall so rasch als möglich durch eine Neuumstellung seiner Betriebe und seiner Warenerzeugung einholen, so daß die vorübergehende Besserstellung der von ihm ausgebeuteten Klassen auf die Dauer wirkungslos bleibt, daher dem Klassenkampf immerdar neue Gärstoffe zuführt. Wo jedoch der Kapitalismus seine Stellungen durch Anwendung roher Gewalt durchsetzen kann, wird er diese jeder andern Lösungsmöglichkeit vorziehen, weil sie ihm die unmittelbaren Vorteile der Kürze und der erhöhten, arbeitslosen Gewinne sichert.

Zu diesem Zweck bedient er sich seiner durchaus kapitalistischen Einrichtung, des Militarismus. Dieser beruht auf dem Grundsatz der allgemeinen Wehrpflicht, gegliedert durch den kapitalistischen Staat und dessen Ordnung einerseits, und auf der Schürung des Nationalismus, das heißt des Völkerhasses andererseits. Denn der Militarismus mit seiner furchtbaren, allzerstörenden Gewalt kann nur so lange seinem kapitalistischen Endzwecke dienen, als sich die Ausgebeuteten der ganzen Welt in Länder- und Staatsgruppen abteilen und sich gegeneinander zum Kampf aufhetzen lassen.

Auf diese Weise gelingt es der kapitalistischen Minderheit, die von ihr bedrückte und ausgebeutete Mehrheit aller Völker und Länder in feindliche Lager abzuspalten, sich daher selbst zu besiegen, das heißt, wie es etwa der letzte Weltkrieg mit erschrekkender Deutlichkeit erwiesen hat, alle Völker annähernd gleichmäßig noch tiefer zu verelenden und ihre Kultur zu zerstören.

Innerhalb des einzelnen Staates dient der Militarismus zur Unterdrückung allfälliger Hungeraufständischen, die ihm darum keine wirksame Gegenwehr entgegenzusetzen vermögen, weil der Kapitalismus durch Scheinvorteile, die er einzelnen Bevölkerungsschichten gegenüber andern einräumt, sich diese zu Bundesgenossen gegen jene anwirbt, um sie letzten Endes alle zusammen gleichmäßig und möglichst weitgehend zu seinen Gunsten zu enteignen.

Nach außen dient der Militarismus dem Kapitalismus zur Unterjochung fremder Gebiete, die er seinen wirtschaftlichen Zwek

ken dienstbar gestaltet, sei es in Form von Kolonien, deren Urer-
zeugnisse er sich gewaltsam und widerrechtlich aneignet, sei es in
Form von neuen Absatzgebieten, denen er seine Waren in Minne
oder vermittelst Gewalt aufdrängt, sei es, indem er beides zusammen zur großmöglichsten Mehrung seiner Gewinne verbindet.

Das vornehmste Mittel, dessen sich der Kapitalismus bedient,
um sich die Massen gefügig zu halten, ist das der Volkstäuschung
und der Volksverdummung. Er geht darauf aus, die breiten Massen des Volkes nur insoweit zu erziehen, als er deren Fähigkeiten
im Dienste seiner Gewinnsucht benötigt, und weil er aus eigener,
vorteilhafter Erfahrung weiß, daß Wissen Macht bedeutet, läßt er
in die breiten Massen des Volkes nur gerade so viel Wissen einsik-
kern, als er zur Erzielung seiner Zwecke bedarf, während er in allem übrigen die Menschen täuscht und verwirrt. Aus dem Triebe
der Selbsterhaltung heraus muß ihm daran gelegen sein, das Volk
in seiner geistigen Abhängigkeit zu bewahren; mit andern Worten, es so zu verbilden, daß es zu eigenem Denken unfähig bleibt.
Aus diesem Grunde ist der Kapitalismus an sich barbarisch und
kulturwidrig; darin liegt der tiefste, letzte Grund des unaufhalt-
sam rasenden Niederganges der abendländischen Kultur.

Die kapitalistische Wirtschaftsordnung Europas und Ameri-
kas steuert bewußt oder unbewußt, aber mit unbestreitbarer
Sicherheit zur Barbarei zurück. Barbarei aber bedeutet den endgültigen, unwiderruflichen Niedergang aller seelischen, aller
geistigen und materiellen Errungenschaften, die der abendländischen Menschheit seit annähernd viertausend Jahren gelungen
sind. Diese Entartung aber ist künstlich, unnatürlich, naturwid-
rig und rächt sich als solche durch die bloße Einwirkung der ewig
unabänderlichen Naturgesetze.

Der folgerichtige Zersetzungsvorgang der abendländischen
Menschheit hat sich zwar schon vorher, aber besonders durch
den Weltkrieg von 1914 bis 1918, in schreckenerregendem Maße
dem Bewußtsein der gesamten Menschheit aufgedrängt. Uner-
setzliche Millionen von Menschenleben, unschätzbare Milliar-

den von Sachwerten sind ihm zum Opfer gefallen. Ganze Länder und Völker sind verelendet worden und stehen heute vor der nackten Daseinsfrage. So groß war der Zusammenbruch, daß sich sogar die an sich schon kleine Zahl der daraus Gewinn Ziehenden noch einmal wesentlich vermindert hat, deren Gewinne, so groß sie auch sein mögen, in keinem Verhältnis zu dem dafür aufgebrauchten Aufwand stehen. Zum andern ist jedermann klar geworden, daß eine Wiederholung eines solchen Zusammenpralles das Ende der europäischen Menschheit als Kulturträgerin schlechtweg bedeuten würde.

Das hat nun der Kapitalismus selber eingesehen. Er, der jahrzehntelang bewußt und unbewußt auf dieses Ziel lossteuerte, ist vor seinen eigenen Taten erschrocken; denn er sieht im Zusammenbruch der gesitteten Menschheit seinen eigenen Untergang unvermeidlich voraus, daher macht er Anstrengungen zu retten, was noch zu retten ist, um sich dennoch zu behaupten.

Freilich ist ihm die durchgehende Erkenntnis, daß die Rettung einzig in der endgültigen Verabschiedung der kapitalistischen Wirtschaftsordnung liegen kann, nur noch teilweise aufgedämmert. Noch hat er in der Hauptsache bloß Angst um seinen Besitz, nicht aber um den gesamten menschlichen Kulturbestand.

Aber er ist nachgiebiger geworden und zu Verständigungen bereiter. Der Not, der aufsteigenden, unabwendbaren Drohung viel mehr als der eigenen Einsicht gehorchend!

Aus dieser Geistesverfassung heraus kam der Völkerbund zustande. Dieser selbst ging von der einzig vernünftigen Ansicht aus, daß die Rettung vor dem anders unvermeidlichen, endgültigen Zusammenbruch einzig im möglichst weitgehenden Abbau des Werkzeuges liegen könne, das bis anhin ausschließlich die verfehlte gesellschaftliche Gliederung ermöglichte und trug. Darum forderte er allgemeine Abrüstung.

Allein, nun ergab sich, daß die in kapitalistischem Geiste verbildeten Völker und Regierungen nicht imstande sind, die Geister, die sie großgezogen hatten, zu bannen. Der oberste Grundsatz der kapitalistischen Gesellschaftsordnung, nämlich der der hemmungslosen Selbstsucht, der unersättlichen Gier nach stets wachsenden Gewinnen, hält der vernünftigen Einsicht, daß ihnen gesteuert werden müsse, um nicht alles zu verlieren, erfolgreich die Waage. Das ist natürlich und begreiflich, denn um diese Einsicht zu einer allgemeinen, tatbestimmenden Überzeugung zu wandeln, bedarf es vor allen Dingen einer gewissen, nicht allzu knapp bemessenen Zeit und einer grundsätzlichen und grundlegenden Umbildung – einer Neuerziehung sowohl der Massen wie ihrer Führer.

Es erweist sich wie bei allem, daß die angestrebte Neuordnung der Dinge nicht einfach verfügt werden, sondern daß sie lediglich das Endergebnis wohlgeordneter Entwicklung sein kann.

Das vom Kapitalismus großgezogene Mißtrauen der Völker und, innerhalb des Einzelvolkes, der verschiedenen Bevölkerungsklassen untereinander besteht fort und kann nicht einfach übergangen werden. Denn Mißtrauen ist das Ergebnis der Angst, übervorteilt oder vergewaltigt zu werden. Darum haben sämtliche, noch so wohlgemeinte Abrüstungsvorschläge des Völkerbundes bis anhin keinen durchschlagenden Erfolg gezeitigt und es ist auch nicht anzunehmen, daß auf der bis anhin beschrittenen Bahn ein solcher je erreicht werden könne.

Die Menschheit muß zum Frieden, bedingt durch den wirtschaftlich sozialen Ausgleich, erzogen werden. Der Kapitalismus darf darum nicht eines Schlages zertrümmert, sondern er muß behutsam und überlegt abgebaut werden. Daß dies zunächst am besten dadurch geschieht, daß man ihm sein gewaltigstes Machtmittel, den Militarismus, entwindet, hat der Völkerbund freilich erkannt, sich aber bis anhin als unfähig erwiesen, diese an sich ganz richtige Erkenntnis durchzusetzen.

Nun haben wir jedoch gesehen, daß der Kapitalismus und der von ihm geschaffene Militarismus nur durch die Verdummung, die Einsichtslosigkeit und Denkunfähigkeit der Massen überhaupt möglich wurde. Folglich muß das breite Volk zur geistigen Selbständigkeit, zur eigenen Einsicht geführt werden. Das nun ist ausschließlich eine Frage der Erziehung.

Wenn also der Völkerbund, das heißt die ihn zusammensetzenden Völker und ihre Regierungen, wirklich ernsthaft und ehrlich das Ziel des sozialen Ausgleiches und damit die Rettung der gefährdeten europäischen Kultur anstreben, dann gibt es für sie nur den einen Weg, nämlich den der Erziehung, der geistigen Förderung der Enterbten und Besitzlosen. Die Armenerziehung auf breitester Grundlage also, und zwar im Hinblick auf Ertüchtigung der Besitzlosen in dem Sinne, wie er in den vorstehenden Abschnitten [...] im einzelnen umschrieben ist.

Allein, dazu fehlen die Mittel!

Das ist der stehende Einwand, der einem immer und immer wieder entgegengehalten wird vom Augenblicke an, wo es einer geldlichen Anstrengung für andere als zerstörende Zwecke gilt. Dabei haben wir festgestellt, daß in unserm kleinen Lande allein jährlich durchschnittlich über 85 Millionen für das Heer ausgegeben werden, also acht Neuntel der Summe, deren es bedürfte, um sämtliche schweizerischen armenerziehbaren Kinder wirklich für das Leben zu ertüchtigen und auf diese Weise der Armut und dem Elend dauernd zu entreißen. Im weiteren stellten wir fest, daß das arbeitslose Einkommen in der winzigen Schweiz allein auf 3500 Millionen jährlich anläuft. In allen andern Staaten dürfte das Verhältnis kaum wesentlich anders sein. An Mitteln, die Erziehung nicht nur sämtlicher Armenerziehbaren, sondern die der gesamten heranwachsenden europäischen Jugend einwandfrei durchzuführen, gebricht es also eigentlich nirgends. Die Schwierigkeit liegt nur darin, sie von ihrem zerstörenden Zwecke weg den befruchtenden, aufbauenden Zwecken zuzuführen.

Nun wäre es selbstverständlich zuviel, ja geradezu Unmögliches verlangt, wollte man die Abschaffung der Militärausgaben und die des arbeitslosen Einkommens einfach und übergangslos verfügen. Ebensowenig ließe sich dieses Ziel auf dem Wege des gewaltsamen Umsturzes erreichen, aus dem leicht größerer Dauerschaden als Nutzen erwachsen dürfte. Der Abbau des Militarismus und der kapitalistischen Wirtschaftsordnung muß mit der Erziehung der Völker zur Selbstbestimmung und zur wirtschaftlichen Freiheit unbedingt Schritt halten, anders alles gefährdet ist.

Um dennoch zu dem erwünschten Ziele zu gelangen, sehen wir nur einen einzigen Weg, den wir hier in der Form eines Vorschlages der öffentlichen Erörterung sowie unserer obersten Landesbehörde, dem schweizerischen Bundesrat, zur Behandlung in der Meinung unterbreiten, daß er von dem Augenblicke an als hinfällig zu betrachten sei, wo er von einem andern, ebenso wirksamen oder besseren abgelöst wird.

Vorschlag:

Der schweizerische Bundesrat möchte bei den dem Völkerbund zunächst angeschlossenen, und dieser in der Folge bei allen Staaten der Welt durchsetzen, daß jeder Staat alljährlich ein Prozent seiner wirklichen Rüstungsausgaben zu Wasser und zu Land der Volkserziehung zuwende, und zwar im Verhältnis der arithmetischen Steigerung, so daß das erste Jahr ein Prozent, das zweite Jahr zwei Prozent, das dritte Jahr drei Prozent usw. der Armen- und Volkserziehung zugeführt würden.

Durch die praktische Befolgung dieses Vorschlages würde erreicht:

1. daß die Abrüstungsquote jedes einzelnen Staates diesen in gleichem Verhältnis wie jeden andern treffen würde;

2. daß die jungen Bürger jedes Staates in ebenfalls überall gleichbleibendem Verhältnis ertüchtigt, somit die Menschheit sittlich und geistig überall bereichert würde;

3. daß schon nach dem Verlauf weniger Jahre oder Jahrzehnte jeder Staat, an der Grenze seiner finanziellen Leistungsfähigkeit angelangt, seine Mittel notgedrungenerweise in stets vermindertem Maße den zerstörenden Zwecken, sondern im

Gegenteil den ertüchtigenden und aufbauenden Zwecken zuwenden würde;

4. daß durch die allmählich überall gleichmäßig fortschreitende Entwaffnung verbunden mit der in gleichem Verhältnis anwachsenden Ertüchtigung der Völker der Kapitalismus entgiftet, daher für friedliche Ausgleichsverhandlungen und Zugeständnisse bis zu seiner endgültigen Ablösung immer williger gestimmt würde;

5. daß endlich, durch diesen allmählichen Übergang von einer allgemein schädlich und äußerst gefahrdrohend anerkannten, dem kulturellen Zusammenbruch zusteuernden Wirtschaftsordnung auf dem friedlichen Wege der Entwicklung und der Verständigung, ohne unrechtmäßige Vergewaltigung berechtigter Interessen, in ein Zeitalter des wirklichen Dauerfriedens unter den Völkern und des sozialen Ausgleiches zwischen den verschiedenen Klassen ohne merkliche Erschütterung eingelenkt würde, wobei die abendländische Kultur nicht nur gesichert, sondern auch einer neuen, ungeahnten Entwicklung entgegengeführt würde.

Der Grundsatz, der uns bei der Formulierung unseres Vorschlages leitete, entspringt der Erkenntnis, daß Gewalt stets nur neuer Gewalt ruft, daß also auf dem Wege der gewaltsamen Staatsumwälzung schwerlich etwas dauerbeständig Besseres zu erreichen ist, sondern daß alles, was von Bestand ist, nur das Ergebnis natürlicher Entwicklung sein kann. Er gipfelt letzten Endes in dem kurzen Gebot, das wir als Aufschrift dieser Schrift voransetzten, und das da lautet:

Erziehen, nicht erwürgen!

UNSERE JUGEND

Wir sind respektlos und wir sind verroht,
Empfänglich nur für sinnliche Genüsse
Und ideallos auch, im Geiste tot –
So lauten eure täglichen Ergüsse.

Und dann – wir haben keinen Arbeitsgeist!
Es fehlt der Sinn uns für den Ernst des Lebens,
Und Bildung und Kultur, das sind zumeist
Nicht eben Ziele unsres heißen Strebens.

Wir leben einfach in den Tag hinein;
Es kümmert uns das große Weltgeschehen
So wenig als wir suchen Mensch zu sein;
Denn es gibt nichts, das gründlich wir verstehen!

Wir sind die Schmach, die Schande unsrer Zeit;
Verroht mehr als vermenschlicht sind wir alle,
Entbehrend der Gewissenhaftigkeit
Sind wir verfallen jedes Lasters Kralle!

Noch nie gab's ein erbärmlicher Geschlecht
Als eben wir – die ungeratne Jugend,
Denn dumm und roh sind wir, verrucht und schlecht,
Ermangelnd jeder, auch der kleinsten Tugend!

Je nun, daß recht ihr habt, mag schließlich sein,
Wir sind ja vielleicht unheilbare Sünder
Und euer Tadel ist verdient! Allein,
Bei all dem sind wir – nicht wahr? – eure Kinder!

Es falle, sagt man, niemals weit vom Stamm
Der Apfel! Fragt euch: Wer hat uns erzogen?
Und wart ihr denn so edel, tugendsam,
So sanft und milde, klug und unverlogen?

Habt ihr nicht stets auf bloßen Geldgewinn
Als höchsten Lebenswert uns abgerichtet?
War selbstlos euer Tun? War's euer Edelsinn,
Der jegliche Kultur zu Grund gerichtet?

Gingt ihr mit gutem Beispiel uns voran?
Was ihr von uns verlangt, habt ihr's geübet?
Habt ihr charakterfest stets das getan,
Was nun an uns zu missen euch betrübet?

Es wurde einstmals eine schöne Welt,
Zu einer Zeit, wo wir noch ungeboren,
Von euch, nicht uns, frech auf den Kopf gestellt,
Drum laßt uns heute, bitte, ungeschoren!

Und dämmert je uns auf ein Ideal,
Das wir, die Jungen, suchten zu erreichen,
So wär es das – kling es euch auch fatal! –
Euch jedenfalls in keinem Stück zu gleichen!

Ihr selber habt die Jugend uns entlaubt –
Als arme Kinder mußten wir es dulden,
Daß ihr uns würgtet und uns ausgeraubt,
Und unser Erbteil weist bloß eure Schulden!

Verwahrlost habt ihr bloß uns und gequält!
Ihr waret uns nicht Vater und nicht Mutter;
Ihr ließt uns für das Leben ungestählt
Und wertet bloß uns als Kanonenfutter!

Als solches aber sind wir gut genug
Und stark genug zu rauben und zu meucheln –
Laßt ab von eurer Sittenlehre Trug –
Wir Junge brauchen nicht, wie ihr, zu heucheln!

Wir sind nun einmal, was wir eben sind,
Und glaubt es uns – wir wären gerne besser;
Zwar sind wir nicht, wie ihr es wünscht, gesinnt,
Doch schwimmen wir in eurem Kielgewässer!

SCHWEIZERISCHE KINDER-
UND JUGENDNOT

Es vergeht keine Woche, wo nicht irgendein Anstalts- oder Verdingkinderschicksal die Öffentlichkeit beschäftigt und gelegentlich allgemeine Entrüstung oder gar aufsehenerregende Gerichtsverhandlungen zeitigt. Aber nicht bloß Verding- und Anstaltskinder werden verwahrlost, verbrecherisch ausgebeutet oder mißhandelt; solches kommt leider auch in zahlreichen Familien vor, die sich entweder erziehungsunfähig, gewissenlos oder verbrecherisch an ihrem eigenen Nachwuchs vergehen.

In allen der Öffentlichkeit bekannt werdenden Fällen setzt jeweilen zunächst eine scharfe, an sich durchaus begreifliche Kritik an den Armen-, Vormundschafts- und Fürsorgebehörden ein, die jedoch in der fast ausnahmslosen Regel am wesentlichen Ziel vorbeischießt, weil man sich nicht die Mühe nimmt, den wirklichen, tiefliegenden, weil chronisch gewordenen Ursachen des Kinder- und Jugendjammers nachzuforschen.

Richtig ist höchstens, daß unsere Armen-, Vormundschafts- und Fürsorgebehörden, samt ihrer Beamtenschaft, wohl überorganisiert, bureaukratisiert, aber vor allem grundsätzlich falsch orientiert sind. Sie vermögen, kraft des sie belastenden überlieferten Systems, ganz einfach nicht – was das Wichtigste, Dringlichste wäre – vorsorglich, prophylaktisch zu wirken. Folglich tappen sie immerdar hintennach und verpfuschen noch vollends, oft trotz ihres besten Willens, ihrer schönsten Absichten, weil paragraphengebunden, was ohnehin schon bejammernswürdig ist. Sie haben, insofern sie sie überhaupt je besaßen, die unmittelbare Fühlung mit den jugendlichen menschlichen Lebewesen verloren, unter einem Schutthaufen fühl- und gemütloser, oft auch vernunftverlassener Akten. Dazu gesellt sich erschwerend der Umstand, daß die Kompetenzfülle jeglicher Amtsstelle immerhin eng umgrenzt ist, so daß auch ihr gelegentlich bester Wille weder im allgemeinen noch im Einzelfall durchzudringen vermag.

Immerhin ist es nicht bloß die Überlieferungsbelastung, die sie abhält, das Gute, das ihnen – zu ihrer Ehre sei es dankbar festgestellt – recht häufig vorschwebt, zu verwirklichen.

Zunächst sind in unserem ultrapartikularistischen Staat mit seinen zwei Konfessions-, drei Sprachgebieten und fünfundzwanzig Kantons- und Halbkantonsgesetzgebungen, ihren besonderen Lebensbedingungen, aber auch die Verwaltungs- und Rechtspflege dermaßen verschieden, daß sich eine einheitliche, wirksame Bekämpfung der Kinder- und Jugendnöte ungemein schwierig, um nicht zu sagen überhaupt unmöglich gestaltet. Sogar auf den doch vereinheitlichten Gebieten des Zivil- und Strafrechtes, vom eigentlichen Armen- und Fürsorgewesen ganz zu schweigen!

Dann aber, und darin liegt das Haupthindernis der Behebung der Kinder- und Jugendnöte verankert, unterstehen wir einer gesellschaftlichen Gliederung, die eine eigentliche, dauerbeständige Behebung besagter Mängel von vornherein ausschließt.

Wenn von der amtlichen eidgenössischen Steuerstatistik festgestellt wird, daß in unserem Lande 48,1 Prozent der Bevölkerung überhaupt kein Vermögen, 80 Prozent zusammen bloß 11 Prozent des Volksvermögens und 3,1 Prozent der Bevölkerung 53,1 Prozent des Volksvermögens besitzen, so ergibt sich daraus mit aller wünschbaren Klarheit, daß die Kinder- und Jugendverelendung nur einen – wie wir gleich sehen werden, zwar außerordentlich wichtigen – aber eben doch nur einen Sektor unseres Volks- und Staatsgebrechens überhaupt bedeutet.

Die Jugend- und Kindernöte können demnach nur auf dem Boden einer allgemein sozialen Um- und Neueinstellung unseres ganzen Volkes, samt seiner Gesetzgebung, seinen Institutionen, seiner Verwaltung, seiner Regierungen und seiner Beamtenschaft behoben werden.

Solange durch Preis- und Lohndruck in der Landwirtschaft, im Gewerbe, in Handel, Industrie und Arbeiterschaft das zur Kindererziehung und Jugendertüchtigung unbedingt erforderliche Einkommen von der spekulativen Hochfinanz entwendet, solange diese Ausbeutung sogar allgemein gesellschaftlich und gesetzlich anerkannt und geduldet, ja geschützt wird, ist natürlich an eine dauerbeständige Besserung vorgedachter Zustände ebensowenig zu denken als etwa an die Verminderung der Kriminalität oder der weithingreifenden, breite Volkskreise erfassenden Krankheiten und Seuchen.

Dagegen erweisen sich auch die raffiniertesten, staatlich gelenkten Fiskalmaßnahmen ohnmächtig, insofern sie nicht viel eher noch dazu beitragen, das soziale Elend zu vertiefen.

Auf der Jugend von heute aber beruht der Volksbestand von morgen und, wie es jüngst in einer großrätlichen Botschaft an das Bernervolk zutreffend hieß: Was das Kind vom Staate empfangen hat, das wird es ihm als Mann zurückerstatten. Also je nachdem – Hilfe gegen Hilfe, Schutz gegen Schutz oder Elend und Verneinung gegen Elend und Verneinung! Ein Volk, das seine Kinder und Jugendlichen verwahrlost, unbillig ausbeutet, mißhandelt, begeht ganz einfach Selbstmord auf sogar sehr absehbare Frist!

In diesem Stadium bereits ordentlich fortgeschrittener Selbstaufgabe befindet sich schon heute unser Volk. Sogar ohne ansteigende Zunahme der gegenwärtigen Jugendverelendung, nämlich bei ihrem, dem heutigen, leider fast normal zu nennenden Fortschritt, läßt sich fast auf das Jahr berechnen, wann unser Volk diesem seinem Selbstmord erliegen, nämlich bevor noch ein halbes Jahrhundert verflossen sein wird.

Man kann dem Großteil der schweizerischen Bevölkerung nicht vorhalten, er sei zu stumpfsinnig, das wenn auch nicht klar einzusehen, so doch nicht wenigstens ziemlich sicher zu erfühlen, davon ständig beunruhigt zu sein. Aber man weiß sich nicht zu helfen!

Darum, weil jeder Stand, ob auch von demselben Gebrechen betroffen und unter denselben Nöten, demselben Druck leidend, vor allem, ungeachtet der Gesamtheit, sein besonderes Standes-

oder Klassenwohl auf Kosten aller übrigen zu fördern sich bemüßigt glaubt. Zu diesem Zweck wird es verpolitisiert, überorganisiert, bis endlich die unvermeidliche Hochflut dermaßen angestiegen sein wird, sie alle miteinander zu ersäufen.

Da ist es nun dringlich geboten, die einsichtigen, wohlgesinnten Kräfte aller Stände und Bevölkerungsschichten des gesamten Volkes zu gemeinsamem Handeln zusammenzuschließen, bevor nicht mehr Gutzumachendes eingetreten sein wird. Und zwar auf jedem Gebiet!

Auf dem der Kinder- und Jugendnöte haben sich nun vor schon langen Monaten ein paar entschlossene Volks- und Jugendfreunde zusammengefunden und der *Schweizerische Beobachter* (Elisabethenstraße 15, Basel) hat sich ihnen, als das meistverbreitete Presseorgan der deutschen Schweiz, in verdankenswerter Weise zur Verfügung gestellt, um alle, die guten Willens sind, zu gemeinsamer Mitarbeit an der gemeinsamen Behebung der Jugendnöte aufzurufen. Wie sich die Hilfe im einzelnen gestalten soll, wie die einmal darauf verpflichteten Kräfte zu gliedern und zu beschäftigen sein werden, kann selbstverständlich erst dann erörtert und darüber beschlossen werden, wenn einmal die einigermaßen endgültig greifbaren Ergebnisse der Aufrufe sinnfällig vorliegen. Das einzige, das wir schon heute verbindlich versprechen können, ist, niemanden mit Aufgaben und Leistungen, die seine Kräfte oder sein Vermögen übersteigen, zu belasten.

Es gereicht uns zur besondern Genugtuung, schon heute feststellen zu dürfen, daß nicht nur eine namhafte Anzahl politisch und wirtschaftlich gerichteter Presseorgane, sondern auch Tausende von Bürgern und Bürgerinnen bereits ihre Mitarbeit und ihren Beitritt zugesagt haben.

Der Zweck vorstehender Darlegungen besteht daher lediglich darin, die aus irgendeinem Grunde noch nicht von den Aufrufen des *Schweizerischen Beobachters* Erreichten aufzumuntern, ihnen baldmöglich Folge zu leisten.

Sobald aber einmal die Volksbewegung zugunsten der verwahrlosten und mißhandelten Jugend – und hier kann wirklich nur eine überparteiliche Volksbewegung helfen! – irgendwie gegliedert sein und ihre Tätigkeit aufgenommen haben wird, soll auch an dieser Stelle periodisch darüber berichtet werden.

PESTALOZZI

I.

Verkannt, verfolgt, geschmäht dein Leben lang
Blieb keine Sorge dir, kein Leid erspart;
Du trugest es in deiner milden Art,
Entmutigt nie, doch oft im Herzen bang.

In deinem Herzen, das nur Liebe sang,
Die Zauberweise, wundermild und zart,
In der Erbarmen mit dem Volk sich paart'
Und Helferwillen, stetem Opferdrang.

Du starbst gepriesen, wenn auch nicht gelöhnt,
In Not und Kummer, bis zum letzten Tag,
Und dennoch friedlich, Edler, und versöhnt.

Die Enkel derer, die dich einst gehöhnt,
Begeistert feiern deinen Todestag,
Indes ihr Chor, wer dir nur folgt, verhöhnt!

II.

Auf Ruhm war nie gerichtet seine Bahn:
Nur einzig das, was innig er erstrebte,
Für das sein Herz, so lang es pochte, bebte,
Hat, selbstvergessen mutig, er getan.

Denn Menschenruhm, das wußt' er, ist ein Wahn!
Wer ohne Furcht vor Menschenurteil lebte,
Weil nie sein Tun nach Menschenbeifall strebte,
Den fechten Menschenehren wenig an!

Wahr ist's: er hat stets heiß und hart gestritten –
Vereinsamung, Verkennung war sein Los
Auf seiner rauhen, kargen Heimaterde.

Um seine Armen hat er tief gelitten,
Weil seine Menschenliebe grenzenlos,
Damit des Glückes mehr auf Erden werde.

III.

Verstummt ist nun das Festgelärme:
Man hat den großen Mann gefeiert,
Hat Reden, Lieder viel geleiert
Und ward gerührt bis ins Gedärme.

Um seinen Namen, wie viel Wärme!
Begeisterung hat sich entschleiert.
Doch fühl ich: der ist arg bemeiert,
Der ernsthaft glaubt an das Gelärme!

Der Gute war nicht schlecht gepriesen,
Man nannte ihn gar Geistesriesen,
Tief überzeugt, bei Speis und Trank.

Indessen ist ja längst bewiesen,
Wie auf den Jubelfesteswiesen
Es stets nach Heuchelei noch stank!

ANHANG

DRUCKNACHWEISE UND ANMERKUNGEN

LOOSLIS ERFAHRUNG

Caligula minor (S. 23)

C. A. Loosli, *Ewige Gestalten,* Zürich (Büchergilde Gutenberg) 1946. 159–238.
Diese Novelle ist über ihren literarischen Gehalt hinaus ein Dokument: Der Biograph C. A. Looslis, Erwin Marti, hat über die Zwangserziehungsanstalt Trachselwald umfangreiche Recherchen angestellt. Er stieß in den amtlichen Archiven auf ein veritables «Erinnerungsloch» der bernischen Sozialgeschichte: «Es ist eigenartig, was alles fehlt an Belegen, die eigentlich vorhanden, die archiviert sein müßten.» (Erwin Marti, *Carl Albert Loosli 1877–1959,* Biographie, Band 1, Zürich [Chronos] 1996, 49 ff.) Warum die Belege zu Grossens Regime in Trachselwald und zu Looslis späteren, jahrelangen Bemühungen um dessen Absetzung weitestgehend verschwunden sind, ist offen. – Mit dem Novellentitel stellt Loosli Gnäppi alias Grossen in die Tradition des römischen Kaisers Caligula (12–41 u. Z.), der in der Darstellung des ebenfalls römischen Schriftstellers Sueton größenwahnsinnig und geisteskrank gewesen sein soll.

ANSTALTSLEBEN

Anstaltserziehung (S. 97)

Berner Bote, Bümpliz, Nr. 92, 18.11.1905.
Motto (97/2[1]): Das von Loosli verschiedentlich verwendete Zitat von Heinrich Zschokke (vgl. auch «Kinderausbeutung», S. 291) lautet wörtlich: «Das beste Waisenhaus ist, wie jede andere Erziehungsanstalt außer dem häuslichen Kreise, eine moralische Verderbungsanstalt.» (Zuerst Aarau 1825; hier zitiert nach: Heinrich Zschokke, «Der Millio-

---

[1]   Das Sigel X/Y ist zu lesen als: Seite X Zeile Y der vorliegenden Ausgabe.

när – eine Doppelgeschichte», Beilage zur *Schweizer Chronik* [Thun s.n.] [1887–1890], 84.)

Anstaltsleben (S. 103)

C. A. Loosli, *Anstaltsleben. Betrachtungen und Gedanken eines ehemaligen Anstaltszöglings*, Bern (Pestalozzi-Fellenberg-Haus) 1924.

Geschrieben hat Loosli das Buch 1921. Die Verlagssuche gestaltete sich mühsam. «Elf schweizerische Verlagshäuser wiesen mich im Laufe von annähernd drei Jahren damit ab.» (*Ich schweige nicht!*, Bern 1925, 19) Gedruckt hat es schließlich der Berner Freiwirtschaftler Fritz Schwarz in seinem Kleinverlag Pestalozzi-Fellenberg-Haus. Welche Wogen dieses Buch schlug, belegen eindrücklich Looslis Nachfolgebücher *Ich schweige nicht* (1925) und *Erziehen, nicht erwürgen!* (1928).

Carl Spitteler an Loosli (S. 255)

C. A. Loosli, «13 000 Kinder». Pressestimmen zu *Anstaltsleben* und *Ich schweige nicht!*, doppelseitig bedrucktes Flugblatt o. O. und o. J. [1925]

Das Original des Spitteler-Briefs liegt im Nachlaß von Jonas Fränkel (Archiv Bettina und Salomo Fränkel, Hünibach [BE]) und weist eine mehrere Zeilen hohe Einschwärzung über die ganze Breite auf sowie eine schwierig zu entziffernde Ergänzung am Rand, die sich vermutlich auf diese Stelle bezieht. Hier dokumentiert ist Looslis um diese Passage gekürzte eigene Transkription.

Meine Pestalozzifeier (S. 256)

Schulreform, Bern, Nr. 10, Februar 1927.

Pestalozzi-Zitat (256/4): Loosli zitiert hier aus einer Abhandlung über die Strafgesetzgebung in Pestalozzis Wochenzeitschrift *Ein Schweizer Blatt* von 1782 (in: Johann Heinrich Pestalozzi, *Sämtliche Werke*, Band 8, Berlin und Leipzig [De Gruyter] 1927 ff., 173). Der von Loosli erwähnte Titel *Über Kriminalgesetzgebung* stammt von einem

Kanton Bern.

Sitzung des Regierungsrates

vom 16. Oktober 1895.

2966. Loosli, Arbeitsanstalt. — Die Vormundschafts=
behörde von Sumiswald stellt den Antrag, den früher schon
in der Enthaltungsanstalt zu Trachselwald untergebracht ge=
wesenen Karl Albert Loosli, Sohn der Sophie Emma, von
Sumiswald, geboren den 5. April 1877, seiner schlechten Auf=
führung wegen nochmals in jene Anstalt zu versetzen.

Aus den vorliegenden Akten ist zu entnehmen, daß die
Aufführung des Loosli seit seiner Entlassung aus der Anstalt
sich in der That nicht gebessert hat, sondern fortgesetzt eine
unordentliche ist und stets zu Klagen Anlaß giebt, daß er
infolgedessen aus den Stellen, welche ihm verschafft wurden,
entlassen werden mußte, und daß er in einer der letztern sogar
mehrere Gelddiebstähle beging. Der gestellte Antrag erscheint
somit hinlänglich begründet.

Es wird daher in Anwendung von Art. 4, Ziffer 1 und 2,
des Gesetzes vom 11. Mai 1884 und Art. 2, Ziffer 1, des
Dekretes vom 19. November 1891 beschlossen, den Karl Albert
Loosli neuerdings in die Enthaltungsanstalt für bösgeartete
junge Leute zu Trachselwald zu versetzen und zwar, weil er
rückfällig ist, bis zum Tage des Eintrittes seiner Mehrjährigkeit.

Das von der Vormundschaftsbehörde von Sumiswald zu
bezahlende jährliche Kostgeld wird auf Fr. 50 festgesetzt; das=
selbe ist halbjährlich zum voraus zahlbar.

Der Regierungsstatthalter von Trachselwald ist mit der
Eröffnung und Vollziehung dieses Beschlusses beauftragt.

An die Polizeidirektion.

Für getreuen Protokollauszug

der Staatsschreiber

Dekret des Berner Regierungsrates: Der «bösgeartete» C. A. Loosli wird
bis zur Volljährigkeit in der Jugendstrafanstalt Trachselwald versorgt.

späteren Herausgeber. Pestalozzi streift den von Loosli zitierten Aspekt im Zusammenhang mit der Frage, was mit Kindern von strafgefangenen Vätern zu geschehen habe, die damals üblicherweise in Waisenhäuser gesteckt wurden. Davon rät Pestalozzi ab und vertritt die Auffassung, die Kinder sollten – unter Führung und besonderer Beaufsichtigung durch staatliche beziehungsweise kirchliche Organe – in ihrer gewohnten Umgebung (allenfalls bei Verwandten) aufgezogen werden. Der Pestalozzi-Spezialist Arthur Brühlmeier, der bei der Suche des Drucknachweises behilflich gewesen ist, kommentiert: «Das heißt aber nicht, daß Pestalozzi die Waisenhäuser in Bausch und Bogen verdammt, hat er doch selber in seinen Anstalten Waisen aufgenommen. Insofern würde ich zwar nicht gegen Loosli in Pestalozzis Namen ‹ins Feld ziehen›, aber seine etwas allzu apodiktische und gewiß durch die eigene Lebenserfahrung geprägte Ablehnung von Erziehungsanstalten müßte ich doch im Sinne Pestalozzis ein wenig zurechtrücken und relativieren.» (Mail, 27.7.2006)

Rückblicke (S. 259)

C.A. Loosli, *Erziehen, nicht erwürgen!,* Bern (Pestalozzi-Fellenberg-Haus) 1928, 9–13 und 19–37. (Weggelassen sind die Seiten 11–19, auf denen Presseausschnitte dokumentiert werden, teils zur Anstaltendiskussion, teils zu damals neu bekanntgewordenen Mißständen in Anstalten.)

Coué machen (264/30): Die Wendung bezieht sich auf den französischen Apotheker Emile Coué (1857–1926), der mit seinem Konzept der bewußten Autosuggestion berühmt geworden ist. «Coué machen» heißt hier ungefähr: die Mißstände in den Anstalten verdrängen getreu dem Leitsatz von Coué: «Tous les jours à tous points de vue je vais de mieux en mieux!»

Die Wohltätigkeit [bedeutet] das Ersäufen des Rechtes im Mistloch der Gnade (273/12): Loosli zitiert aus dem Gedächtnis. Eine ähnliche Formulierung findet sich in «Meine Nachforschungen über den Gang der Natur in der Entwicklung des Menschengeschlechts» aus dem Jahr 1797 (Johann Heinrich Pestalozzi, *Sämtliche Werke,* Band 12, Berlin und Leipzig [De Gruyter] 1927 ff., 56). Pestalozzi polemisiert dort gegen die Priester, die «in jedem Streit der Macht gegen das

Volk auf der Seite der ersten» stünden, weil sie «das Brot der Macht und nicht mehr das Brot des Volkes» essen würden. «Das Nonplus-ultra ihrer Kunst, das Unrecht der Macht in den Schutz ihrer Kutte [...] zu nehmen», bestehe unter anderem im «Verscharren des Rechts in die Mistgrube der Gnade» (Dank an Arthur Brühlmeier).

Loosli publizierte zwischen 1904 und 1908 regelmäßig im *Berner Boten* (Bümpliz) zu Jugend- und Anstaltsfragen (vgl. «Anstaltserziehung», S. 97).

Briefwechsel mit Hugo Bein (S. 276 und 278)

Beide Briefe: SLA, Bern.

Hugo Bein war zwischen 1928 und 1946 «Waisenvater», das heißt Vorsteher des Städtischen Waisenhauses in Basel.

etwas Liebes aus dem Aemmitaw (278/6): Bein spielt auf Looslis Gedicht-band *Mys Ämmitaw* an (Bern [Francke Verlag] 1911), den dieser in seiner Replik als «Tischdrucke» bezeichnet, die mit «Emmentaler-rauhbrot» gefüllt sei.

Sonnenberg in Zürich (279/9): ein Versehen Looslis, gemeint ist das Kna-benerziehungsheim «Sonnenberg» ob Kriens (LU).

Loosli an Peter Surava (S. 280)

SLA, Bern.

Der bedeutende sozialkritische Journalist Peter Surava war damals Redaktor der Wochenzeitschrift *Die Nation*. Tags zuvor (13.9.1944) hatte er unter dem Titel «Was geschieht nun in der Anstalt Sonnenberg?» die Berichterstattung über die brutale Behandlung der Zöglinge in dieser «Schweizerischen Erziehungsanstalt für katholische Knaben» durch den Verwalter fortgesetzt, die er vierzehn Tage zuvor mit der Reportage «Ein gewisser Josef Brunner» begonnen hatte. Dort hatte Surava Loosli die Reverenz erwiesen: «Es gibt wohl niemand, der in dieser Frage besser dokumentiert ist als C. A. Loosli, der ein Beweis- und Aktenmaterial sein eigen nennt, das ausreichen sollte für ein neues eidgenössisches Gesetz über die Anstaltsführung.» (diese Reportage findet sich in: Peter Hirsch, *Er nannte sich Peter Surava*, Stäfa [Rothenhäusler Verlag] 1991, 191ff.) – In bezug auf das von Loosli angesprochene Kinderheim in Speicher (AR) meldete dessen Freund Pierre Bovet, Direktor des Genfer Instituts Jean-Jacques Rousseau, tags darauf, das Heim unterstehe tatsächlich dem Roten Kreuz, er sei bei den Zuständigen vorstellig geworden und man habe eine sofortige Untersuchung zugesagt (Bovet an Loosli, 15.9.1944, [SLA, Bern]).

Briefwechsel mit Heinrich Hanselmann (S. 281 und 284)

Beide Briefe: SLA, Bern.

Psychotherapie und Erziehung (281/4): Seit 1926 betrieb der Kanton Zürich unter Direktor Fritz Gerber in Uitikon am Albis eine offene Arbeitserziehungsanstalt für straffällig gewordene und «asoziale» Männer zwischen 18 und 30 Jahren, die auch international Aufsehen erregte. In den ersten zwanzig Jahren ihres Bestehens konnte die Anstalt die Rückfälligkeitsquote der Zöglinge halbieren (*Volksrecht*, 14.1.1953). Diesen Erfolg überschattete Anfang der fünfziger Jahre jedoch eine Affäre. 1949 hatte der Anstaltspfarrer Freimüller gefordert, dem Direktor sei ein Psychotherapeut zur Seite zu stellen. Das wurde abgelehnt und Freimüller im Gegenzug der Fluchthilfe bezichtigt, später vom Gericht jedoch freigesprochen und mit 600 Franken entschädigt. Dazu kam, daß Gerber öffentlich bekannte, in Uitikon würden «in gewissen Fällen renitente Zöglinge durch ausreichendes Verteilen von Ohrfeigen Mores gelehrt» (*Volksrecht*, a. a. O.). Zu dieser Affäre veröffentlichte C. A. Loosli 1952 im Selbstverlag die Broschüre *Psychotherapie und Erziehung*. Dass er als einer, der zeitlebens die Prügelstrafe bekämpft hatte, darin eine Lanze für

Gerber brach, ist bemerkenswert und nur so erklärbar, dass er nicht den Prügler, sondern den langjährigen Mitkämpfer um Anstaltsreformen verteidigte. In der Broschüre bezeichnete er die Medizinalisierung der Anstaltsleitung durch den Einbezug eines Psychotherapeuten als «Anstalts- und Wirklichkeitsfremdheit» und verwarf sie wegen der «Gefahr der Untergrabung der Autorität des Anstaltsdirektors» (*Emmenthaler-Blatt*, 10.7.1953). Statt dessen machte er den schlitzohrigen Gegenvorschlag, Psychotherapeuten sollten nach ihren Ideen eine eigene Anstalt gründen, denn solange sie sich nicht in der Anstaltspraxis bewährt habe, könne er ihre Wissenschaft nur als «vermutende» gelten lassen. Der *Tages-Anzeiger* (27.5.1953) bezeichnete in einer Rezension die Verteidigung von Gerber als Stärke von Looslis Schrift und die auf «einseitigen» Informationen beruhende Abqualifizierung des Anstaltspfarrers als deren Schwäche.

VERDINGKINDER

Kinderausbeutung (S. 291)

Berner Bote, Bümpliz, Nr. 85, 25.10.1905
Losbubenunwesen wie zu Gotthelfs Zeiten (291/27): «Die Verteilung der Kinder durch das Los auf die Höfe und Güter einer Gemeinde, ohne Entgelt für die Betreffenden, war seit der Reformationszeit ein gängiges Mittel der Armenfürsorge gewesen. Daher werden Verdingkinder auch Güter-, Hof- oder eben Loskinder genannt.» (Marco Leuenberger, Mail 17.3.2006) Im Zusammenhang mit dem Verdingkinderproblem im 19. Jahrhundert hat sich C. A. Loosli verschiedentlich auf Jeremias Gotthelfs Schriften bezogen. Insbesondere in dessen Erstlingsroman *Der Bauernspiegel* (1837) nimmt die sozialkritische Schilderung einer Verdingkind-Jugend breiten Platz ein. Der von Loosli angesprochene «Mindestbietende» bezieht sich auf die «ehedem allgemeinen Mindersteigerungen», wie Gotthelf sie 1840 in seiner Schrift *Die Armennot* schildert. Dabei gaben die Gemeindebehörden in einer Versteigerung das Verdingkind jenem

Bauern, der von der Gemeinde am wenigsten Kostgeld verlangte: «Da wurden Kinder förmlich ausgerufen wie unvernünftiges Vieh. ‹Wer will minder als zehn Taler für das Meitschi, es ist ein gewachsenes und ist brav gekleidet› usw. So mußte das Kind sich ausrufen hören, mußte hören, wie es Batzen um Batzen hinuntergesteigert wurde, und mit jedem abgemärteten Batzen wurde ein ganzes Jahr lang seine Behandlung um so härter, das wußte es. Man schlug sie den Mindestbietenden zu, sehr oft, ohne daß man wußte, wer sie waren.» (Jeremias Gotthelf, *Sämtliche Werke*, Band XV, Erlenbach-Zürich [Rentsch] 1925, 103f.) Daß mit Gotthelf und Loosli gerade zwei bernische Schriftsteller die Mißstände in diesem Bereich maßgeblich kritisiert haben, hat auch damit zu tun, daß sich in bernischen Anstalten und Pflegefamilien bis zu einem Viertel der außerfamiliär erzogenen Kinder aufhielten (1930 waren es noch 12 108 von 57 920; siehe Marco Leuenberger, *Verdingkinder. Geschichte der armenrechtlichen Kinderfürsorge im Kanton Bern* 1847–1945, Typoskript der Lizentiatsarbeit, 1991, 189f.).

Enfants martyrs en Helvétie (S. 296)

Traits, Lausanne bzw. Genf, Nr. 4, April 1945.
C.A. Loosli, der seit der Jugendzeit in Grandchamp und Neuchâtel bilingue war, schrieb zeit seines Lebens als Publizist für die deutsche und die französische Presse. Seine Kampagne gegen die Mißstände nahm er 1945 gleichzeitig in beiden Sprachräumen auf. Zu den erwähnten Fällen von Madiswil und Kandersteg vergleiche im Folgenden, vor allem im Beitrag «Verdingkinder» (S. 299), ausführlich.

Übersetzung:
MISSBRAUCHTE KINDER IN DER SCHWEIZ
Zusammen mit anderen Kantonen kann Bern für sich das traurige Privileg in Anspruch nehmen, sich auf eine Einrichtung etwas zugute zu halten, die, so alt sie auch sein mag, nichtsdestoweniger veraltet und verabscheuungswürdig ist, nämlich die der «Verdingkinder».

Elternlos aufwachsende Kinder, Waisen also, oder Kinder, deren Eltern zu arm sind, um für sie zu sorgen, fallen der öffentlichen

Fürsorge der Gemeinden anheim und werden von diesen zumeist bei Bauern untergebracht. Mögen sich letztere ihrer als Pflegeeltern annehmen. Es ist noch gar nicht so lange her, daß die armen kleinen Entrechteten auf öffentlichen Versteigerungen feilgeboten wurden. An einem zuvor bestimmten und dem Publikum gebührend angezeigten Tag wurden die bedauernswerten Kinder vor den Gemeinderat geschleift, der sie Interessenten zur Miete anbot. Zugeschlagen wurden sie am Ende dem Mindestbietenden, jenem also, der sich mit dem geringsten Pflegegeld zufriedengab und sich dafür des Kindes Aufzucht angelegen sein ließ. Auf diese Weise konnte die Armenkasse der betreffenden Gemeinde entlastet werden.

Allzuoft, ja fast regelmäßig, haben die nach diesem Prozedere untergebrachten Kinder das Schicksal von Sklaven und Notleidenden erdulden müssen. Ihre vorgeblichen Pflegeeltern, die die Ausgaben, die ihnen infolge eines lächerlich gering bemessenen Pflegegeldes entstanden, wettzumachen trachteten, hielten sich fast ausnahmslos dadurch schadlos, daß sie die schwachen Kräfte der ihnen anvertrauten Mündel ausnützten, sie schlecht ernährten und dürftig kleideten. Dazu wurden sie in der denkbar unwürdigsten Manier mißhandelt, wenn nicht von ihren Patrons, so doch vom Gesinde und ihren nicht bevormundeten Altersgenossen. Überdies ließen Erziehung und Schulbildung der Mündel sehr zu wünschen übrig. Und Glück hatte, wer nicht zu jederlei Spitzbübereien angehalten wurde! Zu allen Zeiten lag die Sterblichkeit dieser armen Kinder weit über dem Durchschnitt.

Aus den Überlebenden rekrutieren sich zunächst die anspruchslosesten und gefügigsten Mägde und Knechte, sodann und in wahrhaft erschreckendem Maße die Lebens- und Freiheitsuntüchtigen, vor allem aber auch eine beeindruckende Zahl von Straftätern und Verbrechern.

Öffentliche Versteigerungen vernachlässigter Kinder sind heutzutage nicht mehr zeitgemäß, dennoch erwartet sie ein kaum gütigeres Schicksal. Denn im Kern geht es nach wie vor darum, daß die Aufzucht dieses menschlichen Jungviehs die Gemeinde so wenig wie möglich kostet und, sofern irgend möglich, ihrem Besitzer möglichst viel einträgt.

Schon vor mehr als vierzig Jahren gelangte Albert Gobat, der verstorbene ehemalige Erziehungsdirektor des Kantons Bern, zur Feststellung: «Der Berner ist sanftmütig zu den Tieren und hartherzig zu den Menschen!»

Was Wunder, daß nun innert sechs Monaten die Schweizer Öffentlichkeit von zwei weiteren empörenden Fällen aufgewühlt worden ist. Im ersten Fall handelt es sich um einen zwölfjährigen Knaben, der bei einem wohlhabenden Bauernehepaar in der Gemeinde Madiswil (Oberaargau, BE) untergebracht war. Dieses ehrenwerte Paar hatte es sich zur Gewohnheit gemacht, den armen Kleinen windelweich zu prügeln und an ihm seine perversen und sadistischen Neigungen auszuleben.

Dem ganzen Dorf waren diese Vorkommnisse mehr oder weniger bekannt, aber niemand fand den Mut, die verbrecherischen Menschen den zuständigen Stellen anzuzeigen. Erst ein Journalist und ein Photograph der Wochenzeitung *Die Nation* kamen dem Bauernpaar auf die Schliche und brachten die Sache einer empörten Öffentlichkeit und damit auch den Gerichten zur Kenntnis. Im Augenblick, da ich diese Zeilen schreibe, sind indes die Ermittlungen immer noch nicht zu einem Ende gekommen und die beiden Hauptbeschuldigten können sich nach wie vor weitestgehender Freiheit erfreuen, wenn auch nicht länger der allgemeinen Achtung ihrer Gemeinde.

Der zweite Fall betrifft einen fünfjährigen Bub, der in Kandersteg ein sechs Monate währendes, schreckliches Martyrium durchlebte, dem er zu seinem Glück am Ende erlag. Die Obduktion ergab, daß er an Überarbeitung, Entkräftung, Unterkühlung und Schlägen gestorben war, von deren Spuren sein gemarterter kleiner Körper vollständig bedeckt war. Bei seinem Tod wog er nur noch dreizehn Kilo. Das Gericht wird zu klären haben, ob er nicht erschlagen wurde, nachdem er die längste Zeit eingesperrt in einem Hühnerstall hatte verbringen müssen, wo er sich von Hühnerfutter ernährte.

Erst nach seinem traurigen Ende und auch nur eher widerwillig sahen sich die Behörden veranlaßt, eine Untersuchung des Falles anzuordnen. Die Armenbehörden hatten sich nicht um den Bub gekümmert und sogar versäumt, den zuständigen Armeninspektor von seiner Unterbringung bei diesen Pflegeeltern in Kenntnis zu setzen, wie es eigentlich Vorschrift ist. «Das Amt wußte von nichts!» Die

Affäre wäre gar nicht ans Licht gekommen, hätte nicht ein Student am Gerichtsmedizinischen Institut in der *Berner Tagwacht* sein Entsetzen und seine Empörung zum Ausdruck gebracht – denn solche Dinge gehen das gemeine Volk nichts an.

Nun liegt die Sache beim Gericht. Auch diesmal handelt es sich bei den beiden Beschuldigten um ein junges, frisch verheiratetes Bauernpaar. Die eigentlich verantwortlichen zuständigen Ämter allerdings sind bislang nicht behelligt worden, ungeachtet der diesbezüglich äußerst strikten Vorschriften im Artikel 127 des *Schweizerischen Strafgesetzbuchs.*

Laut Erklärung, die unser hoch angesehener Vorsteher der Armendirektion des Kantons am 1. März vor dem Großen Rat abgegeben hat, warte die Kantonsregierung vor der Einleitung administrativer Schritte gegen die Zuständigen der Gemeinde das Ergebnis des Gerichtsverfahrens ab.

Bei dieser Gelegenheit brachte der Herr Vorsteher der Armendirektion das Bedauern der Regierung über dieses abscheuliche Verbrechen zum Ausdruck, betonte aber zugleich, daß in der Mehrzahl der Fälle die Pflegeeltern der «Verdingkinder» den Pflichten gegenüber ihren Schutzbefohlenen getreulich nachkämen. Eine Behauptung, deren Haltlosigkeit zu erweisen wir alsbald Gelegenheit haben werden.

Dem Regierungsrat werden auf einer seiner nächsten Sitzungen eine Motion und zwei Interpellationen zu dieser neuerlichen Schandtat vorliegen.

Mittlerweile hat die Regierung ein Bureau für das Pflegekinderwesen geschaffen, das dem kantonalen Jugendamt unterstellt ist, dem auf diesem Gebiete bislang keinerlei Befugnisse zustanden.

Für heute soll es sein Bewenden mit der kommentarlosen Wiedergabe der Tatsachen haben. Der Leser möge sich selbst ein Urteil bilden.

Wir behalten uns allerdings vor, auf diese Vorkommnisse innert nützlicher Frist zurückzukommen.

(Übersetzung Rolf Schubert)

«Verdinget» von Emil Zbinden, Illustration zu der Schrift «Armennot» (1840) von Jeremias Gotthelf (vgl. Anmerkung zu den «Mindersteigerungen», S. 513 f.). Aus: Emil Zbinden, *Landschaften und Menschenbilder. Holzschnitte zu Jeremias Gotthelf und C. A. Loosli*, Zürich (Limmat Verlag) 1988.

Verdingkinder (Seite S. 299)

Serie im *Tages-Anzeiger*, Zürich, 1945–1949. I: 6.3.1945 (TA Nr. 55); II: 27.3.1945 (Nr. 73); III: 13.6.1945 (Nr. 136); IV: 25.7.1945 (Nr. 172); V: 18.10.1945 (Nr. 245); VI: 2.11.1945 (Nr. 258); VII: 21.11.1945 (Nr. 274); Nr. VIII: 5.3.1946 (Nr. 54); IX: 16.5.1946 (Nr. 114); X: 23.7.1946 (Nr. 170); XI: 3.5.1947 (Nr. 103); XII: 18.8.1947 (Nr. 192); XIII: 1.9.1947, (Nr. 204); XIV: 16.10.1947 (Nr. 243); XV: 19.12.1947 (Nr. 298); XVI: 21.1.1948 (Nr. 21); XVII: 22.3.1948 (Nr. 69); XVIII: 21.7.1948 (Nr. 169); «Was bleibt zu tun?», 10.3.1949 (Nr. 49).

Am 21. Februar 1949 hat C. A. Loosli zudem unter dem Titel «Die seelische Heimatlosigkeit im Kindesalter und ihre Auswirkungen» einen weiteren Beitrag an die Redaktion des *Tages-Anzeigers* geschickt, den er explizit als Teil «XIX» der Serie bezeichnete und von dem er schrieb, er sei «in der Form einer Buchbesprechung» abgefaßt (SLA, Bern, siehe unter L Ms B/Zq 132). Dieser Text hat in der Zeitung nicht nachgewiesen werden können; auch fehlt das Typoskript dieses Textes unter L Ms S 36, wo sich nur die Typoskripte der Teile I–XVI befinden. Abgesehen davon ist die Serie hier trotz einiger Redundanzen vollständig dokumentiert. In Teil II ist der Wortlaut des Art. 127 StGB gestrichen, weil er in Teil VI in zwingendem Zusammenhang noch einmal integral zitiert wird. Darüber hinaus sind in eckigen Klammern einige wenige Verdeutlichungen und Vereinheitlichungen vorgenommen worden.

ein Journalist und ein Photoreporter (299/11): Gemeint sind der Journalist Peter Surava und der Photoreporter Paul Senn. Sie hatten in *Die Nation* (Nr. 25, 22.6.1944) eine Reportage publiziert unter dem Titel «Nur ein Verdingbub». Darin wurde die Geschichte von Chrigel erzählt, der als Verdingbub auf dem Hof der Familie Krähenbühl in Madiswil vier Jahre lang sexuell schwer mißbraucht worden war. Die Reportage und das Bild von Chrigel finden sich auch in: Peter Hirsch, *Er nannte sich Peter Surava*, Stäfa (Rothenhäusler Verlag) 1991, 77 ff. und 135.

ein Student der Medizin (299/12): Der namentlich nicht bekannte Student erfuhr von diesem Fall im Januar 1945 im Rahmen einer Vorlesung am Gerichtsmedizinischen Institut Bern, wo die Leiche von Paul Zürcher auf Dia-Bildern als typischer Fall von Kindsmißhandlung mit tödlichem Ausgang gezeigt wurde. Der Student verfaßte daraufhin einen anonymen Bericht, der unter dem Titel «Das ist Kindsmord» erschien (*Berner Tagwacht*, Nr. 39, 16.2.1945).

Ladholz (Gemeinde Kandersteg) (299/14): Loosli spricht irrtümlicherweise durchgehend von «Labholz» respektive «Labholz bei Kandersteg». Für Paul Zürcher waren zwar tatsächlich – wie der französisch sprechende kantonale Armendirektor, Georges Moeckli am 1. März 1945 vor dem Großen Rat ausgeführt hat – die Armenbehörden («l'autorité d'assistance») von Kandersteg zuständig. Diese wählten jedoch auf Empfehlung von kirchlichen Kreisen («auprès des ecclésiastiques») in Frutigen als Pflegeeltern das junge Ehepaar Wäfler-Kurzen, das über dem Engstlental einige Kilometer vor Adelboden lebte. Im August 1944, so Moeckli, sei der Bub in Rinderwald zur Familie gestoßen: «En janvier 1945, la famille est allée plus haut, à Ladholz, pour fourrager le foin.» Von Rinderwald her liegen die Alphütten von Ladholz über dem nächsten Tobel auf gut 1500 Meter über Meer.

Art. 368 und 405 ZGB (299/23): In bezug auf Art. 368 («Unmündigkeit») zitiert Loosli wiederholt den Absatz 1: «Unter Vormundschaft gehört jede unmündige Person, die sich nicht unter der elterlichen Sorge befindet.» Art. 405 umreißt die Pflichten und die Rechte des Vormunds: «1. Ist der Bevormundete unmündig, so hat der Vormund die Pflicht, für dessen Unterhalt und Erziehung das Angemessene anzuordnen./ 2. Zu diesem Zwecke stehen ihm die gleichen Rechte zu wie den Eltern, unter Vorbehalt der Mitwirkung der vormundschaftlichen Behörden.»

Adjunktin für das Pflegekinderwesen (302/20): Gemeint ist Gertrud Zwygart. Mit ihr arbeitete C. A. Loosli sofort eng zusammen. Im Herbst 1945 meldete er ihr in bezug auf die hier dokumentierte Artikelserie im *Tages-Anzeiger:* «Was mich persönlich anbetrifft, so bin ich in dieser Sache nun bis auf weiteres und vielleicht dauernd gelähmt. Heute früh erhielt ich nämlich einen Teil meiner Beiträge, die ich mir als öffentliche Erörterungsgrundlage zur Reform der Pflegekindererziehung gedacht hatte, von der Schriftleitung des *Tages-Anzeigers* zurück, da angesichts der Papierkontingentierung deren Veröffentlichung unmöglich sei. Da mir kein anderes geeignetes Organ zur Verfügung steht, bleibt mir nichts übrig als die bereits geleistete Arbeit als verloren zu buchen und die noch geplante aufzugeben. Grundsätzlich habe ich übrigens nichts dagegen einzuwenden, daß sich fortan jüngere und zuständigere Leute mit all diesen Belangen befassen, welche einem guten Ende zuzuführen ich mich nun seit so langen Jahrzehnten stets erfolglos bestrebte.» (Loosli an Zwygart, 17.10.1945 [SLA, Bern]) Zwygart hat noch am gleichen Tag zurückgeschrieben: «Ich möchte nicht unterlassen, Ihnen auf den heutigen Brief sofort mit einigen Zeilen zu antworten und Ihnen zu danken. Allerdings hoffe ich, er sei in etwas entmutigter Stimmung und aus einer Müdigkeit heraus entstanden, die heute keinem fremd sein können, der im ehrlichen Kampf für die gerechte Sache der Kleinen und Schwachen seine Kräfte einsetzt. Und wenn es uns Jüngern und im Kämpfen Unerfahrenen so geht, wie sollten Sie, der Sie Ihr Leben dafür eingesetzt haben, nicht beanspruchen dürfen, das Werkzeug ein wenig abzulegen? Aber jetzt dürfen Sie es nicht, lieber Herr Loosli; denn mir scheint, daß wir Sie alle sehr nötig haben. Und der Beweis dafür liegt doch wohl darin,

daß man sich aus den verschiedensten Lagern gerade bei Ihnen zu-
sammenfindet, vertrauend, daß Sie der Mann seien, der sich den
klaren Blick für die Sache von keiner Partei und von keinen persönlichen Rücksichten haben trüben lassen. Legen Sie deshalb die Feder nicht ab. Sie war nie nötiger als jetzt.» (Zwygart an Loosli,
17.10.1945, [SLA, Bern]) Übrigens war Looslis resignierte Stimmung an diesem Tag grundlos: Bereits tags darauf, am 18. Oktober,
veröffentlichte der *Tages-Anzeiger* den nächsten Teil seiner Serie;
zwei weitere folgten im November.

wie es dem Schreiber dieser Zeilen schon dreimal geschah (304/27): Loosli
spielt auf folgende drei Episoden an: 1. Am 26. November 1924
hatte der kantonale Armendirektor Fritz Burren im Nachgang zu
Looslis *Anstaltsleben* eine Interpellation zu beantworten, wobei er
ausführte, daß, «abgesehen von Kleinigkeiten, in unseren Erziehungsanstalten alles zum besten» stehe, Looslis «scheußliche Heimlichkeiten» «Verleumdungen» seien und jener sowieso ein Schriftsteller sei: «Auch eine Sensation dient oft den Schriftstellern.» (Vgl.
C. A. Loosli, *Ich schweige nicht!*, Bern [Pestalozzi-Fellenberg-Haus]
1925, 8 ff.) 2. Am 18. Juni 1940 hatte der Regierungsrat eine Einfache Anfrage zu beantworten, was er zu Looslis im Vorjahr erschie-
nenem Buch *«Administrativjustiz» und schweizerische Konzentrations-
lager* (siehe Band 2 dieser Werkausgabe) und zu den darin erhobenen
Vorwürfen gegen den Kanton Bern sage. Wieder wurde Loosli nicht
ernst genommen: Da es sich um eine private, schriftstellerisch kriti-
sche Arbeit handle, sei es nicht möglich, dazu Stellung zu nehmen
(Auszug aus dem Protokoll des Berner Regierungsrats, 18.6.1940,
Beantwortung der Einfachen Anfrage Stalder). 3. Nachdem Loosli
einen ungeschminkten Abriß über die Geschichte des bernischen
Anstaltswesens veröffentlicht hatte (*Die Nation*, Nr. 34, 24.8.1944),
sah sich der Armendirektor Georges Moeckli genötigt, am 13. September 1944 vor dem Großen Rat Stellung zu nehmen. Er bagatel-
lisierte Looslis Darstellung und sagte, die Regierung sei nicht gewillt, auch weiterhin Looslis ungerechtfertigte Anwürfe zu dulden.
Loosli replizierte, er habe seit 1897 die bernischen Behörden mehrmals aufgefordert, «mir vor Gericht Gelegenheit zu bieten, den
Wahrheitsbeweis meiner Feststellungen zu erbringen. Ich halte
diese Aufforderung auch heute und Ihnen gegenüber aufrecht.» (*Die*

Nation, 27.9.1944) Klage eingereicht hat Moeckli daraufhin nicht, dafür wurde Loosli aus der Kantonsverwaltung von zwei verschiedenen Seiten hinterbracht, er habe laut darüber nachgedacht, Loosli unter Vormundschaft stellen und bei dieser Gelegenheit dessen Aktenarchiv beschlagnahmen zu lassen (Loosli an Jonas Fränkel, 25.9.1944, [SLA, Bern]). Daraufhin ließ Loosli «seine wertvollsten und gefährdetsten Dokumente bei einem außerkantonalen Anwalt in Sicherheit bringen. Darunter befanden sich Looslis Briefwechsel mit Carl Spitteler und vor allem Unterlagen zu unzähligen Rechtsfällen. Der Verbleib dieser Dokumente ist unbekannt, sie fehlen heute.» (Erwin Marti, *Carl Albert Loosli 1877–1959*, Band 1, a. a. O., 82)

Motion Reinhard, Interpellation Schwarz, Einfache Anfragen Hack und Egger (306/5): Reinhards Forderungen zitiert Loosli im Folgenden wörtlich und integral. Der Großrat Egger fragte nach Sachverhalten, Konsequenzen und Maßnahmen im Zusammenhang mit dem Fall von Ladholz. Großrat Hack fragte, ob die Vormundschafts- und Armenbehörden nicht «mit allen Mitteln zu einer strengen Kontrolle der Verhältnisse in ihren Gemeinden angehalten werden sollten». Der Freiwirtschaftler Fritz Schwarz schließlich interpellierte wie folgt: «1. Sind unsere Vorschriften für die Aufsicht über Verdingkinder genügend? 2. Wenn die Vorschriften nicht genügend sind, wer ist dafür verantwortlich? 3. Wenn die Ursachen des bedenklichen Vorfalles in Frutigen nicht in den Vorschriften, sondern in deren mangelhafter Erfüllung liegen, wen trifft die Verantwortung für das Vorgefallene? 4. Welche Maßnahmen hat der Regierungsrat getroffen, um die Fehlbaren zur Verantwortung zu ziehen und für die Zukunft solche Vorfälle zu verhindern?» (*Tagblatt des Großen Rates des Kantons Bern*, 1945, 233f. und 264)

Großbezirk; Assisenbezirk (307/13): Gemeint sind die damaligen Gerichtsbezirke des Kanton Bern.

Schwurgericht; Schöffengericht (309/14): Ein Schöffe ist – wie der Geschworene – als juristischer Laie ein ehrenamtlicher Richter. Allerdings hat der Schöffe im Vergleich mit dem Geschworenen gegenüber dem Berufsrichter geringere Kompetenzen. Im Kanton Bern haben sich mit der Annahme des Gesetzes über das Strafverfahren 1928 die Gewichte von den Laien hin zu den Berufsjuristen verschoben. 1993 sind dann die Geschworenengerichte ganz abgeschafft worden (Erwin Marti, *Carl Albert Loosli 1877–1959*, Biographie, Band 2, Zürich [Chronos Verlag] 1999, 457 [Fußnote 64]).

Verlauf und der Ausgang des Prozesses [von Thun] (317/9): Fritz Wäfler wurde am 5. Oktober 1945 zu zwei Jahren und drei Monaten Zuchthaus verurteilt, wobei drei Monate Untersuchungshaft angerechnet wurden; Marie Wäfler erhielt anderthalb Jahre Gefängnis (*Der Bund*, Nr. 466, 5.10.1945). Diese Urteile wurden, so der *Bund*-Kommentar, «ganz allgemein als äußerst mild, ja zu mild empfunden». Irritiert habe im besonderen, daß der Staatsanwalt in diesem Prozeß «ganz eindeutig die Prozeßstellung eines Verteidigers» eingenommen habe: «Man kann sich wirklich fragen, ob die im eidgenössischen Strafgesetz angedrohten Maximalstrafen nicht illusorisch werden, wenn, wie im vorliegenden Fall, da Verbrechen und Verschulden doch ganz besonders schwer sind, fast die Minimalstrafe zur Anwendung gelangt.» (*Der Bund*, Nr. 468, 7.10.1945) Eine Serie von Leserbriefen zum Thema wurde überschrieben mit «Die Empörung über das milde Urteil» (*Der Bund*, Nr. 471, 9.10.1945). Diese Empörung nahm Peter Surava in den gleichen Tagen zum Anlaß zu einem Kommentar: «Aufmunterung zum Mord?/ Das Urteil gegen die Mörder des unglücklichen Verdingbuben von Frutigen hat im ganzen Schweizervolk Entrüstung und Empörung hervorgerufen. Zwei Jahre Zuchthaus für den ruchlosen Mörder und 18 Monate für seine entmenschte Gattin sind eine wahre Herausforderung an jedes gesunde Rechtsempfinden. Die Genugtuungssumme von 1000 Franken an die Eltern des zu Tode geschundenen Kindes mutet an wie ein schlechter Witz. Vor kurzer Zeit wurde der Schriftsteller Hans Schwarz zu 1000 Franken Genugtuung verurteilt, weil er den Sekretär des ‹Vaterländischen› Verbandes wegen seiner Juden- und Flüchtlingshetze als ‹erbärmlichen Lumpen› bezeichnete. Das zu Tode gequälte unglückliche Verdingkind wiegt offensichtlich leichter! Wenn man erst die Strafen, welche das Gericht über die ruchlosen Pflegeeltern verhängte, mit denjenigen bei relativ harmlosen Vermögensdelikten vergleicht, wird die ganze Schamlosigkeit dieses ungeheuerlichen Urteils offenbar./ Das Gericht hätte hier Gelegenheit gehabt, endlich ein Exempel zu statuieren – eine Warnung an alle, die heute noch glauben, den mittelalterlichen Sklaven- und Kinderschacher in der Schweiz weiterbetreiben zu können.

Noch immer leben Tausende unglücklicher Verdingkinder unter Verhältnissen, die jeder Menschenwürde Hohn sprechen./ Das Urteil im traurigen Fall des Verdingbuben von Frutigen zeigt, daß unsere Behörden nicht fähig sind, die Misere des Kinderschachers zu beheben. Das Volk wird sich um die Abschaffung dieser Landesschande selbst kümmern müssen. Das Verdingkinderunwesen muß verschwinden! Da hilft keine Flickarbeit mehr, sondern nur ein radikaler chirurgischer Eingriff. Der Staat hat dafür zu sorgen, daß bedürftige Familien in eine wirtschaftliche Lage versetzt werden, die ihnen ermöglicht, *selbst* für ihre Kinder zu sorgen, anstatt sie als billige Knechtlein an die Bauern zu verschachern. Kinder aus unglücklichen sozialen oder familiären Verhältnissen, die aus ihren Familien entfernt werden müssen, oder Kinder, die durch ein tragisches Geschick ihre Eltern verlieren, sollen in staatlichen, von hervorragenden Kräften geführten Heimen großgezogen werden. Mit der Verschacherung unglücklicher Kinder muß Schluß gemacht werden; wenn nötig über den Weg einer Volksinitiative./ Jeder hat die Pflicht, sich dem Schicksal der Ärmsten der Armen anzunehmen. Keiner ist gegen Not und Armut gefeit./ Väter und Mütter! Wißt ihr, ob ihr nicht vorzeitig euren Angehörigen durch den Tod entrissen werdet? Wißt ihr, ob nicht dann eure Kinder von einer allmächtigen Bureaukratie verschachert werden und sie eine düstere, freudlose Jugend verleben müssen?/ Das Schicksal der Schweizer Verdingkinder ist eine Frage, die das *ganze* Volk angeht. Das Schweizervolk will nicht identisch sein mit einer muffigen, von allen guten Geistern verlassenen hinterwäldlerischen Stündelergesellschaft, die die Mörder des armen Verdingbuben von Frutigen als den ‹Kern des Schweizervolkes› bezeichnet!» (*Vorwärts*, Nr. 29, 11.10.1945) Mit dem letzten Satz spielt Surava darauf an, daß das Ehepaar Wäfler der Evangelischen Gemeinschaft angehörte (*Der Bund*, Nr. 464, 4.10.1945) und daß unter dem Prozeßpublikum in Thun offenbar der Eindruck entstanden ist, die zahlreichen Entlastungszeugen aus dem Engstlental hätten nicht nur aus einem «unbewußten Solidaritätsgefühl» mit den Angeklagten ausgesagt, sondern man habe es «mit einer regelrechten Verschwörung zu tun, gegen die das urteilende Gericht wohl kaum werde ankämpfen können» (*Der Bund*, Nr. 468, 7.10.1945).

Verordnung betreffend die Aufsicht über die Pflegekinder vom 21. Juli 1944 (319/33): Ein wohlformuliertes Dokument, laut dem, wäre es in die Praxis umgesetzt worden, im Kanton Bern eigentlich gar nichts mehr hätte schieflaufen können.

eine neue gesetzliche Regelung der Armenerziehung im Kanton Bern (322/12): Auf diese Regelung hat Loosli noch jahrelang gehofft. Der Auftrag dazu ergab sich aus der überwiesenen Motion Reinhard vom 26. Februar 1945. In der Folge wurde Regierungsrat Hugo Dürrenmatt mit dem Entwurf zu einer neuen Pflegekindergesetzgebung beauftragt, den er im Juni 1947 ablieferte. Er ist in der anschließenden Vernehmlassung so weit zerzaust worden, daß die Motion Reinhard zu Looslis Lebzeiten kein konkretes Ergebnis mehr gezeitigt hat.

Zitat von Gottfried Keller (322/21): vgl. Gottfried Keller: «Jeremias Gotthelf III» (Rezension von *Zeitgeist und Berner Geist*). In: ders., *Sämtliche Werke*, Band 7, Frankfurt am Main (Deutscher Klassiker Verlag) 1996, 103. Im Original beginnt das Zitat «denn nicht sowohl in der Geläufigkeit [...]». (Dank an Karl Grob, Mitherausgeber der Historisch-Kritischen Gottfried Keller-Ausgabe [HKKA])

Zitat von Tacitus (322/33): Cornelius Tacitus (55–115 u. Z.), «Corruptissima re publica plurimae leges», in: *Annalen*, III/27.

Eine hochherzige, mutige Frau (325/29): Gemeint ist Anne-Marie Brüderlin, die in Bern das Büro Flüchtlingskinder des Schweizerischen Roten Kreuzes (SRK) geleitet und sich bis Kriegsende vor allem um die Plazierung von Flüchtlingskindern in schweizerischen Familien bemüht hat. Ab 1945 setzte sie sich zunehmend für die Pflegekinder ein. Loosli fand in ihr eine engagierte Mitkämpferin für das Projekt einer «Vereinigung zum Schutze der Verdingkinder und anderer Hilfsbedürftiger». Insbesondere organisierte sie am 16. Februar 1946 eine gesamtschweizerische Konferenz in Bern, an der unter dem Vorsitz von Hugo Bein grundsätzlich die Gründung eines schweizerischen Vereins für Kinderschutz beschlossen wurde, der – ganz in Looslis Sinn – von unten nach oben funktionieren sollte: «Natürlich wird die fruchtbare Arbeit von den kleinen Zellen, von den Gemeinden und von den Bezirken ausgehen. Die im Entstehen begriffene Vereinigung würde lediglich die Koordination der einzelnen Bestrebungen sichern.» (*Neue Zürcher Zeitung*, 5.3.1946) 1949 hat Anne-Marie Brüderlin das SRK verlassen. Danach verliert sich ihre Spur.

der Fall des Ehepaares Dr. Graber (326/9): Gegen die Frau des Lehrers Graber wurde eine Strafuntersuchung eröffnet wegen Mißhandlung ihres geistig behinderten Pflegebuben. Weil Graber SP-Mitglied war, wurde der Fall zu Looslis Ärger von links und von rechts (insbesondere von der PdA und der BGB) stark verpolitisiert.

in einer bernischen Gemeinde (334/13): Hier wie in XII («bekannte bernische Industrieortschaft») spielt Loosli auf Langenthal an. Dort hatte sich im Frühjahr 1946 «ein schlimmer Fall ereignet, der das Gute zeitigte, daselbst unverzüglich eine Schutzgemeinschaft für das bernische Verdingkind (SGBV) ins Leben zu rufen» (C. A. Loosli an Anne-Marie Brüderlin, 6.7.1946 [SLA, Bern]). Diese Organisation verzeichnet in Einzelfällen sofort Erfolge. Im August 1946 schreibt Loosli an den Initianten der Langenthaler SGBV, Hermann Käser: «Sie haben durch die Gründung Ihres Schutzverbandes der zu konstituierenden Vereinigung zum Schutze der Verdingkinder und anderer Hilfsbedürftiger einen geradezu richtungsweisenden, unschätzbaren Dienst zum voraus erwiesen.» (Loosli an Käser, 12.8.1946 [SLA, Bern]) Bei einem Treffen der beiden Mitte September 1946 macht Loosli Käser den Vorschlag, Präsident der geplanten Schweizerischen Vereinigung zu werden (Käser an Loosli, 18.9.1946 [SLA, Bern]). Die Langenthaler Initiative versandet, weil Käser noch im gleichen Jahr stirbt.

diese empörenden Vorkommnisse (338/1): Eine Reihe von solchen Vorkommnissen zählt damals der *Schweizerische Beobachter* auf: «In Bern ist die Frau des Lehrers Graber in Strafuntersuchung gezogen worden wegen Körperverletzung eines schwachsinnigen Knaben, der als Pflegekind schwere Arbeit leisten mußte. Der Arzt, dem das Kind nach seiner Heimschaffung zugeführt wurde, stellte zudem fest, daß die Haut an zahlreichen Stellen blutunterlaufen und von Striemen bedeckt war, die Füße zeigten Frostbeulen und Geschwüre./ Wenige Tage später wurde in Lutry (Kanton Waadt) der fünfjährige Jean-Daniel Dénervaud, mit eiternden Wunden bedeckt, von einer Nachbarin aufgenommen. Mutter und Stiefvater, die das Kind schwer mißhandelt hatten, wurden verhaftet./ In ein ostschweizerisches Blindenheim wurde ein zirka fünfzehnjähriger Bursche eingeliefert, der von Geburt her blind war und trotzdem nie einer Fürsorgestelle zugeführt worden war. Die Eltern hatten sich nicht darum gekümmert, nachher die Pflegeeltern nicht, auch der Lehrer unternahm nichts. Bei seiner Einlieferung ins Blindenheim hatte der junge Mensch einen Armbruch, der schon ein halbes Jahr alt und nie behandelt worden war!/ Ein vierzehnjähriger, noch schulpflichtiger Knabe wurde von einem Landwirt im Kanton Bern als Knecht beschäftigt. Er mußte die Transmission einer Futterschneidmaschine in Ordnung bringen und wurde dabei so schwer verletzt, daß er für sein Leben zu 45 Prozent invalid bleiben wird. Der Bauer ist bis vors Bundesgericht gegangen, um möglichst billig sich aus der Affäre ziehen zu können; er hat damit allerdings kein Glück gehabt./ In einer Kartonagefabrik in der Ostschweiz wurde ein vierzehneinhalbjähriger Knabe, der auf eine Leiter geschickt worden war, um an einer laufenden Transmission den Riemen wieder aufzulegen, von diesem erfaßt, der ihm den Unterarm wegriß. Wie kommt ein Kind in diesem Alter in die Fabrik, und wer hat ihm diese gefährliche Arbeit zugewiesen, die für Jugendliche unter 16 Jahren ausdrücklich verboten ist?/ In Zwingen (Berner Jura) ist ein junges Ehepaar wegen Kindsmißhandlung angezeigt worden. Das kaum einjährige Kind mußte mit einem gebrochenen Ärmchen und den Spuren von Mißhandlungen ins Spital gebracht werden. Die gleiche Frau hat früher schon ein Kind so geprügelt, daß es schwachsinnig geworden ist./ Im Züribiet sind Rabeneltern (der Vater ist notorischer Trinker) freigesprochen und ihnen das Kind wieder in Obhut gegeben worden, das aus Angst vor weiteren Prügeln mitten im Winter von zu Hause geflüchtet war. Jahrelang ist der Fall von den Behörden verトrölt worden, und schließlich ging man den Weg des geringsten Widerstandes, trotzdem man sich darüber hätte klar sein müssen, daß man das Kind in die Hölle schickte, wenn man es den Eltern wieder zusprach.» (*Beobachter*, Nr. 8, 30.4.1946)

Warum? Weil die Leitung der geplanten Bewegung ihren ursprünglichen Initianten aus der Hand gespielt […] worden war (343/28): Im Frühjahr 1946 hat der *Schweizerische Beobachter* unter dem Titel «Das Volk soll mithelfen!» einen Aufruf publiziert. Das Publikum konnte einen Coupon unterschrieben zurücksenden, auf dem stand: «Ich bin bereit, einer Vereinigung zum Schutze der Pflegekinder und anderer Hilfsbedürftiger beizutreten.» Die Struktur dieser Vereinigung stellt sich die Redaktion ähnlich vor wie Loosli: «Die Interessenten in den verschiedenen Gegenden werden miteinander in Kontakt gebracht und zu lokalen Gruppen zusammengeschlossen.» (*Beobachter*, Nr. 8, 30.4.1946) Im zweiten Aufruf unter dem Titel «Was ist los mit dem Schweizervolk?» wird berichtet, der erste Aufruf habe «nur 2000 Anmeldungen» ergeben. Wieder wird der gleiche Talon veröffentlicht (*Beobachter*, Nr. 11, 15.6.1946). Als die Zeitschrift im Spätherbst 1946 meldet: «Es geht vorwärts mit der Pflegekinder-Aktion des *Beobachters!*», ist zwar von «etwa 5000 Anmeldungen» die Rede, von der Vereinigung aber nicht mehr: «Es ist nun nicht die Meinung, einen Verein mit allem Drum und Dran zu gründen und eigene Wege zu gehen, nachdem ohnehin die Fürsorgetätigkeit in unserm Lande zu sehr an der Aufspaltung in verschiedene Interessengruppen krankt.» Man habe deshalb «mit der Pro Juventute Fühlung genommen, die schon seit Jahren eine segensreiche Arbeit leistet» (*Beobachter*, Nr. 22, 30.11.1946). Dieser Meinungsumschwung bei der *Beobachter*-Redaktion spielte, wie Loosli sagt, den «ursprünglichen Initianten» die Leitung des Projekts aus der Hand. Der *Beobachter* zog sich sang- und klanglos aus der selbst initiierten Aktion zurück, indem er die Adressen an die Pro Juventute weitergab.

Replik der Pro Juventute auf Teil XIII: Nach dem Teil XIII der Serie rückte der *Tages-Anzeiger* unter dem Titel «Die Stimme der Pro Juventute» (PJ) eine Replik ins Blatt, die von doppeltem Interesse ist: Zum einen ist sie ein frühes Beispiel gekonnter Public Relations, die Looslis Kritik paternalistisch-gönnerhaft ins Leere laufen läßt, zum anderen ist ihr Verfasser wohl die umstrittenste Figur institutioneller Fürsorgearbeit der Schweiz in jener Zeit: Alfred Siegfried. Als Leiter der PJ-Abteilung «Schulkind» war er auch Gründer, langjähriger Leiter, ideologischer Vordenker und Propagandist des «Hilfswerks für die Kinder der Landstraße», das sich zwischen 1926 und 1973 der Ausrottung der «Vagantität» in der Schweiz gewidmet hat. In einem Referat hatte er 1943 klargestellt: «Wer die Vagantität erfolgreich bekämpfen will, muß versuchen, den Verband des fahrenden Volkes zu sprengen, er muß, so hart das klingen mag, die Familiengemeinschaft auseinanderreißen. Einen anderen Weg gibt es nicht.» («Über die Bekämpfung der Vagantität in der Schweiz», Vortrag vor der Cadonafonds-Kommission, 9.7.1943, Typoskript) In der einzigen bisher existierenden historischen Studie über dieses

Hilfswerk wird Siegfried attestiert, «in den persönlichen, internen Akten als zynisch, menschenverachtend und rücksichtslos» zu erscheinen (Walter Leimgruber / Thomas Meier / Roger Sablonier, *Das Hilfswerk für die Kinder der Landstraße*, Bern (Schweizerisches Bundesarchiv) 1998, 72). Bevor er zur PJ kam, wurde Siegfried 1924 als Lehrer am Humanistischen Gymnasium Basel wegen Unzucht mit Schülern aus dem Unterricht heraus verhaftet, fristlos entlassen und zu zwei Monaten Gefängnis bedingt verurteilt. Weiter berichtet der *Beobachter* (21/1999): «Alfred Siegfried hat zahlreiche seiner Mündel sexuell mißbraucht. Stefania Stoffel weiß, daß mehrere jenische Frauen von ihm Kinder zur Welt gebracht haben.» Dieser «Dr. S.» also antwortete Loosli am 4. Oktober 1947 im *Tages-Anzeiger* wie folgt: «Im letzten Artikel des Herrn C. A. Loosli, ‹Verdingkinder›, wird nebenbei auch Pro Juventute erwähnt. Damit keine Mißverständnisse entstehen, möchten wir doch kurz unseren Standpunkt darlegen. Obwohl es sonst nicht unsere Gewohnheit ist, allzu viel Aufhebens von unserer Arbeit zu machen:/ Tatsächlich hat das Zentralsekretariat seinerzeit die beim *Beobachter* eingegangenen Adressen von Leuten, die sich für das Pflegekinderwesen interessieren, entgegengenommen und gesichtet. Es fand sich darunter eine gewisse Zahl von Männern und Frauen, die bereit waren, in irgendeiner Form praktisch mitzuarbeiten. Die weitaus größte Zahl aber der Anmeldungen betraf Leute, die einfach ihre Sympathie für alles ausdrücken wollten, was zugunsten der Pflegekinder geschehen könne./ Da das Pflegekinderwesen, wie C. A. Loosli es auch wünscht, nicht etwa schweizerisch, sondern kantonal und vielfach gemeindeweise geordnet wird, sind diese Adressen aufgeteilt und an die verschiedenen lokalen Stellen verschickt worden. In Zürich z. B. sind dann alle Interessenten einmal eingeladen worden; der Vorsteher der Pflegekinderaufsicht hat ihnen dargelegt, wie das Pflegekinderwesen in Zürich geführt wird, und ein Mitglied des Waisenrates hat gezeigt, was für Aufgaben noch durch Private gelöst werden könnten. Wir haben dieses Beispiel an anderen Orten bekanntgegeben und ermuntert, in gleicher Weise vorzugehen. Das wird wohl im kommenden Winter da und dort möglich sein./ Eine Feststellung von C. A. Loosli möchten wir noch hervorheben. Er sagt nämlich, in den in den letzten Jahren zur Kenntnis gelangten traurigen Skandalfällen seien die

Meldungen nie von einer Institution ausgegangen, sondern von Privaten. Wir nehmen an, der Verfasser will damit nicht zum Ausdruck bringen, daß diese Institutionen überhaupt nichts getan hätten, denn praktisch ist es ja so, daß glücklicherweise eine ganze Anzahl von ungünstigen Pflegeverhältnissen durch das rechtzeitige Eingreifen von Institutionen und Amtsstellen gelöst und saniert werden konnte und daß dann Weiterungen unterblieben. Dabei hat auch Pro Juventute ständig in aller Stille mitgearbeitet. Wenn Herr Loosli glaubt, es werde bei uns alles von einer Zentrale geleitet und diese sehe nicht in alle Landesteile hinein, so kennt er unsere Organisation zu wenig. Gerade der Umstand, daß die Bezirke und die Gemeinden resp. die dort arbeitenden freiwilligen Mitarbeiter die Träger unserer praktischen Fürsorgearbeit sind, gibt uns die Möglichkeit, die lokalen Verhältnisse zu kennen und auch persönlich da und dort vorstellig zu werden, wenn wir einen Schaden vermuten. Es vergeht kaum eine Woche, daß nicht irgendwoher eine Anzeige über ein angeblich ungünstiges Pflegeverhältnis eingeht. Allen diesen Meldungen wird persönlich nachgegangen, wobei es sich dann glücklicherweise sehr oft herausstellt, daß Angeberei und Mißgunst im Spiele sind und daß bei näherer Prüfung die Pflegeeltern ihre Pflicht sogar sehr gut tun. Wo es sich dagegen zeigt, daß ein Einschreiten nötig ist, suchen und finden wir immer einen Weg zur richtigen Stelle. / Im übrigen hat Pro Juventute ihre Fürsorge für die Pflegekinder immer positiv aufgefaßt. Wir sind der Meinung, daß es sich nicht hauptsächlich darum handelt, das Land sozusagen mit einem Spionagenetz zu überziehen, wo jeder dem Nachbarn in den Suppentopf guckt und alles registriert, was vermeintlich gerügt werden könnte. Diese Art von Pflegkinderaufsicht führt zu nichts als dazu, daß auch bestgesinnte Pflegeeltern lieber kein Kind mehr aufnehmen. / Viel richtiger scheint es uns, einmal dafür zu kämpfen und einzustehen, daß aus Armengründen keine einzige Familie mehr aufgelöst wird. Wir haben schon mehrmals durch konsequentes Eintreten und auch durch finanzielle Hilfe dazu beitragen können, daß von den zuständigen Behörden eine andere Lösung gefunden wurde. Wir haben in gewissen Fällen jahrelang gekämpft, bis einer rechtschaffenen Witwe die zu Unrecht entzogenen Kinder zurückgegeben wurden. Der beste Kampf gegen Mißverhältnisse im Pflegekinderwesen besteht nach unserer Meinung darin, daß man alles tut, damit möglichst wenig Kinder in Fremdpflege gegeben werden müssen./ Eine zweite positive Antwort sehen wir darin, daß gute Pflegeplätze gesucht werden, und diese Aufgabe ist es vor allem, die wir den vielen durch den *Beobachter* gemeldeten Interessenten übertragen möchten. Gegenwärtig ist die Lage so, daß es ein Kunststück ist, z.B. für einen Knaben unter zwölf Jahren einen Pflegeplatz zu finden. Da gilt es sich einzusetzen, und wir sind überzeugt, daß durch persönliche Werbung noch da und dort eine wackere Familie zu dieser Aufgabe gefunden werden kann./ Wir halten es für durchaus fruchtbar, wenn alle Fragen der Jugendpflege in der Öffentlichkeit und in der Presse erörtert werden, und in diesem Sinne begrüßen wir auch den warmen Artikel des Herrn Loosli. Je mehr Menschen im ganzen Lande zur Verantwortung für die Jugend aufgerufen werden, um so besser. Pro Juventute hat gerade diese Art der Wirksamkeit immer für eine Hauptaufgabe angesehen. Dr. S.»

Dichterwort (353/25): Johann Wolfgang Goethe, *Faust I*, Verse 1972–1979.

(Fall Hoffmann, Thun) (357/2): ein weiterer Verdingkinderfall (vgl. Trudi Weber, *Ein bahnbrechendes Urteil zum Schutze der wehrlosen Kinder*, in: *Die Nation*, Nr. 13, 3.4.1946).

«Wahnsinniger oder Prophet?» von *Dr. Alex von Muralt* (358/4): Alexander von Muralt war Professor für Physiologie an der Universität Bern. Das von Loosli erwähnte Buch trägt den Untertitel *Darstellung und Diskussion eines mit Psychotherapie behandelten Falles von Gottesdienststörung* und ist eine Fortschreibung der 1920 publizierten Dissertation, einer psychoanalytischen Einzelfallstudie.

Und immer wieder Kinder in Not (S. 379)

Die Nation, Bern, Nr. 52, 27.12.1945 (als Druckvorlage diente Looslis Typoskript).

Heil dir Helvetia (S. 389)

Wissen und Leben, Zürich, Heft 1, 1.10.1911. Gegendarstellung der Schweizerischen Obertelegraphendirektion: *Der Bund*, Nr. 527, 8.11.1911. Replik von C. A. Loosli: *Der Bund*, Nr. 555, 24.11.1911.

Zur dokumentierten Kontroverse zwischen der Obertelegraphendirektion und C. A. Loosli im *Bund* ist es nicht zuletzt deshalb gekommen, weil die freisinnige Tageszeitung von Delémont, der *Démocrate*, Looslis Satire ohne Abstriche als Tatsachenbericht kolportiert und dieser danach landesweit als Skandalgeschichte weiterverbreitet worden ist (vgl. ausführlich: Erwin Marti, *Carl Albert Loosli 1877–1959*, Band 2, a. a. O., 202ff). Übrigens hat sich in C. A. Looslis Nachlaß der in der Satire zitierte Brief gefunden – Loosli hat ihn wörtlich wiedergegeben (Schweizerische Telegraphen- und Telephonverwaltung an Gottfried Wenger, 13.3.1911 [SLA, Bern]).

Loosli an Fritz Langhans (S. 404)

SLA, Bern.

Tessenberg (404/20): Seit dem Sommer 1920 betreibt der Kanton Bern auf dem Tessenberg bei Prêles eine Jugenderziehungsanstalt (heute «Jugendheim»), die unter anderem auch die 1927 endgültig geschlossene Jugendstrafanstalt Trachselwald ersetzt hat.

Erziehen, nicht erwürgen! (405/21): Loosli verweist auf den Abschnitt «Die Verbeiständung der Armenerziehbaren», Seite 172 ff. Darin begründet er seine Forderung, «daß jedem armenerziehbaren Kinde, gleichviel ob es in Anstalts- oder Familienpflege gegeben werde, von Amtes wegen ein persönlicher Beistand, Helfer, Berater und Vormund bestellt werde, dessen Amt erst mit der erreichbaren Volljährigkeit des Mündels erlischt».

Vortrag in «Ombres et lumières de la vie d'établissements» (406/19): Vermutlich am 10. November 1928 sprach C. A. Loosli am Genfer Institut Jean-Jacques Rousseau. Sein Thema: «Réflexions d'un ancient enfant difficile». Mit ihm zusammen trat der amerikanische Pädagoge L. Ray-Ogden auf. Beide Redner sprachen sich für eine Individualisierung der Kinderbetreuung und für umfassende Reformen aus. Der Titel von Ray-Ogdens Referat wurde zum Titel einer Publikation gemacht, die kurz darauf erschien: *Ombres et lumières de la vie d'établissements. Extrait des travaux de MM. C. A. Loosli et L. Ray-Ogden*, Genève (Centre d'action romand de l'Association suisse en faveur des Anormaux, Genève o. D. [1929]).

Jugendrecht und schweizerisches Strafrecht (S. 408)

Schweizerische Erziehungs-Rundschau, St. Gallen. Nr. 8, November 1931.

Prof. Dr. Stoß (411/1): Carl Stoß erhielt 1888 als Ordentlicher Professor für Strafrecht und Staatsrecht in Bern den Auftrag, eine Bundesstrafprozeßordnung zu entwerfen, die die kantonalen Gesetzgebungen ersetzen sollte. Sein 1898 abgelieferter Entwurf führte zu jahrzehntelangen Diskussionen, 1938 zur Annahme der parlamentarisch verabschiedeten Fassung in einer Volksabstimmung und zur Inkraftsetzung als *Schweizerisches Strafgesetzbuch* (StGB) auf den 1. Januar 1942.

die Hals- oder Peinliche Gerichtsordnung Karls V. (C.C.C.) vom Jahre 1533 (412/18): Gemeint ist Karl V. (1500–1558), der als König von Spanien und Kaiser des Heiligen Römischen Reiches wegen seiner Besitzungen in Amerika jener Herrscher war, in dessen Reich die Sonne nie unterging. Die Hals- und Peinliche Gerichtsordnung, die auch Carolina (Constitutio Criminalis Carolina, C.C.C.) genannt wird, wurde auf dem Reichstag zu Regensburg von 1532 zum Reichsgesetz erhoben und blieb in einzelnen deutschen Kleinstaaten bis 1871 in Kraft. Die von Loosli genannte Jahrzahl 1533 bezieht sich auf den ersten Druck des Gesetzes.

Berichte der Schweizerischen Jugendgerichtstage (415/11): Die Schweizerischen Jugendgerichtstage waren insbesondere der Jugendstrafrechtsdebatte gewidmet. Der erste solche Tag fand am 12./13. Mai 1912 in Winterthur statt, der zweite am 17./18. Oktober 1930 in Zürich und der dritte – nach Looslis Publikation – am 24./25. Februar 1939 ebenfalls in Zürich.

«Behandlung der Kinder und der Jugendlichen» (415/22): Vergleiche die «Botschaft des Bundesrates an die Bundesversammlung zu einem Gesetzesentwurf enthaltend das schweizerische Strafgesetzbuch» vom 23. Juli 1918, 131 ff. (einsehbar unter www.amtsdruckschriften.bar. admin.ch/showHome.do). Loosli bezieht sich im Folgenden auf die Artikel 80–96 des Gesetzentwurfs, der in dieser Botschaft integral dokumentiert ist. Durch seine parlamentarische Bereinigung hat sich später die Numerierung der Artikel geringfügig verschoben. Der entsprechende Teil des StGB heißt «Vierter Titel: Kinder und Jugendliche» und umfaßt die Artikel 81–99.

Art. 49, Absatz 3 der Bundesverfassung (416/23): Der Artikel 49 der Bundesverfassung vom 29. Mai 1874 bezog sich auf die Glaubens- und Gewissensfreiheit. Der von Loosli angesprochene Absatz lautet: «Über die religiöse Erziehung der Kinder bis zum erfüllten 16. Altersjahr verfügt im Sinne vorstehender Grundsätze der Inhaber der väterlichen oder vormundschaftlichen Gewalt.»

Loosli an Adolf Gasser (S. 427 und 431)

Beide Briefe: SLA, Bern.

Erwachsene, gewerbsmäßig Unzüchtige (429/21): Weiter ausgeführt hat Loosli diese Argumentation in «Jugendrecht und schweizerisches Strafrecht» (S. 408).

Freund Huber (430/1): Gemeint ist Nationalrat Johannes Huber (SP, SG).

Nobs (431/2): Gemeint ist Ernst Nobs (SP, ZH), der später, zwischen 1943 und 1951, als erster sozialdemokratischer Bundesrat der Schweiz wirkte.

K.-K. (431/24) Gemeint ist hier die Fraktion der Katholisch-Konservativen Partei, die 1970 in der Christlichdemokratischen Volkspartei (CVP) aufgegangen ist.

Bajazzo Hoppeler (431/24): Der Zürcher Arzt Hans Hoppeler war zwischen 1919 und 1939 Nationalrat für die Evangelische Volkspartei (EVP).

Faszismus (432/14): Frühe Schreibweise von «Faschismus».

Loosli an Léon Nicole (S. 433 und 435)

Beide Briefe: SLA, Bern.

«*Protocols des Sages de Sion*» (437/9): C. A. Loosli arbeitete seit dem
Sommer 1934 als Gerichtssachverständiger beim Berner Prozeß um
die «Protokolle der Weisen von Zion» mit (siehe hierzu Band 6 dieser Werkausgabe).

quelque chose d'analogue à l'acte de habeas corpus (437/14): Loosli spielt
hier auf das englische Staatsgrundgesetz von 1679 an – die sogenannte Habeas-Corpus-Akte –, das zum Schutz der Bürger vor willkürlicher Verhaftung gedacht war. Demzufolge sollte jeder Festgenommene innert 48 Stunden einem Richter vorgeführt werden.
Diese Habeas-Corpus-Akte gilt Loosli als eine der großen Errungenschaften von Rechtsstaatlichkeit und Humanität, die er immer
wieder erwähnt.

ÜBERSETZUNG:
Loosli an Léon Nicole, 19. März 1935

Sehr verehrter Herr Vorsteher,
    im Juni letzten Jahres waren Sie so freundlich, mich in Bern zu
einem Gedankenaustausch über den von Ihnen geplanten Gesetzesentwurf zur Neuregelung des Jugendstrafrechts im Kanton Genf zu
empfangen. Wir waren uns darin einig, daß jede diesbezügliche
gesetzliche Regelung, die lediglich eine abgeschwächte und auf die
jugendlichen Straftäter zugeschnittene Fassung des Strafgesetzbuches wäre, ihr humanitäres und soziales Ziel verfehlen müßte, da
sie, statt prophylaktisch zu wirken, auf nichts als auf die Bestrafung
des Vergehens abstellte, ohne Berücksichtigung der körperlichen,
geistigen und sittlichen Eigenart des einzelnen Straftäters, und daher zwangsläufig der Institutionalisierung einer unabänderlichen sozialen Deklassierung von Amts wegen gleichkäme. Eine derartige
Rechtsprechung würde mithin der Fortdauer des Verbrechens und
der unwiderruflichen sozialen Erniedrigung den Boden bereiten.
    Dementsprechend waren wir einhellig der Überzeugung, daß
eine Strafrechtsregelung für Minderjährige (und Kinder), die diesen

Namen verdient, sich vor allem anderen von der Tradition des bloß ahndenden Strafrechts verabschieden müsse und in erster Linie nicht das Vergehen oder die Schwere der Strafe für das jeweilige Vergehen, sondern die Persönlichkeit des Straftäters zu berücksichtigen habe. Daß, mit anderen Worten, die Schaffung von Bildungs-, Nacherziehungs- und Resozialisierungseinrichtungen für die straffällig gewordenen Kinder und Jugendlichen dringend geboten sei, und daß zu diesem Zweck als Sofortmaßnahme ein Jugendamt eingerichtet werden müsse, dem die Jugendgerichte nachgeordnet sein sollten und das diesen die Ergebnisse seiner Ermittlungen im sozialen und pädagogischen Umfeld des jugendlichen Straftäters zu übermitteln habe, auf deren Grundlage die Gerichte ein Urteil würden fällen können, das dem Ziel einer sozialen und sittlichen Besserung des betreffenden Jugendlichen gerecht würde.

Bei dieser Gelegenheit durfte ich Ihnen einige praktische Lösungsvorschläge unterbreiten, die Ihre volle Zustimmung fanden und die Sie mich baten Herrn Rechtsanwalt Dupont vorzulegen, den Sie mit der Ausarbeitung des erwähnten Gesetzentwurfs betraut haben. Ihrer Anregung sogleich folgend habe ich Herrn Dupont unverzüglich einige Unterlagen zugeleitet, von denen ich annahm, daß sie am besten geeignet seien, ihn in dem von uns erörterten Sinne zu beeinflussen. Ich muß indessen sagen, daß er mir nicht einmal deren Empfang bestätigt hat.

Heute nun mußte ich mit Bestürzung aus der Presse erfahren, daß die nun dem Großen Rat vorgelegte Gesetzesvorlage weit davon entfernt ist, auch nur einen der von Ihnen gutgeheißenen Grundsätze zu berücksichtigen, und nicht einmal auf die überzeugenden und allgemein bekannten Erfahrungen eingeht, die schon seit einer Reihe von Jahren vielerorts auf diesem besonderen Gebiet des Rechts und der Rechtsprechung gemacht wurden. Das diesbezügliche Gesetz oder vielmehr die Gesetzesvorlage scheint mir lediglich eine von strafrechtspflegerischer Routine diktierte Notlösung zu sein, die auf nichts anderes hinausläuft als darauf, die Deklassierung und unwiderrufliche Preisgabe der fehlgeleiteten oder auf die schiefe Bahn geratenen Jugendlichen gesetzlich zu sanktionieren.

Ich bin indessen zutiefst davon überzeugt, daß ein derartiges Vorhaben nicht im geringsten Ihren Absichten entsprechen und daß es lediglich der Inanspruchnahme durch Ihre zahlreichen Aufgaben zuzuschreiben sein dürfte, daß eine derart reaktionäre, unmenschliche und ungeheuerliche Gesetzesvorlage Ihrer Scharfsicht entgehen konnte.

Ich erlaube mir daher die Bitte, bevor es zu spät ist und der Kanton Genf sich auf lange Zeit mit dem Makel eines Gesetzes befleckt, das ihm nur zur Unehre gereichen könnte, diesem Sachverhalt Ihre Aufmerksamkeit zuwenden zu wollen.

Herr Pierre Bovet, der Direktor des Erziehungswissenschaftlichen Instituts in Genf, hat mich mit Herrn Pierre de Mestral, einem seiner ehemaligen Schüler, bekannt gemacht, welcher unlängst im *Journal de Genève* zu dem uns hier interessierenden Gegenstand durchaus bemerkenswerte Überlegungen und Lösungen veröffentlicht hat. Ich schätze Ihre Unvoreingenommenheit und weiß daher und bin auch überzeugt, daß Ihnen, wenn es gilt, einen echten Fortschritt zum Wohle der Gesellschaft und der Menschlichkeit zu erwirken, von klassenmäßigen oder parteipolitischen Interessen gelenkte Erwägungen durchaus fremd sind.

Ich bin in dieser Sache zu der Überzeugung gelangt, daß es womöglich zur zeit in Genf neben Herrn Pierre de Mestral (1, chemin de l'Escalade) keine weitere Person mit derart weitreichendem und in dieser Materie erprobtem Sachverstand gibt, die geeignet wäre, Ihnen eine Gesetzesvorlage zum Jugendstrafrecht zu unterbreiten. Herr de Mestral hat zu diesem Fragenkomplex in der Schweiz und anderenorts nicht nur Untersuchungen in pädagogischer und sozialer Hinsicht durchgeführt, zugleich – und dies scheint mir von Bedeutung – ist er auch Jurist.

Ich bitte Sie, mir diese meine Stellungnahme nachzusehen, die Ihnen womöglich unangebracht erscheinen mag. Indessen fände ich es äußerst schade und auch unverzeihlich, wenn Ihr Kanton ausgerechnet auf diesem Gebiete uns ein durch und durch ungeeignetes, unsoziales und in seinem Tenor und seinen Auswirkungen schädliches Gesetz bescheren würde.

Mit vorzüglicher Hochachtung

C. A. Loosli

(Übersetzung Rolf Schubert)

Sehr verehrter Herr Vorsteher,

mit großer Genugtuung habe ich zur Kenntnis genommen, daß der Tenor der Gesetzesvorlage zum Jugendstrafrecht umfangreiche Veränderungen und Verbesserungen erfahren hat, derentwegen ich Ihnen meinen aufrichtigen Dank ausspreche. In der Tat war es von Belang, daß dieses unter Ihrer Ägide erarbeitete Gesetz den Erfordernissen einer wirklich humanistisch gesonnenen Pädagogik und vor allem der Idee einer sozialen Strafrechtspflege gerecht wurde.

Eine andere Nachricht, die ich mit nicht geringerer Freude vernommen habe, ist die, daß Herr Pierre de Mestral sich um das Amt eines Jugendrichters bewirbt. In den annähernd zwei Jahren, die ich seine Arbeit mit Interesse verfolge, habe ich die Überzeugung gewonnen, daß er alle für dieses schwierige Amt erforderlichen Eigenschaften auf sich vereinigt: Er ist ein junger Mann und daher geistig und intellektuell rege und aufgeschlossen, kompetent sowohl auf dem Gebiete des Rechts wie der Pädagogik, was wesentlich ist, und nicht zuletzt ist er begeisterungsfähig, also der Sache verpflichtet, die zu vertreten zu seinen Aufgaben gehören wird. Sämtliche schriftlichen Arbeiten, die er mich zu diesem Thema hat lesen lassen, zeugen von einem umfänglichen und unvoreingenommenen Sachverstand dessen, was auf diesem Gebiete das Wesentliche ist, nämlich die Besserung und Resozialisierung aus der Bahn geratener Jugendlicher. Ich kann Sie also nur beglückwünschen, daß Sie mit Herrn de Mestral über einen Bewerber verfügen, der wie geschaffen ist für diese Aufgabe. Denn Sie wissen natürlich, daß ein Gesetzestext zwar ausgezeichnet, ja vollkommen sein kann, er müßte doch toter Buchstabe und womöglich ein Hindernis bleiben, fände man für seine praktische Anwendung nicht einen Rechtsdiener, dem weniger die notgedrungen knappen und abstrakten Rechtsvorschriften als vielmehr der Geist der Gesetze ein inneres Anliegen sind. Mit der Ernennung von Herrn de Mestral in das Amt, um das er sich bewirbt, krönen Sie, dessen bin ich gewiß, ein Werk, das Sie bis heute so segensreich umgesetzt haben. Aus Erfahrung weiß ich, wie wichtig es ist, ein Gesetz wie das vorliegende von Beginn seines Inkrafttretens an auf lebendige und schöpferische Weise anzuwenden. Bei uns im Kanton Bern hatten wir dieses ganz besondere Glück. Von Anfang an fanden sich fähige und pflichtbewußte Rechtsdiener, dank deren Kompetenz dieses Gesetz so hervorragend aufgenommen wurde und im Bewußtsein der Öffentlichkeit inzwischen außerordentlich gut verankert ist, so daß niemand es missen möchte, wenngleich es erst wenige Jahre alt ist. Von ganzem Herzen wünsche ich, daß dies auch in Ihrem Kanton geschehen möge; in der Ernennung von Herrn de Mestral in das Amt des Jugendrichters sehe ich hierfür eine eindeutige Garantie. Aus diesem Grunde habe ich mir erlaubt, sie Ihnen wärmstens ans Herz zu legen.

Vielleicht erinnern Sie sich, daß wir bei unserer Unterredung in Bern unter anderem auch auf das Strafvollzugssystem zu sprechen kamen und darin einer Meinung waren, daß es in höchstem Maße unsozial und schädlich sei. Sie äußerten damals mir gegenüber, daß Ihre Erfahrungen und Beobachtungen sich dahingehend mit meinen deckten, daß Sie über die dort herrschende Willkür und Schlamperei entsetzt seien und daß Sie es sich zu gegebener Zeit angelegen sein lassen wollten, sich näher mit dieser Frage zu befassen.

Erlauben Sie mir die Nachfrage, ob Ihr Terminkalender und Ihre vielfältigen Aufgaben Ihnen nunmehr gestatten, sich näherhin der Frage des Gefängnissystems anzunehmen. Sollte dies so sein, dann würde ich mir erlauben, Sie um eine Unterredung zu bitten, die in Bern oder Genf stattfinden könnte, denn ich glaube, die Zeitläufte sind günstig, um ernsthaft in dieser Sache ans Werk zu gehen.

Seit Monaten bekämpfe ich auf meine Weise den Faszismus und seine menschenverachtende Barbarei, und der Prozeß im Zusammenhang mit den sogenannten «Protokollen der Weisen von Zion» in Bern hat mir einen ersten Erfolg gebracht, den ich fortzuführen gedenke. Die Frage des Strafvollzugs ist nun durchaus Bestandteil meines allgemeinen politischen Programms. Meiner Ansicht nach muß der Strafvollzug vor allem verfassungsrechtlich verankert und in unsere Verfassungen deshalb vor allen Dingen etwas der englischen Habeas-Corpus-Akte Vergleichbares aufgenommen werden.

Dies ist nun freilich eine Angelegenheit, über die wir uns besser mündlich austauschen sollten, wann immer Sie es für angebracht halten.

In Erwartung Ihrer geschätzten Nachricht verbleibe ich mit vorzüglicher Hochachtung und meinem Dank für Ihr bisheriges Wirken.

C. A. Loosli

(Übersetzung Rolf Schubert)

Strafrecht oder Erziehungsrecht? (S. 438)

Genossenschaft, Basel, Nr. 1, 7.1.1950.
Hier bezieht sich Loosli nun auf die heutige Numerierung der
StGB-Artikel. Geändert hat sich seither im Rahmen einer Gesetzesrevi-
sion die Altergrenze, innerhalb der lediglich erzieherische Maßnahmen
angeordnet werden. Sie liegt heute nicht mehr beim 14., sondern beim
15. Altersjahr (Art. 82, Abs. 2).

ERZIEHEN, NICHT ERWÜRGEN!

Spielzeug (S. 445)

Berner Bote, Bümpliz, Nr. 12, 10.12.1904.

Schülerselbstmorde (S. 450)

Berner Tagwacht, Bern, Nr. 196, 23.8.1908.
Die letzten, noch in aller Erinnerung stehenden Schülerselbstmorde (450/2):
Worauf sich Loosli konkret bezieht, ist nicht ermittelt. Tatsache aber
ist, daß Schulzwang, Schülerselbstmord und Vater-Sohn-Tragödien
nach der Jahrhundertwende Tagesthemen waren und von Autoren
wie Frank Wedekind, Hermann Hesse oder Emil Strauß zu einem
Topos der zeitgenössischen Literatur gemacht wurden.

Schule und Leben (S. 452)

Berner Intelligenzblatt, Bern, Separatdruck, Januar 1913. Der Separatdruck versammelt sieben schulreformerische Aufsätze Looslis, welche zuvor im linksfreisinnigen *Berner Intelligenzblatt* erschienen sind. Hier dokumentiert sind die Teile I («Hausaufgaben») sowie V bis VII («Religions- oder Moralunterricht?», «Die Dressur auf die Sekundarschule!», «Organischer Unterricht statt Drill»). Die Titel der anderen Beiträge lauten: «II. Sprachunterricht», «III. Zeichnen und Schreiben», «IV. Die Realfächer».

meiner jüngsten Broschüre (456/17): C. A. Loosli, *Ist die Schweiz regenerationsbedürftig?*, Bümpliz (Selbstverlag) 1912.

der nimmer verharschte Groll eines alten Kulturkämpfers (457/27): Der Kulturkampf entbrannte in der Schweiz nach dem Ersten Vatikanischen Konzil von 1870 und erneuerte die Frontstellung der Sonderbunds-Zeit zwischen dem Katholizismus und dem Liberalismus.

Artikel 49 der Bundesverfassung (458/1): vgl. Anmerkung S. 533.

Als ich vor einiger Zeit [...] den Satz aufstellte (467/2): Das Zitat lautet wörtlich: «Allein, wer näher zusieht, dem bleibt nicht verborgen, daß das, was wir Volksschule nennen, mit der Volkserziehung in nur mittelbaren Zusammenhängen steht, und daß die Schule bei uns zum großen Teil, statt zu einem lebendigen Lebens- und Kulturfaktor, zu einer rein bureaukratischen Einrichtung geworden ist.» (C. A. Loosli: *Ist die Schweiz regenerationsbedürftig?* a.a.O., 52)

Bildung und Erziehung (S. 474)

C. A. Loosli, «Einfälle und Betrachtungen», Typoskript, 1920, 32–37.
Nürnberger-Folterkammer (478/15): Gemeint sind höchstwahrscheinlich die Kellergewölbe des Nürnberger Rathauses, die seit dem 14. Jahrhundert als Untersuchungsgefängnis und als Verwahrungsort der Häftlinge bis zur Urteilsvollstreckung gedient haben. Neben zwölf kleinen Zellen gibt es dort eine Folterkammer, die «Kapelle» genannt wird.

die Beecher-Stowe, der Dunant, die Berta Suttner (478/19): Die Schriftstellerin Harriet Beecher Stowe (1811–1896) leistete insbesondere mit dem Roman *Uncle Tom's Cabin* (*Onkel Toms Hütte*, 1852) einen wichtigen Beitrag zur Emanzipation der versklavten Schwarzen in den USA. Henri Dunant (1828–1910) initiierte mit seinem Buch *Un souvenir de Solférino* (*Eine Erinnerung an Solferino*, 1862) maßgeblich die Genfer Konvention (1864) und die Gründung des Internationalen Komitees vom Roten Kreuz (1863/1876). Bertha von Suttner (1843–1914) war eine bedeutende Pazifistin, die sowohl literarisch (*Die Waffen nieder! Eine Lebensgeschichte*, 1889) als auch durch das Engagement für eine internationale Friedensbewegung, politisch wirkte.

Erziehen, nicht Erwürgen! (S. 479)

C. A. Loosli, *Erziehen, nicht erwürgen!*, a. a. O., 37–45 und 206–216 (Schluß).
Apostelwort (484/10): 1. Korintherbrief 13,1.

Unsere Jugend (S. 494)

C. A. Loosli, *Aus Zeit und Leid. Gedichte*, Zürich (Verlag Oprecht) 1943, 32 ff.

Schweizerische Kinder- und Jugendnot (S. 497)

Der Schweizer Jungbauer, Grosshöchstetten, Nr. 52, 3.7.1946.

Pestalozzi (S. 502)

Vorwärts, Basel, Nr. 114, 18.5.1946.

PERSONENVERZEICHNIS

LEON ASHER (1865–1943). Aus Leipzig, seit 1895 Privatdozent für Physiologie an der Universität Bern, ab 1906 außerordentlicher, seit 1914 ordentlicher Professor. Asher besuchte im November 1927 in Bern C. A. Looslis Vortrag «Zur Psychologie der Anstaltserziehung».

HUGO BEIN (1886–1958). Erzieher, zwischen 1927 und 1946 Direktor («Waisenvater») der Bürgerlichen Waisenanstalt der Stadt Basel. Orientierte sich früh an C. A. Looslis Forderungen in *Anstaltsleben* nach dem Aufbau von familienähnlichen Strukturen innerhalb der Heime. Zusammenarbeit mit Loosli, auch in der Verdingkinderfrage 1945/46.

PIERRE BOVET (1878–1965). Neuchâtel, Gymnasiallehrer, Erzieher, Mitbegründer und langjähriger Direktor des Genfer Institut des Sciences de l'Education Jean-Jacques Rousseau. Ein Jugendfreund Looslis, der zusammen mit ihm im Heim Grandchamp am Neuenburgersee aufgewachsen war.

JOSEF BRUNNER. Seit 1922 Vorsteher des Erziehungsheims für katholische Knaben auf dem Sonnenberg bei Kriens (LU). Obschon schon lange bekannt war, daß er die Kinder mit Prügeln, Essensentzug, Schwerarbeit etc. schwer mißhandelte, gelang es erst 1944 mit einer publizistischen Kampagne der Zeitschrift *Die Nation* unter Mitarbeit von Loosli die Behörden zu zwingen, Brunner zu entlassen.

FRITZ BURREN (1860–1927). Primarlehrer und Journalist, 1908 Chefredaktor des konservativen *Berner Tagblatts*. Großrat, 1908 bis 1927 Regierungsrat des Kantons Bern und 1914 bis 1926 Nationalrat. Versuchte als Regierungsrat, Looslis *Anstaltsleben* und dessen Kritik zu bagatellisieren, sah sich aber in der Folge immerhin zu einer offiziellen Untersuchung der Zöglingsverpflegung genötigt.

JONAS FRÄNKEL (1879–1965). Gebürtig aus Krakau in Polen. Zwischen 1909 und 1949 außerordentlicher Professor für deutsche Literatur an der Universität Bern. Wurde in Bern Looslis bester Freund. Teilweise Herausgabe des Gottfried-Keller-Gesamtwerks. Die Herausgabe der Werke Carl Spittelers und eine ordentliche Professur an der Universität Bern wurden von seinen Feinden nicht zuletzt aus antisemitischen Gründen vereitelt.

ADOLF GASSER (1878–1948). Von Guggisberg (BE), Primarlehrer, später Gymnasiallehrer in Burgdorf. 1907 bis 1940 Professor am Technikum Winterthur. SP-Stadtrat in Winterthur, Zürcher Kantonsrat und zwischen 1928 und 1935 Nationalrat. Mit Loosli seit seinen Studienzeiten bekannt.

FRITZ GERBER (1893–1974). Als Lehrer und Landwirt ausgebildet. Zwischen 1926 und 1957 Direktor der Korrektionsanstalt Uitikon a.A., die er in eine offene Arbeitserziehungsanstalt umwandelte, was über die Landesgrenzen hinaus auf Interesse stieß. Er galt als «dominierende Persönlichkeit», als ein «Vertreter einer härteren, fordernden Erziehung» (NZZ, 26.2.1963) und war als Reformer Kampfgefährte C.A. Looslis.

ALBERT GOBAT (1843–1914). Von Crémines im Berner Jura, freisinniger Regierungsrat des Kantons Bern zwischen 1882 und 1912. Als Unterrichtsminister trat er für Reformen ein, bekämpfte die Prügelstrafe und plädierte für die Aufnahme der modernen Sprachen in den Unterricht. Von 1912 bis zu seinem Tode war er Direktor des Internationalen Friedensbüros in Bern, 1902 hatte er den Friedens-Nobelpreis erhalten.

JEREMIAS GOTTHELF (1797–1854). Eigentlich Albert Bitzius. Aus Murten, Pfarrer in Bern und Lützelflüh, Schriftsteller. Seine scharfe Kritik am Verdingkinderwesen, etwa in seinem Roman *Der Bauernspiegel* (1837), hat Loosli stark beeindruckt.

FRIEDRICH GROSSEN (1868–1939). Von 1893 bis 1913 Leiter mit sadistischen Erziehungsmaßnahmen in der Jugendstrafanstalt Trachselwald. Loosli erlebte ihn als Zögling und arbeitete nach seiner Entlassung 1897 daran, ihn abzusetzen, was ihm schließlich mit Hilfe von Fritz Langhans gelang. Das Ausmaß von Grossens Verfehlungen ist nie aktenkundig geworden. Interessierte Stellen haben dies zu verhindern gewußt.

AUGUST GRUNER (1860–1943). Pfarrer und Bezirkshelfer in der Stadt Bern, ein Original, von dem es hieß, er habe auf allen Kanzeln des Kantons Bern gepredigt. Er war einer der frühen Entdecker und Förderer Looslis.

HEINRICH HANSELMANN (1885–1960). Pädagoge, Prof. Dr., Gründer des Zürcher Heilpädagogischen Instituts, das er 1931 bis 1950 als Dozent leitete. Stand Looslis Argumentation in *Anstaltsleben* ursprünglich skeptisch-ablehnend gegenüber, würdigte in späteren Jahren jedoch dessen Leistung.

Fritz Langhans (1869–1931). Aus Bern, Advokat in Biel und Langenthal, 1902 Gerichtspräsident in Bern, 1910 bis 1931 Generalprokurator (erster Staatsanwalt) des Kantons Bern. Guter Freund Looslis. Zusammenarbeit mit Loosli in diversen, vor allem strafrechtlich relevanten Gebieten. Langhans beteiligte Loosli an der Ausarbeitung des Berner Jugendrechts, das 1930 vom Volk angenommen wurde.

Georges Moeckli (1889–1974). Lehrer am Progymnasium in Delémont. Als Sozialdemokrat im Berner Großrat 1932 bis 1935, Nationalrat 1935 bis 1938, Ständerat 1949 bis 1959, als Regierungsrat von 1938 bis 1954 Vorsteher des Armenwesens des Kantons Bern. Zu einer heftigen Kontroverse mit Loosli kam es 1944, nachdem dieser die Anstaltspolitik des Kantons in der *Nation* angegriffen hatte.

Felix Moeschlin (1882–1969). Aus Basel. Schriftsteller und Präsident des Schweizerischen Schriftstellervereins (SSV) in den Jahren 1924 bis 1942. Loosli hielt ihn als SSV-Präsident in den kritischen Jahren gegenüber den faschistischen Regimes für anpasserisch und feige.

Léon Nicole (1887–1965). Aus Genf, PTT-Beamter und Linkspolitiker. 1919 bis 1941 Nationalrat für die SP, 1947 bis 1953 für die Partei der Arbeit (PdA). 1939 wegen seiner Haltung zur Sowjetunion aus der SPS ausgeschlossen, gründete er die Fédération Socialiste Suisse (FSS), die 1940 verboten wurde, und war 1944 einer der Gründer der PdA. 1933 bis 1936 Genfer Staatsrat (Regierungsrat).

Johann Heinrich Pestalozzi (1746–1827). Aus Zürich, Volksschriftsteller und Erzieher, Beamter der helvetischen Regierung 1798. Er gründete und leitete mehrere Waisenhäuser, so in Stans, Burgdorf, Yverdon und Birr (AG). Als Publizist beeinflußte er die pädagogischen Reformansätze international und in der Schweiz auf Jahrzehnte hinaus nachhaltig.

Ernst Reinhard (1889–1947). Gymnasiallehrer, Präsident der SPS 1919 bis 1936. Gemeinderat der Stadt Bern 1936 bis 1946, Nationalrat 1921 bis 1947. Bernischer Regierungsrat 1946/47. In dieser Zeit intensive Korrespondenz mit C. A. Loosli in Sachen Verdingkinder und Armenwesen.

JEAN-JACQUES ROUSSEAU (1712–1778). Aus Genf, Philosoph und Schriftsteller. Neben gesellschaftspolitischen Werken wie *Le contrat social* auch erziehungsphilosophische (vor allem *Emile*). Berühmt wurde er vor allem wegen seiner Forderung nach einer Rückkehr zu einem einfachen Leben in Naturverbundenheit.

FRITZ SCHWARZ (1887–1958). Lehrer, Erzieher und Politiker. Er war einer der führenden Köpfe der Freigeldbewegung in der Schweiz und für die Freiwirtschafter bzw. die Liberalsozialistische Partei Berner Großrat (1934–1958) und Berner Stadtrat (1936–1958). Leiter des Pestalozzi-Fellenberg-Hauses in den zwanziger Jahren und als solcher Verleger und Freund Looslis. Mit den *Berner Seminarblättern* (1907–1916) und der Nachfolgezeitschrift *Schulreform* redigierte Schwarz das für die deutsche Schweiz wichtigste Organ für eine reform- und fortschrittsorientierte Pädagogik.

CARL SPITTELER (1845–1924). Aus Liestal (BL), seit 1892 wohnhaft in Luzern. Dichter, bekannt geworden zum Beispiel durch das Versepos *Olympischer Frühling* oder seine Rede «Unser Schweizer Standpunkt» (Dezember 1914). 1919 wurde ihm der Nobelpreis für Literatur verliehen. 1908 machte Loosli Spittelers persönliche Bekanntschaft.

PETER SURAVA (Peter Hirsch) (1912–1995). Erlangte Berühmtheit wegen seiner kämpferischen Sozialreportagen für die Wochenzeitung *Die Nation* 1941 bis 1945. Bis 1948 arbeitete er danach journalistisch beim *Vorwärts*, stieg jedoch aus, weil dort der stalinistische Kurs eindeutig dominierte. Von seinen zahlreichen bürgerlichen und linken Feinden ins Abseits gedrängt, mußte er sich später unter Pseudonymen journalistisch und schriftstellerisch durchschlagen. Loosli gehörte zu den wenigen Zeitgenossen, die zu ihm hielten.

HEINRICH ZSCHOKKE (1771–1848). Geboren in Magdeburg, kam früh in die Schweiz und beteiligte sich schnell an den politischen Geschehnissen des Gastlandes. In der Helvetik und den folgenden Jahren wurde er ein erfolgreicher Schriftsteller, Publizist und Politiker. Machte insbesondere den Aargau zu einer Bastion des Liberalismus.

ANNEMARIE ZWEIACKER (1833–1889). Pflegemutter C. A. Looslis in dessen ersten zwölf Lebensjahren in Schüpfen (BE). Sie hatte als Hausangestellte und Fabrikarbeiterin in Landquart, La Chaux-de-Fonds und Liestal gearbeitet, bevor sie 1877 die Mutter Looslis und

546

deren eben geborenen Sohn bei sich aufnahm und sich in Schüpfen niederließ. Loosli hat ihr viel zu verdanken und er liebte sie sehr. Von einer tödlichen Krankheit gezeichnet, bedachte sie den Jungen testamentarisch mit einem größeren Betrag und brachte ihn im Mai 1889 in das ihr empfohlene Heim in Grandchamp am Neuenburgersee.

GERTRUD ZWYGART (Lebensdaten nicht ermittelt). Aufgewachsen in Meikirch (BE). Ausbildung am Institut des Sciences de l'Education Jean-Jacques Rousseau in Genf. Fürsorgerin beim kantonal-bernischen Jugendamt seit 1931. Im März 1945 wurde sie Adjunktin für das Pflegekinderwesen im Kanton Bern. In dieser Eigenschaft arbeitete sie auch mit Loosli zusammen, dessen Hilfe und Erfahrung für sie wichtig war. Bei ihrer Pensionierung 1961 wurde sie als «Mutter der Pflegekinder» gewürdigt (*Bund*, 1.1.1961).

INHALT

Vorwort des Verlages   5

Einführung   7
Der Erzieher C. A. Loosli   9

Looslis Erfahrung   19
Editorial   21
Caligula minor   23

Anstaltsleben   93
Editorial   95
Anstaltserziehung   97
Anstaltsleben   103
  Rechtfertigung des vorliegenden Buches   103
  Rein äußerlicher Eindruck   109
  Der Abschied   115
  «Der Neue»   120
  Gemischte Gesellschaft   131
  Die Anstaltsordnung   139
  Die Ordnungsorgane   149
  Im Leid   157
  Der Kastengeist   167
  Die «Arbeit als Erziehungsmittel»   176
  Der Schulunterricht   185
  Religiöse Erziehung   191
  Erholungs- und Ruhepausen   198
  Nächtliches Anstaltsleben   206
  Verbote und Strafen   213

Die Zöglinge unter sich 222
Die Aufsicht über die Anstalten 231
Die Ergebnisse 239
Ausblicke? 247
Carl Spitteler an Loosli 255
Meine Pestalozzifeier 256
Rückblicke 259
Briefwechsel mit Hugo Bein 276
Loosli an Peter Surava 280
Briefwechsel mit Heinrich Hanselmann 281

VERDINGKINDER 287
Editorial 289
Kinderausbeutung 291
Enfants martyrs en Helvétie 296
Verdingkinder 299
Und immer wieder Kinder in Not 379

STRAFEN ODER ERZIEHEN? 385
Editorial 387
Heil dir Helvetia 389
   Die Gegendarstellung der schweizerischen Ober-
   telegraphendirektion 397
   Die Replik von Loosli 401
Loosli an Fritz Langhans 404
Jugendrecht und schweizerisches Strafrecht 408
   Vorbemerkungen 408
   Das Jugendrecht 410
   Von der geschichtlichen Entwicklung des Jugendrechtes 412
   Aussetzungen am 4. Abschnitt des schweizerischen
   Strafgesetz-Entwurfes 416
Loosli an Adolf Gasser 427
Loosli an Léon Nicole 433
Strafrecht oder Erziehungsrecht? 438

ERZIEHEN, NICHT ERWÜRGEN!   441
Editorial   443
Spielzeug   445
Schülerselbstmorde   450
Schule und Leben   452
   Hausaufgaben   452
   Religions- oder Moralunterricht? 456
   Die Dressur auf die Sekundarschule! 461
   Organischer Unterricht statt Drill 467
Bildung und Erziehung   474
Erziehen, nicht Erwürgen!   479
Unsere Jugend   494
Schweizerische Kinder- und Jugendnot   497
Pestalozzi   502

ANHANG   505
Drucknachweise und Anmerkungen   507
Personenverzeichnis   543